Diana Wehlau

Lobbyismus und Rentenreform

Diana Wehlau

Lobbyismus und Rentenreform

Der Einfluss der Finanzdienstleistungsbranche auf die Teil-Privatisierung der Alterssicherung

Bibliografische Information der Deutschen Nationalbibliothek
Die Deutsche Nationalbibliothek verzeichnet diese Publikation in der
Deutschen Nationalbibliografie; detaillierte bibliografische Daten sind im Internet über
<http://dnb.d-nb.de> abrufbar.

Zugleich Dissertation an der Universität Bremen, 2008

1. Auflage 2009

Alle Rechte vorbehalten
© VS Verlag für Sozialwissenschaften | GWV Fachverlage GmbH, Wiesbaden 2009

Lektorat: Katrin Emmerich / Tilmann Ziegenhain

VS Verlag für Sozialwissenschaften ist Teil der Fachverlagsgruppe
Springer Science+Business Media.
www.vs-verlag.de

Das Werk einschließlich aller seiner Teile ist urheberrechtlich geschützt. Jede Verwertung außerhalb der engen Grenzen des Urheberrechtsgesetzes ist ohne Zustimmung des Verlags unzulässig und strafbar. Das gilt insbesondere für Vervielfältigungen, Übersetzungen, Mikroverfilmungen und die Einspeicherung und Verarbeitung in elektronischen Systemen.

Die Wiedergabe von Gebrauchsnamen, Handelsnamen, Warenbezeichnungen usw. in diesem Werk berechtigt auch ohne besondere Kennzeichnung nicht zu der Annahme, dass solche Namen im Sinne der Warenzeichen- und Markenschutz-Gesetzgebung als frei zu betrachten wären und daher von jedermann benutzt werden dürften.

Umschlaggestaltung: KünkelLopka Medienentwicklung, Heidelberg
Druck und buchbinderische Verarbeitung: Krips b.v., Meppel
Gedruckt auf säurefreiem und chlorfrei gebleichtem Papier
Printed in the Netherlands

ISBN 978-3-531-16530-1

Danksagung

Die vorliegende Publikation basiert auf meiner im Sommer 2008 von der Universität Bremen angenommenen Dissertation. Mein Dank gilt Prof. Dr. Jörg Huffschmid, der die Arbeit intensiv betreut und mich auf diesem Weg begleitet und unterstützt hat. In den unterschiedlichen Entwicklungsstufen hat er mir wertvolle Hilfestellungen gegeben und an kritischen Punkten entscheidende Anregungen eingebracht. Mein Dank gilt zudem PD Dr. Wolfram Lamping von der Universität Hannover für wichtige Ratschläge in der Endphase der Promotion und für seine Bereitschaft, das Zweitgutachten zu übernehmen. Mein besonderer Dank richtet sich an Dr. Jörg Sommer, der mich während der Promotionsphase in unserem Alltag mit zwei gemeinsamen Kindern tatkräftig unterstützt und die Entstehung dieses Buches von Anfang bis Ende kritisch begleitet hat.

Diana Wehlau, Bremen im November 2008

Inhaltsverzeichnis

Danksagung 5
Tabellenverzeichnis 10
Abbildungsverzeichnis 10
Abkürzungsverzeichnis 11
Vorwort 13

1 Einleitung 15

2 Theoretischer Rahmen 27
   2.1 Begriffliche Grundlagen 28
   2.2 Theoretische Ansätze der Einfluss- und Verbändeforschung 30
       2.2.1 Pluralismustheorie 30
       2.2.2 Korporatismustheorie 32
       2.2.3 Konflikttheorie 33
       2.2.4 Netzwerktheorie 34
       2.2.5 Neue Politische Ökonomie 37
   2.3 Struktur der Interessenvermittlung 40
       2.3.1 Akteure 41
       2.3.2 Adressaten 45
       2.3.3 Aktivitäten und Beziehungsstrukturen 48
   2.4 Fazit: Bestimmungsfaktoren von Einfluss 57

3 Alterssicherung in Deutschland und die Rentenreform 2001 65
   3.1 Ökonomische Grundsätze der Alterssicherung 66
   3.2 Ausgestaltungsmerkmale von Alterssicherungssystemen 68
   3.3 Gesamtsystem der Alterssicherung in Deutschland 73
       3.3.1 Gesetzliche Rentenversicherung 73
       3.3.2 Betriebliche Altersversorgung 76
       3.3.3 Private Altersvorsorge 77
   3.4 Rentenreform 2001 78
       3.4.1 Festsetzung des Beitragssatzes 78
       3.4.2 Einführung der „Riester-Rente" 80
   3.5 Fazit: Paradigmenwechsel in der deutschen Rentenpolitik 85

4 Politischer Entstehungsprozess zur Rentenreform 2001 ... 89
4.1 Vorgeschichte ... 90
4.2 Agenda-Setting und Problemformulierung ... 98
4.2.1 Positionierung der Parteien im Rentenwahlkampf 1998 ... 98
4.2.2 Rentenpolitische Inhalte des Koalitionsvertrages ... 107
4.2.3 Rentenkorrekturgesetz: Aussetzung des RRG 99 ... 109
4.3 Konzept- und Programmentwicklung ... 109
4.3.1 Erste inhaltliche Vorschläge des Bundesarbeitsministers ... 110
4.3.2 Eckpunkte des BMA und Rentenkonsensgespräche ... 112
4.3.3 Papiere des BMA und der Koalitionsarbeitsgruppe ... 117
4.3.4 Diskussionsentwurf zum AVAG ... 124
4.4 Entscheidungen in Bundestag und Bundesrat ... 128
4.4.1 Gesetzentwurf zum AVmG ... 128
4.4.2 Gesetzentwürfe zum AVmEG und zum AVmG ... 130
4.4.3 Vermittlungsausschuss zum AVmG ... 132
4.5 Fazit: Konfliktreicher, diskontinuierlicher Reformprozess ... 135

5 Veränderungen im rentenpolitischen Policy-Netzwerk ... 139
5.1 Institutioneller Akteurswechsel ... 139
5.1.1 Alte, vormals zentrale Akteure geschwächt ... 141
5.1.2 Neue Akteure im rentenpolitischen Policy-Netzwerk ... 144
5.2 Personeller Akteurswechsel ... 147
5.2.1 Im Bundeskanzleramt: Von Kohl zu Schröder ... 147
5.2.2 Im BMA: Von Blüm zu Riester ... 149
5.2.3 Im BMF: Von Waigel über Lafontaine zu Eichel ... 150
5.2.4 In der SPD: Ausgrenzung von Dreßler und Schreiner ... 153
5.2.5 Im Sozialbeirat: Neubesetzung wissenschaftlicher Mitglieder .. 155
5.3 Fazit: Umbrüche im rentenpolitischen Policy-Netzwerk ... 156

6 Einfluss der Finanzdienstleistungsbranche auf die Rentenreform 2001 .. 159
6.1 Interessen, Zielvorstellungen und Forderungen ... 160
6.1.1 Lebensversicherungsgesellschaften ... 160
6.1.2 Geschäftsbanken und Kapitalanlagegesellschaften ... 173
6.1.3 Resümee ... 187

6.2 Lobbyistische Aktivitäten und Beziehungsstrukturen............. 192
    6.2.1 Institutionalisierte Beziehungen.. 192
        6.2.1.1 Schriftliche Stellungnahmen zum Entwurf des AVmG.......... 194
        6.2.1.2 Öffentliche Anhörung von Sachverständigen zum Entwurf..... 204
        6.2.1.3 Ergänzende schriftliche Stellungnahmen zu Teilaspekten....... 209
        6.2.1.4 Ergänzende öffentliche Anhörung zu Teilaspekten.............. 214
    6.2.2 Personelle Verflechtungen.. 218
        6.2.2.1 Interessenpolitische Bindungen im Bundestag.................... 219
        6.2.2.2 Personalaustausch mit Bundesministerien.......................... 226
        6.2.2.3 Wechsel zwischen Politik, Verwaltung und Finanzbranche..... 227
    6.2.3 Finanzielle Beziehungen.. 234
    6.2.4 Informelle Beziehungen... 240
    6.2.5 Öffentlichkeitsarbeit.. 244
        6.2.5.1 Pressearbeit, Publikationen, Werbung............................... 245
        6.2.5.2 Think Tanks und privatisierungsnahe Wissenschaftler.......... 254
        6.5.2.3 Gemeinwohlargumentation... 263
    6.2.6 Resümee.. 268

6.3 Ausrichtung und Veränderung politischer Entscheidungen....... 271
    6.3.1 Konzeptionelle Ausrichtung des Reformvorhabens..................... 271
    6.3.2 Einzelne Sachgebiete.. 277
        6.3.2.1 Sektorübergreifende Interessen..277
        6.3.2.2 Sektorspezifische Interessen: Förderkriterien..................... 283
    6.3.3 Detail- und Formulierungsfragen... 292
    6.3.4 Resümee.. 297

6.4 Fazit: Gleichgerichteter und konkurrierender Einfluss............. 298

7 Schlussbetrachtung und Ausblick... 313

Literaturverzeichnis.. 327

Tabellenverzeichnis

Tabelle 1: Förderstufen der Riester-Rente pro Kalenderjahr............... 81
Tabelle 2: Anzahl der Riester-Verträge und Marktanteile der Segmente........... 84
Tabelle 3: Rentenpolitik in den Wahlprogrammen 1998................. 106
Tabelle 4: Schritte der vorparlamentarischen Programmentwicklung............ 127
Tabelle 5: Stationen der parlamentarischen Gesetzgebung................ 134
Tabelle 6: Die zehn größten Lebensversicherer, 2002..................... 161
Tabelle 7: Die vier deutschen Großbanken, 2002............................. 174
Tabelle 8: Den Großbanken angegliederte Kapitalanlagegesellschaften, 2002 175
Tabelle 9: Forderungen der Finanzdienstleistungsbranche im Zeitablauf........ 191
Tabelle 10: Änderungsvorschläge des GDV zum AVmG (Dezember 2000).. 197
Tabelle 11: Änderungsvorschläge des BVI zum AVmG (Dezember 2000).... 204
Tabelle 12: GDV-Vorschläge zur Förderung der Privatvorsorge (Jan. 01)..... 211
Tabelle 13: ZKA-Vorschläge zur Förderung der Privatvorsorge (Jan. 01)...... 213
Tabelle 14: Verflechtungsintensität des 14. Deutschen Bundestages.............. 221
Tabelle 15: Verflechtungsintensität der Bundestagsausschüsse.................... 223
Tabelle 16: Verflechtungsbeziehungen der Minister aus der Regierung Kohl 225
Tabelle 17: Karrieren zwischen Politik, Ministerien und Finanzbranche........ 229
Tabelle 18: Lobbyisten aus Politik und Ministerialbürokratie...................... 231
Tabelle 19: Großspenden an Bundestagsparteien, 1994-2002...................... 238
Tabelle 20: Verbandssitze und Unternehmensrepräsentanzen in Berlin.......... 241
Tabelle 21: Anzahl der Pressemitteilungen, 1998-2004................................ 247
Tabelle 22: Bruttowerbeaufwendungen der Finanzbranche in Mio. €, 95-00.. 252
Tabelle 23: Bruttowerbeaufwendungen der Finanzbranche in Mio. €, 02-03.. 253
Tabelle 24: Aktivitäten privatisierungsnaher Wissenschaftler....................... 262
Tabelle 25: Entwicklung zentraler Förderkriterien der Privatvorsorge........... 290
Tabelle 26: Berücksichtigung spezifischer Vorschläge des GDV.................. 295
Tabelle 27: Berücksichtigung spezifischer Vorschläge des BVI und ZKA..... 296
Tabelle 28: Ausrichtung und Veränderung der Reform im Brancheninteresse 297
Tabelle 29: GDV-Konzept und AVAG-Diskussionsvorschlag....................... 304

Abbildungsverzeichnis

Abbildung 1: Akteure, Aktionsformen und Adressaten der Einflussnahme....... 62
Abbildung 2: Anzahl der Riesterverträge, 2001-2007................................... 84
Abbildung 3: Großspenden an Bundestagsparteien, 1994-2002.................... 235

Abkürzungsverzeichnis

AfArbSoz	Ausschuss für Arbeit und Sozialordnung
AltZertG	Gesetz über die Zertifizierung von Altersvorsorgeverträgen (Altersvorsorgezertifizierungsgesetz)
AnV	Rentenversicherung der Angestellten
AR	Aufsichtsrat
ArV	Rentenversicherung der Arbeiter
AS-Fonds	Altersvorsorge-Sondervermögen
AVAG	Altersvermögensaufbaugesetz
AVmEG	Gesetz zur Ergänzung des Gesetzes zur Reform der gesetzlichen Rentenversicherung und zur Förderung eines kapitalgedeckten Altersvorsorgevermögens (Altersvermögensergänzungsgesetz)
AVmG	Gesetz zur Reform der gesetzlichen Rentenversicherung und zur Förderung eines kapitalgedeckten Altersvorsorgevermögens (Altersvermögensgesetz)
B90/Grüne	Bündnis 90/Die Grünen
BaFin	Bundesanstalt für Finanzdienstleistungsaufsicht
BdB	Bundesverband deutscher Banken (Bankenverband)
BfA	Bundesversicherungsanstalt für Angestellte
BGBl.	Bundesgesetzblatt
BMA	Bundesministerium für Arbeit und Sozialordnung (bis 2002)
BMAS	Bundesministerium für Arbeit uns Soziales (seit 2005)
BMF	Bundesministerium der Finanzen
BMG	Bundesministerium für Gesundheit (bis 2002; seit 2005)
BMGS	Bundesministerium für Gesundheit u.Soziale Sicherung (2002-5)
BRH	Bundesrechnungshof
BT	Bundestag
BT-Drs.	Bundestags-Drucksache
BVerfG	Bundesverfassungsgericht
BVI	Bundesverband Deutscher Investmentgesellschaften (bis 2001); Bundesverband Deutscher Investment- und Vermögensverwaltungs-Gesellschaften (2001-2002); Bundesverband Investment und Asset Management (seit 2002)
CDU	Christlich Demokratische Union Deutschlands
CSU	Christlich-Soziale Union in Bayern
DAI	Deutsches Aktieninstitut
DGB	Deutscher Gewerkschaftsbund
DIA	Deutsches Institut für Altersvorsorge

DStG	Deutsche Steuergewerkschaft
DVAG	Deutsche Vermögensberatung AG
ebd.	ebenda
EStG	Einkommensteuergesetz
et al.	und andere
f. / ff.	folgend / fortfolgend
FDP	Freie Demokratische Partei
GDV	Gesamtverband der Deutschen Versicherungswirtschaft
GG	Grundgesetz
GGO	Gemeinsame Geschäftsordnung der Bundesministerien
GOBT	Geschäftsordnung des Deutschen Bundestages
GRV	Gesetzliche Rentenversicherung
Herv. i. O.	Hervorhebung(en) im Original
Herv. D.W.	Hervorhebung durch Diana Wehlau
i.ü.S.	im übertragenen Sinne
IG Metall	Industriegewerkschaft Metall
INSM	Initiative Neue Soziale Marktwirtschaft
IW Köln	Institut der deutschen Wirtschaft Köln
k.A.	keine Angabe
KAG	Kapitalanlagegesellschaft
KnV	Knappschaftliche Rentenversicherung
LP	Legislaturperiode
LVM	Landwirtschaftlicher Versicherungsverein Münster
MdB	Mitglied des deutschen Bundestages
MEA	Mannheim Research Institute for the Economics of Aging
NPÖ	Neue Politische Ökonomie
OECD	Organisation for Economic Co-operation and Development
PDS	Partei des Demokratischen Sozialismus
PR	Public Relations
RRG	Rentenreformgesetz
RV	Rentenversicherung
SPD	Sozialdemokratische Partei Deutschlands
StGB	Strafgesetzbuch
StS	Staatssekretär / Staatssekretärin
Übers. D.W.	Übersetzung von Diana Wehlau
VDR	Verband Deutscher Rentenversicherungsträger
ZfA	Zentrale Zulagenstelle für Altersvermögen
zit. n.	zitiert nach
ZKA	Zentraler Kreditausschuss

Vorwort
von Jörg Huffschmid

Die Schockwellen der jüngsten weltweiten Finanzkrise haben auch die Produktion, Beschäftigung und Einkommen in den nicht-finanziellen Sektoren der Wirtschaft erreicht, den zyklischen Abschwung verstärkt und längerfristige Stagnationstendenzen verfestigt. Sie drangen überdies mit besonderer Zerstörungskraft in jene zentralen Bereiche der sozialen Sicherung ein, die in den letzten beiden Jahrzehnten durch grundlegende Reformen und Modernisierungen erst „zukunftsfest" gemacht werden sollten. In der Europäischen Union gehört dazu an erster Stelle die Alterssicherung als – in verschiedenen Versionen ausgeprägter – zentraler Baustein des europäischen Sozialmodells. Es zeigt sich, dass die Umsteuerung öffentlicher und umlagefinanzierter auf private kapitalgedeckte Rentensysteme vor allem zusätzliche Risiken mit sich gebracht hat. Diese materialisieren sich jetzt infolge der Finanzkrise als Einkommensverluste für Rentnerinnen und Rentner. Die in vielen Ländern erst neu eingeführte „zweite Säule" der Alterssicherung ist bereits einsturzgefährdet, das europäische Sozialmodell hierdurch akut bedroht.

Mit dieser ernüchternden Entwicklung stellen sich zwei Fragen. Die erste ist die nach der Stichhaltigkeit der Argumentationen, mit der die Rentenreformen der letzten beiden Jahrzehnte begründet worden sind. Die zweite betrifft die Kräfte, die ihre Durchsetzung vorangetrieben haben. Hinsichtlich der ersten Frage ist bemerkenswert, wie still es mittlerweile in der Wissenschaft um die Begründung der Notwendigkeit geworden ist, die öffentliche umlagefinanzierte durch eine private kapitalgedeckte Säule der Alterssicherung zu ersetzen oder zumindest zu ergänzen. Der Verweis auf die demografische Entwicklung – also den zunehmenden Anteil älterer Menschen in der Bevölkerung – gibt dazu jedenfalls nichts her. Er beruht auf dem Denkfehler, dass der Lebensstandard der älteren Generation durch ihre Ersparnisse während ihrer aktiven Zeit gesichert werden könne. Es ist schon in den 1950er Jahren (Gerhard Mackenroth) klargestellt und in den letzten zehn Jahren (z.B. durch John Eatwell, Dean Baker, Sergio Cesaratto und viele andere) erneut dargelegt worden, dass und warum dies nicht der Fall ist: Der Konsum der Nicht-Arbeitenden in einer bestimmten Zeit kann nur durch die Produktion der in der gleichen Zeit Arbeitenden gesichert werden, unabhängig von der Konstruktion des jeweiligen Rentensystems. Auf dieser prinzipiellen Grundlage erweisen sich allerdings kapitalgedeckte Systeme als weniger umfassend, teurer und unsicherer als umlagefinanzierte. Letztere schwanken mit den Entwicklungen des Sozialproduktes, erstere mit den sehr viel schärferen Ausschlägen der Finanzmärkte.

Wie konnte es trotz dieser eigentlich klaren Argumentationslage zu einer weltweiten Lawine der Rentenreformen zugunsten privater Kapitalmärkte kommen? Diese Frage ist in der Wissenschaft vergleichsweise wenig untersucht worden. Immerhin schälen sich zwei Ansätze heraus. Der erste betrachtet langfristige gesellschaftliche Entwicklungstendenzen und politisch-ökonomische Paradigmenwechsel. Er bettet die Privatisierung der Rentensysteme in den Mitte der 1970er Jahre einsetzenden Prozess einer umfassenden neoliberalen Gegenreform gegen den keynesianisch interventionistischen Sozialstaat ein, der auch die Deregulierungs- und Privatisierungspolitik der Europäischen Union dominiert. Ökonomisch ist dieser Prozess in erheblichem Maße durch Finanzmärkte und Finanzinvestoren, durch die Entwicklung eines „finanzmarktgetriebenen Kapitalismus" gekennzeichnet. Ideologisch setzt er Individualisierung, Eigenverantwortung und Privatisierung gegen Solidarität, gesellschaftliche Verantwortung und demokratische Steuerung. Er begründet die Notwendigkeit der modernisierenden Umsteuerung des Sozialstaates durch Verweise auf Globalisierung und demografische Veränderungen. Der zweite Ansatz knüpft an die Verbands-, Einfluss- und Lobbyforschung an und identifiziert die konkreten Interessen an bestimmten Reformen sowie die wesentlichen Akteure und ihre Strategien, mit denen sie diese Interessen verfolgen und umzusetzen versuchen. Beide Ansätze ergänzen sich und sind aufeinander angewiesen.

Die hier vorgelegte Arbeit von Frau Wehlau konzentriert sich auf den zweiten Ansatz und untersucht detailliert den Einfluss der Versicherungswirtschaft sowie des Banken- und Investmentsektors auf die Konzeption, den Verlauf und das Ergebnis der Rentenreform 2001 in Deutschland. Sie zeigt, dass jenseits der allgemeinen Forderung nach Privatisierung die Interessenlage der beiden großen Finanzgruppen durchaus unterschiedlich war und dies sich auch in der Reform niederschlug. Zugleich macht die Arbeit aber auch deutlich, dass die Interessen der Finanzwirtschaft an einer Privatisierung des deutschen Rentensystems erst vor dem Hintergrund einer umfassenderen politisch-ideologischen „Modernisierungs"-Welle konkret werden und zum Zuge kommen konnten, die sich erstmals in der rot-grünen Koalition ab Ende der 1990er Jahre als Regierungsgewalt materialisierte. Es wird sich zeigen, ob die Dämpfer, die die Finanzkrise dem Glauben an die segensreiche Wirkung von finanzmarktbasierten Reformen der Sozialsysteme verpasst hat, ausreichen, um diese Welle zu brechen und Sozialpolitik auf die solide Basis gesellschaftlicher Solidarität zurückzuführen.

Prof. Dr. Jörg Huffschmid, Sudwalde im November 2008

1 Einleitung

Die gesetzliche Rentenversicherung (GRV) ist eine der wichtigsten Institutionen des deutschen Sozialstaats. Ihre zentrale Rolle resultiert aus der quantitativen und qualitativen Bedeutung für die Versicherten, die Beitragszahlerinnen und Beitragszahler, Rentnerinnen und Rentner, wie auch für die Funktionsfähigkeit des ökonomischen und gesellschaftlichen Systems.[1] Der Großteil der in Deutschland Erwerbstätigen ist in diesem staatlichen Rentensystem pflicht- oder freiwillig versichert. Gleichzeitig stellen die Leistungen der GRV die dominierende Einkommensquelle im Alter dar, denn die gesetzlichen Altersrenten machen mehr als 80% des Alterseinkommens der Rentner in Deutschland aus. Angesichts der sich verändernden ökonomischen und gesellschaftlichen Rahmenbedingungen war das „Herzstück" der sozialen Sicherungssysteme immer wieder Gegenstand von Reformen. Dabei bestand zwischen den großen Volksparteien weitgehend Einvernehmen darüber, das staatliche Rentensystem ausdrücklich nicht für parteipolitische Profilierungen und Machtkämpfe zu missbrauchen, um das Vertrauen in die Institution Rentenversicherung und die Unterstützungsbereitschaft der Bevölkerung nicht zu untergraben. Dieser parteiübergreifende „Rentenkonsens" implizierte zwar keine völlige Konfliktfreiheit. Bis Mitte der 1990er Jahre spielte die Alterssicherung in Wahlkämpfen aber keine dominierende Rolle und die großen Reformen basierten in der Regel auf parteiübergreifender Zusammenarbeit. Dabei wurde in der Rentenpolitik seit der grundlegenden Rentenreform im Jahr 1957 im Wesentlichen an dem zentralen sozialpolitischen Ziel der Lebensstandardsicherung im Alter und an der konzeptionellen Grundstruktur des Rentensystems festgehalten und auf die sich wandelnden Erfordernisse und finanziellen Probleme der GRV jeweils mit Anpassungen *innerhalb* des umlagefinanzierten Systems reagiert (so genannte *systemimmanente* Reformen).

Die „Rentenreform 2001" war in mehrfacher Hinsicht anders: Zum einen war der zweieinhalb Jahre andauernde Reformprozess deutlich von zwischen- wie auch innerparteilichen Konflikten gekennzeichnet. Der Bundestagswahlkampf 1998 wurde zum ersten „Rentenwahlkampf" in der Geschichte der Bun-

---

[1] Im Folgenden wird aus Gründen der besseren Lesbarkeit auf eine gesonderte Benennung der weiblichen Form verzichtet.

desrepublik, nach dem Regierungswechsel wurde die noch nicht in Kraft getretene Rentenreform der Vorgängerregierung wieder rückgängig gemacht, und die anschließenden „Rentenkonsensgespräche" waren primär von Dissens gekennzeichnet, bis sie schließlich ergebnislos abgebrochen wurden. Letztlich wurden die Reformgesetze gegen die Stimmen der Opposition mit zum Teil knappen Mehrheiten in Bundestag und Bundesrat verabschiedet. Zum anderen bedeutete die Rentenreform 2001 einen *rentenpolitischen Paradigmenwechsel* in Deutschland: Erstens wurde die zentrale sozialpolitische Zielsetzung der GRV, die Lebensstandardsicherung im Alter, zugunsten der Beitragssatzstabilisierung aufgegeben. Zweitens führen die damit verbundenen Leistungskürzungen der GRV und die gleichzeitige Förderung der „Riester-Rente"[2] zum Aufbau einer privaten Altersvorsorge langfristig zu einer Verschiebung der Gewichte der einzelnen Schichten der Alterssicherung zugunsten der privaten kapitalgedeckten Altersvorsorge und zulasten der umlagefinanzierten GRV. Die Rentenreform 2001 markiert damit den Einstieg in die Teil-Privatisierung der Alterssicherung und stellt eine strukturelle, *systemändernde* Reform dar.

In der wissenschaftlichen wie auch politischen Diskussion wird über die zur Begründung der Teil-Privatisierung der Alterssicherung herangezogenen Erfordernisse und Argumente äußerst kontrovers debattiert.[3] Dies gilt in besonderem Maße für die im Hinblick auf den Systemwechsel angeführten Vorteile für die in der GRV Versicherten, zumal sich die Anzeichen verstärken, dass die *Altersarmut* mittelfristig in erheblichem Maße ansteigen wird.[4] Die Diskussion über die ökonomischen, demographischen und fiskalischen Rahmenbedingungen der Rentenreform 2001 wie auch über die theoretische und empirische Stichhaltigkeit der für die Teil-Privatisierung der Alterssicherung herangezogenen Argumente soll in dieser Arbeit weder rezipiert noch inhaltlich vertieft werden. Wenn eine politische Entscheidung von dieser Tragweite – die Teil-Privatisierung der zentralen sozialstaatlichen Institution – aber nach wie vor derart umstritten ist,

---

[2] „Riester-Renten" sind private Altersvorsorgeverträge, die nach Maßgabe des im Zuge der Rentenreform 2001 verabschiedeten Altersvermögensgesetzes gesetzlich festgelegte Mindestkriterien erfüllen und staatlich zertifiziert sind. Sie wurden nach dem für die Reform zuständigen Bundesminister für Arbeit und Sozialordnung, Walter Riester (SPD), benannt, der dieses Amt 1998 bis 2002 inne hatte.
[3] Für einen Überblick siehe Fasshauer (2001); Krupp (1997); Schmähl (1998a; 2000a).
[4] Nachdem das Thema „Altersarmut" lange Zeit keine dominierende Rolle in der öffentlichen Debatte gespielt hatte, machte das ARD-Magazin „Monitor" im Januar 2008 in dem Beitrag „Arm trotz Riester - Sparen fürs Sozialamt" darauf aufmerksam, dass der Anteil derer, die im Alter auf die bedarfsabhängige Grundsicherung angewiesen sind, in Zukunft deutlich höher sein wird. Für diese Bevölkerungsgruppe, zu denen insbesondere die Geringverdiener zählen, lohne es sich trotz staatlicher Förderung grundsätzlich *nicht*, eine „Riester-Rente" abzuschließen, da die Leistungen aus der privaten Altersvorsorge – wie alle anderen Einkommens- und Vermögensarten auch – auf die bedarfsabhängige Grundsicherung angerechnet werden und die Leistungen entsprechend kürzen (MONITOR 2008a).

kann eine Analyse des Zustandekommens der Reform und der spezifischen Akteurskonstellationen Aufschluss über die gesellschaftlichen und politischen Kräfte geben, die dieser Entscheidung zugrunde liegen. Das Interesse der Arbeit richtet sich daher auf den politischen Willensbildungs- und Entscheidungsprozess, der in dieser Rentenreform mündete, sowie auf die Interessen und Strategien der am Reformprozess beteiligten Akteure.

Fragestellung

Als Ausgangspunkt für eine Analyse der polit-ökonomischen Bedingungen der Rentenreform 2001 liegt ein Blick auf jene Gruppen nahe, die in besonderem Maße von diesem „Systembruch" profitieren. Hierzu zählen auf der einen Seite die Arbeitgeber, da die paritätisch finanzierten Beiträge zur GRV nach oben begrenzt wurden, eine Beteiligung der Arbeitgeber an den Kosten der kapitalgedeckten Zusatzrente aber nicht vorgesehen ist. Zum anderen stechen insbesondere Versicherungen, Banken und Kapitalanlagegesellschaften als Nutznießer der Rentenreform hervor, denn internationale Vergleiche zur Entwicklung der Finanzmärkte und zur Verbreitung von Finanzprodukten in der Bevölkerung belegen, dass die private Altersvorsorge eine der Hauptquellen für das Wachstum der Finanzdienstleistungsbranche ist. Eine relative Aufwertung der kapitalgedeckten Privatvorsorge im Gesamtsystem der Alterssicherung führt nämlich sowohl zu einer Zunahme von Kapitalanlagen an sich als auch zu einer stärkeren Institutionalisierung der Anlagen (Deutsche Bundesbank 2002; Europäische Zentralbank 2006: 61; OECD 2003). In Deutschland stellte die vergleichsweise umfassende Bedeutung der umlagefinanzierten GRV eine relative Beschränkung für das Wachstum der Finanzdienstleistungsbranche dar (Block 1998: 22; Christen 2008: 193). Diese Beschränkung wird überwunden, wenn durch eine Senkung des Sicherungsniveaus des staatlichen, umlagefinanzierten Rentensystems – und durch die damit herbeigeführten „Versorgungslücken" – die Nachfrage auf dem Markt für private Altersvorsorge steigt (Berner 2006: 498).

Entsprechend eröffnen sich für die Finanzdienstleistungsbranche aus den im Zuge der Rentenreform 2001 beschlossenen Leistungskürzungen der GRV und der gleichzeitigen staatlichen Förderung der „Riester-Rente" neue Betätigungsfelder mit umfassenden Wachstums- und Profitmöglichkeiten (Butterwegge 2002: 329; Ganßmann 2000: 147; Lampert 2003: 10). Wenngleich die Schätzungen über das tatsächlich zu erwartende Kapitalvolumen variieren (Dresdner Bank 2001; GDV 2004; Windhövel 2004), ist in der Literatur weitgehend unstrittig, dass die schrittweise Umstellung wesentlicher Teile der Alterssicherung auf das Kapitaldeckungsverfahren den Umfang des deutschen Finanzmarktes und das

Potenzial der institutionellen Investoren als „global players" erheblich vergrößern wird (Hinrichs, K. 2005: 48; Huffschmid 2002a: 255). Zusätzlich zu dem Geschäft mit der geförderten „Riester-Rente" steht für die Finanzdienstleistungsbranche in Aussicht, „im Schlepptau der Altersvorsorge auch andere Versicherungs- oder Bankprodukte an den Mann/die Frau bringen zu können" (Unterhinninghofen 2002: 221). Die Rentenreform 2001 bedeutet daher eine „*Marktausweitung* des Finanzdienstleistungsmarktes und gezielte Nachfragezuführung, sie ist *Kapitalmarktförderungspolitik*" (Nullmeier 2001: 651, Herv. i. O.). In diesem Sinne argumentieren auch Lamping/Rüb (2004):

> „The state subsidy programme can be understood as a gigantic capital-market extension programme via the creation and motivation of private demand" (Lamping/Rüb 2004: 182).

Zusammengenommen werden die Unternehmen der Finanzdienstleistungsbranche daher als „Gewinner" der Teil-Privatisierung der Alterssicherung in Deutschland charakterisiert (Arbeitsgruppe Alternative Wirtschaftspolitik 2000; Auth 2002: 306; Die Zeit 2000a; Ganßmann 2000: 147; Karrass et al. 2004: 39; Schmähl 2003b: 350; 2004: 153; 2005: 19; Steffen 2000: 14). Die Tatsache, dass die Rentenreform 2001 insbesondere für Versicherungen, Fondsgesellschaften und Banken ein „Jahrtausendgeschäft" (Hahn 1999: 355) bzw. eine „Lizenz zum Gelddrucken" darstellt (Axel Springer Verlag 2001: 4), fasst Norbert Blüm (CDU, 1982-1998 Bundesarbeitsminister) polemisch wie folgt zusammen:

> „Je madiger die Rentenversicherung gemacht wird, umso mehr klingelt das Geld in den Kassen der Allianz. Darum geht es und um sonst nichts" (Norbert Blüm zitiert nach IG Metall 2007: 1).

Der privatwirtschaftliche Nutzen, den die Finanzdienstleistungsbranche aus der Teil-Privatisierung der Alterssicherung zieht, wirft die Frage auf, ob dieser Nutzen lediglich als positiver „Nebeneffekt" aus der Reform hervorgeht, oder ob er das ursprüngliche, wenngleich verdeckte Ziel der Reform gewesen ist. In diesem Kontext wird in der Literatur zuweilen der Standpunkt vertreten, dass die Rentenreform 2001 unter dem Einfluss der lobbyistischen Akteure der Finanzdienstleistungsbranche ausgestaltet wurde und maßgeblich deren Interesse an einer Marktausweitung bedient (siehe z.B. Christen et al. 2003: 61f.; Hinrichs, K. 2003: 18; 2005: 64; Huffschmid 2002b: 86; Meyer 2006: 12; Reimon/Felber 2003: 160f.). In diesem Sinne gelangt beispielsweise Schmähl (2004: 194) zu dem Schluss, dass der große Druck, den die Finanzmarktakteure auf den politischen Entscheidungs- und Gesetzgebungsprozess ausgeübt haben, erfolgreich gewesen sein müsse, da das Politikergebnis im Wesentlichen dem Interesse der

Einleitung

Branche entspreche. Bislang mangelt es aber an einer empirischen Analyse zur Rolle der Finanzdienstleistungsbranche im Politikfeld Alterssicherung im Allgemeinen wie auch im Zuge der Rentenreform 2001 im Besonderen. An dieser Stelle setzt die vorliegende Arbeit an. Im Mittelpunkt des Forschungsinteresses stehen die Akteurskonstellationen und das Zustandekommen der Teil-Privatisierung der Alterssicherung speziell im Hinblick auf die Rolle der Finanzdienstleistungsbranche in diesem Reformprozess. Die zentrale Fragestellung lautet:

> Welchen Einfluss hat die Finanzdienstleistungsbranche auf die Teil-Privatisierung der Alterssicherung im Zuge der Rentenreform 2001 ausgeübt?

Das Ziel der Untersuchung besteht darin, die Rolle der Finanzdienstleistungsbranche beim Zustandekommen der Rentenreform 2001 zu bestimmen. Hierzu werden zum einen die Spezifika des rentenpolitischen Policy-Netzwerks und die Position der Finanzdienstleistungsbranche im Netzwerk herausgearbeitet, da diese den Zugang der Branche zum Netzwerk und deren Einflussmöglichkeiten determinieren. Zum anderen richtet sich die Untersuchung explizit auf die Analyse des konkreten Einflusses der Finanzdienstleistungsbranche auf die Rentenreform 2001. Hierzu werden die Interessen, Zielvorstellungen und Forderungen der Finanzdienstleistungsbranche im Politikfeld Alterssicherung untersucht sowie die Mittel und Strategien rekonstruiert, mit denen die Unternehmen und Verbände der Branche im Verlauf des Reformprozesses auf das politische System eingewirkt haben. Abschließend gilt es zu überprüfen, inwiefern die konzeptionelle Ausrichtung dieser Rentenreform im Allgemeinen wie auch die Ausgestaltung konkreter Sach- und Detailaspekte im Besonderen den Interessen der Finanzdienstleistungsbranche entsprechen.

Eine systematische Auseinandersetzung mit der Durchsetzung von Finanzinteressen in der Rentenpolitik ist in zweifacher Hinsicht von Relevanz: Einerseits gibt die empirische Recherche Aufschluss über die Bedeutung und Wirkung der Interessenvertretung der Verbände und Unternehmen der Finanzdienstleistungsbranche speziell im Politikfeld Alterssicherung. Andererseits können aus den Ergebnissen Schlussfolgerungen zu den politischen und gesellschaftlichen Triebkräften, denen die Rentenpolitik ausgesetzt ist, und zur Ausrichtung sozialstaatlichen Handelns speziell hinsichtlich der beteiligten Akteure abgeleitet werden. Dies ist insbesondere vor dem Hintergrund von Bedeutung, dass nach der Verabschiedung der „Riester-Rente" weitere rentenpolitische Reformen initiiert wurden und der im Politikfeld Alterssicherung unter der rot-grünen Bundesregierung begonnene „Reformmarathon" wie auch das Lobbying der Finanzdienstleistungsbranche keinesfalls als beendet zu betrachten sind.

Stand der Forschung

Das Politikfeld Alterssicherung in Deutschland wie auch die Implementierung der deutschen Rentenpolitik sind wissenschaftliche Felder, die in den unterschiedlichen Disziplinen bereits gründlich erforscht sind. Da das Rentensystem selbst aber nicht starr, sondern permanent im Wandel ist, bestehen offene Fragen und Forschungslücken, speziell auch im Hinblick auf den vorliegenden Untersuchungsgegenstand: In der deutschen wie auch angelsächsischen wohlfahrtsstaatlichen Literatur war lange Zeit die These weit verbreitet, dass ein (etabliertes) umlagefinanziertes Alterssicherungssystem aufgrund von Pfadabhängigkeiten strukturell nicht bzw. nur sehr schwer umzugestalten sei (siehe z.B. Lamping/Rüb 2004: 186; Müller, Katharina 2001: 66).[5] Gerade das deutsche Rentensystem galt gemeinhin als schwer reformierbar und die deutsche Rentenpolitik gar als „Musterbeispiel der Pfadtreue" (Schmidt, M. G. 2003: 247), so dass eine systemändernde Reform bis Mitte der 1990er Jahre unwahrscheinlich und politisch kaum durchsetzbar schien (Hinrichs, K. 1998, 2000a). Mittlerweile zeugen die realen Entwicklungen und Reformerfahrungen in Deutschland wie auch in anderen Ländern der Europäischen Union allerdings davon, dass die Pfadabhängigkeit und die politische Nichtdurchsetzbarkeit systemändernder Rentenreformen in der Vergangenheit offensichtlich überbetont worden sind (Bleses/Seeleib-Kaiser 2004; Hegelich 2006: 14; Müller, K. 2003b). Der *partielle* Wechsel vom öffentlichen Umlage- zum privaten Kapitaldeckungsverfahren – wie er in Deutschland durch die Rentenreform 2001 eingeleitet wurde – legt zwar nahe, dass ein *radikaler* Systemwechsel nicht gewagt wurde. Allerdings laufen die, auf den ersten Blick relativ „bescheidenen", Veränderungen durch die Rentenreform 2001 langfristig auf einen völlig neuen rentenpolitischen Kurs hinaus (Busemeyer 2006: 403; Lamping/Vergimst 2004). Die Rentenreform hat somit den „Siegeszug des Mehrsäulenparadigmas in der bundesdeutschen Rentenpolitik" eingeläutet (Bönker 2005: 337).[6] *Dass* die Rentenreform 2001 einen „rentenpolitischen Paradigmenwechsel" darstellt, mit dem in der deutschen Rentenpolitik eine neue Gewichtung der einzelnen Schichten der Alterssicherung vollzogen wurde, ist unbestritten und in der wissenschaftlichen Literatur bereits

---

[5] Zur Tendenz weit entwickelter Wohlfahrtsstaaten, in „institutioneller Erstarrung" zu verharren, siehe auch Esping-Andersen (1990); Haverland (2001); Pierson (1994; 2001); Siegel (2002: 357ff.).

[6] Mit der Rentenreform 2001 ist die deutsche Alterssicherungspolitik in neue Bahnen gelenkt worden, so dass künftige Reformen mit sehr hoher Wahrscheinlichkeit innerhalb dieses neuen Paradigmas stattfinden werden. Die Tendenz zur stärkeren Privatisierung der Alterssicherung ist daher nicht als abgeschlossen anzusehen; vielmehr werden das umlagefinanzierte Basissystem voraussichtlich weiter zurückgedrängt und kapitalgedeckte Zusatzsysteme künftig weiter ausgebaut werden (Ebert 2001: 182; Hinrichs, K./Kangas 2003; Lamping/Rüb 2004: 170; Rüb 2003: 266ff.; Schmähl 2002: 49; 2004: 194).

Einleitung 21

ausführlich dargelegt worden (siehe insbesondere Lamping/Rüb 2004; Nullmeier 2003; Rüb 2003; Schmähl 2001, 2004).[7] Im Unterschied dazu liegen nur vergleichsweise wenig Arbeiten zu den Bedingungsfaktoren dieser systemändernden Rentenreform vor: Hierzu zählen zum einen länderübergreifende Forschungsarbeiten, welche insbesondere die Parallelen und Unterschiede in der deutschen Rentenpolitik im Vergleich zu den Entwicklungen in anderen (europäischen) Ländern analysieren (siehe z.b. Busemeyer 2005; Ginn et al. 2007; Haverland 2001; Hinrichs, K./Kangas 2003; Hülsmann et al. 2001; Lamping/Vergimst 2004: 21ff.) und den Einfluss internationaler Institutionen und Entwicklungen auf die deutsche Alterssicherungspolitik untersuchen (Hering 2004a; Maier-Rigaud 2006; Schmähl 2005). Zum anderen haben sich einige politikwissenschaftliche Forschungsarbeiten mit dem Zustandekommen der Rentenreform 2001 und den spezifischen Gegebenheiten dieses Reformprozesses beschäftigt: Die Darstellungen des Entstehungsprozesses der Rentenreform 2001 beziehen sich einerseits auf den formalen Ablauf des parlamentarischen Gesetzgebungsverfahrens (z.B. Dünn/Fasshauer 2001; Myßen in Kirchhof et al. 2004: 101). Andererseits wird dieser Reformprozess in die Entwicklung des Politikfeldes Alterssicherung eingebettet bzw. die deutsche Rentenpolitik insgesamt betrachtet und dabei auf bestimmte Spezifika dieses Reformprozesses verwiesen (Busemeyer 2006; Lamping/Rüb 2004, 2006; Ney 2001; Schulze/Jochem 2004; Vail 2003). Weitere Forschungsarbeiten thematisieren die Auswirkungen der Rentenreform 2001 auf das Gesamtsystem der Alterssicherung und diskutieren deren Bedeutung für die sozialstaatliche Entwicklung an sich wie auch für die Handlungsspielräume staatlicher Rentenpolitik (siehe z.B. Berner 2005, 2006; Czada 2004; Hinrichs, K. 2000b; Leibfried/Obinger 2003; Meyer 2006; Schmähl 2002, 2003a, 2004; Streeck/Trampusch 2005).

Gegenstand wissenschaftlicher Forschungsarbeiten ist des Weiteren die „Rentenpolitik unter Rot-Grün", zumal innerhalb der SPD ein deutlicher „Modernisierungstrend" stattgefunden hat, der sich auch in der rentenpolitischen Ausrichtung der Sozialdemokraten manifestierte (Auth 2002; Butterwegge 2002; Eicker et al. 2002; Gohr/Seeleib-Kaiser 2003; Hering 2004b; Meyer 2006; Schmidt, M. G. 2003; Unterhinninghofen 2002; Urban 2000). Hervorzuheben sind in diesem Zusammenhang insbesondere die akteursbezogenen Analysen zum Reformprozess: Simon Hegelich (2006) stellt im Rahmen einer Längsschnittanalyse zu den Reformkorridoren des deutschen Rentensystems die These der Pfadtreue in Frage und kommt zu dem Schluss, dass während der einzelnen Zäsuren der deutschen Rentenpolitik unterschiedliche Handlungsspielräume für die Arbeitgeber- und die Arbeitnehmerseite bestanden, aus denen er die Auswei-

---

[7] Zur rentenpolitischen Diskontinuität und Abweichung von der bisherigen Rentenpolitik durch die Rentenreform 2001 siehe die Ausführungen in Kap. 3.4 und die dort angegebene Literatur.

tung, den Umbau und den Abbau rentenpolitischer Leistungen ableitet. Ähnlich wie Hegelich konzentriert sich auch Christine Trampusch (2004; 2005a) ausschließlich auf die kollektiven Akteure Arbeitnehmer, Arbeitgeber sowie administratives System, so dass weitere Akteure, wie beispielsweise Wirtschaftsverbände oder Großunternehmen, bei der Betrachtung unberücksichtigt bleiben. Demgegenüber verweist die Analyse von Frank Bönker (2005) zu den Bedingungsfaktoren des „Siegeszuges des Mehrsäulenparadigmas" in Deutschland darauf, dass es grundsätzlich vorteilhaft für die Durchsetzung eines neuen Paradigmas ist, wenn dieses von „mächtigen Interessengruppen" unterstützt wird, wie beispielsweise im Fall der Rentenreform 2001 durch den Finanzsektor (Bönker 2005: 345, 352). Schließlich ist das politische Ringen zwischen den Bundestagsparteien im Verlauf des Reformprozesses Bestandteil der Studienarbeiten von Ingo Nürnberger (2002) und Thomas Heimpel (2003), die sich jeweils in der Form von Politikfeldanalysen mit dem Politikprozess zur Einführung der „Riester-Rente" beschäftigen. Diese Arbeiten beschränken sich methodisch aber jeweils auf den engen Kern des rentenpolitischen Policy-Netzwerks und berücksichtigen als entscheidungsrelevante Akteure weder das Bundesfinanzministerium noch die Finanzdienstleistungsbranche; es findet lediglich en passant Erwähnung, dass beide institutionell an der Gesetzesentstehung beteiligt waren. Die Untersuchung von Thomas Alboth (2004) zur „Rentenpolitik unter Rot-Grün" schließt zwar den Gesamtverband der Deutschen Versicherungswirtschaft als relevanten Akteur ein, beschränkt sich zeitlich aber auf die Anhörungen im Bundestag und bildet somit nur einen kleinen Bruchteil des Reformprozesses ab.

In ihrer Gesamtheit legen die Forschungsergebnisse nahe, dass der Verlauf der Rentenpolitik seit Mitte der 1990er Jahre allein mit Pfadabhängigkeiten, der neuen parteipolitischen Zusammensetzung der Regierung oder auch externen (demographischen oder ökonomischen) Entwicklungen nicht hinreichend zu erklären ist (Nullmeier 2003: 183f.). Gleichzeitig wird – mitunter relativ unspezifisch – konstatiert, dass die Finanzdienstleistungsbranche in ihrem privatwirtschaftlichen Interesse an einer Ausweitung des Marktes für Altersvorsorgeprodukte auf den „Systembruch" in der Alterssicherung hingewirkt hat (Arbeitsgruppe Alternative Wirtschaftspolitik 2000; Auth 2002: 306; Brettschneider 2008; Die Zeit 2000a; Karrass et al. 2004: 39; Schmähl 2003b: 350; 2004: 153; 2005: 19; Steffen 2000: 14).[8] In diesem Sinne betont auch Schmähl:

---

[8] Im Hinblick auf die zukünftige Ausgestaltung der Rentenpolitik wird attestiert, dass insbesondere die verbandlichen Vertreter der Finanzbranche aufgrund der durch die Rentenreform 2001 gestärkten Rolle der Privatvorsorge im Gesamtsystem der Alterssicherung als „neue Akteure" im rentenpolitischen Policy-Netzwerk einzustufen sind und sich deren Beteiligung an Reformprozessen zukünftig auch auf die inhaltliche Ausrichtung der Rentenpolitik auswirken wird (Hinrichs, K. 2000a: 96; Lamping/Rüb 2004: 182f.; Nullmeier 2001: 654ff.; 2003: 179; PEN-REF Consortium 2002: 37).

Einleitung 23

"It is not surprising that the insurance industry, banks, investment funds highly favoured such reform strategies (...) The interaction of different actors and the interests involved are a topic that still needs a closer analysis in order to explain the political process that finally resulted in the 2001 reform package" (Schmähl 2002: 20).[9]

Die vorliegende Untersuchung greift den hier konkret geäußerten Forschungsbedarf auf, denn bislang fehlt es an einer theoretisch wie auch empirisch fundierten Forschungsarbeit zum Einfluss der Finanzdienstleistungsbranche im Politikfeld Alterssicherung in Deutschland und speziell im Hinblick auf den politischen Willensbildungs- und Entscheidungsprozesses zur Rentenreform 2001.

Aufbau der Arbeit

Angesichts des dargelegten Forschungsinteresses widmet sich die vorliegende Arbeit der ausführlichen Analyse des Einflusses der Finanzdienstleistungsbranche beim Zustandekommen der Rentenreform 2001. Hierzu ist die Arbeit im Einzelnen wie folgt aufgebaut:

Im Anschluss an diese einleitenden Ausführungen wird in *Kapitel 2* ein theoretischer Rahmen zur Analyse des Einflusses (privatwirtschaftlicher) Interessen im politischen System erarbeitet. Als Einstieg erfolgt eine Konkretisierung zentraler Begriffe, wobei insbesondere zu klären ist, was unter „Lobbyismus" und „politischer Einflussnahme" zu verstehen ist. Der Überblick über die einschlägigen theoretischen Ansätze der Einfluss- und Verbändeforschung, die sich mit unterschiedlichen Schwerpunkten der Interessenvermittlung im politischen System auseinandersetzen, erfolgt speziell hinsichtlich der Erkenntnisse zu den Voraussetzungen und Bedingungsfaktoren einer (erfolgreichen) Interessenvertretung. Im Kern geht es hierbei um die Frage, worauf sich politischer Einfluss gründet und wodurch die Durchsetzungschancen von Interessen determiniert werden. Auf der Grundlage der empirischen Ergebnisse der Einfluss- und Verbändeforschung werden anschließend das Spektrum und die Struktur der Interessenvermittlung in Deutschland dargelegt, d.h. es wird aufgezeigt, welche lobbyistischen Akteure mit welchen Mitteln und Strategien Einfluss auf welche Adressaten ausüben. Die Schlussfolgerungen aus den theoretischen Vorüberlegungen bilden das Gerüst für die empirische Analyse zum Einfluss der Finanzdienstleistungsbranche auf die Rentenreform 2001.

Da der zentrale Ausgangspunkt der vorliegenden Arbeit ein spezifischer rentenpolitischer Entscheidungsprozess in Deutschland ist, wird in *Kapitel 3* ein Überblick über die ökonomischen Grundsätze der Alterssicherung im Allgemei-

---

[9] In diesem Sinne siehe auch Lamping/Rüb (2006: 482f.); Leif/Speth (2003a: 29).

nen wie auch über die Grundzüge des bundesdeutschen Gesamtsystems der Alterssicherung im Besonderen gegeben. In Deutschland hat sich im Verlauf der sozialpolitischen Gesetzgebung ein Gesamtsystem der Alterssicherung herausgebildet, das aus drei unterschiedlich stark gewichteten Schichten bzw. Säulen besteht: Die zentrale Komponente dieses Systems ist die gesetzliche Rentenversicherung, die durch betriebliche Altersversorgung wie auch durch Formen der privaten Altersvorsorge ergänzt werden kann. Mit der zum 1. Januar 2002 in Kraft getretenen Rentenreform 2001 ist ein rentenpolitischer Paradigmenwechsel eingeleitet worden, der in diesem Kapitel ausführlich dargestellt wird.

Das *Kapitel 4* widmet sich auf der Ebene der „formalen" Entscheidungsträger des politisch-administrativen Systems dem Willensbildungs- und Entscheidungsprozess, der dieses Politikergebnis – die Rentenreform 2001 – hervor gebracht hat. Vor dem Hintergrund der allgemeinen rentenpolitischen Vorgeschichte und früherer Rentenreformen durchlief die Rentenreform 2001 die klassischen Stationen eines Policy-Cycles vom Agenda-Setting und der Problemformulierung über die Konzept- und Programmentwicklung bis zur Entscheidungsfindung im Bundestag und im Bundesrat. Die Ausführungen konzentrieren sich dabei speziell auf den formellen Ablauf des Reformprozesses, auf die inhaltliche und strategische Positionierung der am Reformprozess beteiligten Akteure sowie insbesondere auf die kritischen Streitpunkte und die Diskussionen um die Förderung der privaten Altersvorsorge.

Die *Kapitel 5 und 6* stellen den Hauptteil der Arbeit dar. In diesen beiden zentralen Kapiteln erfolgt die empirische Analyse zur Rolle der Finanzdienstleistungsbranche beim Zustandekommen der Rentenreform 2001:

Die Einflussmöglichkeiten der Finanzdienstleistungsbranche im Politikfeld Alterssicherung hängen – neben anderen Bedingungsfaktoren – grundsätzlich auch von dem Zugang der lobbyistischen Akteure zum rentenpolitischen Entscheidungskern ab. Angesichts dessen erfolgt in *Kapitel 5* eine Analyse der spezifischen Struktur und Beschaffenheit des rentenpolitischen Policy-Netzwerks und der Veränderungen, die auf institutioneller wie auch auf individueller Ebene seit Mitte der 1990er Jahre bzw. seit dem Regierungswechsel im Jahr 1998 stattgefunden haben. Im Zentrum steht dabei die Frage, inwiefern institutionelle Veränderungen im Policy-Netzwerk und/oder personelle Wechsel auf rentenpolitisch relevanten Positionen zum einen den Zugang der Finanzdienstleistungsbranche zum entscheidungsrelevanten Kern begünstigt und zum anderen die Offenheit im Politikfeld für Problemlösungen jenseits pfadabhängiger Politik befördert haben.

Das *Kapitel 6* adressiert schließlich ausführlich den Einfluss der Finanzdienstleistungsbranche auf den politischen Entscheidungsprozess zur Rentenreform 2001. Hierzu werden zunächst die grundsätzlichen Interessen der Finanzdienstleistungsbranche im Politikfeld Alterssicherung im Allgemeinen wie auch die im Verlauf des Reformprozesses artikulierten Forderungen und Zielvorstellungen im Besonderen aufgezeigt, wobei die Darstellung sektorspezifisch und parallel zum politischen Entstehungsprozess der Reform erfolgt. Im Anschluss daran stehen die Methoden und Strategien der Finanzdienstleistungsbranche im Mittelpunkt der Untersuchung, d.h. auf welche Weise und mit welchen Mitteln die Unternehmen und Verbände versucht haben, ihre Interessen im Reformprozess geltend zu machen. Hierzu erfolgt eine Analyse der lobbyistischen Aktivitäten und Beziehungsstrukturen der Finanzdienstleistungsbranche, die analog zu den unterschiedlichen Aktions- und Beziehungsformen der Einflussnahme untergliedert ist, namentlich in institutionalisierte Beziehungen, personelle Verflechtungen, finanzielle Beziehungen, informelle Beziehungen und Öffentlichkeitsarbeit. Schließlich wird untersucht, inwieweit die konzeptionelle Ausrichtung des Reformvorhabens wie auch die konkrete Ausgestaltung von Sach- und Detailfragen der Reform den inhaltlichen Zielvorstellungen und Forderungen der Finanzdienstleistungsbranche entsprechen. Anhand der Untersuchungsergebnisse wird aufgezeigt, in welchem Ausmaß die Finanzdienstleistungsbranche beim Zustandekommen der Rentenreform Einfluss geltend machen konnte.

Die Schlussbetrachtung in *Kapitel 7* greift die zentralen Ergebnisse und Erkenntnisse der empirischen Untersuchung auf und stellt diese im Gesamtzusammenhang dar. Vor dem Hintergrund der Untersuchungsergebnisse werden abschließend ein Überblick über die jüngsten rentenpolitischen Entwicklungen und ein Ausblick auf die bestehenden Perspektiven gegeben, da dieses zentrale sozialpolitische Projekt der Reform der Alterssicherung wie auch das Lobbying der Finanzdienstleistungsbranche in diesem Politikfeld mit Inkrafttreten der Rentenreform 2001 keineswegs als abgeschlossen zu betrachten ist.

2 Theoretischer Rahmen

In demokratisch organisierten Gesellschaftssystemen resultieren Politikergebnisse wie auch Reformen nicht ausschließlich aus externen Sachzwängen oder sozialstrukturellen Bedingungen, sondern sie entstehen auch aus Entscheidungs- und Aushandlungsprozessen, an denen unterschiedliche politische und gesellschaftliche Akteure beteiligt sind. In Deutschland ist es, wie in allen westlichen Demokratien, zu einer Zunahme von gesellschaftlichen Akteuren gekommen, die bestrebt sind, politische Entscheidungen in ihrem Interesse zu beeinflussen. In diesem Kontext wird in der wissenschaftlichen Literatur insbesondere Verbänden als Organisationen der Interessenvermittlung ein besonderer Stellenwert eingeräumt (Kleinfeld et al. 1996). Zur Erklärung der Entstehung von Verbänden und zur Analyse ihrer Rolle im politischen System sind in der Politik- wie auch in der Wirtschaftswissenschaft unterschiedliche theoretische Ansätze entwickelt worden. Die Vielfalt und Fortentwicklung dieser Forschungsrichtungen, die sich in verschiedenen „Wellen der Verbändeforschung" (Almond zitiert nach Czada 1994: 37) manifestieren, ist nicht zuletzt auch darauf zurückzuführen, dass politische Systeme und auch das Verhältnis zwischen dem Staat und gesellschaftlichen Interessenverbänden selbst einem steten Wandel unterworfen sind. Jeder der theoretischen Erklärungsansätze bildet jeweils einen Teilbereich des Einflusses von organisierten Interessen im politischen Willensbildungsprozess ab und die Bandbreite der wissenschaftlichen Wahrnehmung des Phänomens der politischen Einflussnahme reicht von der Befürchtung einer „Herrschaft der Verbände" in den 1950er Jahren (Eschenburg 1955) bis hin zu der Aussage zu Beginn des 21. Jahrhunderts: „Der Lobbyismus regiert ein bisschen mit. Und das ist gar nicht übel" (Alemann 2000b: 6). Allerdings hat sich die Wissenschaft für „die Techniken und Methoden der Interessendurchsetzung als einem der wirksamsten Mittel der Verbandspolitik (...) kaum interessiert" (Leif/Speth 2003a: 11).

Aufgrund der zentralen Fragestellung der Arbeit – die politische Einflussnahme der Finanzdienstleistungsbranche auf die Rentenreform 2001 – steht das Agieren von lobbyistischen Akteuren im politischen System der BRD im Mittelpunkt der Untersuchung. Folglich werden zunächst die theoretischen Ansätze der Verbände- und Einflussforschung rekapituliert und das Spektrum der Interessenvermittlung in Deutschland identifiziert. Als Einstieg dient eine Konkretisierung der zentralen Begriffe, die für die anschließenden theoretischen Überlegungen entscheidend sind (Kap. 2.1). Der Überblick über die einschlägigen theoretischen Ansätze der Verbändeforschung belegt die Vielschichtigkeit der wissenschaftlichen Bearbeitung dieses Phänomens (Kap. 2.2), und es zeigt sich, dass das Spektrum und die Struktur der Einflussnahme durch eine zunehmende Vielfalt der lobbyistischen Akteure wie auch der Methoden der Einflussnahme geprägt sind (Kap. 2.3). Auf dieser Grundlage werden Schlussfolgerungen für die Bestimmung lobbyistischer Einflussnahme gezogen (Kap. 2.4).

2.1 Begriffliche Grundlagen

Zwischen wie auch innerhalb der sozialwissenschaftlichen Disziplinen werden im Hinblick auf die Interessen- und Verbändeforschung verschiedene Begriffe angewandt, die in der Regel auf den konkreten Betrachtungsgegenstand hin ausgerichtet werden. Aus diesem Grund ist es zunächst erforderlich, die für die vorliegende Arbeit zentralen Begriffe voneinander abzugrenzen und ihre Bedeutung und Anwendung zu erläutern.

Unter *Interesse* wird gemeinhin ein das Handeln bestimmender Faktor verstanden, der aus den Bedürfnissen der Individuen (z.B. Freiheit, Bildung) entsteht und als Impuls wirksam wird (Naßmacher, H. 2002: 6). Im Unterschied zu ziellosen Wünschen, Meinungen und Empfindungen stehen Interessen in einem Zusammenhang mit dem Handlungssubjekt und einem bzw. mehreren Objekten, d.h. dass ein Interesse das Ergebnis einer Beziehung ist und daher nur in einem sozialen Kontext existiert (Weber 1977: 37, zitiert nach Naßmacher, H. 2002: 6). In der Politikwissenschaft werden drei Dimensionen des Interessenbegriffs voneinander abgegrenzt, namentlich die individuelle Dimension, die sich auf den Antrieb der Individuen zur Befriedigung ihrer eigenen Bedürfnisse bezieht, die materielle Dimension, die über eine Basisversorgung zur Befriedigung der Grundbedürfnisse hinaus auf das Erreichen und die Mehrung von Nutzen in der Interaktion mit anderen Individuen abzielt, sowie die ideelle bzw. gesellschaftlich-politische Dimension, die sich auf die Auseinandersetzung der konkurrierenden Nutzenprofile im Hinblick auf subjektive oder weltanschauliche Vorstellungen bezieht (Alemann 1987: 27ff.). Wenn Individuen über ähnliche oder gleichgerichtete Interessen verfügen, können sie sich zur Verfolgung ihrer materiellen und ideellen Zielvorstellungen zusammenschließen und organisieren. In der Literatur haben sich für *organisierte Interessen,* mit deren Hilfe gesellschaftliche Gruppen ihre Interessen artikulieren und als Forderungen an politische Entscheidungsträger herantragen, die Begriffe *Interessengruppe* und *Verband* oder auch *Interessenverband* weitgehend durchgesetzt (Abromeit 1993: 35;

Begriffliche Grundlagen 29

Beyme 1980).[10] Die beiden konstituierenden Eigenschaften von Verbänden sind, dass sie einzelne oder spezielle Interessen vertreten und ähnlich wie Parteien versuchen, dauerhaft auf politische Entscheidungen Einfluss zu nehmen, was sie von sonstigen gesellschaftlichen Organisationen, wie z.B. Kegelclubs, unterscheidet. Im Gegensatz zu Parteien nehmen Verbände aber nicht an Wahlen teil, d.h. sie streben keine politischen Mandate an und zielen nicht auf die Übernahme von Regierungsverantwortung ab (Naßmacher, K.-H. 1973: 78; Norton 1999: 2). In dieser Arbeit werden die Begriffe *Verband*, *Interessenverband* und *Interessengruppe* synonym verwandt und bezeichnen im Folgenden

> „eine auf Dauer angelegte Vereinigung, die – ohne politische Partei zu sein – sich darum bemüht, staatliche Entscheidungen in ihrem Sinne zu beeinflussen" (Schütt-Wetschky 1997: 9).

Demgegenüber ist der Begriff der *lobbyistischen Akteure* (oder kurz: *Lobbyisten*) weiter gefasst und beinhaltet neben den Verbänden weitere Akteure, die im politischen System zur Durchsetzung von Einzelinteressen aktiv sind.[11] Hierzu zählen insbesondere Großunternehmen, Public Relations- und Public Affairs-Agenturen, Anwaltskanzleien sowie Politikberatungsagenturen. Unter *Lobbyismus* bzw. *Lobbying* wird im Folgenden stets *politische Einflussnahme* gemeint im Sinne des Versuchs, die Sonderinteressen der Mitglieder oder Auftraggeber

> „durch Mitwirkung und/oder Einwirkung auf Regierung und Ministerialbürokratie, Parlament, Parteien und Öffentlichkeit im politischen Willensbildungs- und Entscheidungsprozess zur Geltung [zu] bringen" (Massing 2000: 210).

Dabei richtet sich Lobbying als Form der Interessenvertretung gezielt auf die Beeinflussung eines „Issue", ist zumeist eingebettet in eine umfassende Strategie des öffentlichen Auftritts, der so genannten Public Relations oder Public Affairs, und der allgemeinen Kontaktpflege zu politischen Entscheidungsträgern (Klein-

---

[10] Interessengruppen oder Verbände werden auch als *Einflussverbände* oder *Pressure Groups* bezeichnet. Während der Begriff *Verband* eher auf die Organisationsstruktur von Interessengruppen abzielt, betonen die beiden anderen Begriffe eher deren lobbyistische Funktion und die Vorgehensweise der politischen Einflussnahme durch organisierte Interessen (Naßmacher, H. 2002: 79; Steinberg 1989: 218; Vieler 1986: 7f.; Winter/Willems 2007: 21).

[11] Der Begriff „Lobby" stammt vom lateinischen Wort „Labium" ab und bezeichnet allgemein eine Wartehalle oder einen Vorraum. Im Kontext der Interessenvertretung bezog sich der Begriff Lobby zunächst auf die Vorhalle des Parlaments, in der die Interessenvertreter den Zugang zu den Parlamentariern suchten und sie an ihre mögliche Abwahl erinnerten. Mittlerweile erstreckt sich der Begriff im übertragenen Sinne auf das Vordringen von Interessenvertretern in Institutionen. Die Bezeichnung Lobbyist gilt dabei als Überbegriff für Akteure, die versuchen Einfluss auf politische Entscheidungsträger auszuüben (Eckert 2005: 268; Sebaldt/Straßner 2004: 19f.; Strauch 1993: 5f.).

feld et al. 2007: 10). Das Ziel lobbyistischer Akteure besteht darin, ein politisches Ergebnis zu erzeugen, das den eigenen Sonderinteressen entspricht bzw. diesen nicht entgegensteht (Alemann 1987: 172; Zumpfort 2004). D.h. das Lobbying zielt auf eine Veränderung gesetzlicher Rahmenbedingungen, um Wettbewerbsvorteile zu erlangen bzw. Wettbewerbsnachteile zu verhindern (Joos 1998: 27). Der Begriff *Einfluss* bezieht sich schließlich auf das Ergebnis des Lobbyismus, nämlich die durch die Aktivitäten und Beziehungsstrukturen lobbyistischer Akteure erreichte Ausrichtung bzw. Veränderung einer staatlichen Entscheidung (in Anlehnung an Adam 2007: 136f.). Der Erfolg der Einflussnahme kann sich über die bewirkten Veränderungen eines konkreten Politikergebnisses hinaus auch in dem in der Öffentlichkeit entstandenen Bild des Akteurs oder in einer Verbesserung dessen „Machtposition" ausdrücken (Dieckmann 1981: 40).

2.2 Theoretische Ansätze der Einfluss- und Verbändeforschung

In der Verbändeforschung konkurrieren unterschiedliche theoretische Ansätze miteinander, die allesamt für sich in Anspruch nehmen, die zentralen Fragen zur Entstehung und zum Einfluss der Interessengruppen auf Politikergebnisse, zur Funktion von Verbänden im politischen System und zum Verhältnis zwischen den verbandlichen Sonderinteressen und einem, wie auch immer verstandenem Gemeinwohl, zu beantworten. Die hierfür relevanten Erkenntnisse lassen sich den Ansätzen des Pluralismus (Kap. 2.2.1) und Korporatismus (Kap. 2.2.2), der Konflikttheorie (Kap. 2.2.3) und Netzwerktheorie (Kap. 2.2.4) sowie der Neuen Politische Ökonomie (Kap. 2.2.5) zuordnen.

2.2.1 Pluralismustheorie

In der sozialwissenschaftlichen Forschung zum Einfluss von Interessen in politischen Systemen hat in den 1960er Jahren der Pluralismusansatz als Paradigma eine herausragende Stellung eingenommen. Pluralismus bezeichnet grundsätzlich die Tatsache, dass in komplexen Gesellschaften vielfältige, heterogene Interessen vorzufinden sind (Oberreuter 1980: 28). Laut Pluralismustheorie können sich die zahlreichen unterschiedlichen gesellschaftlichen Interessen in gleicher Weise organisieren. Ganz unabhängig von der Größe, dem Organisationsgrad oder der Art des Interesses sind sie in der Lage, gleichberechtigt am politischen Willensbildungsprozess teilzunehmen und ihre Interessen durchzusetzen (Straßner 2004: 30). Das Zusammenspiel, die Auseinandersetzung und der Wettstreit der Interessen führen bei Beachtung bestimmter „Spielregeln" des politischen Systems – in

Form eines Ordnungsrahmens und Regeln für die Auseinandersetzung – zu einer produktiven Konfliktaustragung, aus der sich schließlich *a posteriori* das Gemeinwohl konstituiert (Schmid 1998: 34f.; Straßner 2004: 31). Das Gemeinwohl ist demnach das Ergebnis des freien pluralistischen Konkurrenzspiels gesellschaftlicher Kräfte (Fraenkel 1973: 42) und sollte verstanden werden

> „als die Resultante, die sich aus dem Parallelogramm der Kräfteentfaltung der verschiedenen Interessen verfolgenden pluralistischen Gruppen und deren Organisationen ergibt" (Reese-Schäfer 1996: 323).

Die Macht der verschiedenen gesellschaftlichen Gruppen und Organisationen, die dem Staat fordernd als „Pressure Groups" gegenüberstehen (Winter 2003: 37), wird theoretisch dadurch beschränkt, dass sich als Reaktion auf die Erstarkung einer Organisation quasi automatisch eine gleichmächtige Gegenorganisation bildet, mit der sie um gesellschaftliche, wirtschaftliche und politische Macht konkurriert (Woyke 2003). Dabei wird betont, dass die Beteiligung der Verbände am Prozess der politischen Willensbildung die Qualität der allgemeinverbindlichen politischen Entscheidungen deutlich erhöht, da die Verbände über wichtige Informationen sowie Sachverstand verfügen und hiermit zum öffentlichen Diskurs beitragen (Reutter 2001b: 18). Aus Sicht der Pluralismustheorie ist eine Beteiligung der Verbände am demokratischen Willensbildungsprozess nicht nur legitim, sondern geradezu erforderlich, um gesellschaftliche Interessen zu integrieren und politische Entscheidungen zu legitimieren: Während die allgemeinen Wahlen keine ausreichende Grundlage für konkrete Politikprozesse darstellen, werden politische Entscheidungen, die aus dem pluralistischen Zusammenspiel organisierter und nicht-organisierter gesellschaftlicher Kräfte hervorgehen, von allen an den Entscheidungen beteiligten Kräften akzeptiert und mitgetragen (Hirner 1993: 141; Reutter 2001b: 18; Straßner 2004: 30).

Die Kritik an der Pluralismustheorie richtet sich insbesondere auf deren Fokussierung auf den Prozess der Interessenartikulation sowie auf die annahmemäß gleichberechtigte Organisations- und Durchsetzungsfähigkeit aller Interessen. Auf diese Weise werden die Existenz von nicht-organisationsfähigen und nicht-konfliktfähigen Interessen konzeptionell ausgeschlossen sowie Macht- und Einflussstrukturen ausgeblendet (Reutter 2001b: 18), denn im Verbandssystem

> „seien gerade nicht alle möglichen Interessen adäquat repräsentiert und diese befinden sich eben nicht in einem gesellschaftlichen Machtgleichgewicht, wie es von den Pluralismustheorien oft suggeriert wird" (Alemann/Heinze 1979: 18).

In der politischen Realität zeichnet sich vielmehr eine zunehmend korporatistische Einbindung der Großverbände bei der politischen Willensbildung ab. Vor allem große, konfliktfähige Wirtschaftsverbände und Gruppierungen wie auch kleine, aber gut organisierte Gruppen verfügen über einen privilegierten Zugang zur Politik, während soziale Randgruppen schlechter zu organisieren sind und weniger Einflusschancen haben (Reese-Schäfer 1996: 327; Schmid 1998: 37f.).

2.2.2 Korporatismustheorie

In der Verbändeforschung erfolgte in den 1970er/1980er Jahren ein Paradigmenwechsel hin zum Korporatismus, der mit der pluralistischen Konzeption verwandt bzw. ihr untergeordnet ist, aber den institutionalisierten Formen der Beteiligung von Interessengruppen bei der Politikgestaltung und Politikimplementation Rechnung trug (Czada 1994: 38). Der Korporatismus beschreibt die dauerhafte Einbindung („Inkorporierung") organisierter Interessen im politischen Entscheidungsprozess, d.h. die Eingliederung von Großverbänden bei der förmlichen Setzung, Ausführung und verbindlichen Auslegung von staatlichem Recht (Rudzio 2003: 103f.; Schmid 1998: 38f.). Die korporatistische Einbindung von Verbänden und deren institutionalisierte Verknüpfung mit dem Staat wurde als unverzichtbares Element zur Gewährung eines stetigen Informationsflusses bei der Vorbereitung von politischen Entscheidungen verstanden (Dettke 2001: 197f.).[12] Ähnlich wie der pluralistische Ansatz betont der Korporatismus die Legitimität sich formierender gesellschaftlicher Interessen. Gleichzeitig konzentriert er sich aber auf das stark formalisierte System der Interessenvermittlung der Großverbände, das durch Aushandlungsprozesse zwischen Staat und Verbänden sowie durch deren wechselseitige Abhängigkeit und den politischen Tausch, statt durch den Konkurrenzkampf vielfältiger Interessen oder einseitige Druckausübung durch Pressure Groups, gekennzeichnet ist (Alemann/Heinze 1979; Straßner 2006: 41; Winter 2003: 37). Politik wird als Resultat dieser Aushandlungsprozesse zum beidseitigen Vorteil verstanden: Der Staat gewährt den Interessenverbänden Anhörungsrechte, Einfluss und die Berücksichtigung ihrer Interessen, während die Verbände dem Staat im Gegenzug Informationen und Loyalität bereit stellen (Schmid 1998: 39). Aus der verbindlichen und regelmäßigen institutionalisierten Beteiligung der Verbände am politischen Entscheidungsprozess kann eine enge Verflechtung der Parteien, Parlamentsfraktionen und Spitzenverbände resultieren (Czada 2000; Winter 2003: 37).[13] Korporatistische Modelle bescheinigen den Verbänden eine wichtige Funktion als staatliche Organisati-

---

[12] Vgl. auch Czada (1994); Reutter (2001b); Weßels (2000); Beiträge in Alemann/Heinze (1979).
[13] Im engeren Sinne beschreibt der Korporatismus die „Konzertierung" der staatlichen Instanzen, insbesondere der Regierung mit den großen Interessenverbänden, wie z.B. im Rahmen des Bündnisses für Arbeit (Jochem/Siegel 2003; Reutter 2001a: 75; Straßner 2004: 41).

onshilfe, da sie neben der Partizipation an der Politikgestaltung mitunter Aufgaben des Staates wahrnehmen: Zum einen seien mit den Hoheitsübertragungen vom Staat auf die Verbände erhebliche Entlastungswirkungen verbunden. Zum anderen würden durch die Einbindung der Verbände in die staatliche Politik gesellschaftliche Konflikte gedämpft und tragfähige Kompromisse ausgehandelt, was die Akzeptanz politischer Entscheidungen absichert (Schmid 1998: 39f.; Straßner 2004: 41f.; krtisch hierzu Reutter 2001b). Daher unterstützt der Staat die Verbände finanziell, legitimiert deren Existenz und Aktivitäten, er sichert ihnen eine institutionelle Beteiligung an der politischen Willensbildung zu und tritt bisweilen sogar als Initiator zur Verbandsgründung auf (Reutter 2001b). Ein solchermaßen „symbiotisches Verhältnis" zwischen Staat und Interessengruppen birgt allerdings die Gefahr der Bildung von „Elitenkartellen" und „Kungelrunden" ohne demokratische Transparenz und Legitimation (Straßner 2004: 41f.).

Insgesamt beschreibt der Korporatismus einen Ausschnitt der staatlich-verbandlichen Beziehungen, und zwar jene Muster der Entscheidungsfindung, in denen Verbände in institutionalisierter Form an staatlicher Politik beteiligt sind (Lehmbruch 1996). Zwar ist der Staat bei der Produktion und Implementation seiner Politik auf die Kooperation von gesellschaftlichen und korporativen Akteuren angewiesen, die Reichweite dieses Ansatzes bleibt aber auf die institutionelle Einbindung der Großverbände beschränkt, während nicht-institutionalisierte Formen und Wege der Einflussnahme auf und der Einbindung in den politischen Prozess ebenso vernachlässigt werden wie die Vielfalt der Akteure bei der Interessenvertretung und die Bedeutung von Politiknetzwerken (Reutter 2001a: 75; Winter 2003: 37f.). Darüber hinaus wird nicht erklärt, welche gesellschaftlichen Interessen von den existierenden Verbände abgedeckt und artikuliert werden und welche Interessen unberücksichtigt bleiben (Reese-Schäfer 1996: 327).

2.2.3 Konflikttheorie

Der konflikttheoretische Ansatz bricht mit der pluralistischen Annahme, dass jedes Interesse gleichermaßen organisierbar ist und gleichberechtigte Durchsetzungschancen hat. Stattdessen rückt die unterschiedliche Organisations- und Konfliktfähigkeit der verschiedenen Interessen in den Vordergrund, die für deren Durchsetzungsfähigkeit im politischen Entscheidungsprozess maßgeblich sind (Offe 1969/1985): Die Fähigkeit eines Interesses, sich zu organisieren, wird sowohl durch die Art des Interesses als auch durch die Beschaffenheit der Gruppe determiniert. Handelt es sich um primäre Bedürfnisse relativ homogener Gruppen, sind die Interessen am leichtesten organisierbar. Die Konfliktfähigkeit der Verbände hängt wiederum von der Fähigkeit einer Organisation ab, kollektiv eine bestimmte Leistung zu verweigern, wobei es ausreicht, wenn eine systemrelevante Leistungsverweigerung glaubhaft angedroht werden kann (Willems 2005). Da Interessenorganisationen aber nicht über identische Möglichkeiten zur Leistungsverweigerung (z.B. Investitionsbereitschaft) oder Sanktionsmittel verfügen (z.B. Verlagerung von Arbeitsplätzen in das Ausland; „Investitionsstreik"), die als Druckmittel gegenüber staatlichen Instanzen oder konkurrierenden Interessen eingesetzt werden können, unterscheiden sich die Durchsetzungschancen mitunter erheblich (Offe 1972: 67). Dabei sind die Einflusschancen umso höher, je größer die Konfliktfähigkeit eines organisierten Interesses ist. Diese strukturellen Asymmetrien der Organisations- und Konfliktfähigkeit bewirken, dass in der realen Verbändelandschaft nur eine begrenzte Anzahl organisierter Interessen mit ganz unterschiedlichen Organisations- und Einflussressourcen existieren (Straßner 2004: 46ff.). Viele Organisationen sind zwar organisationsfähig, falls sie aber nur ein geringes oder kein Konfliktpotential aufweisen, werden ihre Interessen mit geringerer Wahrscheinlichkeit oder gar nicht im politischen Willensbildungsprozess berücksichtigt:

> „Die Bedürfnisse dieser Gruppen sind mit verminderter Durchsetzungskraft ausgestattet, weil sie am Rande oder außerhalb des Leistungsverwertungsprozesses stehen und ihnen daher das Sanktionsmittel einer ins Gewicht fallenden Leistungsverweigerung nicht zur Verfügung steht" (Offe 1969/1985: 224).

Politik ist demnach das Resultat der Durchsetzungschancen organisations- und konfliktfähiger Gruppeninteressen, wobei die ökonomischen, produktionsbezogenen Interessen leichter organisierbar sind und ein höheres Druckpotential aufweisen als Interessen von Gruppen, die außerhalb der Produktionssphäre angesiedelt sind und daher nur ein geringes Spektrum von Entzugsmöglichkeiten besitzen (z.B. Kinder, alte Menschen). Zwar können mit diesem Ansatz die ungleichgewichtigen Organisations- und Konfliktmöglichkeiten von Interessen aufgezeigt werden, dennoch ist auch die Konflikttheorie nicht in der Lage, deren Einfluss bei der Entwicklung sozialstaatlicher Errungenschaften und die Formation ideeller Verbände zu erklären.

2.2.4 Netzwerktheorie

Der netzwerktheoretische Ansatz ist ein Forschungsstrang der Politikfeldanalyse, der die Akteure sowie deren Interessen und strukturellen Handlungsspielräume ins Zentrum rückt. Ziel dieser akteurbasierten Policy-Modelle ist die Ableitung des Entstehungsprozesses eines politischen Problems vom Agenda-Setting über die Politikformulierung hin zur Implementation aus dem gemeinsamen Handeln von Policy-Akteuren.[14] Es wird davon ausgegangen, dass in den einzelnen Politikfeldern aufgrund wiederkehrender Interaktionen und zur Sicherung des Informationsflusses im Policy-Prozess zwischen den Akteuren netzwerkartige Strukturen entstehen, wobei als „Netzwerk" ein Beziehungsgeflecht der an einem Politikfeld interessierten und einflussreichen Akteure verstanden wird (Pappi/König 1995: 111; Straßner 2004: 54). Die Entwicklung des Netwerk-Ansatzes kennzeichnet in der Politikwissenschaft zudem die Abkehr vom Stereotyp der klaren Trennung von Staat und Gesellschaft sowie vom Staat als höchstes gesellschaftliches Kontrollorgan (Koob 2001: 437; Mayntz 1993: 40): Die in den Vordergrund tretenden Policy- und Netzwerkkonzepte interpretieren Politikergebnisse als Resultat der Interaktionen vielfältiger öffentlicher wie privater korporativer Akteure. Dieses erweiterte Akteursverständnis berücksichtigt die Beteiligung von einer Vielzahl politischer Akteure am politischen Entscheidungsprozess, wobei Politik als Problemverarbeitungsprozess konzeptionalisiert wird, der durch den politisch-administrativen Apparat bewältigt werden muss.[15] Gleichzeitig verarbeitet dieser Ansatz die zunehmende Ausdifferenzierung der politischen Strukturen und Prozesse in entwickelten Demokratien:

> „From a network point of view, modern political decision making cannot adequately be understood by the exclusive focus on formal politico-institutional arrangements. Policies are formulated to an increasing degree in informal political infrastructures outside conventional channels such as legislative, executive and administrative organizations. Contemporary policy processes emerge from complex actor constellations and resource interdependencies, and decisions are often made in a highly decentralized and informal manner" (Kenis/Schneider 1991: 27).

Die Größe und Stabilität eines Netzwerks variiert im Zeitablauf und ist von Politikbereich zu Politikbereich unterschiedlich. Policy-Netzwerke sind also nicht statisch, sondern dynamisch (Marsh 1998: 195; Mayntz 1993: 40). Überdies können sich innerhalb eines Politikbereiches unterschiedliche Ebenen herausbil-

---

[14] Die Politikfeldanalyse, auch Policy-Analyse genannt, ist ein relativ junger politikwissenschaftlicher Forschungsansatz, der seit den 1980er Jahren in der deutschen Politikwissenschaft vertreten ist und dessen Gegenstand die Erklärung konkreter politischer Ergebnisse („policy") und damit die Erforschung der inhaltlichen Dimension staatlicher Politik und deren Zustandekommen ist (siehe hierzu die Beiträge in Faust/Lauth 2001; Schneider/Janning 2006; Schubert/Bandelow 2003).

[15] Netzwerkkonzepte haben den Anspruch alle Handlungseinheiten, die bei der Formulierung und Umsetzung einer öffentlichen Politik involviert sind, zu berücksichtigen. Hierzu zählen zum einen jene Individuen und Organisationen, die formell als Träger gesellschaftlicher Regelungs- und Steuerungsleistungen fungieren, wie z.B. der Gesetzgeber oder die Regierung. Dazu gehören aber zum anderen auch jene Kollektive, d.h. Gruppen von Individuen und Organisationen, die ohne formelle Trägerschaft von Regelungs- und Steuerungsleistungen auf Inhalte und Umsetzung von Politik einwirken (Bandelow 2003; Schneider 2003).

den (Nullmeier/Rüb 1993: 297ff.).[16] Allerdings steht der Zugang zu einem Politiknetzwerk nicht allen von einem politikfeldrelevanten Problem betroffenen und an einer Lösung interessierten Akteuren offen. Jene Gruppen, die z.B. aufgrund fehlender Ressourcen nicht partizipieren (können), bleiben oft vom entscheidungsrelevanten Kern ausgeschlossen, d.h. sie finden kein Gehör und werden von der realen Teilnahme an den Debatten des Policy-Netzwerks ausgeschlossen (Nullmeier/Rüb 1993; Schneider 2003: 119).

Innerhalb eines Policy-Netzwerks können sich politikfeldspezifische Interessen- und Konfliktkonstellationen sowie Policy-Präferenzen herauskristallisieren, welche die Wahl bestimmter Politiken bedingen (Straßner/Sebaldt 2006: 333). Daher wird angenommen, dass die Struktur und die Stabilität des Netzwerks, die spezifischen Eigenschaften des Beziehungsgeflechts zwischen den Akteuren, Einfluss auf die Politikergebnisse haben (Bandelow 1998: 132f.; Marsh 1998: 186f.). Die Offenheit eines Netzwerks für Einfluss jenseits von bereits bestehenden, formalisierten Verhandlungsnetzwerken ist dann am größten, wenn sich ein Politikfeld in der Entstehungsphase befindet oder wenn es sich neu formiert (Winter 2004: 763).

„Je formeller ein Netzwerk institutionalisiert ist, desto geschlossener und statischer ist es in der Regel bzw. um so geringer fällt seine Fähigkeit zur Politikinnovation aus" (Schmidt, M. G. 2003: 58).

Aus diesem Grund tendieren stabile, korporatistisch ausgeprägte Politikfelder zu pfadabhängiger Politik. Kommt es aber dennoch zu strukturellen innenpolitischen Reformen, so werden die etablierten Akteurskonstellationen im Politikfeld erschüttert (Heinze 2002: 69ff.). In diesem Sinne betonen Jochem/Siegel (2003: 12f.), dass die Aufhebung exklusiver korporatistischer Arrangements durch einen Politikwandel zur Pluralisierung von Entscheidungsarenen und zur Entgrenzung von Politikfeldern führen kann. Die Akteure können Entscheidungen treffen, die einen grundlegenden personellen und institutionellen Wandel des Netzwerks

---

[16] Die analytische Abgrenzung der Ebenen erfolgt nach Nullmeier/Rüb (1993) auf der Grundlage von (wechselseitigen) Zugehörigkeitsbestimmungen der Akteure und Institutionen: Der Begriff des *Policy Network* bezieht sich auf die Zugehörigkeit von Akteuren und Institutionen zu einem nominellen Politikfeld, wie z.B. dem Politikfeld Alterssicherung. Der Begriff *Policy Universe* ist weiter und offener gefasst. Er bezieht sich auf alle kollektiven Akteure, die politisch ihr Interesse an Problemen eines Politikfeldes bekunden und von denen anzunehmen ist, dass sie partiell in einem Politikfeld intervenieren können. Der Begriff des *Inner Circle* beschreibt jene Individuen, „die als Repräsentanten der korporativen Akteure die tatsächlich Handelnden im Politikfeld sind" (Nullmeier/Rüb 1993: 299), d.h. die Mitglieder im Zentrum eines Policy-Netzwerks. Wenn sich über eine hohe Interaktions- und Kommunikationsdichte hinaus Formen der Gemeinschaftlichkeit, sozialen Integration und ein informeller inhaltlicher Konsens herausbilden, spricht man von einer *Policy Community*, dem politischen Kern eines Politikfeldes.

auslösen (Marsh 1998: 195). Eine solche Neustrukturierung könnte auch das Handlungsrepertoire der betroffenen Akteure verändern (Winter 2003: 38). Laut Netzwerkansatz erfolgt die Einflussnahme von Interessengruppen auf politische Entscheidungsträger durch direkte und indirekte sowie formelle und informelle Kontakte innerhalb eines geschlossenen politischen Systems durch die wechselseitige Preisgabe von Informationen. Innerhalb des Netzwerks agieren Verbände als „Pressure Groups", die im Verlauf der drei für sie relevanten Phasen des Policy-Zyklusses – dem Agenda-Setting, der Politikformulierung und der Phase der Produzierung von Entscheidungen – versuchen, die Formulierung und Entstehung von Politiken zu beeinflussen (Straßner 2004: 54). Im Umfeld des korporatistischen Kerns von Politiknetzwerken entwickelt sich ein Spektrum nicht-inkorporierter Akteure und Verbände, die mittels nicht-institutionalisierter Einflusstaktiken und wenig formalisierten Einflussstrategien versuchen, trotz ihrer Randposition im Netzwerk Gehör zu finden (Winter 2004: 763). Dabei determiniert die Struktur und die Beschaffenheit des Netzwerkes, ob es zugänglich für Einflussnahme jenseits institutionalisierter Beziehungen oder offen für neuartige Politikkonzepte ist. Die Kritik an der Netzwerktheorie richtet sich besonders auf das hierüber transportierte Verständnis, politische Entscheidungen primär als Ergebnis „informeller Kungelrunden" ohne demokratische Legitimität zu betrachten (Straßner 2004: 56).

2.2.5 Neue Politische Ökonomie

Im Unterschied zu den bisherigen Erklärungen ist die Neue Politische Ökonomie (NPÖ) ein ökonomischer Ansatz, der politische Systeme, die Funktionsweise und das Verhalten politischer Institutionen sowie kollektive Entscheidungen analog zu marktwirtschaftlichen Prozessen analysiert. Die NPÖ geht von drei zentralen Annahmen aus: Erstens werden Entscheidungen ausschließlich durch Individuen getroffen, denn auch wenn sie den Staat oder andere Kollektive betreffen, sind die Entscheidungsträger immer Einzelpersonen (so genannter „methodologischer Individualismus"). Zweitens wird den Individuen rationales Verhalten unterstellt. Jedes Individuum wählt demnach bei (politischen) Entscheidungen jene Handlungsoption, bei der das Verhältnis zwischen Aufwand und Zielerreichungsgrad möglichst günstig ausfällt. Drittens besteht das Ziel der individuellen Handlungen in der Maximierung des Eigennutzes. Das Eigennutzaxiom und das individuelle Nutzenkalkül sind für alle Akteure handlungsrelevant und es drückt sich konkret z.B. im Streben nach Stimmenzuwächsen bei Wahlen oder nach einer Kompetenzausweitung aus.

Da staatliche Politik nicht verteilungsneutral ist, sondern redistributiv wirkt, hängt die Wohlfahrt des Einzelnen immer auch von politischen Entscheidungen ab (Kirsch 2004: 332-338): Im Verteilungskonflikt kann die Maximierungsfunktion daher nicht nur durch Marktleistungen, sondern zusätzlich durch die Organisation in einem Verband verfolgt werden. Ein Verband tritt als „Pressure Group" zur Durchsetzung von Partikularinteressen in Erscheinung, falls die Vorteile der politischen Einflussnahme deren Kosten übersteigen, wenn also das private Einkommen der einzelnen Verbandsmitglieder durch die Aktivitäten des Verbandes erhöht wird. Es gilt, dass die Beeinflussung der staatlichen Entscheidungen desto lohnenswerter für den Einzelnen bzw. für eine Interessengruppe ist, je verteilungsrelevanter die staatliche Politik und je stärker und erfolgreicher der Lobbyismus anderer Interessengruppen ist. In letzter Konsequenz treiben sich die Interessengruppen wechselseitig zu gesteigerter Einflussnahme, da sich kein Lobbyist dieser Konkurrenz entziehen kann.

Dabei betont die NPÖ, dass nicht alle Interessen gleichermaßen in der Lage sind, sich zu organisieren. Als Widerspruch zur pluralistischen Theorie hat Mancur Olson (1968/1985) einen ökonomischen Ansatz zur „Logik des kollektiven Handelns" entwickelt (Czada 1992; Kollewe 1979; Lehner 1981: 71-82): Bei relativ kleinen und homogenen Gruppen sind die Vorteile der Mitgliedschaft für jedes einzelne Mitglied zurechenbar. Gleichzeitig hängt die Erstellung eines Kollektivgutes unmittelbar vom individuellen Beitrag der Mitglieder ab, so dass ein hoher Grad an Organisationsfähigkeit besteht. Bei großen Gruppen hingegen haben die durch die Organisation erkämpften politischen Ziele den Charakter eines Kollektivguts, von deren Nutzen Nichtmitglieder nicht ausgeschlossen werden können. Zudem erkennt das Individuum bei steigender Gruppengröße den abnehmenden Grenznutzen seines individuellen Beitrags zur Erreichung der Gruppenziele. Es ist daher für nutzenmaximierende Individuen rational, eine „Trittbrettfahrer"-Position einzunehmen und ohne eigenen Beitrag vom Nutzen der durch die Organisation erkämpften Kollektivgüter zu profitieren. Falls es sich bei den angestrebten Verbandszielen um die Bereitstellung von Gütern und Dienstleistungen handelt, die sich durch einen hohen Grad der Nicht-Ausschließbarkeit auszeichnen, lassen sich große, latente Gruppen daher nicht in Verbänden organisieren. Zwar können große Gruppen selektive Anreize setzen oder Zwang ausüben, um Individuen zum Beitritt zur Organisation zu überzeugen (Zimmer 2001). Wenn es aber an diesen Optionen mangelt, müssen sie „in Stille leiden" (Olson 1965, zitiert nach Schneider 2003: 119).

Ist die Organisationsfähigkeit einer Gruppe gegeben, kann sie zur Durchsetzung ihrer Interessen sowohl mit der Regierung als auch mit der Verwaltung in Beziehung treten (Kirsch 2004: 353ff.): In ihrem Streben nach Sondervorteilen treten die Interessengruppen mit der Bitte um Privilegien an die politischen Entscheidungsträger heran, welche im Gegenzug eine Unterstützung im Wahlkampf und die Mobilisierung von Wählerstimmen erwarten.[17] Die mit der Vergabe von Sondervorteilen (Steuerprivilegien, Subventionen) an einzelne Interessengruppen entstehenden Kosten des Staates werden primär durch zusätzliche Einnahmen (Kredite, Steuern) oder auch durch anderweitige Einsparungen finanziert, die zulasten der weniger gut oder gar nicht organisierten Interessen gehen. Auch die Beziehung zwischen Interessengruppen und der Verwaltung wird durch einen Tauschprozess charakterisiert (Kirsch 2004: 330ff.):[18] Die Interessengruppen nehmen Kontakt mit den Mitgliedern der Bürokratie auf und fordern von ihnen, im Rahmen ihrer Möglichkeiten im Interesse des Verbandes zu agieren. Jenen Teilen der Verwaltung, die bereit und fähig sind, diese Leistung zu erbringen, bieten die Interessengruppen im Gegenzug Informationen und Sachverstand an, an denen die Verwaltung interessiert oder auf die sie angewiesen ist.[19] Eine Austauschbeziehung kommt in einem Fachgebiet zustande, sofern die Informationsfähigkeit, die Informationsbereitschaft und der Einflussbedarf einer Interessengruppe auf den Informationsbedarf, die Einflussfähigkeit und Einflussbereitschaft der Verwaltung treffen.

Die NPÖ konzeptionalisiert Verbände somit als Quelle von Fachwissen und Informationslieferanten, die als Mittler für die von politischen Entscheidungen Betroffenen auftreten und zur Entlastung der staatlichen Willensbildung in den Prozess der Entscheidungsfindung integriert werden (Franke 2000: 104f.). Dabei kann sich eine Gewichtsverlagerung von den Mechanismen der Entscheidungs-

---

[17] Das Verhalten von Politikern der Regierungs- wie auch der Oppositionsparteien wird auf das Streben nach politischen Ämtern zurückgeführt, z.B. einem Sitz im Parlament. Primär sollen die Wählerstimmen maximiert werden, um kommende Wahlen zu gewinnen. Aufgrund der kurzen zeitlichen Distanz zwischen Wahlterminen resultiert aus diesem kurzfristigen Interesse an Stimmenmaximierung, dass die Umsetzung langfristiger Reformen, die mit kurzfristigen Belastungen einhergehen, verhindert wird. Aufgrund des potentiellen Verlustes von Wählerstimmen werden Maßnahmen von rational handelnden Politikern abgelehnt, falls diese die Bürger kurzfristig und individuell schlechter stellen und deren Wirkungen erst später und langfristig spürbar sind. Regierungsmitglieder bevorzugen „Wahlgeschenke" an die Bevölkerung, die unmittelbar den regierenden Parteien und Personen zuzuschreiben und als Erfolg im politischen Wettbewerb zu verbuchen sind. Politiker der Oppositionsparteien formulieren im Wahlkampf ihrerseits entsprechende „Wahlversprechen" (Abromeit 1993: 31-35; Kirsch 2004: 353ff.).
[18] Die NPÖ betrachtet die Bürokratie nicht als bloßes Ausführungsorgan der Legislative, stattdessen wird auch das Verhalten der mit der Umsetzung politischer Entscheidungen betrauten Verwaltungsangehörigen durch ein individuelles Nutzenkalkül bestimmt, namentlich der Budgetmaximierung bzw. der Expansion ihrer Regulierungskompetenzen. Rational handelnde Mitglieder der Bürokratie streben die Ausdehnung der zu regulierenden Gegenstände an, mit der die Entwicklung weiterer Gesetze, Verordnungen und bürokratischer Instanzen verbunden ist. Analog versuchen sie Entscheidungen zu verhindern, die eine Einschränkung ihrer Kompetenzbereiche und Befugnisse zur Folge haben, da dies einer Selbstentmachtung entspräche (Abromeit 1993: 42-46; Kirsch 2004: 330ff.).
[19] Dies setzt voraus, dass die Verwaltung über unvollständige Informationen verfügt und annimmt, dass jene Verbände vollständiger sind und wahrheitsgemäß übermittelt werden (Plümper 2003).

findung in der parlamentarischen Demokratie hin zu den Einflusskanälen der Verbandsdemokratie ergeben (Kirsch 2004: 336). Interessen, die nicht organisationsfähig sind, wie auch Interessen, die nicht über die erforderlichen finanziellen und personellen Ressourcen und Informationen verfügen, können nicht am politischen Willensbildungsprozess teilnehmen und werden daher nicht gleichermaßen berücksichtigt (Franke 2000: 105). Wenngleich die Grundannahmen der Neuen Politischen Ökonomie umstritten sind – würden sich bspw. alle Individuen ausschließlich am Nutzenkalkül orientieren, käme es gar nicht erst zur Bereitstellung öffentlicher Güter –, lassen sich zum einen unterschiedliche Organisationsprobleme der verschiedenen Interessen aufzeigen, zum anderen Tauschbeziehungen zwischen den Akteure identifizieren und konzeptionalisieren.

Insgesamt erschöpft sich die Einflussforschung vielfach in der Verbändeforschung, in der sich die verschiedenen politik- und wirtschaftswissenschaftlichen Erklärungsansätze mit unterschiedlichen theoretischen Teilaspekten, wie der Entstehung von Interessengruppen und deren Legitimation und Rolle im politischen System, auseinandersetzen. Angesichts dessen enthalten sie relativ wenig Information über die konkreten Methoden, Akteure und Adressaten der Einflussnahme, was im Folgenden anhand der empirischen Erkenntnisse der Verbände- und Einflussforschung ergänzt wird.

2.3 Struktur der Interessenvermittlung

Die analytische Beschränkung der Einflussforschung auf *Verbands*einfluss als zentrale Erscheinungsform der Interessenvermittlung hat dazu geführt, dass die Aktivitäten der weiteren professionellen und unternehmerischen lobbyistischen Akteure bislang theoretisch wie empirisch nur begrenzt erforscht wurden (Ansätze finden sich in Alemann 2000a, 2000b; Reutter 2000, 2001a; Winter 2003, 2004). Dies gilt in ähnlicher Weise für die theoretische Auseinandersetzung mit den Strategien und Methoden der lobbyistischen Einflussnahme, so dass Leif/Speth (2003a) zu der Schlussfolgerung gelangen:

> „Es gibt ein krasses Missverhältnis zwischen Praxis und wissenschaftlicher Reflexion beim Thema Lobbyismus. Auf der einen Seite beobachten wir, wie sich die Praxis der politischen Einflussnahme durch Interessengruppen ständig ausweitet und neue Formen annimmt. Auf der anderen Seite geben uns die Sozialwissenschaften kaum Auskunft über das Phänomen Lobbyismus. (...) Die Wissenschaft – insbesondere die Politikwissenschaft – hinkt hier der Wirklichkeit hinterher" (Leif/Speth 2003a: 10).[20]

---

[20] In diesem Sinne auch Kleinfeld et al. (1996: 23) sowie Speth (2005: 46); Winter (2004: 269).

Wenngleich bislang kein differenziertes theoretisches Lobbyismuskonzept vorliegt, lässt sich dennoch etwas über spezifische Entwicklungstrends der Struktur der Interessenvertretung in Deutschland aussagen: Seit Ende der 1990er Jahre wird ein Wandel der etablierten staatlich-verbandlichen Kooperationsmuster hin zum „Lobbyismus" diagnostiziert, der eine Erstarkung der nicht-verbandlichen Interessenvertretung und parallel dazu die Erosion der bisherigen Dominanz der etablierten Großverbände wie der verbandlichen Interessenvertretung *per se* bedingt (Alemann 2000a; Winter 2003). Im Folgenden wird dargelegt, welche verschiedenen Akteure des Lobbyismus entscheidend sind (Kap. 2.3.1). Die Zielebene lobbyistischer Aktivitäten hängt insbesondere davon ab, welche Individuen und Institutionen bzw. Gremien zum entscheidungsrelevanten Kreis im Politikfeld gehören und ob diese den Zielvorstellungen der lobbyistischen Akteure Rechnung tragen können (Kap. 2.3.2). Zur Durchsetzung der jeweiligen Sonderinteressen werden unterschiedliche Aktionsformen gewählt und Beziehungsstrukturen etabliert (Kap. 2.3.3).

2.3.1 Akteure

Im politischen System der BRD haben gesellschaftliche Akteure prinzipiell die Möglichkeit, politische Entscheidungen im eigenen Interesse zu beeinflussen, wobei großen Organisationen der Interessenvermittlung institutionell wie auch traditionell ein besonderer Stellenwert eingeräumt wird. Neben den Verbänden konnten sich weitere lobbyistische Akteure etablieren: Insbesondere seit dem Regierungsumzug[21] entstehen in der Bundeshauptstadt Berlin mehr und mehr Hauptstadtrepräsentanzen von Großunternehmen und diverse Anbieter lobbyistischer Dienstleistungen, wie z.B. Public Relations- und Public Affairs-Agenturen sowie auf Lobbyarbeit ausgerichtete Anwaltskanzleien und Unternehmensberatungen, die zum einen um Kunden und zum anderen um Einfluss konkurrieren (Jäkel 2005: 60f.).[22] Anders als Verbände sind lobbyistisch aktive Unternehmen

---

[21] In Deutschland fällt die Zunahme der lobbyistischen Akteure zeitlich mit dem Regierungsumzug von Bonn nach Berlin im Jahr 1999 zusammen, wenngleich dieser nicht allein verantwortlich ist, hat er den Wandel aber zumindest begünstigt. Der relativ begrenzte und geschlossene politische Zirkel in Bonn bot weniger Raum für externe politische Berater und Vermittler und die etablierten Großverbände galten dort als Hauptansprechpartner der Politik (z.B. Alemann 2000a; Burgmer 2001; Die Zeit 1996; Gammelin/Hamann 2005: 43; Kleinlein 2003; Wehrmann 2007: 58).

[22] Die verschiedenen lobbyistischen Organisationsformen schließen sich nicht gegenseitig aus, sondern werden als komplementäre Möglichkeiten der Interessendurchsetzung genutzt (Eising/Kohler-Koch 2005: 16). Verbände haben zwar als Akteure der kollektiven Interessenvertretung tendenziell an Bedeutung verloren, sie sind aber keinesfalls obsolet geworden. Vielmehr entstehen neben den klassischen Institutionen neue Formen und Mischformen (Abel/Bleses 2005; Burgmer 2003b: 36ff.).

und Agenturen nicht an einer permanenten Inkorporierung in staatliche Steuerungsprozesse, sondern an punktueller Einflussnahme interessiert; sie verfolgen daher zum Teil andere Ziele und Einflussstrategien jenseits der institutionalisierten Wege der verbandlichen Interessenvermittlung (Winter 2003: 39f.).

Verbände

In Deutschland legitimiert das Grundgesetz implizit die Organisation von Verbänden,[23] während die einzelnen Geschäftsordnungen der Bundesregierung, des Bundestags und jene der Bundesministerien explizit eine institutionelle Beteiligung der Verbände an der politischen Willensbildung vorsehen und deren Mitwirkung im Gesetzgebungsprozess legitimieren (Kap. 2.3.3). Interessengruppen, die im Zusammenhang mit Parlament und Regierung tätig sein und an offiziellen Hearings und anderen amtlichen Kommunikationsformen teilnehmen wollen, müssen sich zuvor beim Bundestag in der „Öffentlichen Liste über die Registrierung von Verbänden und deren Vertretern" erfassen lassen.[24] Beschränkt werden die lobbyistischen Aktivitäten der Verbände durch das Strafgesetzbuch sowie seitens der Branche durch selbst auferlegte Verhaltenskodizes.[25] In der politikwissenschaftlichen Forschung gelten Verbände oder Interessengruppen als Prototyp der Interessenvertretung, die beim Lobbying eine Art Monopolstellung inne haben (Alemann/Eckert 2006: 4; Jäkel 2005: 60).[26]

---

[23] Art. 9 GG schreibt die Vereinigungs- und Koalitionsfreiheit fest, welche jedem deutschen Staatsbürger das Recht einräumt, Vereine und Gesellschaften zu bilden.

[24] Die so genannte „Lobbyliste" gibt u.a. Auskunft über die Zusammensetzung des Vorstands, die Interessenbereiche und Anzahl der Mitglieder. Offiziell findet ein Verband erst im Anschluss an diese Registrierung Gehör bei Anhörungen des Parlaments und der Regierung (§ 47 GGO, Abs. 2 und Abs. 3 bzw. § 70 GOBT). Die Lobbyliste wird einmal jährlich im Bundesanzeiger veröffentlicht (Deutscher Bundestag 2006c); eine ständig aktualisierte Fassung der öffentlichen Liste ist im Internet abrufbar (Deutscher Bundestag 2008b). Zur begrenzten Aussagekraft der Lobbyliste siehe Richter, C. (1997: 57, 199).

[25] Das Strafgesetzbuch definiert bestimmte Formen des Lobbying, wie z.B. Bestechung von Bundestagsabgeordneten oder Ministerialbeamten, als illegitim und illegal. Zum strafrechtlichen Korruptionsbegriff siehe Bannenberg/Schaupensteiner (2004: 25). Zur beschränkten Wirkung der Regelungen im Strafgesetzbuch, z.B. im Hinblick auf Abgeordnetenbestechung, vgl. Busch-Janser (2004: 42), der auch eine Übersicht über die internationalen PR-Kodizes, die DRPR-Richtlinie zur Kontaktpflege im politischen Raum und zum Verhaltenskodex der degepol gibt. Zur Regulierung von Lobbying vgl. Ahrens (2007).

[26] Für einen historischen Rückblick auf die Entstehung des Verbandswesen in der zweiten Hälfte des 19. Jahrhunderts und die anschließende Entwicklung vgl. Kleinfeld (2007); H. Naßmacher (2002); Rudzio (1977; 2003: 69f.); Sebaldt/Strassner (2004); Ullmann (1988); sowie die Beiträge in Sebaldt/Strassner (2006). Zum Verhältnis und zu den Unterschieden zwischen Parteien und Verbänden siehe auch Schiller (2002). Zur Klassifizierung von Verbänden anhand des Betätigungsfeldes, der Leistungsadressaten, Tätigkeitsebene, Rechtsform und Mitgliederart siehe Witt et al. (2006: 37-40).

Unternehmen

Unternehmen können anstelle bzw. zusätzlich zu der Organisation in Verbänden ihre speziellen Interessen selbst vertreten. Insbesondere große Konzerne, welche ihre Unternehmensinteressen nur unzureichend durch die Wirtschaftsverbände artikuliert sehen, versuchen im Rahmen des so genannten „Unternehmenslobbyings" direkten Einfluss auf politische Entscheidungsträger auszuüben (Abel/Bleses 2005; Schroeder 2003: 295f.; Schwarz 1999: 246f.). Hierzu können sie firmeneigene Lobbyisten entsenden und Unternehmensrepräsentanzen in räumlicher Nähe zum politischen Entscheidungszentrum einrichten, um das Problem

> „der verbandlichen Bündelung der Interessen auf dem Niveau des kleinsten gemeinsamen Nenners [zu umgehen]. Sie bleiben aber Mitglieder der Wirtschaftsverbände und sehen im Verband ein komplementäres Lobbying-Instrument" (Leif/Speth 2003a: 21).[27]

Die Intensivierung der „Politikberatung durch Unternehmen" (Kopp 2003) lässt sich an der wachsenden Zahl politischer Unternehmensvertretungen in der Bundeshauptstadt Berlin ablesen, die mittlerweile auf über 100 Konzernrepräsentanzen angestiegen ist (Burgmer 2003b: 37; Capital.de 2006; Die Zeit 2005; FAZ 2005b). Während der klassische Lobbyismus über Verbände für Großunternehmen zunehmend an Relevanz verliert (Verbändereport 2001), betreiben Unternehmensvertreter selbst ein effizientes Interessenmanagement und suchen den direkten Kontakt zu Parlament, Ministerien und Medien (Timmerherm 2004; Zumpfort 2004). Mitunter schließen auch konkurrierende Unternehmen temporäre Zweckbündnisse und initiieren projektbezogene Netzwerke zur Verfolgung gemeinsamer Ziele.[28] Bei einigen deutschen Großunternehmen stieg die Anzahl der Beschäftigten in den so genannten „Regierungsabteilungen" auf bis zu 60 Mitarbeiter, von denen drei bis vier Beschäftigte direkt Lobbying betreiben (politik&kommunikation 2003: 24). Die meisten Unternehmen bleiben trotz eigener Lobbyarbeit weiterhin Mitglied im Verband, da davon ausgegangen wird, dass diese „Zweigleisigkeit der Interessenvertretung" (Haacke 2006: 182) die Durchsetzungsfähigkeit ihrer Sonderinteressen zusätzlich stärkt.

---

[27] Vgl. Gammelin/Hamann (2005: 102); Humborg (2005: 116); Lianos (2004); Rudzio (2003: 90f.).
[28] Zu den so genannten „Issue-Coalitions" oder „Ad-hoc-Allianzen" siehe Verbändereport (2001); Busch-Janser (2004: Kapitel 10.3.4); Humborg (2005: 116).

Agenturen

In Deutschland ist das kommerzielle Interessenmanagement relativ neu und beinhaltet eine Professionalisierung der traditionellen Einflussnahme, die ursprünglich nur den Verbänden zugänglich war. Das als Dienstleistung angebotene „Profi-Lobbying" besteht aus thematisch und zeitlich limitierten, punktuellen lobbyistischen Aktivitäten durch Public Affairs- und Public Relations-Agenturen, Kommunikationsagenturen und Unternehmensberatungen.[29] Die Agenturen agieren als Mittler zwischen den vertretenen Interessen, den politischen Entscheidungsträgern und der Öffentlichkeit und stellen neben Verbänden und Unternehmensvertretungen eine dritte Akteursebene des Lobbyismus dar (Gammelin/Hamann 2005: 51ff. und 169ff.; Lianos 2004: 91f.).[30] Gerade mittelständische Unternehmen, die keine eigene Unternehmensrepräsentanz unterhalten (können), und kleine Verbände greifen auf die Fremdvertretung ihrer Interessen und auf externes Public Affairs-Management zurück, um ihre Unternehmens- und Verbandsinteressen artikulieren zu können (Jäkel 2005: 49; Richter, C. 1997: 15ff.; Winter 2003: 39f.). Durch den hohen Grad der individuellen, auf die unternehmensspezifischen Anforderungen abgestimmten Kontakte, Recherchen und Bearbeitungen eines Themas gelten die von Public Affairs-Agenturen entwickelten Strategien der Interessenvermittlung als „Professionalisierung der Interessenvermittlung" (Milinewitsch 2005).[31] Zu den Lobbyisten gehören zunehmend auch (ehemalige) Journalisten und andere Medienschaffende, die aufgrund ihrer Berufserfahrung den Umgang mit Informationen und die Anbahnung von Kontakten gewohnt sind, sowie Anwaltskanzleien, die sich auf die Formulierung von Gesetzestexten spezialisieren (Geiger 2003; Milinewitsch 2005).[32]

---

[29] Der Begriff *Public Affairs* (zu deutsch: die öffentlichen Angelegenheiten) beschreibt jenen „Ausschnitt der professionellen Kommunikation von Unternehmen und Verbänden, der die Beziehungen zu Gruppen in Politik und Bürokratie und zu gesellschaftlichen Einflussgruppen analysiert und planvoll managt" (Klewes zitiert nach Busch-Janser 2004: 20).
[30] Für Deutschland liegen bislang weder einschlägige Untersuchungen noch theoretische Konzepte zu diesem Wandel der Interessenvertretung vor, aber es existieren neuere Publikationen zu Public Affairs und Lobbying insbesondere in der Form von praxisorientierten Ratgebern und Handlungsempfehlungen für professionelles Interessenmanagement und Politikberatung (z.B. Althaus et al. 2005; Althaus/Meier 2004; Bender/Reulecke 2003; Berg 2003; Busch-Janser et al. 2005; Dagger et al. 2004; Falk et al. 2006; Heidelberger Akademie der Wissenschaften 2006; Köppl 2000, 2003; Merkle 2003; Milinewitsch 2005; Röttger 2006; Schönborn/Wiebusch 2002).
[31] Die Anzahl der auf Public Affairs spezialisierten Agenturen ist in Berlin auf derzeit ca. 30 bis 40 angestiegen und alle bedeutenden PR-Agenturen haben eigene Bereiche für Public Affairs aufgebaut (Burgmer 2003a; FAZ 2003a; Lianos 2004: 91f.).
[32] Rechtsanwälte verstehen sich aufgrund ihrer speziellen Fachkenntnisse als Informationsdienstleister und externe Sachverständige im Gesetzgebungsverfahren (Gammelin/Hamann 2005: 107ff.; Kleinlein 2003: 64). Entsprechend besteht die Dienstleistung der Rechtsanwälte aus der verständlichen Aufbereitung der zu verhandelnden Sachverhalte und der Kraft überzeugender rechtli-

2.3.2 Adressaten

Der Adressat lobbyistischer Einflussnahme ist im weitesten Sinne der Staat, „welcher als einziger über die wichtige Ressource der Rechtsetzungsfähigkeit verfügt" (Helms 2003: 5). Zur Artikulation und Durchsetzung von Interessen wenden sich lobbyistische Akteure an jene Institutionen, die in der Lage sind, politische Entscheidungen zu treffen und mitzugestalten oder diese zu verhindern (Zohlnhöfer, W. 1999: 151). Die Zielebenen der Einflussnahme sind daher zum einen das staatlich-institutionelle System aus Parlament, Regierung und Verwaltung; zum anderen spielen auch die Öffentlichkeit und die Medien eine zentrale Rolle, da diese indirekt auf die politischen Entscheidungsträger einwirken. Entsprechend den ihnen zur Verfügung stehenden personellen, finanziellen und strukturellen Möglichkeiten sowie der Art und Intensität des Interesses richten lobbyistische Akteure ihren Einfluss auf vereinzelte, spezielle oder auf alle relevanten Organe im politischen Entscheidungsprozess. Die Lokalisierung des Einflusses bestimmt sich sowohl „nach der Art der Wünsche" als auch „nach dem, der diesen Wünschen Rechnung tragen kann" (Hennis 1985: 79), so dass die „Intensität der Bemühungen, die sich auf einen bestimmten Adressaten richten, (...) geradezu als Indikator für dessen Relevanz im politischen Prozeß gelten" kann (Rudzio 2003: 100).[33] Die folgenden Ausführungen beziehen sich auf die potentiellen Adressaten der Einflussnahme, namentlich Regierung und Ministerialbürokratie, Parlament und Parteien sowie Öffentlichkeit und Medien.

Regierung und Ministerialbürokratie

In der Bundesrepublik wird die Mehrheit der Gesetzesentwürfe, Verordnungen, Fördermaßnahmen und auch der staatlichen Investitionsentscheidungen faktisch von der Regierung initiiert und umgesetzt.[34] Die Gesetzesinitiativen der Bundesregierung beruhen im Allgemeinen auf Entwürfen und Vorlagen der Bundesministerien, die mit der Ministerialbürokratie über einen ausdifferenzierten Apparat

---

cher und mitunter politischer Argumente, die für ihre Klienten beim Lobbying eingesetzt werden können. Da Anwälte sich selbst wohl nicht als Lobbyisten bezeichnen würden (Lianos 2004) liegen für Deutschland bislang keine genauen Zahlen über Anwaltskanzleien vor, die Lobbying betreiben. Schätzungen zufolge beläuft sich deren Anzahl in Berlin auf 40 (Die Zeit 2005; FAZ 2005b).

[33] Da Unternehmensverbände versuchen, für ihre Mitglieder materiell wirtschaftliche Sondervorteile zu verschaffen, stehen im Mittelpunkt ihrer Aktivitäten politische Bereiche, in denen über die Sicherung von Produktions- und Absatzbedingungen entschieden wird (Jäkel 2005: 45; Morawetz 1986).

[34] Diese umfassende Inanspruchnahme des Initiativrechts zur Gesetzgebung wird insbesondere darauf zurückgeführt, dass die Bundesregierung mit der ihr unterstellten Ministerialbürokratie über große Personal- und Sachkapazitäten verfügt (Alemann 2000b; Petersen 2003: 17).

zur Informationsbeschaffung und Informationsverarbeitung verfügen.[35] Aufgrund der zentralen Stellung der einzelnen Bundesminister und der Richtlinienkompetenz des Bundeskanzlers setzen Interessenvertreter ihren Druck auf Regierungsebene an, indem sie z.b. den direkten, öffentlichen Kontakt zu den Bundesministern oder zum Kanzler als Person suchen (Burgmer 2003b: 37; Hennis 1985: 95; Saalfeld 1999: 45).[36] Gleichzeitig sind die Ministerialbeamten häufig auf Informationen der Verbände angewiesen und laut Gemeinsamer Geschäftsordnung der Bundesministerien (GGO) gehalten, die betroffenen Spitzenverbände bereits in der Ausarbeitungsphase eines Gesetzentwurfs anzuhören. Mitunter haben Lobbyisten dabei früher Einblick in die Rohentwürfe der Gesetzestexte als die Parlamentarier, da letztere vielfach erst den fertig ausgearbeiteten Entwurf zu Gesicht bekommen (Die Zeit 2003a).[37] Die Fachreferate der Bundesministerien sind als Ansprechpartner für lobbyistische Akteure besonders bedeutend, denn

> „noch wichtiger als der ständige Kontakt zu den Spitzen der Ministerien (...) [ist] der zu den Referenten, die sich mit bestimmten Einzelfragen der Gesetzgebung beschäftigen" (Alemann 1996: 38).[38]

Dabei können zwischen den einzelnen Fachverwaltungseinheiten und der jeweiligen Verbandsklientel mitunter „symbiotische Beziehungen" (Machura 2005: 400) entstehen, die aus wechselseitiger Informationsbeschaffung, gemeinsamen

---

[35] Zur Ministerialbürokratie zählen jene Beamten und Angestellten der öffentlichen Verwaltung, die in den Ministerien des Bundes sowie der Länder beschäftigt sind. Im übertragenen Sinne stellen die Ministerialbürokraten das „Zwischenglied zwischen politischer Führung und Verwaltung" dar, während die Minister aufgrund ihrer rechtlichen Stellung und ihres Rekrutierungsmusters nicht der Ministerialbürokratie, sondern den Berufspolitikern zuzuordnen sind (Machura 2005: 398). Im Weiteren bezieht sich der Begriff speziell auf Beamte und Angestellte der Bundesministerien im Höheren Dienst. Zur zentralen Funktion der Ministerialbürokratie im Politikprozess siehe auch Schnapp (2004a; 2004b).
[36] Jedoch ist der direkte Kontakt zum Bundeskanzler nicht der Regelfall. Dieser wird nur in Angelegenheiten von überragender Bedeutung und nur durch die großen, prominenten Organisationen und Konzerne gesucht und gewährt (Die Zeit 1999e; Sebaldt/Straßner 2004: 155). Im Ausnahmefall wird ein Verbandsvorstand selbst Minister (Alemann 1996: 37).
[37] Im Referentenstadium sind die ersten Entwürfe der Ministerialbeamten noch relativ leicht veränderbar, so dass die lobbyistischen Akteure gerade in diesem frühen Stadium versuchen, die Ministerialbürokratie zu beeinflussen. Die Kabinettsvorlagen gelten hingegen als „verbandsfest" (Arbeitsgruppe Alternative Wirtschaftspolitik 1988: 228; Leif/Speth 2003a: 25f.; Reutter 2000: 12; Rudzio 2003: 94; Simmert 2002: 60). Zum Informations- und Wissensvorsprung der Lobbyisten und dem kooperativem bzw. symbiotischen Verhältnis zwischen Lobbyisten, Parlamentariern und Ministerialangestellten siehe Bockstette (2003: 68); Hinrichs, U. (2006: 93); Gormley Jr. (1998: 215).
[38] Die Kontaktsuche mit der Verwaltung ist ein Indiz für das Gewicht der Ministerialbürokratie bei der Willensbildung und Implementierung der getroffenen Entscheidungen (Kirsch 2004: 357; in diesem Sinne siehe auch Speth 2006b). Zur Bedeutung der Referats- und Abteilungsleiter in den Ministerien als Kontaktpartner siehe Hofmann (2005: 115); Speth (2006b: 100f.); Schroeder (2003: 291).

Interessen an der Erhöhung des politischen Gewichts ihres Bereiches und dem Personalaustausch bestehen (Speth 2006b: 107, Sebaldt/Straßner 2004: 144).

Parlament und Parteien

Der Deutsche Bundestag hat seit den 1990er Jahren als Entscheidungsträger im politischen System tendenziell an Bedeutung verloren (Alemann 2000a; Leif/Speth 2003b: 25; Naßmacher, H. 2002: 87). Dies spiegelt sich auch in der Richtung der Einflussnahme wider, denn das Parlament hat als Anlaufstelle für Lobbyisten an Stellenwert eingebüßt (Reutter 2001a: 154; Saalfeld 1999: 45).[39] Aufgrund der arbeitsteiligen Struktur des parlamentarischen Betriebes konzentriert sich das Lobbying im Bundestag speziell auf die sachbezogenen Ausschüsse (Reutter 2000: 12; Rudzio 2003: 92; Weßels 1987). In diesem vorbereitenden Beschlussorgan des Parlamentes werden Gesetzesentwürfe und andere Vorlagen im Einzelnen erörtert. Selbst wenn Bundestagsausschüsse nicht abschließend über eine Angelegenheit entscheiden können, so resultiert deren politisch-inhaltliche Relevanz insbesondere aus dem hohen Anteil der durch sie geänderten Gesetzesvorlagen und ihren Anregungen für Gesetzesinitiativen.[40] Des Weiteren zielt die Einflussnahme lobbyistischer Akteure im Parlament auf die Arbeitsgruppen bzw. Arbeitskreise der Fraktionen ab, die meist analog zu den Bundestagsausschüssen für die verschiedenen Themen und Sachgebiete existieren. Da in diesen Untergremien die eigentliche Fraktionsarbeit stattfindet und hier die fraktionsinternen Argumentationslinien für die Ausschusssitzungen und die Beschlüsse der Gesamtfraktionen vorbereitet werden (Ismayr 2002: 365), zählen sie zu den „wichtigsten politischen Schaltstellen des Parlaments" (Kaiser 2000: 12).

---

[39] Laut „Lobbyliste" des Deutschen Bundestages entfallen derzeit rein rechnerisch ca. 15 Lobbyisten auf jeden Bundestagsabgeordneten. Allerdings wird Einfluss auf das Parlament nur dann mobilisiert, wenn dieses selbst einen Gesetzentwurf eingebracht hat oder wenn zu erwarten ist, dass eine Regierungsvorlage in den Ausschüssen wesentlich modifiziert wird (Sontheimer/Bleek 2003: 211).

[40] Die Ausschussberatungen sind grundsätzlich nicht öffentlich, aber ein Ausschuss kann laut Gemeinsamer Geschäftsordnung des Bundestages außerparlamentarische Sachverständige oder Verbandsvertreter hinzuziehen und anhören („Hearings") oder zu öffentlichen Anhörungen („Public Hearings") einladen, um sich über einen Gegenstand zu informieren. Diese Hearings stellen die wichtigste institutionalisierte Einflussform der Verbände auf den Politikprozess dar (Saalfeld 1999: 45). Unabhängig von diesen Hearings wenden sich Verbände schriftlich in Form von Stellungnahmen und Eingaben an die Ausschüsse wie auch an die Arbeitskreise bzw. Arbeitsgruppen, um ihre Auffassungen zu den dort behandelten Vorlagen darzulegen (Kap. 2.3.3). Mitunter wird versucht, Einfluss auf die Besetzung der Ausschüsse zunehmen und der Nominierung von Bundestagsabgeordneten zu unterstützen, die den Interessengruppen oder Unternehmen nahe stehen. Ingesamt wird den Abgeordneten der Regierungskoalition dabei mehr Interesse von den lobbyistischen Akteuren entgegen gebracht als jenen der Oppositionsfraktionen (Beyme 1997; Hirner 1993).

Öffentlichkeit und Medien

Mit der Entwicklung der Massenmedien hat die Öffentlichkeit bzw. die öffentliche Meinung bei der Interessendurchsetzung deutlich an Stellenwert gewonnen (Sebaldt/Straßner 2004: 153f., 167ff.; Triesch/Ockenfels 1995: 87f.; Vowe 2007: 467).[41] Die Öffentlichkeit wird als Multiplikator und „Transmissionsriemen für die Beeinflussung politischer Entscheider" angesehen (Busch-Janser 2004: 85, 97). Darüber hinaus betont die Forschung die zunehmende Bedeutung der Medien selbst für den Erfolg lobbyistischer Einflussnahme (Alemann 2002; Müller, A. 1999), da diese nicht nur „Beobachter" oder „Berichterstatter" sind, sondern auch als „Meinungsmacher" oder „Mitgestalter" der Politik fungieren (Bockstette 2003: 72; Speth 2006a: 15).[42] Da die Meinungsbildung in der heutigen „Mediendemokratie" primär über die Massenmedien erfolgt (Korte/Fröhlich 2004: 98ff.; Naßmacher, H. 2002: 52), stellt der Medienzugang somit eine wesentliche Voraussetzung für die gezielte Überlieferung von Interessen dar (Hackenbroch 1998; Sebaldt 1997: 254). Konsequenterweise wenden sich die lobbyistischen Akteure im Rahmen ihrer Öffentlichkeitsarbeit an die Massenmedien, um bei ihnen und über sie bei einer möglichst breiten Öffentlichkeit und den politischen Entscheidungsträgern für die eigenen Ziele und Inhalte um Unterstützung zu werben und ein positives Erscheinungsbild des Verbandes oder des Unternehmens zu platzieren (Hackenbroch 1998: 47ff.).[43]

2.3.3 Aktivitäten und Beziehungsstrukturen

Zur Artikulation und Durchsetzung von Interessen bedienen sich lobbyistische Akteure unterschiedlicher Methoden und Strategien. Dabei lassen sich die fol-

---

[41] Hackenbroch (1998: 38ff.) verweist auf den doppelten Charakter der Massenmedien als Vermittlungsinstanz für Verbände: Zum einen wenden sich die Verbände mittels Massenmedien intern an ihre Mitglieder, um über eine verstärkte Medienpräsenz des Verbandes, seiner Ziele und Inhalte, diese in das Organisationsgeschehen einzubeziehen und Bindungen aufzubauen bzw. wiederherzustellen. Zum anderen beziehen sie sich extern auf die Bevölkerung und die verschiedenen politischen Akteure, um für die verbandlichen Ziele und Inhalte in der Bevölkerung Unterstützung zu finden und ein positives Erscheinungsbild des Verbandes herzustellen, was die verbandlichen Durchsetzungschancen gegenüber den politischen Akteuren erhöhen soll. Die politische Relevanz der Massenmedien liegt nahe, denn „[w]as wir über unsere Gesellschaft, ja über die Welt, in der wir leben, wissen, wissen wir durch die Massenmedien" (Luhmann zitiert nach Alemann/Marschall 2002: 3). In diesem Sinne auch Leif (2004: 84).
[42] Zur Rolle der Massenmedien als politischen Akteur siehe die Beiträge in Pfetsch/Adam (2008) sowie Adam (2007: 152-171).
[43] Zur Bedeutung der Öffentlichkeit und der Medien zur Interessenvermittlung siehe Alemann/Eckert (2006: 5); Busch-Janser (2004: 97f.); Hackenbroch (1998); Saalfeld (1999: 45); Sebaldt (1997: 320).

genden fünf Aktivitäten und Beziehungsstrukturen unterscheiden: Institutionalisierte Beziehungen, personelle Verflechtung, finanzielle Beziehungen, informelle Beziehungen sowie Öffentlichkeitsarbeit.

Institutionalisierte Beziehungen

Die Einbindung von Interessengruppen ist im politischen System der Bundesrepublik explizit gewünscht, was sich u.a. darin äußert, dass die Geschäftsordnungen der Bundesregierung, der Bundesministerien sowie jene des Bundestages eine formale Einbindung der Verbände vorsehen: Zum einen bestehen institutionalisierte Beziehungen in der Form von Anhörungsrechten im ministeriellen Gesetzgebungsprozess, d.h. Verbände werden während des Entstehungsprozesses eines Gesetzes von den Ministerien angehört.[44] Zum anderen existieren im Rahmen des parlamentarischen Gesetzgebungsprozesses Mitwirkungs- und Anhörungsoptionen bei den Ausschüssen des Bundestages.[45] Verbände und Unternehmen können zudem im Rahmen des Vorschlagswesens Eingaben, Stellungnahmen, Positionspapiere und Gutachten einreichen, um ihre Sicht zu bestimmten Regelungsgegenständen darzulegen.

Auf der einen Seite scheinen die institutionalisierten Formen aufgrund der ritualisierten Abläufe, der großen Zahl der Beteiligten und der erzeugten öffentlichen Aufmerksamkeit für die Durchsetzung von Verbandsinteressen relativ unbedeutend zu sein (Rudzio 2003: 93, 212). Auf der anderen Seite besteht jedoch ein Wettbewerb der Verbände um die Teilnahme an den entsprechenden Sitzungen der Gremien, denn es ist für das „Image und öffentliche Ansehen eines Verbandes faktisch unabdingbar, zum ‚erlauchten Kreis' der regelmäßig Konsultierten zu gehören" (Sebaldt/Straßner 2004: 144). Der öffentliche Charakter der Anhörungen löst mitunter ein starkes Medienecho aus, wobei den Stellungnahmen der großen Verbände ein hohes Gewicht bei der Beeinflussung der Meinung beigemessen wird (Schreiner/Linn 2006: 94f.). Darüber hinaus ermöglicht die institutionalisierte Einbindung der Verbände auch informelle Formen der Einflussnahme, indem persönliche Kontakte zwischen Verbandsvertretern, Ministerialbürokratie und Ausschussmitgliedern befördert und am Rande der Sitzungen Gelegenheiten für persönliche Kontaktaufnahme eröffnet werden. Gleichwohl

---

[44] Die Geschäftsordnung der Bundesregierung schreibt vor, dass sich Interessengruppen in der Regel an die jeweiligen Fachministerien wenden können (§ 10 Geschäftsordnung der Bundesregierung), wobei letztere laut Gemeinsamer Geschäftsordnung der Bundesministerien (GGO) auch selbst dazu angehalten werden, die betroffenen Spitzenverbände bereits in der Ausarbeitungsphase eines Gesetzentwurfs anzuhören (§ 41-48 GGO).
[45] Die Ausschüsse können laut Geschäftsordnung des Bundestages Verbandsvertreter als außerparlamentarische Sachverständige auch in den nicht-öffentlichen Hearings anhören (§ 70 GOBT).

kann eine Einladung zu einer Anhörung auch nur aus rein legitimatorischen Gründen erfolgen, ohne dass damit zwangsläufig eine „machtpolitische Chance" entstünde (Winter 2007: 228f.).

Personelle Verflechtungen

Neben den institutionalisierten Beziehungen, die quasi „von außen" und von Fall zu Fall auf politische Entscheidungsträger einwirken, können lobbyistische Akteure versuchen, ihren Einfluss immanent und dauerhaft zu etablieren, indem sie das Kabinett, die Ministerien und/oder das Parlament personell durchdringen. Diese Form der Einflussnahme drückt sich über Personenidentitäten in Leitungsgremien der Wirtschaft und in staatlichen Institutionen aus. Sie bezieht sich zum einen auf den Umstand, dass eine Personen gleichzeitig Ämter und Funktionen sowohl im Staat als auch in der Wirtschaft innehaben kann (Mann 1994: 181). Zum anderen beschreibt personelle Verflechtung den (systematischen) Personalwechsel zwischen Staat und Wirtschaft oder umgekehrt.[46] Auf der Ebene des Kabinetts bezieht sich diese Strategie speziell auf den Wechsel von Regierungsmitgliedern in Wirtschaftsunternehmen und in Verbände (Gammelin/Hamann 2005: 102). Im Hinblick auf die Bundesministerien besteht das Ziel der lobbyistischen Akteure darin, die personelle Besetzung auf allen Hierarchieebenen, aber insbesondere jene des höheren Dienstes, zu beeinflussen bzw. das Personal selbst zu stellen, um auf diese Weise „einen Brückenkopf im Verwaltungsapparat zu gewinnen" und „Verbandsherzogtümer in der Verwaltung" zu etablieren (Weber 1980: 184ff.).[47] Die Strategie der personellen Verflechtung mit der Ministerialbürokratie scheint

> „eine besonders effektive Form der gesellschaftlichen Einflussnahme und Interessenartikulation" zu sein, da sie eine „in die Ministerialbürokratie ‚eingebaute Lobby' darstellt, welche gleichsam ‚von innen' und damit unmittelbar und zudem permanent und nicht nur ‚issue-bezogen' wirksam werden kann" (Benzner 1989: 43).

---

[46] Fast ein Viertel hochrangiger Positionen in den Spitzenverbänden der deutschen Wirtschaft sind mit aktiven Politikern der Bundes-, Landes- oder Kommunalebene besetzt (Simmert 2002: 58). Zu Karrieren zwischen Staat und Privatwirtschaft siehe auch Arbeitsgruppe Alternative Wirtschaftspolitik (1988: 224-227); Die Zeit online (2006); Gammelin/Hamann (2005: 102ff.); Hinrichs, U. (2006).

[47] Zum Umfang der personellen Verflechtung der Wirtschaft mit den Bundesministerien gibt es keine offiziellen Angaben. Allerdings sah sich der Bundesrechnungshof im Februar 2007 angesichts der Tatsache, dass in den vorangegangenen vier Jahren schätzungsweise über hundert Mitarbeiter von Konzernen und Verbänden in der Bundesregierung (Ministerien und Bundeskanzleramt, ohne Verteidigungsministerium) beschäftigt waren, dazu veranlasst, die Praxis der Beschäftigung von Unternehmens- und Verbandsmitarbeitern in den Bundesministerien zu überprüfen, da er die „Neutralität des Verwaltungshandelns" gefährdet sehe (SZ 2007).

Ob eine Person aus der Sicht eines Interessenverbandes vertrauenswürdig erscheint, ist nicht ausschließlich von dessen formalen Bindung zum Verband, wie z.B. der Mitgliedschaft oder der ausgeübten Funktionen, abhängig, sondern resultiert ebenfalls aus informellen, unbewusst wirkenden Beziehungen aufgrund sozialer und/oder berufsständischer Charakteristika (Kaltefleiter/Steinkemper 1976: 1366f.). Allerdings wird die Möglichkeit der personellen Durchsetzung von Bundesministerien kontrovers bewertet: Alemann (1996: 37) sowie Alemann/Eckert (2006: 8) bezweifeln, dass eine personalpolitische Durchdringung der Verwaltung mit Verbandsvertretern wegen der strikten Regeln des deutschen Berufsbeamtentums gut zu bewerkstelligen wäre, wohingegen K.-H. Naßmacher (1973: 128) personelle Verflechtungen als die intensivste und weitestreichende Form der Einflussnahme einstuft. Als „eine neue Art von Lobbyismus in Bundesministerien" (Deutscher Bundestag 2006a: 1) hat sich die Abstellung von Mitarbeitern aus den Unternehmen und Verbänden an Ministerien etabliert, welche die Ministerialbürokratie bei der Bearbeitung spezifischer Sachfragen „unterstützen". Als „Leihbeamte" verfügen die Unternehmens- und Verbandsvertreter über eigene Büros in den Ministerien, sind so in direkter Nachbarschaft zu den Regierungsbeamten angesiedelt, haben Zugang zu internen Dokumenten und vertraulichen Informationen und üben dabei zum Teil auch Leitungsfunktionen aus (MONITOR 2006a, 2006b, 2008b). Auf diese Weise wird Unternehmens- und Verbandsmitarbeitern ein bevorzugter Zugang zur Politik gewährt, der es ihnen ermöglicht, die gewonnenen Einblicke und Informationen zum Vorteil ihrer Arbeitgeber zu nutzen (impulse 2007; LobbyControl 2007; Südwestrundfunk 2003; WDR 2007).[48]

Die Strategie der personellen Verflechtung kann auch auf der Ebene des Deutschen Bundestages ansetzen: Zum einen besteht grundsätzlich die Möglichkeit, dass sich Interessenvertreter, die hauptberufliche oder ehrenamtliche Funktionen in einem Verband ausüben oder in einem Unternehmen angestellt sind, als Kandidaten für Parlamentswahlen aufstellen lassen, wobei letztlich die Wähler entscheiden, ob sie so genannten „Built-in-Lobbyisten" den Weg in das Parlament ebnen (Busch-Janser 2004: 39). Zum anderen können aktive Bundestagsabgeordnete von Unternehmen in den Aufsichtsrat, in den Vorstand oder in andere Gremien berufen werden. Darüber hinaus sprechen Interessengruppen gezielt amtierende Parlamentarier sowie frisch aus dem Bundestag ausgeschiedene Poli-

---

[48] Die „intensiven" Kontakte zwischen Ministerien und Interessengruppen sind insbesondere darauf zurückzuführen, dass die Fachkompetenz im Ministerium oft nicht ausreicht und auch allein durch institutionalisierte Kontakte mit den Interessengruppen nicht ausgeglichen werden kann (Speth 2006b: 104). Die „personell eher mager ausgestatteten Behörden" würden die Hilfe bei der Formulierung von Gesetzesnovellen daher „dankbar annehmen" (Manager Magazin 2005). Vor diesem Hintergrund würden „Firmenexperten zuweilen ausdrücklich von Ministerien auf Arbeitsebene (wieder) angefordert, um bei Gesetzesvorhaben zu beraten" (Gammelin/Hamann 2005: 111).

tiker an, um sie als Lobbyisten anzuwerben oder Beraterverträge mit ihnen abzuschließen, da sie über enge Kontakte und gute Verbindungen verfügen und Zugang zu nicht-öffentlichen Informationen aus den Ausschüssen haben (Kreiner 2006: 115-117).[49] Zwar gilt es als unwahrscheinlich, dass ein einzelner Verband oder ein einzelnes Unternehmen es schafft, eine Mehrheit der Abgeordneten in seinem Interesse abstimmen zu lassen (Rudzio 2003: 91ff.), dennoch kann von einer interessenpolitischen Bindung und einer so genannten „inneren Lobby" (Ismayr 2000: 76; Simmert 2002: 57) ausgegangen werden. Der Nutzen einer im Parlament eingebauten Lobby ist aber umstritten: Auf der einen Seite scheint sie von marginalem Nutzen zu sein, da viele Abgeordnete mit Verbindungen zu Verbänden

> „von vornherein vermeiden, in ihrer Fraktion für die Interessen ihrer Organisation zu werben, um nicht als Lobbyisten stigmatisiert zu werden. Einschlägige Erfahrungen haben die Verbandsfunktionäre gelehrt, dass unverblümte Interessenvertretung durch Abgeordnete oft das Gegenteil bewirkt" (Schwarz 1999: 204f.).

Zudem unterliegt der interne Lobbyismus bei Abstimmungen im Deutschen Bundestag der Fraktionsdisziplin (Simmert 2002: 58). Auf der anderen Seite wird die Bindung von Mandatsträgern durch Aufsichtsrats- und Vorstandsposten als wirksamste Vertretung von Unternehmens- und Verbandsinteressen angesehen (Jäkel 2005: 104). Eine innere Lobby im Bundestag sollte nach Ansicht von Winter (2004) weder über- noch unterschätzt werden:

> „Vielmehr sind Verbandsbindungen von Abgeordneten dort durchaus wirksam, wo sie sozusagen einen Stein im Mosaik multipler Machtressourcen einzelner Verbände bilden" (Winter 2004: 767).

Da die tatsächliche parlamentarische Arbeit in den spezialisierten, sachbezogenen Bundestagsausschüssen erfolgt, richtet sich auch das Instrument der personellen Durchdringung insbesondere auf diese Gremien, so dass die Verflechtungsintensität im Vergleich zum Bundestag insgesamt hier in der Regel zunimmt (Streit 2003: 8; Weßels 1987).[50]

---

[49] Dabei verpflichten sich die (ehemaligen) Abgeordneten gegen eine Vergütung zum einen, den Auftraggebern Wissen zur Verfügung zu stellen, das sie durch das Mandat erlangt haben. Zum anderen kann die Gegenleistung der Abgeordneten in der Interessenvertretung und ggf. Interessendurchsetzung für die Auftraggeber bestehen (Richter, C. 1997: 20ff.).
[50] Als Ausschussmitglieder werden jene Abgeordnete aus den Arbeitsgruppen der Fraktionen ernannt, die sich in ihrer Eigenschaft als Sachverständige eines Spezialgebietes auszeichnen, „was oft mit ihren vorparlamentarischen Tätigkeiten und/oder ihren speziellen Verbandsaffinitäten in Verbindung steht" (Hirner 1993: 154). Die Verbände betreiben daher eine „systematische Personalpolitik und konzentrieren sich auf bestimmte für sie und ihr Interesse wichtige Ausschüsse" (Alemann 1996: 37),

Finanzielle Beziehungen

Verbände und Großunternehmen sind als juristische Personen ebenso wie natürliche Personen dazu befugt, (Groß)-Spenden an politische Parteien zu tätigen, um diese im Wahlkampf oder bei der Durchsetzung von Zielen und Maßnahmen im Sinne des Geldgebers zu unterstützen. In diesem Sinne gelten Parteispenden in Deutschland als eine Form der politischen Partizipation, mit der entweder gezielt ein politisches Lager unterstützt oder aber eine parteiübergreifende „Landschaftspflege" betrieben werden kann (Höpner 2006: 17). Kleinspenden und Mitgliedsbeiträge von Privatpersonen werden dabei als Ausdruck des politischen Engagements bewertet. Allerdings besteht für finanziell besser gestellte Bürger und Gruppen die Möglichkeit, sich durch höhere Spendenbeiträge relativ mehr zu beteiligen, so dass sie dadurch ggf. einen stärkeren Einfluss auf politische Entscheidungen nehmen können. Römmele (2000) führt aus, dass insbesondere Unternehmensspenden problematisch seien, denn

> „die exponierte Stellung der Unternehmerschaft [führt] in einer marktwirtschaftlich orientierten Gesellschaftsordnung einerseits zu einer intensiven Beziehung zu den politischen Parteien, andererseits resultiert aus dieser Konstellation ein Spannungsverhältnis zwischen Gruppen, die über erhebliche finanzielle Ressourcen verfügen, und dem grundsätzlichen demokratischen Prinzip ‚Jeder hat eine Stimme' " (Römmele 2000: 23).[51]

Um die Unabhängigkeit der Politik und der politischen Parteien von der Zuwendung (unternehmerischer) Großspenden zu wahren, erhalten die Parteien in Deutschland zur Finanzierung ihrer Tätigkeiten Staatszuschüsse.[52] Auf diese Weise soll zwar gewährleistet werden, dass jene, die über weniger Finanzmittel verfügen, nicht von vornherein aus dem politischen Prozess ausgeschlossen werden und dass deren Interessen nicht unberücksichtigt bleiben (Morlok 2002: 431). Dennoch werden mit „Einflussspenden", so die Schatzmeisterin der SPD (Wettig-Danielmeiers zitiert nach Römmele 2000), nicht nur Erwartungen transportiert, sondern finanzielle Zuwendungen werden mit konkreten Forderungen verbunden und als Druckmittel eingesetzt. Nach Eisfeld (2001: 239f.) können gerade Parteien mit einer schmalen Mitgliederbasis in Spendenabhängigkeit geraten und spürbar Sanktionen („Spendenboykott") ausgesetzt werden. Vor

---

so dass einzelne Bundestagsausschüsse „fast zur Hälfte von eng mit Interessengruppen verbundenen Bundestagsmitgliedern besetzt" sind (Sontheimer/Bleek 2003: 211; siehe auch Weßels 1987).

[51] In diesem Sinne siehe auch Morlok (2002: 431-438).
[52] Weitere Aspekte zur Parteienfinanzierung und zu Parteispenden in Arnim (2000); Höpner (2006); Landfried (1994); Morlok (2000; 2002); K.-H. Naßmacher (1997; 2000); Römmele (1995; 2000).

diesem Hintergrund dient die durch das Parteiengesetz erzwungene Offenlegung der finanziellen Beziehungen der Parteien der Transparenz. Die

> „dadurch geschaffene Publizität soll die ungebremste Übersetzung finanzieller Macht in politische Macht verhindern. Mit der Offenlegung ihrer Einkünfte sollen finanziell begründete Abhängigkeiten einer Partei durch das Publikum kontrollierbar werden" (Morlok 2002: 434).

Allerdings werden die Vorschriften zur Rechenschaftslegung für Großspenden vielfach umgangen, so dass bei einer Analyse der Finanzflüsse anhand von Rechenschaftsberichten, laut Alemann (2003: 89-97), „eine gehörige Dunkelziffer" zu berücksichtigen sei. Korruption und Bestechung sind – im Gegensatz zu Parteispenden – rechtlich nicht legitimierte, strafbare Formen der finanziellen Einflussnahme.[53] Da es sich bei dieser Strategie daher um ein „öffentlichkeitsscheues Phänomen" (Schaupensteiner 2003: 189) handelt, liegen nur vereinzelt empirische Erkenntnisse über das Ausmaß und die Wirksamkeit dieser Einflussmethode vor (z.B. Bannenberg 2003).[54]

Informelle Beziehungen

Die informellen Beziehungen oder so genannten „Government Relations" bestehen aus wenig sichtbaren, persönlichen Kontakten zwischen politischen Entscheidungsträgern sowie der Ministerialbürokratie und den Lobbyisten, die sich weitgehend dem öffentlichen Zugang entziehen, wie z.B. Briefe, Telefonate, persönliche Gespräche. Das informelle Kommunikationsnetz zwischen den Bundestagsabgeordneten, den ministeriellen Spitzenbeamten und den Vertreten von Interessengruppen und Unternehmen wird aus beidseitigem Interesse gesucht und aufgebaut und gilt als sehr eng (Busch-Janser 2004: 96; Hirner 1993: 150f.; Joos 1998: 85; Simmert 2002: 60). „Einzelgespräche mit Entscheidern" sowie

---

[53] Seit 1994 gilt Abgeordnetenbestechung nach § 108 e StGB erneut als Straftatbestand, wonach sich derjenige strafbar macht, der „es unternimmt, für eine Wahl oder Abstimmung im Europäischen Parlament oder in einer Volksvertretung des Bundes, der Länder, Gemeinden und Gemeindeverbände eine Stimme zu kaufen oder zu verkaufen". Der Tatbestand des §108 e StGB ist von begrenzter Wirkung, da er sich lediglich auf eine konkrete Wahl oder Abstimmung bezieht. Werden einem Abgeordneten aber durch Dritte für die Vertretung seiner Interessen ganz unverbindlich Zuwendungen in Aussicht gestellt oder bestehen längerfristige Verbindungen, die sich nicht auf eine konkrete Stimmabgabe beziehen, so werden sie vom genannten § nicht erfasst und bleiben straflos (Richter, C. 1997: 46ff.). Sind Amtsträger betroffen, ist der Straftatbestand in §§ 331 ff. StGB geregelt. Zum strafrechtlichen Korruptionsbegriff vgl. Bannenberg/Schaupensteiner (2004: 25); Becker, M. (1998).
[54] Für allgemeine Ausführungen zur Korruption siehe Humborg (2005); Leyendecker (2004); SZ (2006); siehe auch die Beiträge in Alemann (2005); Arnim (2003) sowie Jain (2001).

„Hintergrundgespräche" gehören dabei zur unmittelbarsten und effektivsten Form des Lobbying (Die Zeit 2002a; Humborg 2005: 118; Lianos/Hetzel 2003) und gerade im parlamentarischen Raum scheinen informelle Kontakte für die Durchsetzung von Interessen besonders bedeutend (Richter, C. 1997: 17ff.). Vor diesem Hintergrund dient die Organisation von Veranstaltungen, Seminaren, Gesprächen, Empfängen und so genannten „parlamentarischen Abenden" der Herstellung und Pflege der Kontakte zu politischen Entscheidungsträgern (Haacke 2006: 177f.; Simmert 2002: 33f, 55ff.; Steinberg 1989: 226). Die Public Affairs-Branche hat sich auf diese Einflussform spezialisiert, indem sie gezielt Beziehungen zu politischen Entscheidungsträgern im Parlament und in der Ministerialbürokratie sowie zur Regierung und zu den Parteien aufbaut und pflegt, um über diese Kanäle politische Entscheidungs- und Gesetzgebungsprozesse zu beeinflussen.[55] Dieser „nicht-öffentliche Teil der Public Affairs" (Busch-Janser 2004: 96) wird speziell auf die Entscheidungsstrukturen und den zeitlichen Rahmen der Gesetzgebung abgestimmt.

Öffentlichkeitsarbeit

Die Öffentlichkeitsarbeit der Verbände, Unternehmen und Agenturen ist zum einen ganz allgemein ein Instrument zur Außendarstellung, wobei sie für Verbände darüber hinaus auch ein Mittel zur Klientelbindung gegenüber Verbandsmitgliedern darstellt. Zum anderen dient Öffentlichkeitsarbeit zur gezielten Platzierung von Themen, um sie auf die politische Agenda zu setzen und in die Medien und Öffentlichkeit zu tragen. Dabei gilt es in einem ersten Schritt zunächst Aufmerksamkeit und in einem zweiten Schritt Unterstützung für das jeweilige Interesse zu generieren wie auch öffentlichen Druck auf die Politik auszuüben (Haacke 2006: 177). Bei dieser Aktionsform steht die langfristig angelegte, allgemeine Meinungspflege eher im Vordergrund als werbewirksame Kampagnen im Einzelfall. Dabei werden die Durchsetzungschancen erhöht, wenn sich lobbyistische Akteure gesamtwirtschaftlicher und/oder gemeinwohlorientierter Argumentationen bedienen, um die Sonderinteressen als die Interessen der Allgemeinheit oder zumindest eines großen Teils davon auszugeben und diese an allgemein akzeptierten Werten zu legitimieren (Bockstette 2003: 71; Gaiser 1972: 23; Rudzio 2003: 98f.):

---

[55] Public Affairs bedeutet zu Deutsch: die *öffentlichen* Angelegenheiten. Als Bezeichnung dieser Branche bezieht sich der Begriff aber auf die professionelle Vertretung *privater* Interessen und die damit verbundene Kommunikation von Unternehmen und Verbänden einschließlich der Analyse und des Managements von Beziehungen zu Gruppen in Politik, Bürokratie und gesellschaftlichen Verbänden (Klewes zitiert nach Busch-Janser 2004: 20).

„Daher gehört es zum Grundsatz der Öffentlichkeitsarbeit der Verbände, die Identität der eigenen Forderungen mit der Verwirklichung des Gemeinwohls darzustellen" (Triesch/Ockenfels 1995: 87).[56]

Um die Medien und die Öffentlichkeit zu erreichen stehen den lobbyistischen Akteuren im Rahmen ihrer Öffentlichkeitsarbeit die folgenden Mittel und Methoden zur Verfügung, die teilweise durch die Verbände oder Unternehmen selbst, teilweise durch professionelle PR- oder Public Affairs-Agenturen umgesetzt werden können (Schroeder 2003: 290f.): Eine umfassende Öffentlichkeitsarbeit durch „Public Relations" und die Herausgabe eigener Fachpublikationen, die zum Teil über Eigenverlage erfolgt, ist eine Form, die aus Kapazitäts- und Kostengründen in der Regel nur großen Wirtschaftsunternehmen offen steht (Arbeitsgruppe Alternative Wirtschaftspolitik 1988: 232; Humborg 2005: 119). Mit verbandseigenen Publikationen und der Veröffentlichung von gezieltem Informationsmaterial können sowohl Mitglieder als auch die Öffentlichkeit erreicht werden (Ackermann 1982; Triesch/Ockenfels 1995: 89f.). Während größere Verbände eigene Pressestellen unterhalten, über die sie für ihre Ziele im Rahmen von Anzeigenkampagnen werben oder zu politischen Vorhaben Stellung nehmen, beauftragen kleinere Verbände vielfach spezialisierte PR-Agenturen (Jäkel 2005: 91). Den Medien kommt bei der Vermittlung von Interessen eine wesentliche Funktion zu, so dass sich eine weitere Form des Lobbying etabliert hat, die speziell auf Medienschaffende abzielt, nämlich Lobbying und PR im Journalismus (Kocks 2003; Leyendecker 2004) oder kurz „Journolobbying" (Washington Monthly zitiert nach Miller 2004: 127).[57] Da insbesondere die Printmedien auf die Einnahmen aus dem Anzeigengeschäft angewiesen sind, können umfangreiche Anzeigenkampagnen eine doppelte Wirkung entfalten: Die Öffentlichkeit wird direkt angesprochen und durch Androhung von Anzeigen-

---

[56] Skowronek (2003: 372) führt an, dass sich das vom Staat zu vertretende Gemeinwohlinteresse eher selten mit aus Lobbykreisen vorgebrachten Vorschlägen deckt, denn „Lobbyisten handeln gerade nicht mit einer primären Gemeinwohl-Verpflichtung. Ihre Aufgabe ist es, den ganz speziellen Interessen ihrer Auftraggeber Gehör und Geltung in der Politik zu verschaffen." Zur „Aura des Gemeinwohls", mit dem sich Verbände umgeben, vgl. Alemann/Eckert (2006); Sontheimer/Bleek (2003).

[57] Im Rahmen von Lobby- oder PR-Kampagnen werden den Journalisten Pressemitteilungen, Meldungen, Kommentare, Originaltöne oder Videopressemitteilungen geliefert, die ihren Bedürfnissen nach kompakten Informationen entsprechen (Miller 2004; Plehwe 2004: 37). Zu dieser Form der Öffentlichkeitsarbeit gehört auch die Unterstützung durch freie Mitarbeit verbandsnaher Journalisten und die Inanspruchnahme bekannter Journalisten für die Verbandsarbeit im Rahmen von Vorträgen sowie die Organisation von Forumsveranstaltungen, Tagungen, Journalistenreisen und Pressekonferenzen, bei denen Interviews und Hintergrundgespräche geführt werden. Professionelle PR-Agenturen versuchen dabei mithilfe ihrer Kontakte zu Herausgebern und Journalisten für bestimmte Meldungen eine entsprechende Aufmerksamkeit zu erzeugen und in den Printmedien Artikel, Kommentare oder Leserbriefe zu platzieren (Sebaldt 1997: 320ff.; Triesch/Ockenfels 1995: 89).

boykott kann Druck auf die Verlage ausgeübt und kritische Berichterstattung unterbunden werden (Leif 2004: 89).[58]

Schließlich können Großunternehmen und Verbänden so genannte „Think Tanks" gründen, sich an deren Finanzierung beteiligen oder bestehende wirtschaftsnahe Forschungsinstitute und Wissenschaftler unterstützen. Die (finanzielle) Unterstützung von Seiten der großen Konzerne und Interessensgruppen dient im Rahmen des „Wissenschaftslobbyings" insbesondere der Veröffentlichung von wissenschaftlichen Forschungsarbeiten, Fachpublikationen und Zeitschriftenserien, in denen die eigenen Interessen argumentativ durch „unabhängige Wissenschaftler" untermauert werden sollen.[59]

2.4 Fazit: Bestimmungsfaktoren von Einfluss

Im folgenden Abschnitt werden die Erkenntnisse aus den theoretischen Ansätzen der Verbände- und Einflussforschung wie auch jene der Struktur der Interessenvermittlung in Deutschland zusammengefasst, auf die Forschungsfrage übertragen und Schlussfolgerungen für die empirische Untersuchung der Einflussnahme der Finanzdienstleistungsbranche auf die Rentenreform 2001 gezogen.

Resümee zu theoretischen Ansätzen der Einfluss- und Verbändeforschung

Die Ausführungen zu den einschlägigen Theorien der Einfluss- und Verbändeforschung verdeutlichen, dass die Struktur der politischen Willensbildung und die Einbindung von Interessengruppen im politischen Prozess einem stetigen Wandel unterworfen sind, der sich an der Entwicklung der unterschiedlichen Erklärungsansätze ablesen lässt. Gemeinsamer Ausgangspunkt der Ansätze war die Feststellung, dass die Einflussmöglichkeiten organisierter Interessen auf politische Entscheidungen in demokratischen Systemen grundsätzlich durch den rechtlichen Rahmen determiniert werden, d.h. durch die staatlich legitimierte

---

[58] Die starke Abhängigkeit von Auflagen und Quoten, Anzeigen und Werbespots erzeugt einen Druck auf die Verlage und geht zulasten der Vielfalt und Qualität; die „Medienkrisen" und der Einbruch bei den Werbeumsätzen in den Printmedien verschärft die Abhängigkeit der Verlage von Wirtschaftsunternehmen und macht den Journalismus anfällig für Korruption und interessengebundene Lancierung bestimmter Themen und Meinungen, Schleichwerbung und Product Placement (Weischenberg 2003). Zu redaktionellen Beiträgen, die von Unternehmen finanziert werden siehe Leyendecker (2003: 114f.; 2004). Zum Verhältnis von Journalismus und PR siehe auch Schnedler (2006).
[59] Beispielsweise finanzieren die Arbeitgeberverbände der Metall- und Elektroindustrie die „Initiative Neue Soziale Marktwirtschaft", ohne dass nach außen klar signalisiert wird, dass die Standpunkte und Argumente der INSM an den Interessen der Verbände ausgerichtet sind (Humborg 2005: 118f.).

Möglichkeit der direkten Teilnahme am und der indirekten Einflussnahme auf den politischen Willensbildungsprozess (Vieler 1986; Winter 1997: 356f.). Denn

"Grundvoraussetzung für Einfluss auf politische Entscheidungen ist der Zugang zu den Entscheidungsträgern. Zugang zu haben beinhaltet die Chance, Informationen zu transportieren, die die Präferenzen der Entscheidungsträger ändern können. Ohne Kontakt zu den Entscheidungsträgern ist politische Einflussnahme kaum möglich" (Winter 2007: 227).

Von gleichverteilten Zugangschancen zu Entscheidungsträgern und von einer gleichberechtigten Teilnahme *aller* Interessen am politischen Entscheidungsprozess, wie sie der Pluralismus postuliert, kann indes nicht ausgegangen werden: In der politischen Realität hat sich gezeigt, dass sich vor allem die Interessen der großen Wirtschaftsverbände wie auch jene der kleinen gut organisierten Gruppen durchsetzen können, während der Einfluss nicht-ökonomischer, schwacher Interessen sozialer Randgruppen auf die politischen Entscheidungsträger als geringer einzustufen ist (Heinze/Voelzkow 1997: 228; Schmid 1998: 37f.; Winter 2007: 227ff.; Zohlnhöfer, W. 1999: 153-157). Begründet wird die Asymmetrie der Durchsetzungschancen in der Konflikttheorie mit der unterschiedlich ausgeprägten Fähigkeit von Interessen, sich zu organisieren und einen systemrelevanten Leistungsentzug glaubhaft anzudrohen. Der Ansatz der Neuen Politischen Ökonomie betont zudem, dass spezifische Interessen organisationsfähiger sind als allgemeine Interessen, da bei öffentlichen Gütern das Problem der „Trittbrettfahrer" entsteht. Demgegenüber sind ökonomische, produktionsbezogene Interessen leichter zu organisieren und weisen ein höheres Druckpotential auf als Interessen von Gruppen, die geringere Entzugsmöglichkeiten haben und folglich im Aushandlungsprozess unterliegen. Darüber hinaus zeigt der Korporatismus, dass die institutionalisierte Beteiligung der Verbände am politischen Willensbildungsprozess zu Quasi-Monopolen von Großverbänden mit fast exklusivem Zugang zur Politik führt und die derzeitigen Staat-Verbände Beziehungen von einer gleichberechtigten Beteiligung aller Akteure weit entfernt ist (Busch-Janser 2004: 79; Czada 2001: 300f.).[60] Stattdessen spiegeln

"unterschiedliche Artikulations- und Organisationsmöglichkeiten und differierende politische Kommunikations- und Durchsetzungschancen, (...) eine Ungleichheit der Ressourcenpotentiale zwischen den Interessengruppen wider" (Winter 2001: 211).

---

[60] Zugang alleine garantiert aber noch keinen Einfluss, sondern begründet zunächst einmal lediglich politische Artikulation- und Kommunikationschancen. Eine rein formelle Einbeziehung im politischen Entscheidungsprozess kann z.B. auch aus legitimatorischen Gründen erfolgen, ohne dass den entsprechenden Interessen dabei Einfluss eingeräumt wird (Winter 2007: 228f.).

Fazit: Bestimmungsfaktoren von Einfluss

Über diese Kernaussagen zu den unterschiedlichen Organisationsgraden, Entzugsmöglichkeiten und Zugangschancen zum politischen System ist der Forschungsstand zur Beurteilung des potentiellen Erfolgs der Einflussnahme unbefriedigend: Auf der einen Seite werden strukturelle Determinanten als Erklärungsfaktoren für die Ausprägung der Durchsetzungschancen herangezogen, wobei insbesondere den beiden Organisationsressourcen „Finanzkraft und Personal" sowie „das Verfügen über Informationen und Sachverstand" eine zentrale Bedeutung zukommt:[61] *Zum einen* entscheidet die Ausstattung mit Finanzkraft und Personal maßgeblich über die grundsätzliche Möglichkeit wie auch über die Größenordnung des Einsatzes der verschiedenen Einflussmethoden. Gerade Wirtschaftsverbände sind auf Basis umfassender finanzieller und personeller Ressourcen in der Lage, auf allen Ebenen Kontakte zu politischen Entscheidungsträgern zu pflegen, während es schwachen Interessen vielfach an entsprechenden Ressourcen mangelt (Winter 2007: 227). *Zum anderen* ist das Verfügen über Informationen und Sachverstand für den Zugang zu politischen Entscheidungsträgern maßgeblich, denn nur durch den Rückgriff auf diese „Mangelware" ist es den Interessenverbänden und Unternehmen überhaupt möglich, in ein „politisches Tauschgeschäft" mit den entscheidungsrelevanten Akteuren zu treten und korporatistisch eingebunden zu werden (Abromeit 1993: 23).[62]

Auf der anderen Seite wird betont, dass die Durchsetzungschancen nicht durch komplexe Variablen determiniert, sondern durch speziellere Faktoren bestimmt werden, die sich je nach Regelungsgegenstand unterscheiden und von der jeweiligen Situation abhängen (Heinz et al. 1993: 351, in diesem Sinne auch Buholzer 1998: 131f.; Schmidt, M. G. 2007: 128f.; Winter 2004: 770). An dieser Stelle setzt die Netzwerktheorie an, die sich unabhängig von den Organisationsressourcen der Verbände auf die Frage konzentriert, ob die Struktur eines Netzwerks sowie die sich herauskristallisierenden Interessen- und Konfliktkonstellationen für das Einflusspotential zur Interessenrealisierung relevant sein könnten (Winter 2007). Da der Politikprozess im Rahmen stabiler, korporatistischer Arrangements am ehesten durch formalisierte Verhandlungsnetzwerke gekenn-

---

[61] Namentlich Werner Zohlnhöfer (1999: 151) verweist auf die Finanzkraft, den Informationsvorsprung, die Überzeugungskraft der Argumente und die Fähigkeit, politische Entscheidungsträger unter Druck zu setzen als Erfolgsfaktoren. Für Wolfgang Rudzio (2003: 101) erklären sich die asymmetrischen Durchsetzungschancen aus der Finanzkraft, Mitgliederstärke, Stellung im System der Interessenorganisationen und Privilegierungen. Für weitere Ansätze zur Bestimmung der Handlungsfähigkeit und des Einflusspotentials von Interessengruppen siehe u.a. Alemann (1987); Grande (2000: 17f.); Hackenbroch (1998: 101ff.); Kollewe (1979: 19ff.); Triesch/Ockenfels (1995: 26-37).
[62] Zur Konzeptionalisierung von Lobbying als Tauschprozess siehe auch Buholzer (1998: 97ff.) sowie Michalowitz (2004), die diese Tauschbeziehung wie folgt zusammenfasst: „Interest groups and other kinds of lobbyists are interested in access to the decision-making process of public actors and public actors are interested in the compliance and expertise of lobbyists" (Michalowitz 2004: 76).

zeichnet ist, wird betont, dass relativ stabile, korporatistisch ausgeprägte Politikfelder zu pfadabhängiger Politik tendieren. Sollte es aber trotzdem zu strukturellen Reformen kommen, kann dieser Politikwandel eine grundlegende Veränderung der etablierten Politiknetzwerke auslösen (Heinze 2002: 69ff.; Jochem/Siegel 2003: 12f.; Marsh 1998: 195). Für außen stehende Gruppen könnten höhere Chancen auf Beteiligung an politischen Entscheidungen entstehen, wenn sich ein Policy-Netzwerk in der Formation oder im Umbruch befindet (Winter 2003: 38). Neben der korporatistischen Einbindung von Verbänden können in einem Netzwerk Einfluss- und Aktionsformen bestehen, die über die formale Einbindung der Interessen im politischen Willensbildungsprozess hinausgehen, wobei neben den Verbänden auch weitere lobbyistische Akteure versuchen, ihre Interessen einzubringen.

Im Hinblick auf die Aussage, dass strukturelle Reformen das Set der im Politikfeld beteiligten Akteure verändern kann, ist zu fragen, ob die Entwicklung und Durchsetzung struktureller Reformen nicht vielmehr durch eine Veränderung des Akteurssets auf individueller wie auch auf institutioneller Ebene ermöglicht wird. Ein personeller Wechsel im politikfeldspezifischen Netzwerk, der sich z.B. aus altersbedingten Gründen vollzieht, könnte sich für die Erarbeitung und Umsetzung *neuer* Reformkonzepte durchaus positiv auswirken (Bönker 2005; Marsh 1998). Gleiches gilt für die Beteiligung neuer institutioneller Akteure, denn falls vormals nicht beteiligte Institutionen und Organisationen in den entscheidungsrelevanten Kern des Policy-Netzwerks drängen, sind aufgrund neuer paradigmatischen Ausrichtungen auch Auswirkungen auf die Inhalte der Politik zu erwarten (Müller, Katharina 2001; Quadagno 1999). In Anlehnung an die Neue Politische Ökonomie, welche Tauschprozesse zwischen den politischen und lobbyistischen Akteuren schematisch erklärt, wäre eine Einbindung lobbyistischer Akteure in einem Politikfeld dann wahrscheinlich, wenn deren Informationsfähigkeit über bestimmte Sachfragen mit dem Informationsbedarf der entscheidungsrelevanten Akteure im Netzwerk korrespondiert. Der Informationsbedarf der politischen Entscheidungsträger und der Administration wäre besonders hoch, falls im Rahmen struktureller Reformen neuartige Regelungsgegenstände auftreten, über die auf Seiten der politischen Entscheidungsträger noch keine ausreichenden Informationen vorliegen, so dass ein Rückgriff auf externen Sachverstand erforderlich wird. Darüber hinaus scheinen die Durchsetzungschancen eines Verbandes höher zu sein, wenn er sich gesamtwirtschaftlicher oder gemeinwohlorientierter Argumentationsmuster bedient, um die jeweiligen Sonderinteressen an allgemein akzeptierten Werten zu legitimieren und sie als Interessen der Allgemeinheit oder zumindest eines großen Teils davon auszugeben (Bockstette 2003: 71; Gaiser 1972: 23; Rudzio 2003: 98f.).

Fazit: Bestimmungsfaktoren von Einfluss

Resümee zur Struktur der Interessenvermittlung

Die Entwicklung der Struktur der Interessenvertretung in Deutschland verdeutlicht die wachsende Vielfalt der lobbyistischen Akteure wie auch der Bandbreite der Aktions- und Beziehungsformen: Neben der institutionalisierten Einflussnahme durch traditionelle Interessenverbände hat das direkte Lobbying von Großunternehmen an Bedeutung gewonnen, während sich am Regierungssitz Berlin ein umfassender Markt der kommerziellen Interessenvertretung durch PR- und Public Affairs-Agenturen sowie Anwaltskanzleien und Unternehmensberatungen etabliert hat. Die Tendenz zur „Artenvielfalt der Akteure" und zur „Pluralität der Strategien" bedeutet zugleich eine Schwächung der bestehenden Vertretungsmonopole und eröffnet neue Zugangswege zu politischen Entscheidungsträgern (Winter 2003: 39f.). Wenngleich mit diesen Entwicklungstrends ein Einflussverlust des verbandlichen Lobbyings assoziiert wird, zeigt sich, dass sich die verschiedenen lobbyistischen Organisationsformen nicht gegenseitig ausschließen. Vielfach wird die Mitgliedschaft und Organisation im Verband durch weitere Formen ergänzt, so dass die Interessenvertretung parallel auf mehreren Ebenen ansetzen und durch verschiedene Akteure vorangetrieben werden kann.

Die lobbyistischen Akteure bedienen sich zur Durchsetzung ihrer Interessen unterschiedlicher Aktivitäten und Beziehungsstrukturen: Die institutionalisierten Beziehungen im Sinne einer formellen Einbindung von Interessen stehen zumeist nur den etablierten Großverbänden offen. Entsprechende personelle bzw. finanzielle Ressourcen vorausgesetzt, können Verbände wie auch Unternehmen die Strategie der personellen Verflechtung und der finanziellen Beziehungen verfolgen. Schließlich ermöglichen „Government Relations" einen direkten Zugang zu den politischen Entscheidungsträgern, die prinzipiell durch alle Akteure der Interessenvertretung gesucht werden können, wobei sich PR- und Public Affairs-Agenturen sowie die PR-Abteilungen der Verbände und Unternehmen auf diese Einflussform und auf Öffentlichkeitsarbeit im weitesten Sinne spezialisiert haben. Zur Artikulation und Durchsetzung ihrer Interessen wenden sich die lobbyistischen Akteure im Verlauf des politischen Willensbildungsprozesses an einzelne oder mehrere relevante Entscheidungsträger im politischen System, namentlich an die Bundesregierung und die Ministerialbürokratie, an das Parlament und die Parteien, sowie an die Öffentlichkeit und die Medien, wobei letztere die Willensbildung der politischen Entscheidungsträger indirekt beeinflussen. Die konkrete Richtung des Einflusses hängt von der Relevanz der Akteure im entsprechenden Entscheidungsprozess ab und wird durch den Zugang zu diesen Akteuren sowie durch die zur Verfügung stehenden Ressourcen determiniert. Abbildung 1 fasst die Akteure, Aktions- und Beziehungsformen sowie die Adressaten der lobbyistischen Einflussnahme schematisch zusammen.

Abbildung 1: Akteure, Aktionsformen und Adressaten der Einflussnahme

Akteure	Aktions- und Beziehungsformen	Adressaten
Verbände → Unternehmen →	Institutionalisierte Beziehungen → Personelle Verflechtung → Finanzielle Beziehungen →	→ Bundesregierung → Ministerialbürokratie → Bundestag / Parteien
Agenturen →	Informelle Beziehungen → Öffentlichkeitsarbeit →	↑ Öffentlichkeit, Medien

Quelle: Eigene Darstellung.

Schlussfolgerungen für die empirische Untersuchung

Die vorliegende Arbeit geht von der einleitend begründeten Annahme aus, dass eine Teil-Privatisierung der Alterssicherung grundsätzlich und primär im Interesse der Finanzdienstleistungsbranche ist, da für private Finanzdienstleister mit der stärkeren Förderung der privaten, kapitalgedeckten Altersvorsorge erhebliche Wachstums- und Gewinnpotentiale verbunden sind. Vor diesem Hintergrund stellt sich im Hinblick auf die Rentenreform 2001 die Frage, inwieweit der durch die Leistungskürzungen der gesetzlichen Rentenversicherung und die Förderung der so genannten „Riester-Rente" eingeleitete rentenpolitische Paradigmenwechsel in Deutschland auf die politische Einflussnahme der Finanzdienstleistungsbranche zurückgeführt werden kann. Damit stehen die lobbyistischen Aktivitäten der Finanzdienstleistungsbranche im Gesetzgebungsprozess zur Rentenreform 2001 im Fokus der Untersuchung, die im Einzelnen wie folgt aufgebaut ist:

Im folgenden Kapitel werden die ökonomischen Grundlagen von Alterssicherungssystemen und die rentenpolitische Entwicklung in der BRD thematisiert, um den mit der Rentenreform 2001 eingeleiteten Paradigmenwechsel in der Alterssicherungspolitik zu verdeutlichen (Kap. 3). Daraufhin wird der formelle, politische Willensbildungs- und Entscheidungsprozess zur Rentenreform 2001 nachgezeichnet. Hierzu werden die vier Phasen des Policy-Cycles der potentiellen Einflussnahme der Finanzdienstleistungsbranche und formelle Ablauf des Reformprozess dargestellt und so die an der Reform beteiligten Akteure identifiziert sowie die wesentlichen Stationen, inhaltlichen Streitpunkte und Veränderungen des Reformvorhabens analysiert (Kap. 4). Die Bedeutung der Struktur eines Policy-Netzwerks für den Zugang lobbyistischer Akteure zum Politikfeld wurde bereits in allgemeiner Form verdeutlicht. Damit stellt sich nunmehr die Frage nach der konkreten Beschaffenheit des rentenpolitischen Policy-Netzwerks

Fazit: Bestimmungsfaktoren von Einfluss

und den institutionellen wie auch personellen Veränderungen, denen das Netzwerk seit Mitte der 1990er Jahre bzw. seit dem Regierungswechsel im Jahr 1998 unterworfen war (Kap. 5). Der Hauptteil der empirischen Untersuchung konzentriert sich auf die Analyse der Interessen und Zielsetzungen der (einzelnen Sektoren der) Finanzdienstleistungsbranche im Rahmen der Reform der Alterssicherung, und auf die Frage, mit welchen Mitteln die Interessenvertreter den politischen Willensbildungsprozesses bei der Rentenreform 2001 beeinflusst haben und inwiefern das Politikergebnis deren Zielvorstellungen entspricht (Kap. 6).

Dabei gilt es zunächst grundsätzlich zu klären, ob bzw. wie der Einfluss lobbyistischer Akteure und dessen Wirkung empirisch gemessen werden kann. In der Forschung gibt es hierzu kein einheitliches methodisches Vorgehen, zumal ein Nachweis über den ursächlichen Zusammenhang zwischen Lobbying und dessen Erfolg aus mindestens zwei Gründen nicht geleistet werden kann: Zum einen wird die Vorstellung einer 1:1 Übersetzung bestimmter lobbyistischer Aktivitäten und der Veränderung einer Vorgabe im Gesetzestext der Komplexität politischer Entscheidungsprozesse wie auch der Professionalität des Lobbyings in Deutschland nicht gerecht. Lobbyistische Erfolge spiegeln sich in den seltensten Fällen durch eine unmittelbare Reaktion politischer Entscheidungsträger auf die Ausübung einer konkreten Form von Einflussnahme oder der Aktivierung von Beziehungsstrukturen wider. Stattdessen dient der Einsatz der vielfältigen lobbyistischen Aktivitäten und Beziehungsstrukturen als Ganzes einer „politischen Landschaftspflege" insgesamt, auf deren Grundlage im Einzelfall bestimmte Anliegen oder konkrete Forderungen transportiert werden können. In diesem Sinne ist politische Einflussnahme als ein Mosaik von einer Vielzahl einzelner lobbyistischer Aktivitäten und Beziehungen zu verstehen, das erst in seiner Gesamtheit seine Wirkung entfaltet.[63] Zum anderen kann Einfluss im Nachhinein grundsätzlich nicht eindeutig belegt werden, da in der Regel nicht zweifelsfrei feststellbar ist, ob Veränderungen im Zuge eines Reformprozesses tatsächlich auf das Lobbying bestimmter Interessen zurückzuführen sind. Die Ergebnisse der Einflussnahme offenbaren sich in der Regel weder unmittelbar, noch publikumswirksam, zumal sich auch die politischen Entscheidungsträger nicht dem Vorwurf der Bestechlichkeit oder der einseitigen Begünstigung privatwirtschaftlicher Interessen aussetzen wollen.

Wenngleich die Möglichkeiten der empirischen Sozialforschung also begrenzt sind, die Wirkung von Einflussnahme „nachzuweisen" und zu bewerten, enthält die eingangs erwähnte Definition von Einfluss – als die durch die Aktivi-

---

[63] Selbst bei institutionalisierter Beteiligung der Verbände im Gesetzgebungsprozess, die im Vergleich zu den anderen Einflussaktivitäten am genauesten dokumentiert ist, kann nicht mit Sicherheit festgestellt werden, dass die Veränderungen, die im Anschluss an die Anhörungen vorgenommen wurden, tatsächlich auf die formale Einbindung der Verbände im Verfahren zurückzuführen ist.

täten lobbyistischer Akteure erreichte Ausrichtung bzw. Veränderung einer staatlichen Entscheidung gemäß deren Zielvorstellungen – drei Variablen, die zur empirischen Erfassung von Einfluss herangezogen werden können (in Anlehnung an Adam 2007: 136f.):

- Die Interessen, Zielvorstellungen und Forderungen der lobbyistischen Akteure,
- deren Aktivitäten und Beziehungen, d.h. die Anwendung der unterschiedlichen Aktionsformen und die Beziehungsstrukturen des Lobbyismus,
- sowie schließlich die Ausrichtung und das Ausmaß der Veränderungen der staatlichen Entscheidungen, d.h. inwiefern das Politikergebnis vom ursprünglich vorgesehenen Reformkonzept abrückt und stattdessen den Zielvorstellungen und Forderungen der lobbyistischen Akteure entspricht.

Angesichts dessen ist die empirische Untersuchung zur Einflussnahme der Finanzdienstleistungsbranche auf die Rentenreform 2001 in drei Abschnitte unterteilt: Zunächst erfolgt eine Darstellung der zentralen Akteure der Finanzdienstleistungsbranche in Deutschland, die sich auf die Zielsetzungen, Interessenlagen und Forderungen des Versicherungssektors wie auch des Banken- und Investmentsektors mit Bezug zum Politikfeld Alterssicherung konzentriert (Kap. 6.1).[64] Die Untersuchung der lobbyistischen Aktivitäten und Beziehungsstrukturen der Finanzdienstleistungsbranche während der Gesetzgebung ist in Anlehnung an die skizzierten Aktionsformen und Beziehungsstrukturen der Interessenvermittlung unterteilt in institutionalisierte Beziehungen, personelle Verflechtungen, finanzielle Beziehungen, informelle Beziehungen und Öffentlichkeitsarbeit (Kap. 6.2). Als potentielle Adressaten stehen das Kabinett inklusive der Staatsminister und Staatssekretäre, die Ministerialbürokratie sowie der Bundestag und die politikfeldrelevanten Politiker und Ausschüsse der Regierungsfraktionen im Mittelpunkt der Untersuchung. Schließlich wird analysiert, inwiefern die konzeptionelle Ausgestaltung der Reform und die Festlegung von spezifischen Sach- und Detailfragen den Interessen der Finanzdienstleistungsbranche entsprechen. Hierzu erfolgt eine Gegenüberstellung der Zielvorstellungen und Forderungen der Branche mit dem endgültigen Politikergebnis und den ursprünglichen Reformplänen der Regierung (Kap. 6.3). Auf der Basis der Untersuchungsergebnisse wird abschließend dargelegt, inwiefern die Finanzdienstleistungsbranche beim Zustandekommen der Rentenreform Einfluss geltend machen konnte (Kap. 6.4).

---

[64] Im Bankensektor konzentriert sich die Untersuchung auf die vier privaten Großbanken inkl. der angegliederten Kapitalanlagegesellschaften und im Versicherungssektor auf die größten Lebensversicherer, sowie auf die jeweiligen Verbände der Sektoren.

3 Alterssicherung in Deutschland und die Rentenreform 2001

Gemessen an den Einkommensleistungen sind die sozialen Sicherungssysteme der größte Bereich staatlicher Sozialpolitik. Das System soll die Bürger gegen existenzgefährdende Risiken schützen, die aus dem vorübergehenden oder dauernden Verlust von Arbeitseinkommen, z.B. durch Krankheit, Alter oder Arbeitslosigkeit, resultieren. In Deutschland ist die staatliche Alterssicherung der größte Zweig der Sozialversicherung, der aufgrund seiner quantitativen Bedeutung als Kern der sozialen Sicherung gilt. Über mehrere Dekaden wurden die großen Reformen des Alterssicherungssystems in langen Abständen (1957, 1972, 1992) im Konsens der großen Volksparteien verabschiedet, denn sie waren sich weitgehend einig, das Rentensystem aufgrund seiner umfassenden und langfristigen Bedeutung nicht für parteipolitische Profilierungen zu missbrauchen. Über diesen Zyklus wurde die Grundstruktur der gesetzlichen Rentenversicherung (GRV) nicht modifiziert, die sich wandelnden sozioökonomischen Bedingungen und finanziellen Probleme sollten im Rahmen des umlagefinanzierten Systems verarbeitet werden („systemimmanente Reformen"). Spätestens Ende der 1990er Jahre hat sich dies radikal gewandelt: Seitdem wird über die Gestaltung des Gesamtsystems der Alterssicherung öffentlich, (partei)-politisch und wissenschaftlich kontrovers diskutiert und Rentenreformen avancierten zu einem Top-Wahlkampfthema. Daneben verkürzten sich die zeitlichen Abstände zwischen den Reformen (1997, 2001, 2004, 2005, 2007) und einzelne Reformen oder Bestandteile traten gar nicht erst in Kraft, da sie zuvor durch neu verabschiedete Gesetze obsolet geworden waren. Verabschiedet wurden die einzelnen Reformgesetze im Bundestag nicht mehr durchgängig im Konsens, sondern oftmals gegen die Stimmen einer breiten Opposition. Aus diesem „Reformmarathon" sticht die Rentenreform 2001 besonders hervor, da mit ihr ohne parteiübergreifenden Konsens eine paradigmatische Neuausrichtung des Systems eingeleitet wurde („systemändernde" oder „strukturelle Reform").

Dieser rentenpolitische Paradigmenwechsel ist der zentrale Bezugspunkt der vorliegenden Arbeit, da die Finanzdienstleistungsbranche maßgeblich von dem eingeleiteten Systemwechsel profitiert, während dessen Nutzen für die in der GRV Versicherten umstritten ist. Um den mit der Rentenreform 2001 vollzogenen „Systembruch" zu verstehen, wird im Folgenden die ökonomische Funktionsweise von Alterssicherungssystemen skizziert sowie das deutsche System und die hier ansetzende Reform aus dem Jahr 2001 im Kern dargestellt: Die Alterssicherungssysteme der industrialisierten Volkswirtschaften beruhen auf gemeinsamen ökonomischen Prinzipien (Kap. 3.1), wobei sich die nationalen Systeme entsprechend der jeweiligen sozialpolitischen Vorstellungen und Zielsetzungen unterscheiden (Kap. 3.2). In Deutschland basiert das Gesamtsystem auf drei unterschiedlichen Schichten (Kap. 3.3): Zentrale Komponente ist die gesetzliche Rentenversicherung, die durch betriebliche Altersversorgung und private Altersvorsorge ergänzt wird. Mit der zum 1. Januar 2002 in Kraft getretenen Rentenreform wurde dieses Gefüge grundlegend verändert (Kap. 3.4): Um den Anstieg des Beitragssatzes zur GRV zu verhindern, wurde von dem zentralen Ziel der Lebensstandardsicherung im Alter abgerückt. Für die über die GRV versicherten Personen bedeutet dies zwangsläufig Leistungskürzungen. Gleichzeitig bewirkt die staatliche Förderung privater und betrieblicher Vorsorge im Rahmen der so genannten „Riester-Rente" eine neue Gewichtung der drei Schichten, da die individuelle Vorsorge nicht nur – wie in der Vergangenheit – die Leistungen der GRV ergänzen, sondern explizit die über die Reform induzierten Leistungskürzungen kompensieren soll. Im Ergebnis kommt es so zur paradigmatischen Neuausrichtung der deutschen Rentenpolitik, die eine erhebliche Verbesserung und Erweiterung der Möglichkeiten für private Anbieter von Vorsorgeprodukten zur Alterssicherung impliziert (Kap. 3.5).

3.1 Ökonomische Grundsätze der Alterssicherung

Jede Gesellschaft besteht aus einem ökonomisch aktiven und einem ökonomisch nicht aktiven Bevölkerungsteil. Zu den ökonomisch nicht aktiven Gruppen gehören insbesondere alte und kranke Menschen, Kinder und Erwerbslose, da sie Güter und Dienstleistungen konsumieren ohne selbst unmittelbar zur volkswirtschaftlichen Produktion beitragen. Zur Sicherstellung eines bestimmten Lebensstandards von altersbedingt nicht länger ökonomisch Aktiven bestehen theoretisch zwei Möglichkeiten (Barr 2001a: Kapitel 3): Individuen können während ihrer aktiven Phasen Güter und Dienstleistungen für den Verbrauch im inaktiven Lebensabschnitt sammeln und konservieren, indem sie einen Teil ihrer aktuellen Produktion beiseite legen und ihn für den späteren Konsum aufbewahren, „like a squirrel hiding its nuts" (Eatwell 2003: 2). Diese Form des Einkommenstransfers ist aber ökonomisch nicht sinnvoll, da eine derartige Lagerhaltung ineffizient, teils unpraktikabel und mitunter gänzlich unmöglich ist (Barr 2001b; Eatwell 2003; Manzke 2001: 202). Aufgrund dieser Schwierigkeiten kommt es praktisch nur in Frage, eigene Anteile aus der aktuellen Produktion gegen Ansprüche auf einen Teil an zukünftiger Produktion zu tauschen. Diese Ansprüche können prinzipiell auf zwei Wegen realisiert werden: Zum einen können aktive Menschen direkt Kaufkraft an altersbedingt nicht aktive Menschen übertragen, damit sie sich einen Teil der aktuellen Produktion von Gütern und Dienstleistungen aneignen können. Im Gegenzug erwerben die aktiven Menschen durch diesen Einkommenstransfer einen Anspruch auf zukünftige Produktion und erhalten vom Staat, von der Familie oder sonstigen Institutionen die Gewähr, dass ihnen bei Erreichen der altersbedingt inaktiven Lebensphase ebenfalls Kaufkraft zum Erwerb von Gütern und Dienstleistungen zur Verfügung gestellt werden wird (Umlageverfahren). Zum anderen kann der Transfer organisiert werden, indem der Einzelne aus seinem laufenden Erwerbseinkommen über die Anlage von Geld einen privaten Kapitalstock aufbaut, der im Alter aufgelöst wird, um damit Güter und Dienstleistungen zu kaufen und zu konsumieren (Kapitaldeckungsverfahren). Für beide Finanzierungsverfahren ist das laufende Sozialprodukt die zentrale ökonomische Determinante, denn der konkrete Leistungstransfer ist immer Sozialaufwand, den die Gesellschaft nur aus dem aktuellen Volkseinkommen befriedigen kann (Bäcker et al. 2000a; Christen 2001; Schui 2000; Unterhinninghofen 2002).

In Deutschland wurde dieser Transfer bis Ende des 19. Jahrhunderts, wie in den meisten anderen europäischen Ländern, über persönliche Beziehungen insbesondere familiären, genossenschaftlichen oder kirchlichen Ursprungs organisiert. Einklagbare Rechtstitel waren diesen traditionellen Ansätzen weitgehend fremd (Göckenjan 1990). Im Zuge der Industrialisierung erodierten diese sozialen Beziehungen und die Abhängigkeit der Einzelnen von der Lohnarbeit wuchs, so dass „ein vorübergehender oder dauernder Verlust ihrer Arbeitsfähigkeit (...) eine unmittelbare Bedrohung ihrer Existenz" bedeutete (Lampert/Althammer 2001: 226).[65] Vor diesem Hintergrund wurden kollektive Lösungen zur Sicherung der materiellen Verhältnisse im Alter entwickelt, mit denen das Individuum die Risiken mittels „Sozialvertrag" auf eine große Gruppe verteilen konnte. Die Bildung eines Kollektivs ermöglichte die Nutzung von Kumulationseffekten, denn aus finanzwissenschaftlicher Perspektive werden dadurch die Risiken gestreut und so für den Einzelnen kalkulier- und finanzierbar: Da der Risikofall tatsächlich nicht bei jedem Versicherten eintritt, ist es möglich, kleinere Beiträge abzuführen als bei individueller Vorsorge bzw. sind bei gleich hohen Beiträgen

---

[65] Im Gegensatz zu Familienverbünden war die Zwei-Generationen-Familie der industriellen Gesellschaft personell und finanziell nicht in der Lage, ihre Mitglieder gegen den Verlust des Arbeitseinkommens abzusichern. Auch traditionelle Wohlfahrtseinrichtungen und soziale Organisationen der Kirchen, Verbände, Städte etc. waren angesichts der steigenden Anzahl Sicherungsbedürftiger finanziell und organisatorisch überfordert (Bäcker et al. 1980: 329; Lampert/Althammer 2001: 226).

höhere Leistungen zu erwarten (Nowotny 1987: 290). Ein staatlich durchgesetzter Versicherungszwang garantiert wiederum, dass einzelne Mitglieder, die sich ohne diesen Zwang, z.B. aufgrund mangelnder finanzieller Ressourcen, nicht oder nur unzureichend absichern würden, der Gesellschaft bei Risikoeintritt nicht „zur Last" fallen. Die Entstehung staatlicher Regelungen zur Milderung oder Beseitigung sozialer Risiken in einem Kollektiv kann auch auf die Unvollkommenheit der privaten Versicherungsmärkte zurückgeführt werden. Zum einen wird gegen bestimmte Risiken keine Absicherung angeboten, zum anderen kann u.a. aufgrund von Intransparenzen kein effizienter Schutz gewährleistet werden (Barr 1998: 409; Lampert/Althammer 2001: 227; Nowotny 1987: 37f., 289ff.). Grundsätzlich existieren unterschiedliche Regeln für die Ausgestaltung der Alterssicherung, mit denen festgelegt wird, in welcher Weise und in welchem Maß ein einklagbarer Rechtsanspruch auf zukünftige Produktion erworben wird, wer für den Transfer aufkommt, welche sozialpolitischen Ziele erreicht und welche normativen Grundsätze verfolgt werden sollen (Christen et al. 2003: 51f.; Ganßmann 2000: 135ff.).

3.2 Ausgestaltungsmerkmale von Alterssicherungssystemen

Die unterschiedlichen Systeme der Alterssicherung, die sich seit Beginn der sozialpolitischen Gesetzgebung in den einzelnen Nationalstaaten herausgebildet und entwickelt haben, setzen sich in der Regel aus drei Schichten bzw. Säulen zusammen, namentlich (i) der staatlichen (Regel)-Alterssicherung, (ii) den ergänzenden (z.B. betrieblichen) Sicherungssystemen und (iii) den Formen zusätzlicher privater Altersvorsorge.[66] Die konkrete Ausgestaltung des Gesamtsystems und insbesondere die Gewichtung der einzelnen Komponenten haben sich in der Vergangenheit entsprechend der jeweils dominanten sozial- und verteilungspolitischen Zielvorstellungen entwickelt. Zudem lassen sich die Systeme anhand von drei weiteren Merkmalen unterscheiden, namentlich der konzeptionellen Ausrichtung, der Trägerschaft der Systeme sowie der Art der Absicherung. Zudem sind bei der Organisation eines Alterssicherungssystems zahlreiche Gestaltungsalternativen möglich, die sich auf den vom Sicherungssystem erfassten Personenkreis, die Leistungsausgestaltung und auf die Finanzierung beziehen.

---

[66] In der Literatur wird häufig der Begriff des „Drei-Säulen-Modells" benutzt. Angesichts der deutlichen quantitativen Unterschiede der einzelnen Komponenten der Alterssicherungssysteme, die in der Regel aufeinander aufbauen und sich ergänzen, scheint der Begriff des „Drei-Schichten-Systems" treffender (Schmähl 1998a: 62f.). Im Folgenden werden die Begriffe „Säule" und „Schicht" synonym verwandt.

Zielvorstellungen

Die nationalen Systeme der Alterssicherung basieren auf unterschiedlichen normativen Vorstellungen über sozial- und verteilungspolitische Zielsetzungen. Grundsätzlich kann zwischen dem sozialpolitischen Ziel der Einkommensverstetigung im Alter und der Vermeidung von Altersarmut differenziert werden (Enquête-Kommission Demographischer Wandel 1998: 345): Die Einkommensverstetigung bezieht sich auf die Aufrechterhaltung der relativen Einkommensposition auch nach der altersbedingten Beendigung der Erwerbstätigkeit und impliziert eine bestimmte Beitrags-Leistungs-Äquivalenz. Demgegenüber kann das Ziel der Armutsvermeidung im Alter durch die Zahlung einer Mindestsicherung erreicht werden, die unabhängig von eigenen Vorleistungen gewährt wird. Neben diesen originären sozialpolitischen Zielen lassen sich mit der Alterssicherung auch ergänzende arbeitsmarkt-, familien-, finanz- und wirtschaftspolitische Ziele verfolgen, wie z.B. die Förderung von Wirtschaftswachstum, die Senkung der Arbeitslosigkeit oder die Förderung des Kapitalmarktes (Himmelreicher/Viebrok 2003: 7). In der konkreten Umsetzung sind meist Mischformen der Zielvorstellungen vorzufinden, wobei die Realisierung der Zielvorgaben durch eine Kombination der drei Schichten angestrebt werden kann. Die quantitative Gewichtung der einzelnen Komponenten ist in der Praxis an normative, politische Entscheidungen gebunden, die im Rahmen des jeweiligen sozioökonomischen Kontextes gefällt werden. Dabei hat die Entscheidung für oder gegen die Realisierung einer der originären Zielvorstellungen im Rahmen des staatlichen Alterssicherungssystems erheblichen Einfluss auf die relative Bedeutung und die Funktion der ergänzenden und der zusätzlichen Altersvorsorge (Schmähl 1998a: 70f.).

Konzeptionen, Trägerschaft, Art der Absicherung

Im Hinblick auf die konzeptionelle Gestaltung eines Alterssicherungssystems lässt sich zwischen zwei Varianten differenzieren (Schmähl 1998a: 69; Lampert/Althammer 2001: 228): Für das Vorsorge- bzw. Versicherungsprinzip ist charakteristisch, dass in der Erwerbsphase auf den Konsum von Einkommensteilen zugunsten des Konsums in der Nacherwerbsphase verzichtet wird. Dabei bestimmen die in der aktiven ökonomischen Phase abgeführten Beiträge die Höhe der Leistungen im Alter. Dieses Sparen und spätere Entsparen kann zum einen in reiner Form ohne Risikoausgleich erfolgen, d.h. als intertemporale Einkommensumverteilung im Lebenszyklus. Hier ist allerdings nicht gewährleistet, dass die monetären Leistungen dem Bedarf im Alter entsprechen, da sie bei kurzer Lebensdauer zu hoch bzw. bei langer Lebensdauer zu niedrig ausfallen können. Zum anderen kann ein Risikoausgleich vorgesehen sein, wobei aber mehrere Individuen in ein Versicherungssystem einbezogen werden müssen, um das Risiko der Unsicherheit der individuellen Lebensdauer auf das Kollektiv der Versicherten zu verteilen. Ungeachtet dessen können beide Typen nicht nur als Pflichtsystem, sondern auch auf freiwilliger Basis realisiert werden und die Trägerschaft kann sowohl staatlich als auch privat erfolgen. In dieser Konzeption dominiert die Idee einer engen Äquivalenz zwischen Beitrag und Leistung, d.h. die Leistungshöhe entwickelt sich proportional zu den eingezahlten Beiträgen und die Struktur des Risikoausgleichs entscheidet über den Grad der Leistungs-Gegenleistungs-Beziehungen. Im Unterschied dazu kennzeichnet das Prinzip der Versorgung bzw. des Steuertransfers eine interpersonelle Einkommensumverteilung. Der Leistungsanspruch entsteht unabhängig von den erbrachten Eigenleistungen, entscheidend für eine Leistungsgewährung sind bestimmte sozioökonomische Tatbestände oder Bedürftigkeit. Die Finanzierung der Leistungen orientiert sich zwar generell an der finanziellen Leistungsfähigkeit der Individuen, allerdings können die Leistungen entweder für jeden Anspruchsberechtigten gleich hoch sein oder es kann deren konkrete Einkommenssituation im Alter berücksichtigt werden, so dass die Leistungen dann entsprechend differieren. Realisierbar ist diese Konzeption nur im Rahmen eines Pflichtsystems, dessen Abwicklung in der Regel durch staatliche Träger erfolgt und sich im Staatshaushalt niederschlägt (Schmähl 1998a: 70).

In der Realität dominieren konzeptionelle Mischformen, da bei der Umsetzung der sozialpolitischen Ziele sowohl Elemente der Vorsorge als auch der Versorgung berücksichtigt werden. Die konzeptionelle Festlegung schließt allerdings Entscheidungsmöglichkeiten hinsichtlich der Trägerschaft (staatlich oder privat) und der Freiwilligkeit oder des Obligatoriums der Mitgliedschaft im Sicherungssystem aus: Während bei der Vorsorgekonzeption freiwillige wie verpflichtende Systeme und auch Zwischenstufen realisierbar sind, ist die Umsetzung der Versorgungskonzeption nur obligatorisch möglich (Homburg 1988: 6). Bei freiwilliger ergänzender und zusätzlicher Altersvorsorge spielen staatliche Anreize für bestimmte Vorsorgemodelle, z.B. Steuervergünstigungen oder Transferzahlungen, bei der Entscheidung eines Individuums über den Abschluss privater Zusatzvorsorge eine zentrale Rolle (Schmähl 1998a: 69f.).

Weitere Ausgestaltungsmerkmale

Die Ausgestaltung und Organisation der Alterssicherung unterschiedet sich zudem im Hinblick auf den erfassten Personenkreis, die Struktur der Leistungen und die Finanzierung (Lampert/Althammer 2001: 227ff.; Nowotny 1987: 276ff.):

Der in einem Alterssicherungssystem erfasste Personenkreis kann nach unterschiedlichen Kriterien festgelegt werden. Sind alle Staatsbürger bzw. die gesamte Wohnbevölkerung in das System einbezogen, handelt es sich um ein universelles System. Demgegenüber kann in einem selektionistischen System der einbezogene Personenkreis z.b. anhand der Kriterien der Teilnahme am Erwerbsleben, der sozialen Stellung im Erwerbsleben oder der Höhe des Arbeitsentgelts (z.B. nach unten durch eine Geringfügigkeitsgrenze und nach oben durch eine Versicherungspflichtgrenze) beschränkt werden. Die Abgrenzung kann im Rahmen staatlicher Pflichtsysteme und auch bei freiwilligen ergänzenden und zusätzlichen Systeme angewandt werden (Schmähl 1998a: 76).

Die durch ein Alterssicherungssystem gewährten Leistungen sind primär monetärer Art, wobei die konzeptionelle Ausrichtung des Systems den Ausschlag dafür gibt, ob das Leistungsvolumen vom Einkommen abhängt oder nicht: Besteht die sozialpolitische Zielvorstellung in der Vermeidung einkommensmäßiger Altersarmut, sind die Leistungen auf die Gewährung einer Mindestsicherung hin ausgerichtet. Bei einer solchen einkommensunabhängigen Leistung existiert kein direkter Vorleistungsbezug. Stattdessen wird die Höhe der Leistungen aus der zugrunde liegenden Armutsdefinition und der damit verbundenen Armutsgrenze, der Berücksichtigung spezieller Bedarfssituationen etc. abgeleitet (Schmähl 1998a: 71f.). Wird als Zielvorstellung hingegen auf die Einkommensverstetigung abgezielt, so existiert ein direkter Bezug zwischen der Vorleistungshöhe und der späteren Leistungshöhe (Äquivalenz- bzw. Versicherungsprinzip), wenngleich der konkrete Grad der Beitrags-Leistungs-Äquivalenz unterschiedlich ausfallen kann (Lampert/Althammer 2001: 232f.). Einkommensabhängige Systeme können beitrags- oder leistungsorientiert realisiert werden: Im ersten Fall determiniert die Höhe der Beitragszahlungen die Höhe der Altersrente, d.h. das Sicherungsniveau ergibt sich aus den geleisteten Beiträgen und deren Verzinsung. Bei leistungsorientierten Systemen bestimmt das angestrebte Sicherungsniveau die Höhe der abzuführenden Beiträge.

Als Quellen zur Finanzierung der Leistungen kommen grundsätzlich Steuereinnahmen der Gebietskörperschaften als allgemeine Haushaltsmittel des Staates, (lohnbezogene Sozialversicherungs-)Beiträge der im System Versicherten sowie bei paritätischer Finanzierung auch Beiträge der Arbeitgeber, oder eine kombinierte Finanzierung aus Steuern und Beiträgen in Frage. Die Organisation des Leistungstransfers kann entweder im Umlage- oder im Kapitaldeckungsverfahren erfolgen:[67] Beim Umlageverfahren finanzieren die Versicherten durch

---

[67] In der Wirtschaftswissenschaft und in der politischen Debatte werden die Wirkungen der Finanzierungsverfahren (z.B. auf die gesamtwirtschaftliche Sparquote und auf das Wirtschaftswachstum), die Kosten, Risiken und Unsicherheiten sowie die Höhe der Transformationskosten bei einem Wechsel der Verfahren äußerst kontrovers diskutiert. Für eine intensive Auseinandersetzung mit den Argu-

Beitragszahlungen und/oder die Allgemeinheit durch Steuerzahlungen unmittelbar die laufenden Rentenzahlungen der nicht mehr erwerbstätigen Bevölkerung. Die Versicherten erhalten im Gegenzug eine staatliche Zusage auf zukünftige Rentenleistungen im Falle ihrer Verrentung, die im Gegenzug von der dann erwerbstätigen Bevölkerung getragen werden („Generationenvertrag"). Dieses Verfahren kann zur Umsetzung unterschiedlicher sozialpolitischer Zielvorstellungen eingesetzt werden. Da die Beiträge der Versicherten im Umlageverfahren nicht zur Finanzierung der eigenen Rente genutzt, sondern in der gleichen Periode an die aktuellen Rentner ausgezahlt werden, werden bei diesem Verfahren zu keinem Zeitpunkt große Kapitalmengen „gelagert". Demgegenüber zeichnet sich das Kapitaldeckungsverfahren durch eine Phase der Kapitalansammlung und eine spätere Phase der Auflösung des Kapitalstocks aus. Die Versicherten bauen aus ihren laufenden Einkommen und privaten Ersparnissen individuelle Kapitalstöcke auf, die verzinst werden und aus denen im Ruhestand die Vorsorge- bzw. Versicherungsansprüche gezahlt werden. Bei beitragsdefinierten kapitalgedeckten Systemen hängt die Rentenhöhe primär von der Situation auf den Finanzmärkten zum Zeitpunkt der Verrentung, von der Höhe der Zinsen sowie von der Lebenserwartung ab (Pfaller/Witte 2002: 123; Singh 1996).[68] Bei leistungsdefinierten Systemen wird im Vorfeld eine bestimmte Leistungshöhe vereinbart, deren Absicherung jedoch mit relativ hohen Kosten verbunden ist.

---

menten sei auf die Literatur zu den einzelnen Themenkomplexen verwiesen: Für einen Gesamtüberblick über die Diskussion vgl. Krupp (1997); Schmähl (1998a; 2000a). Zu den ökonomischen Folgen vermehrter Kapitaldeckung für eine Volkswirtschaft, das Wirtschaftswachstum und die Finanzmärkte vgl. Blommestein (1998b); Deutsche Bundesbank (2002); Fürstenwerth (2000); Mc Morrow/Kroeger (1999); Vidler (2003); Windhövel (2004). Zur Demographieanfälligkeit siehe Bäcker et al. (2000a); Deutsche Bank Research (2003a); Deutsche Bundesbank (1999); Europäische Zentralbank (2006); Fürstenwerth (2000); Jokisch (2003); Krupp (1997); Manzke (2001); Pfaller/Witte (2002); Reisen (1996; 2000); Wagner (1998); Welti (2000); Schui (2000); Zinn (1999). Zu Renditevergleichen siehe Bäcker (1998); Blomert (2000); Fürstenwerth (2000); Hahn (1999); Harmes (1998; 2001); Kirner et al. (2000); Lampert (2003); Müller, K. (2003a); Ottnad/Wahl (2005). Zu den Risiken siehe Baker/Weisbrot (1999); Blommestein (1998a); Standfest (1999); Weeber (2002); Göckenjan (1990); Börsch-Supan (2000). Zu den Kosten vgl. Baker/Kar (2002); Bontrup (2000: 1054); Eatwell (1999); Esping-Andersen (2006); Ganßmann (2000); Schmähl (2003b; 2005); Schulz-Weidner (1996); VDR (1999); Westerheide (2001). Zu den Transformationskosten siehe Breyer (1989); Ebert (2001); Hinrichs, K./Kangas (2003); Konrad/Wagner (2000); Rische (2000); Wagner et al. (1998).

[68] Zur Abhängigkeit kapitalgedeckter Altersvorsorge von der Entwicklung der Finanzmärkte und der „Performance" der Anlageform vgl. Bäcker (2004: 484); Henwood (1998: 301ff.); Lindner (2004: 195f.); Schmähl (2005: 19); Unterhinninghofen (2002: 227); Weeber (2002); Quadagno (1999). Burtless (2000) hat anhand der hundertjährigen US-Finanzmarktentwicklung errechnet, dass die Leistungshöhe privater Renten selbst bei einem konservativen Anlage-Portfolio je nach Renteneintrittsalter extrem schwankt. Für die mit der Erbringung dieser Dienstleistung entstehenden Verwaltungs- und Betriebsaufwendungen der privaten Finanzdienstleister und deren Gewinnansprüche kommen die Beitragszahler auf, die komplett das Finanzmarktrisiko tragen; vgl. hierzu Baker/Kar (2002); Bontrup (2000: 1054); Müller, A. (2003: 7); Schmähl (2005: 19); Stiglitz (1989: 336f.).

3.3 Gesamtsystem der Alterssicherung in Deutschland

In Deutschland hat sich in der über hundertjährigen sozialpolitischen Gesetzgebung folgendes Gesamtsystem der Alterssicherung herausgebildet: Die erste Schicht ist die staatlich organisierte gesetzlichen Rentenversicherung (GRV), in der die Mehrheit der erwerbstätigen Bevölkerung pflichtversichert ist (Kap. 3.3.1).[69] Die zweite Schicht ist die betriebliche Altersversorgung (Kap. 3.3.2) und die dritte umfasst Formen der privaten Altersvorsorge (Kap. 3.3.3). Die beiden letztgenannten Komponenten sind freiwillige Elemente des Gesamtsystems, die bis zum Inkrafttreten der Rentenreform 2001 der individuellen Ergänzung der Leistungen der GRV dienten.[70]

3.3.1 Gesetzliche Rentenversicherung

Mit dem „Gesetz betreffend die Invaliditäts- und Alterssicherung" wurde im Jahr 1889 in Deutschland unter Reichskanzler Bismarck das erste verpflichtende staatliche Alterssicherungssystem der Welt eingeführt. Der Schwerpunkt lag seinerzeit auf dem Aspekt der Invaliditätsrente, da nur die wenigsten Erwerbstätigen überhaupt das Renteneintrittsalter von 70 Jahren erreichten (Manzke 2001: 188). In dieser frühen Entwicklungsphase folgte das System noch „keinen einheitlichen, systematisch entwickelten und durchgearbeiteten Grundprinzipien" (Nullmeier/Rüb 1993: 71) und die Altersrente stellte „im Wesentlichen eine Hilfe zum Lebensunterhalt dar. Von einem Lohnersatzcharakter waren die Leistungen noch weit entfernt" (Roggenkamp 2002: 118).[71] Die Grundstruktur der heutigen GRV wurde in der Nachkriegszeit mit der Rentenreform 1957 gelegt:[72]

---

[69] Wenngleich auch die Beamtenversorgung und die berufsständischen Versorgungswerke zur ersten Schicht des deutschen Alterssicherungssystems zählen, konzentriert sich die Arbeit auf die GRV, da ihr allein aufgrund ihrer quantitativen Bedeutung innerhalb des Gesamtsystems der Alterssicherung als auch in Relation zur zweiten und dritten Schicht das größte Gewicht zukommt.

[70] Die folgenden Ausführungen beziehen sich auf den Stand der Gesetzgebung *vor* Inkrafttreten der Rentenreform 2001. Zu den Inhalten der Rentenreform 2001 siehe Kap. 3.4.

[71] Zur historischen Entwicklung der Alterssicherung in Deutschland im Allgemeinen und speziell zur Einführung der ersten Sozialgesetzgebung als machtpolitisches Instrument zur Lösung der „sozialen Frage" siehe Bellermann (1998: 44f.); Boeckh et al. (2004); Breger (1994); BMA (2001); Vaubel (1991: 176ff.); Williamson/Pampel (1993: 22ff.).

[72] Weitere wichtige, aber weniger grundlegende Reformen folgten in den Jahren 1972 mit der Einführung der flexiblen Altersgrenze und der Rente nach Mindesteinkommen, 1989 mit der Umstellung auf die Nettoanpassung der Renten, 1991 mit der Überführung der Alterssicherungssysteme der DDR in die GRV und 1997 mit der (vorgesehenen) Einführung eines demographischen Faktors. Zu den Inhalten und Wirkungen der Reformen vgl. Lampert/Althammer (2001); zu den Zäsuren vgl. Roggenkamp (2002); zur Entwicklung zwischen 1957 und der Reform 2001 siehe Kap. 3.4 und Kap. 4.1.

Seither wurde die Versteligung der Einkommensentwicklung im Lebensablauf nach Beendigung der Erwerbsphase angestrebt. Die Leistungen der GRV waren darauf ausgerichtet, die relative (Einkommens)-Position des Einzelnen aus der Erwerbsphase in der Nacherwerbsphase aufrechtzuerhalten (BMGS 2003; Enquête-Kommission Demographischer Wandel 1998, 2002).[73] Die im Rahmen der GRV gewährte Altersrente übernahm damit die Funktion einer Einkommensersatzleistung, wobei die Rentenzahlungen seit 1957 einmal jährlich an die allgemeine Lohn- und Gehaltsentwicklung und somit an die Entwicklung des allgemeinen Lebensstandards angepasst wurden („dynamische Rentenanpassung").[74]

Im Jahr 2001 – zum Zeitpunkt der Verabschiedung der Rentenreform – war die gesetzliche Rentenversicherung mit 50,9 Mio. Versicherten und Rentenausgaben in Höhe von 196 Mrd. € der größte Sozialversicherungszweig in Deutschland; aufgrund ihrer quantitativen und qualitativen Bedeutung wird die GRV auch als das „Herzstück" des sozialen Sicherungssystems bezeichnet (VDR 2003b).[75] Durch die Versicherungspflicht zur GRV soll zum einen gewährleistet werden, dass alle Arbeitnehmer ausreichende Anwartschaften aufbauen. Zum anderen ist ein im Rahmen der GRV angestrebter sozialer Ausgleich nur dann realisierbar, wenn alle Arbeitnehmer unabhängig von der Einkommenshöhe und dem Gesundheitszustand in das System einbezogen werden.[76] Schließlich ermög-

---

[73] Anders als bei der Beamtenversorgung bezieht sich die Einkommensverstetigung im Alter durch die GRV *nicht* auf den Lebensstandard kurz vor Eintritt in den Ruhestand, sondern auf die durch Erwerbsarbeit erzielte lebensdurchschnittliche Einkommensposition. Seit 1992 wurde zur Beibehaltung der individuellen, relativen Lohnposition aus der Erwerbsphase als verteilungspolitisches Ziel für den Eckrentner ein Rentenniveau von 70% des durchschnittlichen Nettoentgelts definiert („Eckrentenniveau"). Der Eckrentner ist eine rechnerische Bezugsgröße in der Rentenformel, an dem sich die Rentenberechnung orientiert. Ihm liegt die Annahme eines Durchschnittsverdienstes bei 45 anrechnungsfähigen Versicherungsjahren zugrunde. Dessen Modellcharakter wird deutlich, da diese Annahmen nur auf einen Bruchteil der tatsächlichen Rentner zutreffen. Bspw. erreichten 1998 in den alten Bundesländern 64% der Rentner (neue Bundesländer 32%) und rund 97% der Rentnerinnen (neue Bundesländer knapp 12%) *keine* 45 Versicherungsjahre (Bäcker et al. 2000b: 278).

[74] Die Einführung der bruttolohnbezogenen dynamischen Rente lässt sich primär auf die damalige positive wirtschaftliche Entwicklung zurückführen, an der auch die Rentner beteiligt werden sollten (Roggenkamp 2002: 118). Seit 1992 erfolgte die Dynamisierung der Renten laut Rentenreformgesetz 1989 als Nettoanpassung, d.h. entsprechend der Zuwachsrate des Nettolohn- und Nettogehaltsniveaus, und seit Inkrafttreten der Rentenreform 2001 als modifizierte Bruttoanpassung (Kap. 3.4.1).

[75] Die Daten beinhalten die in der GRV zusammengefassten Träger: Rentenversicherung der Arbeiter (ArV), Rentenversicherung der Angestellten (AnV), Knappschaftliche Rentenversicherung (KnV).

[76] Der im Rahmen der GRV angestrebte soziale Ausgleich beinhaltet zum einen den Ausgleich der sozialen Risiken, indem – anders als bei privaten Versicherungen – keine Differenzierung nach Risikogruppen erfolgt. Zum anderen kommen bei der Rentenberechnung Faktoren zum Tragen, die über die originären Aufgaben der GRV hinausgehen, z.B. die Höherbewertung der Pflichtbeitragszeiten bei Kindererziehung, oder die zu den allgemeinen Staatsaufgaben zählen, z.B. Zuschläge zu den Renten in den neuen Bundesländern. Zu den Elementen des sozialen Ausgleichs der GRV, die zur Legitimation der Versicherungspflicht beitragen, siehe Ruland (1990: 494); Rürup (2000: 85).

licht die Versicherungspflicht eine zuverlässige Finanzierung der umlagefinanzierten GRV, da die Zahl der künftigen Beitragszahler annähernd kalkulierbar ist (Bäcker et al. 2000b: 259).

Die Gewährung und Zahlung von Altersrenten stellt den größten Leistungsbereich der GRV dar, dessen Finanzierung aus zwei Quellen erfolgt:[77] Die GRV erhält Zuschüsse des Bundes, die aus dem allgemeinen Steueraufkommen finanziert werden und zur Abdeckung allgemeiner gesellschaftspolitischer Aufgaben der Rentenversicherung dienen, z.B. zur Finanzierung der Folgekosten der deutschen Einheit. Primär finanziert die GRV ihre Leistungen dem Versicherungsprinzip folgend aus den Beiträgen der Versicherten, die paritätisch von den Arbeitnehmern und Arbeitgebern entrichtet werden.[78] Durch diese Beitragszahlungen entsteht für die Versicherten ein eigentumsrechtlich geschützter Anspruch auf den zukünftigen Ertrag des Faktors Arbeit. Diese Zusage besteht jedoch nicht aus einem nominellen Wert, sondern aus Anwartschaften auf eine *relative* Partizipation an zukünftiger volkswirtschaftlicher Produktion (Bäcker et al. 2000b: 290ff.; BMGS 2003: 71). Die Leistungserbringung ist an bestimmte versicherungsrechtliche und persönliche Voraussetzungen geknüpft, die den Eintritt des Versicherungsfalls begründen.[79] Die Höhe des Rechtsanspruchs auf Altersrente ist gesetzlich festgelegt und wird mittels einer Rentenformel berechnet. Bei der Festlegung der Leistungshöhe orientiert sich die GRV am Äquivalenzprinzip, d.h. die Rentenformel ist derart konstruiert, dass die Leistungen dem Grundsatz einer relativen Lohn- und Beitragsbezogenheit entsprechen. Damit sind für die individuelle Rentenhöhe insbesondere die Anzahl der Beitrags- und Versicherungsjahre sowie die Höhe der eigenen Beitragsleistungen entscheidend. Es gilt, je höher das zurückliegende beitragspflichtige Arbeitseinkommen und je länger

---

[77] Weitere Leistungsbereiche der GRV sind die Zahlung von Renten wegen verminderter Erwerbsfähigkeit und von Hinterbliebenenrenten, die Entrichtung von Beiträgen zur Kranken- und Pflegeversicherung der Rentner sowie die Durchführung von Rehabilitationsmaßnahmen. Im Folgenden werden ausschließlich *Altersrenten* betrachtet, da nur diese für die vorliegende Arbeit relevant sind.

[78] Ähnlich einer privaten Versicherung versichert die GRV Individuen mit gleichen oder sich ähnelnden Risiken und verteilt damit die im Einzelfall ungewissen, aber in der Gesamtheit abschätzbaren Risiken auf ein Kollektiv, um sie kalkulier- und finanzierbar zu machen. Im Falle der GRV werden die Beitragszahler vor dem Risiko abgesichert, im Alter und bei Langlebigkeit durch den Verlust des Erwerbseinkommens mittellos zu sein. Im Gegensatz zu einer privaten Versicherung findet im Rahmen der Versicherungspflicht zur GRV aber keine Differenzierung nach Risikogruppen statt. Stattdessen richtet sich die Beitragshöhe nach der individuellen Arbeitseinkommenshöhe (maximal die Beitragsbemessungsgrenze) und dem darauf angewandten Beitragssatz.

[79] Für den Bezug von Altersrente muss der Rentenempfänger eine bestimmte Altersgrenze sowie eine Mindestversicherungszeit (so genannte „Wartezeit") erreicht haben und überdies ist eine vorangegangene beitragspflichtige Beschäftigung Grundvoraussetzung. Bei Erfüllung dieser Voraussetzungen entsteht bei Risikoeintritt (hier: dem Erreichen der Altersgrenze) unabhängig von den persönlichen Verhältnissen ein unabdingbarer Rechtsanspruch auf Zahlung von Altersrente.

die Phase der Beitragszahlung war, desto höher fällt die individuelle Rente aus.[80] Die GRV wird im Umlageverfahren finanziert, so dass alle Ausgaben einer Periode durch entsprechende Einnahmen derselben Periode gedeckt werden. Da also die Versicherten durch Beitragszahlungen sowie die Allgemeinheit durch Steuerzahlungen unmittelbar die laufenden Renten der nicht mehr erwerbstätigen Bevölkerung finanzieren, ist der Haushalt der GRV in der Regel ausgeglichen. Abgesehen von einer Schwankungsreserve, die der Überwindung kurzfristiger Liquiditätslücken dient, werden keine großen Kapitalmengen vorgehalten.[81]

3.3.2 Betriebliche Altersversorgung

Mitte des 19. Jahrhunderts entstanden in Deutschland erste Formen der betrieblichen Altersversorgung (Fels 1997). Heute ist die betriebliche Altersversorgung in Deutschland die zweite Schicht der Alterssicherung, der eine ergänzende Funktion zukommt. Die betriebliche Altersversorgung ist meist eine freiwillige zum Teil auch (z.b. mittels Gesetz oder Tarifvertrag) eine obligatorische zusätzliche Leistung des Arbeitgebers, die an einen Arbeitsvertrag gebunden ist. Bei der Form der Zusageart wird zwischen Leistungszusagen, beitragsorientierten Leistungszusagen und der Entgeltumwandlung unterschieden. Während die Finanzierung der ersten beiden Formen ausschließlich durch den Arbeitgeber erfolgt, besteht bei der Entgeltumwandlung für den Arbeitnehmer die Möglichkeit, sich an der Finanzierung zu beteiligen oder sie komplett zu übernehmen. Die Leistungserbringung kann zum einen als unmittelbare Versorgungs- bzw. Direktzusage erfolgen, d.h. das Unternehmen tätigt Pensionsrückstellungen zur internen Vorfinanzierung zukünftiger Zahlung von Betriebsrenten. Zum anderen besteht die Möglichkeit der mittelbaren Versorgungszusage, d.h. die Beiträge werden an externe Unternehmen (z.B. Unterstützungskassen, Pensionskassen, Direktversicherungen und seit 2002 auch Pensionsfonds) weitergeleitet und zur Leistungserbringung eingeschaltet (Backere/Klemme 2004; Beck 2004; Fels 1997; Kreutz 2004; Melchiors 2004; Schmitz/Laurich 2004). Im Jahr 2001 besaßen in den westdeutschen Bundesländern 32% der männlichen und 26% der

---

[80] Hierbei wird nicht die *absolute* Höhe des in der Vergangenheit erzielten Arbeitseinkommens und die entsprechenden Beitragszahlungen zugrunde gelegt, sondern die lebensdurchschnittliche *relative* Einkommensposition des Versicherten während seiner gesamten Erwerbsphase, d.h. „das im Verlauf des Versichertenlebens erreichte Lohn- und Gehaltsniveau in Relation zum Durchschnittseinkommen aller Versicherten in diesem Zeitraum" (Bäcker et al. 2000b: 267). Bei der Bestimmung der Rentenhöhe fließen keine bedarfsbezogenen Maßstäbe ein, d.h. eine Bedürftigkeitsprüfung findet nicht statt.
[81] Für den Fall, dass auch die Schwankungsreserve nicht ausreicht, um die laufenden Renten zu finanzieren, stellt der Bund eine (zurückzuzahlende) zinslose Liquiditätshilfe zur Verfügung, um die Zahlungsfähigkeit der Rentenversicherung zu garantieren (so genannte „Bundesgarantie").

weiblichen Angestellten, Arbeiter und Auszubildenden eine Anwartschaft oder einen Anspruch auf eine betriebliche Rente, während sich diese Vorsorgeform in den ostdeutschen Bundesländern seit der Wiedervereinigung (noch) nicht durchgesetzt hat (Blum-Barth 2005: 93). Perspektivisch ist eine stärkere Verbreitung der betrieblichen Altersversorgung zu erwarten, da mit der Rentenreform 2001 neue steuerliche Förderungen eingeführt wurden und für alle Arbeitnehmer das Recht auf Entgeltumwandlung besteht.

3.3.3 Private Altersvorsorge

Private Formen der Altersvorsorge bestehen in Deutschland ebenfalls länger als die Sozialgesetzgebung. Heute ist die zusätzliche private Vorsorge als dritte Schicht ein fester Bestandteil des Gesamtsystems der Alterssicherung, die sich durch ein hohes Maß an Flexibilität auszeichnet und individuell unterschiedlich ausgestaltet werden kann. Damit entspricht der Umfang und die Struktur der privaten Altersvorsorge weitgehend den Präferenzen, Entscheidungen und finanziellen Möglichkeiten der einzelnen Versicherten (Himmelreicher/Viebrok 2001: 25). Die Finanzierung erfolgt grundsätzlich im Kapitaldeckungsverfahren, d.h. die Versicherten bilden aus ihren laufenden Einkommen Ersparnisse und Vermögen, aus denen im Ruhestand die Vorsorge- bzw. Versicherungsleistungen gezahlt werden. In den meisten Fällen werden hierzu Produkte der Finanzdienstleistungsbranche genutzt, so dass die Produktpalette der Branche im Wesentlichen die Anlagemöglichkeiten bestimmt: Zu den verschiedenen Möglichkeiten zählt neben Sachkapitalanlagen (z.B. Grundbesitz, Wohneigentum) zum einen die Absicherung gegen biometrische Risiken (Invalidität, Langlebigkeit, früher Tod des Versorgers) durch eine private Lebensversicherung, die in Deutschland aufgrund ihrer zentralen Bedeutung und ihres Verbreitungsgrades – im Jahr 2002 lag der Bestand an Lebensversicherungen bei insgesamt 91,1 Mio. (GDV 2003d: 11) – als klassische Form der privaten Altersvorsorge fungiert.[82] Zum anderen dominieren z.B. Banksparpläne, Wertpapiere bzw. Investmentprodukte.[83] Die Versicherungsgesellschaften, Investmentfonds und Großbanken nehmen hier

---

[82] Der Begriff „Lebensversicherung" umfasst unterschiedliche Formen langfristiger Versicherungsverträge: Kapitalbildende Lebensversicherungen verbinden eine Absicherung gegen Todesfallrisiken und eine individuelle Kapitalbildung miteinander; private Rentenversicherungen gewähren durch die Umwandlung eines Einmalbetrags in eine Rente Sofortrenten oder aufgeschobene Renten. Eine Dynamisierung der Rentenzahlungen ist bei einer Privatversicherung grundsätzlich möglich; gleiches gilt für eine Hinterbliebenenabsicherung (Himmelreicher/Viebrok 2001: 25).
[83] Detaillierte Angaben über den Umfang von Vermögensanlagen zur Altersvorsorge in Deutschland sind nicht möglich, da bei den Finanzprodukten vielfach keine Altersbindung besteht und sie sowohl zu Konsum- als auch zu Vorsorgezwecken genutzt werden können.

eine zentrale Funktion ein, da sie als institutionelle Investoren die privaten Sparbeiträge der Versicherten sammeln und diese auf den Finanzmärkten in festverzinsliche Wertpapiere oder Aktien anlegen. Um eine gewisse Sicherheit der Anwartschaften der Versicherten zu gewährleisten, unterliegt diese Form der Alterssicherung der staatlichen Regulierung (Eichenhofer 2006: 223ff.).[84]

Vor Inkrafttreten der Rentenreform 2001 bestand die Funktion der privaten Altersvorsorge in der individuellen, freiwilligen Ergänzung der lebensstandardsichernden Leistungen der GRV, wobei speziell die Beiträge für eine private Zusatzrentenversicherung durch einen begrenzten Abzug der Vorsorgeaufwendungen bei der Einkommensteuer steuermindernd berücksichtigt wurden (Ernst & Young/VDR 2001: 107). Durch die Rentenreform 2001 wurde die Gewichtung der drei Schichten der Alterssicherung jedoch maßgeblich verändert. Zentrales Reformelement ist die zusätzliche Förderung von Beiträgen zu speziellen Formen der kapitalgedeckten Altersvorsorge, da diese die Leistungen der GRV teilweise substituieren sollen.

3.4 Rentenreform 2001

Zum 1. Januar 2002 ist die Rentenreform 2001 in Kraft getreten, die nach Aussagen der damaligen rot-grünen Bundesregierung „eine der größten Sozialreformen Deutschlands" ist (Deutscher Bundestag 2002d: 8). Die beiden zentralen Elemente der Reform sind die Leistungskürzungen der GRV zur Stabilisierung des Beitragssatzes (Kap. 3.4.1) und die Einführung der so genannten „Riester-Rente" und deren finanziellen Förderung zur Kompensation der Leistungskürzungen der GRV (Kap. 3.4.2).[85]

3.4.1 Festsetzung des Beitragssatzes

Das vorrangige Reformziel der rot-grünen Bundesregierung bestand in der langfristigen Stabilisierung des Beitragssatzes zur GRV, um die internationale Wettbewerbsfähigkeit deutscher Unternehmen nicht durch steigende Lohnnebenkos-

---

[84] Die Vorgaben der Versicherungs- und Finanzdienstleistungsaufsicht zielen darauf ab, eine Insolvenz privater Finanzdienstleister zu verhindern oder, falls eine Insolvenz unabwendbar ist, die damit verbundenen externen Kosten zu minimieren. Darüber hinaus unterliegen die Tätigkeiten der Unternehmen durch Preis-, Produkt- und Anlagevorschriften der staatlichen Aufsicht.

[85] Die Darstellung der Reforminhalte erfolgt auf der Grundlage der beiden im Bundesgesetzblatt (2001a; 2001b) veröffentlichten und zum Jahr 2002 in Kraft getretenen Reformgesetze: Das *Altersvermögensgesetz* (AVmG), in dem das *Gesetz über die Zertifizierung von Altersvorsorgeverträgen* (AltZertG) als Art. 7 AVmG enthalten ist, sowie das *Altersvermögensergänzungsgesetz* (AVmEG).

ten zu gefährden (siehe hierzu die Begründung im Gesetzentwurf von SPD und B90/Die Grünen vom 14. November 2000 in Deutscher Bundestag 2000c: 1). Deshalb sollte der Beitragssatz zur GRV bis zum Jahr 2020 die 20%-Marke nicht überschreiten und bis zum Jahr 2030 bei 22% gehalten werden. Durch die Einführung einer neuen Rentenanpassungsformel wurden Kürzungen auf der Ausgabenseite umgesetzt und so der Anstieg der Beitragssätze verhindert: Hierzu wurde die seit dem Rentenreformgesetz des Jahres 1992 geltende Nettoanpassung der Renten, d.h. die Anpassung des Eckrentenniveaus an die Nettolohnentwicklung, durch eine Rentenanpassung ersetzt, die sich nun an der Veränderung des durchschnittlichen Bruttolohns der Arbeitnehmer orientiert. Anders als die bis 1992 praktizierte Bruttoanpassung sah die im Rahmen der Rentenreform 2001 verabschiedete „modifizierte Bruttoanpassung" vor, dass Veränderungen bei der Lohn- und Einkommensteuer oder eine Senkung der Sozialversicherungsbeiträge nicht länger an die Rentner weitergegeben wurden, wobei die Anpassung aber um die Entwicklung der Beitragssätze in der GRV korrigiert wurde. Leistungsmindernd wirkte sich zudem aus, dass die Rentenanpassungen zwischen 2003 und 2010 um den steuerlich geförderten Beitragssatz zur zusätzlichen privaten Altersvorsorge („Riester-Rente"), also um ca. 0,6% pro Jahr, gekürzt wurden (Standfest 2001: 182).[86] Mit Wirkung zum Jahr 2011 sollte überdies ein konstanter Faktor in die Anpassungsformel eingefügt werden, der den Anstieg der Renten ebenfalls bremst.[87]

Qualitativ bedeuten diese Leistungskürzungen eine Abkehr von der sozialpolitischen Zielvorstellung, wonach die GRV lebensstandardsichernde Altersrenten gewährt. Erstmals seit Festlegung der zentralen Grundsätze der heutigen GRV im Jahr 1957 wird nicht mehr ein bestimmtes Rentenniveau – ein bestimmtes Versorgungsniveau der Durchschnittsrentner im Verhältnis zum aktuellen Durchschnittsverdienst aller Arbeitnehmer – als Ziel angestrebt, sondern die Stabilisierung des Beitragssatzes zur maßgeblichen Zielgröße erklärt. Mit dieser Umorientierung wurde der Wechsel weg von einer bedarfsorientierten Leistungspolitik hin zu einer einnahmenorientierten Ausgabenpolitik eingeleitet.[88] Durch die Reduzierung des Leistungsniveaus zur Dämpfung des Beitragssatzanstiegs verliert die erste Schicht des Alterssicherungssystems erheblich an Bedeutung, denn durch die Kürzungen wird das Ziel der Lebensstandardsicherung in

---

[86] Zum fiktiven Charakter dieses Faktors siehe Lamping/Rüb (2006: 451).
[87] Durch das im Zuge der Rentenreform 2004 verabschiedete Rentenversicherungs-Nachhaltigkeitsgesetz wurde die Anwendung eines solchen Faktors vorgezogen. Mit Wirkung zum 1. Juli 2005 wird durch den Nachhaltigkeitsfaktor in der Rentenformel die Entwicklung des zahlenmäßigen Verhältnisses von Leistungsbeziehern und versicherungspflichtig Beschäftigten bei der Anpassung der Renten berücksichtigt, d.h. sinkt die Anzahl der Beitragszahlenden, fällt die Rentenanpassung geringer aus.
[88] Vgl. hierzu Lampert/Althammer (2001: 277); Rüb (2003: 260); Schmähl (2002); Schmidt, M. G. (2003: 248; 2005: 166); Steffen (2000: 9f.); Trampusch (2005a: 12); Leibfried/Obinger (2003: 200).

diesem Rahmen praktisch nicht mehr zu erreichen sein. Entsprechend gewinnt die zusätzliche Altersvorsorge an Bedeutung, da sie zur Aufrechterhaltung des Lebensstandards im Rentenalter und zur Verhinderung von Altersarmut nunmehr zwingend erforderlich wird (BMF 2003a: 74). Die dritte Schicht der Altersvorsorge dient nicht länger der Ergänzung der Leistungen der GRV, sondern sie tritt an ihre Stelle und substituiert sie partiell. Die geförderte private Altersvorsorge ist zwar formell freiwillig, bei der Berechnung der Rentenanpassung wird zukünftig aber unterstellt, dass die steuerlich geförderte Vorsorge zu 100% in Anspruch genommen wird, was sich deshalb für alle Versicherten in der GRV rentenmindernd auswirkt – unabhängig davon, ob tatsächlich privat vorgesorgt wird.

3.4.2 Einführung der „Riester-Rente"

Zweites Kernelement der Rentenreform ist die umfassende Förderung des Aufbaus der betrieblichen und privaten Altersvorsorge zur Stärkung der zweiten und dritten Schicht des Gesamtsystems der Alterssicherung (siehe hierzu die Begründung zum Gesetzentwurf von SPD und B90/Die Grünen vom 14. November 2000 in Deutscher Bundestag 2000c). Die finanzielle Förderung der Beiträge zu bestimmten, vom Gesetzgeber definierten, privaten und betrieblichen Altersvorsorgeformen, der so genannten „Riester-Rente",[89] erfolgte, da diese der Kompensation der Leistungskürzungen der GRV dienen sollen. Die staatliche Förderung der privaten Vorsorge wird seit 2002 gewährt, sofern bestimmte Bedingungen erfüllt sind (BMF 2003b; BMGS 2002; VDR 2003a): Der Abschluss einer nach dem damaligen Bundesarbeitsminister Walter Riester (SPD) benannten privaten Altersvorsorge ist formell freiwillig. Faktisch machen die Leistungskürzungen der GRV für die Versicherten den Abschluss einer privaten Zusatzvorsorge aber zwingend erforderlich (BMF 2003a: 74; Deutsche Bundesbank 2002: 33).[90] Der förderungsberechtigte Personenkreis erstreckt sich auf alle in der GRV pflichtversicherten Personen, da diese von den Leistungskürzungen der GRV betroffen sind. Als Kompensation sind für den Aufbau der Riester-Rente vier Förderstufen vorgesehen (Tabelle 1). Beginnend mit einer persönlichen Sparleistung von 1%

---

[89] Der Begriff „Riester-Rente" findet im Folgenden ausschließlich für *private* kapitalgedeckte Altersvorsorge Verwendung, die den Förderkriterien des *Gesetzes über die Zertifizierung von Altersvorsorgeverträgen* (AltZertG) entspricht. Zwar wurden durch die Reform 2001 auch Elemente zur Förderung der betrieblichen Altersvorsorge eingeführt; die Beiträge zu betriebliche Versorgungseinrichtungen (Direktversicherung, Pensionskassen und -fonds) sind jedoch – unter bestimmten Voraussetzungen – grundsätzlich förderfähig und werden in dieser Arbeit daher nicht explizit thematisiert.
[90] Aus diesem Grund betonen Lamping/Vergunst (2004: 22), dass mit der Rentenreform 2001 nicht nur eine Förderung privater Altersvorsorge, sondern vielmehr eine „voluntary obligation" (zu deutsch: „auf Freiwilligkeit beruhende Pflicht") zur Privatvorsorge eingeführt wurde.

der Summe der in dem Sparjahr vorangegangenen Kalenderjahr erzielten beitragspflichtigen Einnahmen im Zeitraum 2002/2003 wird die eigene Sparleistung der Versicherten in Zwei-Jahres-Schritten um jeweils einen Prozentpunkt erhöht. Seit Erreichen der Endstufe im Jahr 2008 beträgt die förderfähige Eigenleistung der Versicherten 4% der Vorjahreseinnahmen (abzüglich der Zulagen).

Tabelle 1: Förderstufen der Riester-Rente pro Kalenderjahr

Zeitraum	Mindesteigenbeitrag [1]	Maximaler Sonderausgabenazug	Grundzulage	Kinderzulage [2]
2002-2003	1%	525 €	38 €	46 €
2004-2005	2%	1.050 €	76 €	92 €
2006-2007	3%	1.575 €	114 €	138 €
ab 2008	4%	2.100 €	154 €	185 €

Quelle: Eigene Darstellung auf der Grundlage von § 84-86 AVmG. [1] = bezogen auf die beitragspflichtigen Einnahmen des vorangegangenen Kalenderjahres, abzüglich der Zulage, max. die Höchstbeiträge des alternativ zulässigen Sonderausgabenabzuges; [2] = pro Kind für das der Zulageberechtigte Kindergeld bezieht.

Sofern die Versicherten die erforderlichen Mindesteigenbeiträge leisten, kann die staatliche Förderung auf zwei unterschiedlichen Durchführungswegen erfolgen, wobei das jeweils zuständige Finanzamt prüft, welches Förderinstrument für den Einzelnen am Vorteilhaftesten ist: Die individuellen Beiträge zur geförderten privaten Altersvorsorge können entweder bei der Einkommenssteuererklärung als Sonderausgaben geltend gemacht und steuerlich freigestellt werden, wobei maximal die gesetzlich vorgeschriebenen Höchstbeiträge abziehbar sind. Oder den Versicherten werden finanzielle Zuschüsse zu den Eigenbeträgen ausgezahlt, die aus einer Grundzulage und einer Kinderzulage bestehen. Leistet der Versicherte den Mindesteigenbeitrag nicht oder nicht in voller Höhe, so werden sowohl die Grund- als auch die Kinderzulage proportional gekürzt (Ernst & Young/VDR 2001: 120). Beim Sonderausgabenabzug hängen die Höhe der Steuerersparnis und damit die Höhe der Förderung von dem individuellen Steuersatz und von den geleisteten Sparbeiträgen ab. Bei den Zulagen sind für die Förderungshöhe die Höhe des Eigenbeitrages und der persönliche Familienstand entscheidend. Bis Mitte Februar 2008 hat die *Zentrale Zulagenstelle für Altersvermögen* (ZfA) rund 2,3 Mrd. € an Zulagen ausgezahlt (BMAS 2008a). Mit Erreichen der Endstufe der Förderung umfasst das von der Bundesregierung im Haushalt eingeplante Fördervolumen ca. 7,8 Mrd. € jährlich. Als förderfähig gilt ein so genannter „Altersvorsorgevertrag", wenn er den folgenden elf im *Gesetz über die Zertifizierung von Altersvorsorgeverträgen* (AltZertG) festgelegten Kriterien entspricht (§ 1 Abs. 1 Satz 1 Nr. 1 bis 11 AltZertG):

- In der Ansparphase sind laufend freiwillige Altersvorsorgebeiträge durch den Versicherten zu erbringen, d.h. z.B. monatlich, vierteljährlich oder jährlich; Einmalzahlungen sind hingegen ausgeschlossen;
- das angesparte Kapital darf nicht vor Vollendung des 60. Lebensjahres bzw. nicht vor dem Beginn einer Rente wegen Erwerbsminderung in Anspruch genommen werden;
- bei Vertragsabschluss muss der Anbieter garantieren, dass zu Beginn der Auszahlungsphase mindestens die eingezahlten Beiträge wie auch die staatlichen Zuschüsse zur Verfügung stehen. Mit dieser Nominalwertgarantie wird der Kapitalerhalt der Beiträge ohne Inflationsausgleich mit einer Verzinsung von mindestens 0% zugesagt;
- die Auszahlung der Leistungen erfolgt mit Beginn der Auszahlungsphase in Form einer lebenslangen gleich bleibenden oder steigenden monatlichen Leibrente oder als Auszahlungsplan mit unmittelbar anschließender lebenslanger Teilkapitalverrentung, d.h. das angesparte Kapital darf nicht in einer Summe ausgezahlt werden;
- für die Vereinbarung eines Auszahlungsplans gelten detaillierte Vorschriften, die eine Teilkapitalverrentung ab dem 85. Lebensjahr vorsehen;
- die Zusage einer lebenslangen Rente kann mit einer Hinterbliebenensicherung verbunden werden. Eine Auszahlung des Restkapitals an Hinterbliebene (Ehegatten und Kinder) ist im Todesfall erlaubt;
- die Altersvorsorgebeiträge, die erwirtschafteten Erträge und Veräußerungsgewinne sind u.a. in Rentenversicherungen, Bankguthaben und in- und ausländischen Investmentfonds anzulegen und können mit einer Zusatzversicherung für verminderte Erwerbsfähigkeit kombiniert werden;
- die Abschluss- und Vertriebskosten des Anbieters sind über zehn Jahre in gleichen Jahressätzen zu strecken;
- der Versicherungsnehmer ist einmal jährlich schriftlich über die Verwendung der eingezahlten Beiträge, das bisher gebildete Kapital und die einbehaltenen Kosten zu unterrichten. Die Informationspflicht erstreckt sich auch auf die ethischen, sozialen und ökologischen Belange bei der Verwendung der Beiträge;
- die Kündigungsregeln sehen vor, dass der Vertrag während der Ansparphase ruhen kann und dass der Vertrag mit einer dreimonatigen Kündigungsfrist gekündigt werden kann. Wenn keine Unterbrechung der Einzahlungen erfolgt, bleibt der Anspruch auf die staatliche Förderung auch bei einem Wechsel zu einem anderen Anbieter oder beim Umstieg auf ein anderes Produkt bestehen;
- das Altersvermögen ist nicht pfändbar und eine Abtretung oder Übertragung von Eigentumsrechten aus dem Vorsorgevertrag ist nicht möglich.

Die Finanzdienstleister, deren Altersvorsorgeprodukte diesen Mindestanforderungen genügen, können bei der Bundesanstalt für Finanzdienstleistungsaufsicht (BaFin) eine Zertifizierung beantragen.[91] Mit dieser Zertifizierung soll für die Versicherten gewährleistet werden, dass die unter der Bezeichnung „Riester-Rente" beworbenen und vertriebenen Produkte den gesetzlich vorgeschriebenen Mindeststandards entsprechen und dass die Beiträge grundsätzlich förderfähig sind. Die Zertifizierungsstelle prüft ausdrücklich *nicht*, ob ein bestimmter Altersvorsorgevertrag für den einzelnen Versicherten sinnvoll erscheint und ökonomisch tragfähig ist und ob die durch den Anbieter getätigten Zusagen erfüllbar und die Vertragsbedingungen zivilrechtlich wirksam sind (§2 Abs. 3 AltZertG). Da sich die Zertifizierung also nur auf die Erfüllung der gesetzlichen Mindestvoraussetzungen für die Förderfähigkeit eines Altersvorsorgeproduktes erstreckt, hilft sie dem Versicherten bei seiner Entscheidung nur begrenzt (Dünn/Fasshauer 2003: 5; Kölzer 2001: 186; Schmähl 2004: 185; VDR 2003a: 52f.). Die Auswahl des Vorsorgeprodukts liegt ausschließlich im Ermessen des Versicherten, der zwischen entsprechend ausgestalteten privaten Rentenversicherungen, Banksparund Fondssparplänen wählen kann. Nicht förderfähig sind aufgrund der Vorgaben der Zertifizierungskriterien u.a. Lebensversicherungen mit Kapitalauszahlung bei Versicherungsende und Sparbücher (Ernst & Young/VDR 2001: 93).

Im ersten Jahr nach Inkrafttreten der Rentenreform 2001 sind in Deutschland knapp zwei Millionen zertifizierte private Altersvorsorgeverträge abgeschlossen worden (Abbildung 2). Zusammen mit den 1,4 Millionen vor Inkrafttreten der Reform bestehenden Versicherungsverträgen, die den Förderungskriterien von vornherein entsprachen, besaß damit im Jahr 2002 „nur" jede zehnte förderberechtigte Person einen „Riester-Vertrag". Im Jahr 2003 lag die Summe der neu abgeschlossenen Riester-Policen bei knapp über 550.000 und im Jahr 2004 bei lediglich 265.000 Neuverträgen. Erst im Jahr 2006 nahm das Wachstum mit 2,4 Millionen und im Jahr 2007 mit 2,7 Millionen neu unterzeichneten Riester-Policen wieder zu. Ende des Jahres 2007 hatte von den mehr als 30 Millionen Anspruchsberechtigten jede dritte Person einen Riester-Vertrag abgeschlossen.[92]

---

[91] Die Bundesbehörde BaFin ist 2002 durch den Zusammenschluss der Bundesaufsichtsämter für das Versicherungs- und Kreditwesen sowie des Wertpapierhandels entstanden. Mit weiteren mit der Förderung verbundenen Aufgaben wurde als zentrale Stelle die ehemalige Bundesversicherungsanstalt für Angestellte (jetzt Rentenversicherungsträger Bund) beauftragt. Daneben wurde die Zentrale Zulagenstelle für Altersvermögen (in Brandenburg/Havel) eingerichtet. Deren Aufgaben bestehen primär in der Berechnung und Auszahlung der Zulage, der eventuellen Rückabwicklung zu Unrecht gezahlter Zulagen, der jährlichen Feststellung des Zulageanspruchs, dem Verfahren bei Verwendung von Kapital aus einem Altersvorsorgevertrag für Wohneigentum und schließlich im Datenabgleich z.B. mit Rentenversicherungsträgern und Finanzämtern zur Überprüfung der gezahlten Zulage.
[92] Zu möglichen Ursachen der geringen Beteiligung siehe BMF (2003a: 75); Dünn/Fasshauer (2003); Himmelreicher/Viebrock (2001: 62); Leinert (2005; 2006); Pfeiffer (2003: 28); Reifner/Tiffe (2005).

Abbildung 2: Anzahl der Riesterverträge, 2001-2007

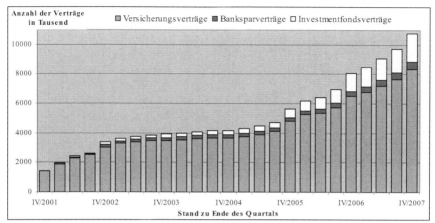

Quelle: BMAS (2008a); eigene Darstellung.

Betrachtet man die Entwicklung differenziert nach Vorsorgeformen, wird deutlich, dass die Mehrheit der Riester-Verträge auf private Rentenversicherungen entfällt. Während der Marktanteil der Versicherungen aber von 90% im Jahr 2002 auf 78% im Jahr 2007 zurückging, nahm der Anteil der Investmentfondsverträge am Gesamtvolumen der Riester-Verträge im gleichen Zeitraum von 5% auf 18% zu. Der Anteil der Banksparpläne blieb nahezu unverändert bei 4-5% (siehe Tabelle 2).

Tabelle 2: Anzahl der Riester-Verträge und Marktanteile der Segmente

Jahr	Versicherungs-verträge		Bankspar-verträge		Investment-fondsverträge		Gesamt
2001	1.400.000	100%	-	0%	-	0%	1.400.000
2002	3.047.000	90%	149.500	4%	174.000	5%	3.370.500
2003	3.486.000	89%	197.440	5%	241.000	6%	3.924.440
2004	3.660.500	87%	213.000	5%	316.000	8%	4.189.500
2005	4.796.900	85%	260.000	5%	574.000	10%	5.630.900
2006	6.468.000	80%	351.000	4%	1.231.000	15%	8.050.000
2007	8.355.000	78%	480.000	4%	1.922.000	18%	10.757.000

Quelle: BMAS (2008b); Stand 31.12.2007; Storni bis 31.12.2007 berücksichtigt.

3.5 Fazit: Paradigmenwechsel in der deutschen Rentenpolitik

Die Rentenreform 2001 hat einen vielschichtigen rentenpolitischen Paradigmenwechsel eingeleitet: Im Zuge der Reform wurde erstmalig seit der grundlegenden Reform der GRV im Jahr 1957 Abstand von der zentralen sozialpolitischen Zielsetzung der Lebensstandardsicherung im Alter genommen. Erstmals wurde bei einer Reform der GRV nicht die Gewährung eines bestimmten Sicherungsniveaus verfolgt, sondern die Stabilisierung des Beitragssatzes als maßgebliche Zielgröße erklärt, während die Höhe des Rentenniveaus dieser Maßgabe untergeordnet wurde. Damit wurde innerhalb der GRV ein Wechsel von der bedarfsorientierten Leistungspolitik zu einer einnahmeorientierten Ausgabenpolitik eingeleitet. Durch die Reduzierung des Leistungsniveaus verliert die erste Schicht des Alterssicherungssystems an Bedeutung, da die durch die GRV gewährten Leistungen alleine nicht länger ausreichen, um einen erreichten Lebensstandard im Ruhestand zu sichern (Deutscher Bundestag 2000c: 1). Spiegelbildlich erhöht sich der Stellenwert der zweiten und dritten Schichten der Alterssicherung: Betriebliche und private Vorsorgesysteme sollen die Leistungen der GRV nicht mehr ergänzen und aufstocken, sondern an deren Stelle treten und die Kürzungen kompensieren. Da den vormals ergänzenden Vorsorgesystemen nunmehr eine tragende Funktion zugesprochen wird, werden die Beiträge zu diesen Systemen staatlich gefördert. In letzter Konsequenz zieht sich der Staat damit in der Alterssicherung als Versorger zugunsten des Marktes – d.h. in diesem Fall zugunsten privater Finanzdienstleister – partiell zurück. Ein Think Tank der Finanzdienstleistungsbranche stuft die Rentenreform daher als ersten Schritt eines

> „Paradigmenwechsels von allumfassender staatlicher Zuständigkeit in der Altersvorsorge hin zu mehr Eigenverantwortung der Bürger" ein (Deutsche Bank Research 2003c: 3).

Allerdings ist hier zu berücksichtigen, dass sich der Staat nicht vollständig zurückzieht. Vielmehr schafft er sich mit der Zertifizierung, Überwachung und Abwicklung der geförderten privaten Altersvorsorge neue Handlungsbereiche (Leisering/Berner 2001; Meyer 2006: 21; Nullmeier 2001; Rüttler 2006: 175f.).[93] Durch die steuerliche Begünstigung und finanzielle Unterstützung der Beiträge zu privater Altersvorsorge unterstützt der Staat das Erreichen der Lebensstandardsicherung im Ruhestand noch, er gewährleistet sie aber nicht mehr (Nullmei-

---

[93] Erfahrungen aus Ländern mit breiten privaten Säulen zeigen, dass „die Regierung für Ausfälle der Versicherungswirtschaft und Einbrüche der Kapitalmärkte und damit die Enttäuschung von Renditeerwartungen in Haftung genommen" wird (Rieger 2002: 9, vgl. auch Ganßmann 2000; Vidler 2003).

er 2003: 172). Stattdessen wird zur Bereitstellung einkommensverstetigender Alterseinkünfte auf den privaten Altersvorsorgemarkt verwiesen.[94] Bis zu 4% des Arbeitseinkommens der Versicherten soll als individueller Sparbeitrag den privaten Finanzdienstleistern zufließen, damit letztere diese Beiträge „gewinnbringend" an den Finanzmärkten anlegen. Mit dieser Teil-Privatisierung der Alterssicherung sind für die Versicherten zusätzliche Risiken verbunden, da der nominelle und insbesondere der reale Wert der kapitalgedeckten Zusatzvorsorge, die an die Stelle der umlagefinanzierten Leistungen der GRV tritt, grundsätzlich von der Entwicklung auf den Finanzmärkten abhängt (Lamping/Rüb 2004: 185; Schmähl 2005: 11). Durch das Zertifizierungsgesetz sind die Anbieter zwar verpflichtet, eine Werterhaltung der eingezahlten Beiträge und Zulagen zu garantieren. Abgesehen von der 0%-Verzinsungszusage hängt die Leistungshöhe weiterhin von der tatsächlichen Situation auf den Finanzmärkten zum Zeitpunkt des Rentenbeginns ab, während darüber hinausgehende Zusagen zur Wertentwicklung und insbesondere zur relativen Rentenhöhe, d.h. dem Verhältnis von nominaler Rentenhöhe zum dann durchschnittlichen Arbeitseinkommen, generell unsicher sind. Während die GRV zudem starke Umverteilungs- bzw. Solidaritätsaspekte, wie z.B. Umverteilung zugunsten von Familienmitgliedern, Einkommensschwachen und so genannten „schlechten Risiken" enthält, sind derartige Elemente des sozialen Ausgleichs und der Umverteilung bei privater, kapitalgedeckter Altersvorsorge grundsätzlich nicht vorgesehen. Anhand der Förderquoten in Relation zum maßgeblichen Einkommen kann zwar abgelesen werden, dass theoretisch speziell die unteren Einkommensgruppen und Versicherte mit Kindern von der Förderung profitieren würden. Da die maßgebliche Determinante für den Abschluss privater Altersvorsorge aber das laufende Einkommen ist, sind gerade die niedrig verdienenden und verschuldeten Haushalte oftmals nicht in der Lage, aus ihrem laufenden Einkommen private Altersvorsorge zu finanzieren (Bulmahn 1998; Himmelreicher/Viebrok 2001; Stegmann/Bieber 2000).[95] Darüber hinaus ist gerade für diese Haushalte der Nutzen zusätzlicher Vorsorge sehr beschränkt, denn falls sie im Erwerbsleben keine ausreichenden Anwartschaften aufbauen und im Alter auf die neu eingeführte Grundsicherung ange-

---

[94] Vor diesem Hintergrund gelangt Manfred G. Schmidt (2003) zu der Einschätzung, dass es sich bei dem Einstieg in die freiwillige Privatvorsorge um einen „Zwitter aus individueller Vorsorge und massiver staatlicher Subventionierung" handelt (2003: 214); siehe auch Lamping/Rüb (2004) sowie Leisering (2001). Lamping/Rüb (2006) betonen, dass der Wohlfahrtsstaat hier Raum für die Ausdehnung von privatwirtschaftlich organisierten Märkten schafft, die in diesem Zuge zu einem neuen Bestandteil des Wohlfahrtsstaates werden, während die Förderung und Regulierung dieser neuen Märkte ein neues Element sozialpolitischer Aktivitäten darstellt (Lamping/Rüb 2006: 454f.).
[95] Während die Förderquote der Riester-Rente im mittleren Einkommensbereich am niedrigsten ist, steigt sie bei höheren Einkommen durch die steuerliche Freistellung der Vorsorgeaufwendungen bei progressivem Verlauf der Einkommensteuer an (Himmelreicher/Viebrok 2003: 28ff.).

wiesen sind, werden die Einkünfte aus der zusätzlichen Privatvorsorge auf die Leistungen angerechnet.[96] Da die private Altersvorsorge ausschließlich im Individualprinzip erfolgt, ist mit der Teil-Privatisierung der Alterssicherung schließlich eine Individualisierung des Risikos „Alter" verbunden: Das zuvor von der Allgemeinheit bzw. von der Solidargemeinschaft getragene Risiko wird auf den Einzelnen bzw. auf die Privathaushalte verlagert (Bellermann 1998: 67ff.; Kölzer 2000; Schmähl 2005: 10f.). Als Konsequenz verdrängt „das Prinzip individueller Renditemaximierung das Ziel solidarischer Risikoabsicherung als reformpolitisches Leitbild" (Urban 2000: 225). Faktisch kommt es zur Abkehr von der bis dahin geltenden sozialpolitischen Zielvorstellung der Alterssicherung und deshalb zur strukturellen Neuausrichtung des Gesamtsystems.[97] Die Rentenreform 2001 kann daher zutreffend als strukturelle und systemändernde Rentenreform klassifiziert werden, denn

> „[q]ualitativ ist die Reform (…) ein echter Wendepunkt hin zu einer stärker privatwirtschaftlichen Orientierung der Alterssicherung in Deutschland" (Raffelhüschen o.J.: 1).

Vor diesem Hintergrund wird die Rentenreform 2001 mitunter als „radikale Kehrtwende" (Riester 2004: 7) oder „Systembruch" (Christen 2001) eingestuft, mit der ein „Paradigmenwechsel" in der deutschen Rentenpolitik vollzogen wurde (Deutsche Bank Research 2003c: 3; Rüb 2003; Schmähl 2001, 2004), der sich insbesondere auf die Gewichtung der einzelnen Schichten der Alterssicherung bezieht und den „Siegeszug des Mehrsäulenparadigmas in der bundesdeutschen Rentenpolitik" (Bönker 2005: 337) eingeläutet hat. Diese paradigmatische Neuausrichtung ist grundsätzlich im Interesse der Finanzdienstleistungsbranche, da die Ausrichtung auf eine Stärkung der kapitalgedeckten Verfahren der zweiten und dritten Säule der Alterssicherung eine Hauptquelle für das Wachstum von institutionellen Investoren und des Anlagevolumens auf den Finanzmärkten ist (Deutsche Bundesbank 2002; OECD 2003). Da in Deutschland im Rahmen der GRV bislang lebensstandardsichernde Renten gewährt wurden, waren die potentiellen Wachstumsmöglichkeiten in der Sparte der privaten Altersvorsorge bislang relativ begrenzt. Mit der dargestellten Teil-Privatisierung der Alterssicherung sind die Geschäfts- und vor allem die Gewinnaussichten der Anbieter von privaten Vorsorgeprodukten der Alterssicherung massiv gefördert worden. Daher

---

[96] Ausführlich in Brettschneider (2008); FTD (2008a); MONITOR (2008a); plusminus (2008).
[97] Zur Diskontinuität und Abweichung von der bisher eingeschlagenen bundesdeutschen Rentenpolitik und institutionellen Veränderung des Rentensystems siehe auch Deutsche Bundesbank (2002); Hering (2004b: 105); Hinrichs, K. (2000a; 2005); Hinrichs, K./Kangas (2003: 581); Lamping/Rüb (2004: 186); Michaelis (2000); Nullmeier (2003: 167); Ruland (2000); Vail (2003).

liegt es nahe, danach zu fragen, welche Rolle die Finanzdienstleistungsbranche beim Zustandekommen der Rentenreform 2001 gespielt hat. Zur Beantwortung dieser Frage erfolgt zunächst die Darstellung des formellen Entstehungsprozesses der Reform im Hinblick auf die parlamentarischen, ministeriellen und parteipolitischen Akteure (Kap. 4).

4 Politischer Entstehungsprozess zur Rentenreform 2001

Wie im vorangegangenen Kapitel dargelegt wurde, kann die Rentenreform 2001 als systemändernde Reform eingestuft werden, da die beiden zentralen Elemente der Reform – Leistungskürzungen der GRV und Förderung der privaten kapitalgedeckten Altersvorsorge im Rahmen der Riester-Rente – langfristig zu einer strukturellen Neuausrichtung der drei Schichten im Gesamtsystem der Alterssicherung führen und die Abkehr von der bis dahin geltenden zentralen rentenpolitischen Zielsetzung der GRV implizieren. Als die christlich-liberale Koalition im Herbst 1998 nach 16 Regierungsjahren durch die rot-grüne Regierungskoalition abgelöst wurde, war objektiv nicht zu erwarten gewesen, dass eine SPD-geführte Bundesregierung die Teil-Privatisierung der Alterssicherung einleiten würde: Zum einen galten Leistungskürzungen der GRV durch die Sozialdemokraten als unwahrscheinlich, da die SPD im Wahlkampf die Rücknahme der durch die Vorgängerregierung unter Helmut Kohl (CDU) beschlossenen Leistungskürzungen „versprochen" hatte.[98] Zum anderen standen die Sozialdemokraten der privaten Altersvorsorge traditionell eher kritisch gegenüber. Von daher markiert die unter Rot-Grün vollzogene rentenpolitische Wende auch einen Bruch in der sozialpolitischen Ausrichtung der SPD.

In diesem Kapitel wird der Entstehungsprozess der Rentenreform 2001 skizziert. Auffällig ist, dass das Reformprojekt der rot-grünen Bundesregierung von Beginn an intensiv und kontrovers diskutiert wurde. Bis die Rentenreform 2001 schließlich in zwei „Gesetzespaketen" gegen die Stimmen der Opposition verabschiedet wurde und zum 1. Januar 2002 in Kraft getreten ist, verlief ein mehr als zwei Jahre währender Diskussions- und Reformprozess. Vor dem Hin-

---

[98] Im Wahlkampf hatte die SPD Leistungskürzungen zwar nicht explizit ausgeschlossen. Dass die Rentenniveauabsenkung der SPD-geführten Regierung aber jene der Vorgängerregierung noch übersteigen würde, war angesichts der geäußerten Ablehnung der Kürzungen und dem „Wahlversprechen" der Kürzungsrücknahme ein unerwartetes Ergebnis. Meinhard Miegel urteilte allerdings früh, dass das „mit der Rücknahme der Absenkung des Rentenniveaus (...) nur so ein Wahlkampfgag [war]. Zwar werden SPD und Grüne ihr Versprechen formal halten. Aber das bedeutet nichts. Denn zugleich haben beide eine grundlegende Rentenreform in Aussicht gestellt, die (...) weit über das hinausgehen wird, was die alte Bundesregierung mit ihrem Rentenreformgesetz '99 vorhatte" (Miegel in Die Welt 1998a).

tergrund der allgemeinen rentenpolitischen Vorgeschichte und früherer Rentenreformen (Kap. 4.1) durchlief die Rentenreform 2001 die klassischen Stationen eines Policy-Cycles vom Agenda-Setting und der Problemformulierung (Kap. 4.2) über die Konzept- und Programmentwicklung (Kap. 4.3) bis zur Entscheidungsfindung im Bundestag und im Bundesrat (Kap. 4.4). Die folgenden Erläuterungen konzentrieren sich explizit auf den formellen Ablauf des Reformprozesses und den allgemeinen politischen Willensbildungs- und Entscheidungsprozess einschließlich der inhaltlichen und strategischen Positionierung der beteiligten Akteure und der Diskussion zur Förderung der privaten Vorsorge. Die Frage nach der Rolle der Finanzdienstleistungsbranche in diesem Reformprozess wird eigenständig in den anschließenden Kapiteln 5 und 6 behandelt.

4.1 Vorgeschichte

In der ersten Hälfte der 1990er Jahre kam es zu einer Kumulation von Problemen, welche die sozialen Sicherungssysteme insgesamt und hier insbesondere das Politikfeld Alterssicherung betrafen (Deml 2002; Lampert/Althammer 2001: 275f.; Palik 1997): *Erstens* wirkte sich die auf den Einigungsboom folgende Rezession und der damit einhergehende Anstieg der Arbeitslosigkeit in Ost- wie Westdeutschland und die steigende Tendenz zur Frühverrentung negativ auf die Einnahme- wie auch auf die Ausgabenseite der lohnorientierten Sozialversicherung aus. *Zweitens* gerieten die Finanzen der GRV aufgrund der Finanzierung des Aufbaus des Rentenversicherungssystems in den neuen Bundesländern unter Druck (Ganßmann 1992: 637-641; Ostertag 2000: 155). *Drittens* verursachte die zunehmende Globalisierung der Wirtschaftsbeziehungen eine Verschärfung der Standortkonkurrenz, die angesichts der vorherrschenden angebots- und wettbewerbsorientierten „Modernisierungsstrategien" vorgebracht wurde, um die so genannten Lohnnebenkosten zu senken und die Wettbewerbsfähigkeit des Standortes Deutschlands zu stärken. Letztendlich avancierte die Senkung der Lohnnebenkosten zum Hauptziel sozialpolitischer Reformbemühungen (Czada 2004: 128), was sich unmittelbar in die Forderung nach einer Begrenzung der Beiträge zur GRV übersetzte. *Viertens* wurden die im Zuge der Rentenreform 1992 einsetzenden Beitragssatzsteigerungen und die (über den so genannten „Selbstregulierungsmechanismus" daran gekoppelten und ebenfalls) ansteigenden Bundeszuschüsse zunehmend kritisiert. Das Rentenreformgesetz 1992 galt insgesamt als „unzureichend" und im Verlauf des Jahres 1996 wurde allseits die Erarbeitung einer neuerlichen grundlegenden Rentenreform gefordert (Handelsblatt 1996a).

Bis Mitte der 1990er Jahre bestand in Deutschland ein informeller Rentenkonsens. Das Sozialversicherungsparadigma einte die rentenpolitische Elite – die

Sozialpolitiker der Parteien, Fraktionen und Ministerien, der Gewerkschaften und Arbeitgeberverbände – und wurde auch mehrheitlich von den im rentenpolitischen Entscheidungskern vertretenen Wissenschaftlern geteilt (Bönker 2005: 342; Nullmeier/Rüb 1993: 302). Dieser partei- und institutionenübergreifende Konsens galt als „tragende Säule und Stütze des bundesdeutschen Sozialstaates" (Nullmeier 1996: 337): Es bestand weitgehend Einvernehmen darüber, das Rentensystem wegen seiner grundlegenden und langfristigen Bedeutung ausdrücklich *nicht* für parteipolitische Profilierungen, Macht- und Wahlkämpfe zu missbrauchen, um das Vertrauen in die Institution Rentenversicherung und die Unterstützungsbereitschaft der Bevölkerung nicht zu untergraben (Babel 2001: 21; Hinrichs, K. 2000a; 2000b: 308). Im Ergebnis waren alle großen Reformen – 1957 die Einführung der Bruttolohnbezogenheit der Renten, 1972 die Einführung der flexiblen Altersgrenze und die Rente nach Mindesteinkommen, 1989 die Umstellung auf die Nettoanpassung der Renten – wie auch die meisten kleineren Reformen, von einer „Großen Koalition" aus SPD und Union sowie teilweise einschließlich der FDP getragen worden.[99] Wenngleich dieser Konsens nicht notwendigerweise Konfliktfreiheit bedeutete, herrschte dennoch eine grundsätzliche Übereinstimmung über die gemeinsamen Normen, Zielvorstellungen und Situationsdeutungen.[100] Dass das deutsche umlagefinanzierte Alterssicherungssystem gemeinhin als schwer zu reformieren galt, resultierte darüber hinaus auch aus dem hohen Wählerpotential der Leistungsbezieher der gesetzlichen Rentenversicherung wie auch aus der Pfadabhängigkeit der zurückliegenden wohlfahrtsstaatlichen Entwicklung (Hinrichs, K. 1998, 2000a). Noch bis Mitte der 1990er Jahre schien es daher unwahrscheinlich und politisch kaum durchsetzbar, das System grundlegend zu reformieren, was sich u.a. an der konzeptionellen Ausrichtung der Rentenreformen 1992 und 1999 ablesen lässt. Beide Reformen orientierten sich explizit am Sozialversicherungsparadigma und beinhalteten keine systemändernden Elemente.

---

[99] Das Bündnis 90/Die Grünen war bei der Rentenreform 1992 nicht in diesen Konsens einbezogen; gleiches gilt bis heute für die PDS bzw. für Die Linke.

[100] Als Ursache für die stark ausgeprägte Konsensorientierung der großen Parteien in der bundesdeutschen Rentenpolitik verweist Karl Hinrichs (2000b: 307) auf die durch Weaver (1986) getroffene Unterscheidung der Strategien „credit claiming" und „blame avoidance": Wenn die Regierung eine Leistungsverbesserung anstrebt, so ist die Opposition nicht nur dazu bereit, die Vorschläge der Regierung zu unterstützen, um an den „Früchten" der Expansion teilzuhaben, sondern sie versucht, diese zu überbieten. Steht eine Leistungsverschlechterung auf der Tagesordnung, ist die Regierung bemüht, die Opposition einzubinden, um nicht allein für die Kontraktion und Verunsicherung verantwortlich gemacht zu werden. Die Opposition ist ihrerseits an einer Kooperation interessiert, um bei einer eventuellen Regierungsübernahme nicht selbst drastische Leistungskürzungen vornehmen zu müssen und um sich ggf. notwendig erachtete Änderungen im Verlauf des Reformprozesses zuschreiben zu können.

Rentenreform 1992

Der Reformbedarf, der sich Ende der 1980er Jahre bei der GRV abzeichnete, wurde auf den prognostizierten Anstieg der Rentnerquote zurückgeführt, d.h. dem Quotienten aus der Zahl der Rentenempfänger und der Zahl der beitragszahlenden Versicherten, aus dem eine Finanzierungsproblematik resultierte (Lampert/Althammer 2001: 269f.). Um zudem den alterssicherungsrelevanten Formen des sozialen Wandels zu begegnen, waren die Maßnahmen des Rentenreformgesetzes 1992 (RRG 92) darauf ausgerichtet, die Lohn- und Beitragsbezogenheit der Rente beizubehalten und das Äquivalenzprinzip zu stärken, was in erster Linie durch eine veränderte Rentenformel und eine Kürzung der Zahl anerkennungsfähiger Ausbildungsjahre realisiert werden sollte. Daneben zielte die Rentenreform durch die Einführung der Nettolohnorientierung der Rentenanpassung[101] und einen Selbstregulierungsmechanismus[102] auf die Gewährleistung und Stabilisierung lebensstandardsichernder Renten bei langem Arbeitsleben und es wurde eine gerechtere Verteilung der Finanzierungslasten auf Rentner, Beitragszahler und den Bund angestrebt (Lampert/Althammer 2001: 273f.; Palik 1997: 373). Damit enthielt das Reformgesetz, das am Tag der Maueröffnung am 9. November 1989 im Konsens der Großparteien verabschiedet worden war, ausschließlich systemimmanente Elemente.

Trotz des Inkrafttretens des Reformgesetzes zum 1. Januar 1992 gerieten die Finanzen der Rentenversicherung zunehmend unter Druck, zumal ein Jahr zuvor die Alterssicherungssysteme der DDR in die deutsche GRV überführt worden waren (Czada 2004: 143f.; Dreßler 1997: 143; Lampert/Althammer 2001: 275f.). Darüber hinaus entfachte eine öffentliche Diskussion mit deutlich veränderter Schwerpunktsetzung: Zum einen wurde über die negativen Effekte hoher Sozialversicherungsbeiträge für die Entwicklung der Beschäftigung insgesamt und die Wettbewerbsfähigkeit des Standortes Deutschland debattiert und der Sozialstaat als reiner Kostenfaktor zur Disposition gestellt; zum anderen wurde zunehmend die – insbesondere intergenerationelle – Gerechtigkeit der GRV und die Belastung jüngerer und zukünftiger Generationen problematisiert (Bönker 2005: 348f.; Nullmeier 1996: 337f.). Die Beitragssatzsteigerung, die im Zuge der Rentenreform 1992 zur Zielerreichung der Lebensstandardsicherung im parteiübergreifenden Konsens verabschiedet worden war, stand nun in der Kritik.

---

[101] Nettolohnorientierte Rentenanpassung bedeutet, dass die Renten parallel zur Entwicklung der Nettoeinkommen der Arbeitnehmer ansteigen. Dabei ist neben der veränderten Abgabenbelastung der Arbeitnehmer auch die Be- bzw. Entlastung der Rentner durch Anhebung oder Senkung der Beitragssätze zur Krankenversicherung der Rentner und zur Pflegeversicherung zu berücksichtigen.

[102] Bei steigenden Ausgaben kann die erforderliche Einnahmenerhöhung über steigende Beitragssätze und über höhere Bundeszuschüsse erfolgen. Der Selbstregulierungsmechanismus dient, vereinfacht ausgedrückt, der Festsetzung des Rentenanpassungssatzes, Beitragssatzes und Bundeszuschusses.

Als Reaktion setzte der seinerzeit amtierende Bundesarbeitsminister Norbert Blüm (CDU) eine Regierungskommission zur „Fortentwicklung der Gesetzlichen Rentenversicherung" ein, in der Wissenschaftler und Sachverständige Reformvorschläge erarbeiten sollten.[103]

Rentenreform 1999

Zu diesem Zeitpunkt erodierte der informelle, parteiübergreifende Rentenkonsens zwischen den Volksparteien. Die Sozialdemokraten verweigerten ihre Teilnahme an der Regierungskommission zur „Fortentwicklung der Gesetzlichen Rentenversicherung" und im Mai 1996 erklärte der damalige sozialpolitische Sprecher der SPD-Fraktion, Rudolf Dreßler, „den Rentenkonsens quasi offiziell für beendet" (Nullmeier 1996: 339). Im Januar 1997 präsentierte die Kommission ihre Vorstellungen, über die auch innerhalb der CDU/CSU-Fraktion eine intensive innerparteiliche Kontroverse entbrannte. Es folgten Auseinandersetzungen mit dem Koalitionspartner FDP, der die Reformvorschläge der Kommission nicht weit genug gingen und die eine eigene, parteiinterne Rentenkommission schuf (Richter, S. 2001: 55). Das Sozialversicherungsparadigma wurde im Verlauf des Diskussions- und Reformprozesses von mehreren Seiten in Frage gestellt und einen Moment lang schien es, als würden „die tradierten Bahnen der Rentenpolitik verlassen" (Nullmeier 1997: 261). Angesichts der intensiven Debatte über Privatisierungsmodelle und über Möglichkeiten einer Umstellung der Alterssicherung auf Verfahren der Kapitaldeckung verweist Hegelich (2006: 241) darauf, dass im Vorfeld der Rentenreform 1999 auch innerhalb des politisch-administrativen Systems die Forderung nach einem Ausbau kapitalgedeckter Elemente kursierte, da diese Option im Bericht der Regierungskommission explizit ausgeschlossen wurde:

> „Die Kommission hat (...) deutlich gemacht, daß sie einen Systemwechsel weder für erforderlich noch für geeignet hält, um den gegenwärtigen und durch die demographische Entwicklung zu erwartenden Problemen der gesetzlichen Rentenversicherung zu begegnen. Ein Übergang zu einem Kapitaldeckungsverfahren wird ebenso abgelehnt wie die Ablösung des lohn- und beitragsbezogenen Systems durch eine Grundversorgung" (Recht 1997: 135).

---

[103] Dabei deutete bereits der Name der Kommission an, dass das Ergebnis keine systemändernde, sondern eine auf den Erhalt der GRV ausgerichtete Reform sein würde. Ihr Auftrag war konkret darauf ausgerichtet, „Vorschläge zu erarbeiten, wie auch angesichts der demographischen Entwicklung der bewährte Generationenvertrag für die Zukunft weiterentwickelt werden kann" (Deutscher Bundestag 1996).

Während also ein (partieller) Umstieg auf Kapitaldeckung *innerhalb* der gesetzlichen Rentenversicherung strikt abgelehnt wurde, wurde indes parallel erörtert, ob ein Systemwechsel hin zu mehr *privater*, kapitalgedeckter Altersvorsorge wünschenswert oder notwendig sei. Letzteres wurde in dieser Phase insbesondere von den Verbänden der Finanzdienstleistungsbranche in zahlreichen Veröffentlichungen betont (Kap. 6.1; Kap. 6.2.5). Die wenige Monate später verabschiedete Rentenreform 1999 zeichnete sich allerdings im Kern dadurch aus, dass sie an den bestehenden Prinzipien festhielt und keine strukturellen Änderungen bewirkte: Im Zentrum der Reform stand die Einführung eines so genannten „demographischen Faktors" in die Rentenformel, der die Leistungshöhe der GRV in Abhängigkeit der Veränderungen der Erwerbs- und der Rentenbevölkerung einschränkte. Dieser demographische Faktor hätte zwar eine starke Absenkung des Rentenniveaus der Bestands- wie auch der Zugangsrenten von seinerzeit ca. 70% auf ca. 64% bewirkt. Die Reform ist dennoch nicht als strukturelle Rentenreform zu bewerten, da die Grundzüge und Gewichte der einzelnen Schichten des deutschen Alterssicherungssystems beibehalten wurden (Lampert/Althammer 2001: 273f.; Palik 1997).

Das Rentenreformgesetz wurde im Dezember 1997 schließlich mit der Kanzlermehrheit (CDU/CSU und FDP) und gegen die Stimmen der Opposition (SPD, B90/Grüne, PDS) im Bundestag beschlossen und sollte zum 1. Januar 1999 in Kraft treten.[104] Obgleich die SPD über eine Mehrheit im Bundesrat verfügte, konnte sie das Gesetz nicht verhindern, da es ein vom Bundesrat nicht zustimmungspflichtiges Gesetz war.[105] Daraufhin kündigten die Sozialdemokraten an, die Reform im Falle eines Sieges nach der Bundestagswahl 1998 umgehend rückgängig zu machen, womit sie den Grundstein für den ersten „Rentenwahlkampf" in der Geschichte der Bundesrepublik legten (Kap. 4.2.1).

Internationale Diskurse über Kapitaldeckung in der Alterssicherung

Nachdem bereits im Vorfeld der Verabschiedung der Rentenreform 1992 verschiedene Varianten kapitalfundierter Vorsorgemodelle als Ergänzung oder gar als Ersatz der umlagefinanzierten GRV diskutiert worden waren (Manzke 2001: 201), setzte Mitte der 1990er Jahre eine umfassende Diskussion über den Ausbau kapitalgedeckter Elemente im deutschen Alterssicherungssystem ein, bei der die

---

[104] Gesetz zur Reform der gesetzlichen Rentenversicherung vom 16. Dezember 1997 (BGBl I, S. 2998).
[105] Der Bundesrat leitete aber ein Vermittlungsverfahren bzgl. der Finanzierung der Erhöhung des Bundeszuschusses ein, da die Erhöhung der Mehrwertsteuer ein zustimmungspflichtiges Gesetz war. Bei der endgültigen Bundestagsabstimmung wurde die SPD erneut überstimmt.

Frage eines vollständigen oder partiellen Systemwechsels hin zu einem Kapitaldeckungsverfahren sowohl im Hinblick auf die gesetzliche Rentenversicherung als auch hinsichtlich privater Vorsorgeformen verstärkt erörtert wurde. Diese Diskussion wurde durch einflussreiche Veröffentlichungen auf internationaler Ebene forciert, insbesondere durch den 1994 vorgelegten Bericht der Weltbank „Averting the Old Age Crisis: Policies to Protect the Old and Promote Growth" (World Bank 1994), der rückblickend betrachtet als „offizieller Ausgangspunkt" der Privatisierungswelle von Alterssicherungssystemen in Europa angesehen wird (Bellofiore 2002: 61; Etxezarreta 2005: 73).[106] In dem Weltbank-Bericht wurde problematisiert, dass die Bevölkerungsentwicklung zu einer nahezu globalen Rentenkrise führen würde, die nur mit umfassenden Reformen der Alterssicherung umgangen werden könne. Das Weltbank-Modell sah drei Säulen der Alterssicherung vor, deren Ausgestaltung länderspezifisch angepasst werden könne: Eine öffentlich verwaltete, umlagefinanzierte und leistungsdefinierte Säule zur Vermeidung von Altersarmut, eine privatwirtschaftlich verwaltete, kapitalgedeckte und beitragsdefinierte Säule und eine zusätzliche freiwillige Säule. Mit entsprechend ausgerichteten Reformen könne nicht nur die Versorgung der Menschen im Rentenalter gewährleistet, sondern durch die stärkere Rolle der kapitalgedeckten Säulen auch das Wirtschaftswachstum erhöht werden (World Bank 1994). Die Weltbank begründete ihr Engagement in Fragen der sozialen Sicherung u.a. damit, dass Rentenprivatisierungen wesentlich zur Finanzmarktentwicklung und damit auch zum allgemeinen Wirtschaftswachstum beitragen können. Die Veröffentlichung des Weltbank-Berichts ist insofern von Bedeutung, als dass die Weltbank potentiell dazu in der Lage ist, direkten wie indirekten Druck auf die europäischen Wohlfahrtsstaaten auszuüben.[107]

---

[106] Mit der Unterstützung der Weltbank wurde bereits 1981 in Chile die Privatisierung des Alterssicherungssystems vollzogen, die bei der weiteren Verbreitung des Mehr-Säulen-Paradigmas für andere latein-amerikanische Länder aber auch für mittel- und osteuropäische Länder als Umsetzungsbeispiel fungierte. Der „Modelltransfer" zeichnet sich bei der Transformation der Rentensysteme in den mittel- und osteuropäischen Ländern ab (Müller, K. 2003a: 561): Ungarn (1998) und Polen (1999) sind frühe, ausgeprägte Beispiele für die Umsetzung von Reformen, die an den Erfahrungen aus Südamerika anknüpfen und im Wesentlichen dem Mehrsäulen-Ansatz der Weltbank entsprechen. Wenngleich die reformierten Alterssicherungssysteme in den mittel- und osteuropäischen Ländern unterschiedlich ausgestaltet sind, ist ihnen gemein, dass die kapitalgedeckten Schichten der Alterssicherung – mit der Ausnahme der Tschechischen Republik und Slowenien – im Zuge der Reformen ein sehr viel stärkeres Gewicht erhielten als in vielen westeuropäischen Ländern (Wehlau 2003: 9). Diese Entwicklungen wirken auf das deutsche Alterssicherungssystem, da positiv konnotierten Präzedenzfällen zur Demonstration der praktischen Umsetzung eines neuen Paradigmas eine Vorbildfunktion zukommt (Bönker 2005: 345f.).

[107] Hierzu stehen der Weltbank verschiedene Kanäle zur Verfügung, die sie aufgrund ihrer finanziellen, personellen Ausstattung sowie des Rückhalts der Mainstream-Ökonomen erfolgreich zur Durchsetzung des Mehrsäulenparadigmas nutzen kann (Maier-Rigaud 2006). Zur Rolle der Weltbank bei der politischen Debatte um Rentenreformen siehe auch Ervik (2005).

Wenngleich innerhalb der Europäischen Union die Mitgliedstaaten *de jure* über die originären Entscheidungs- und Rechtsetzungskompetenzen in der Alterssicherungspolitik verfügen, so sind sie bei der Ausgestaltung der Alterssicherungssysteme dennoch verschiedenen Einflüssen der europäischen Ebene ausgesetzt: Die fiskalischen Bestimmungen des Stabilitäts- und Wachstumspaktes sowie die infolge der Währungsunion vereinheitlichte europäische Geldpolitik engen nicht nur die wirtschaftspolitische Handlungsfähigkeit der Mitgliedstaaten extrem ein.[108] Vielmehr unterliegen auch die nationalen Sozialpolitiken den Restriktionen des Paktes hinsichtlich der staatlichen Neuverschuldung und der öffentlichen Defizite der Mitgliedstaaten (Sailer 1992; Schmähl 2005: 8; Wehlau/Sommer 2004: 16f.): Da die Aufwendungen für die sozialen Sicherungssysteme einen Großteil der nationalen Haushaltsausgaben ausmachen, können die Budgetkriterien erheblichen Druck auf die nationalen Sozialpolitiken ausüben. Solange keine rechtlich bindenden Minimalstandards für die Ausgestaltung und damit auch den Leistungsumfang der sozialen Sicherungssysteme etabliert sind und die Sozialpolitik als eines der wenigen Politikfelder in nationaler Kompetenz verbleibt, stehen die sozialen Sicherungssysteme zur Disposition, wenn mithilfe von Ausgabenkürzungen versucht wird, die fiskalpolitischen Vorgaben des Stabilitäts- und Wachstumspaktes zu erfüllen (Karrass et al. 2008; Wehlau 2006).[109]

Darüber hinaus wurde seinerzeit in den Mitteilungen, Empfehlungen und Arbeitspapieren der Kommission deutlich, dass sie in der Alterssicherung inhaltlich eine Mehr-Säulen-Strategie verfolgte. Die Kommission kann zwar nicht direkt auf die Ausgestaltung der Alterssicherungssysteme der Mitgliedstaaten einwirken, dennoch beeinflusst sie die Mitgliedstaaten durch ihre Empfehlungen und Veröffentlichungen zunehmend indirekt (Sommer 2007): In der Mitteilung der Kommission zur „Modernisierung und Verbesserung des Sozialschutzes in der Europäischen Union" wie auch im Grünbuch über die „Zusätzliche Altersversorgung im Binnenmarkt" konstatierte die Europäische Kommission im Jahr 1997, dass die Leistungen der staatlichen, umlagefinanzierten Alterssicherungssysteme vor dem Hintergrund der demographischen Entwicklung langfristig nicht finanzierbar seien. Da eine angemessene Einkommenssicherung im Alter demnach nicht allein durch die erste Schicht der Alterssicherung gewährleistet

---

[108] Der Stabilitäts- und Wachstumspakt (1997) schreibt den an der Europäischen Währungsunion beteiligten Mitgliedstaaten u.a. bindend vor, einen annähernd ausgeglichenen Staatshaushalt anzustreben. Die beiden rechtlich bindenden fiskalischen Bestimmungen beziehen sich zum einen auf das jährliche öffentliche Defizit, d.h. die Nettoneuverschuldung, das nicht mehr als 3% des BIP betragen darf. Zum anderen darf sich der öffentliche Schuldenstand auf nicht mehr als 60% des BIP belaufen.

[109] Die Stabilitätskriterien schreiben *per se* zwar keine Ausgabenkürzungen vor, stärken aber die Position derer, die solche Kürzungen anstelle von Steuererhöhungen bevorzugen (Leibfried/Pierson 1998: 85). Finanzminister Eichel nutzte die Anforderungen des Stabilitäts- und Wachstumspaktes z.B. als „Argumentationshilfe in der innerpolitischen Auseinandersetzung" (Heipertz 2005: 107).

werden könne, sprach sich die Kommission für einen grundsätzlichen Wechsel in der Alterssicherung aus. Den staatlichen Rentensystemen stünden Leistungskürzungen bevor, während gleichzeitig den künftigen Versorgungsberechtigten verstärkt die Möglichkeit eingeräumt werden sollte, die Leistungen der gesetzlichen Alterssicherungssysteme durch private, kapitalgedeckte Zusatzvorsorge aufzustocken, und somit das Gewicht von der ersten hin zur zweiten und dritten Schicht der Altersvorsorge zu verlagern (Kommission der Europäischen Gemeinschaften 1997a, 1997b).[110] Durch die Einführung der „offenen Methode der Koordinierung" im Politikfeld Alterssicherung im Jahr 2001 hat sich der Einfluss der europäischen Ebene auf die nationalstaatlichen Alterssicherungssysteme noch verstärkt. Bei dieser Methode handelt es sich um ein Politikinstrument, das den Mitgliedstaaten und der Europäischen Kommission ermöglichen soll, politische Positionen und Vorschläge für europäische Politikbereiche zu entwickeln, in denen die Europäische Union über keine formellen Kompetenzen verfügt.[111] Da den Wirtschafts- und Finanzministern im Prozess der offenen Methode der Koordinierung aber scheinbar ein größeres Gewicht als den Sozialministern zukommt, könnte die Anwendung dieser Methode im Ergebnis dazu führen, dass insbesondere jene Reformen und Reformelemente als positiv und vorbildlich herausgestellt werden, die eine Gewichtsverlagerung weg von den öffentlichen umlagefinanzierten hin zu privaten, kapitalgedeckten Systemen vorsehen, da dies der Entlastung der öffentlichen Haushalte diene (Schmähl 2005: 15).

Vor dem Hintergrund dieser rentenpolitischen Entwicklungen und der Diskussionen auf nationaler und internationaler Ebene wurde die Erarbeitung einer „neuen" Rentenreform in Deutschland auf die politische Tagesordnung gesetzt. Die Phase der Formulierung der rentenpolitischen Problemstellungen und „Herausforderungen" reicht von der Entwicklung der Wahlprogramme der Parteien zur Bundestagswahl 1998 über die Koalitionsvereinbarung von SPD und Grünen nach dem Regierungswechsel bis hin zum Rentenkorrekturgesetz, mit dem wesentliche Elemente der Rentenreform 1999 außer Kraft gesetzt wurden.

---

[110] Zwei Kommissionsbeamte der Generaldirektion ECFIN, McMorrow und Roeger, schließen aus ihrer Analyse für die für Wirtschaft und Finanzen zuständige Kommissionsdienststelle sehr viel radikalere Schlussfolgerungen: Da die Alterung das Umlagesystem belasten und dessen Stabilisierung politisch schwierige Reformen erfordern würde, steht im Zentrum ihrer Politikempfehlungen der schrittweise Wechsel hin zu einem 100%-igen kapitalfundierten System, denn das Kapitaldeckungsverfahren sei dem Umlageverfahren wirtschaftlich sowohl im Hinblick auf Haushaltseinsparungen als auch in Bezug auf das Wachstum überlegen (Mc Morrow/Roeger 2002: 70-79, 87ff.).

[111] Hierzu werden auf europäischer Ebene zunächst gemeinsame Ziele festgelegt und die Ergebnisse mittels gemeinsam vereinbarter Indikatoren und „Benchmarks" evaluiert, um vorbildliche Lösungen zu ermitteln. Insofern wird diese Methode in der Literatur als „soft-policy"-Instrument charakterisiert, zumal die gemeinsam festgelegten Ziele rechtlich nicht bindend sind und es auf europäischer Ebene keine Sanktionsmechanismen gibt, um deren Einhaltung zu forcieren (Sommer 2007: 360ff.).

4.2 Agenda-Setting und Problemformulierung

Nachdem die Sozialdemokraten die Verabschiedung des Rentenreformgesetzes 1999 nicht verhindern konnten, stellten sie im Wahlkampf zur Bundestagswahl 1998 deren umgehende Korrektur in Aussicht. Diese Ankündigung markierte gewissermaßen den informellen Beginn der „neuen" Rentenreform, deren Erarbeitung potentiell – in Abhängigkeit vom Ausgang der Bundestagswahl – auf der politischen Tagesordnung stand. Die in der 13. Legislaturperiode im Bundestag vertretenen Parteien griffen das Rententhema allesamt in ihren Wahlprogrammen auf. Dabei bewerteten sie explizit die Elemente der vorangegangenen Rentenreform und legten alternative Reformschritte dar (Kap. 4.2.1). Nach der Wahl einigte sich die neue Regierung aus SPD und Bündnis 90/Die Grünen im Rahmen ihrer Koalitionsvereinbarung darauf, wesentliche Reformbestandteile außer Kraft zu setzen und Eckpunkte einer Rentenstrukturreform festzulegen (Kap. 4.2.2). Die Verabschiedung des Rentenkorrekturgesetzes markiert schließlich den „offiziellen" Beginn der Rentenreform 2001 (Kap. 4.2.3).

4.2.1 Positionierung der Parteien im Rentenwahlkampf 1998

Das unter Bundesarbeitsminister Norbert Blüm (CDU) im Jahr 1997 nur mit der Kanzlermehrheit im Bundestag verabschiedete Rentenreformgesetz hätte ursprünglich zum Januar 1999 in Kraft treten sollen. Für den Herbst 1998 stand aber eine Bundestagswahl an und die SPD stellte in Aussicht, die Reform im Falle eines Wahlsiegs unverzüglich zurückzunehmen. Mit dieser Ankündigung wurde die Ausarbeitung einer neuerlichen Rentenreform in die politische Diskussion und in die Wahlprogramme der Bundestagsparteien hineingetragen. Der sozialpolitische Sprecher der SPD, Ottmar Schreiner, betonte noch vor der Verabschiedung der Reform im November 1997 während einer Plenardebatte:

> „Die Rentenkürzungen werden von der SPD kategorisch abgelehnt. Über die Zukunft dieses Gesetzes und alternative Vorschläge anderer Parteien müssen die Wählerinnen und Wähler in der kommenden Bundestagswahl im September 1998 entscheiden können" (Schreiner in Deutscher Bundestag 1997b: 18235).

Nachdem die Rentenpolitik über Jahrzehnte aus parteipolitischen Wahlkämpfen herausgehalten worden war, folgte der erste Rentenwahlkampf in der Geschichte der BRD (Auth 2002: 282, 304; Bäcker 1998; Riester in Deutschlandfunk 2000), der sich nicht nur in den Schlagzeilen der Printmedien (siehe z.B. Der Spiegel 1998c; Die Zeit 1998c; FAZ 1998a), sondern auch in den Wahlprogrammen der Parteien deutlich widerspiegelte, die im Folgenden dargestellt werden.

Agenda-Setting und Problemformulierung

SPD

Im Sommer 1996 hatten das Präsidium und der Parteivorstand der SPD eine Alterssicherungskommission zur Erarbeitung einer rentenpolitischen Position eingesetzt, die ein knappes Jahr unter der Leitung des stellvertretenden Fraktionsvorsitzenden und Sozialexperten der SPD, Rudolf Dreßler, tagte. Die Kommission ging bei ihrer Arbeit davon aus, dass die langfristigen finanziellen Schwierigkeiten der GRV nicht durch Leistungskürzungen zu bewältigen seien. Stattdessen wurde im Abschlussbericht mit dem programmatischen Titel „Strukturreform statt Leistungskürzungen" zur Lösung der Finanzierungsprobleme der Rentenversicherung die Erhöhung der Versichertenzahl bzw. die deutliche Anhebung der Beschäftigungsquote vorgeschlagen. Eine spürbare Senkung des Standardrentenniveaus wurde hingegen explizit abgelehnt (Alterssicherungskommission der SPD 1997: 4f.). Diese Vorstellungen flossen zu großen Teilen auch in das SPD-Wahlprogramm für die Bundestagswahl 1998 ein, das den Titel „Arbeit, Innovation und Gerechtigkeit" trug. In diesem Wahlprogramm erläuterten die Sozialdemokraten, dass sie im Falle eines Wahlerfolges das Rentengesetz der christlich-liberalen Koalition umgehend rückgängig machen würde, denn

> „[d]as Vertrauen in die Sicherheit der Renten ist erschüttert. Dazu hat auch die von CDU, CSU und FDP beschlossene Kürzung des Rentenniveaus von 70 Prozent auf 64 Prozent beigetragen. Die Kürzung des Rentenniveaus würde viele Rentnerinnen und Rentner zu Sozialhilfeempfängern machen. (...) So darf man mit Menschen, die ein Leben lang hart gearbeitet haben, nicht umgehen. Die SPD-geführte Bundesregierung wird die unsoziale Rentenpolitik unmittelbar nach der Bundestagswahl korrigieren" (SPD 1998: 38f.).

Alternativ kündigte die SPD an, Voraussetzungen für die Ergänzung der gesetzlichen Rente durch private Vorsorge, Betriebsrenten und Beteiligung am Produktivkapital zu schaffen (SPD 1998: 56). Detaillierte Reformkonzepte oder konkrete Maßnahmen zur Umstrukturierung des Alterssicherungssystems waren im Wahlprogramm aber nicht enthalten.[112] Die SPD beurteilte die Leistungskürzun-

---

[112] Das Wahlprogramm war nicht das erste SPD-Dokument, in dem eine stärkere Förderung privater und betrieblicher Altersvorsorge festgehalten worden war (Lamping/Rüb 2006: 465): Im Rahmen des Forums „Dialog Wirtschaft" des Arbeitskreises Wirtschaft der Friedrich Ebert Stiftung wurde im September 1997 erstmalig in einem sozialdemokratischen Programm – wenn auch nur vage – für ein neues Alterssicherungskonzept plädiert. Die „Dresdner Thesen" waren rentenpolitisch eher allgemein gehalten, so dass sie in der Folge entsprechend der politischen Rahmenbedingungen und weiterer Entwicklungen ausgestaltet und konkretisiert werden konnten. Im April 1998 gelang es den Befürwortern der neuen Leitideen, diese in das 1998er Wahlprogramm einzubringen, wenngleich sich einige traditionelle Sozialpolitiker um Dreßler dagegen ausgesprochen hatten. Seitdem war die neue rentenpolitische Konzeption Bestandteil der sozialpolitischen Programmatik der SPD (ebd.).

gen der Rentenreform 1999 zwar als „unsozial" und stellte einen „angemessenen Lebensstandard" im Alter in Aussicht. Allerdings enthielt das Wahlprogramm keinen Hinweis, was konkret unter dem Begriff der „Angemessenheit der Renten" zu verstehen sei. Die Möglichkeit einer potentiellen Leistungskürzung wurde zwar nicht explizit ausgeschlossen, aber auch nicht erwägt. Stattdessen wurde im Wahlprogramm allgemein beschrieben, dass die von den Sozialdemokraten angestrebte „Alterssicherung der Zukunft" auf vier Säulen aufgebaut werden solle (SPD 1998: 38): Die GRV sollte weiterhin die „entscheidende Säule der Altersvorsorge bleiben" und einen angemessenen Lebensstandards sichern. Als zweite Säule sollte die betriebliche Altersvorsorge und als dritte Säule die private Vorsorge, z.B. durch Wohneigentum und Lebensversicherungen, fungieren. Zudem kündigte die SPD an:

> „Als neue zusätzliche Säule der Alterssicherung wollen wir eine stärkere Beteiligung der Arbeitnehmerinnen und Arbeitnehmer am Kapitalstock der Volkswirtschaft, am Produktivkapital und am Gewinn der Unternehmen" (SPD 1998: 38).

Auf die Fragen, welche Gewichte den einzelnen Säulen zukommen sollten oder wie die vierte Säule konkret ausgestaltet würde, wurde im Wahlprogramm nicht eingegangen. Auch die Ankündigung eines zeitlich befristeten „Vorsorgefonds" zur Bewältigung der demographischen Belastung als Ergänzung des bestehenden Umlageverfahrens durch ein Kapitaldeckungsverfahren innerhalb der GRV wurde nicht spezifiziert (SPD 1998: 40).[113] Im Wahlkampf kam es bei den Sozialdemokraten durch die überraschende Nominierung von Walter Riester zum „Schattenministers" für Arbeit und Sozialordnung zu inhaltlichen Verschiebungen und zu innerparteilichen Kontroversen.[114] An der angekündigten Rücknahme der Leistungseinschnitte der 1997er Reform wurde aber unverändert festgehalten, so dass die Korrektur der Reform der Vorgängerregierung im weiteren Verlauf des Wahlkampfes zum zentralen Thema avancierte, das auch in die Prioritätenliste der SPD für die ersten hundert Tage nach einem Wahlsieg einging (FAZ 1998d; SZ 1998e) und im Rückblick als eine der wahlentscheidenden Aussagen eingestuft wird (Schmitthenner 1999: 206; Urban 2000: 222).

---

[113] Die weiteren Ausführungen zur Rentenpolitik bezogen sich ganz allgemein auf die Verbesserung der Alterssicherung der Frauen, die Entlastung der Rentenversicherung von beitragsungedeckten Leistungen, die Erweiterung des versicherten Personenkreises und bei Entspannung auf dem Arbeitsmarkt eine Anpassung der Lebensarbeitszeit an die gestiegene Lebenserwartung, wobei das Äquivalenzprinzip eindeutig beibehalten werden sollte (SPD 1998: 38).
[114] Z.B. ließ Riester im Wahlkampf verlauten, dass mit der gesetzlichen Rentenversicherung allein kein angemessener Lebensstandard mehr erreicht werden würde, und bei seinem ersten Interviews als Schattenarbeitsminister verwechselte Riester das Konzept der Grundrente mit jenem der Mindestsicherung. Zur Nominierung Riesters als Schattenarbeitsminister siehe die Ausführungen in Kap. 5.2.

CDU/CSU

Die rentenpolitische Ausrichtung der CDU/CSU-Fraktion drückte sich bereits in der maßgeblich von den Christdemokraten erarbeiteten Rentenreform 1999 aus, an der sie trotz der oppositionellen Kritik auch im Bundestagswahlkampf 1998 festhielt.[115] Im „Zukunftsprogramm" betonten die Christdemokraten, dass die Regelungen des Rentenreformgesetzes einschließlich des neu in die Rentenformel eingeführten demographischen Faktors bei einem Wahlsieg zum 1. Januar 1999 unverändert in Kraft treten würden. Darüber hinaus stellte die CDU zum einen die Reform der Hinterbliebenenrente in Aussicht, bei der das eigene Einkommen und die Erwerbsmöglichkeiten der Hinterbliebenen berücksichtigt werden sollten. Zum anderen wurden in allgemeiner Form die eigenständige Alterssicherung von Frauen und eine stärkere Anerkennung von Erziehungsleistungen gefordert. Hinsichtlich der demographischen Entwicklung wurde angeführt, dass die damit verbundenen Belastungen

> „nur mit mehr eigenverantwortlicher privater Vorsorge zu schultern sein [würden]. Der Sozialstaat kann nicht einen beliebig hohen Lebensstandard garantieren, es bedarf auch ergänzender eigenverantwortlicher Vorsorge" (CDU 1998: 46).

Im Wahlprogramm wurde nochmals mit Nachdruck die Notwendigkeit der Einführung des demographischen Faktors in die Rentenformel betont und in Aussicht gestellt, dass insbesondere junge Menschen dazu ermutigt werden sollen,

> „frühzeitig ergänzend – privat oder betrieblich – für das Alter vorzusorgen. (...) Neben das Umlagesystem der gesetzlichen Rentenversicherung müssen künftig verstärkt kapitalgedeckte Vorsorgeleistungen treten" (CDU 1998: 46).

Zudem sollte die Bildung von privatem Wohneigentum als weitere Form individueller Altersvorsorge stärker gefördert werden (CDU 1998: 47). Während im Wahlprogramm mehrfach die Bedeutung privater und betrieblicher Altersvorsorge als *Ergänzung* der GRV dargestellt wurde, kam es im Wahlkampf zu inhaltlichen Änderungen: Im Sommer 1998 führte Julius Louven, sozialpolitischer Sprecher der CDU/CSU-Bundestagsfraktion, im Editorial der Verbandszeitschrift des Gesamtverbandes der Deutschen Versicherungswirtschaft aus, dass in der Union zwar Einvernehmen darüber bestünde, grundsätzlich am Drei-Säulen-System der Alterssicherung festzuhalten. Allerdings müssten die Gewichte der

---

[115] Im Folgenden werden die Positionen der CDU und CDU/CSU-Fraktion zusammengefasst dargestellt. Auf eine gesonderte Darstellung der Position der CSU wird verzichtet, da die programmatischen Unterschiede gering sind.

einzelnen Säulen angesichts der demographischen Entwicklung deutlich verschoben werden:

„Erforderlich ist eine Entlastung der Rentenversicherung, begleitet von einer Stärkung der betrieblichen und privaten Vorsorge. (...) Das Gebot der Stunde muß lauten: ‚Beiträge senken, wo immer möglich.' " (Louven in Positionen 1998b: 2).

Mit dieser Stellungnahme forderte ein Mitglied der CDU/CSU-Fraktion erstmalig öffentlich den Ausbau der privaten und betrieblichen Altersvorsorge bei gleichzeitiger Einschränkung der GRV. Entsprechende Vorstellungen konnte die CDU/CSU aber erst nach dem Regierungswechsel konkretisieren, da aus der Opposition heraus keine vollständige inhaltliche Abstimmung mit dem Arbeitnehmerflügel erforderlich war (Hegelich 2006: 241).

Bündnis 90/Die Grünen

Auch das Bündnis 90/Die Grünen (im Folgenden kurz: Die Grünen oder B90/Grüne) hatte im Parlament bei der Abstimmung über die Rentenreform 1999 gegen den Gesetzentwurf der christlich-liberalen Bundesregierung gestimmt. Zentraler Kritikpunkt der Grünen war aber nicht, wie seitens der SPD, die Einführung des demographischen Faktors. Die Grünen prangerten vielmehr an, dass die Erarbeitung einer grundlegenden Strukturreform der Rentenversicherung versäumt worden war. Entsprechende Eckpunkte einer strukturellen Rentenreform waren von den Grünen im Vorfeld der Abstimmung zum Gesetzentwurf in Form eines Antrags in den Bundestag eingebracht worden, der aber an fehlenden Mehrheiten gescheitert war.[116] Die zentralen Aussagen dieses Antrags finden sich auch im Wahlprogramm „Grün ist der Wechsel": Kernbestandteil der angekündigten, umfassenden Rentenreform war die Einführung einer bedarfsdeckenden, steuerfinanzierten sozialen Grundsicherung, mit der den veränderten Lebens- und Erwerbsbiographien Rechnung getragen werden sollte. Die Stärkung der mindestsichernden Elemente im Rentensystem sollte zum einen durch eine Erhöhung des Finanzierungsanteils aus Steuermitteln realisiert werden (finan-

---

[116] Die Fraktion legte in dem Antrag „Den Generationenvertrag neu verhandeln" ihr rentenpolitisches Alternativprogramm dar und betonte, dass angesichts der Finanzierungsprobleme der GRV ein „struktureller und umfassender Reformbedarf" bestehe. Ein Festhalten am umlagefinanzierten, solidarisch finanzierten Rentensystem sei aber geboten, denn ein „Systemwechsel schafft mehr Probleme als er löst" und das „Umlageverfahren weist hinreichende Flexibilität auf, die Reformaufgaben systemimmanent anzugehen". Als weitere Eckpunkte einer strukturellen Reform betonte die Fraktion u.a. die Vergrößerung der Spielräume für eine über die GRV hinausgehende Alterssicherung" und die Einführung einer bedarfsorientierten Grundsicherung (Deutscher Bundestag 1997a).

ziert u.a. aus Mitteln einer ökologischen Steuerreform). Zum anderen sollte die Finanzierung über „Umschichtungen innerhalb des Systems" erfolgen:

> „Konkret bedeutet dies, daß hohe Renten im Verhältnis schrittweise sinken müssen, um die Erhöhung niedriger Renten finanzieren zu können" (Bündnis 90/Die Grünen 1998: 77), also „insgesamt eine Anhebung von niedrigen und eine Absenkung bei hohen Rentenansprüchen" (Bündnis 90/Die Grünen 1998: 92).

Dabei setzten sich die Grünen zwar grundsätzlich „für eine individuelle Aufstockung von Rentenanwartschaften ein" (Bündnis 90/Die Grünen 1998: 47); durch die Einführung eines demographischen Faktors in die Rentenformel sollte aber auch auf den Anstieg der Lebenserwartung reagiert werden (Bündnis 90/Die Grünen 1998: 78). Auf welche Weise und in welchem Umfang der Faktor wirken solle, wurde jedoch nicht spezifiziert. Ähnlich allgemein kündigten die Grünen an, dass sie

> „in der nächsten Legislaturperiode eine Reform vorbereiten [werden], die mittelfristig den Arbeitgeberanteil der Sozialversicherung durch eine Wertschöpfungsabgabe ersetzt" (Bündnis 90/Die Grünen 1998: 78).

Auf diese Weise sollten beschäftigungsintensive Betriebe entlastet und kapital- und technologieintensive Betriebe stärker in das „System der sozialen Verantwortung" einbezogen werden.

FDP

Im Mai 1997 hatte die FDP auf ihrem Parteitag die „Wiesbadener Beschlüsse" verabschiedet, in denen sie ihre Vorstellung eines „liberalen Sozialstaates" in Abgrenzung zum „sozialdemokratischen Sozialstaat" formulierte: Angesichts der Umbrüche auf dem Arbeitsmarkt und der demographischen Entwicklung sei gerade in der Rentenversicherung eine vollständige Absicherung des Lebensstandards durch die GRV zukünftig nicht mehr zu leisten; stattdessen bedürfe es einer „staatlichen Absicherung des Existenzminimums" und „ergänzender Altersvorsorge in Eigenverantwortung" (FDP 1997: 20f.). Für einen „neuen, verlässlichen Generationenvertrag" sei nach Ansicht der Liberalen ein generelles Umdenken erforderlich, damit in der Alterssicherung mehr Freiräume für Eigenverantwortung, mehr Kapitalbildung und mehr Elemente des Kapitaldeckungsverfahrens geschaffen werden könnten. Die Vorteile der „eigenverantwortlichen Altersvorsorge" lägen in der Vielfalt der Vorsorgeformen und in den unterschiedlichen Renditen und Risiken, während die Abgabenlast durch die

„Zwangsanlage" in der umlagefinanzierten GRV die Anlagemöglichkeiten der jungen Generation in freie Kapitalanlagen nicht zu stark beschränken dürfe. Stattdessen solle sich die Entscheidungsfreiheit der Bürger sowohl auf das Niveau der Absicherung als auch auf die Gewichtung der einzelnen Säulen der Alterssicherung beziehen (FDP 1997: 31f.).

Diese rentenpolitische Stossrichtung findet sich auch im Wahlprogramm der FDP zur Bundestagswahl 1998, das den Titel „Es ist *Ihre* Wahl" trug. Die Liberalen kündigten an, dass sie die im Dezember 1997 mit ihren Stimmen im Bundestag verabschiedete Strukturreform der Rentenversicherung konsequent weiterführen und dabei der Beitragssatzstabilität höchste Priorität einräumen würde. Darüber hinaus sei langfristig aber eine liberale Strukturreform mit den Zielen der Rentensicherheit und der Generationengerechtigkeit anzustreben, während Beitragserhöhungen zur Lösung der Finanzierungsprobleme der Rentenversicherung ebenso vehement abgelehnt wurden wie die Einführung einer steuerfinanzierten Grundrente. Die Liberalen forderten in ihrem Wahlprogramm stattdessen insbesondere den schrittweisen Übergang zu einer Mischform aus umlagefinanzierter und kapitalgedeckter Alterssicherung im Sinne einer beitragsfinanzierten Altersgrundsicherung im Rahmen der GRV und deren Ergänzung durch kapitalgedeckte Altersvorsorge. Zudem plädierten sie für mehr Spielraum für Eigenvorsorge durch steuerliche Entlastung, für Pensionsfonds im Rahmen der betrieblichen Altersversorgung, für eine Verlängerung der durchschnittlichen Lebensarbeitszeit, Transparenz im Hinblick auf die steuerfinanzierten Bundeszuschüsse zur GRV, und schließlich – wie alle Bundestagsparteien – für eine eigenständige Alterssicherung für Frauen (FDP 1998: 12, 25f.).

PDS

Die PDS lehnte die Rentenreform 1999 grundsätzlich ab und kritisierte insbesondere die damit verbundenen Leistungskürzungen der GRV. Als Reaktion auf die Vorschläge der durch Bundesarbeitsminister Blüm einberufenen Rentenreformkommission forderte die PDS im Jahr 1997, dass das Rentenniveau bei ca. 70% des Lohn- und Gehaltsniveaus gehalten werden und dass sich die Dynamisierung nicht nur an der Lohn- und Gehaltsentwicklung, sondern zudem auch an der Steigerung der Lebenshaltungskosten und der Inflationsentwicklung orientieren solle. Vorgeschlagen wurde überdies eine generelle Ausweitung der Versicherungspflicht, die Anhebung der Beitragsbemessungsgrenze und die Anbindung der Arbeitgeberbeiträge an die Wertschöpfung der Unternehmen (PDS 1997: 311). Entsprechend kritisierte auch die PDS in ihrem Wahlprogramm „Für den politischen Richtungswechsel! Sozial und solidarisch – für eine gerechte

Republik!" die 1997 von der christlich-liberalen Regierung verabschiedete Rentenreform. Zentraler Kritikpunkt war insbesondere die beschlossene Absenkung des Leistungsniveaus der Gesetzlichen Rentenversicherung, die umgehend rückgängig gemacht werden müsse. Die PDS stellte „die Sicherung und Verbesserung der Lebensverhältnisse älterer Menschen" in den Vordergrund ihrer rentenpolitischen Konzeption und schlug Maßnahmen vor, die im Rahmen einer „wirklichen Rentenreform" umgesetzt werden sollten (PDS 1998: 14f.): Die Einführung einer Grundsicherung solle zur Beseitigung der Altersarmut beitragen, während gleichzeitig am Ziel der lebensstandardsichernden Altersrenten durch die GRV festgehalten werden solle. Das System der solidarischen Umlagefinanzierung könnte dabei durch staatliche Steuerzuschüsse ergänzt werden, um

> „eine Mischung von individuellen Leistungsansprüchen und solidarischem Ausgleich der Verteilungsverhältnisse sowie flexiblen und auf Freiwilligkeit basierenden Vorruhestandsregelungen" finanzieren zu können (PDS 1998: 15).[117]

Darüber hinaus plädierte die PDS für eine Finanzierungsreform, die sich nicht nur auf die Rentenversicherung, sondern auf die sozialen Sicherungssysteme insgesamt bezog (PDS 1998: 13f.): Die Unternehmensanteile an der sozialen Sicherung sollten sich nicht mehr lediglich am Lohn orientieren, sondern durch eine Bruttowertschöpfungsabgabe ergänzt werden.[118]

Tabelle 3 fasst die rentenpolitischen Positionen der Bundestagsparteien zusammen. Nach der Einschätzung aller Bundestagsparteien bestand Ende der 1990er Jahre Reformbedarf in der Alterssicherung. Während sich sowohl die SPD als auch die CDU grundsätzlich für eine Stärkung der betrieblichen und der privaten Altersvorsorge als *Ergänzung* zur staatlichen Rentenversicherung – und nicht als Ersatz der GRV – aussprachen, war die FDP die einzige Partei, die implizit eine teilweise Substitution der GRV durch betriebliche und private Vorsorgeformen anstrebte. Insgesamt plädierten die Parteien damit nahezu ausschließlich für systemimmanente Reformen, die sich am Sozialversicherungsparadigma orientieren.

---

[117] Diese Regelungen bezogen sich zum einen auf die Verringerung der Lebensarbeitszeit und die Herabsetzung des Rentenalters für Schichtarbeiter auf 55 Jahre. Zum anderen war für alle Beschäftigten die Einführung eines Rechtsanspruchs auf Reduzierung der wöchentlichen Arbeitszeit spätestens im Alter von 55 Jahren unter Gewährleistung eines existenzsichernden Einkommens vorgesehen (PDS 1998: 11).
[118] Des Weiteren sah der Reformvorschlag vor, die Beitragsbemessungsgrenze zu erhöhen und die Versicherungspflicht auf Beamte, Selbstständige, Abgeordnete etc. auszudehnen. Bei der Einführung der Sozialversicherungspflicht für „geringfügige Beschäftigungsverhältnisse" solle der Gesamtbeitrag von der Unternehmerseite geleistet werden. Schließlich sollte die vollständige Abdeckung von versicherungsfremden Leistungen durch Bundeszuschüsse gesetzlich garantiert werden.

Tabelle 3: Rentenpolitik in den Wahlprogrammen 1998

	SPD	CDU	Grüne	FDP	PDS
Rückgängigmachen des RRG 99 bzw. Ankündigung einer umfassenden Reform	X	./.	X	./.[1]	X
Verbesserung des Frauenrentenrechts bzw. eigenständige Alterssicherung für Frauen	X	X	X	X	X
Förderung bzw. Verbesserung der betrieblichen Altersversorgung	X	X	X	X	./.
Stärkere Anerkennung von Erziehungsleistungen bzw. Berücksichtigung unsteter Erwerbsverläufe	X	X	X	X	./.
Förderung der privaten Altersvorsorge (Wohneigentum, Lebensvers., u.a.)	X	X	./.	X	./.
Flexibilisierung / Verlängerung der Lebensarbeitszeit bzw. Erhöhung des Renteneintrittsalters	X	X	./.	X	./.
Erweiterung des vers. Personenkreises	X	./.	X	./.	X
Einführung einer steuerfinanzierten Mindestsicherung bzw. Grundsicherung	X	./.	X	./.[2]	X
Ergänzung des Umlageverfahrens um Vorsorgefonds bzw. Mischform von umlagefinanzierter und kapitalgedeckter RV	X	./.	./.	X	./.
Stärkere Beteiligung der Arbeitnehmer am Produktivkapital und am Gewinn der Unternehmen bzw. am Betriebsvermögen	X	./.	./.	X	./.
Einführung des demographischen Faktors (RRG 99) oder eines Generationenfaktors	./.	X	X	X	./.
Ersetzung bzw. Ergänzung des Arbeitgeberbeitrags durch Wertschöpfungsabgabe	./.	./.	X	./.	X
Umschichtung von höheren zu niedrigeren Renten	./.	./.	X	./.	./.
Erhöhung staatlicher Zuschüsse aus Steuermitteln	./.	./.	X	./.	X

Quelle: Eigene Darstellung lt. der Wahlprogramme der Parteien zur Bundestagswahl 1998. X = im Wahlprogramm der entsprechenden Partei enthalten. ./. = nicht im Wahlprogramm enthalten. [1] = Beibehaltung der Regelungen des RRG 99, aber Ankündigung einer langfristigen Strukturreform. [2] = beitragsfinanzierte Altersgrundsicherung im Rahmen der GRV.

4.2.2 Rentenpolitische Inhalte des Koalitionsvertrages

Nach der Bundestagswahl am 27. September 1998 löste die rot-grüne Regierungskoalition von SPD und Bündnis 90/Die Grünen im Oktober 1998 die konservativ-liberale Regierung von CDU/CSU und FDP nach 16 Regierungsjahren ab. Die Besonderheit dieses Regierungswechsels bestand darin, dass dieser erstmalig in der Geschichte der Bundesrepublik durch den Wähler und nicht durch einen Wechsel der Koalitionspartner herbeigeführt wurde und zum ersten Mal keine der Regierungsparteien Teil der vorangegangenen Regierungskoalition gewesen war (Egle et al. 2003; Roth 2001; Stöss/Neugebauer 1998). Während die FDP zuvor 29 Jahre lang an der Regierung beteiligt gewesen war und nun in die Opposition wechseln musste, war das Bündnis 90/Die Grünen erstmals seit Gründung Koalitionspartner auf Bundesebene. Darüber hinaus schaffte die PDS die 5%-Hürde und erlangte erstmals den Fraktionsstatus im Bundestag. Vor diesem Hintergrund wurde gemeinhin auch ein umfassender politischer Wechsel erwartet (Butterwegge 2002: 313; Seeleib-Kaiser 2003: 11), wenngleich zu Beginn der Legislaturperiode unklar war, welche politischen Zielsetzungen die SPD und die Grünen mit der neu erlangten Regierungsmacht verfolgen und welche Instrumente sie anwenden würden. Innerhalb der SPD wurden nach dem Regierungswechsel heftige innerparteiliche, programmatische Auseinandersetzungen sowohl im Hinblick auf die grundlegenden Ziele als auch auf die politischen Instrumente sozialdemokratischer Politik ausgefochten. Die Grünen wiederum hatten auf Bundesebene keine Regierungserfahrung. Durch die programmatische Schärfe ihres Wahlprogramms, in dem sie beispielsweise einen Benzinpreis von 5 DM pro Liter (2,6 €/Liter) oder den sofortigen Atomausstieg gefordert hatten, hatten sie einen Großteil der rot-grünen Wechselwähler verloren, so dass sie in einer Phase der Schwäche in ihre erste Regierungsbeteiligung auf Bundesebene eintraten; zudem konkurrierten sie sowohl mit der FDP als auch mit der PDS um die Funktion des Mehrheitsbeschaffers der SPD, was sich in der Folge auch auf ihre programmatische Positionierung und Strategie auswirkte (Egle 2003: 97). Die SPD hingegen verfügte nach der Bundestagswahl 1998 über mehrere Koalitionsoptionen, da sie theoretisch mit jeder Bundestagspartei hätte koalieren können und dies auf Länderebene seinerzeit praktisch auch tat.

Bei den Koalitionsverhandlungen zwischen der SPD und den Grünen, die am Tag des Wahlsiegs aufgenommen wurden, traten bei den Sozialdemokraten im Hinblick auf die Stossrichtung einer neuen Rentenreform innerparteiliche Differenzen zu Tage: Zwar bestand Einigkeit, dass die unter Bundesarbeitsminister Blüm (CDU) verabschiedete Rentenreform nicht in dieser Form zum Jahr 1999 in Kraft treten sollte, zumal sich die SPD im Wahlkampf deutlich für eine Korrektur der Reform ausgesprochen hatte (Auth 2002: 282; SPD 1998: 38f.,

56). Allerdings gingen die Ansichten über den alternativ anzustrebenden Reformkurs auseinander: Der designierte Bundesarbeitsminister Walter Riester und der damalige stellvertretende Fraktionsvorsitzende und langjährige Sozialexperte der SPD, Rudolf Dreßler, der die Koalitionsvereinbarungen im Bereich Soziales führen sollte, vertraten gänzlich unterschiedliche Positionen: Rudolf Dreßler plädierte für eine ersatzlose Streichung des demographischen Faktors, da er die Einnahmeprobleme der Sozialversicherung primär auf die hohe Arbeitslosigkeit zurückführte. Dieser Ansatz wurde von den meisten Sozialpolitikern der SPD mitgetragen und Dreßler genoss zudem die Rückendeckung vom Parteivorsitzenden Oskar Lafontaine. Der designierte Minister für Arbeit und Sozialordnung, Walter Riester, plädierte hingegen für eine grundlegende Rentenreform, mobilisierte seinerseits seine beiden designierten Staatssekretäre Ulrike Mascher und Gert Andres (beide SPD) sowie Marieluise Beck, Gunda Röstel und Andrea Fischer von den Grünen und drohte zwischenzeitlich damit, nicht als Arbeitsminister anzutreten (Riester 2004: 84). Im Endergebnis sah die Koalitionsvereinbarung vor, dass die Leistungskürzungen des Rentenreformgesetzes der Vorgängerregierung rückgängig gemacht werden, indem unmittelbar nach Amtsantritt wesentliche Teile dieses Gesetzes bis zum Inkrafttreten einer neuen Rentenstrukturreform, längstens jedoch für zwei Jahre, außer Kraft gesetzt werden.[119] Im Koalitionsvertrag hieß es im Wortlaut:

> „Das Ziel der neuen Bundesregierung ist ein bezahlbares Rentensystem, das den Menschen im Alter einen angemessenen Lebensstandard garantiert. Als erste Maßnahme wird die von der alten Bundesregierung beschlossene Rentenniveaukürzung gestoppt" (SPD und Bündnis 90/Die Grünen 1998: 23).

Die angekündigte „große Rentenreform" sollte sich explizit an den Zielen der langfristigen Sicherung der Renten und des Rentenniveaus sowie an der Stabilisierung des Beitragssatzes zur Rentenversicherung auf dem Niveau des Jahres 1998 orientieren. Darüber hinaus sah die Vereinbarung für die anstehende Reform der Alterssicherung ein Vier-Säulen-Modell vor, in dem die GRV als entscheidende Säule der Altersvorsorge einen angemessenen Lebensstandard sichert und die betriebliche und private Altersvorsorge als zweite und dritte Säulen gefördert werden. Als neue, vierte Säule der Alterssicherung wurde eine stärkere Beteiligung der Arbeitnehmer und Arbeitnehmerinnen am Produktivkapital und am Gewinn der Unternehmen angekündigt. Mit dem Hinweis auf den demographi-

---

[119] Riester stufte den Vorschlag Dreßlers, den demographischen Faktor für drei Jahre auszusetzen, nach eigenen Aussagen als gleichwertig mit einer Streichung des Faktors ein, denn nach drei Jahren hätte eine neue Bundestagswahl vor der Tür gestanden, so dass die Regierung zu dem anvisierten Zeitpunkt aus wahlkampftaktischen Gründen nicht mehr in der Lage gewesen wäre, den demographischen Faktor wieder einzusetzen, so dass er ersatzlos gestrichen geblieben wäre (Riester 2004: 84f.).

schen Wandel beinhaltete die geplante Strukturreform auf dem Gebiet der Sozialversicherung die Einführung eines ergänzenden Kapitaldeckungsverfahrens als Vorsorgemaßnahme (SPD und Bündnis 90/Die Grünen 1998). Seitens der Grünen herrschte im Hinblick auf die Rentenpolitik in dieser Phase scheinbar Desinteresse; sie nahmen bei den Koalitionsvereinbarungen keinen wesentlichen Einfluss auf die inhaltliche Festlegung der Reformkonzepte (Lamping/Rüb 2006), so dass der rentenpolitische Teil des Koalitionsvertrags stark dem Wahlprogramm der Sozialdemokraten ähnelte und einige Passagen wortwörtlich übernommen wurden. In der Koalitionsvereinbarung war aber weder ein Hinweis auf ein Festhalten an der beitrags- und leistungsbezogenen Rente noch die Beibehaltung des Versicherungs- oder Äquivalenzprinzips enthalten (Handelsblatt 1998c).

4.2.3 Rentenkorrekturgesetz: Aussetzung des RRG 99

Wie im Koalitionsvertrag angekündigt worden war, wurde im November 1998 von der rot-grünen Bundesregierung das Rentenkorrekturgesetz eingebracht und im Dezember 1998 mit der Zustimmung von Bundestag und Bundesrat verabschiedet.[120] Mit diesem Gesetz wurden wesentliche Teile der Rentenreform 1999 – wie z.B. die geplante Einführung des demographischen Faktors – für maximal zwei Jahre außer Kraft gesetzt, während das seinerzeit bestehende Recht weiterhin Anwendung fand. Würde es allerdings nicht gelingen, bis zum 31. Dezember 2000 eine neue Rentenreform auszuarbeiten und zu verabschieden, sah das Rentenkorrekturgesetz das unveränderte Inkrafttreten der Maßnahmen des Rentenreformgesetzes 1999 zum 1. Januar 2001 vor. Mit der Aussetzung der Reform und der Ankündigung einer neuen Reform löste die SPD eines ihrer zentralen Wahlversprechen ein, namentlich die durch die Rentenreform 1999 vorgesehenen Leistungskürzungen der CDU/CSU und FDP umgehend rückgängig zu machen und zu korrigieren. Durch die Aussetzung der Reform sollte Zeit für die Ausarbeitung einer grundlegenden „Rentenstrukturreform" gewonnen werden. Die inhaltliche Konkretisierung des Reformvorhabens der Koalitionspartner erfolgte in der anschließenden Phase der Konzept- und Programmentwicklung.

4.3 Konzept- und Programmentwicklung

In der an den Regierungswechsel und an die Verabschiedung des Rentenkorrekturgesetzes anschließenden Phase der Konzept- und Programmentwicklung wur-

---

[120] Gesetz zu Korrekturen in der Sozialversicherung und zur Sicherung der Arbeitnehmerrechte vom 19. Dezember 1998 (BGBl. I, S. 3843ff.).

den verschiedene Pläne und Vorstellungen zur Rentenreform innerhalb der Regierungskoalition wie auch mit der Opposition – häufig kontrovers – diskutiert. Die folgenden Ausführungen konzentrieren sich auf die Diskussionen über die Absenkung des Rentenniveaus bei gleichzeitiger (finanzieller und steuerlicher) Förderung der privaten Altersvorsorge, da diese Elemente den rentenpolitischen Paradigmenwechsel in der Alterssicherung einläuteten. Die erste Annäherung an die Erarbeitung der Reform war besonders durch die inhaltlichen Vorstöße des Bundesarbeitsministers und durch die Debatte um die Rentenanpassung gekennzeichnet (Kap. 4.3.1). In der Folgezeit erarbeitete das Bundesministerium für Arbeit und Sozialordnung (BMA) die Eckpunkte der anstehenden Reform. Nachdem das im Juni 1999 vorgestellte Eckpunktepapier heftige Reaktionen bei den Parteien, Verbänden und Gewerkschaften ausgelöst hatte, wurde im Rahmen der Rentenkonsensgespräche der Versuch unternommen, einen parteiübergreifenden Konsens herzustellen. Dieses Unterfangen scheiterte letztlich an inhaltlichen Differenzen und aufgrund parteipolitischer Abgrenzungen (Kap. 4.3.2). Parallel erarbeiteten das Bundesarbeitsministerium wie auch die Koalitionsarbeitsgruppe Arbeits- und Konzeptpapiere (Kap. 4.3.3), bis schließlich der Diskussionsentwurf veröffentlicht wurde (Kap. 4.3.4).

4.3.1 Erste inhaltliche Vorschläge des Bundesarbeitsministers

In seiner Funktion als Bundesarbeitsminister hatte Walter Riester nach dem Regierungswechsel das Bündnis für Arbeit neu belebt, das bei seinem ersten Treffen im November 1998 auch über die Rentenpolitik diskutierte (Riester in Die Welt 1998b). In diesem Zusammenhang schlug Riester, der in seiner vorherigen Funktion als Vizepräsident der Industriegewerkschaft Metall (IG Metall) vornehmlich mit Fragen der Tarifpolitik vertraut gewesen war, die Einführung von Tariffonds zum Ausgleich von Rentenabschlägen und zum Aufbau von Alterskapital und damit die Einführung einer zusätzlichen Tarif-Rente vor (Riester 2004: 128ff.): Wenn bei künftigen Tarifabschlüssen ein halbes Prozent der Lohnsumme in einen Tariffonds eingebracht würde, so entstünde bei entsprechender Verzinsung und Weiterführung ein Kapitalstock, mit dessen Hilfe die durch Frühverrentung und Altersteilzeit entstehenden Rentenminderungen zumindest teilweise kompensiert werden könnten, argumentierte der Arbeitsminister. Die Arbeitgeberorganisationen, insbesondere die Bundesvereinigung der Deutschen Arbeitgeberverbände, welche die Nominierung Riesters zum Arbeitsminister begrüßt hatten, sprachen sich für diese ersten konzeptionellen Vorschläge der Tarifrente aus (Lamping/Rüb 2006: 468). Allerdings stießen die Vorstellungen auf erhebliche Widerstände bei den Gewerkschaften (so z.B. beim

Deutschen Gewerkschaftsbund, siehe Standfest 1999)[121] wie auch bei der Finanzdienstleistungsbranche (Kap. 6). Da es Riester auch innerhalb der Fraktion an Unterstützung für „seine" Idee der Tarifrente mangelte, war dieser Ansatz gescheitert noch bevor er konkret auf der Tagesordnung stand.

An die Diskussion um die Tarifrente schloss sich eine Debatte über die anstehende Rentenanpassung an, die darauf hinauslief, dass die seit 1992 praktizierte nettolohnorientierte Rentenanpassung in den Jahren 2000/2001 durch eine inflationsorientierte Rentenanpassung ersetzt wurde.[122] Im Frühjahr 1999 kam es in der Phase der Konzeptionsentwicklung zu einer unerwarteten Beschränkung: An der Spitze des Bundesfinanzministeriums kam es durch den plötzlichen Rücktritt von Oskar Lafontaine im März 1999 zu einem Personalwechsel, der mit einer grundlegenden Neuausrichtung der Finanzpolitik verbunden war (Kap. 4.2): Im Gegensatz zum „Keynesianer" Lafontaine, der zudem ein starker Verfechter des Sozialversicherungsparadigmas war, verfolgte der neue Bundesfinanzminister Hans Eichel (SPD) einen strikten Konsolidierungskurs. Die Einsparungen in Höhe von 12,8 Mrd. DM (6,5 Mrd. €), die Eichel kurz nach Amtsantritt vom Bundesministerium für Arbeit und Sozialordnung einforderte, entsprachen einer Ausgabenkürzung um 7,4% des BMA-Etats, so dass der finanzielle Spielraum für die Rentenreform von vornherein beschränkt war.

In dieser Phase formulierte der Bundesarbeitsminister vier große Probleme, mit denen die GRV konfrontiert sei: die demographische Entwicklung, die anhaltend hohe Arbeitslosigkeit (und damit den Ausfall von Beitragszahlern), die Veränderung der Erwerbsbiographien und den Ausstieg aus der Sozialversicherung durch Scheinselbstständigkeit. Angesichts dessen forderte Riester die Weiterentwicklung des Rentensystems, welches ein „vernünftiges Auskommen garantiert und zuverlässig Altersarmut vermeidet" (Riester 1999: 87). Dieses solle durch den Auf- und Ausbau von drei weiteren Säulen ergänzt werden, namentlich durch die betriebliche Altersversorgung, die private Altersvorsorge und durch eine Beteiligung der Beschäftigten am Produktivvermögen. Zudem betonte Riester die Notwendigkeit der eigenständigen Alterssicherung der Frauen und der Stabilisierung des Beitragssatzes. Auf der Grundlage umfassender öffentlicher Diskussionen solle zudem ein breiter gesellschaftlicher Konsens zur Rentenstrukturreform erzielt werden, der dazu beiträgt, das Vertrauen in die GRV

---

[121] Die Idee der Tariffonds hatte Riester bereits Mitte der 1990er Jahre als Vizepräsident der IG Metall in Gewerkschaftskreisen, beim Arbeitgeberverband Gesamtmetall und bei dem damaligen Arbeitsminister Blüm vorgestellt und war damit auf deren Interesse gestoßen. Als Riester seine Vorstellungen in seiner Funktion als Bundesarbeitsminister wieder aufgriff, stellte sich schnell heraus, dass ein solches Konzept nicht zu realisieren sei (Riester in Die Woche 1998; Riester 2004).
[122] Da der von der Vorgängerregierung vorgesehene demographische Faktor für zwei Jahre ausgesetzt wurde, sollte durch die inflationsorientierte, niedrigere Anpassung eine Beitragssatzsteigerung vermieden werden (Heimpel 2003: 34ff.; Nürnberger 2002: 56f.).

zurück zu gewinnen (Riester 1999: 87f.).[123] Während zu diesem Zeitpunkt bereits Konsens bestand, dass die Basis des Alterssicherungssystems weiter die GRV bleiben solle, zeichnete sich ab, dass eine massive steuerliche Förderung der zweiten und dritten Säulen nur zulasten der ersten Säule verwirklicht werden könne. Da die GRV nicht nur ergänzt, sondern ersetzt würde, war der Streit um den „Kuchen" zwischen der betrieblichen Altersvorsorge und den Privatversicherungen, Banken und Investmentgesellschaften in dieser Phase schon in vollem Gange (Standfest 1999: 159ff.).

4.3.2 Eckpunkte des BMA und Rentenkonsensgespräche

Die Eckpunkte der Rentenreform wurden im Bundesarbeitsministerium unter Ausschluss der Öffentlichkeit wie auch der Opposition erarbeitet; aber auch die Regierungskoalition war nur bedingt über den Inhalt der Reformpläne informiert.[124] Riester kündigte zwar die Bekanntgabe der wesentlichen Punkte der Rentenstrukturreform für Ende 1999 an, als aber Informationen über die Reforminhalte an die Presse gelangten, nahm der Druck der Opposition und der Öffentlichkeit auf die Bundesregierung und speziell auf den Bundesarbeitsminister merklich zu, so dass ein „Ausschweigen oder Aussitzen" über die Sommerpause 1999 hinweg unmöglich wurde (Riester 1999: 86).[125]

Die Veröffentlichung des Eckpunktepapiers

Daraufhin stellte Riester Mitte Juni 1999 erstmals in allgemeiner Form das BMA-Modell zur Rentenstrukturreform im Kabinett vor, über das am Folgetag im Bundestag debattiert wurde (BMA 1999a). In dem BMA-Papier war eine

---

[123] Auch die Grünen arbeiteten derweil an ihrem rentenpolitischen Profil. Die sozialpolitische Sprecherin Thea Dückert stellte im April 1999 „Grüne Eckpunkte zur Rentenreform" vor, welche die Einführung eines degressiv wirkenden „sozialen Altersfaktors" und die steuerliche Freistellung nicht nur der GRV-Beiträge, sondern bis zu bestimmten Obergrenzen auch Aufwendungen für private und betriebliche Altersvorsorge, vorsah, um diese als Flankierung der GRV zu stärken (Dückert 1999: 3).
[124] Zwar wurde frühzeitig eine Arbeitsgruppe zur Umsetzung einer solidarischen Reform der Alterssicherung gebildet, an der im Rahmen des „Bündnis für Arbeit, Ausbildung und Wettbewerbsfähigkeit" auch die Tarifparteien beteiligt waren, diese hatte bis zum Zeitpunkt der Veröffentlichung der Eckpunkte durch das BMA im Juni 1999 jedoch nicht ein einziges Mal getagt (Schmitthenner 1999).
[125] Die Opposition forderte eine „Aktuelle Stunde" im Bundestag und die Regierung einer Kampagne unter dem Vorwurf des „Rentenbetrugs" ausgesetzt (Riester 2004: 139ff.). Schmitthenner (1999: 205) betont, dass die „plötzliche Hektik" in der Rentenpolitik auch Folge der personellen Veränderung an der Spitze des BMF gewesen sei, da der neue Finanzminister Hans Eichel (SPD) einen rigiden Sparkurs vom BMA einforderte (Kap. 5.2).

Veränderung der Rentenanpassung[126] und eine Senkung des Beitragssatzes zur Rentenversicherung vorgesehen, wobei letztere durch die Einnahmen der weiteren Stufen der Öko-Steuerreform zu finanzieren sei.[127] Darüber hinaus beinhaltete das Eckpunktepapier vier weitere zentrale Reformmaßnahmen:

- die Einführung einer *obligatorischen* kapitalgedeckten Zusatzvorsorge ab dem Jahr 2003, die als Ergänzung der Leistungen der GRV langfristig den Lebensstandard der Arbeitnehmer sichern soll,
- die Einführung einer steuerfinanzierten bedarfsorientierten Grundsicherung innerhalb der GRV zur Vermeidung von Altersarmut,
- die Verbesserung der eigenständigen Alterssicherung der Frauen und
- die Neuordnung der Berufs- und Erwerbsunfähigkeitsrenten.[128]

Die Reaktionen der Bundestagsparteien, Sozialversicherungsträger, Gewerkschaften und Medien auf diese Eckpunkte waren äußerst kritisch: Grundsätzlich bestand im Bundestag – mit Ausnahme der PDS – und auch über den Bundestag hinaus zwar ein Konsens darüber, dass die kapitalgedeckte Altersvorsorge im Zuge einer neuen Reform stärker gefördert werden sollte. Die Vorstellungen über die konkrete Umsetzung gingen allerdings stark auseinander, so dass das Eckpunktepapier speziell im Hinblick auf die Zusatzvorsorge kontrovers diskutiert wurde. Zentraler Angriffspunkt der öffentlichen, oppositionellen, gewerkschaftlichen und auch koalitionsinternen Kritik war der Vorschlag, die zusätzliche kapitalgedeckte Altersvorsorge als *Obligatorium* einzuführen: In den Medien wurde diese „Zwangsrente" (Bild 1999a) bzw. die „Zwangsabgabe für Nicht-Privilegierte" (SZ 1999) abgelehnt und die taz titelte „Keine Sorge – Zwangsvorsorge" (taz 1999). Die Opposition sprach von „Rentenlüge" und „Wahlbetrug" (FAZ 1999c), während die Gewerkschaften primär die paritätische Finanzierung der Alterssicherung bedroht sahen, denn

---

[126] In den Jahren 2000/2001 orientierte sich die Rentenanpassung am Anstieg der Lebenshaltungskosten, also der Inflationsentwicklung und nicht wie zuvor an der Nettolohnentwicklung, wodurch die Renten um nur 0,7 statt 3,6% (2000) bzw. um 1,6 statt 3,4% (2001) steigen sollten. Dies kann auf den „Konsolidierungsauftrag" des seit März 1999 amtierenden Finanzministers Eichel zurückgeführt werden, da nunmehr Einsparungen beim Bundeszuschuss in Höhe von 3,8 Mrd. DM (1,9 Mrd. €) im Jahr 2000 und 7,9 Mrd. DM (4 Mrd. €) im Jahr 2001 prognostiziert wurden (Heimpel 2003: 34). Da die Inflationsentwicklung aber höher und die Anstiege der Nettoarbeitsentgelte geringer als erwartet ausfielen, ließen sich diese Einsparungen letztlich nicht realisieren.
[127] Der Beitragssatz zur GRV sollte auf unter 19% sinken und bis zum Jahr 2014 dort gehalten werden. Bis zum Jahr 2020 sollte der Beitragssatz die 20%-Marke nicht überschreiten (BMA 1999a).
[128] Die Reform des Erwerbsminderungsrentenrechts war nahezu unumstritten, da das Eckpunktepapier nur in zwei Punkten von dem nicht in Kraft getretenen RRG'99 der Vorgängerregierung abwich.

"die vorgesehene Zwangsabgabe (..) ist letztlich nichts anderes als eine Beitragserhöhung, die allein die Arbeitnehmer zu tragen haben. Der vielbeschworene Grundsatz der Beitragssatzstabilität gilt offensichtlich nur für die Arbeitgeber" (Schmitthenner 1999: 207).

Der Verband Deutscher Rentenversicherungsträger (VDR) äußerte sich in seiner Stellungnahme zum Eckpunktepapier sowohl zur bedarfsorientierten Mindestsicherung als auch zum Obligatorium sehr skeptisch, zudem bestanden erhebliche Zweifel an der verfassungsrechtlichen Zulässigkeit einer solchen Vorsorgepflicht sowie an der Gesetzgebungskompetenz des Bundes für eine verpflichtende zusätzliche Altersvorsorge (Binne 1999; VDR 1999: 57f.). Der Arbeitgeberverband der Versicherungsunternehmen in Deutschland hingegen begrüßte die Einführung einer obligatorischen privaten Altersvorsorge (FAZ 1999f).

Da das Reformmodell ausschließlich im BMA und im Bundeskanzleramt, d.h. ohne Beteiligung der Bundestagsfraktionen, erarbeitet worden war, gab es auch innerhalb der Regierungskoalition Unstimmigkeiten: Die Förderung der privaten Altersvorsorge war – nachdem das Modell der Tariffonds offensichtlich nicht zu realisieren war – insbesondere durch das Bundeskanzleramt forciert worden, wenngleich unklar ist, wer letztendlich für die Entscheidung verantwortlich war, die Zusatzvorsorge *obligatorisch* einzuführen (Lamping/Rüb 2006: 468f.). Vor der Veröffentlichung der Eckpunkte waren nur die Fraktionsvorsitzenden der SPD und der Grünen, Peter Struck und Kerstin Müller, sowie die sozialpolitischen Sprecherinnen der Koalitionsfraktionen, Ulla Schmidt und Thea Dückert, über die konkreten Reformvorschläge informiert worden (Riester 2004: 141). Den übrigen Fraktionsmitgliedern waren die Eckpunkte der Rentenreform zum Zeitpunkt der Veröffentlichung nicht bekannt gewesen. Die Kontroversen in der rot-grünen Regierungskoalition konzentrierten sich auf das Obligatorium der kapitalgedeckten Altersvorsorge, und obwohl Riester die Rückendeckung des Kanzlers genoss, stellte sich seine Fraktion in dieser Frage gegen ihn.[129] Auch die Grünen kritisierten das Rentenkonzept, allen voran die Fraktionsvorsitzende Kerstin Müller bewertete die Eckpunkte als unzureichend und lehnte die „Zwangsabgabe" zur privaten Altersvorsorge grundsätzlich ab (FAZ 1999e). Aufgrund des fehlenden Rückhalts der Koalition und des massiven öffentlichen

---

[129] Nach eigenen Aussagen hatte Riester zwar „schon einen großen Teil des Kabinetts und der Fraktionsspitze für die Privatvorsorge-Pflicht eingenommen. Als die *Bild* aber mit dem Wort ‚Zwangsrente' titelte, waren erst die Grünen, dann auch unsere eigenen Leute dagegen" (Riester in taz 2005). Wenngleich die sozialpolitischen Sprecher der Koalition in die Eckpunkte eingeweiht waren, wandten sich Kerstin Müller (Fraktionsvorsitzende der Grünen) gemeinsam mit Ulla Schmidt und Thea Dückert (sozialpolitische Sprecherinnen der SPD bzw. der Grünen) nach Veröffentlichung der Eckpunkte an Riester, denn sie hatten die zusätzliche Altersvorsorge nicht als Obligatorium verstanden und würden eine *verpflichtende* ergänzende Altersvorsorge nicht mittragen (Riester 2004: 141).

Drucks distanzierte sich die Bundesregierung umgehend von der Vorsorgepflicht und Riester stellte zunächst dem SPD-Fraktionsvorstand und im Anschluss daran der gesamten Bundestagsfraktion eine modifizierte Version der Eckpunkte mit einer auf Freiwilligkeit beruhenden kapitalgedeckten Altersvorsorge vor. Die *Pflicht* zur privaten Zusatzvorsorge wurde bereits vor der Kabinettsentscheidung über die Kernelemente der Reform am 23. Juni 1999 durch eine steuerlich begünstigte freiwillige bzw. tarifvertragliche Lösung ersetzt, schließlich waren sich die Koalitionsparteien über eine Förderung *freiwilliger* privater Altersvorsorge grundsätzlich einig (Die Zeit 1999g).[130] Das modifizierte Eckpunktepapier sah vor, steuerliche bzw. staatliche Anreize zu schaffen, um den Anteil derer zu vergrößern, die freiwillig zusätzliche Altersvorsorge betreiben, wobei die Entwicklung der Beitragssätze zur gesetzlichen Rentenversicherung zudem finanzielle Freiräume für zusätzliche Eigenvorsorge schaffen sollte (BMA 1999b).[131]

In der anschließenden Sommerpause wie auch im darauf folgenden Herbst war die Regierung monatelang der Kritik der Opposition, der Gewerkschaften und der Sozialverbänden ausgesetzt. Die CDU/CSU griff im Vorfeld der Landtagswahlen im September und Oktober 1999 in Brandenburg, Berlin, Saarland, Sachsen und Thüringen die Rentendebatte als Wahlkampfthema auf und kritisierte insbesondere die inflationsorientierte Rentenanpassung. Da die von Riester vorgeschlagenen Eckpunkte zur Rentenreform in dieser Form und Ausrichtung nicht Bestandteil des SPD-Wahlprogramms gewesen waren, wurde der Reformkurs auch innerhalb der SPD weiterhin kontrovers diskutiert (Die Zeit 1999a, 1999b; Hering 2004b: 115). Auch die wissenschaftliche Politikberatung nahm zu den Reformplänen Stellung: Im November ging der Sachverständigenrat zur Begutachtung der gesamtwirtschaftlichen Entwicklung (1999: 302ff.) in seinem Jahresgutachten umfassend auf die Diskussion ein und forderte dringend eine Neuorientierung in der Alterssicherungspolitik, da die Ergänzung der Alterssicherung um kapitalgedeckte Elemente unumgänglich sei. Künftige Rentenreformen seien an drei ordnungspolitischen Leitlinien zu orientieren, namentlich an einem hohen Maß an Beitrags- und Leistungsäquivalenz, an der Rückführung des Umlagesystems auf eine obligatorische beitragsbezogene Grundsicherung und am Auf- und Ausbau der kapitalgedeckten Altersrente durch individuelle Ersparnisse. Hingegen wandte sich der Sozialbeirat, der im November 1999 noch unter seinem langjährigen Vorsitzenden Winfried Schmähl tagte, in seiner Stel-

---

[130] Das Obligatorium der privaten Zusatzvorsorge war somit nicht länger Bestandteil des Reformvorhabens. Die Diskussion hierüber wurde aber fortgesetzt (Kirchhof et al. 2004: A 422) und in den Folgejahren und insbesondere im Vorfeld der Rentenreform 2004 wiederholt aufgegriffen.

[131] 75% der Fraktionsmitglieder stimmten für die überarbeiteten Eckpunkte. Innerhalb der eigenen Fraktion erscheint dies zwar als schwaches Votum, angesichts der vorangegangenen Kontroversen zeigte sich Riester über das Abstimmungsergebnis aber positiv überrascht (Riester 2004: 142).

lungnahme zu den Reformplänen ausdrücklich gegen die Integration einer „bedarfsorientierten Mindestsicherung" in die GRV. Der Sozialbeirat unterstützte zwar das Ziel, zusätzliche kapitalgedeckte Altersvorsorge zu fördern, allerdings sollte die Förderung durch Haushaltsmittel erfolgen und nur auf untere und mittlere Einkommensgruppen beschränkt werden (Stellungnahme des Sozialbeirats zusammengefasst in Schmähl 2000b).

Rentenkonsensgespräche

Aufgrund der schlechten Wahlergebnisse der Sozialdemokraten bei den fünf Landtagswahlen im Herbst 1999, verlor die SPD die Bundesratsmehrheit. Die CDU/CSU hatte im Wahlkampf die Rentendebatte aufgegriffen und vor allem die inflationsorientierte Rentenanpassung scharf verurteilt. Nach den Landtagswahlen signalisierte der Fraktionsvorsitzende der CDU, Wolfgang Schäuble, dass die achtmonatige Wahlpause bis zur Wahl in Nordrhein-Westfalen im Mai 2000 für eine konstruktive Zusammenarbeit bei der Entwicklung der Reform genutzt werden sollte (Riester 2004: 146). Daraufhin lud Gerhard Schröder als Bundeskanzler und SPD-Parteivorsitzender zum parteiübergreifenden „Rentengipfel" ein, um die Vorschläge des BMA Eckpunktepapiers zu verhandeln. Zu diesem Spitzengespräch erschienen im Dezember 1999 die führenden Sozialpolitiker von SPD, Union, Grünen und FDP; Vertreter der PDS waren nicht eingeladen. Ergebnis der Gespräche war, dass im Laufe des Jahres mit der Erarbeitung einer parteiübergreifenden, langfristig ausgerichteten Rentenreform begonnen werden sollte, die das Ziel der Beitragssatzstabilisierung verfolgt und den Aufbau einer ergänzenden kapitalgedeckten Vorsorge auf freiwilliger Basis vorsieht (Mascher 2000a). Hierzu wurde aus den Renten- und Sozialexperten der beteiligten Parteien die Arbeitsgruppe „Zukunft der Alterssicherung" zusammengesetzt, die unter dem Vorsitz von Riester im Januar 2000 erstmalig tagte (BMA 2000b). Riester legte dieser Gruppe als Hintergrundpapier einen Fünf-Punkte-Plan vor, dessen zentrales Element die Förderung der privaten, kapitalgedeckten Altersvorsorge war (Heimpel 2003: 37f.). Noch vor Beginn der Gespräche präsentierte die Union ihrerseits einen Zehn-Punkte-Forderungskatalog für den Rentenkompromiss, der u.a. einen zügigen Aufbau der zweiten und dritten Säule vorsah:

> „Zur Sicherung des gesamten Systems der Alterssicherung ist ein deutlicher und rascher Ausbau der kapitalfundierten Altersvorsorge im bestehenden System der zweiten und dritten Säule der Alterssicherung anzustreben. Durch eine Ausweitung der Teilkapitaldeckung in der Alterssicherung würde die gesetzliche Rentenversicherung entlastet und der Wirtschaftsstandort und Finanzplatz Deutschland gestärkt werden" (Schnieber-Jastram et al. 2000: 22).

Konzept- und Programmentwicklung 117

Zusammen mit den Grünen und den Liberalen waren sich somit alle Beteiligten der Gespräche einig, dass die steuerliche Förderung der zusätzlichen privaten Altersvorsorge ein Kernelement der Rentenreform sein sollte. Hochgradig umstritten waren die Höhe der staatlichen Fördersumme, die Finanzierung der Förderung wie auch die Einführung einer Familienkomponente. Hinzu kamen Kontroversen über die Einführung einer Grundsicherung, die Herabsetzung des Renteneintrittsalters, den demographischen Faktor bzw. den Ausgleichsfaktor und die inflationsorientierte Rentenanpassung, so dass der Verlauf der Rentenkonsensgespräche eher von Dissens denn von Konsens gekennzeichnet war. Da die Union und die FDP mehrfach ihren Ausstieg aus den Gesprächen angedroht hatten, sah sich die Regierungskoalition veranlasst, inhaltlich auf die Opposition zuzugehen, um deren Unterstützung zu gewinnen. So wurde von Seiten der Sozialdemokraten beispielsweise ein Förderprogramm für die private Altersvorsorge vorgelegt, das den Vorstellungen der Union entsprach und deren Forderungen hinsichtlich des Umfangs der Förderung sogar übertraf.[132] Nach der Veröffentlichung des 2. Konzeptpapiers der Koalitionsarbeitsgruppe im Mai 2000 verschärften sich die Auseinandersetzungen um die Reformkonzepte abermals, bis die Rentenkonsensgespräche schließlich im September 2000 – mangels Konsens – ergebnislos abgebrochen wurden.

4.3.3 Papiere des BMA und der Koalitionsarbeitsgruppe

Da die Bundesregierung aufgrund der zeitlich befristeten Aussetzung der Regelungen der Rentenreform 1999 und aufgrund der vom Bundesarbeitsminister geschürten Erwartung einer „großen Strukturreform" unter zeitlichem und inhaltlichem Druck stand, hatte Walter Riester bereits im Februar 1999 eine Koalitionsarbeitsgruppe „Rentenstrukturreform" eingesetzt. Diese Gruppe sollte die

---

[132] Die CDU/CSU-Fraktion hatte im Rahmen der Konsensgespräche bei der Förderung der privaten Altersvorsorge z.B. eine spezielle Unterstützung von Familien mit Kindern in Höhe von zehn Mrd. DM (5,1 Mrd. €) und von Geringverdienern im Rahmen des bestehenden Vermögensbildungsgesetzes gefordert. Zudem sollten die Anlagemöglichkeiten möglichst umfassend sein, aber bestimmten Qualitätskriterien genügen, wie z.B. Mindestverzinsung, Anlagesicherheit oder die Absicherung biometrischer Risiken (CDU/CSU 2000: 3). Die Fördermittel, die Finanzminister Eichel in Aussicht stellte, übertrafen diese Forderungen noch: Aus Steuermitteln sollten bis 2008 19,4 Mrd. DM (9,9 Mrd. €) zur Verfügung stehen (Schmidt, U. 2000: 218), wobei die nach Kinderzahl gestaffelte Zulage bei Paaren mit zwei oder mehr Kindern jährlich bis zu 1.000 DM (511 €) betragen sollte (SPD 2000: 3). Daraufhin kündigte die Union an, sich erst wieder konkret zu äußern, wenn ein komplett ausformuliertes Rentenkonzept der SPD vorläge. Schließlich deutete Horst Seehofer (CSU) an, dass vor den Landtagswahlen in Nordrhein-Westfalen (Mai 2000) keine neuen Ergebnisse zu erzielen seien (Riester 2004: 149ff.). Ausführlich zum Ablauf der Gespräche vgl. Heimpel (2003: 40ff.); Nürnberger (2002: 65ff.).

rentenpolitischen Inhalte der Koalitionsvereinbarung umsetzen, Nachfolgeregelungen für die ausgesetzte Reform der Vorgängerregierung erarbeiten sowie die Eckpunkte zur Rentenreform überarbeiten. Trotz dieses umfassenden Auftrags spielte das Gremium bei der politisch-inhaltlichen Ausrichtung der Reform im Vergleich zum dominierenden BMA eine untergeordnete Rolle (Nürnberger 2002: 59): Der Koalitionsarbeitsgruppe wurde weder das Eckpunktepapier vom Juni vorgestellt, noch war sie in die anschließenden Änderungen einbezogen, die ausschließlich zwischen den Koalitionsspitzen vereinbart worden waren.

Erstes Konzeptpapier / Januar 2000

Am 15. Januar 2000 wurde der Öffentlichkeit ein erstes Konzeptpapier der Arbeitsgruppe vorgestellt (Koalitionsarbeitsgruppe 2000a). Hierbei handelte es sich im Kern um eine durch das BMA modifizierte Version des ersten Eckpunktepapiers, das konzeptionell an der Einführung einer kapitalgedeckten Zusatzvorsorge und einer bedarfsorientierten Mindestsicherung innerhalb der GRV festhielt und kaum inhaltliche Konkretisierungen enthielt, wie z.B. die vage Ankündigung zur Rückkehr zu den Grundsätzen der Nettolohnbezogenheit bei der Rentenanpassung (hierzu kritisch Dünn/Fasshauer 2001: 268f.). Im Hinblick auf die Zielsetzung der zusätzlichen kapitalgedeckten Altersvorsorge sah das Papier den Ausbau der privaten Zusatzvorsorge auf freiwilliger Basis mit individueller Wahlfreiheit in der Anlage (Spar- und Versicherungsformen mit Altersbindung) und der Wahlfreiheit für die Verwendung im Alter (keine obligatorische Verrentung) vor. Zur Stärkung der Privatvorsorge sollte zum einen das bestehende Vermögensbildungsgesetz verstärkt auf die Förderung der Altersvorsorge ausgerichtet werden; zum anderen sollte die Förderung neben der Arbeitnehmer-Sparzulage auch durch eine Altersvorsorgezulage erfolgen. In den Genuss der finanziellen Förderung der Altersvorsorge sollten beschäftigte Arbeiter und Angestellte (bis zu einer Einkommensgrenze des Bruttolohns von 60.000 DM/Jahr bzw. 30.678 €/Jahr) sowie Bezieher von Lohnersatzleistungen kommen. Die Höhe der jährlich auszuzahlenden Zulage sollte 50% der Aufwendungen, maximal 250 DM (128 €), jährlich betragen, falls die förderungsberechtigte Person einen Mindestanteil von 2,5% des Bruttoentgelts bzw. des Zahlbetrags der Lohnersatzleistung selbst für private Altersvorsorge aufgebracht hat. Als förderfähige Anlageformen sollten alle Anlagen mit Altersbindung in Form von Spar- und Versicherungsverträgen zugelassen werden, „mit Ausnahme besonders riskanter Anlagen" (Koalitionsarbeitsgruppe 2000a: 4). Zu den geförderten Anlageformen sollten konkret zählen:

Konzept- und Programmentwicklung 119

- „- Anteilsscheine an Investmentfonds, insbesondere Aktienfonds, Altersvorsorge-Sondervermögen, Renten- und Immobilienfonds,
- Lebensversicherungen aller Art,
- Betriebliche Altersversorgung, soweit sie der Aufwand hierfür vom Arbeitnehmer aus dem Bruttoentgelt erbracht wird,
- Banksparpläne mit Altersbindung,
- Bausparverträge und Tilgung von Hypotheken auf Wohneigentum (selbstgenutzt und vermietet).

Die Altersbindung wird erreicht durch:
- Vertragliche Verpflichtung zu Einzahlungen und Bindung des Kapitals (Sperrfrist) mindestens bis zum Beginn der Versichertenrente aus der GRV von Anfang an als Fördervoraussetzung,
- Förderunschädlichkeit der Umschichtung des Kapitals vor Sperrfristablauf,
- Rückzahlung der Zulage bzw. der Differenz gegenüber der Zulage für kurzfristiges Sparen bei Verbrauch zu Konsumzwecken vor Ablauf der Sperrfrist" (Koalitionsarbeitsgruppe 2000a: 4).

Daneben sollte auch sonstige Vermögensbildung im Rahmen des Vermögensbildungsgesetzes gefördert werden, d.h. auch Anlageformen ohne Altersbindung. Der Umfang der Förderung der sonstigen Vermögensbildung sollte zwar sinken, aber zusammen mit der Förderung der Altersvorsorge insgesamt ausgebaut werden. Für die Förderung der privaten Vorsorge wurden unter der Annahme, dass die Hälfte der förderungsberechtigten Arbeitnehmer die Altersvorsorge-Förderung in Anspruch nehmen, im Vergleich zum seinerzeit geltenden Vermögensbildungsgesetz Mehrkosten in Höhe von 1 Mrd. DM (0,51 Mrd. €) veranschlagt.

Zweites Konzeptpapier / Mai 2000

Das zweite Konzeptpapier der Koalitionsarbeitsgruppe wurde am 30. Mai 2000 unter dem Titel „Deutschland erneuern – Rentenreform 2000 – Gesetzliche Rentenversicherung und kapitalgedeckte Zusatzvorsorge" veröffentlicht (Koalitionsarbeitsgruppe 2000b). In diesen so genannten „Schöneberger Beschlüssen", die mit Beteiligung des BMA ausgearbeitet worden waren, wurde erstmals konkret eine neue Aufgabenteilung zwischen der gesetzlichen Rentenversicherung und der kapitalgedeckten Zusatzvorsorge formuliert:

„Wir bauen eine Brücke zwischen den Generationen. (...) Erster Pfeiler dieser Brücke ist der Aufbau einer kapitalgedeckten Altersvorsorge, die staatlich breit gefördert wird und mit der der Beitrag zur umlagefinanzierten Rentenversicherung gesenkt und langfristig stabilisiert wird. (...) Durch die Kombination von umlagefinanzierter Rentenversicherung und einer solchen kapitalgedeckten Altersvorsorge werden künftige Rentnerinnen und Rentner eine lebensstandardsichernde Alterssicherung erwerben" (Koalitionsarbeitsgruppe 2000b: 2).

Das Ziel der Lebensstandardsicherung solle demnach nicht länger allein durch die GRV, sondern in Kombination mit der geförderten Zusatzvorsorge erreicht werden. Der Aufbau der kapitalgedeckten Altersvorsorge solle freiwillig sein, aber durch die Erweiterung des Vermögensbildungsgesetzes finanziell gefördert werden: Die Höhe der Beiträge zur Zusatzvorsorge sollten zwischen 2001 und 2008 schrittweise von 0,5% auf 4% des zu versteuernden Einkommens ansteigen, d.h. die Endstufe war im Vergleich zum ersten Entwurf um 1,5 Prozentpunkte angehoben worden, so dass auch die staatliche Förderung entsprechend höher ausfiel: Arbeiter und Angestellte[133] sowie Lohnersatzleistungsbezieher sollten eine Zulage in Höhe von 50% des Aufwands, jährlich maximal 400 DM bzw. 205 € (anstatt der im ersten Entwurf vorgesehenen 250 DM bzw. 128 €) für die private Altersvorsorge erhalten. Die Förderung sollte nun aber auf Anlageformen beschränkt werden, die eine lebenslange monatliche Rente auszahlen (wie z.B. Lebensversicherungen), und die als Mindestleistung die eingezahlten Beiträge garantieren. Die Förderung von Immobilien als Altersvorsorge war in diesem Konzept nicht länger vorgesehen. Zusammen mit der Förderung von Bausparen und Vermögensbildung im Rahmen der bestehenden Arbeitnehmer-Sparzulage sollte das Fördervolumen durch die neue einzuführende Förderung der zusätzlichen Altersvorsorge auf fast 5 Mrd. DM (2,56 Mrd. €) erhöht und damit mehr als verdoppelt werden (ebd.).[134]

Als zweiten Pfeiler der „Brücke der Generationen" präsentierte die Koalition mit dem „Ausgleichsfaktor" zum ersten Mal ein Gegenmodell zum demographischen Faktor der Vorgängerregierung, der bei der erstmaligen Rentenfestsetzung den Aufbau zusätzlicher kapitalgedeckter Altersvorsorge berücksichtigen sollte. Damit der Beitragssatz bis zum Jahr 2020 unter 20% und bis zum Jahr 2030 bei 22% gehalten werden könne, sollte das Niveau der GRV schrittweise und deutlich stärker sinken als in den offiziellen Angaben der rot-grünen Koali-

---

[133] Max. Jahreseinkommen 35.000 DM und 70.000 DM für Verheiratete (17.895 € bzw. 35.790 €).

[134] In dieser Phase brach auch die Union erstmals offiziell mit dem Paradigma, dass allein mit der GRV der Lebensstandard der Arbeitnehmer im Alter gesichert werden könnte, was von Friedrich Merz (CDU) als „Abschied von 16 Jahren Blümscher Rentenpolitik" gefeiert wurde (Merz zit. n. Nürnberger 2002: 75): „Um den Lebensstandard im Alter auch weiterhin zu gewährleisten, muss eine neue Gewichtung zwischen umlagefinanzierter gesetzlicher Rentenversicherung und kapitalgedeckter privater Altersvorsorge erfolgen" (CDU/CSU 2000: 3). Eine Lebensstandardsicherung sei allein durch die GRV nicht mehr zu realisieren, stattdessen sei privates Sparen zur Abmilderung der finanziellen Belastungen der demographischen Entwicklung erforderlich (ebd.).

tion bislang avisiert worden war.[135] Das Konzept der bedarfsorientierten sozialen Grundsicherung, das im ersten Arbeitspapier der Koalitionsgruppe enthalten war, wurde nicht weiter verfolgt, sondern stattdessen das Sozialhilferecht fortentwickelt. Das Konzept wurde im weiteren Verlauf des Reformprozesses zwar mehrfach verändert, an den paradigmatischen Grundzügen der „Schöneberger Beschlüsse" wurde aber bis zum Schluss festgehalten. Qualitativ bedeuteten sie aufgrund der vorgesehenen Neuausrichtung der Aufgabenteilung der einzelnen Säulen der Altersvorsorge „den Übergang von systemimmanenten zu systemändernden Reformen" (Dünn/Fasshauer 2001: 269f.).[136] Erstmals sollte nämlich

„nach diesen Vorschlägen eine fiktive private Altersvorsorge auf die beitragsfinanzierte Rente angerechnet werden. Damit wird ein Weg beschritten, der zu einer Reduzierung der gesetzlichen Rentenversicherung auf eine subsidiäre Grundsicherung führen kann" (VDR 2000: 3).

Als die Regierungs- und Oppositionsspitzen am 13. Juni 2000 eine konsensfähige Reform der Alterssicherung diskutierten, trafen sich in Berlin Vertreter der Gewerkschaften und Sozialverbände zum „alternativen Rentengipfel" und formulierten ihre grundlegende Kritik an den veröffentlichten Reformvorstellungen der Parteien. Problematisiert wurden vorrangig die parteiübergreifende Fixierung auf die Beitragssatzstabilität,[137] die deutliche Absenkung des Rentenniveaus und

---

[135] Die Höhe des Faktors wäre von der Anzahl der Jahre, in denen vor Rentenbeginn ein Privatvorsorge hätte aufgebaut werden können, abhängig gewesen (Koalitionsarbeitsgruppe 2000b). Bei Umsetzung des Ausgleichsfaktors wäre das GRV-Sicherungsniveau von seinerzeit ca. 70% auf ca. 54% im Jahr 2050 gesunken und zu einer Art Basissicherung umfunktioniert worden; zugleich wäre es an das fiktiv erreichbare Sicherungsniveau privater Vorsorge gekoppelt, d.h. von Annahmen zur Entwicklung von Kapitalertragsraten, Verwaltungskosten etc. abhängig gemacht worden. Politisch widersprüchlich war, dass die neue Regierung im Wahlprogramm angekündigt hatte, die „unsozialen" Leistungssenkungen der Vorgängerregierung rückgängig zu machen und durch sozialverträglichere Maßnahmen zu ersetzen. Der demographische Faktor der Vorgängerregierung hätte aber eine Absenkung des Rentenniveaus auf ‚lediglich' 64% bewirkt (Dünn/Fasshauer 2001: 270).
[136] Der paradigmatische Wechsel hin zur einnahmeorientierten Ausgabenpolitik wird deutlich, da im Zentrum der Argumentation die Beitragssatzstabilisierung und nicht ein bestimmtes Sicherungsniveau stand. Während die Regierung dazu verpflichtet werden sollte, dem Gesetzgeber geeignete Maßnahmen vorzuschlagen, falls der Beitragssatz wider Erwarten die Grenze von 20% (bis 2020) bzw. 22% im Jahr 2030 zu überschreiten droht, wurde sowohl die zukünftige Leistungshöhe der GRV als auch die Höhe des künftigen Alterssicherungsniveaus im Ergebnis offen gelassen. Hierzu wurde allgemein ausgeführt, dass das Gesamtversorgungsniveau für künftige Rentner langfristig deutlich das damalige Niveau übersteigen würde (Koalitionsarbeitsgruppe 2000b: 7; VDR 2000: 3f.).
[137] Die stellvertretende Vorsitzende des Deutschen Gewerkschaftsbundes (DGB) bezeichnete die Fokussierung auf die Beitragssatzstabilität als „politischen Fetisch" (Engelen-Kefer 2000b: 93) und das in der IG Metall für Sozialpolitik zuständige Vorstandsmitglied gab zu bedenken: „Die zentrale Aufgabe einer sozialen Rentenversicherung ist weder Standortstärkung noch Lohnkostensenkung, sondern die möglichst hochwertige Sicherung der älteren Generation" (Schmitthenner 1998: 45).

die wesentlich stärkere Belastung der Beschäftigten im Vergleich zu den Arbeitgebern, die das Prinzip der paritätischen Finanzierung auflösen würde. Die Teilnehmer des alternativen Rentengipfels lehnten zudem die Pläne ab, durch die Absenkung des Leistungsniveaus der GRV private Altersvorsorge quasi zu erzwingen; letztere dürfe die erste Säule der Alterssicherung nur ergänzen, nicht aber ersetzen. Die Teilnehmer stellten sich entschieden gegen einen Abbau des solidarischen Systems der GRV und schlugen zum Erhalt der zentralen Funktion der GRV Elemente einer Rentenstrukturreform vor (Rentengipfel der Gewerkschaften und Sozialverbände 2000).

Parteibeschluss der SPD und Zustimmung der Koalition / Juli 2000

Am 3. Juli fasste der Parteivorstand der SPD einen Beschluss zur Rentenreform (Schmidt, U. 2000; SPD 2000).[138] Darin wurde abermals das Ziel der Beitragssatzstabilität – bis zum Jahr 2020 unterhalb von 20% und bis zum Jahr 2030 bei 22% – betont, während der neu eingeführte lineare Ausgleichsfaktor derart konzipiert wurde, dass das Nettorentenniveau der GRV langfristig nicht unter die 64%-Grenze fallen sollte.[139] Zusammen mit dem Aufbau der zusätzlichen kapitalgedeckten Altersvorsorge sollte das Gesamtversorgungsniveau demzufolge bei über 70% liegen. Die Notwendigkeit des Aufbaus kapitalgedeckter Altersvorsorge erfolgte (und erfolgt) dabei explizit mit dem Hinweis auf deren Funktion zur Sicherung eines angemessenen Lebensstandards im Alter anstelle der GRV:

> „Die gesetzliche Rentenversicherung alleine kann den Lebensstandard im Alter nicht mehr angemessen absichern. Der Aufbau einer kapitalgedeckten Zusatzversorgung ist notwendig. Diese Erkenntnis haben sich inzwischen auch CDU und CSU zu eigen gemacht" (SPD 2000: 4).

Die staatliche Förderung der Kapitalvorsorge sah vor, dass zum einen die Aufwendungen bis zu einem Höchstbetrag von 4% der Beitragsbemessungsgrenze steuerfrei sein sollten; zum anderen sollten Bezieher eines zu versteuernden Einkommens bis 35.000 DM bzw. 70.000 DM (Ledige bzw. Verheiratete; 17.895 € bzw. 35.790 €), die zwei oder mehr Kinder haben, eine Zulage von bis zu 1.000 DM (511 €) jährlich erhalten. Eine Beschränkung auf bestimmte Anlageformen oder Mindestanforderungen der förderungsfähigen Produkte waren –

---

[138] Bei der Verabschiedung des Konzeptes stimmten von den 40 Mitgliedern im Parteivorstand 19 dafür und neun dagegen. Die Enthaltungen wurden offiziell nicht ausgezählt (Nürnberger 2002: 78).
[139] Der in dem 2. Arbeitspapier der Koalitionsarbeitsgruppe vorgesehene Ausgleichsfaktor wurde damit fallengelassen und durch einen linearen Augleichsfaktor ersetzt, der zwischen 2011 und 2030 eine jährliche Rentenkürzung um 0,3% (d.h. insgesamt um 6%) bei den Rentenneuzugängen vorsieht.

anders als im ersten Konzeptpapier der Koalitionsarbeitsgruppe – nicht vorgesehen. Stattdessen wurde festgehalten, dass die private Altersvorsorge „in sichere Anlageformen fließen" solle (SPD 2000: 3). Diesem Konzept wurde am darauf folgenden Tag durch die rot-grüne Koalition zugestimmt, wenngleich einige Vorschläge umstritten blieben. Die SPD-Fraktion hatte im Vorfeld allerdings Bedingungen für ihre Zustimmung gestellt, wie z.b. einen Rechtsanspruch auf steuer- und beitragsfreie Entgeltumwandlung und die Einführung einer Niveausicherungsklausel (Nürnberger 2002: 78). Trotz Berücksichtigung dieser Elemente wurde die Unausgewogenheit des Konzepts beklagt, so dass die Beschlüsse im Parteivorstand und in der Bundestagsfraktion, „mit denen die Rentenpläne durchgepaukt werden sollen, alles andere als überzeugende Mehrheiten" auswiesen und auch bei den Grünen war „die Widerstandsbereitschaft stärker, als dies in der Öffentlichkeit mitunter erscheinen mag" (Urban 2000: 229).

Konzeptpapier des BMA / Juli 2000

Auf der Grundlage dieser Beschlüsse veröffentlichte Bundesarbeitsminister Riester Mitte Juli 2000 ein Konzeptpapier des BMA mit dem Titel: „Rentenreform 2000: Ein mutiger Schritt zu mehr Sicherheit" (BMA 2000c). Wie bereits durch den Parteibeschluss der SPD in Aussicht gestellt, wurde der Ausgleichsfaktor des vorangegangenen Konzeptpapiers vom Mai 2000 fallengelassen und durch einen neuen, linearen Ausgleichsfaktor ersetzt. Das Konzeptpapier des BMA enthielt nun erstmalig einen konkreten Vorschlag für die Umstellung auf eine modifizierte Bruttoanpassung, bei der die Beiträge zur GRV und jene zur geförderten Altersvorsorge berücksichtigt werden sollten. Im Hinblick auf die Stärkung der privaten Zusatzvorsorge wurde betont, dass hierfür Voraussetzung sei,

> „dass die jungen Menschen von heute erkennen, dass die gesetzliche Rente allein nicht ausreichen kann, um ihren Lebensstandard im Alter zu sichern. Sie handeln deshalb eigenverantwortlich und beteiligen sich mit einer zusätzlichen Eigenvorsorge an ihrer Altersversorgung. Die Bundesregierung wird sie beim Aufbau einer zusätzlichen Eigenvorsorge in großem Umfang unterstützen und Klarheit darüber schaffen, wie viel zusätzlich zur gesetzlichen Rente angespart werden muss, um den Lebensstandard zu halten oder auch zu erhöhen. (...) Die Reform schärft erheblich das Bewusstsein für die Notwendigkeit, ergänzend vorzusorgen" (BMA 2000c: 1f.).

Auf diese Weise könnten „die Vorteile der zusätzlichen Eigenvorsorge mit ihren Möglichkeiten zu höheren Renditen (...) besser genutzt werden" (BMA 2000c: 2). Unter der Voraussetzung, dass die Beitragszahlenden mit geringem und mittlerem Einkommen wie auch Bezieher von Lohnersatzleistungen zwischen 2001 und 2007 jährlich einen Eigenbeitrag zur Zusatzvorsorge leisten, der ausgehend von 0,5% des Bruttolohnes jährlich ansteigt und ab 2008 konstant 4% beträgt, sollten sie hierfür eine Zulage erhalten, deren Höhe im Eckpunktepapier nicht konkret beziffert wurde. Grundsätzlich wurde die finanzielle Förderung der Aufwendungen für private Altersvorsorge durch die neue Möglichkeit der steuerlichen Geltendmachung auch auf Bezieher höherer Einkommen ausgeweitet. Zudem wurde die Stärkung der betrieblichen Altersversorgung als eigenständiges Reformziel hervorgehoben und ein Rechtsanspruch auf Entgeltumwandlung vorgesehen, wie er auch von der Fraktion gefordert worden war. Im Vergleich zum vorangegangenen Arbeitspapier sind die weit reichenden Änderungen des Reformkonzeptes den Ergebnissen der Konsensgespräche geschuldet und dokumentieren zudem den Versuch der Regierungskoalition, die Vorstellungen und Forderungen der Gewerkschaften, der Sozialverbände und auch der Opposition aufzugreifen, um eine konsensfähige Reform auszuarbeiten (Heimpel 2003: 55). An den zentralen Punkten, wie z.B. der Ausgestaltung des Ausgleichsfaktors, wurde trotz der oppositionellen und gewerkschaftlichen Kritik festgehalten, obwohl alternativ ein allgemein akzeptiertes, vom Verband Deutscher Rentenversicherungsträger entwickeltes Modell vorlag (Nürnberger 2002: 79).[140]

4.3.4 Diskussionsentwurf zum AVAG

Ende September 2000 stellte das BMA den „Diskussionsentwurf zur Reform der gesetzlichen Rentenversicherung und zur Förderung des Aufbaus eines kapitalgedeckten Vermögens zur Altersvorsorge" (Altersvermögensaufbaugesetz, AVAG) vor (BMA 2000a), der weitgehend auf dem im Juli präsentierten Konzeptpapier des BMA basierte.[141] Das AVAG enthielt aber einige Zusagen, die den Gewerkschaften zwischenzeitlich im Hinblick auf die Erleichterung bei der tariflichen Vereinbarung betrieblicher Altersvorsorge gemacht worden waren. Zudem war die Anpassungsformel dahingehend modifiziert worden, dass neben der Veränderung der durchschnittlichen Bruttoeinkommen nur noch die Ände-

---

[140] Der lineare Ausgleichsfaktor bezog sich ausschließlich auf Zugangsrenten der Jahre 2011 bis 2030 und sollte diese um zusätzliche 0,3 Prozentpunkte pro Jahr mindern, d.h. bei Rentenzugang im Jahr 2030 würde um 6% gekürzt. Der VDR kritisierte, dass dies einseitig die jüngeren Generationen belaste, und entwickelte ein von vielen Akteuren akzeptiertes Alternativmodell (Hain/Tautz 2001).
[141] Die Reform der Erwerbsminderungsrenten war im August 2000 aus dem allgemeinen Reformvorhaben herausgelöst worden, so dass Riester im September gleichzeitig den *Diskussionsentwurf eines Gesetzes zur Reform der Renten wegen verminderter Erwerbsfähigkeit* präsentierte, der im Dezember erfolgreich verabschiedet wurde. Dies verhinderte, dass die durch das Rentenkorrekturgesetz ausgesetzten Regelungen unverändert in Kraft traten. Die Verabschiedung des AVAG drängte etwas weniger, da das RRG 1999 erst bei der Rentenanpassung zum 1.7.2001 seine Wirkung entfaltet hätte.

rung der alterssicherungsrelevanten Belastungen berücksichtigt werden sollten, d.h. die Beiträge zur GRV sowie die Aufwendungen für die private Zusatzvorsorge. Der Diskussionsentwurf enthielt jetzt detaillierte Regelungen zur Förderung der zusätzlichen kapitalgedeckten Altersvorsorge durch Zulagen oder Sonderausgabenabzüge im Rahmen einer Ergänzung des Einkommensteuergesetzes:[142] Förderungsberechtigt sollten alle in der GRV Versicherungspflichtigen und Bezieher von Lohnersatzleistungen sein, wenn sie bestimmte Eigenbeiträge zur privaten Zusatzvorsorge leisten. Diese Eigenbeiträge sollten im Jahr 2001 einen Umfang von 1% des Bruttoeinkommens haben, jährlich um 0,5% ansteigen und ab dem Jahr 2008 konstant bei 4% liegen. Die vom Staat gewährte maximale Grundzulage sollte schrittweise von 37,50 DM (19,17 €) im Jahr 2001 auf jährlich 300 DM (153 €) ab 2008 ansteigen und dann ebenfalls konstant bleiben. Die Grundzulage sollte durch eine ebenfalls ansteigende Kinderzulage ergänzt werden, die für jedes kindergeldberechtigte Kind ausgezahlt werden würde (jährlich ansteigend von 45 DM bzw. 23 € pro Kind im Jahr 2001 auf 360 DM bzw. 184 € ab 2008). Falls die Förderberechtigten die Eigenleistungen nicht in der vorgesehenen Mindesthöhe vornehmen, würden die Zulagen entsprechend gekürzt. Für höhere Einkommen war alternativ die steuerliche Geltendmachung der Sonderausgaben vorgesehen, d.h. die Aufwendungen für die private Zusatzvorsorge sollten steuerfrei gestellt werden. Für die Umsetzung der steuerlichen Förderung der Zusatzvorsorge sollten laut Entwurf die Finanzämter zuständig sein.

Die Anlageformen sollten bestimmten Kriterien genügen: Laut § 10a (2) des Diskussionsentwurfs läge ein Altervorsorgevertrag vor, wenn in der Ansparphase laufend Eigenbeiträge erbracht werden und wenn die Auszahlungsphase nicht vor Vollendung des 60. Lebensjahrs oder dem Beginn einer Altersrente beginnt. Die Anbieter der Altersvorsorgeverträge müssten bei Vertragsabschluss zusagen, dass zu Beginn der Auszahlungsphase zumindest die eingezahlten Beiträge zur Verfügung stehen und bei Vertragsabschluss sollte sichergestellt werden, dass die Auszahlung in Form einer lebenslangen gleich bleibenden oder steigenden monatlichen Leibrente oder eines Auszahlungsplans mit mindestens zehnjähriger Laufzeit und unmittelbar anschließender lebenslanger Restkapitalverrentung erfolgt. Mit dieser Vorgabe sollte der Markt für Altersvorsorgeprodukte explizit für eine größere Zahl von Anbietern geöffnet werden (BMA 2000a: 48f.). Denn nunmehr könnten nicht nur Versicherungsunternehmen als Anbieter der Zusatz-

---

[142] Die Förderung der Privatvorsorge sollte nicht länger durch eine Erweiterung des Vermögensbildungsgesetztes, sondern durch die Einführung eines neuen § 10a im EstG umgesetzt werden. Das Grundprinzip der Förderung über Zulagen und Sonderausgabenabzug wie auch die Abgrenzung des begünstigten Personenkreises findet sich in dieser Art auch in dem verabschiedeten AVmG wieder. Die konkreten Regelungen waren im Laufe des weiteren Gesetzgebungsverfahrens allerdings noch Veränderungen unterworfen (zur Entwicklung der Vorschrift § 10 a EstG in Kirchhof et al. 2004).

vorsorge auf den Markt treten, sondern auch Kapitalanlagegesellschaften und Kreditinstitute, sofern deren Auszahlungspläne den spezifischen Anforderungen des Entwurfs entsprechen. Die Vorgaben sahen zudem vor, dass die Eigenbeiträge, die erwirtschafteten Zinsen, Dividenden und Veräußerungsgewinne ausschließlich in Rentenversicherungen, Investmentanteilen oder Bankguthaben angelegt werden sollten (BMA 2000a: 135). Die Abschluss- und Vertriebskosten sollten gleichmäßig über einen Zehn-Jahres-Zeitraum verteilt und die Versicherten sollten bei Vertragsabschluss und dann jährlich schriftlich über Kosten, Kündigungsmöglichkeiten und die Entwicklung der Anlagen informiert werden. Den Steuerpflichtigen sollte zudem die Möglichkeit eingeräumt werden, die Summe der geleisteten Beiträge durch Sonderzahlungen zu erhöhen und ihre geleisteten Beiträge auf einen anderen Altersvorsorgevertrag zu übertragen. Die Abtretung oder Übertragung von Forderungen oder Eigentumsrechten aus diesen Verträgen an Dritte wurde ausgeschlossen (BMA 2000a: 48f.).

Riester bezeichnete das Reformprojekt in dieser Phase als „das größte Vermögensbildungsprojekt für Altersvorsorge, das jemals vorgelegt worden ist" (Riester 2000: 332). In der SPD-Fraktion gab es aber weiter kritische Stimmen, schlussendlich unterstützten aber beide Koalitionsfraktionen den Entwurf. Nachdem die Union gefordert hatte, dass die Regierungskoalition einen Gesetzentwurf in den Bundestags einbringt, der explizit ihren Vorstellungen entspricht, wurden die Rentenkonsensgespräche im September 2000 für beendet erklärt (FAZ 2000b). Für die Bundesregierung hatte das Scheitern der Rentenkonsensgespräche zur Folge, dass sie zum einen auf die Unterstützung des linken Flügels der SPD angewiesen war, um für das Gesetz eine eigene Mehrheit im Bundestag zu bewerkstelligen. Zum anderen benötigte die Regierung die Zustimmung ihres wichtigsten gesellschaftlichen Partners, die Gewerkschaften, denn der Versuch, die Rentenreform gegen den Widerstand einer breiten Front aus Opposition *und* Gewerkschaften durchzusetzen, wäre politisch riskant und zum Scheitern verurteilt gewesen (Busemeyer 2005: 585f.; Nürnberger 2002: 82f.). Diese Einschätzung hatte sich letztlich auch beim Bundesarbeitsminister durchgesetzt:

> „Mir war klar, dass die Rentenreform nur zu retten war, wenn wir der Union den gesellschaftspolitischen Resonanzboden der Sozialverbände entziehen könnten. Das bedeutete, eine Gesetzesvorlage anzubieten und die Gewerkschaften mit ins Boot zu ziehen. Würde die Union diesen Rückhalt nicht mehr haben, hinge sie in der Luft, da die Arbeitgeber den Kern unserer Reform unterstützten" (Riester 2004: 54).

Mit der Veröffentlichung des Diskussionspapiers endete die vorparlamentarische Phase des Reformprozesses, deren Stationen in Tabelle 4 zusammengefasst sind.

Tabelle 4: Schritte der vorparlamentarischen Programmentwicklung

Datum und Dokument	Inhaltliche Schwerpunkte
17. Juni 1999 - Eckpunktepapier des BMA	Einführung einer *obligatorischen*, kapitalgedeckten Zusatzvorsorge und einer steuerfinanzierten, bedarfsorientierten Mindestsicherung, Verbesserung der Alterssicherung von Frauen, Neuregelung der Erwerbsminderungsrenten
23. Juni 1999 - Änderung des Eckpunktepapiers	Einführung einer steuerbegünstigten *freiwilligen* bzw. tarifvertraglichen Zusatzvorsorge
15. Januar 2000 - Arbeitspapier der Koalitionsarbeitsgruppe „Rentenstrukturreform"	Freiwillige kapitalgedeckte Zusatzvorsorge, bedarfsorientierte Mindestsicherung, Alterssicherung der Frauen, Absicherung unsteter Erwerbsverläufe, Änderung der Rentenanpassung
30. Mai 2000 Konzeptpapier der Koalitionsarbeitsgruppe: „Deutschland erneuern - Rentenreform 2000"	„Ausgleichsfaktor", der bei erstmaliger Rentenfestsetzung den Aufbau zusätzlicher Altersvorsorge berücksichtigt, finanzielle Förderung der zusätzlichen Altersvorsorge durch Erweiterung des Vermögensbildungsgesetzes.
18. Juli 2000 Konzeptpapier des BMA „Rentenreform 2000: Ein mutiger Schritt zu mehr Sicherheit"	Neuer, linearer Ausgleichsfaktor, finanzielle Förderung der Zusatzvorsorge auch für Bezieher höherer Einkommen, modifizierte Bruttoanpassung Anspruch auf Entgeltumwandlung, Rentenniveausicherung bei 64% (inkl. Zusatzvorsorge).
21./22. September 2000 - Diskussionsentwurf Gesetz zur Reform der GRV und zur Förderung des Aufbaus eines kapitalgedeckten Vermögens zur Altersvorsorge (AVAG)	Herauslösung der Reform der Erwerbsminderungsrenten aus dem allgemeinen Reformvorhaben; detaillierte Regelung zur Förderung der kapitalgedeckten Zusatzvorsorge durch Zulagen oder Sonderausgabenabzüge im Rahmen einer Ergänzung des Einkommensteuergesetzes (statt Erweiterung des Vermögensbildungsgesetzes).
14. November 2000 - Gesetzentwurf zur Reform der gesetzlichen Rentenversicherung und zur Förderung eines kapitalgedeckten Altersvorsorgevermögens (AVmG)	Änderungen zu vorigen Überlegungen insbesondere im Bereich der Förderung der privaten Vorsorge: Förderungsbeginn auf 2002 verschoben, Steigerung um einen Prozentpunkt in Zwei-Jahres-Schritten (Rentenanpassung berücksichtigt weiterhin jährliche 0,5%-Schritte), nachgelagerte Besteuerung der privaten Zusatzvorsorge

Quelle: Eigene Darstellung.

4.4 Entscheidungen in Bundestag und Bundesrat

Im November 2000 wurde durch das Regierungskabinett der Gesetzentwurf zur Rentenreform beschlossen und in das Gesetzgebungsverfahren eingebracht (Kap. 4.4.1). Nachdem sich aufgrund der ablehnenden Haltung der Opposition aus CDU/CSU und FDP abzeichnete, dass das Reformvorhaben als Gesamtpaket in dieser Form nicht den Bundesrat passieren würde, wurde die Reform in zwei Komponenten geteilt, um das Verfahren für die vom Bundesrat nicht zustimmungspflichtigen Teile der Reform zu beschleunigen. Im Januar 2000 wurden daher die beiden Gesetzentwürfe zum AVmG und zum AVmEG eingebracht (Kap. 4.4.2). Während das AVmEG den Bundesrat passierte, wurde dem AVmG die Zustimmung verweigert, so dass hierzu ein Vermittlungsverfahren eingeleitet wurde (Kap. 4.4.3).

4.4.1 Gesetzentwurf zum AVmG

Am 14. November 2000 brachten die Bundesregierung und zeitgleich die Fraktionen der SPD und der Grünen den *Gesetzentwurf zur Reform der gesetzlichen Rentenversicherung und zur Förderung eines kapitalgedeckten Altersvorsorgevermögens* (AVmG) in das Gesetzgebungsverfahren ein, der am 16. November 2000 nach erster Beratung im Bundestag u.a. an den in dieser Angelegenheit federführenden Ausschuss für Arbeit und Sozialordnung (AfArbSoz) überwiesen wurde (Deutscher Bundestag 2000f). Im Vergleich zum Diskussionsentwurf trug der Gesetzentwurf damit einen neuen Namen und unterschied sich auch inhaltlich zum vorangegangenen Entwurf: Erstmalig wurde der Begriff der „Altersvorsorgeverträge" eingeführt und der Förderungsbeginn der privaten Altersvorsorge auf das Jahr 2002 verschoben.[143] Zudem sollte die Steigerung der Beiträge zur Privatvorsorge nicht mehr jährlich 0,5 Prozentpunkte betragen, sondern nunmehr beginnend bei 1% in Zwei-Jahres-Schritten um jeweils einen Prozentpunkt ansteigen. Ab dem Veranlagungszeitraum 2008 sollten die Beiträge der Versicherten jährlich 4% der beitragspflichtigen Einnahmen betragen und gefördert werden. Die Steigerungsraten der Zulagen wurden entsprechend angepasst, während bei der Rentenanpassung ab 2003 jährliche Schritte in Höhe von einem halben Prozentpunkt berücksichtigt werden sollten. Neu eingeführt wurde die Bestimmung, dass die Beiträge zur privaten Zusatzvorsorge steuerfrei bleiben und stattdessen die Leistungen aus Altersvorsorgeverträgen bei Bezug besteuert werden

---

[143] Arbeitsminister Riester und Finanzminister Eichel hatten sich im November des Vorjahres darauf verständigt, die Einführung der Förderung der privaten Zusatzvorsorge auf das Jahr 2002 und deren Berücksichtigung bei der Rentenanpassung auf das Jahr 2003 zu verschieben.

sollten („nachgelagerte Besteuerung"). Die Voraussetzungen, welche die Altersvorsorgeverträge erfüllen müssten, damit die Versicherten die Vorsorgebeiträge entsprechend geltend machen könnten, sollten im Rahmen des Einkommensteuergesetzes (EStG) geregelt werden. Wie auch im Diskussionsentwurf waren elf Voraussetzungen vorgesehen, die nun aber modifiziert worden waren. Weiterhin sollte die Auszahlung der Altersvorsorgeleistungen in Form einer lebenslangen Rente oder eines Auszahlungsplans mit unmittelbar anschließender lebenslanger Teilkapitalverrentung erfolgen; allerdings wurden die Voraussetzungen zum Vorliegen eines Auszahlungsplans geändert (Deutscher Bundestag 2000c: 23f.; Kirchhof et al. 2004): Der Zeitpunkt, zu dem die Restkapitalverrentung zwingend einsetzen müsse, wurde von der Vollendung des 80. auf das 85. Lebensjahr verschoben. Danach sollte ein Zehntel des zu Beginn der Auszahlungsphase zur Verfügung stehenden Kapitals in eine Rentenversicherung eingebracht werden, die dem Versicherten ab dem 85. Lebensjahr nach Auslaufen der Auszahlungsphase eine mindestens gleich bleibende, lebenslange Leibrente garantiert. Die im Diskussionsentwurf vorgesehene Verpflichtung, dass der Anbieter dem Versicherten nach Abschluss eines Versicherungsvertrages alle zehn Jahre den Erhalt der eingezahlten Beiträge garantieren müsse, war ersatzlos gestrichen worden. Neu war das Recht der Versicherten auf Ruhen des Vertrages (unter Wahrung einer Frist von drei Monaten) und die Verbesserung der Kündigungsmöglichkeiten, falls das gebildete Kapital auf einen anderen Altersvorsorgevertrag des Versicherten übertragen werden sollte.

Öffentliche Anhörungen

Vom 11. bis zum 13. Dezember 2000 fanden durch den AfArbSoz öffentliche Anhörungen zum Gesetzentwurf statt. In dessen Verlauf wurden neben wissenschaftlichen Sachverständigen und Vertretern von Sozial-, Familien- und Wohlfahrtsverbänden, Sozialversicherungsträgern, Arbeitgeberverbänden und Gewerkschaften, auch Sachverständige der Finanzdienstleistungsbranche, wie z.B. des Bundesverbandes Deutscher Investmentgesellschaften (BVI), des Bundesverbandes deutscher Banken (BdB) und des Gesamtverbandes der Deutschen Versicherungswirtschaft (GDV), geladen, um zum Gesetzentwurf Stellung zu nehmen. Im Verlauf der Anhörungen wurde die Einführung der steuerlichen Förderung der privaten Altersvorsorge grundsätzlich begrüßt, wenngleich die konkrete Ausgestaltung des Förderverfahrens insbesondere von den Vertretern der Finanzdienstleistungsbranche kritisiert wurde (ausführlich in Kap. 6.2.1). Von Seiten der gewerkschaftlichen und gewerkschaftsnahen Sachverständigen sowie der Sozialversicherungsträger wurden insbesondere der Ausgleichsfaktor und die damit verbundene Absenkung des Rentenniveaus kritisch beurteilt.¹⁴⁴ Die Vertreter der Verbände der Wohnungsbauunternehmen wiederum forderten die Berücksichtigung von selbst genutztem Wohneigentum im Förderverfahren. Im Ergebnis erfuhr der Gesetzentwurf im Anschluss an die Anhörungen zahlreiche Änderungen: Die Kriterien für die Förderfähigkeit der Produkte für die private Zusatzvorsorge wurden aus dem EStG herausgenommen und in ein neues Altersvorsorge-Zertifizierungsgesetz (AltZertG) überführt. Neu aufgenommen wurden zudem Regelungen zur Verbesserung der betrieblichen Altersversorgung (u.a. Einführung von Pensionsfonds). Zu diesen Themenkomplexen wurde Mitte Januar aufgrund der umfangreichen Veränderungen eine weitere Anhörung von Sachverständigen und Interessenvertretern durchgeführt (ebenfalls Kap. 6.2.1).

4.4.2 Gesetzentwürfe zum AVmEG und zum AVmG

Reformgesetze, welche die Bundesländer nicht tangieren, können allein durch den Bundestag beschlossen werden (wie z.B. das Rentenreformgesetz 1999, das die SPD trotz Bundesratsmehrheit nicht verhindern konnte).¹⁴⁵ Sind die Länder aber direkt von einem Gesetzesvorhaben betroffen, so ist für dessen Inkrafttreten neben einem Mehrheitsbeschluss im Bundestag auch ein positives Abstimmungsergebnis im Bundesrat erforderlich. Die Trennung eines Reformvorhabens in zustimmungspflichtige und nicht-zustimmungspflichtige Entwürfe ermöglicht es einer Regierung, bestimmte Reformelemente ohne Zustimmung des Bundesrates durchzusetzen und auf diese Weise den Gesetzgebungsprozess zu beschleunigen. Aus diesem Grund wurde bei der Reform 2001 der ursprüngliche Gesetzentwurf zum AVmG im Zuge der Beratungen in zwei Gesetzentwürfe zerlegt:¹⁴⁶

---

¹⁴⁴ Im Vorfeld der Anhörungen deuteten einzelne, gewerkschaftsnahe SPD-Abgeordnete an, dass der Ausgleichsfaktor höchstwahrscheinlich zugunsten der vom VDR vorgeschlagenen Rentenformel fallen gelassen werde, was im Zuge Anhörungen noch bestärkt wurde. Für Riester, der den Ausgleichsfaktor bis dahin vehement verteidigt hatte, bedeutete dies, dass ein wesentliches Element der Reform gekippt wurde, während er zur Unterzeichnung eines Sozialabkommens in Australien weilte.
¹⁴⁵ Allerdings kommt dem Bundesrat auch bei nicht-zustimmungspflichtigen Gesetzen ein suspensives Vetorecht zu, mit dem er Einspruch erheben, das Vorhaben aber nicht gänzlich aufheben kann.
¹⁴⁶ Für die rot-grüne Bundesregierung war ein solcher „gesetzgebungstechnischer Umweg" (Zohlnhöfer, R. 2003: 412) bei der Rentenreform 2001 geboten, da sie seit den fünf Landtagswahlen im Herbst 1999 keine Bundesratsmehrheit mehr besaß. Die Verabschiedung der Reform drängte, da ansonsten der 1997 von der Vorgängerregierung beschlossene demographische Faktor bei der Rentenanpassung im Mai 2001 wirksam geworden wäre. Daher legten die Bundesregierung wie auch die Regierungsfraktionen Mitte Januar 2001 den Entwurf für ein *Altersvorsorgevermögensergänzungsgesetz* (AVmEG) vor, der nach erster Beratung u.a. an den AfArbSoz überwiesen wurde. Ende Januar wurden das AVmG und das AVmEG laut Beschlussempfehlung des AfArbSoz durch den Bundestag zunächst zusammengeführt und anschließend in zwei Teile gespalten, um das Gesetzgebungsverfahren für die vom Bundesrat nicht-zustimmungspflichtigen Teile zu beschleunigen.

Die vom Bundesrat nicht-zustimmungspflichtigen Teile der Reform – die Änderung der Rentenanpassungsformel, die Aufwertung der Erziehungszeiten und die Regelungen zur Hinterbliebenenrente – wurden vom Bundestag am 26. Januar 2001 in das Altersvermögensergänzungsgesetz (AVmEG) überführt und in der gleichen Bundestagssitzung nach dritter Beratung in namentlicher Abstimmung gegen die Stimmen der Opposition beschlossen: 319 der 340 Mitglieder der Regierungskoalition stimmten zu, vier Grüne enthielten sich.[147] Der Bundesrat machte nicht von seinem suspensiven Vetorecht Gebrauch, so dass das Gesetz im März 2001 verkündet wurde und zum 1. Januar 2002 in Kraft trat.[148]

Die vom Bundesrat zustimmungspflichtigen Teile der Reform wurden im neuen Altersvermögensgesetz (AVmG) geregelt, das primär den Aufbau, die Abwicklung und die Förderung der privaten kapitalgedeckten Altersvorsorge zum Inhalt hatte. Darüber hinaus enthielt das AVmG die Einführung der Renteninformation, Änderungen im Bereich der betrieblichen Altersvorsorge (insb. den Anspruch auf Entgeltumwandlung und die Einführung von Pensionsfonds) sowie die Einführung einer bedarfsorientierten Grundsicherung. In Artikel 6a war das *Gesetz über die Zertifizierung von Altersvorsorgeverträgen* (Altersvorsorgezertifizierungsgesetz, AltZertG) eingebettet. Letztendlich wurde der Gesetzentwurf aufgrund der vorangegangenen Anhörungen modifiziert (Deutscher Bundestag 2001i: 41): Vorgesehen war nunmehr u.a., dass die Überprüfung und Zertifizierung der angebotenen Zusatzvorsorgeprodukte beim Bundesaufsichtsamt für das Versicherungswesen angesiedelt werden solle. Die Obergrenze für die Einzahlung in ergänzende Vorsorgeprogramme (d.h. auch die Höchstgrenze für den Sonderausgabenabzug) sollte bei maximal 4% der Beitragsbemessungsgrenze der GRV liegen, damit am Ende eines Jahres die Höhe der steuerfreien Einzah-

---

[147] Zwischenzeitlich wurde zwischen der Regierung und den Gewerkschaften die Ausgestaltung der Rentenformel verhandelt. Besonders strittig war das Zielniveau der Standardrente (mind. 67% versus 64%). Auf Druck der Gewerkschaften wurde das Vorhaben der Regierung, eine stärkere Dämpfung des Rentenanstiegs zugunsten eines stabilen Beitragssatzes durchzusetzen, wieder fallen gelassen. Kurz vor Verabschiedung der Reform kam es erneut zu Kontroversen (Nürnberger 2002: 81): Die Regierung wollte die Niveausicherungsklausel trotz den mit den Gewerkschaften vereinbarten Sicherungsziels von 67% erst greifen lassen, wenn das Netto-Rentenniveau bei 64% läge, um ein Eingreifen bei kurzfristigen Schwankungen zu vermeiden. Die von den Gewerkschaften in der Niveausicherungsklausel geforderte „67" vor dem Prozentzeichen war in dem laufenden Gesetzgebungsverfahren zwar nicht mehr einzubringen, da dies die anstehende Verabschiedung des Gesetzes gefährdet hätte, allerdings setzte die Regierungskoalition einen Entschließungsantrag durch, der baldmöglichst eine entsprechende Gesetzesänderung vorsah (Deutscher Bundestag 2001e). Der im Verlauf des Reformprozesses diskutierte Ausgleichsfaktor wurde zugunsten einer geänderten Rentenanpassungsformel, die den Aufbau der geförderten Altersvorsorge berücksichtigt, aufgegeben. Diese sah vor, dass die Rentenanpassungen ab 2003 acht Jahre lang jährlich um jeweils 0,5% gekürzt werden.
[148] Gesetz zur Ergänzung des Gesetzes zur Reform der gesetzlichen Rentenversicherung und zur Förderung eines kapitalgedeckten Altersvorsorgevermögens (Altersvermögensergänzungsgesetz, AVmEG) vom 21. März 2001 (BGBl. I, S. 403ff.).

lung in den Vorsorgevertrag des Folgejahres bekannt sein würde. Zur Verfahrenserleichterung berechnete sich die Mindesteigenleistung zudem nicht mehr – wie zunächst geplant – aus dem beitragspflichtigen Arbeitseinkommen des laufenden, sondern aus jenem des Vorjahres. Diesem Gesetzentwurf stimmte der Bundestag am 26. Januar 2001 nach dritter Beratung bei namentlicher Abstimmung zu. Da der Bundesrat aber die Zustimmung zum Gesetzentwurf versagte, rief die Bundesregierung den Vermittlungsausschuss an.

4.4.3 Vermittlungsausschuss zum AVmG

Am 16. Februar 2001 wurden die beiden Gesetzesentwürfe zum AVmG und zum AVmEG im Bundesrat behandelt. Der Bundesrat ließ das AVmEG passieren, so dass es zum vorgesehenen Termin in Kraft treten konnte und wie erwartet fanden dort die im AVmG enthaltenen zustimmungspflichtigen Elemente keine Mehrheit. Bei der Beratung problematisierten auch die SPD-geführten Bundesländer besonders die aus der Reform resultierenden Kosten bzw. die Steuerausfälle, für die sie vom Bund ihres Erachtens nicht ausreichend entschädigt werden sollten. Die unionsgeführten Bundesländer forderten darüber hinaus inhaltliche Änderungen bei der Förderung der unteren Einkommensschichten und Familien und verlangten eine Vereinfachung der Förderung und die Integration von Immobilien in das Förderkonzept. Angesichts dessen legte Riester auf dem ersten Treffen des Vermittlungsausschusses im März 2001 ein umfassendes Angebot vor, das im Kern eine Verlagerung des 21 Mrd. DM (11 Mrd. €) umfassenden Fördervolumens hin zu Geringverdienern und Familien, die Begrenzung des Steuerfreibetrags für die private Vorsorge auf 4.200 DM (2.147 €; anstelle der 4% der Beitragsbemessungsgrenze) und eine 33%-ige Erhöhung des Erstattungsbetrags an die Kommunen für die Grundsicherung vorsah (von 600 Mio. DM auf 800 Mio. DM bzw. von 307 Mio. € auf 409 Mio. €). Für die Union war dieses Angebot unzureichend (FAZ 2001); dennoch verabschiedete der Vermittlungsausschuss im Mai 2001 mit rot-grüner Mehrheit eine entsprechende Beschlussempfehlung (Deutscher Bundestag 2001d). Der Bundestag stimmte der Beschlussempfehlung in seiner 168. Sitzung bei namentlicher Abstimmung zu (Deutscher Bundestag 2001b), so dass der Bundesrat abschließend entscheiden musste.

Während die Regierungskoalition der 14. Legislaturperiode über eine stabile Mehrheit verfügte, war die Bundesregierung seit den Landtagswahlen im Herbst 1999 im Bundesrat auf die Stimmen von Bundesländern angewiesen, in denen die CDU, die PDS oder die FDP an der Regierung beteiligt war. Die Bundesregierung verfolgte im Vorfeld der Abstimmung erfolgreich die Strategie, gemischt regierte Länder vom Vorteil einer Zustimmung zu überzeugen bzw.

durch einzelne Zugeständnisse die notwendigen Stimmen zu „erkaufen":[149] So konnte etwa die sozial-liberale Koalition aus Rheinland-Pfalz für das Reformgesetz gewonnen werden, indem dem Drängen der FDP nach Aufnahme von Wohneigentum in den Förderkatalog kurz vor der entscheidenden Bundesratssitzung entsprochen wurde (Lamping/Rüb 2004: 183; Lamping/Vergimst 2004: 22). Die Großen Koalitionen aus Berlin und Brandenburg stimmten zu, da ihnen als „Lockmittel" (Hemerijck/Vail 2004: 37) zum einen eine Neuregelung des Länderfinanzausgleichs und zum anderen ca. 1.000 neue, vom Bund finanzierte Behördenarbeitsplätze zur Verwaltung der Riester-Rente im Raum Berlin/Brandenburg in Aussicht gestellt wurden, und zwar die Einrichtung der Zentralen Zulagestelle für Altersvermögen (ZfA) bei der Bundesversicherungsanstalt für Angestellte (Harlen 2002: 76; Heimpel 2003: 70f.; Merkel 2003: 177f.; Vail 2003: 59; Zohlnhöfer, R. 2003: 412).[150] Zwar hatte auch die rot-grüne Landesregierung aus Nordrhein-Westfalen gefordert, dass die in Bochum ansässige Bundesknappschaft, die mit dem Rückgang des Bergbaus auch Versicherte verloren hatte, diese Aufgaben übernehmen solle; sie stimmte der Rentenreform aber auch zu, ohne den Zuschlag zu erhalten. Überraschenderweise stimmte auch der Ministerpräsident Mecklenburg Vorpommerns, Harald Ringstorff (SPD), für das Gesetz und überging damit das Votum seines damaligen Koalitionspartners.[151] Die große Koalition aus Bremen enthielt sich. Auf diese Weise konnte im Ergebnis im Bundesrat am 11. Mai 2001 bei der Abstimmung mit 38 zu 28 Stimmen bei 3 Enthaltungen die erforderliche Mehrheit erreicht werden. Das Gesetz vom 26. Juni 2001 wurde am 29. Juni 2001 verkündet und konnte rückwirkend zum 1. Januar 2001 in Kraft treten.[152] Tabelle 5 gibt die wesentlichen Stationen des parlamentarischen Gesetzgebungsprozesses im Überblick wieder.

---

[149] Im Mai 2001 verfügte die rot-grüne Regierungskoalition über 23 „sichere" Stimmen im Bundesrat: Hamburg (3 Stimmen), Niedersachsen (6), Nordrhein-Westfalen (6), Sachsen-Anhalt (4), Schleswig-Holstein (4). Die Opposition zählte 28 Stimmen: Baden-Württemberg (6), Bayern (6), Hessen (5), Saarland (3), Sachsen (4), Thüringen (4). Das „neutrale Lager" zählte 18 Stimmen: SPD/PDS-Regierung in Mecklenburg-Vorpommern (3), SPD/FDP-Regierung in Rheinland-Pfalz (4), Große Koalition in Berlin (4), in Brandenburg (4) und in Bremen (3). Für eine Mehrheit im Bundesrat waren 35 Stimmen erforderlich, so dass für die Verabschiedung die Zustimmung der großen Koalitionen erforderlich, aber nicht ausreichend war. Daher mussten weitere, gemischt regierte Länder davon überzeugt werden, der Rentenreform zuzustimmen (Merkel 2003; Pilz 2004: 130f.).
[150] Riester führte aus, dass das Land Brandenburg neben Mecklenburg-Vorpommern und Berlin der „dritte Wackelkandidat" war: „Das änderte sich allerdings schnell, als bekannt wurde, dass die neue Zentralstelle für das Altersvermögensgesetz in Cottbus eingerichtet werden sollte" (Riester 2004: 169). Zum Abstimmungsverhalten Brandenburgs vgl. Ministerium des Innern Brandenburg (2001).
[151] Die PDS hatte sich im Vorfeld ausdrücklich *gegen* eine ersetzende kapitalgedeckte Rente ausgesprochen, so dass Ringstorffs Verhalten zur Koalitionskrise in Mecklenburg-Vorpommern führte (Merkel 2003: 178).
[152] Gesetz zur Reform der gesetzlichen Rentenversicherung und zur Förderung eines kapitalgedeckten Altersvorsorgevermögens (Altersvermögensgesetz, AVmG) vom 26. Juni 2001 (BGBl. I, S. 1310ff.).

Tabelle 5: Stationen der parlamentarischen Gesetzgebung

Beschlüsse und Dokumente
Gesetzentwurf der Fraktionen SPD und B90/Die Grünen: Entwurf eines Gesetzes zur Reform der gesetzlichen Rentenversicherung und zur Förderung eines kapitalgedeckten Altersvorsorgevermögens; Altersvermögensgesetz – AVmG (BT-Drs.14/4595 vom 14. November 2000)
Erste Lesung im Bundestag (Plenarprotokoll 14/133 vom 16. November 2000)
Öffentliche Anhörungen (Ausschussdrucksachen 14/1080 bzw. 14/1081 vom 8. bzw. 12. Dezember 2000 und Protokolle 14/69, 14/70 und 14/71 des AfArbSoz vom 11., 12. und 13. Dezember 2000)
Erste Beratung im Bundesrat (Plenarprotokoll 758 vom 21. Dezember 2000)
Gesetzentwurf der Bundesregierung (BT-Drs. 14/5068 vom 12. Januar 2001)
Öffentliche Anhörung (Protokoll 14/75 des AfArbSoz vom 19. Januar 2001)
Änderungsanträge der Fraktionen der SPD und B90/Die Grünen zum Entwurf des AVmG (Ausschussdrucksachen 14/1185 u. 14/1186 vom 23. Januar 2001)
Beschlussempfehlung AfArbSoz (BT-Drs. 14/5146 vom 24. Januar 2001); Bericht Haushaltsausschuss (BT-Drs. 14/5148 vom 25. Januar 2001)
Bericht Ausschuss für Arbeit und Sozialordnung (BT-Drs. 5150 vom 25. Januar 2001); Entschließungsantrag der Fraktionen SPD und B90/Grüne zu der dritten Beratung des Gesetzentwurfs (BT-Drs. 14/5164 vom 25. Januar 2001)
Zweite und Dritte Lesung im Bundestag: Spaltung des ursprünglichen AVmG in ein neues Altersvermögensgesetz (AVmG) und das Altersvermögensergänzungsgesetz (AVmEG); Gesetzesbeschlüsse durch namentliche Abstimmungen zu den Entwürfen (Plenarprotokoll 14/147 vom 26. Januar 2001)
Zweiter Durchgang im Bundesrat: AVmEG passiert den Bundesrat ohne Einspruch; dem AVmG wird nicht zugestimmt (Plenarprotokoll 759 vom 16. Februar 2001)
Anrufung des Vermittlungsausschuss durch die Bundesregierung (BT-Drs. 14/5367 vom 19. Februar 2001)
Verkündung des AVmEG vom 21. März 2001 im BGBl I, S. 403ff.
Beschlussempfehlung und Bericht des Vermittlungsausschusses zum AVmG (BT-Drs 14/5970 vom 8. Mai 2001)
Gesetzesbeschluss zum AVmG im Bundestag: Zustimmung zur Beschlussempfehlung des Vermittlungsausschusses (Plenarprotokoll 14/168 v. 11. Mai 2001); AVmG passiert Bundesrat am 11. Mai 2001(Plenarprotokoll Nr. 763)
Verkündung des AVmG vom 26. Juni 2001 im BGBl I, S. 1310ff.

Quelle: Eigene Darstellung.

4.5 Fazit: Konfliktreicher, diskontinuierlicher Reformprozess

Die Ausführungen zum politischen Willensbildungs- und Entscheidungsprozess zur Rentenreform 2001 verdeutlichen, dass die sozialen Sicherungssysteme in Deutschland von den politischen Entscheidungsträgern seit Mitte der 1990er Jahre zunehmend als reiner Kostenfaktor betrachtet wurden und zur Steigerung der Wettbewerbsfähigkeit der Unternehmen minimiert werden müssten. Die Senkung der Lohnnebenkosten avancierte so zum Hauptziel entscheidender sozialpolitischer Reformvorschläge, insbesondere der prognostizierte Anstieg der Beitragssätze zur GRV galt über die Parteigrenzen hinweg als untragbar. Infolgedessen ging es bei der Rentenreform 2001 erstmals nicht um die Gewährung eines bestimmten Sicherungsniveaus; maßgebliches rentenpolitisches Ziel wurde stattdessen die Stabilisierung des Beitragssatzes zur GRV, der die Höhe des Rentenniveaus untergeordnet wurde. Die inhaltliche Umorientierung weg von originären sozialpolitischen Zielen hin zu einer Funktionalisierung der Alterssicherungspolitik als Mittel zum Erreichen wirtschafts- und beschäftigungspolitischer Zielsetzungen, spiegelt sich auch in der Gesetzesbegründung der Bundesregierung wider, in der es im Wortlaut hieß:

„Die notwendige Reform der Alterssicherung verfolgt das Ziel, die Rentenversicherung auch langfristig für die jüngere Generation bezahlbar zu erhalten und ihr im Alter einen angemessenen Lebensstandard zu sichern. Die damit verbundene Beitragssatzstabilisierung schafft eine wichtige Voraussetzung für mehr Wachstum und Beschäftigung und zur Sicherung des Wirtschaftsstandortes Deutschland" (Deutscher Bundestag 2000c: 1).

Damit ist in der deutschen Rentenpolitik ein Paradigmenwechsel eingeleitet worden, der eine deutliche Verschiebung der Gewichte der einzelnen Schichten der Alterssicherung impliziert und zusammenfassend als Teil-Privatisierung der Alterssicherung bezeichnet werden kann (Kap. 3.5).[153] Eine solch schwerwiegende Veränderung ist angesichts des Regierungswechsels hin zu Rot-Grün im Jahr 1998 gemeinhin nicht antizipiert worden, da die Sozialdemokraten privater Vorsorge anstelle von staatlichen Sicherungssystemen bis dahin eher skeptisch gegenüberstanden. Vielmehr war die Rücknahme der Leistungskürzungen der Vorgängerregierung ein zentrales Wahlversprechen der SPD gewesen und in

---

[153] Zur Diskontinuität und Abweichung von der bisher eingeschlagenen Rentenpolitik und zur institutionellen Veränderung des Alterssicherungssystems durch die Reform 2001 siehe Bönker (2005: 337); Christen (2001); Deutsche Bank Research (2003c); Deutsche Bundesbank (2002); Hering (2004b: 105); Hinrichs, K. (2000a; 2005); Hinrichs, K./Kangas (2003); Lamping/Rüb (2004); Michaelis (2000); Nullmeier (2003: 167); Raffelhüschen (o.J.: 1); Riester (2004: 7); Rüb (2003); Ruland (2000); Schmähl (2001; 2004); Schmidt, M.G. (2003: 247ff.; 2005: 117f.); Vail (2003: 54 -60).

deren Programmatik war zwar vage eine Ergänzung, nicht aber der Ersatz von Leistungen der GRV durch private kapitalgedeckte Vorsorgeformen enthalten.

Der Verabschiedung dieser Reform ging ein konfliktreicher, diskontinuierlicher Reformprozess voraus: Zwar hatten sich – mit Ausnahme der PDS – alle Bundestagsparteien im Wahlkampf 1998 für eine Ergänzung der Leistungen der GRV durch private und betriebliche Vorsorgeformen ausgesprochen, allerdings bestanden zum Teil erhebliche Differenzen hinsichtlich der konkreten Umsetzung. Die Ausgestaltung und der Umfang der Förderung sowie die Kriterien für die Zertifizierung von Altersvorsorgeprodukten stellten sich als besonders strittige Punkte heraus,

> „teils weil sie die Kapitalverwertung einschränken, teils weil bestimmte Kapitalfraktionen (z.B. Banken und Investmentfonds) sich durch die z.T. auf Versicherungen zugeschnittenen Bedingungen benachteiligt sehen" (Unterhinninghofen 2002: 221).

Über die Zertifizierungskriterien, Fördermodelle und die förderungswürdigen Anlageformen wurde im politischen Prozess kontrovers diskutiert und bis zur endgültigen Verabschiedung der Rentenreform 2001 wurden diese Elemente mehrfach und mitunter erheblich modifiziert. Die Aufkündigung der Rentenkonsensgespräche wie auch das negative Votum der Union bei der Abstimmung der Reform im Bundestag ist allerdings eher auf parteipolitisches Kalkül, denn auf unüberwindbare inhaltliche Differenzen zurückzuführen (Auth 2002: 304): So lehnte die CDU/CSU-Fraktion z.B. Reformelemente ab, die in ihrem eigenen 1997 verabschiedeten Konzept enthalten gewesen waren. Um ihren Konsenswillen zu signalisieren und um die Opposition von ihrer Blockadehaltung abzubringen, machte die rot-grüne Regierung Zugeständnisse bei der finanziellen Förderung der privaten Zusatzvorsorge, die über die Forderungen der CDU/CSU hinausgingen. Die Union gab ihre ablehnende Haltung aber bis zuletzt nicht auf und auch in der abschließenden Abstimmung über das Ergebnis des Vermittlungsverfahrens im Bundesrat stimmten die CDU/CSU-regierten Länder primär „aus taktischen Überlegungen, nicht aus grundsätzlicher Ablehnung der politischen Zielsetzungen (...) gegen das ‚Altersvermögensgesetz'" (Unterhinninghofen 2002: 217). Der außerparlamentarische Widerstand der Gewerkschaften war bis dahin wenig koordiniert und nur bedingt wirksam gewesen, denn auch innerhalb der Gewerkschaften war umstritten, welcher Kurs bei der Debatte um die Rentenreform konkret verfolgt werden sollte (ebd.).[154] Die Regierung berück-

---

[154] Während die Sozialpolitiker unter den Gewerkschaftern insbesondere die Nicht-Beteiligung der Arbeitgeber an der privaten Zusatzvorsorge kritisierten, da sie die paritätische Finanzierung einer lebensstandardsichernden Altersrente gefährdet sahen, befürworteten die Tarifpolitiker genau diese Stossrichtung, da hiermit ein neues tarifpolitisches Terrain erschlossen werden könnte.

Fazit: Konfliktreicher, diskontinuierlicher Reformprozess 137

sichtigte Gewerkschaftsforderungen erst, als sie nach dem Rückzug der parlamentarischen Opposition aus den Rentenkonsensgesprächen auf einen Schulterschluss mit den Gewerkschaften angewiesen war. Die Durchsetzung der Rentenreform gegen den Widerstand der Opposition *und* der Gewerkschaften wurde nämlich als politisch riskant eingestuft (so auch die Einschätzung von Busemeyer 2005: 585f.; 2006: 420ff.). Als die innerparteiliche Linke der SPD androhte, ihre Zustimmung zum Reformvorhaben zu verweigern, musste die Regierung zwangsläufig auf den gewerkschaftsnahen Parteiflügel eingehen, um im Bundestag überhaupt die erforderliche Mehrheit zu erzielen (Czada 2004: 145f.).

Die verabschiedeten Reformgesetze sind als Abfolge additiver Teilfestlegungen zu verstehen, die im Rahmen bilateraler Verhandlungen zwischen dem BMA und den beteiligten Partnern ausgehandelt worden waren (Nullmeier 2003: 178). Ein linearer und stringenter Reformprozess war schon allein deswegen unmöglich, da selbst innerhalb der SPD kein einheitliches rentenpolitisches Konzept verfolgt wurde. Während das SPD-Wahlprogramm, der Koalitionsvertrag der rot-grünen Regierung wie auch das Rentenkorrekturgesetz nur allgemeine Aussagen enthielten, die unterschiedlich interpretiert und ausgestaltet werden konnten, verfolgten einzelne Politiker der SPD konträre sozialpolitische Linien, wobei sich nicht alle Vorschläge an der geltenden Parteiprogrammatik orientierten.[155] Die vielen Änderungen im Verlauf des Reformprozesses zeugen zugleich vom Versuch der Regierung, den Forderungen anderer Akteure des rentenpolitischen Entscheidungskerns entgegenzukommen, um die Reform im Konsens zu verabschieden. Der politische Weg zur Teil-Privatisierung der Alterssicherung ist damit nicht logische Konsequenz der neuen parteipolitischen Zusammensetzung der Bundesregierung oder zwangsläufig als Folge externer Entwicklungen zu verstehen (in diesem Sinne auch Nullmeier 2003: 183f.). Stattdessen

> „bietet sich eher eine an wechselnden Akteurskonstellationen und Einflussstrukturen sowie situativen Elementen ansetzende Erklärung für den Verlauf einer Alterssicherungspolitik an, die in hohem Maße von Oszillationen zwischen Problemlösungen und Reformkonzeptionen geprägt ist" (Nullmeier 2003: 183).

Angesichts dessen stellt sich die Frage nach den institutionellen wie auch personellen Veränderungen im rentenpolitischen Policy-Netzwerk. Es gilt zu klären, inwiefern politikfeldspezifische Konstellationen und Akteursbeteiligungen den Paradigmenwechsel in der Rentenpolitik befördert und den Zugang der Finanzdienstleistungsbranche zu diesem Netzwerk ermöglicht haben (Kap. 5). Hieran schließt die Untersuchung zum Einfluss der Finanzdienstleistungsbranche beim Zustandekommen der Rentenreform 2001 an (Kap. 6).

---

[155] Zu den Auswirkungen der innerparteilichen Richtungskonflikte der SPD siehe Kap. 5.2.

5 Veränderungen im rentenpolitischen Policy-Netzwerk

Die Einflussmöglichkeiten von Verbänden und Unternehmen hängen zuvorderst von der staatlich legitimierten Möglichkeit der direkten Teilnahme am sowie der indirekten Einflussnahme auf politische Entscheidungsprozesse ab. Des Weiteren wird der Zugang von außen stehenden institutionellen und individuellen Akteuren zum „Policy-Netzwerk" durch dessen Struktur und Stabilität bestimmt (Kap. 2.4). Die Beschaffenheit des Policy-Netzwerks determiniert aber nicht nur die Zugangs- und Einflusschancen (lobbyistischer) Akteure zu politischen Entscheidungsträgern, sondern entscheidet auch über die Offen- oder Geschlossenheit für neue, nicht pfadabhängige Problemlösungen (Winter 2004: 773f.). Angesichts dessen steht am Anfang der Untersuchung der Einflusskanäle der Finanzdienstleistungsbranche eine Analyse der Beschaffenheit und Zusammensetzung des rentenpolitischen Policy-Netzwerks. Im Mittelpunkt steht die Frage, ob institutionelle Veränderungen im Policy-Netzwerk (Kap. 5.1) oder personelle Wechsel auf rentenpolitisch relevanten Positionen (Kap. 5.2) den Zugang der Finanzbranche zum rentenpolitischen Entscheidungskern erklären können.

5.1 Institutioneller Akteurswechsel

Das rentenpolitische Policy-Netzwerk in Deutschland war bis Mitte der 1990er Jahren durch zwei besonders stark ausgeprägte Merkmale gekennzeichnet: *Zum einen* war der entscheidungsrelevante Akteurskreis des Netzwerks relativ beschränkt, da ihm seinerzeit nur ca. 30 Personen – die so genannte „Gemeinschaft der Rentenmänner" – angehörten (Nullmeier/Rüb 1993: 301f.).[156] Der rentenpo litische Kern des Politikfeldes bestand aus hochgradig spezialisierten Experten,

---

[156] Hierzu zählten die führenden Mitarbeiter der Abteilung Rentenversicherung im BMA, der Bundesarbeitsminister und dessen Staatssekretäre, die Geschäftsführer einiger Rentenversicherungsträger (insb. der BfA) und des VDR, die Rentenexperten des Deutschen Gewerkschaftsbundes und der Deutschen Angestellten-Gewerkschaft sowie jene der Bundesvereinigung der Deutschen Arbeitgeberverbände, die Rentenexperten und wissenschaftlichen Mitarbeiter der Bundestagsfraktionen (zeitweilig auch die Partei- und Fraktionsspitzen selbst) sowie einzelne Wissenschaftler, insb. Mitglieder des Sozialbeirats (Nullmeier/Rüb 1993: 301f.).

auf langjährige gemeinsame Erfahrungen zurückblickten und in der Alterssicherungspolitik im Kern gleiche Grundpositionen vertraten (Nullmeier/Rüb 1993; PEN-REF Consortium 2002). Die häufigen formellen und informellen Interaktionen der politischen Entscheidungsträger und deren organisatorische Verflechtung führten zu einer selektiven, ideologisch kohärenten und institutionell wechselseitig voneinander abhängigen Policy-Community mit relativ stabilen Beziehungsstrukturen (Ney 2001; Winter 1997). *Zum anderen* war das Politikfeld Alterssicherung von anderen Politikfeldern weitgehend abgeschirmt, was die relativ stark ausgeprägte Autonomie des Bundesministeriums für Arbeit und Sozialordnung (BMA) erklärt: Bis Anfang der 1990er Jahre herrschte die atypische Situation, dass ein einziges Ministerium nahezu unabhängig seine politischen Leitlinien festlegen konnte, ohne andere Ministerien im Entscheidungsprozess integrieren zu müssen; das Politikfeld Alterssicherung war nur wenig und nur mit der Finanz- und Haushaltspolitik verbunden. Wenngleich dem Bundesministerium der Finanzen (BMF) im Hinblick auf die Höhe des Bundeszuschusses zur GRV ein deutliches Mitspracherecht eingeräumt wurde, nahm das BMF in der Rentenpolitik die Rolle eines nicht-inkorporierten staatlichen Akteurs ein, mit dem von Seiten des rentenpolitischen Policy-Netzwerks Konflikte ausgetragen werden mussten (Lamping/Rüb 2004; Nullmeier/Rüb 1993).[157]

Letztendlich hatte sich in der Rentenpolitik – institutionell, personell und normativ – ein stabiles Netzwerk entwickelt, dessen gemeinsamer Nenner die Orientierung am Sozialversicherungsparadigma war, wenngleich es bei der konkreten Umsetzung mitunter erhebliche inhaltliche Differenzen gab (Nullmeier 1996). Durch die Isolierung der Rententhematik von anderen Politikfeldern gelang es dem Policy-Netzwerk bis Mitte der 1990er Jahre, weitgehend unabhängig das Agenda-Setting, die Problem- und die Politikformulierung zu bestimmen. Die Handlungsnotwendigkeiten wurden von der rentenpolitischen Policy-Community derart formuliert, dass die zu entwickelnden Lösungen ausschließlich im Rahmen der institutionellen Logik des bestehenden Rentensystems bleiben würden (PEN-REF Consortium 2002: 35f.). Angesichts dessen erschien eine paradigmatische Umorientierung der Rentenpolitik äußerst unwahrscheinlich, zumal die stärksten Verfechter einer Teil-Privatisierung der Alterssicherung – die Akteure der Finanzdienstleistungsbranche – in dieser Phase keinen direkten Zugang zum rentenpolitischen Policy-Netzwerk hatten. Zwar gab es auf dem Gebiet der Finanzpolitik bereits Verbesserungen insbesondere für den Banken- und Investmentsektor. Allerdings konnte sich die Finanzdienstleistungsbranche im rentenpolitischen Policy-Netzwerk erst zu einem einflussreichen Akteur ent-

---

[157] Beide Charakteristika werden darauf zurück geführt, dass es sich bei dem Leistungsspektrum der Rentenversicherung um reine Transferpolitik handelt, bei der keine weiteren Dienstleistungen erbracht werden (Nullmeier/Rüb 1993: 300).

wickeln, als sich dort gegen Ende der 1990er Jahre institutionelle Veränderungen abzeichneten: Während einige Akteure von einer zentralen Position an den Rand des Policy-Netzwerks gedrängt wurden (Kap. 5.1.1), etablierten sich andere Akteure neu in diesem Politikfeld (Kap. 5.1.2).

5.1.1 Alte, vormals zentrale Akteure geschwächt

Der im Jahr 1958 gegründete Sozialbeirat ist ein institutionalisiertes Beratungsgremium für die gesetzgebenden Körperschaften und für die Bundesregierung in Fragen der GRV und die zentrale Instanz der rentenpolitischen Politikberatung in Deutschland.[158] Die Hauptaufgabe des Sozialbereirats besteht im Verfassen eines Gutachtens zum jährlichen Rentenversicherungsbericht der Bundesregierung, in dem explizit zur geplanten Rentenanpassung Stellung bezogen wird. Mit der Einführung des Selbststeuerungsmechanismus im Zuge der Rentenreform 1992, die zu einer quasi automatischen Rentenanpassung auf dem Verordnungsweg führte, büßte der Sozialbeirat seinen zentralen Kompetenzbereich ein:

> „Der Sozialbeirat, begründet zur Verhinderung einer Rentenanpassungsautomatik, wird in seiner alten Funktion überflüssig. Selbst wenn sich andere Felder der Politikberatung für den Sozialbeirat ergeben sollten, ist er in entscheidendem Maße politikferner geworden und hat damit die den in ihm vertretenen drei Wissenschaftlern auch die Chance auf direkten politischen Einfluß genommen. Von der Rolle eines politischen Akteurs hat sich der Sozialbeirat und haben sich die heute dominierenden Rentenexperten aus der Wissenschaft – trotz weiterhin bestehender Inkorporierung einiger Wissenschaftler in die Rentenpolitikgemeinschaft – stark entfernt" (Nullmeier/Rüb 1993: 337).

Die nunmehr relativ schwache Stellung des Sozialbeirates offenbarte sich auch im Verlauf des politischen Entscheidungsprozesses zur Rentenreform 2001, denn der Bundesarbeitsminister hat die gesetzlich vorgesehene Beratungsfunktion des Sozialbeirats hierbei nicht in Anspruch genommen. Walter Riester nahm nur ein einziges Mal an einer Sozialbeiratssitzung teil, aber nicht um sich beraten zu lassen, sondern um sich in Detailfragen der Unterstützung dieses Gremiums zu versichern.[159] Eine ähnlich nebensächliche Rolle spielte die wissenschaftliche

---

[158] Der Sozialbeirat besteht aus je vier Vertretern der Versicherten und Arbeitgeber, einem der Deutschen Bundesbank und drei der Wirtschafts- und Sozialwissenschaften (Sozialbeirat 2005).
[159] So die Einschätzung eines Beiratsmitglieds in Nürnberger (2002: 90); zudem ist bei der Besetzung des Sozialbeirats durch Arbeitsminister Riester zu erkennen, dass 2000 jene Wissenschaftler, die als Vertreter des Sozialversicherungsparadigmas galten und dem Rentenreformkurs der Regierung kritisch gegenüberstanden, durch Befürworter des Mehr-Säulen-Paradigmas, ersetzt wurden (Kap. 5.2).

Politikberatung der im Frühjahr 1999 eigens durch das BMA einberufenen Professorenrunde:[160] Dieses Gremium war von Beginn an faktisch nicht in den Prozess der Konzeptentwicklung eingebunden und wurde nach viermaliger, weitgehend ergebnisloser Tagung konsequenterweise aufgelöst; auch hier war von Seiten der Teilnehmer der Expertenrunde der Eindruck entstanden, dass der Minister gar keine Beratung durch die Expertenrunde wünsche (Nullmeier 2003: 179; Nürnberger 2002: 60). Das Bundesarbeitsministerium hatte sich in der frühen Phase des Reformprozesses zwar augenscheinlich um den Aufbau eines wissenschaftlichen Beratungsgremiums bemüht, tatsächlich wurden aber weder der Sachverstand des Sozialbeirats noch die wissenschaftliche Expertise des Sozialbeirats der Professorenrunde bei der inhaltlichen Entwicklung der Reformkonzepte herangezogen.

Ähnlich erging es den sozialpolitischen Experten der SPD, die während ihrer Oppositionszeit, als der parteiübergreifende Rentenkonsens noch Bestand hatte, relativ fest im rentenpolitischen Policy-Netzwerk eingebunden waren. Im Frühjahr 1999 hatte der Bundesarbeitsminister zwar eine Koalitionsarbeitsgruppe mit dem Titel „Rentenstrukturreform" eingesetzt, welche die rentenpolitischen Inhalte der Koalitionsvereinbarung umsetzen, Nachfolgeregelungen für die ausgesetzte Reform der Vorgängerregierung erarbeiten sowie schließlich die Eckpunkte der Reform überarbeiten sollte.[161] Bei den Treffen der Koalitionsarbeitsgruppe dominierte jedoch das BMA, welches die Federführung übernahm, die zu besprechenden Punkte bestimmte und die Arbeitsgrundlagen einbrachte, während die Koalitionsarbeitsgruppe nicht in der Lage war, ihrerseits auf die inhaltliche Ausrichtung des BMA einzuwirken (Nürnberger 2002: 59). Die marginale Bedeutung dieser Gruppe im Policy-Netzwerk wird auch daran deutlich, dass nur einzelne Mitglieder, nicht aber die Koalitionsarbeitsgruppe als solche im Vorfeld über die Inhalte des im Juni 1999 veröffentlichten Eckpunktepapiers informiert wurden – geschweige denn, dass sie in die vorangegangenen Entscheidungen oder anschließenden Änderungen des Reformentwurfs eingebunden gewesen wäre. Diese wurden ausschließlich zwischen den Koalitionsspitzen verhandelt.

Den Gewerkschaften wiederum war es bereits beim Reformprozess zur Rentenreform 1999 nicht gelungen, ihr zentrales Anliegen – die Verhinderung des demographischen Faktors – im rentenpolitischen Policy-Netzwerk durchzusetzen. Die Gewerkschaften unterstützten die SPD im „Rentenwahlkampf 1998" nicht zuletzt deshalb, weil die Sozialdemokraten in ihrem Wahlprogramm die

---

[160] In diese „Professorenrunde" wurden Gerhard Bäcker, Richard Hauser, Hans-Jürgen Krupp, Frank Nullmeier, Barbara Riedmüller, Bert Rürup, Winfried Schmähl und Gert Wagner berufen.
[161] Mitglieder dieser Arbeitsgruppe waren von Seiten der SPD Adi Ostertag, Erika Lotz und Kurt Bodewig, Hildegard Wester und Carsten Schneider. Das B90/Die Grünen war durch Thea Dückert, Katrin Göring-Eckardt sowie Irmingard Schewe-Gerigk und Christian Simmert vertreten.

Rücknahme dieses Faktors angekündigt hatten.[162] Entgegen aller Erwartungen führte der anschließende Regierungswechsel hin zu Rot-Grün aber nicht dazu, dass die Gewerkschaften wieder stärker an sozial- und rentenpolitischen Diskussions- und Entscheidungsprozessen beteiligt wurden, wenngleich ihnen ein Dialog über eine Rentenreform im Rahmen des „Bündnisses für Arbeit" zugesagt worden war (Schmitthenner 1999: 205). Zwar wurde frühzeitig eine Arbeitsgruppe zur Umsetzung einer solidarischen Reform der Alterssicherung gebildet, an der im Rahmen des Bündnisses auch die Tarifparteien beteiligt waren; zu dem Zeitpunkt, als Riester die Eckpunkte der Reform vorstellte, hatte die Arbeitsgruppe aber noch nicht ein einziges Mal getagt (ebd.). In dieser frühen Phase des Reformprozesses traten die Gewerkschaften primär für den Erhalt des bestehenden Systems ein und kritisierten bedeutende Teile des Reformvorhabens.[163] Es gelang ihnen aber nicht, ihre rentenpolitischen Vorstellungen durchzusetzen, zumal die Bundesregierung zu diesem Zeitpunkt darauf hinarbeitete, die Oppositionsparteien – und nicht die Gewerkschaften – als Konsenspartner für ihre Reform zu gewinnen. Butterwegge (2002) fasst den Einfluss des Deutschen Gewerkschaftsbundes (DGB) und der Einzelgewerkschaften wie folgt zusammen:

> „Nachdem sie [die Arbeitnehmer/innen] anfänglich (teilweise sogar mit Warnstreiks) gegen die Abkehr von der solidarischen Rentenversicherung protestiert hatten, schwenkten die DGB-Gewerkschaften am Ende auf den Kurs der Bundesregierung ein, was ihnen durch die Tatsache, dass mit Walter Riester ein früherer Spitzenfunktionär der IG Metall als Verhandlungspartner auftrat, sowie durch Zugeständnisse im Hinblick auf die betriebliche Altersvorsorge erleichtert wurde" (Butterwegge 2002: 330).

Obwohl mit Walter Riester an der Spitze des BMA ein ehemaliger Vizepräsident der Industriegewerkschaft Metall (IG Metall) mit der Erarbeitung der Rentenreform betraut war, konnten gewerkschaftliche Vorstellungen lediglich gegen Ende

---

[162] Der Deutsche Gewerkschaftsbund (DGB) unterstützte die SPD mit der Kampagne „Deine Stimme für Arbeit und soziale Gerechtigkeit" und mit Finanzmitteln in Höhe von mehr als 3 Mio. € während die IG Metall im Wahlkampf mit kostspieligen Aktionen für die Rentenpolitik einer SPD-geführten Regierung warb (Die Welt 1999; Hegelich 2006: 200; Nürnberger 2002: 48f.).

[163] Grundsätzlich stimmten die Gewerkschaften der Erweiterung und Förderung ergänzender Systeme der Alterssicherung von Beginn an zwar zu, allerdings sollte der betrieblichen Altersvorsorge dabei besondere Priorität eingeräumt werden. Der DGB und insbesondere dessen stellvertretende Vorsitzende, Ursula Engelen-Kefer, hatten den Ausbau ergänzender Formen der Altersvorsorge wiederholt und explizit mit den Forderungen verbunden, dass erstens die Arbeitgeber an der Finanzierung der ergänzenden Vorsorgeformen beteiligt werden müssten, um das Prinzip der paritätischen Finanzierung der sozialen Sicherung auch auf diese Vorsorgeformen anzuwenden, und dass zweitens die Förderung der Zusatzvorsorge nicht zulasten der Ansprüche der GRV gehen, sie also nur ergänzt und nicht ersetzt werden dürfe (DGB 1999, 2000; Engelen-Kefer 2000a, 2000b; Standfest 1999, 2000).

des Reformprozesses – und überdies nur partiell – durchgesetzt werden: Die Bundesregierung griff inhaltliche Positionen der Arbeitnehmerorganisationen erst auf, als die Union aus den Rentenkonsensgesprächen ausgestiegen und damit der Versuch der überparteilichen Konsensfindung endgültig gescheitert war (Kap. 4.5). Da die Bundesregierung aber nicht in der Lage gewesen wäre, die Rentenreform gegen die parlamentarische Opposition und zugleich gegen den Widerstand der Gewerkschaften durchzusetzen, wurden im späten Stadium des Reformprozesses relativ konkrete Forderungen der Gewerkschaften berücksichtigt, wie beispielsweise Regelungen zur betrieblichen Altersversorgung und zur Niveausicherungsklausel.[164] Wenngleich den Arbeitnehmerverbänden im Policy-Netzwerk aufgrund ihres hohen Wählerpotentials zwar grundsätzlich ein informelles Veto zugesprochen wird (Riester 2004: 54; Zohlnhöfer, R. 2003: 408f.), ist die Position der Gewerkschaften während des Entstehungsprozesses der Rentenreform rückblickend als schwach und deren Einfluss auf die Umstrukturierung des Rentensystems insgesamt als gering einzustufen (Hegelich 2006: 212).

5.1.2 Neue Akteure im rentenpolitischen Policy-Netzwerk

Während die „alte" Policy Community im Verlauf der 1990er Jahre deutlich an Stabilität und Konstanz verlor, drängten gleichzeitig neue Akteure in das rentenpolitische Policy-Netzwerk, insbesondere das Bundesfinanzministerium und Vertreter der Finanzdienstleistungsbranche: Die autonome Stellung des Bundesarbeitsministeriums in der Rentenpolitik basierte bis dahin maßgeblich auf der überragenden Bedeutung der GRV im Gesamtsystem der Alterssicherung. Da deren Leistungsspektrum mit der Rentenreform 1992 wie auch mit der Rentenreform 1999 sukzessive eingeschränkt wurde, zeichnete sich ab, dass die zweite und die dritte Säule im Gesamtsystem an Bedeutung gewinnen würden. Im Bereich der Zulassung kapitalgedeckter, individueller Vorsorgeformen wie auch in Fragen der steuerlichen Förderung von Altersvorsorgeprodukten, die von Beginn an über das Einkommensteuergesetz (EStG) abgewickelt werden sollte, ist aber das Bundesfinanzministerium fachlich zuständig. Folglich wurden gerade die für die Finanzdienstleistungsbranche entscheidenden Reformelemente – z.B. die Festlegung der geförderten Produkte und die Zertifizierungskriterien – im BMF

---

[164] Der DGB betonte beispielsweise, dass die Gewerkschaften „eine Reihe von Verbesserungen gegenüber den ursprünglichen Plänen der Bundesregierung erreichen konnten" (Standfest 2001: 182). Allerdings sind diese Modifikationen vergleichsweise gering. Dazu hat u.a. beigetragen, dass die Gewerkschaften sich untereinander nicht auf eine einheitliche Strategie verständigen konnten und in Rentenfragen ein gewerkschaftsinterner Dissens zwischen den sozial- und tarifpolitischen Vertretern bestand (Nürnberger 2002: 83). Zur Rolle der Arbeitnehmervertretungen siehe Ney (2001: 34f.) und zu den Positionen und Interessen der Arbeitnehmer siehe Hegelich (2006: 202-217).

Institutioneller Akteurswechsel

ausgearbeitet. Für das BMF eröffnete sich damit die Möglichkeit, im Verlauf des politischen Entscheidungsprozesses zur Rentenreform 2001 erstmals als relevanter Akteur in diesem Politikfeld aufzutreten und zu agieren (Berner 2006: 524; Heinze 2002: 69ff.; Jochem/Siegel 2003: 12f.). Wenngleich das Bundesfinanzministerium schon gegen Ende der Amtszeit von Finanzminister Theo Waigel (CSU) zunehmend an diesem Politikfeld interessiert schien (Frankfurter Rundschau 1998), nahm der Einfluss des Finanzministeriums auf die Rentenpolitik insbesondere unter Leitung – des aus der Bankenmetropole Frankfurt am Main kommenden – Hans Eichel (SPD) zu, der direkt und öffentlich bedeutende Impulse in die rentenpolitischen Diskussionen einbrachte (Berner 2006; Die Zeit 2000b; Hegelich 2006: 243f.).[165] Angesichts der aktiven Teilnahme des Finanzministers an der rentenpolitischen Diskussion hieß es in den Printmedien seinerzeit beispielsweise: „Rente – Eichels nächste Reform" (Die Zeit 2000b) oder:

„Renten: Mut zum Systemwechsel. Finanzminister Hans Eichel nimmt eine umfassende Reform der Alterssicherung in Angriff. Die Rentner von morgen dürfen mit modernen Anlageformen fürs Alter vorsorgen" (Der Spiegel 2000d).[166]

Entsprechend waren es auch Vertreter des Bundesfinanzministeriums, die den Mitgliedern der Bundestagsausschüsse die Detailfragen zur Förderung der Riester-Rente erläuterten (Deutscher Bundestag 2001h, 2001j). Und schließlich wurde die Frage, ob eine tatsächliche Absicherung der eingezahlten Beiträge erfolgen müsse, oder ob ein „Leistungsversprechen" nicht auch eine akzeptable Lösung sei, zwischen der Investmentbranche und dem BMF – und nicht mit dem BMA – ausgehandelt (BVI 2000e: 2, siehe auch Kap. 6.1.2).

Die vormals einzig zentrale Instanz der rentenpolitischen Arena – das Bundesarbeitsministerium – war auf horizontaler Ebene nunmehr mit einem weiteren staatlichen Akteur im Politikfeld konfrontiert. Die aus der Beteiligung eines weiteren Ministeriums an der Rentenreform resultierenden miteinander konkurrierenden Problemlösungsstrategien, sozialpolitischen Ausrichtungen und institutionellen Interessen der unterschiedlichen Ministerien wirkten sich sowohl auf die inhaltliche Ausgestaltung der Politik als auch auf den Zugang von Interessengruppen zum politischen System aus (Lamping/Rüb 2004: 182f.; Nullmeier 2003: 179): Während das Verhältnis zwischen BMA und BMF in der Ära Norbert Blüm/Theo Waigel eher als konfliktreich eingestuft werden kann, strebte Walter Riester eine Kooperation beider Ressorts an, wenngleich Hans Eichel

---

[165] Hans Eichel legte z.B. ein „Sparpaket" vor, das auch Maßnahmen zur Stabilisierung der Alterssicherung enthielt (Deutscher Bundestag 1999). Das Bundeswirtschaftsministerium drängte zwar auch in das Politikfeld, spielte aber keine entscheidende Rolle (Lamping/Rüb 2004: 182).
[166] Zu „Eichels Rentenplänen" vgl. auch Der Spiegel (2000b; 2000c); Spiegel online (2000a; 2000b).

kurz nach seiner Ernennung zum Bundesfinanzminister im Frühjahr 1999 im Rahmen seines Konsolidierungskurses umfassende Einsparungen vom Arbeitsminister eingefordert hatte.[167] Trotz ihrer Zusammenarbeit verfolgten beide Ministerien aber divergierende Ziele: Das Bundesarbeitsministerium stand grundsätzlich für den Erhalt des bestehenden Systems und für eine geringfügige Verlagerung der Gewichte der einzelnen Säulen, während das Bundesfinanzministerium eine deutliche Reduktion der Bundeszuschüsse zur GRV und die komplementäre Stärkung der privaten Altersvorsorge favorisierte. Damit intendierte das BMF nicht nur eine Ausweitung seiner Regelungskompetenzen in der Alterssicherungspolitik, sondern erhoffte sich explizit eine „Belebung" des deutschen Finanzmarktes.[168] Aus der neuen Position des BMF im rentenpolitischen Policy-Netzwerk resultierte für die Finanzdienstleistungsbranche ein sehr viel besserer Zugang zum Politikfeld, da die Beziehungen zwischen den Unternehmen und Verbänden der Finanzdienstleistungsbranche zum BMF – im Gegensatz zum BMA – als „eng" gelten (Berner 2006: 524). Das BMF war somit nicht nur ein neuer Akteur im Netzwerk, der die Reformagenda mitbestimmte, sondern es fungierte darüber hinaus quasi als „drop-in centre", als „Einfallstor" für die Interessenvertreter der Finanzdienstleistungsbranche (Lamping/Rüb 2004: 182f.).

Die Finanzdienstleistungsbranche drängte schon seit längerem in das rentenpolitische Policy-Netzwerk, sie hatte bislang aber keinen effektiven Zugang und nahm deshalb auch nur eine marginale Rolle ein (Nullmeier 2001: 655). Vor dem Hintergrund der Auflösungstendenzen der „alten" Policy Community, nutzte die Finanzbranche die Chance, sich als neuen Akteur in diesem Politikfeld zu etablieren. Dies gelang ihr insbesondere auch durch eine in dieser Intensität zuvor nicht da gewesene Präsenz von wirtschaftsnahen Medien und Think-Tanks in diesem Politikfeld (PEN-REF Consortium 2002: 37). Die Rentenpolitik ist in der Folge zu einem zentralen Betätigungsfeld lobbyistischer Akteure der Finanzdienstleistungsbranche geworden, die massiv auf Leistungskürzungen der GRV und auf eine umfassende Förderung privater Altersvorsorge drängen (Kap. 6).

---

[167] Damit entstand in Deutschland – nach Aussagen von Riester – erstmalig die Situation, dass das Bundesfinanz- und das Bundesarbeitsministerium kooperierten und eine gemeinsame Grundlinie vertraten. Als Folge dieses „politischen Kulturbruchs" wurden von Seiten des BMF Fördermittel in Höhe von mehr als 10 Mrd. € bereit gestellt, so dass „das bislang größte Programm einer ergänzenden Altersvorsorge in der Geschichte der Bundesrepublik" ermöglicht wurde (Riester 2004: 100).

[168] Angesichts der anstehenden Vollendung des europäischen Finanzbinnenmarktes, zielte die Argumentation darauf ab, durch eine Förderung aktienbasierter Vorsorgeformen den Umfang und die Liquidität des deutschen Finanzmarktes zu erhöhen. Das Motiv der Finanzmarktförderung mittels einer Reform des Alterssicherungssystems wurde in dieser Phase insb. auch durch den Banken- und Investmentsektor vertreten (Kap. 6.1.2). Hierzu merkte die Versicherungswirtschaft angesichts der auf dem Markt der privaten Altersvorsorge erstarkenden Konkurrenz kritisch an, dass die Politik die Ausgestaltung der Förderung der privaten Altersvorsorge gerade nicht dem „anders gearteten Ziel der Weiterentwicklung des Finanzplatzes Deutschland unterordnen" dürfe (GDV 1998c: 14).

5.2 Personeller Akteurswechsel

Neben den Veränderungen im institutionellen Akteursset hat im rentenpolitischen Policy-Netzwerk zudem auf der Ebene der individuellen Akteure ein Wechsel stattgefunden: Als Ergebnis der Bundestagswahl im Herbst 1998 löste die rot-grüne Regierungskoalition von SPD und Bündnis 90/Die Grünen die konservativ-liberale Regierung von CDU/CSU und FDP ab. Nach diesem Regierungswechsel wurde insbesondere in der Alterssicherungspolitik ein grundlegender Politikwechsel erwartet, der sich schon im „Renten-Wahlkampf" beispielsweise durch die Ernennung des „Modernisierers" Walter Riester als Schattenarbeitsminister angedeutet hatte (Bönker 2005: 354; Egle et al. 2003).[169] Da ein Elitenwechsel in der Rentenpolitik die Durchsetzung eines neuen Rentenparadigmas unterstützen kann (Bönker 2005), stellt sich die Frage, inwiefern die primär durch den Regierungswechsel vollzogenen personellen Veränderungen eine paradigmatischen Neuorientierung im rentenpolitischen Entscheidungszentrum befördert haben. Dabei sind der innerparteiliche Richtungsstreit der SPD und personalpolitische Entscheidungen wesentliche Faktoren. Im Folgenden werden jene personellen Veränderungen analysiert, die Ende der 1990er Jahre den Wechsel vom „Sozialversicherungsparadigma" hin zum „Mehr-Säulen-Schema" unterstützt haben.[170]

5.2.1 Im Bundeskanzleramt: Von Kohl zu Schröder

Die Sozialdemokraten hatten den niedersächsischen Ministerpräsidenten Gerhard Schröder (SPD) zum Kanzlerkandidaten gekürt, nachdem dieser bei der Landtagswahl in Niedersachsen im März 1998 deutlich im Amt bestätigt worden war. Anders als der zu diesem Zeitpunkt amtierende Bundeskanzler Helmut Kohl (CDU) verfolgte Schröder – der im niedersächsischen Wahlkampf mit anonymen Großanzeigen vom Chef des Finanzdienstleisters AWD unterstützt wurde – in der Rentenpolitik nicht die Absicht, am bestehenden Alterssicherungssystem festzuhalten. Stattdessen propagierte er schon als Ministerpräsident, „dass die Weichen in der Alterssicherung in Richtung Privatvorsorge gestellt werden müs-

---

[169] Im Vergleich dazu war die Rentenpolitik beim Regierungswechsel 1982, als die christlich-liberale Regierungskoalition unter Helmut Kohl (CDU) die sozial-liberale Koalition von Helmut Schmidt (SPD) ablöste, eher durch Kontinuität gekennzeichnet. Zur „historischen Dimension" des Regierungswechsels 1998 siehe Egle et al. (2003); Stöss/Neugebauer (1998); Roth (2001).
[170] Die analytische Trennung zwischen den beiden paradigmatischen Polen der Rentenpolitik dient der schematischen Verdeutlichung der Umorientierung innerhalb des rentenpolitischen Policy-Netzwerks, wenngleich innerhalb der Paradigmen differenziertere Vorstellungen zu finden sind (vgl. zu dieser Differenzierung Bönker 2005; Hinrichs, K. 2000a: 353ff.; Hinrichs, K./Kangas 2003).

sen" (Hering 2004a: 369).[171] In der SPD war Schröder maßgeblich an der Etablierung des Ziels einer „Modernisierung" des Rentensystems in Richtung eines Mehr-Säulen-Konzepts beteiligt, das in allgemeiner Form auch in das Wahlprogramm für die Bundestagswahl einfloss. Insofern ist die „Riester-Rente" dem Ursprung nach eher eine „Schröder-Rente" (Lamping/Rüb 2006: 465f.).[172]

Der Image- und Wahlkampfberater von Gerhard Schröder und spätere Kanzleramtsminister, Bodo Hombach (SPD), spielte bei der Entwicklung und Unterstützung des Modernisierungskurses inhaltlich wie auch machtpolitisch eine zentrale Rolle: Im Bundestagswahlkampf 1998 hatte Hombach den Begriff der Orientierung auf die „Neue Mitte" entwickelt und propagiert. Das von ihm publizierte Buch „Aufbruch – Die Politik der Neuen Mitte" (Hombach 1998), zu dem Schröder das Nachwort verfasste, galt bereits vor seinem Erscheinen als „Teil des innerparteilichen Machtkampfs, der unter dem Stichwort ‚Modernisierer gegen Traditionalisten' läuft" (Geyer et al. 2005: 66; siehe auch SZ 1998a). Innerhalb der SPD war Hombach hochgradig umstritten, da sich sein Modernisierungskurs im Allgemeinen wie auch das für Schröder entwickelte Rentenkonzept im Besonderen nicht am Parteiprogramm orientierten (Hering 2004b; Hombach 1998: 214ff.). Vor diesem Hintergrund intendierte Schröder mit der relativ überraschenden Ernennung Hombachs in das Amt des Kanzleramtsministers die Errichtung eines „machtpolitischen Zentrums gegen Super-Finanzminister Oskar Lafontaine" (Wirtschaftswoche 1998). Und tatsächlich gelang es Hombach als Kanzleramtsminister, Lafontaine politisch auszugrenzen, bis dieser im März 1999 als Finanzminister wie auch als Parteivorsitzender zurücktrat (Korte 2003: 37; Lafontaine 1999: 129; Müller, Kay/Walter 2004: 171).[173] Mit diesem Rückzug war der linke Parteiflügel der SPD seiner zentralen Führungsfigur beraubt und massiv geschwächt, so dass der innerparteiliche wie auch der regierungsinterne Richtungsstreit und der „Machtkampf" in der Führungsspitze der SPD nunmehr eindeutig zugunsten der Modernisierer ausgegangen war. Unterdessen ging Schröder als neuer Parteivorsitzende gestärkt aus diesem Konflikt hervor,

---

[171] Beispielsweise betonte Gerhard Schröder in einem Spiegel-Interview als Kanzlerkandidat der SPD das Ziel der Beitragssatzstabilisierung und der Förderung von mehr „Eigenverantwortung" durch private Formen der Altersvorsorge. Wenngleich er explizit der vom designierten Arbeitsminister Riester geforderten Grundrente widersprach, betonte er die Einigkeit zwischen Riester, der SPD und ihm in der Ausrichtung der kommenden Reform (Der Spiegel 1998a, 1998b).

[172] In dem im April 1998 verabschiedeten Bundestagswahlprogramm kündigte die SPD an, bei Übernahme der Bundesregierung das Rentengesetz der Union und der FDP umgehend zu korrigieren und Voraussetzungen für die Ergänzung der gesetzlichen Rente durch private Vorsorge, Betriebsrenten und Beteiligung am Produktivkapital zu schaffen (SPD 1998: 56); siehe auch Kap. 4.2.1.

[173] Die Ernennung Hombachs zum Kanzleramtschef gilt als Exempel für die geschickte, machtabsichernde Personalpolitik Schröders, der das „Kanzlerprinzip" vor allem mit dessen Hilfe umsetzte. Nachdem Hombach seine Aufgabe als Gegenpart zu Lafontaine erfolgreich bewältigt hatte, verließ er auf Schröders Wunsch die Regierung (Die Zeit 1999c; FAZ 1999d; Schlesinger 2000; Vorrink 2001).

was ihn in die Lage versetzte, die inhaltlich-programmatische Ausrichtung der Partei auch in der Alterssicherungspolitik nach seinen Vorstellungen zu prägen.

5.2.2 Im BMA: Von Blüm zu Riester

Kurz nach seiner Nominierung zum Kanzlerkandidaten der SPD hatte Schröder dem damaligen Vizepräsidenten der Industriegewerkschaft Metall, Walter Riester (SPD), angeboten, in seinem Schattenkabinett das Amt des Ministers für Arbeit und Sozialordnung zu bekleiden. Die Nominierung Riesters als *erstes* Mitglied des Schattenkabinetts von Schröder kam für Riester selbst nach eigenen Angaben überraschend. Er sagte dem Kanzlerkandidaten erst zu, nachdem er ihm seine Vorstellungen zur Erneuerung des Rentensystems skizziert hatte, bei der es „im Kern (…) auf den Aufbau einer kapitalgedeckten, zusätzlichen Altersvorsorge" ankomme, und er sich dessen Rückhalt bei seiner sozial- und rentenpolitischen Linie sicher war (Riester 2004: 66ff.). Die Rekrutierung eines hohen Gewerkschaftsfunktionärs für das Amt des Bundesarbeitsminister galt als ein positives Zeichen an die Gewerkschaften und wird darüber hinaus als Versuch Schröders gewertet, die anstehende Rentenreform bei den Gewerkschaften konsensfähig zu machen (Derlien 2001: 43).[174] Da der innerparteiliche Richtungskonflikt der SPD in dieser Phase in vollem Gange war, bedeutete die Ernennung eines „untraditionellen Modernisierers" zum Schattenarbeitsminister eine Stärkung des rechten Parteiflügels und damit der von Schröder verfolgten (sozial)politischen Linie. Die rentenpolitischen Vorstellungen von Walter Riester, die bereits zu seinen Zeiten als IG Metall-Vizepräsident gewerkschaftsinterne Konflikte ausgelöst hatten, ähnelten nämlich denen des Kanzlerkandidaten, während sie sich deutlich von den Vorstellungen der Traditionalisten der Partei unterschieden. Mit dieser allein durch den Kanzlerkandidaten gefällten Berufung wurde der Wunschkandidat der Fraktion, der langjährige Sozialexperte Rudolf Dreßler (s.u.), vollständig übergangen. Sie deutete daher bereits den programmatischen Richtungswechsel in der Rentenpolitik an (Hinrichs, K. 2005: 70).

---

[174] Vor diesem Hintergrund kommt auch Rudzio (2003: 299) zu dem Schluss, dass die Berufung Riesters das Bemühen der Regierung Schröder widerspiegelt, wichtige Verbände einzubinden. Obgleich Riester zwar ein „Bindeglied zu den Gewerkschaften" darstellen sollte, gibt Nürnberger (2002: 44) zu bedenken, dass dieser schon bei Amtsantritt mit einer Vielzahl seiner IG Metall Kollegen zerstritten gewesen war und „deswegen von Anfang an der ‚falsche Mann' dafür [war], den Kontakt zu den Gewerkschaften zu halten." Riester war im Verlauf seiner gewerkschaftlichen Karriere vornehmlich mit tarifpolitischen Fragen betraut gewesen, mischte sich als IG Metall Vize aber auch in rentenpolitische Debatten ein und vertrat dort Positionen, die zum Teil erheblich von der traditionellen sozialpolitischen Programmatik der IG Metall abwichen (Die Zeit 1997a; Riester 2004: 64f.).

An der Spitze des Bundesarbeitsministeriums bedeutete der Regierungswechsel im Herbst 1998 das Ende der sechzehn Jahre währenden Amtszeit von Bundesarbeitsminister Norbert Blüm (CDU). Blüm galt geradezu als „Verkörperung des tradierten Rentensystems" (Nullmeier 1997: 261), zumal er das Ministerium in seiner Amtszeit strikt auf das Sozialversicherungsparadigma verpflichtet hatte (Bönker 2005: 354). An seine Stelle trat mit Walter Riester ein Verfechter des Mehr-Säulen-Paradigmas, der sich bereits im Wahlkampf für die umfassende Stärkung der 2. und 3. Säule ausgesprochen hatte (Riester in Der Spiegel 1998a; Riester in Die Zeit 1998d). Bevor der Arbeitsminister zum späteren Namensgeber der „Riester-Rente" wurde, war er jedoch wiederholt der oppositionellen und öffentlichen Kritik wie auch der Kritik aus den eigenen Reihen ausgesetzt. Um seine Vorstellungen im BMA umsetzen zu können, sah sich Riester während der Rentengespräche im Mai 2000 dazu veranlasst, den für die Rentenreform zuständigen Abteilungsleiter, Thomas Ebert, „aus politischen Gründen" (Der Tagesspiegel 2000b; Handelsblatt 2000) mit sofortiger Wirkung von seinen Aufgaben im Ministerium zu entbinden und in den einstweiligen Ruhestand zu versetzen.[175] Auch im Sozialbeirat veranlasste Riester entsprechende, strategisch motivierte Neubesetzungen, um das dortige Kritikpotential zu minimieren (s.u.). Letztlich war Riester aber nur aufgrund der Unterstützung des Kanzlers in der Lage, den Reformprozess zu einem erfolgreichen Ende zu führen, wobei die relativ schwache Stellung des Bundesarbeitsministers das aktive Auftreten des Bundesfinanzministers in der Rentenpolitik zusätzlich begünstigte (Hegelich 2006: 244; Rudzio 2003: 297).

5.2.3 Im BMF: Von Waigel über Lafontaine zu Eichel

Nach der Bundestagswahl 1998 übernahm der damalige Parteivorsitzende der SPD, Oskar Lafontaine, das Amt des Bundesfinanzministers und löste den seit 1989 amtierenden Theo Waigel (CSU) ab. Mit der Doppelfunktion war erstmalig in der Geschichte der BRD ein parteipolitischer „Vorgesetzter" des Kanzlers

---

[175] Seitens des BMA wurden keine offiziellen Angaben über die Gründe der Beurlaubung gemacht, allerdings schien das Verhältnis zwischen Riester und Ebert von Beginn an „gespannt". Die Opposition wertete die Entlassung des Abteilungsleiters als Indiz für die Schwierigkeiten des Bundesarbeitsministers mit der Reform (Der Tagesspiegel 2000a; FAZ 2000a; FTD 2000). Ebert kritisierte die Reform, da die private Altersvorsorge gegenüber der betrieblichen privilegiert und innerhalb der privaten Altersvorsorge einseitig die Versicherungsbranche subventionieren würde, da die Förderkriterien primär privaten Lebensversicherungen entsprächen. Seiner Ansicht nach sei es „unverzeihlich, der ohnehin mächtigen privaten Versicherungswirtschaft mittels einer 2-stelligen Milliardensumme an staatlichen Subventionen zusätzliche Kunden zuzutreiben, ohne im Gegenzug ihre Marktmacht deutlich zu beschränken und die Konsumentenrechte entscheidend zu stärken" (Ebert 2001: 186).

Mitglied der Regierung bzw. der Parteivorsitzende in die Kabinettsdisziplin eingebunden. In den ersten Monaten nach dem Regierungswechsel prägte Lafontaine die Richtlinien der Politik und er war in dieser Phase – neben Bundeskanzler Schröder – das einflussreichste Regierungsmitglied (Die Zeit 1998b; Egle/Henkes 2003: 75). Diese starke Position versetzte ihn in die Lage, innerhalb der SPD einen rentenpolitischen Paradigmenwechsel zu blockieren (Hering 2004b: 112).[176] In den Medien wurde er daraufhin vielfach als „Schattenkanzler" oder „Gegenkanzler" beschrieben, der Ambitionen hatte, das BMF „zum zweiten Machtzentrum neben dem Kanzleramt auszubauen" (Geyer et al. 2005: 78).[177] Schließlich unterlag Lafontaine dem Bundeskanzler im innerparteilichen Richtungsstreit und die machtpolitische Rivalität zwischen den beiden hatte ein Ende, als Lafontaine wenige Monate nach der Bundestagswahl im März 1999 von allen Ämtern zurück trat.[178] Mit dieser „bedingungslosen Kapitulation vor Gerhard Schröder" (Filc 1999: 131) war die Phase der innerparteilichen Dominanz der Traditionalisten faktisch beendet (Egle/Henkes 2003: 76). Der linke Flügel der SPD war jetzt weder im Entscheidungszentrum der Partei noch im engeren Kreis der Regierung vertreten und daher politisch massiv geschwächt (Filc 1999: 121-131; Hering 2004b: 113; Zohlnhöfer, R. 2003). In der Folge ebbte die partei- und regierungsinterne Polarisierung ab und die neue Vorsitzende der nunmehr ca. 20 Mitglieder umfassenden linken Fraktion der Partei, Andrea Nahles, schwenkte auf einen eher pragmatischen Mitte-Kurs ein (Der Spiegel 1999; Kropp 2003: 29).[179] Aufgrund des veränderten innerparteilichen Machtgefüges gelang es dem Bundeskanzler als neuem Parteivorsitzenden und als „spiritus rector" der Modernisierungsfraktion (Lamping/Rüb 2006: 465) bei der anstehenden Rentenreform neue Ideen einzuführen und durchzusetzen, die eine Abkehr von den sozialpolitischen Grundsätzen und rentenpolitischen Prinzipien der SPD bedeuteten.

---

[176] Als Verfechter des Sozialversicherungsparadigmas und Befürworter des bestehenden Rentensystems verteidigte Lafontaine die sozialpolitischen Inhalte des Parteiprogramms energisch gegenüber Schröder. So konterte Lafontaine bereits vor dem Regierungswechsel, als Schröder erstmalig seine Vorstellungen zur Modernisierung des Rentensystems öffentlich vorgestellt hatte, dass dieser den „Kompetenzvorsprung" des langjährigen Sozial- und Rentenexperten der SPD, Dreßler, anerkennen und nicht den rentenpolitischen Gehalt der SPD zerstören solle (vgl. z.B. SZ 1998d, 1998f).

[177] Oskar Lafontaine hatte bereits im Wahlkampf als Schattenfinanzminister einen Kompetenztransfer zugunsten des Bundesfinanzministeriums angestrebt. Nach dem Regierungswechsel wurden wichtige Abteilungen des Bundeswirtschaftsministeriums wie auch des Auswärtigen Amtes in das Bundesfinanzministerium überführt (Die Zeit 1998a, 1998e).

[178] Das Scheitern Lafontaines wird insbesondere auch auf das „Minister-Mobbing" (FAZ 1999d) von Bodo Hombach zurückgeführt, der den Parteivorsitzenden und Finanzminister zunehmend vom Informationsfluss abschnitt und seine Medienkontakte gezielt Boshaftigkeiten und Indiskretionen platzierte (FAZ 1999g; Geyer et al. 2005: 78; Müller, Kay/Walter 2004: 171).

[179] Hering (2004b: 114) bewertet die spätere Unterstützung der Rentenreform 2001 durch die SPD-Linke als Beleg für deren Umorientierung auf den Kurs des Bundeskanzlers und Parteivorsitzenden Schröder, um auf diese Weise wieder politisch gestaltend tätig werden zu können.

An der Spitze des Bundesfinanzministeriums führte der Rücktritt von Oskar Lafontaine zu einer umfassenden inhaltlichen Neuausrichtung: Als Nachfolge für den „Keynesianer" Lafontaine, der als Bundesfinanzminister eine expansive Ausgabenpolitik angestrebt hatte, wurde – auf Vorschlag des Bundeskanzlers – Hans Eichel (SPD) nominiert, der schon als Ministerpräsident in Hessen der Haushaltskonsolidierung oberste Priorität eingeräumt hatte (Zohlnhöfer, R. 2003: 405).[180] Wenige Wochen nach seinem Amtsamtritt legte Hans Eichel dem Deutschen Bundestag ein Sparpaket im Umfang von 30 Mrd. DM (15,3 Mrd. €) vor, das den Titel „Zukunftsprogramm 2000" trug und auch Maßnahmen zur Stabilisierung der Alterssicherung enthielt (Deutscher Bundestag 1999). Angesichts der als prekär dargestellten Lage des Bundeshaushalts begründete Eichel seinen rigiden Konsolidierungskurs mit dem Hinweis auf die potentielle Gefahr der Nicht-Einhaltung der Stabilitätskriterien der Europäischen Wirtschafts- und Währungsunion und forderte eine Haushaltskürzung für die Bundesministerien von insgesamt 7%.[181] Das Bundesarbeitsministerium war mit den durch Eichel geforderten Einsparungen in Höhe von 12 Mrd. DM (6,1 Mrd. €) besonders stark betroffen, so dass der finanzielle Handlungsspielraum von Bundesarbeitsminister Riester von vornherein eng bemessen war. Im weiteren Verlauf intervenierte Bundesfinanzminister Eichel direkt in die Rentenpolitik, indem er beispielsweise öffentlich anmahnte, dass die Reform der gesetzlichen Rentenversicherung „überfällig" sei (Eichel zitiert nach Hegelich 2006: 243).[182]

---

[180] Dies zeigen auch die personellen Veränderungen im BMF, die auf die Nominierung von Hans Eichel zum Bundesfinanzminister folgten: Die beiden von Lafontaine berufenen Staatssekretäre Heiner Flassbeck und Claus Noé, die wie Lafontaine eine expansive, nachfrageorientierte Wirtschafts- und Finanzpolitik befürworteten, wurden kurz nach dem Rücktritt Lafontaines in den einstweiligen Ruhestand versetzt und von Eichel durch Caio Koch-Weser und Heribert Zitzelsberger ersetzt, die seinen Konsolidierungskurs stützten (BMF 1998b, 1999; FAZ 1999b; Lafontaine 1999: 114).

[181] Der Einfluss des Finanzministers auf die Rentenpolitik lässt sich u.a. auf dessen Konsolidierungskurs zurückführen, dessen Legitimität „von außen" durch die Restriktionen des Stabilitäts- und Wachstumspaktes vorgegeben war und sich auf alle Politikbereiche erstreckte. Dabei betonen Leibfried/Pierson (1998: 85), dass diese Kriterien *per se* keine Haushaltskürzungen verlangen, aber unter den gegebenen Bedingungen die Positionen derer stärken, die solche Kürzungen – anstelle von Steuererhöhungen – anstreben. Zu den Auswirkungen der Stabilitätskriterien auf die Rentenpolitik vgl. Meyer (2006: 11f.); Sailer (1992); Schmähl (2005); Sommer (2007); Wehlau/Sommer (2004); zur Instrumentalisierung der Schuldendebatte für den „Abbau des Sozialstaates" in der Ära Kohl/Waigel siehe Bischoff (1995).

[182] Das Erstarken des Finanzministers im Politikfeld Alterssicherung wurde durch die Bedeutung steuerpolitischer Instrumente bei der Förderung privater und betrieblicher Altersvorsorge und durch die relativ schwache Stellung des Arbeitsministers Riester begünstigt, der von der Unterstützung des Bundeskanzlers abhing (Hering 2004a: 368; Rudzio 2003: 297; Schmitthenner 1999: 205).

5.2.4 In der SPD: Ausgrenzung von Dreßler und Schreiner

Dass der innerparteiliche Richtungsstreit der SPD in der Rentenpolitik auch über personalpolitische Entscheidungen ausgefochten wurde, lässt sich an zwei, in der Rentenpolitik aktiven Abgeordneten der SPD ablesen: Die politischen Karrieren von Rudolf Dreßler wie auch von Ottmar Schreiner fanden durch die vom Bundeskanzler maßgeblich forcierten „Modernisierungsbestrebungen" ein abruptes Ende. Rudolf Dreßler (SPD) hatte sich in den sechzehn Jahren der Regierungsopposition als sozialpolitischer Sprecher der SPD-Fraktion und langjähriger Vorsitzender der Arbeitsgemeinschaft für Arbeitnehmerfragen zum führenden Sozial- und Rentenexperten der Partei entwickelt; er „verkörperte (...) die Opposition beim Thema Sozialpolitik" (FAZ 1999a). Der „Sozialpapst der SPD" (Soziale Sicherheit 2000: 150) hatte selbst aus der Opposition heraus die Reformen der Renten- und Krankenversicherung beeinflussen können.[183] Aufgrund seiner langjährigen Parteikarriere und sozialpolitischen Expertise war Dreßler für einen Ministerposten in einem der beiden einschlägigen Ressorts für Sozialpolitik – Arbeit und Sozialordnung oder Gesundheit – geradezu prädestiniert.[184] Bei der Nominierung des Kabinetts wurde Dreßler, der als Wunschkandidat der Fraktion für das Amt des Bundesarbeitsministers galt, von Schröder schon im Wahlkampf übergangen und stattdessen der Gewerkschaftsfunktionär Riester berufen (Hering 2004b: 111). Als nach dem Regierungswechsel auch das Bundesgesundheitsministerium mit der „fachfremden" Andrea Fischer (B90/Grüne) besetzt wurde, erhielt Dreßler das Angebot, das Amt des Verbraucherschutzministers zu übernehmen oder als Botschafter der BRD nach Israel zu gehen; beides lehnte er jedoch ab, um sein Bundestagsmandat wahrzunehmen.[185] Schließlich

---

[183] Als traditionell ausgerichteter Sozialdemokrat verteidigte Dreßler in rentenpolitischen Fragen den Erhalt des überwiegend aus Beiträgen und paritätisch finanzierten Umlagesystems der GRV zur Lebensstandardsicherung und plädierte für die Erhöhung der Steuerzuschüsse und Ausweitung des beitragspflichtigen Personenkreises zur Überwindung finanzieller Engpässe sowie ggf. für eine Verlängerung der Lebensarbeitszeit oder Einrichtung eines Vorsorgefonds zur temporären Ansammlung von Kapitalreserven; Leistungskürzungen lehnte er ebenso grundsätzlich ab wie einen Systemwechsel, da dieser die Umstiegsgeneration doppelt belasten würde und statt einer Lösung des Problems der demographischen Entwicklung weitere Schwierigkeiten mit sich bringen würde (Dreßler 1997; FAZ 1998b; Interview mit Dreßler in Soziale Sicherheit 2000).
[184] Gohr (2000: 18f.) vermutet, dass Dreßler bereits bei der Rentenreform 1992 seine Karriere als Nachfolger von Blüm im Amt des Bundesarbeitsministers im Blick hatte und durch die Konsensstrategie seine persönliche Regierungsfähigkeit sowie seinen Realitätssinn unter Beweis stellen wollte.
[185] Seine Entscheidung kommentierte Dreßler mit den Worten, er wolle sich „weder ver- noch entsorgen lassen" (Dreßler zit. n. Die Zeit 1999f). Im 14. Bundestag war Dreßler als MdB weiterhin zu sozialpolitischen Fragen aktiv. Sein Einfluss war allerdings deutlich geschmälert und seine Expertenposition geschwächt, so dass er seine rentenpolitischen Vorstellungen bei der Rentenreform 2001 aus der innerparteilichen Opposition heraus nicht mehr unterbringen konnte. Mit dem Rücktritt von Lafontaine von allen politischen Ämtern verlor Dreßler zudem einen wichtigen Mitstreiter.

gab Dreßler seine langjährige Verantwortung im Bereich der Arbeitsmarkt- und Sozialpolitik im Jahr 2000 ab. Seine Nachfolgerin im Amt des stellvertretenden Vorsitzenden der SPD-Fraktion für die Bereiche Arbeit und Soziales, Frauen, Familie und Senioren, Ulla Schmidt (SPD), galt sowohl in der Parteiführung wie auch in der Sozialpolitik als „Neuling". Für die Durchsetzung der rentenpolitischen Neuausrichtung der Partei war Ulla Schmidt aber in zweifacher Weise ein Gewinn (Hering 2004b: 111f.): Zum einen zeichnete sie sich durch eine unbedingte Loyalität zum Bundeskanzler Schröder aus und da sie im innerparteilichen Spektrum der SPD zum rechten Flügel zählte, war sie in sozialpolitischen Fragen nicht an traditionelle sozialdemokratische Prinzipien gebunden (Schmidt, U. 2000). Zum anderen entwickelte sie eine sehr gute Beziehung zum Arbeitsminister und unterstützte ihn bei der Durchsetzung der Rentenreform im Bundestag.[186]

Ottmar Schreiner (SPD), sozialpolitischer Mitstreiter Dreßlers, kritisierte ebenfalls die Modernisierungsdebatte, was sich negativ auf seine eigene politische Karriere auswirkte: Schreiner hatte seit 1997 als stellvertretender SPD-Fraktionschef zusammen mit Dreßler die sozialpolitischen Themen im Fraktionsvorstand vertreten. Wenngleich Schreiner sich grundsätzlich für eine Senkung des Rentenniveaus offen zeigte, kritisierte er den umfassenden Sozialabbau. Im parteiinternen Streit der Modernisierer und Traditionalisten um die soziale Ausrichtung der SPD hatte Ottmar Schreiner in enger Abstimmung und Zusammenarbeit mit Lafontaine mehrere Projektgruppen ins Leben gerufen, um ein neues Grundsatzprogramm für die SPD zu entwerfen.[187] Nach der von Rot-Grün gewonnenen Bundestagswahl wurde Ottmar Schreiner auf Vorschlag von Oskar Lafontaine einstimmig durch den SPD Bundesvorstand zum neuen Bundesgeschäftsführer als Nachfolger von Franz Müntefering gewählt; eine Kandidatur Schreiners für das Amt des Fraktionsvorsitzenden wurde durch Schröder jedoch unterbunden (Geyer et al. 2005: 70; Lafontaine 1999: 132f.). Als in der SPD im September 1999 das Amt eines Generalsekretärs eingerichtet und zunächst kommissarisch mit Franz Müntefering besetzt wurde, trat Schreiner am Folgetag mit sofortiger Wirkung von seinem Amt als SPD-Geschäftsführer zurück. Im Frühjahr 2000 setzte sich Schreiner bei der Wahl zum Nachfolger Rudolf Dreßlers im Vorsitz der Arbeitsgemeinschaft für Arbeitnehmerfragen der SPD zwar unverhofft eindeutig gegen den parlamentarischen Staatssekretär im Arbeitsministerium, Gerd Andres, durch, obwohl Andres von Schröder favorisiert worden

---

[186] Für diesen Einsatz und ihre Loyalität wurde sie von Gerhard Schröder im Januar 2001 mit dem Posten der Gesundheitsministerin belohnt und ersetzte die zurückgetretene Andrea Fischer (B90/Grüne), wenngleich sie keine Erfahrungen in der Gesundheitspolitik vorweisen konnte.
[187] Im Februar 1998 sprachen sich Schreiner und andere Parteilinke in einem Thesenpapier implizit gegen Schröder und für Lafontaine als Kanzlerkandidat aus. Auch nach dem Regierungswechsel sah Schreiner das soziale Profil der SPD durch die Positionen des Kanzlers sowie weiterer Kabinettsmitglieder als gefährdet an und setzte sich für die soziale Ausgewogenheit von Reformmaßnahmen ein.

war. Der Einfluss der Arbeitsgemeinschaft auf die Ausrichtung von Rot-Grün relativierte sich aber merklich und Schreiner unterlag bei der Wahl zum stellvertretenden Vorsitzenden der SPD Bundestagsfraktion der gesundheitspolitischen Sprecherin der SPD, Gudrun Schaich-Walch. Faktisch war mit Schreiner ein weiterer „sozialdemokratischer Traditionalist (...) und der letzte Lafontainist" in der SPD (Der Tagesspiegel 2000c) von der innerparteilichen Modernisierungsfraktion marginalisiert und aufgrund seiner traditionell sozialdemokratisch orientierten Vorstellungen ausgegrenzt worden (Hering 2004b: 112; Ney 2001: 30).

5.2.5 Im Sozialbeirat: Neubesetzung wissenschaftlicher Mitglieder

Der Sozialbeirat ist ein institutionalisiertes Beratungsgremium, das – wie bereits angeführt wurde – u.a. mit drei Wissenschaftlern der Wirtschafts- und Sozialwissenschaften besetzt ist, deren Berufung auf Vorschlag der Bundesregierung jeweils für die Dauer von vier Jahren erfolgt.[188] Ein *unfreiwilliges* Ausscheiden aus diesem Beratergremium hatte es während des 40-jährigen Bestehens des Sozialbeirats nicht ein einziges Mal gegeben, denn sofern die wissenschaftlichen Mitglieder nicht emeritiert, verstorben oder aus eigenem Wunsch ausgeschieden sind, wurden deren Mandate stets verlängert. Mit dieser Tradition wurde im Jahr 2000 erstmalig gebrochen. Walter Riester ist damit der erste Bundesarbeitsminister in der Geschichte des Sozialbeirats, der zwei wissenschaftlichen Vertretern – darunter die des langjährigen Vorsitzenden – entgegen deren Willen aus diesem Gremium entließ (Der Tagesspiegel 2000b; Pressestelle Berlin 2000a; Sozialbeirat 2005): Obwohl sie für eine weitere Berufungsphase zur Verfügung gestanden hätten, wurde die Berufung von Prof. Ursula Köbl nach ihrer ersten Amtszeit und jene von Prof. Winfried Schmähl, der seit 1986 Vorsitzender des Sozialbeirats war, nach seiner vierten Amtszeit nicht erneuert. Beide hatten als Verfechter des Sozialversicherungsparadigmas grundlegende Kritik an den Plänen zur Teil-Privatisierung der Alterssicherung geäußert: So betonte der Sozialbeirat z.B. bereits in seinem Gutachten im Jahr 1995, dass die Regelungen der Rentenreform 1992 mithilfe weiterer stabilisierender Maßnahmen zur Lösung der Finanzierungsprobleme der GRV ausreichen würden und systemändernde Reformen *nicht* erforderlich seien (Sozialbeirat 1995: 223ff.). In der Stellungnahme des Sozialbeirats zu einigen Vorschlägen zur Reform der Alterssicherung in

---

[188] Die zentrale Funktion des Sozialbeirats besteht im Anfertigen eines Gutachtens zum jährlichen Rentenversicherungsbericht der Bundesregierung. Die Berufung der Wissenschaftler erfolgt auf Vorschlag der Bundesregierung nach Anhörung der Hochschulrektorenkonferenz. Die Berufung der Vertreter der Versicherten, Arbeitgeber und der Deutschen Bundesbank erfolgt auf Vorschlag der jeweils vertretenen Körperschaften. Der Vorsitzende wird von den Mitgliedern für zwei Jahre gewählt.

Deutschland wurde im November 1999 die Förderung zusätzlicher kapitalgedeckter Altersvorsorge zwar grundsätzlich begrüßt. Diese sollte aber auf untere und mittlere Einkommensgruppen beschränkt werden (Schmähl 2000b; Sozialbeirat 1999). Demgegenüber wurden mit Prof. Bert Rürup, der als Neu-Mitglied sogleich den Vorsitz übernahm, und Prof. Barbara Riedmüller zwei SPD-Mitglieder in den Sozialbeirat berufen, die sich im Vorfeld positiv zu den Reformplänen des Arbeitsministers geäußert hatten und dessen Vorhaben, das Versorgungsniveau der GRV zu senken, grundsätzlich begrüßten. Insofern erfolgte die Neubesetzung des Sozialbeirats mit dem Ziel, für dieses Beratergremium Wissenschaftler zu nominieren, die den Regierungskurs bei der Rentenreform unterstützen würden (Hinrichs, K. 2003: 18; 2005: 70; PEN-REF Consortium 2002: 71). So hatte Riester – der ausscheidenden Ursula Köbl zufolge – zur Nicht-Verlängerung ihres Mandates erklärt:

> „Im Blick auf die anstehenden Reformvorhaben ist beabsichtigt, eine Neubesetzung vorzunehmen" (Riester zitiert nach Köbl im Handelsblatt 2000).

Entsprechend fiel das Urteil des Sozialbeirats zur Rentenpolitik der Bundesregierung in dem ersten Gutachten zum Rentenversicherungsbericht nach Neubesetzung unter dem Vorsitz von Bert Rürup insgesamt positiv aus (vgl. Pressestelle Berlin 2000b; Sozialbeirat 2000). Auch im Sondergutachten des Sozialbeirates zum Reformvorhaben der Bundesregierung wurden die Konzepte des Bundesarbeitsministeriums durch den umbesetzten Sozialbeirat nachdrücklich begrüßt und inhaltlich unterstützt (Sozialbeirat 2001).

5.3 Fazit: Umbrüche im rentenpolitischen Policy-Netzwerk

Bis Mitte der 1990er Jahre war es der Finanzdienstleistungsbranche aufgrund des stabilen, kohärenten und auf das Sozialversicherungsparadigma verpflichteten Kerns des Politikfeldes Alterssicherung nicht möglich gewesen, ihre rentenpolitischen Zielvorstellungen in das Policy-Netzwerk einzubringen und eine Umorientierung in ihrem Sinne zu befördern. Für private Formen der Altersvorsorge wurden zwar auf dem Gebiet der Finanzpolitik einige Verbesserungen für die Finanzdienstleistungsbranche durchgesetzt, eine paradigmatische Wende im Politikfeld Alterssicherung scheiterte aber u.a. an der relativ starken Geschlossenheit der Policy Community, die sich nahezu unangefochten auf das Sozialversicherungsparadigma verpflichtet hatte. Als der partei- und institutionenübergreifende Rentenkonsens zu bröckeln begann und sich Ende der 1990er Jahre im Kern des Netzwerks institutionelle Verschiebungen abzeichneten und ein personeller Wechsel vollzogen wurde, gelang es der Finanzdienstleistungsbranche sukzessive, sich zu einem einflussreichen Akteur in der Alterssicherungspolitik zu entwickeln. Dass das Bundesfinanzministerium seinerseits in dieses Politikfeld drängte, wirkte sich für die Finanzdienstleistungsbranche in doppelter Hinsicht positiv aus: Einerseits bestanden zum BMF engere Beziehungen als zum BMA, über die ein entsprechender Zugang zum rentenpolitischen Entscheidungskern generiert werden konnte. Andererseits setzte sich das BMF in dieser Phase ebenfalls für die Förderung kapitalgedeckter Altersvorsorge ein, um „den Finanzplatz Deutschland zu stärken" und um neue Handlungsbereiche für sich zu erschließen. Die bisherige Fokussierung auf das Sozialversicherungsparadigma im Zentrum des rentenpolitischen Policy-Netzwerks schwächte sich im Zuge dessen deutlich ab, da die neu in das Politikfeld eingetretenen Akteure versuchten, dort ihrerseits Konzepte und Lösungen zu platzieren und etablieren, die sich deutlich am „Mehr-Säulen-Paradigma" orientieren.

Grundsätzlich erhöhen sich die Chancen auf einen Paradigmenwechsel, wenn bei den individuellen Entscheidungsträgern – z.B. durch einen Regierungswechsel – ein umfassender personeller Wechsel in entscheidungsrelevanten Positionen ansteht. Neue Akteure sind in der Regel offener für untraditionelle, pfadabweichende Ideen, sie haften keinen „alten" Überzeugungen an und wollen sich unter Umständen gegenüber den älteren Mitgliedern des Netzwerks mit ihren neuen Positionen profilieren (Bönker 2005: 346). Auch der Regierungswechsel hin zu Rot-Grün zog auf unterschiedlichen Ebenen des rentenpolitischen Policy-Netzwerks einen umfassenden Personalwechsel nach sich. Angesichts der innerparteilichen, machtpolitischen Konkurrenzkämpfe der SPD waren die Personalentscheidungen deutlich durch den Versuch geprägt, den Modernisierungstrend der Partei in der Rentenpolitik und speziell im Hinblick auf die Rentenreform 2001 durchzusetzen. In dieser Phase wurden bei der Neubesetzung relevanter Positionen die Vertreter des Sozialversicherungsparadigmas systematisch durch Befürworter von Mehr-Säulen-Systemen ersetzt bzw. erstere durch letztere verdrängt. Da das von der Modernisierungsfraktion der Sozialdemokraten vertretene „Mehr-Säulen-Paradigma" im Einklang mit dem grundsätzlichen Interesse der Finanzdienstleistungsbranche stand, stieß diese mit ihren Konzepten und Lösungsvorschlägen bei den Entscheidungsträgern nicht mehr grundsätzlich auf Widerstand. Vielmehr zeigten sich die maßgeblichen Regierungsvertreter durchaus offen für neue, „moderne" Politikkonzepte in der Alterssicherung, da sie zum Teil selbst ähnliche Konzepte favorisierten. Insofern erklärt sich auch die Parallelität der Argumentationen, beispielsweise forderten sowohl die Finanzdienstleistungsbranche, das BMF wie auch der Modernisierungsflügel der SPD, dass die Rentenreform insbesondere die „Eigenverantwortung" der Bürger stärken und das Ziel der „Beitragssatzstabilisierung" verfolgen sollte.

Zusammenfassend lässt sich feststellen, dass die Finanzdienstleistungsbranche in mehrfacher Hinsicht von diesen zum Teil auch ineinander greifenden Entwicklungen profitierte. Für die Akteure der Finanzdienstleistungsbranche entwickelte sich spätestens mit der 14. Legislaturperiode ein effektiverer und besserer Zugang zum rentenpolitischen Policy-Netzwerk, da dies für Außenstehende nicht mehr hermetisch abgeriegelt war, sondern sich für neue Akteure öffnete. Darüber hinaus herrschte im Politikfeld nicht länger eine uneingeschränkte Verpflichtung auf die „*eine* Rentenwahrheit" (Ney 2001: 34, *Übers. D.W.*) – sprich das Sozialversicherungsparadigma – vor, denn

> „das ehedem kohärente ‚Politikparadigma' einer beitragsfinanzierten Rentenversicherung, die das Umlageverfahren anwendet und sowohl dem Äquivalenz- wie dem Solidarprinzip verpflichtet ist, befindet sich nicht mehr in einem politisch stabilen Gleichgewicht als unangefochtener Referenzpunkt der in diesem Politikbereich versammelten Akteure" (Hinrichs, K. 2000b: 311).

Vielmehr öffnete sich das Netzwerk sowohl für neue Akteure als auch für neue Ideen und systemändernde Lösungsvorschläge, die mit den Interessen der Finanzdienstleistungsbranche korrespondierten und für die sich die Vertreter der Branche bereits seit langem eingesetzt hatten. Über das Bundesfinanzministerium, das – wie die Vertreter der Finanzdienstleistungsbranche selbst – neu in das Politikfeld drängte, entstanden bessere und direktere Verbindungen zu politischen Entscheidungsträgern im rentenpolitischen Policy-Netzwerk, die zu Zeiten der alleinigen Dominanz des Bundesarbeitsministeriums im Politikfeld nicht existiert hatten. Welche konkreten Interessen die Finanzdienstleistungsbranche im Politikfeld Alterssicherung verfolgt hat, wie sie dabei vorgegangen ist und inwiefern das Reformergebnis ihren Interessen entspricht, ist Bestandteil des Kapitels 6.

6 Einfluss der Finanzdienstleistungsbranche auf die Rentenreform 2001

Als Ergebnis der Rentenreform 2001 stellen private Altersvorsorgeprodukte aufgrund der Leistungskürzungen der GRV nicht länger eine freiwillige, zusätzliche Form der Altersvorsorge, sondern zur Sicherung des Lebensstandards im Alter einen wesentlichen und notwendigen Bestandteil des zukünftigen Alterseinkommens dar (Kap. 3). Für die Anbieter von Lebensversicherungen, Banksparplänen und Investmentprodukten eröffnen sich mit der Teil-Privatisierung der Alterssicherung erhebliche Wachstums- und Profitmöglichkeiten, die zuvor aufgrund der umfassenden Leistungen der GRV relativ begrenzt waren. Der potentielle Kundenkreis der Finanzdienstleister hatte sich bis dahin auf jene Personen beschränkt, die *zusätzlich* privat vorsorgen wollten und finanziell dazu in der Lage waren. Die mit der Rentenreform 2001 politisch kreierte Nachfrage nach Altersvorsorgeprodukten bedeutet aufgrund der gleichzeitig eingeführten finanziellen Förderung privater Beiträge zu entsprechenden Vorsorgeformen eine indirekte Subventionierung der Finanzbranche (Ebert 2001: 186; Lamping/Rüb 2004: 182f.). Die Unternehmen eint zwar ein gemeinsames Interesse an der Ausrichtung und erfolgreichen Umsetzung der Reform, gleichzeitig stehen sie untereinander aber im Wettbewerb um das potentielle Anlagekapital der „Kunden".

Im Kapitel 4 wurde der politische Willensbildungs- und Entscheidungsprozess der Rentenreform 20001 beschrieben. Die Ausführungen haben sich explizit auf den allgemeinen politischen Diskurs und das parlamentarische Gesetzgebungsverfahren konzentriert, während der konkrete Einfluss der Finanzdienstleistungsbranche noch bewusst ausgeklammert wurde. Kapitel 5 diente der Darstellung des rentenpolitischen Policy-Netzwerks, da dessen Struktur und Stabilität über die Zugangschancen lobbyistischer Akteure mitentscheiden. Im Mittelpunkt dieses Kapitels stehen nun die von der Finanzbranche artikulierten Interessen und Forderungen (Kap. 6.1) und die lobbyistischen Aktivitäten und Beziehungsstrukturen der relevanten Unternehmen und Verbände (Kap. 6.2). Anschließend wird herausgearbeitet, inwiefern die Rentenreform 2001 den Zielvorstellungen und Forderungen der Branche entspricht (Kap. 6.3). Auf der Basis der Untersuchungsergebnisse wird abschließend diskutiert, in welchem Ausmaß das Politikergebnis auf deren Einfluss zurückgeführt werden kann (Kap. 6.4).

6.1 Interessen, Zielvorstellungen und Forderungen

Die Finanzdienstleistungsbranche setzt sich aus Unternehmen und Gesellschaften zusammen, die unterschiedliche Dienstleistungen im Zusammenhang mit Finanzprodukten und Kapitalanlagen erbringen, namentlich Versicherungsgesellschaften, Banken und Kapitalanlagegesellschaften. Im Zentrum der Geschäftstätigkeit von Finanzdienstleistern stehen die Anlage und Verwaltung von sowie die Vorsorge mit Vermögen, wobei sich die Branche in den Versicherungssektor, Bankensektor und Vermögensverwaltungssektor bzw. Investmentsektor untergliedert. Im Folgenden werden die Zielvorstellungen und Forderungen dieser Branche im Hinblick auf die Rentenreform 2001 dargelegt, wobei die Darstellung parallel zum politischen Prozess und für den Sektor der Lebensversicherungsgesellschaften (Kap. 6.1.1) und den Sektor der Banken und Vermögensverwaltung (Kap. 6.1.2) getrennt erfolgt.

6.1.1 Lebensversicherungsgesellschaften

Der private Versicherungssektor besteht aus unterschiedlichen Sparten, die entsprechend ihrer Hauptgeschäftszweige in vier Geschäftsfelder untergliedert werden. Die folgenden Ausführungen konzentrieren sich auf die private Lebensversicherung, da die anderen Sparten (Krankenversicherung, Rückversicherung, Schaden- und Unfallversicherung) für die Untersuchung nicht relevant sind. Die Lebensversicherung nimmt als klassische Form der privaten Altersvorsorge innerhalb der dritten Säule im Gesamtsystem der Alterssicherung eine herausragende Stellung ein, die sich im hohen Verbreitungsgrad dieser Vorsorgeform manifestiert:[189] Im Jahr 2002 belief sich die Anzahl der Lebensversicherungsverträge in Deutschland auf 91,13 Mio. und die Anzahl der deutschen Lebensversicherungsunternehmen auf 132 Gesellschaften (GDV 2003b: 7; 2003d: 2). Davon entfällt mit 47,8% fast die Hälfte der laufenden Beiträge auf die zehn größten Lebensversicherer (siehe Tabelle 6). Die Allianz Lebensversicherungs-AG (Allianz oder Allianz Leben genannt) ist mit einem Marktanteil von 13,5% (Stand 2002) mit großem Abstand Marktführer im Lebensversicherungsgeschäft.

---

[189] Der Begriff der Lebensversicherung umfasst unterschiedliche Formen langfristiger Versicherungsverträge, namentlich kapitalbildende Lebensversicherungen, die gegen Todesfallrisiken absichern und mit einer individuellen Kapitalbildung verknüpft werden, und private Rentenversicherungen, die durch die Umwandlung eines Einmalbetrags in eine Rente Sofortrenten oder aufgeschobene Renten gewähren. Die Absicherung von Hinterbliebenen ist gegen zusätzliche Prämienzahlungen grundsätzlich möglich, ebenso die Dynamisierung der Renten (Himmelreicher/Viebrok 2001: 25).

Interessen, Zielvorstellungen und Forderungen

Tabelle 6: Die zehn größten Lebensversicherer, 2002

	Verträge Anzahl in Mio.	Vers.-Summe Bestand in Mrd. €	Marktanteil nach lfd. Beitrag
Allianz	10,4	229,1	13,5%
Aachener-Münchener	4,8	99,4	5,2%
Hamburg-Mannheimer	7,2	78,0	4,4%
R+V	3,9	77,3	4,3%
Deutscher Herold	2,6	66,2	4,2%
Volksfürsorge	4,3	62,6	3,7%
Victoria	2,7	57,9	3,2%
Debeka	2,6	71,5	3,2%
AXA Colonia	2,1	55,2	3,2%
Nürnberger	2,8	82,0	2,9%
Summe	**43,4**	**879,2**	**47,8%**

Quelle: Versicherungsmagazin 12/2003 zit. n. Axel Springer Verlag (2004: 75).

Die Interessenvertretung erfolgt für alle Versicherungssparten durch den Gesamtverband der Deutschen Versicherungswirtschaft (GDV), der 1948 in Köln gegründet wurde und 1998 seinen Sitz nach Berlin verlegt hat.[190] Die Hauptaufgaben des GDV sind Öffentlichkeitsarbeit und die Interessenvertretung für seine Mitglieder auf allen politischen Ebenen:

> „Der GDV bündelt und vertritt die Positionen der deutschen Versicherungswirtschaft gegenüber der Gesellschaft, der Politik, der Wirtschaft, den Medien und der Wissenschaft. Er setzt sich für ordnungspolitische Rahmenbedingungen ein, die den Versicherern die optimale Erfüllung ihrer Aufgaben ermöglichen. Zugleich ist der Verband sachkundiger Ansprechpartner für alle die Versicherungswirtschaft betreffenden Fachfragen und steht der Öffentlichkeit mit seinem Fundus an Erfahrungen und Kenntnissen zur Verfügung. Der GDV informiert und unterstützt als Dienstleister seine Mitgliedsunternehmen, nimmt branchenrelevante politische und gesellschaftliche Entwicklungen auf und erarbeitet Lösungsvorschläge" (GDV 2008).

Das allgemeine politische Ziel der Lebensversicherungswirtschaft besteht grundsätzlich darin, gesetzliche Rahmenbedingungen herbeizuführen, welche die relevanten Kennzahlen der Lebensversicherer (z.B. die Versicherungssumme, die gebuchten Bruttoprämien, Kapitalerträge) erhöhen, bzw. Entscheidungen zu

---

[190] Zusätzlich zur GDV-Mitgliedschaft unterhält von den größten Lebensversicherern nur die Allianz in Berlin ein Hauptstadtbüro zur Vertretung unternehmensspezifischer Interessen (Kap. 6.2.5).

verhindern, die ein Absinken dieser Kennzahlen bewirken würden (Blum-Barth 2005: 77). Das Interesse der Lebensversicherer am Politikfeld Alterssicherung ist darauf zurückzuführen, dass die Ausgestaltung des Gesamtsystems der Alterssicherung direkte Auswirkungen auf die Art und Zusammensetzung der Produktpalette der privaten Lebensversicherer wie auch auf den Umfang der Versicherungsmärkte hat:

> „Je mehr Personen pflichtversichert sind und je umfassender der Leistungsumfang der staatlichen Systeme ist, desto geringer fällt zwangsläufig die Nachfrage nach privatem Versicherungsschutz aus. Länder, in denen ein großzügiges Altersvorsorgesystem aufgebaut wurde, wie etwa Deutschland und Italien, weisen eine vergleichsweise niedrige Durchdringung mit Lebensversicherungsprodukten auf" (SchweizerRück 1998: 4).

Folglich ist die Lebensversicherungsindustrie aus privatwirtschaftlichem Interesse prinzipiell an einem staatlichen Alterssicherungssystem auf möglichst niedrigem Niveau interessiert, da ein staatlich organisiertes System mit umfassendem Sicherungsschutz die Marktchancen beschränkt. Gleichzeitig ist die Versicherungsbranche speziell an einer steuerlichen Besserstellung privater Lebensversicherungen interessiert, wie z.B. der Abzugsfähigkeit von Versicherungsbeiträgen bei der Einkommenssteuererklärung oder der Steuerfreiheit der Erträge aus Kapitallebensversicherungen, da dies Wettbewerbsvorteile gegenüber den Anbietern anderer Vermögens- und Vorsorgeprodukte verschafft (Blum-Barth 2005: 88).[191]

Vorgeschichte

Die lobbyistischen Aktivitäten der Lebensversicherungsgesellschaften reichen bis in die Anfänge der privaten Versicherungsindustrie im 19. Jahrhundert zurück und hatten von Beginn an die Ausweitung der Geschäftätigkeit im Bereich der Altersvorsorge zum Ziel. Auch bei der Rentenreform 1957, als die Grundstruktur der gesetzlichen Rentenversicherung geschaffen wurde, versuchte die Versicherungswirtschaft ihre Interessen geltend zu machen, indem sie sich vehement gegen die Einführung einer lebensstandardsichernden gesetzlichen Rente einsetzte und stattdessen für eine staatliche Grundrente plädierte, die individuell durch private Vorsorge ergänzt werden sollte (GDV 1998a; Hockerts 1980, 1990; Schmähl 2007). Der Widerstand der Versicherungswirtschaft in diesem „Rentenkrieg" wurde schließlich durch die Einführung einer Beitragsbemes-

---

[191] Dabei liegt es auch im Interesse der Lebensversicherer, dass diese steuerlichen Vorteile nicht auf Produkte der Konkurrenz ausgedehnt werden und sie somit den Wettbewerbsvorteil halten können.

sungsgrenze zur GRV gebrochen, die der Branche entsprechende Spielräume verschaffen sollte, und in der Tat war das Verhältnis zwischen privater Altersvorsorge und gesetzlicher Rentenversicherung bis in die 1970er Jahre befriedet (Tichy 1998a: 30). Anlässlich des 50. Jahrestages des Gesamtverbandes der Deutschen Versicherungswirtschaft betonte dessen Präsident, Bernd Michaels:

> „Was die Lebensversicherer angeht, wurden damals bereits mit Nachdruck die gleichen Probleme diskutiert wie heute: wie sicher sind vor dem Hintergrund der Bevölkerungsentwicklung die Renten? Die Vorschläge der Lebensversicherer – staatlich garantierte Grundrente mit eigenverantwortlicher privater Eigenvorsorge zu kombinieren – sind heute aktueller denn je. Und damals wie heute hat die Diskussion um unsichere Staatsrenten das Geschäft der Lebensversicherer beflügelt" (Michaels 1998: 6).

Den Versicherungsgesellschaften ging es in Zeiten der „nichtexistenten Gegnerschaft" zwischen der Sozialversicherung und Lebensversicherung gut: Die Rentendebatten der 1950er Jahre hatten in der Bevölkerung das Bewusstsein für Grundsatzfragen und zukünftige Probleme langfristiger Altersvorsorge geschärft und die private Lebensversicherung war auch in der Konzeption des BMA fester Bestandteil der Sozial- und Wirtschaftsordnung (Tichy 1998c: 47). Als sich Ende der 1980er Jahre Finanzierungsprobleme der GRV abzeichneten, versuchten die Lebensversicherer diese Situation strategisch zu nutzen, indem sie klarstellten, dass die private Lebensversicherung die „ideale Ergänzung zu den jetzt deutlich langsamer wachsenden Renten" sei (Tichy 1998b: 59). Mitte der 1990er Jahre zeichneten sich die von der Versicherungswirtschaft entwickelten Reformkonzepte der Alterssicherung dadurch aus, dass angesichts der demographischen Entwicklung „grundlegende Strukturreformen" und „drastische Leistungseinschnitte" als dringend erforderlich erachtet wurden, um die erwartete „Ausgabenexplosion" der Sozialkassen zu begrenzen (Hülsmeier 1997: 146). So plädierte beispielsweise der Vorstandsvorsitzende der Allianz Lebensversicherungs-AG, Gerhard Rupprecht, für eine umfassende Stärkung der privaten Altersvorsorge, indem er betonte,

> „dass sich die Weiterentwicklung unserer sozialen Sicherungssysteme nicht mehr allein auf die Arbeitseinkommen und damit auf den Arbeitsmarkt stützen darf, sondern die Rendite der Kapitaldeckung und damit den Kapitalmarkt nutzen muß" (Rupprecht zitiert nach Hülsmeier 1997: 147).

Mit dem Verweis auf die Folgen der demographischen Entwicklung wurde von Seiten der Versicherungswirtschaft prognostiziert, dass „die staatliche Rentenversicherung in ihrem bisherigen Umfang nicht mehr zu finanzieren" sei (GDV 1998c: 13) und stattdessen individuelle Vorsorge zwingend notwendig wäre:

„Das demographisch bedingte Dilemma von weiter steigenden Beitragssätzen oder spürbar sinkenden Leistungen kann letztlich nur durch ein Mehr an kapitalgedeckter Eigenvorsorge gelöst werden. (...) Die Politik darf nicht stillschweigend darauf vertrauen, daß die Bürger die entstehenden Lücken eigeninitiativ durch kapitalgedeckte Vorsorge schließen – sie muß adäquate Rahmenbedingungen für die zweite und dritte Säule schaffen" (GDV 1998c: 12).

Die Versicherungswirtschaft hatte die 1997 beschlossene Absenkung der Rentenleistungen ausdrücklich begrüßt und der GDV legte dar, dass die Reform „zu größeren Versorgungslücken im Alter und zu einem steigenden Bedarf an privater Vorsorge" führen würde (GDV 1997c: 47). In der gleichen Phase verschärfte sich in der Finanzdienstleistungsbranche der Konkurrenzkampf um das potentielle Altersvorsorgekapital der Bürger (FAZ 1997; Focus 1998; Frankfurter Rundschau 1998; Handelsblatt 1998a, 1998b): Die Lebensversicherer, die bis dahin eine nahezu unangefochtene Monopolstellung auf dem Markt der privaten Altersvorsorge inne hatten, bekamen im Jahr 1998 durch die Zulassung der „Altersvorsorge-Sondervermögen" (AS-Fonds) im Rahmen des Dritten Finanzmarkt-Förderungsgesetzes starke Konkurrenz durch Banken und Kapitalanlagegesellschaften.[192] Mit Inkrafttreten dieses Gesetzes konnten auch aktienbasierte Anlageformen ein „offizielles Gütesiegel" erhalten, das ihnen ihre Eignung als Altersvorsorgeprodukt bescheinigte. Die Fondsbranche hoffte, dem Misstrauen in der Bevölkerung gegenüber Aktienanlagen damit entgegenwirken zu können. Allerdings versuchten die Lebensversicherer ihrerseits, die bestehenden Wettbewerbsvorteile zu verteidigen und ihre Marktanteile zu sichern, indem sie auf den zentralen Vorteil der Lebensversicherung im Vergleich zu reinen Kapitalanlagen verwiesen, nämlich eine Sicherheitsgarantie, die reine Anlageprodukte nicht gewährleisten könnten (GDV 1997d, 1998b).[193]

Agenda-Setting und Problemformulierung

Die 1997 von der Bundesregierung aus CDU/CSU und FDP verabschiedete Rentenreform war von der Versicherungswirtschaft grundsätzlich positiv aufgenommen worden. In Anbetracht der demographischen Entwicklung und der Erfordernisse einer aktiven Beschäftigungspolitik seien die „richtigen Weichen" gestellt worden, so der Präsident des GDV (Michaels, im Verbandsmagazin Positionen 1998a). Jedoch stand mit dem Regierungswechsel im Herbst 1998 die

---

[192] Gesetz zur weiteren Fortentwicklung des Finanzplatzes Deutschland vom 24.03.1998 (BGBl. I, S. 529).
[193] Zudem durften diese Sparpläne – laut Medienberichten auf Intervention des GDV – nicht unter dem Namen „Pensions-Sondervermögen" auf den Markt kommen (Die Welt 1998c; SZ 1998c).

Umsetzung der beschlossenen Leistungskürzungen der GRV in Frage, denn die SPD hatte im Wahlkampf angekündigt, wesentliche Elemente der 1999er Reform auszusetzen und ein neues Reformkonzept zu erarbeiten. Von Seiten des Versicherungsverbandes wurde diese Absicht heftig kritisiert. Der GDV appellierte eindringlich an die neue rot-grüne Bundesregierung, an der Senkung des Rentenniveaus von 70% auf 64% festzuhalten und flankierende Maßnahmen für den „notwendigen" Ausbau der kapitalgedeckten Altersvorsorge zu ergreifen (GDV 1998c: 13). Die von den Sozialdemokraten diskutierten Konzepte zur Einführung von Kapitalfonds und zur Ausweitung des Versichertenkreises seien hingegen ungeeignet, die Ursachen der Finanzierungsproblematik der umlagefinanzierten gesetzlichen Rentenversicherung zu beheben. Es führe vielmehr „kein Weg daran vorbei, zur Sicherung des Sozialstaates Deutschland die individuelle kapitalbildende Vorsorge nachhaltig zu fördern" (Positionen 1998d). Die anstehenden Reformen des Renten- wie auch des Steuersystems sollten daher explizit auf die Schaffung von finanziellen Spielräumen für private Altersvorsorge von Arbeitnehmern ausgerichtet werden; den Bürgern müssten „mehr Entfaltungschancen" für zusätzliche Vorsorge geboten werden (Michaels in Positionen 1998a). Um „die auftretenden Versorgungslücken in der gesetzlichen Rentenversicherung schließen zu können" (GDV 1998c: 13), müsste die private Altersvorsorge bestimmte Mindestkriterien erfüllen, namentlich die Absicherung biometrischer Risiken sowie die Garantie von Mindestleistungen.[194] Angesichts der im Koalitionsvertrag festgehaltenen Reformpläne betonte der GDV, dass die Aussicht auf eine neue Rentenreform zwei Jahre Stillstand bedeuten würde. Langfristig könnte die im Koalitionsvertrag vorgesehene Stärkung der privaten Altersvorsorge zwar dazu führen, dass die „Eigenvorsorge einen neuen Stellenwert und die Lebensversicherung eine große Zukunft vor sich" hätte (Positionen 1998c). Allerdings waren die Reformpläne der Koalition derart allgemein, dass zu diesem Zeitpunkt unklar war, was aus den Reformzielen schlussendlich werden würde. Die in den Koalitionsvereinbarungen in Aussicht gestellte Erweiterung des Versichertenkreises um Selbstständige, Freiberufler oder Beamte lehnte die Versicherungswirtschaft entschieden ab, da eine Versicherungspflicht für alle dem Bekenntnis der sozialen Marktwirtschaft zur Eigenvorsorge widersprechen und die Ausweitung des Versichertenkreises zudem den demographisch verursachten Druck auf die Beiträge verstärken würde.

---

[194] Die Forderung nach verbindlichen Qualitätsstandards für private Altersvorsorgeprodukte wurde im Verlauf des gesamten Reformprozesses vielfach wiederholt (s.u.). Selbredend hat die Versicherungswirtschaft ausschließlich Mindeststandards gefordert, welche die Lebensversicherungen ohne weiteres erfüllen. Das Plädoyer des GDV für Lebensversicherungen, welche die Versorgungslücken der GRV „qualitativ hochwertig" schließen könnten, steht im engen Zusammenhang mit der neu hinzugetretenen Konkurrenz der Investmentfonds auf dem Altersvorsorgemarkt, da Kapitalanlagegesellschaften und Banken nun ebenfalls Anlageprodukte auch als Altersvorsorge anbieten dürfen.

Konzept- und Programmentwicklung

Zu Beginn der Konzeptentwicklung der Rentenreform kritisierte die Versicherungsbranche insbesondere die vom Bundesarbeitsminister Walter Riester favorisierte Einführung von Tariffonds mit der Begründung, dass Fonds der Tarifparteien nicht nur Kapitalsammelstellen, sondern auch „Machtinstrumente" seien. Darüber hinaus würde die mit diesem Konzept verbundene Sonderabgabe „den Spielraum der jüngeren Versicherten weiter einengen, privat vorzusorgen" (Kannengießer in Positionen 1999a). Auf die Veröffentlichung des ersten Reformkonzeptes im Juni 1999 reagierte der GDV grundsätzlich positiv, da die Pläne des BMA zur Senkung des Leistungsniveaus und zur Stärkung der privaten Vorsorge zweifellos in die richtige Richtung weisen würden (GDV 1999: 12). Gleichzeitig wurden die politischen Entscheidungsträger dazu aufgefordert, den Worten zur „Förderung der privaten Altersvorsorge" auch Taten folgen zu lassen. Die Schaffung adäquater steuerlicher und ordnungspolitischer Rahmenbedingungen für den Aufbau der ergänzenden kapitalgedeckten Altersvorsorge müsse auch in Zeiten knapper Haushaltskassen und in einer Phase der Finanzkonsolidierung Priorität haben (ebd.). Dabei wurde wiederholt betont, dass kapitalgedeckte Altersvorsorge, der die Funktion zukommt, die Leistungen der GRV zu ersetzen, bestimmte Qualitätsstandards erfüllen müsse. Die von Seiten der Versicherungsbranche geforderten Qualitätsmerkmale waren indes ausschließlich Charakteristika, welche die Lebensversicherungen grundsätzlich erfüllen würden, wie z.B. die Absicherung biometrischer Risiken. Für die von der Konkurrenz des Banken- und Investmentsektors angebotenen „Altersvorsorge-Sondervermögen" galt dies hingegen nicht ohne weiteres (GDV 1999: 13).[195]

Im November 1999 veröffentlichte der GDV im Vorfeld der Rentenkonsensgespräche zwischen der rot-grünen Bundesregierung und der christlich-liberalen Opposition ein Gutachten zur Zukunft der Altersversorgung in Deutschland.[196] In diesem Zusammenhang mahnte er

---

[195] Insgesamt zeichneten sich für die Finanzdienstleistungsbranche durch die geplante Förderung der privaten Altersvorsorge deutliche Geschäftsaussichten ab. Die Argumentationsweise des GDV zeugt davon, dass sich die Lebensversicherer im Wettbewerb der Finanzdienstleister um Marktanteile bei der privaten Vorsorge frühzeitig strategisch positioniert hatten (FAZ 1999f).

[196] Der GDV hatte die beiden Professoren Birg (Bevölkerungswissenschaftler) und Börsch-Supan (Wirtschaftswissenschaftler) damit beauftragt, eine Studie zum Teilübergang vom Umlage- zum Kapitaldeckungsverfahren zu erstellen, „mit dem Ziel einer weiteren Versachlichung, aber auch Beschleunigung der Diskussion" (Fürstenwerth 2000: 79). Zentraler Auftrag war die Beantwortung der Frage, in welchem Umfang private und betriebliche Altersvorsorge geleistet werden müsse, um das aktuelle Gesamtabsicherungsniveau zukünftig zu halten (Birg/Börsch-Supan 2000). Ähnliche Gutachten hatte der GDV in der Vergangenheit an das ifo-Institut vergeben (ifo 1990, 1992; ifo Studien zur Finanzpolitik 1986).

"ein Gesamtkonzept für eine Rentenstrukturreform an, das nicht nur durch Eingriffe in das Rentenniveau kurzfristig die Finanzierungsprobleme der gesetzlichen Rentenversicherung löst, sondern bereits jetzt die Rahmenbedingungen für einen teilweisen Übergang vom Umlage- zum Kapitaldeckungsverfahren setzt" (Positionen 1999b).

Ein Teilübergang sei dringend notwendig, da die Versorgungslücken der GRV nur durch die „weitgehend demographieresistente kapitalgedeckte Vorsorge geschlossen werden könnten" (Börsch-Supan zitiert nach Positionen 1999b). Die Lebensversicherer forderten die sofortige Einsetzung einer Reformkommission zur Erarbeitung praktikabler und transparenter Lösungen, deren Ergebnisse auch in die aktuellen Rentenbeschlüsse der Regierung einfließen müssten.

Die Versicherungsbranche kritisierte in dieser Phase insbesondere den Plan der Regierung, an der „Umfinanzierung" über die Öko-Steuer festzuhalten, denn damit würde kein zusätzlicher Spielraum für die private Kapitalbildung gewonnen, sondern lediglich der Anstieg des Beitragssatzes über die 20%-Marke hinaus abgebremst. Ihrer Ansicht nach solle stattdessen auf „kostenträchtige neue Leistungen verzichtet und Klarheit über wirksame Anreize zur privaten Altersvorsorge geschaffen" werden (Positionen 2000e). Im Hinblick auf die Förderung der Privatvorsorge sprach sich der GDV explizit dafür aus, den Aufbau der dritten Säule auf Freiwilligkeit beruhen zu lassen, denn nicht staatlicher Zwang, sondern die gezielte Förderung von Vorsorgemaßnahmen sei der beste Weg für den teilweisen Übergang vom Umlage- zum Kapitaldeckungsverfahren (Fürstenwerth 2000; Positionen 1999b). Gleichzeitig gab der GDV zu bedenken, dass freiwillige Vorsorge nur in einem breiten Umfang erfolgen werde, sofern der Staat hierfür ausreichende Anreize setzt (GDV 2000d: 12; 2000e: 10). Um ein „konsequentes Anreizsystem zur freiwilligen Vorsorge" zu schaffen, sah ein vom GDV entwickeltes „Konzept zur Förderung einer privaten ersetzenden Altersversorgung" daher zum einen staatliche Zuschüsse entsprechend des damaligen Vermögensbildungsgesetzes und zum anderen eine steuerliche Förderung vor:

„Sozialversicherungspflichtige Arbeitnehmer mit einem Jahreseinkommen bis zu 60.000 Mark sollten eine staatliche Zulage in Höhe von 50 Prozent ihrer Beiträge, maximal 500 Mark pro Jahr, erhalten. Wird für die Beiträge weder diese Zulage noch der bisherige Sonderausgabenabzug in Anspruch genommen, sollten die Beiträge zur Hälfte als Sonderausgaben steuerlich abziehbar sein. Als Höchstbetrag für die berücksichtigungsfähigen Aufwendungen schlägt der GDV einen Betrag in Höhe von drei Prozent der jährlichen Beitragsbemessungsgrenze zur gesetzlichen Rentenversicherung vor" (Positionen 2000b).

Da die private Altersvorsorge zukünftig einen Teil der staatlichen Renten ersetzen solle, argumentierte der GDV, dass sie somit auch weitgehend sowohl deren

Leistungsmerkmale nachbilden als auch deren Qualitätsmerkmale erfüllen müsse, da die Gefahr der Altersarmut ansonsten nicht gebannt wäre (Fürstenwerth 2000; Positionen 1999b). Konkret sollte sich die staatliche Förderung nur auf Produkte beziehen, welche mindestens die folgenden Voraussetzungen erfüllen:

- „Die laufende Zahlung einer Rente erfolgt bis an das Lebensende. (...) Die Rentenzahlungen sollten frühestens ab dem 60. Lebensjahr, spätestens jedoch mit dem 65. Lebensjahr beginnen. Eine einmalige Auszahlung in Höhe von bis zu 25 Prozent des zu verrentenden Kapitals sollte aber möglich sein.
- Die Leistungen müssen eine Mindesthöhe erreichen. Damit der Rentner vor Vermögensverlusten geschützt wird, muss das am Ende zu verrentende Kapital mindestens den eingezahlten Beiträgen entsprechen.
- Für den Fall der Erwerbsunfähigkeit muss zumindest die Weiterzahlung der Beiträge bis zum Beginn der Rentenphase abgesichert sein, damit die Ausfinanzierung der ersetzenden Altersversorgung gewährleistet ist"
(GDV 2000e: 9).

Der Präsident des Versicherungsverbandes betonte, dass dieses Konzept keine Festlegung auf bestimmte Anbieter oder Anlageformen beinhalten würde, sondern dass sich die ersetzende Altersversorgung auch aus einzelnen Bausteinen von unterschiedlichen Anbietern zusammensetzen könnte, die im freien Wettbewerb zueinander stehen (Michaels zitiert nach Positionen 2000b). Dieses Konzept hatte der GDV im Juli 2000 auch in Form eines „Vorschlags für einen Gesetzentwurf zur Förderung einer die Leistungen der gesetzlichen Rentenversicherung teilweise ersetzenden kapitalgedeckten Alterszusatzversorgung" veröffentlicht, der sämtliche für die Umsetzung der GDV-Konzeption notwendigen Änderungen der betreffenden Gesetzestexte (d.h. des Vermögensbildungsgesetzes, des Einkommensteuergesetzes sowie der Einkommensteuer-Durchführungsverordnung) enthielt (GDV 2000e: 54-58).[197]

Gleichzeitig machte Gerhard Rupprecht, Mitglied des GDV-Präsidiums und Vorsitzender des Hauptausschusses Leben, deutlich, dass die ersetzende Altersvorsorge allein der Kompensation der Versorgungslücken bei einer Stabilisierung des Beitragssatzes in der GRV dienen würde (Rupprecht zitiert nach Positionen 2000b). Darüber hinausgehende Versorgungslücken müssten durch zusätzliche ergänzende private Altersvorsorge geschlossen werden, um eventuell noch den Lebensstandard im Alter zu sichern. Da die ohnehin bereits bestehenden Versorgungslücken mit der Riester-Rente nicht geschlossen werden könnten, sei

---

[197] Das GDV-Konzept zur „Neuausrichtung der Alterssicherungssysteme" und zur „Förderung der ersetzenden kapitalgedeckten Altersversorgung" wurde in „Zehn Thesen der Versicherungswirtschaft zur Reform der Alterssicherung" (GDV 2000d) bzw. in „Neun Thesen der Versicherungswirtschaft zur Förderung der ersetzenden kapitalgedeckten Altersversorgung" (GDV 2000e) zusammengefasst.

es daher unabdingbar, „dass die bestehenden steuerlichen Entlastungen für die private Altersversorgung durch das Förderkonzept im Rahmen der anstehenden Rentenform nicht in Frage gestellt werden" (GDV 2000c: 1263, siehe auch GDV 2000a: 15). Weitere Eigenvorsorge wäre für eine Sicherung des Lebensstandards im Alter zwar dringend erforderlich, für die Kunden sei dies aber teuer und nicht zumutbar und daher nicht zu kommunizieren (Knospe 2000: 719).

Als das BMA Ende September 2000 den Diskussionsentwurf zur Reform der gesetzlichen Rentenversicherung und zur Förderung des Aufbaus eines kapitalgedeckten Vermögens zur Altersvorsorge (Altersvermögensaufbaugesetz, AVAG) vorstellte, veröffentlichte der GDV umgehend eine Stellungnahme zu den verschiedenen Aspekten des Reformkonzeptes (GDV 2000a; Rohde-Liebenau 2000): Der GDV zeigte sich grundsätzlich zufrieden über die Pläne zur Reform der GRV, die über die Sommerpause im BMA in Gesetzesform gebracht worden waren. Der Bundesarbeitsminister hätte nämlich die Basis für einen Rentenkompromiss geschaffen und „ein Konzept präsentiert, über das es sich lohnt, ernsthaft und im Detail zu verhandeln. Pauschale Ablehnung zahlt sich nicht aus" (Positionen 2000a). Nach Einschätzung des Versicherungsverbandes waren insbesondere die Rückführung der umlagefinanzierten gesetzlichen Rente durch die Absenkung des Rentenniveaus auf ca. 64% und die breit angelegte staatliche Förderung der privaten Altersvorsorge zu begrüßen. Auch der Versuch der Stabilisierung des Beitragssatzes durch die Einführung des Ausgleichsfaktors wurde positiv beurteilt, wenngleich der GDV weiterhin den von der Vorgängerregierung im RRG 99 vorgesehenen demographischen Faktor favorisierte, da dieser zu einer kontinuierlicheren und weniger willkürlichen Entlastung des Rentensystems geführt hätte (ebd.). Die von der Bundesregierung vorgesehenen Qualitätskriterien der Privatvorsorge, namentlich die Garantie des Kapitalerhalts der eingezahlten Beiträge und die Verpflichtung zur Zahlung einer lebenslangen, gleich bleibend hohen, monatlichen Rente, die der GDV im Vorfeld selbst gefordert hatte, wurden indes ausdrücklich befürwortet (GDV 2000a).[198]

Allerdings blieben nach Ansicht der Versicherer im Hinblick auf die Fördermaßnahmen noch „viele Fragen offen", z.B. ob sich die Förderung auch auf bereits bestehende Versicherungsverträge erstrecken würde (Knospe 2000: 719). Zudem bestünde Nachbesserungsbedarf in Detailfragen, denn die Berechnung der förderfähigen Beiträge sei „kaum nachvollziehbar und administrativ überla-

---

[198] In diesem Zusammenhang wiederholte der GDV, dass die kapitalgedeckte Altersvorsorge explizit als Ersatz für Leistungen der GRV gefördert werden würde. Aus diesem Grund müsse sie sich auch am Leistungsspektrum der ersten Säule orientieren und zentrale, vom Staat definierte Qualitätskriterien erfüllen. Diese gesetzlichen Mindestkriterien würden den notwendigen Rahmen der für eine Förderung in Frage kommenden Altersversorgungsprodukte abstecken, innerhalb dessen ein Anbieter- und Produktwettbewerb stattfinden könnte (GDV 2000a; Positionen 2000a).

den", so dass es in der Praxis unweigerlich zu Komplikationen kommen würde. Abgelehnt wurde zudem die geplante Vorschrift, dass für die Kunden nach einer Laufzeit von zehn Jahren ein Anspruch vorgesehen war, bei einem Wechsel des Anbieters die bereits gezahlten Prämien mitnehmen zu dürfen (Heimpel 2003: 62). Auch die umfassenden Auflagen zur Kosten- und Leistungstransparenz, insbesondere die zeitliche Verteilung der Abschluss- und Vertriebskosten auf zehn Jahre sowie der Ausweis der Aufwendungen für die Kapitalverwaltung, fanden bei der Versicherungswirtschaft keine Zustimmung (Knospe 2000: 719). Die Offenlegung von Prämienkalkulationen lehnten die Versicherungsgesellschaften ab, da sie darin eine Benachteiligung gegenüber Banken sahen, die nicht zu einer Offenlegung ihrer Zinsspannen bei Banksparplänen verpflichtet worden wären (Heimpel 2003: 62). Schließlich wurde im Hinblick auf die von Banken und Investmentgesellschaften angebotenen, im Konzept als förderfähig vorgesehenen Auszahlungspläne, die durch eine Kombination mit Rentenversicherungen bis zum Lebensende gleich bleibend hohe monatliche Rentenzahlungen sicherstellen sollten, kritisch angemerkt, dass dies bei der vorgesehenen Verrentung in Höhe von 10% im Alter von 80 Jahren nicht mehr erreicht werden würde, sondern dass stattdessen die Einzahlung in eine Rentenversicherung in Höhe von ca. 25% des Kapitals zu Beginn der Auszahlungsphase notwendig sei (GDV 2000a).

Entscheidungen im Bundestag und Bundesrat

Nachdem der Gesetzentwurf zum AVmG per Kabinettsbeschluss im November 2000 in das parlamentarische Verfahren eingebracht worden war, standen auch die vorläufigen Eckpunkte und Rahmenbedingungen für die Förderung der privaten Altersvorsorge fest (Kap. 4.4.1). Der GDV-Präsident Michaels fasste die Position der Versicherungswirtschaft zum Reformvorhaben zu diesem Zeitpunkt mit den eindeutigen Worten zusammen:

„Wir tragen das Reformwerk voll mit und wir werden rechtzeitig mit förderfähigen Produkten am Markt sein" (Michaels zitiert nach Positionen 2000c).

Trotz dieser grundsätzlichen Zustimmung zum Reformvorhaben wurden weiterhin einzelne Elemente des Konzepts kritisiert: So stießen die Pläne der Regierung, den Beginn der Förderung der privaten Zusatzvorsorge um ein Jahr zu verschieben, auf Seiten des GDV auf völliges Unverständnis (Positionen 2000c, 2000d). Kritisch äußerte sich der Versicherungsverband auch zu der drohenden „Aufweichung" der Mindestkriterien insbesondere im Hinblick auf die Sicherheit der Anlage: Die Verpflichtung der Anbieter, ihren Kunden mindestens eine Auszahlung in Höhe der eingezahlten Beiträge zu garantieren, sei

> „für den künftigen Rentner nur dann etwas wert, wenn sie rechtlich verpflichtend jederzeit von dem Anbieter eingelöst werden kann. Eine unverbindliche Zusage, wie sie die Investmentgesellschaften angeblich im Einvernehmen mit dem Finanzministerium fordern, ist hingegen reine Augenwischerei" (Positionen 2000d).

Im Zuge der öffentlichen Anhörungen der Bundestagsausschüsse, zu denen GDV-Vertreter als Sachverständige geladen worden waren, konnte der Versicherungsverband seine Bedenken und Vorschläge formal einbringen. Diese Möglichkeit der institutionalisierten Einbindung nahm der Versicherungsverband sowohl schriftlich als auch mündlich wahr. Dabei wurde erneut die Stossrichtung der Reform begrüßt, aber die Überarbeitung spezifischer Sachfragen wie auch einzelner Details gefordert (ausführlich in Kap. 6.2.1). Während die Leistungskürzungen der gesetzlichen Rentenversicherung im Januar 2001 mit der rotgrünen Bundestagsmehrheit für das Altersvermögensergänzungsgesetz beschlossen worden waren, hatte der Bundesrat das abgespaltene Altersvermögensgesetz, in dem die Förderung der kapitalgedeckten Altersvorsorge und die Zertifizierungskriterien enthalten waren, nicht passieren lassen. Während des anschließenden Vermittlungsverfahrens appellierte der Versicherungsverband an alle Beteiligten, die Beratungen schnellstmöglich zu Ende zu führen:

> „Ergebnis des Vermittlungsverfahrens darf nicht sein, dass der bereits beschlossenen Kürzung der gesetzlichen Renten keine private Altersvorsorge zur Seite gestellt wird. Dies wäre sozialpolitisch nicht zu verantworten und auch den Bürgern nicht zu vermitteln, da alle Parteien in den Reformzielen übereinstimmen. Ohne das Altersvermögensgesetz, das den Aufbau der privaten Altersvorsorge fördert, bleibt die Rentenreform ein Torso. (...) Auch die Anbieter der privaten Altersvorsorge erwarten Klarheit, damit sie die Entwicklung der geförderten Altersvorsorgeprodukte nach monatelangem Ringen um die Rentenreform endlich fertig stellen können. Dies erwarten insbesondere auch die Verbraucher" (GDV 2001b).

Kritisch äußerte sich der GDV hinsichtlich der im Vermittlungsausschuss verhandelten Pläne, Wohneigentum in die Förderung einzubeziehen. Immobilien seien nämlich nicht dazu geeignet, einen Teil der GRV durch laufende zusätzliche Einkommensleistungen zu ersetzen, so dass die Sicherung des Lebensstandards im Alter dann nicht gewährleistet werden könne (GDV 2001a). Als die Entscheidung des Bundesrates über das Vermittlungsergebnis zum Altersvermögensgesetz anstand, forderte der GDV die politischen Entscheidungsträger auf, das Gesetz passieren zu lassen, damit die „wichtige Zeit" beim Aufbau der kapitalgedeckten Altersvorsorge nicht verspielt würde (GDV 2001e). Das Förderkonzept für die private und betriebliche Altersversorgung sei ein „epochales Ereignis", so ein Mitglied des Hauptausschusses Leben im GDV, das nicht länger durch die politische Taktiererei der Union im Vermittlungsverfahren blockiert werden dürfe (Heinen in Positionen 2001a). Auch die Kritik des GDV-Präsidenten richtete sich an die machtpolitisch motivierte Blockadehaltung und langwierige Verzögerungstaktik der CDU/CSU im Vermittlungsverfahren, die den aus „sachpolitischen Erwägungen" gebotenen, raschen Aufbau der Zusatzvorsorge behindern (Michaels in Positionen 2001a, siehe auch Die Zeit 2000a).

Reaktionen auf die Verabschiedung der Reform

Nachdem im Bundesrat eine Mehrheit für das AVmG erzielt worden war, zeigte sich die Versicherungsbranche sichtlich erleichtert darüber, dass die kapitalgedeckte Altersvorsorge „endlich Bestandteil des deutschen Alterssicherungssystems" geworden war (GDV 2001d). Der Vorstandsvorsitzende der Allianz bezeichnete die Rentenreform sogar als einen „wichtigen Beitrag zum sozialen Frieden in unserem Land" (Schulte-Noelle in Allianz 2001a). Da die Lebensversicherer bereits während des Gesetzgebungsverfahrens Produkte entwickelt hatten, die den Riester-Kriterien entsprachen, waren die Versicherungsunternehmen umgehend in der Lage, die Riester-Rente zu bewerben und zu vertreiben. Die Allianz Leben garantierte ihren Kunden beispielsweise, dass neu abgeschlossene Lebensversicherungen ab 2002 grundsätzlich förderfähig sein würden (Eichelmann, Vorstand der Allianz Leben, zitiert nach Die Zeit 2001b). Im Vergleich zu den Banken und Kapitalanlagegesellschaften waren die Lebensversicherer bei der Produktentwicklung dahingehend im Vorteil, dass die klassische private Rentenversicherung mit einem garantierten Rechnungszins und der Garantie einer lebenslangen Rente von vornherein den zentralen Kriterien des Reformgesetzes entsprach (Positionen 2001b). Während die Allianz aufgrund der Rentenreform einen Schub im Geschäftsbereich der Lebensversicherung und durch die Förderung der kapitalgedeckten Altersvorsorge eine zusätzliche Ankurbelung des Neugeschäfts erwartete (Allianz Group 2001: 107), schätzte der GDV, dass 60 bis 70% am Markt für private Altersvorsorge künftig auf Versicherungen entfallen würden (GDV zitiert nach Die Zeit 2001b).

Allerdings wurden von Seiten der Versicherungswirtschaft umgehend „Schönheitsfehler" bemängelt: Im Hinblick auf die praktische Umsetzung der Reform seien Nachbesserungen erforderlich, da das Förderverfahren zu kompliziert sei und einen erheblichen Beratungsbedarf erfordern würde. Zudem wurde die beschlossene Ausweitung der Förderung auf Immobilienerwerb grundlegend kritisiert (GDV 2001d). Wenngleich die Riester-Rente ein wertvoller Baustein zur Versorgung im Alter sei, betonte der GDV, dass sie zusammen mit der GRV dennoch nicht in der Lage sein würde, den Lebensstandard im Alter zu sichern. Hierfür sei vielmehr über die Riester-Rente hinausgehende, ergänzende und individuell zugeschnittene Vorsorge notwendig (GDV 2002a: 13f.; 2002b). Am Ende des ersten Jahres nach Inkrafttreten der Rentenreform 2001 zeigte sich, dass die Versicherungsbranche auf dem Riester-Renten-Markt ihren angestrebten Marktanteil zwar zunächst realisieren konnte (siehe Tabelle 2 in Kap. 3.4.2); aufgrund der insgesamt relativ geringen Abschlussquoten zeigten sich die Lebensversicherer dennoch enttäuscht von der Riester-Rente (FTD 2002). Da ihre hohen Erwartungen an die Reform nicht erfüllt worden waren, dauerte es indes nicht lange, bis Forderungen hinsichtlich einer Überarbeitung der Reform vorgebracht wurden, so z.B. durch die Allianz (Finke et al. 2003: 40-42).

6.1.2 Geschäftsbanken und Kapitalanlagegesellschaften

Der deutsche Bankensektor besteht aus drei Säulen bzw. Bankengruppen: Privatbanken, öffentlich-rechtliche Banken und Genossenschaftsbanken. Die zentralen Geschäftsbereiche dieses Sektors sind das Zinsgeschäft mit Einlagen und Krediten, das Provisionsgeschäft in Form von Investment- und Vermögensverwaltung sowie das (Eigen)-Handelsgeschäft (Fröhlich/Huffschmid 2004: 32ff.). In dem klassischen Geschäftsfeld der Banken, dem Einlagen- und Kreditgeschäft, spielen die Sparkassen und die Genossenschaftsbanken, bei denen ein öffentlicher Auftrag im Vordergrund ihrer Geschäftstätigkeit steht, eine ganz zentrale Rolle. Demgegenüber sind die vier deutschen Großbanken mit einem Marktanteil von einem Drittel im Bereich des Provisionsgeschäfts Marktführer (Stand 2002; vgl. Tabelle 7).[199] Hier geht es primär um die Beratung zu Vermögensanlagen von Privatpersonen, die Begleitung und Beratung von Unternehmen bei Börsengängen, Übernahmen und Fusionen. Im Vergleich zu diesen beiden Geschäftsfeldern, spielt der Eigenhandel mit Wertpapieren bei den Banken eine nachgeordnete Rolle. Hervorzuheben ist hier allerdings die besonders dominante Stellung der privaten Großbanken, die mit einem Marktanteil von 67,8% mehr als zwei Drittel der Gewinne aus dem Eigenhandel des gesamten Bankensektors auf sich vereinigen (Fröhlich/Huffschmid 2004: 34-48).

---

[199] Bis 1997 standen an der Spitze des deutschen Bankensektors drei Frankfurter Großbanken, deren Rangfolge jahrelang unverändert blieb: Marktführer war die Deutsche Bank, gefolgt von der Dresdner Bank und der Commerzbank. Mit der Fusion der Bayerischen Vereinsbank und Bayerischen Hypotheken- und Wechselbank zur Münchner HypoVereinsbank (HVB) entstand 1998 die vierte deutsche Großbank, die seit 2005 ein Tochterunternehmen der UniCredit Group mit Hauptsitz in Mailand ist. Gemessen an der Bilanzsumme rangierte die HypoVereinsbank im Ranking zunächst auf Platz 2 und belegte in den Folgejahren wechselnde Positionen (Die Bank 1997a, 2005).

Tabelle 7: Die vier deutschen Großbanken, 2002

	Bilanz-summe in Mio. €[1]	Einlagen-geschäft[2] Zinsüberschuss		Provisions-geschäft[2] Provisions-überschuss		Eigenhandel mit Wertpa-pieren[2] Handelsergebnis	
		in Mio. €	Markt-anteil	in Mio. €	Markt-anteil	in Mio. €	Markt-anteil
Deutsche Bank	758.355	7.818	8,9%	4.673	18,3%	1.885	61,6%
HypoVereinsb.[3]	535.815	4.301	4,9%	945	3,7%	450	14,7%
Commerzbank	422.134	2.236	2,5%	1.306	5,1%	60	2,0%
Dresdner Bank	413.445	2.642	3,0%	1.557	6,1%	-321	-10,5%
Summe der Großbanken	**16.997**	**19,3%**		**8.481**	**33,3%**	**2.074**	**67,8%**
Bankensektor insgesamt[4]	88.000	100%		25.500	100%	3.059	100%

Quellen: [1] = Die Bank (2003); [2] = HypoVereinsbank (2003); Commerzbank (2003); Deutsche Bank (2003b); Dresdner Bank (2003). [3] = Die HypoVereinsbank ist seit 2005 ein Tochterunternehmen der UniCredit Group mit Hauptsitz in Mailand. [4] = Deutsche Bundesbank zitiert nach Fröhlich/Huffschmid (2004).

Die Interessen der Privatbanken, einschließlich der vier Großbanken, werden durch den Bundesverband deutscher Banken (Bankenverband, BdB) vertreten, der 1951 in Köln gegründet wurde und 1999 seinen Sitz nach Berlin verlegt hat. Laut Satzung besteht die Aufgabe des Bankenverbandes darin, durch Stellungnahmen gegenüber Behörden und Parlamenten, die Information der Öffentlichkeit sowie durch die Zusammenarbeit mit den Mitgliedsverbänden, die Interessen der deutschen Banken in allen relevanten Angelegenheiten und Fragen zu repräsentieren (Bundesverband deutscher Banken 2002d: § 3). Um ihre jeweiligen Sonderinteressen in der Bundeshauptstadt Berlin zu vertreten, unterhalten drei der vier deutschen Großbanken zusätzlich eigene Unternehmensrepräsentanzen in unmittelbarer Nähe zum Regierungssitz: Als Pendant zur Zentrale des Gesamtkonzerns in Frankfurt am Main befindet sich der Hauptsitz der Deutschen Bank seit 1997 (wieder) in Berlin, Unter den Linden, als „Forum vielfältiger und vielbeachteter Veranstaltungen zu wirtschafts- und gesellschaftspolitischen Fragestellungen" (Historische Gesellschaft der Deutschen Bank o.J.: 3). Die Dresdner Bank verfügt über ein Hauptstadtbüro am Pariser Platz, wo sich in direkter Nachbarschaft das Büro des Beauftragten des Vorstands der Commerzbank befindet, der seit 2001 als Unternehmensrepräsentant in das Commerzbank-Haus entsendet wird (Commerzbank 2000).

An jede der vier Großbanken sind eigene Kapitalanlagegesellschaften (KAG) angegliedert: Die DWS-Gruppe – der größte Anbieter von Publikumsfonds in Europa (Deutsche Bank 2003a: 40) – ist ein Tochterunternehmen der

Interessen, Zielvorstellungen und Forderungen 175

Deutschen Bank. Activest ist die Investmentgruppe der HVB Group. Seitdem die Dresdner Bank 2001 als Tochtergesellschaft in den Allianz-Konzern eingegliedert wurde, ist mit der Allianz-Dresdner Asset Management Gruppe die erste Allfinanzgruppe in Deutschland entstanden. Das Angebot der Vermögensverwaltung der Commerzbank erfolgt durch COMINVEST Asset Management, die durch die Verschmelzung der Publikumsfondstochter ADIG und der Spezialfondstochter Commerzinvest sowie der Commerz Asset Managers im September 2002 entstanden ist. Tabelle 8 zeigt, dass die an die Großbanken angegliederten Kapitalanlagegesellschaften nahezu die Hälfte des gesamten Fondsvermögens in Deutschland verwalten. Demnach kann von einem Konkurrenzverhältnis zwischen den großen Kapitalanlagegesellschaften und den privaten Großbanken nicht die Rede sein, da erstere im Besitz der Großbanken sind und der Investmentsektor von diesen dominiert wird (Fröhlich/Huffschmid 2004: 76).

Tabelle 8: Den Großbanken angegliederte Kapitalanlagegesellschaften, 2002

	Angegliedert an die	Fondsvermögen (in Mrd. €)	Anteil am Gesamtvermögen
DWS-Gruppe	Deutsche Bank	77,6	25,0%
Allianz-Dresdner Asset Management Gr.	Dresdner Bank	25,1	8,1%
Cominvest-Gruppe	Commerzbank	23,5	7,6%
Activest-Gruppe	HypoVereinsb.	16,1	5,2%
Summe		**142,3**	**45,8%**

Quelle: Fröhlich/Huffschmid (2004: 74).

Die Interessenvertretung der deutschen Investmentbranche erfolgt durch den 1970 gegründeten Bundesverband Investment und Asset Management (BVI).[200] Mit 75 Mitgliedsgesellschaften, die in der Summe ein Vermögen von mehr als einer Billion Euro verwalten, repräsentiert der BVI 99% des von deutschen Investmentgesellschaften verwalteten Fondsvermögens (BVI 2005a, 2006a). Zu den Hauptaufgaben des BVI zählen die „Förderung des Investment- und Vermögensverwaltungs-Gedankens" (Angabe des BVI in der Lobbyliste des Deutschen Bundestages 2008b) sowie die Unterstützung bei Gesetzesvorbereitungen (BVI

---

[200] Seinerzeit hieß der von sieben Gesellschaften gegründete Verband „Bundesverband Deutscher Investment-Gesellschaften". Im Juli 2001 dehnte der BVI seinen potentiellen Mitgliederkreis u.a. auch auf Vermögensverwaltungsgesellschaften aus, die Finanzdienstleistungen in Form von Finanzportfolioverwaltung erbringen. Gleichzeitig wurde der Verband in „Bundesverband Deutscher Investment- und Vermögensverwaltungs-Gesellschaften" umbenannt. Im Oktober 2002 verständigten sich die Verbandsmitglieder auf den Namen „Bundesverband Investment und Asset Management" (BVI 2005b).

2007b). Zur Wahrnehmung dieser Aufgaben unterhält der BVI zusätzlich zum Hauptsitz des Verbandes in Frankfurt am Main seit 2002 ein Hauptstadtbüro im Berliner Regierungsviertel, „um sich für die Investmentidee in unmittelbarer Nähe zur Politik stark zu machen" (BVI 2005a: 2). Zu den Adressaten des BVI zählen Politik und Behörden, die er

> „in allen Fragen, die die Investmentbranche direkt oder indirekt betreffen [berät und unterstützt]. Dies geschieht in Form von parlamentarischen Abenden, Vortragsreihen, detaillierten schriftlichen Stellungnahmen oder Sonderpublikationen zu speziellen Themen, wie zum Beispiel über das Altersvorsorge-Konto" (BVI 2005a: 3).

Zum anderen wendet sich der BVI gezielt an die Medien, um mittels Pressemitteilungen, Pressekonferenzen und -gesprächen, Kommentaren und Gastbeiträgen für eine „stärkere Verankerung der Investmentidee im öffentlichen Bewusstsein zu sorgen" (ebd.). Gefördert wird zudem die wissenschaftliche Auseinandersetzung mit Themen der Investmentbranche: Im Jahr 2000 z.B. „begleitete der BVI die Gründung und Besetzung des ersten bundesweiten Investment-Lehrstuhls", der an der Universität Frankfurt mit dem Schwerpunkt „Investment, Portfolio Management und Alterssicherung" eingerichtet wurde (BVI 2001b: 22).

Das übergeordnete politische Ziel der Großbanken und Kapitalanlagegesellschaften besteht darin, auf gesetzliche Rahmenbedingungen hinzuwirken, welche ihre relevanten Kennzahlen (z.B. die Bilanzsumme, die Summe des verwalteten Vermögens, die Marktanteile in bestimmten Segmenten) erhöhen bzw. Entscheidungen zu verhindern, die eine Verschlechterung der Kennzahlen bewirken würden. Das Interesse des Banken- und Investmentsektors am Politikfeld Alterssicherung ist zum einen darauf zurückzuführen, dass die Großbanken und Kapitalanlagegesellschaften auf dem Markt für Altersvorsorgeprodukte neben den Lebensversicherungsgesellschaften wichtigster Akteur sind. Da die konkrete Ausrichtung der staatlichen Alterssicherungspolitik den Umfang der Nachfrage nach privater Altersvorsorge beeinflusst, sind die Unternehmen des Banken- und Investmentsektors, die Banksparpläne, Wertpapiere und Investmentprodukte zur privaten Altersvorsorge vertreiben, grundsätzlich an einem staatlichen Alterssicherungssystem auf möglichst geringem Niveau interessiert. Ähnlich wie die Versicherungsgesellschaften streben sie danach, dass der privaten Altersvorsorge im Gesamtsystem der Alterssicherung erheblich mehr Bedeutung beigemessen wird, denn kapitalgedeckte Altersvorsorge führt zu einer Zunahme von Kapitalanlagen und zu deren Institutionalisierung; sie stellt eine Hauptquelle für das Wachstum von institutionellen Investoren dar (Deutsche Bundesbank 1999, 2002; OECD 2003). Umgekehrt beschränkt jede staatliche umlagefinanzierte Alterssicherung mit umfassendem Schutz, die Wachstums- und Gewinnchancen des Banken- und Vermögensverwaltungssektors im Bereich der Altersvorsorge und Vermögensverwaltung (in Anlehnung an Blum-Barth 2005: 88). Darüber hinaus wirkt sich staatliche Politik, insbesondere die Gewährung steuerlicher Vorteile, direkt auf die Nachfrage nach Altersvorsorgeprodukten aus. In diesem Sinne wird im Magazin des Bankenverbandes betont,

> „daß eine zur Ergänzung der staatlichen Renten und der betrieblichen Pensionen immer wichtiger werdende private Vorsorge in den Ländern am weitesten vorangekommen ist, in denen Regierungen mittels steuerlicher Förderung teilweise seit vielen Jahren zusätzliche Incentives geben" (Die Bank 1997b: 535).

Auf dem Markt für Altersvorsorgeprodukte steht der Banken- und Investmentsektor der etablierten Konkurrenz der Versicherungswirtschaft gegenüber: In Deutschland dominiert in diesem Marktsegment die mit Steuerprivilegien ausgestattete Lebensversicherung, während andere Formen des privaten Kapitalanlagesparens, wie z.B. Aktien- und Investmentfonds, wenig verbreitet sind und für diese Anlageinstrumente aus Sicht der Anbieter nur unzureichende steuerliche Anreize bestehen (Die Bank 1997b: 533). Hinsichtlich der unterschiedlichen steuerlichen Behandlung von Altersvorsorgeinstrumenten weist der Bankenverband darauf hin, dass Versicherungen „vielfach nur wegen der steuerlichen Vorteile genutzt [werden], obwohl sie in der Regel wesentlich geringere Renditen erbringen als beispielsweise Investmentfonds" (Bundesverband deutscher Banken 2000: 12f.). Für die Lebensversicherer ist die Steuerfreiheit der Erträge aus Kapitallebensversicherungen ein „unschätzbarer Marketingvorteil gegenüber konkurrierenden Kapitalanlageprodukten von Bankhäusern oder Investmentgesellschaften" (Blum-Barth 2005: 89). Aufgrund dessen ist der Banken- und Investmentsektor daran interessiert, mindestens jene steuerlichen Anreize für ihre Produktpalette zu erwirken, die den Versicherungsprodukten bereits seit langem gewährt werden.

Die folgende Analyse der Zielvorstellungen und Forderungen des Banken- und Vermögensverwaltungssektors im Verlauf des Rentenreformprozesses konzentriert sich auf den Bankenverband und auf die vier privaten Großbanken, da diese innerhalb der Gruppe der Geschäftsbanken aber auch im Bankensektor insgesamt eine herausragende Stellung einnehmen. Im Hinblick auf den Investmentsektor werden der BVI und die vier zentralen, den Großbanken angeschlossenen Kapitalanlagegesellschaften betrachtet.

Vorgeschichte

Die lobbyistischen Aktivitäten des Bankensektors lassen sich bis in das deutsche Kaiserreich zurückverfolgen (Institut für Bankhistorische Forschung 2004).

Heute vertritt der Bundesverband deutscher Banken „unter Berücksichtigung gesamtwirtschaftlicher Belange die Interessen der deutschen Banken in allen Angelegenheiten" (Bundesverband deutscher Banken 2002d), während der Bundesverband Investment und Asset Management seine Tätigkeiten speziell auf die „Förderung des Investment- und Vermögensverwaltungs-Gedankens" (BVI 2006b) ausrichtet. Im Politikfeld Alterssicherung haben die Aktivitäten des Banken- und Investmentsektors zum Ziel, „die Akzeptanz breiter Bevölkerungskreise für die eigenverantwortliche und renditestarke private Vorsorge [zu] gewinnen" (Die Bank 1997b: 535).[201] Nachdem der BVI im Jahr 1995 ein Konzept zum Thema „Vermögensbildung und Altersvorsorge" mit dem Schwerpunkt „Pensions-Sondervermögen" entwickelt hatte (BVI 1996), war das Thema „Altersvorsorge" seit 1996 – außer im Jahr 1998 – in mindestens einem Jahrbuchartikel explizit behandelt worden (BVI 2007a).[202] Auch von Seiten des Bankensektors wurde Mitte der 1990er Jahre eine grundsätzliche Neuausrichtung des Alterssicherungssystems gefordert, damit über die stärkere Förderung der privaten, kapitalgedeckten Altersvorsorge die „Versorgungslücken" (Die Bank 1996: 98) der GRV geschlossen und eine dauerhaft tragfähige Grundlage geschaffen werden könne (Handelsblatt 1996b, 1996c, 1996d).

Auf dem Markt der Privatvorsorge steht der Banken- und Vermögensverwaltungssektor in Konkurrenz zu den Lebensversicherern: Bis Mitte der 1990er Jahre wurden aktienbasierte Vermögensanlagen vom Gesetzgeber nicht „offiziell" als Form der Altersvorsorge anerkannt. Erst mit Inkrafttreten des Dritten Finanzmarktförderungsgesetzes[203] bescheinigte der Gesetzgeber erstmals überwiegend auf Aktien basierenden Vermögensanlagen, den so genannten „Altersvorsorge-Sondervermögen" (AS-Fonds), dass sie grundsätzlich als Instrument zur Altersvorsorge geeignet seien (Die Welt 1998c; Handelsblatt 1998a).[204] Angesichts dessen betonte die Deutsche Bank, dass die AS-Fonds ein „beträchtliches Absatzpotenzial" eröffnen würden (Deutsche Bank 1999: 31). Auch der BVI erwartete, dass „die deutsche Investmentbranche mittelfristig in völlig neue Dimensionen" wachsen würde, denn die

---

[201] In diesem Zusammenhang sollte der Staat z.B. durch die Vergabe eines „Gütesiegels" unterstützend eingreifen. Zudem würde die Umstellung auf nachgelagerte Besteuerung die Effizienz der Vorsorge erheblich verstärken. Zusätzliche steuerliche Belastungen, z.B. durch eine seinerzeit diskutierte stärkere Besteuerung von Aktienfonds, seien hingegen kontraproduktiv (Die Bank 1997b: 535).
[202] In den vorangegangenen 25 Jahren hatte sich der BVI in seinen Jahrbüchern insgesamt in lediglich vier Jahrbuchartikeln mit Fragen der Altersvorsorge beschäftigt (BVI 2007a).
[203] Gesetz zur weiteren Fortentwicklung des Finanzplatzes Deutschland vom 24.03.1998 (BGBl. I, S. 529).
[204] Laut Mediendarstellung hatte der GDV verhindern können, dass die Konkurrenz ihre Sparpläne unter dem werbewirksamen Namen „Pensionsfonds" oder „Pensions-Sondervermögen" auf den Markt bringen dürfe (Die Welt 1998c; SZ 1998c). Zur Konkurrenz der Sektoren um Marktanteile an der Privatvorsorge vgl. Die Zeit (1997b); FAZ (1997); Frankfurter Rundschau (1998); Focus (1998).

"Bundesregierung, insbesondere aber die Bundesministerien der Finanzen und der Wirtschaft hätten einen leistungsfähigen Motor für die deutsche Investmentbranche entwickelt, der auch als Triebfeder für die Kapitalmärkte wirken dürfte" (BVI 1998c: 2).

Die vom Investmentverband geforderte steuerliche Gleichstellung der Beiträge zu den AS-Fonds mit jenen der privaten Lebensversicherungen, konnte jedoch nicht durchgesetzt werden (BVI in SZ 1998c). Dennoch erwartete die Fondsbranche, dass das staatliche Qualitätszertifikat das Vertrauen der deutschen Bevölkerung in Aktienanlagen stärken würde und sich Investmentfonds als Altersvorsorgeprodukt künftig besser durchsetzen würden. Der BVI strebte im Altersvorsorgemarkt seinerzeit einen Marktanteil von 10% an (Handelsblatt 1998b).

Agenda-Setting und Problemformulierung

Die Aktivitäten des BVI waren im Jahr 1998 insbesondere auf die Einführung der AS-Fonds als Altersvorsorgeinstrument im Rahmen des Dritten Finanzmarktförderungsgesetzes ausgerichtet. In diesem Zusammenhang wurde weiterhin mehrfach die steuerliche Gleichstellung der AS-Fonds mit Versicherungsprodukten gefordert (so z.B. durch den Hauptgeschäftsführer des BVI, Manfred Laux, in SZ 1998c). Da die steuerliche Ungleichbehandlung den Wettbewerb zwischen verschiedenen Altersvorsorgeprodukten einschränken würde, was letztlich zulasten der Versicherten ginge, sollte im Bereich der privaten Altersvorsorge eine „Wahlfreiheit unter allen Altersvorsorgeformen unter gleichen steuerlichen Bedingungen" hergestellt werden (BVI 1998b: 2). Der Bundesverband deutscher Banken hat sich in dieser Phase speziell für die rasche Einführung von Betriebs-Pensionsfonds ausgesprochen und konkrete Vorschläge zur Neugestaltung der betrieblichen Altersversorgung unterbreitet (Bundesverband deutscher Banken 1999; Die Bank 1998a). Aus eigenen Studien zur privaten Altersvorsorge im internationalen Vergleich sowie aus Umfrageergebnissenn zu Präferenzen in der Altersvorsorge, prognostizierte der Bankenverband eine Versorgungslücke und antizipierte einen erheblichen Bedeutungsanstieg der privaten und betrieblichen Altersvorsorge (Die Bank 1997b, 1998b). In diesem Sinne hieß es auch bei der Deutschen Bank, dass die „absehbaren Probleme der staatlichen Rentenversicherung (...) zu lebhaftem Interesse an der hochrentierlichen privaten Altersvorsorge mit Fonds" führen würde (Deutsche Bank 1999: 31). Zu den im Wahlkampf veröffentlichten Reformplänen der Bundestagsparteien oder zu den Inhalten des Koalitionsvertrages nach dem Regierungswechsel nahmen aber weder der BVI noch der Bankenverband in ihren Publikationen konkret Stellung.

Im Frühjahr 1999, als der BVI erfolgreich die Einführung einer Besteuerung kurzfristiger Veräußerungsgewinne auf Fondsebene verhindert hatte, wurde aber zugleich bedauert, dass von der Halbierung des Sparerfreibetrags und von der vorgesehenen Kapitalertragssteuer auf von Aktienfonds ausgeschüttete Dividendenerträge aufgrund der fehlenden Gegenfinanzierung nicht ebenfalls Abstand genommen worden war. Dies stünde nämlich nicht im Einklang mit den Zielen der Koalitionsvereinbarung, die private Altersvorsorge zu stärken bzw. die Arbeitnehmer stärker am Produktivkapital zu beteiligen (BVI 1999c). Zudem verwies der Verband in einer Eingabe an den Finanzausschuss darauf, dass mit dem Entwurf eines Steuerbereinigungsgesetzes zwar die Absicht verbunden sei,

„den Missbrauch des Steuerprivilegs von Versicherungsverträgen auszuschließen und eine steuerliche Flankierung nur noch bei echten Altersvorsorgemaßnahmen zu gewähren. Den vorgeschlagenen Gesetzesänderungen liege jedoch (...) auf Grund des vorgesehenen ‚Verrentungszwangs' bei Fälligkeit einer Kapitallebensversicherung ein nicht mehr zeitgemäßer Altersvorsorgebegriff zugrunde, der den Aufbruch zu einem modernen Alterssicherungssystem mit größerer Eigenverantwortung der Bevölkerung blockiere" (BVI 1999a: 1).

Um auf dem Altersvorsorgemarkt mehr Wettbewerbsgleichheit herzustellen, sollten stattdessen *alle* vom Gesetzgeber anerkannten Alterssicherungsinstrumente in gleicher Weise steuerlich gefördert werden. Konkret sollten die Beiträge für Altersvorsorge-Sondervermögen in der betrieblichen Altersversorgung mit der Direktversicherung und in der privaten Altersvorsorge mit der Kapitallebensversicherung steuerlich gleichgestellt werden (BVI 1999a: 2; 1999b: 2).[205]

Konzept- und Programmentwicklung

Die Forderung nach einer steuerlichen Gleichbehandlung fondsbasierter Altersvorsorge mit Versicherungsprodukten wurde in der Folge mehrfach wiederholt, zumal der privaten Altersvorsorge künftig eine „Ersatzfunktion für die gesetzliche Rentenversicherung zukommen" würde und somit eine flächendeckende Wirkung anzustreben sei (BVI 1999b: 2). Insofern machte der Hauptgeschäftsführer des BVI, Manfred Laux, nach Bekanntgabe der ersten Eckpunkte der Reform deutlich, dass über das Ziel einer angemessenen Altersversorgung zwar

---

[205] Um eine Förderung „unechter" Altersvorsorge auszuschließen, schlug der BVI vor, dass ein Zugriffsrecht auf das Altersvorsorgekapital erst ab dem 60. Lebensjahr möglich sein sollte und als Abgrenzungskriterium festgelegt wird. Hingegen sei eine Verrentungspflicht weder notwendig noch zweckmäßig, sozialpolitische schwer vertretbar und nicht mit dem Allgemeininteresse vereinbar, da sie zu einem erheblich und dauerhaft niedrigerem Versorgungsniveau führen würde (BVI 1999a: 3).

Einigkeit bestünde. Die von der Bundesregierung diskutierte Garantie einer Mindestverzinsung bei der privaten Altersvorsorge sei hierfür aber nicht erforderlich:

> „Das Fehlen einer – kostenträchtigen und damit Rendite belastenden – garantierten Mindestverzinsung bei Investmentfonds bzw. den vom Gesetzgeber eingeführten Altersvorsorge-Sondervermögen – AS-Fonds – ist bei langfristiger Betrachtung keineswegs ein Nachteil; vielmehr führt der Verzicht auf eine garantierte Mindestverzinsung bei langfristigen Anlagezeiträumen zu einem eindeutig höheren Versorgungsniveau" (Laux in Die Bank 1999: 735).

Auch im weiteren Verlauf lehnte der Verband die in die Reformpläne aufgenommene formale Garantie der eingezahlten Beiträge als Mindestleistung für die steuerliche Förderung vehement ab, da dies zu einer einseitigen Förderung der privaten Rentenversicherung und „Fehlallokation der Sparbeiträge" führen und gleichzeitig die notwendige Liberalisierung des Altersvorsorgemarktes verhindern würde (BVI 2000a: 1f.; Laux 2000: 1252). Darüber hinaus wären die vorgesehenen formalen Garantien mit hohen Absicherungskosten verbunden, die zulasten des Sicherungsniveaus gehen würden, und das obwohl nahezu jeder Investmentfonds das erforderliche Sicherheitsniveau für Altersvorsorge – auch ohne formale Zusage – faktisch sicherstellen würde (BVI 2000g: 2).[206] Daher seien auch „renditestarke Alterssicherungsinstrumente wie die AS-Investmentrente" bei der geplanten privaten Zusatzrente zu berücksichtigen und als „gesetzliches Alterssicherungssystem" anzuerkennen (BVI 2000a: 1f.).[207]

Während der Bundesverband deutscher Banken im Hinblick auf die Ausrichtung der Reform positiv betonte, dass die Bundesregierung im Zuge der Rentenreform ein „neues Mischsystem aus gesetzlicher und kapitalgedeckter privater Eigenvorsorge" anstrebe, stellte er gleichzeitig klar, dass Änderungen und Ergänzungen der Reformvorschläge erforderlich seien, damit die Versorgungslücke tatsächlich geschlossen werden würde (Bundesverband deutscher Banken 2000: 12). Hierzu stellten der Bundesverband deutscher Banken und der Bundesverband Deutscher Investment-Gesellschaften am 31. Juli 2000 ein ge-

---

[206] Der BVI plädierte nachdrücklich für eine steuerneutrale Wahlfreiheit zwischen Produkten mit und ohne formale Garantie der eingezahlten Beiträge, denn die Wahrscheinlichkeit, dass AS-Sparpläne bei einer langfristigen Vorsorge zu einer vollständigen Rückzahlung der Beiträge führen, würde bereits nach zehn Jahren bei 100% liegen. In diesem Zusammenhang führte der BVI jeweils Forschungsergebnisse des vom BVI geförderten Investmentlehrstuhls der Universität Frankfurt an, die den Ansatz des BVI wissenschaftlich belegen würden (BVI 2000b; 2000g: 3f.; Laux 2000f.).
[207] Die AS-Investmentrente ist ein neu entwickeltes Produkt der Investmentbranche, das auf den im Jahr 1998 eingeführten AS-Fonds basiert, aber durch einen speziellen Auszahlplan gewährleisten soll, dass die Ersparnisse „in 99,9 Prozent der Fälle ein lebenslanges Einkommen garantieren" (Laux zitiert nach Die Zeit 2000a). Die gesetzestechnische Umsetzung des neuen Alterssicherungssystems wäre nach Auffassung des BVI unkompliziert (ausführlich in BVI 2000a: 6).

meinsames „Konzept zum Ausbau der kapitalgedeckten Alterssicherung in zehn Punkten" vor (abgedruckt in Bundesverband deutscher Banken 2000: 37-39).[208]

Die Veröffentlichung des Diskussionsentwurfs zum AVAG im September 2000 stieß bei der Banken- und Fondsbranche auf geteiltes Echo: Die Einbeziehung der Investmentfonds in die zu fördernden Altersvorsorgeinstrumente wurde zwar einhellig begrüßt, denn auf dieser Grundlage könne der Entwurf „bei sachgerechter Ausgestaltung im Detail" zu einem erheblichen Effizienzschub in der Privatvorsorge führen (Laux 2000). Allerdings müssten einige Regelungen abgeändert werden, die eine Integration von Investmentfonds in das zukünftige Alterssicherungssystem behindern würden, wie z.B. die Zusage auf Rückzahlung der eingezahlten Beiträge jeweils nach Ablauf von zehn Jahren und zum Rentenbeginn, das Fehlen der AS-Investmentrente als Durchführungsweg in der betrieblichen Altersversorgung oder die fehlende steuerliche Gleichstellung von Investmentfonds mit der Direktversicherung im Einkommensteuergesetz (BVI 2000c: 1f.). Moniert wurde auch, dass es dem Diskussionsentwurf an zielorientierten qualitativen Kriterien mangeln würde, anhand derer die Bürger im „Labyrinth an Altersvorsorgemodellen" zwischen geeigneten und ungeeigneten Angeboten unterscheiden könnten. Es läge in der Fürsorgepflicht des Staates, zumindest ein Leitmodell als Orientierungshilfe in den Gesetzentwurf aufzunehmen (BVI 2000c: 4). Zudem müsse klargestellt werden, dass in der Auszahlungsphase nicht nur mindestens gleich bleibend hohe monatliche Beträge ausgezahlt werden könnten, sondern auch eine gleichmäßige Rückgabe von Anteilen, die so genannte „variable annuity", förderungswürdig sei (ebd.).

Im Zentrum der Kritik stand aber die weiterhin vorgesehene Pflicht zur Abgabe einer formalen Rückzahlungszusage, weil so die „Chancen des Kapitalmarktes" durch „deutsches Sicherheitsdenken" gekappt würden (BVI-Vorstandssprecher Zirener in BVI 2000d: 1; siehe auch Deutsche Bank Research 2000d). Eine formale Garantie als Voraussetzung für die steuerliche Förderung sei grundsätzlich abzulehnen, da sie „kontraproduktiv, unnötig und unzweckmäßig sei" (BVI 2000g). Stattdessen sprach sich der BVI für die Nutzung „systemkon-

---

[208] Dieser „Zehn-Punkte-Plan" wurde als „Sicht der Wirtschaftsverbände" präsentiert (Bundesverband deutscher Banken 2000: 16), da er zudem von der Dachorganisation der Industrie- und Handelskammern (DIHT, jetzt DIHK) und vom Zentralverband des Deutschen Handwerks unterstützt wurde. Das Konzept sah im Wesentlichen vor, allen Bürgern mittels einer staatlichen Förderung den Aufbau der privaten Altersvorsorge zu ermöglichen. Die Förderung sollte dabei in der Auszahlungsphase nicht an eine Verrentung des angesparten Kapitals gebunden werden. Vielmehr könnte das Langlebigkeitsrisiko nicht nur durch den Abschluss einer Rentenversicherung, sondern auch durch einen langfristigen Auszahlungsplan oder eine Investmentrente (z.B. auf Basis der Altersvorsorge-Sondervermögen) erfolgen. Um sich als Altersvorsorgeprodukt zu qualifizieren, müsse vorgesehen sein, dass die Verfügung über das Anlagekapital an den Eintritt des Versorgungsfalls gebunden ist, d.h. an das altersbedingte Ausscheiden aus dem Erwerbsleben (ebd..: 37-39).

former Instrumente" aus, um dem Gedanken der materiellen Sicherheit stärker Rechnung zu tragen (Laux 2000: 1254). Dies könne z.b. über die Fondsstruktur und insbesondere durch eine Mindestlaufzeit für Einzahlpläne realisiert werden, da das Restrisiko dadurch auf einen „irrelevanten Umfang" reduziert werden würde (BVI 2000c: 3). Darüber hinaus sei die geforderte Mindestgarantie, bei der alle zehn Jahre die Auszahlung der eingezahlten Beiträge garantiert werden müsse, nach geltenden Gesetzen nicht realisierbar (BVI 2000f: 2). Die Beachtung einer solchen Vorgabe würde an den Eigenkapitalvorschriften des Kreditwesengesetzes scheitern, da deutsche Kapitalanlagegesellschaften, wie Banken, für eine derartige formelle Zusage Eigenkapital vorhalten müssten, was angesichts der langfristig zu erwartenden Beiträge in Höhe von mehreren hundert Milliarden DM weder von Banken noch von Kapitalanlagegesellschaften aufgebracht werden könnte. Da sich bis kurz vor der Veröffentlichung des Gesetzentwurfs zum Altersvermögensgesetz im November 2000 nicht abzeichnete, dass die Bundesregierung von dieser Vorgabe abrücken würde, drohte der BVI gewissermaßen mit der Abwanderung des Anlagekapitals, falls an der formalen Garantie festgehalten werde. In Luxemburg gäbe es für Investmentgesellschaften nämlich keine derartigen Vorschriften, so dass der „Weg von Fondsprodukten (…) dann eindeutig über Luxemburg [führe], um die hohen Eigenkapitalkosten zu minimieren – zum Schaden des Finanzplatzes Deutschland" (BVI 2000f: 2).

Entscheidungen im Bundestag und Bundesrat

Als der Gesetzentwurf zum AVmG per Kabinettsbeschluss im November 2000 in das parlamentarische Verfahren eingebracht worden war, stand fest, dass Anbieter von Altersvorsorgeverträgen bei Vertragsabschluss eine „Zusage" dahingehend abgeben müssten, dass zu Beginn der Auszahlungsphase – aber nicht wie im Diskussionsentwurf vorgesehen, auch alle zehn Jahre – mindestens die eingezahlten Beiträge zur Verfügung stehen (siehe auch Kap. 4.4.1). Nachdem sich die Investmentbranche von Beginn an gegen eine solche Garantie ausgesprochen hatte, zeichnete sich unterdessen im „Zusammenwirken mit dem Lehrstuhl für Investmentwesen an der Universität Frankfurt, dem Bundesministerium der Finanzen und dem Bundesaufsichtsamt für das Kreditwesen" eine für alle Beteiligten „akzeptable Lösung" ab (BVI 2000e: 2): Durch die Kombination bestimmter Fondstypen mit bestimmten Mindestlaufzeiten der Einzahlpläne sei die Wahrscheinlichkeit eines Verlustes – der „neuen, wissenschaftlich abgesicherten Erkenntnis" des Investmentlehrstuhls der Universität Frankfurt zufolge – vernachlässigenswert gering, so z.B. bei einer Anlage in AS-Fonds mit einer Mindestlaufzeit von ca. zehn Jahren (ebd.).[209] Bei dem Bundesaufsichtsamt für das Kreditwesen schien sich somit die Auffassung durchzusetzen, dass Investmentgesellschaften bei entsprechender Produktgestaltung in der Lage seien, Zusagen bzw. Leistungsversprechen abzugeben, ohne Eigenkapital vorzuhalten. Rückstellungen wären nur dann erforderlich, falls sich bei einem Investmentdepot eines Anlegers eine Unterdeckung abzeichnen würde, so dass die von der Investmentbranche zunächst befürchteten hohen Absicherungs- und Eigenkapitalkosten vermieden bzw. deutlich verringert werden könnten (BVI 2000e: 3).

Im Rahmen der öffentlichen Anhörungen der Bundestagsausschüsse konnten die als Sachverständige geladenen Vertreter des Bankenverbandes und des BVI ihre Verbesserungsvorschläge und Konzepte zum Gesetzentwurf schriftlich und mündlich einbringen. Die Berücksichtigung von Investmentfonds und Banksparplänen im Förderkonzept wurde von den Verbänden grundsätzlich begrüßt, sie machten aber auch konkrete Nachbesserungsvorschläge für die Ausgestaltung der Förderung (ausführlich in Kap. 6.2.1). Nachdem das Altersvermögensgesetz im Januar 2001 durch den Bundestag verabschiedet worden war, betonte der Sprecher des BVI, dass die „konstruktive Begleitung des Altersvermögensgesetzes (…) im Jahr 2000 die Herausforderung an unsere Branche schlechthin" gewesen sei (Zirener in BVI 2001c: 1). Entsprechend intensiv habe man sich in die Diskussion eingebracht, hieß es weiter, und so sei im Hinblick auf bedeutende Aspekte „einiges erreicht" worden (BVI 2001b, 2002c): Beispielsweise würde die Investmentanlage nicht nur – wie ursprünglich vorgesehen – in der Einzahlungsphase, sondern auch in der Auszahlungsphase berücksichtigt. Zudem sei das Förderkriterium, nachdem alle zehn Jahre die Rückzahlung der Beiträge möglich sein müsse, revidiert worden und für Kapitalanlagegesellschaften bestehe bei Zusagen nur in Ausnahmefällen eine Verpflichtung zur Vorhaltung von Eigenkapital (BVI 2001c: 2).[210] Da das AVmG im Bundesrat aber blockiert wurde, musste der Vermittlungsausschuss angerufen werden. Als dieser im Mai 2001 einen Einigungsvorschlag unterbreitete, betonte der BVI, dass abermals entscheidende Verbesserungen enthalten seien, wie z.B. die Berücksichtigung von ausschüttenden Investmentfonds (u.a. von offenen Immobilienfonds), die Zulässigkeit von Auszahlplänen, die in zugesagten mindestens gleich bleibenden und zusätzlich in variablen Teilraten erfolgen („variable annuity" z.B. in Form der AS-Investmentrente), und die Ermittlung der Zulage durch die Bundesversicherungsanstalt für Angestellte anstatt durch den Anbieter (BVI 2001e: 2). Die neu

---

[209] Die herangezogenen Forschungsergebnisse stammen von jenem Lehrstuhl, der unter Mitwirkung des BVI an der Universität Frankfurt eingerichtet und besetzt worden war (BVI 2001b: 22).
[210] Der BVI sprach sich dafür aus, dass die Zertifizierung über die jeweils zuständigen Aufsichtsbehörden erfolgen solle: für Versicherungsprodukte durch das Bundesaufsichtsamt für Versicherungswesen, für Investmentprodukte durch das Bundesaufsichtsamt für das Kreditwesen (BVI 2001c: 6).

aufgenommene Förderung von Wohneigentum durch die zwischenzeitliche Entnahme von Sparkapital für die Eigenheimfinanzierung hielt der BVI hingegen aus ökonomischer Sicht für wenig sinnvoll (BVI 2001e: 3f.).[211]

Reaktionen auf die verabschiedete Reform

Mit der Zustimmung des Bundesrates zum Vorschlag des Vermittlungsausschusses war das Gesetzgebungsverfahren zur Rentenreform 2001 abgeschlossen und die Förderung der kapitalgedeckten Altersvorsorge konnte zum 1. Januar 2002 in Kraft treten. Die Reaktionen des Banken- und Investmentsektors waren zwiespältig: Einerseits wurde betont, dass die Rentenreform ein „wichtiger Schritt in die richtige Richtung" sei, da sie die bis dahin schwach entwickelte Kapitaldeckung in der Altersvorsorge stärken würde (Die Bank 2002: 370). Der BVI bezeichnete die Einbeziehung von Investmentfonds in die geförderte Altersvorsorge später gar als „Meilenstein der Investmentanlage" (BVI 2005a). Andererseits wurde deutlich kritisiert, dass die Sparentscheidung des Einzelnen erschwert werden würde, da das Förderverfahren „zu bürokratisch" und das Reformwerk insgesamt „zu komplex" sei, so ein Vorstandsmitglied der Commerzbank (Blessing in Die Bank 2002: 370). Der Chefvolkswirt der Deutschen Bank Research, Norbert Walter, sprach davon, dass „Sankt Bürokratius" bei der Rentenreform „wieder einmal fröhlich Urstände gefeiert" hätte (Walter 2001). Daraus ergäben sich für die Anbieter der Riester-Rente hohe Kosten, da das Produkt beratungs- und verwaltungsintensiv sei. Zudem wären die Obergrenzen für die Förderung und die jährlichen Mindesteigenbeiträge für die geförderte Vorsorge viel zu niedrig (Die Bank 2002: 371f.).

Trotz aller Kritik im Detail, konstatierten die Geschäftsbanken, dass die Rentenreform „ein Segen für die Finanzbranche" sei (so z.B. ABN Amro Deutschland zit. n. Die Zeit 2001a).[212] In diesem Sinne betonte auch die Deutsche Bank, dass die persönliche wie institutionelle Altersvorsorge ein „Wachstumstrend der Zukunft" sei, an dem sie an „vorderster Stelle" partizipieren werde (Deutsche Bank 2001: 4f.). Die Finanzdienstleister bereiteten sich indes auf den bevorstehenden Markteintritt vor, um sich frühzeitig als Produktanbieter für die private und betriebliche Altersvorsorge zu positionieren (Faßbender-Menzel

---

[211] Zur betrieblichen Altersversorgung wurde hinsichtlich der Entgeltumwandlung kritisiert, dass der Zwang zum Beitritt in ein Kollektivsystem verhindern würde, dass Arbeitnehmer die „wesentlich kostengünstigeren und effizienteren" individuellen Pensionsfondsmodelle nutzen (BVI 2001e: 3f.).
[212] Die Begeisterung der Finanzdienstleistungsbranche legte sich, als sich abzeichnete, dass nur die Branchenführer aufgrund des komplizierten Regelwerks und hohen Beratungsbedarfs dazu in der Lage sein würden, „Riester-Gewinne" zu erwirtschaften (Pfeiffer 2003: 27).

2001), denn der „Kampf der Banken, Investmentgesellschaften und Lebensversicherungen um die Assets under Management" war längst entbrannt (Die Bank 2001: 700).[213] Offen blieb allerdings, ob der durch die staatliche Förderung ausgelöste Zufluss von Kapital in Pensionsfonds und Rentenversicherungen lediglich zu einer Verlagerung von Geldvermögen in „Riester-Produkte" führen, oder ob die Förderung – was laut Bankenverband wünschenswert wäre – tatsächlich eine höhere Ersparnisbildung anregen würde (Bundesverband deutscher Banken 2002a: 14). Insgesamt sei die Rentenreform aber ein gutes Beispiel dafür, „wie der Staat durch geeignete Reformen die Marktkräfte mobilisieren und durch sinnvolle Anreize das Allgemeinwohl fördern kann", resümiert ein Vorstandsmitglied der Commerzbank (Blessing in Die Bank 2002: 375).

Wie vom Bundesaufsichtsamt für Kreditwesen bereits ein Jahr zuvor in Aussicht gestellt worden war, wurde im Dezember 2001 beschlossen, dass Kapitalanlagegesellschaften nur dann eine Rücklage von Sicherungsmitteln vornehmen müssten, „wenn ein sich im Zeitablauf änderndes Verhältnis der Einzahlungen zum aktuellen Depotwert unterschritten werde" (BVI 2001a: 1). Eine Unterlegung mit Sicherungskapital wäre also nur notwendig, falls der aktuelle Marktwert der Fondsanlagen die diskontierten Beiträge unterschreitet. Aus Sicht des BVI sei durch diese Regelung – auch bei Extremsituationen an den Kapitalmärkten – faktisch ausgeschlossen, dass Kapitalanlagegesellschaften zu Beginn der Auszahlungsphase ihre Zusagen nicht würden einhalten können. Durch die Kombination verschiedener Fondstypen mit bestimmten Mindesteinzahlungszeiträumen konnten daher die vom BVI stets kritisierten Absicherungs- und Eigenkapitalkosten vermieden werden (BVI 2001a: 2). Darüber hinaus begrüßte der BVI die im Hinblick auf die Auszahlungsphase „im Wege des politischen Kompromisses gefundene Regelung" bezüglich des Verhältnisses von so genanten fixen und variablen Auszahlungsraten, das vom Gesetzgeber zunächst nicht näher bestimmt worden war. Die Regelung, dass das angesparte Kapital im Verhältnis von 60:40 in festen bzw. in variablen Raten ausgezahlt werden könne und zudem eine Einmalzahlung in Höhe von 20% ebenfalls möglich sei, erhöhe die Flexibilität und damit die Akzeptanz für Riester-Produkte (BVI 2001f: 1).

Dennoch zeigte sich der BVI bereits ein halbes Jahr nach Inkrafttreten der Reform enttäuscht über die Entwicklung der Riester-Rente, so dass der Investmentverband eine „radikale Vereinfachung der Regelungen" und mehr Flexibili-

---

[213] Die Deutsche Bank hatte z.B. im Rahmen einer „Qualifizierungsoffensive" die Anzahl der Berater erhöht und war seit Ende 2001 mit zertifizierten Vorsorgeplänen am Markt. Nach eigenen Angaben sei sie mit ihren „hochrentablen Investmentfonds (…) im Wettbewerb um die private Altersvorsorge bestens gerüstet" (Deutsche Bank 2002: 30). Die Commerzbank startete im Mai 2001 ein Programm, „um sich als kompetenter Ansprechpartner und Dienstleister für Vorsorgeprodukte im Rahmen der Riester-Förderung zu profilieren" und war ebenfalls im Herbst 2001 mit Produkten am Markt, die den Vorgaben des AVmG entsprachen und später zertifiziert wurden (Commerzbank 2002: 15).

tät und Entscheidungsfreiheit für die Versicherten forderte (BVI 2002b). In diesem Sinne resümierte der Bankenverband in seiner „Reformagenda für die Legislaturperiode 2002-2006", dass durch die Rentenreform 2001 zwar die „Weichen für mehr Eigenverantwortung und Eigenvorsorge" gestellt worden seien, für eine langfristige Stabilisierung des Beitragssatzes zur GRV sei dies jedoch völlig unzureichend (Bundesverband deutscher Banken 2002b: 43). Die Abgabenbelastung müsste deutlich verringert und der Handlungsspielraum zum Aufbau der Privatvorsorge erheblich vergrößert werden, etwa durch ein Einfrieren der Beitragsbemessungsgrenze. Darüber hinaus müssten die Rahmenbedingungen für die private Altersvorsorge verbessert werden, beispielsweise durch eine Vereinfachung der Zulagengewährung, die Streichung des Zertifizierungsverfahrens und der renditemindernden Beitragserhaltungszusage und den Verzicht auf die Zwangsverrentung ab dem 85. Lebensjahr (Bundesverband deutscher Banken 2002b: 44-46).

6.1.3 Resümee

Die entscheidenden Akteure der Finanzdienstleistungsbranche verfolgten im Politikfeld Alterssicherung spartenübergreifend ein privatwirtschaftliches Interesse an einer Teil-Privatisierung der Alterssicherung. Dieses Interesse resultiert aus den potentiellen Geschäftsaussichten und Wachstumschancen, die jede Aufwertung der dritten Säule im Gesamtsystem der Alterssicherung impliziert. Über diese Gemeinsamkeit in der grundsätzlichen Zielsetzung und bei einigen Sachfragen hinaus kann von einem „einheitlichen" Interesse der Branche allerdings keine Rede sein: Die auf dem Altersvorsorgemarkt fest etablierten Lebensversicherungsgesellschaften strebten im Vorfeld wie auch zu Beginn der Rentenreform 2001 in erster Linie danach, ihre Position als Marktführer auf dem Altersvorsorgemarkt und die in der Vergangenheit erwirkten Steuervorteile für ihre Produkte zu verteidigen. Gleichzeitig versuchten sie zu verhindern, dass diese steuerlichen Privilegien auf andere Produkte der Privatvorsorge, wie z.B. Investmentfonds, ausgedehnt würden. Demgegenüber verfolgten die Banken und Kapitalanlagegesellschaften das Ziel, für ihre Altersvorsorgeprodukte mindestens die gleichen steuerlichen Vorteile zu erwirken, um die bestehenden Wettbewerbsnachteile zu reduzieren. Aufgrund des in Deutschland vergleichsweise stark ausgeprägten Sicherheitsbedürfnisses bei Kapitalanlagen musste die Banken- und Investmentbranche zunächst vermitteln, dass Investmentprodukte überhaupt zur Altersvorsorge geeignet sind. Als der Gesetzgeber den „AS-Fonds" 1998 ein „Gütesiegel" verlieh, war das „Wettbewerbsgerangel" (FAZ 1997) der Finanzdienstleister um Marktanteile an der privaten Vorsorge in vollem Gange.

Die im Wahlkampf von der SPD in Aussicht gestellte Rentenreform, bei der explizit die private zusätzliche Altersvorsorge gefördert werden sollte, forcierte den Wettbewerb zwischen den beiden Sektoren der Finanzdienstleistungsbranche noch. Die Versicherungswirtschaft hatte sich früh strategisch positioniert und formulierte wenige Wochen nach dem Regierungswechsel im Herbst 1998, also lange vor den ersten Reformentwürfen im Juni 1999, ihre zentralen Bedingungen für eine neuerliche Rentenreform: Private Zusatzvorsorge solle nur dann steuerlich gefördert werden, wenn die Sparformen bestimmte Qualitätsstandards erfüllen, insbesondere die Absicherung biometrischer Risiken und die Garantie von Mindestleistungen. Diese Argumentationsweise, an der von Seiten der Versicherungswirtschaft im Verlauf des gesamten Reformprozesses festgehalten wurde, diente vorrangig der Verteidigung der Vormachtstellung auf dem Markt für private Altersvorsorge: Während nämlich die Kapitallebensversicherung diese Kriterien von vornherein erfüllen würde, waren die von der Versicherungswirtschaft geforderten Qualitätsanforderungen für die Produkte der Banken und der Investmentgesellschaften eine große Hürde. Angesichts dessen überrascht es nicht, dass sich der Banken- und Investmentsektor genau für das Gegenteil einsetzte: Restriktive Vorgaben als Voraussetzung für die Förderfähigkeit von Vorsorgeprodukten seien grundsätzlich abzulehnen, da diese die Versicherungswirtschaft einseitig begünstigen würden. Zudem würden Versicherungsprodukte nicht notwendigerweise zur Altersvorsorge, sondern vielfach für konsumtive Zwecke genutzt, und somit Konsumsparen – und nicht Altersvorsorge – gefördert. Die Förderung solle sich daher auf alle vom Gesetzgeber anerkannten Altersvorsorgeprodukte erstrecken, also auch auf die neu eingeführten AS-Fonds.

Die Ausführungen zu den Interessen der Sektoren geben bereits Aufschluss über die unterschiedlichen Strategien zur Durchsetzung ihrer Interessen: Da die Versicherungsbranche im Bereich der privaten Altersvorsorge bis dahin nahezu eine Monopolstellung einnahm, erwartete sie, dass ihr der Großteil einer durch Leistungskürzungen der GRV induzierten Nachfrage nach privater Zusatzvorsorge zufließen würde. Um ihre Forderung nach der „zwingend erforderliche" Reduktion des Leistungsniveaus der GRV argumentativ zu untermauern, bediente sie sich vielfach der Rhetorik der bedrohlich erscheinenden „demographischen Entwicklung", die „umfassende Leistungskürzungen" und „drastische Einschnitte" erzwingen würden. Dabei argumentierte die Versicherungswirtschaft „gemeinwohlorientiert" und zumeist im Hinblick auf das Gesamtsystem der Alterssicherung, d.h. es wurden nicht nur Vorschläge für die Förderung der privaten Altersvorsorge in den Diskussionsprozess eingebracht, sondern auch Verbesserungsvorschläge für eine Reform der GRV und der betrieblichen Altersversorgung. Der GDV war schon bei den ersten Anzeichen einer neuerlichen Reform in der Lage, ein umfassendes Konzept zur Förderung der privaten Altersvorsorge zu präsentieren. Die in diesem Konzept vorgesehenen Mindestkriterien wiesen dabei eine deutliche Produktnähe zu Lebensversicherungen auf, während die auf dem Privatvorsorgemarkt langsam erstarkende Konkurrenz der Fondsindustrie diese nicht oder nur schwerlich erfüllen würde können.

Die Banken und Kapitalanlagegesellschaften waren Ende der 1990er Jahre im Hinblick auf die private Altersvorsorge ganz anderen Problemen ausgesetzt: Im Mittelpunkt ihrer Aktivitäten stand, beim Gesetzgeber und bei der sicherheitsorientierten deutschen Bevölkerung den Gedanken durchzusetzen, dass Fondsprodukte grundsätzlich altersvorsorgetauglich sind. Die AS-Fonds, die sie als „Eisbrecher in der Diskussion um die Altersvorsorge" betrachtete (BVI 2001d: 5), wurden im Zuge des Dritten Finanzmarktförderungsgesetzes (1998) zwar offiziell als Altersvorsorgeprodukt anerkannt; allerdings blieb ihnen eine steuerliche Gleichstellung Fonds mit Versicherungsprodukten verwährt. Eine Stärkung der Privatvorsorge hätte sich daher nicht notwendigerweise zugunsten des Investmentsektors niedergeschlagen, sondern eher auf den Konten der Lebensversicherer. Für die Fondsbranche kam es deshalb vorrangig darauf an, für die AS-Fonds die gleichen steuerlichen Bedingungen wie Kapitallebensversicherungen zu erwirken. Dabei verzichtete sie weitgehend auf die Rhetorik des Zusammenbruchs der staatlichen Sicherungssysteme:[214]

> „Die gesetzliche Rente ist ein wesentlicher Teil der Altersvorsorge. Und gewiss ist: Das öffentliche Rentensystem wird nicht zusammenbrechen, Ihre Rentenansprüche sind nicht gefährdet. Fraglich ist allerdings, wie hoch die Rente der Zukunft sein wird. (...) Man tut gut daran, sich auf weniger einzustellen. Das bedeutet umgekehrt: Man tut gut daran, verstärkt zusätzliche private Vorsorge-Maßnahmen zu ergreifen" (BVI o.J.: 3).

Als Argument für die Vorteilhaftigkeit aktienbasierter Vorsorgeprodukte wurde insbesondere auf Renditevergleiche verwiesen, die belegen würden, dass mithilfe von Fondsprodukten im Vergleich zu Versicherungsprodukten sehr viel höhere Renditen erzielt werden könnten. Dabei bewegte sich der Banken- und Investmentsektor argumentativ eher auf dem Gebiet der Finanz- und Fiskalpolitik, weniger im Politikfeld Alterssicherung. Dies zeigt sich auch daran, dass die Fondsbranche im Jahr 1998 auf der einen Seite nicht konkret Stellung zu den rentenpolitischen Plänen nahm und in ihren Jahrbüchern nur vereinzelt Fragen der Altersvorsorge aufgegriffen wurden. Auf der anderen Seite stellte sie sich gegen die Halbierung des Sparerfreibetrags sowie gegen die Besteuerung kurz-

---

[214] Die Vermeidung der Katastrophen-Rhetorik gilt allerdings *nicht* für Publikationen der Deutschen Bank Research oder des von der Finanzbranche gegründeten Deutschen Instituts für Altersvorsorge (Kap. 6.2.5) und auch *nicht* für jüngere Publikationen der Branche (z.B. BVI 2007c: 73).

fristiger Veräußerungsgewinne auf Fondsebene und richtete entsprechende Eingaben an den Finanzausschuss.[215] Wenngleich die Publikationen der Banken- und Investmentbranche belegen, dass ihr frühzeitig die potentiellen Geschäftsmöglichkeiten im Bereich der privaten Altersvorsorge bekannt waren, war sie in der frühen Phase der Reform rentenpolitisch nicht ausreichend aufgestellt. Angesichts dessen musste sie zunächst die von der Versicherungsbranche früh vorgebrachten Qualitätsstandards abwehren. Um ihren Eigeninteressen im weiteren Verlauf der Reform besser zu platzieren und ihnen mehr Gewicht zu verleihen, verfolgte der Banken- und Investmentsektor unterschiedliche Strategien: Zum einen suchten der Bankenverband und der BVI den Schulterschluss mit weiteren Wirtschaftsverbänden, um ihre Argumente als „Sicht der Wirtschaftsverbände" vorzutragen. Zum anderen drohte der Investmentverband mit einer für den „Finanzplatz Deutschland" schädlichen Kapitalwanderung, falls die restriktiven Mindestkriterien für die geförderte Privatvorsorge nicht zurückgenommen würden. Als Unterstützung zur Verhinderung der formalen Kapitalerhaltungszusage wurden schließlich die Forschungsergebnisse eines vom BVI geförderten Investment-Lehrstuhls an der Universität Frankfurt angeführt. Dieser Lehrstuhl erarbeitete im weiteren Verlauf zusammen mit dem BMF und dem Bundesaufsichtsamt für das Kreditwesen eine Lösung zur Umgehung einer Eigenkapitalunterlegung von Leistungszusagen, die der BVI-Position weitgehend entsprach.

Die schematische Übersicht in Tabelle 9 zeigt, dass in einigen Teilbereichen innerhalb der Branche inhaltlicher Konsens bestand, beispielsweise hinsichtlich der grundsätzlichen Ausrichtung der Reform, der Ablehnung einer Ausdehnung der Förderung auf Wohneigentum sowie der Kritik der Komplexität des Förderverfahrens. Darüber hinaus lässt sich das Konkurrenzverhältnis zwischen den einzelnen Sektoren ablesen, das sich insbesondere bei den Mindestkriterien widerspiegelt. Angesichts der konträren Positionen der Versicherungswirtschaft und der Investmentbranche betitelte ein Vorstandsmitglied der Debeka Versicherungsgruppe das Gesetzgebungsverfahren zur Riester-Rente sogar als „Paradebeispiel für den Konflikt zwischen den Interessen der beiden Branchen" (Laue zitiert nach Blum-Barth 2005: 229).

---

[215] Dabei wurde 1999 betont, dass von der Regierung finanzpolitische Entscheidungen gefällt wurden (hier: Halbierung des Sparerfreibetrags, Einführung einer Kapitalertragssteuer ausgeschüttete Dividendenerträge), die dem von der Regierung im Politikfeld Alterssicherung angestrebten Zielen entgegenstünden (Stärkung der privaten Vorsorge und der Beteiligung der Arbeitnehmer am Produktivkapital).

Tabelle 9: Forderungen der Finanzdienstleistungsbranche im Zeitablauf

Lebensversicherer	Banken/Kapitalanlagegesellschaften
Grundausrichtung zu Beginn der Reform	
- Grundlegende Strukturreform mit drastischen Leistungseinschnitten der GRV bei umfassender Förderung der privaten Altersvorsorge. - Förderung der Zusatzvorsorge nur mit Qualitätsstandards, insb. Absicherung biometrischer Risiken, garantierte von Mindestleistungen. - Kein Obligatorium, stattdessen steuerliche Anreize für freiwillige Zusatzvorsorge unter Beibehaltung bereits bestehender Incentives. - Keine Ausweitung des vers. Personenkreises, keine Tariffonds.	- Einführung einer steuerneutralen Wahlfreiheit zwischen allen Altersvorsorgeformen, insb. steuerliche Gleichstellung der Beiträge zu AS-Fonds mit jenen zur Kapitallebensversicherung. - Keine Halbierung des Sparerfreibetrags und keine Einführung der Kapitalertragssteuer. - Ablehnung einer formalen Garantie einer Mindestverzinsung bzw. des Kapitalerhalts. - Berücksichtigung der AS-Investmentrente im Reformkonzept.
„**Nachbesserungsbedarf**" **in Detailfragen während des Reformprozesses**	
- Gegen Aufweichung der Mindestkriterien bzgl. der Anlagensicherheit. - Berechnung der förderfähigen Beiträge zu kompliziert. - Kein Anbieterwechsel nach zehn Jahren unter Mitnahme der bereits gezahlten Prämien. - Ablehnung der Auflagen zu Kosten- und Leistungstransparenz. - Für Fonds vorgeschriebene Verrentung in Höhe von 10% mit 80 Jahren nicht ausreichend. - Gegen Förderung v. Wohneigentum.	- Ablehnung der Pflicht zur Abgabe einer „formalen" Rückzahlungszusage alle 10 Jahre u. zu Beginn der Auszahlungsphase, stattdessen Gewährleistung durch Vorgaben zur Fondsstruktur u. Mindestlaufzeiten. - Fehlende steuerliche Gleichstellung der AS-Investmentrente mit der Direktversicherung. - Fehlende Orientierungshilfe im „Labyrinth der Vorsorgemodelle". - variable annuity nicht berücksichtigt. - Gegen Förderung v. Wohneigentum.
Forderungen und Kritik nach Verabschiedung der Reform	
- Vereinfachung des zu komplizierten und hohen Beratungsaufwand erfordernden Förderverfahrens.	- Vereinfachung Zulagengewährung. - Streichung des Zertifizierungsverfahrens, der Beitragserhaltungszusagen u. Zwangsverrentung ab 85. Lj. - Förderungsberechtigung ausdehnen; Kündigung durch Anbieter zulassen.

Quelle: Eigene Darstellung.

6.2 Lobbyistische Aktivitäten und Beziehungsstrukturen

Zur Durchsetzung ihrer Interessen können die Akteure der Finanzdienstleistungsbranche grundsätzlich auf die im theoretischen Teil der Arbeit erläuterten lobbyistischen Aktivitäten und Beziehungsstrukturen zurückgreifen (Kap. 2.3). Daher gilt es nunmehr zu analysieren, ob und inwiefern die Unternehmen und Verbände des Versicherungssektors sowie des Banken- und Investmentsektors im Verlauf des Reformprozesses die einschlägigen lobbyistischen Aktionsformen und Strukturen genutzt haben, um ein Ergebnis zu erzielen, das ihren privatwirtschaftlichen Interessen möglichst nahe kommt. Bei den zu untersuchenden Aktivitäten und Beziehungsstrukturen handelt es sich im Einzelnen um institutionalisierte Beziehungen (Kap. 6.2.1), personelle Verflechtungen (Kap. 6.2.2), finanzielle Beziehungen (Kap. 6.2.3), informelle Beziehungen (Kap. 6.2.4) und Öffentlichkeitsarbeit (Kap. 6.2.5). Die Analyse setzt auf Seiten der Finanzdienstleistungsbranche bei den Großunternehmen und Verbänden der jeweiligen Sektoren an und umfasst auf der Seite der politischen Entscheidungsträger den Deutschen Bundestag einschließlich der für die Rentenreform relevanten Ausschüsse, die Ministerialbürokratie wie auch das Regierungskabinett einschließlich der Staatssekretäre.

6.2.1 Institutionalisierte Beziehungen

Unter institutionalisierten Beziehungen werden in der Einfluss- und Verbändeforschung gemeinhin die formale Einbindung und Beteiligung von Interessengruppen im Verlauf politischer Willensbildungs- und Entscheidungsprozesse verstanden. Im politischen System der Bundesrepublik Deutschland ist die institutionalisierte Beteiligung von Verbänden in zweifacher Hinsicht explizit vorgesehen: Zum einen bestehen unterschiedliche Anhörungs- und Beteiligungsmöglichkeiten von Vertretern betroffener Interessengruppen im ministeriellen Gesetzgebungsprozess und zum anderen Mitwirkungs- und Anhörungsrechte von „außerparlamentarischen Sachverständigen" bei den Ausschüssen des Deutschen Bundestages im parlamentarischen Gesetzgebungsprozess.

Die formale Einbindung von Interessengruppen im ministeriellen Gesetzgebungsprozess erfolgt laut Gemeinsamer Geschäftsordnung der Bundesministerien, damit sich das federführende Ministerium zu Beginn der Ausarbeitungsphase, der so genannten Referentenphase, ein Bild von der zu regelnden Materie wie auch von den Erfordernissen der zu erlassenden Vorschriften machen kann. Auch bei der Rentenreform 2001 waren Interessengruppen wie auch speziell Vertreter der Finanzdienstleistungsbranche in dieser frühen Phase institutionell eingebunden.²¹⁶ Allerdings liegen zu den diskutierten Inhalten, dem Kreis der Beteiligten und den Ergebnissen der Beteiligung der außerministeriellen Sachverständigen keine hinreichenden Informationen vor, da die Dokumentation der innerministeriellen, vorparlamentarischen Entscheidungsphase (noch) nicht öffentlich zugänglich ist.²¹⁷ Insofern lassen sich entsprechende Informationen – wenn überhaupt – nur über Sekundärquellen erschließen. So heißt es beispielsweise relativ lapidar in einem von einem Oberregierungsrat des BMF verfassten Kommentar zum Einkommensteuergesetz, dass „in der letzten Oktoberwoche 2000 Anhörungen der Interessenvertretungen statt [fanden], um schon in einem frühen Stadium eine offene Diskussion einzuleiten" (Myßen in Kirchhof et al. 2004: 101), ohne aber auf weitere Details zu den konkret beteiligten Akteuren und den diskutierten Inhalten einzugehen. Indes überrascht es aufgrund dieser frühen Einbindung der Verbände wenig, dass die Reaktionen aus der Finanzdienstleistungsbranche zu Beginn der parlamentarischen Phase des Reformprozesses grundsätzlich positiv ausfielen.²¹⁸

Auch die Anhörung durch Bundestagsausschüsse erfolgt laut Geschäftsordnung des Bundestages zur Informationsbeschaffung und zur Einholung von Sachverstand. Im Gegensatz zur ministeriellen Phase der Gesetzesentstehung sind Informationen über die institutionalisierte Einbindung von Interessengruppen im parlamentarischen Verfahren gut dokumentiert und öffentlich zugänglich. Im Verlauf des parlamentarischen Entscheidungsprozesses zur Rentenreform 2001 wurden durch den Ausschuss für Arbeit und Sozialordnung (AfArbSoz) zwei öffentliche Anhörungen durchgeführt, zu denen im Vorfeld jeweils schriftliche Stellungnahmen der Sachverständigen eingereicht wurden. Bei den Anhörungen, die vom 11. bis zum 13. Dezember 2000 durchgeführt wurden, standen an den einzelnen Sitzungstagen unterschiedliche Aspekte des Gesetzentwurfes

---

[216] 1998 bestanden bereits unterschiedliche institutionalisierte Beziehungen zwischen dem BMF und der Finanzdienstleistungsbranche im Bereich der Alterssicherung, u.a. beim „Forum Finanzplatz" beim BMF im Arbeitskreis „Beirat zur betrieblichen Altersvorsorge", in dem es speziell um die Einführung von Pensionsfonds als Durchführungsweg betrieblicher Altersvorsorge ging. Bei diesem Beirat waren auch Vertreter des Deutschen Aktieninstituts, der Allianz, der Deutschen Börse AG, der DWS und des Bankenverbandes institutionell in die Arbeiten des BMF eingebunden (BMF 1998a).
[217] Inwiefern die Ministerien von der Einbindung der Interessengruppen tatsächlich Gebrauch machen, kann in den seltensten Fällen zeitnah analysiert werden, da für die Unterlagen und Dokumente des innerministeriellen Diskussions- und Entscheidungsprozesses die restriktiven Sperrfristen der Ministerialbehörden gelten. Die relevanten Unterlagen, Protokolle und Arbeitspapiere sind der Öffentlichkeit wie auch der Wissenschaft in der Regel erst nach Ablauf von 30 Jahren zugänglich. Diese Intransparenz der vorparlamentarischen Entstehungsgeschichte von Gesetzen ist in besonderem Maße unzufriedenstellend, da Referentenentwürfe aufgrund der frühzeitigen Beteiligung und Einbindung von Interessengruppen oftmals als bereits „verbandsfest" gelten (Kap. 2.3).
[218] Wie in den nachfolgenden Ausführungen gezeigt wird, konzentrierte sich die Kritik der Branche insbesondere auf Detailfragen und auf konkrete Umsetzungsprobleme im Zusammenhang mit dem Förderverfahren und den Förderkriterien (siehe auch Kap. 6.1).

zum Altersvermögensgesetz auf der Tagesordnung, zu denen jeweils entsprechende Sachverständige geladen waren. Eine weitere Anhörung am 19. Januar 2001 diente im Wesentlichen der Prüfung der überarbeiteten Inhalte bzgl. der Förderung der kapitalgedeckten Altersvorsorge. Die folgenden Ausführungen zur institutionellen Beteiligung der Finanzbranche im politischen Entscheidungsprozess zur Rentenreform 2001 konzentrieren sich auf die durch die Verbände im Vorfeld der öffentlichen Anhörungen eingereichten schriftlichen Stellungnahmen (Kap. 6.2.1.1 und Kap. 6.2.1.3) sowie auf die Befragung der Verbandsvertreter im Rahmen der öffentlichen Anhörungen (Kap. 6.2.1.2 und Kap. 6.2.1.4).

6.2.1.1   Schriftliche Stellungnahmen zum Entwurf des AVmG

Nachdem der Entwurf des Gesetzes zur Reform der gesetzlichen Rentenversicherung und zur Förderung eines kapitalgedeckten Altersvorsorgevermögens (Altersvermögensgesetz, AVmG) im November 2000 von der Regierungskoalition in den Bundestag eingebracht worden war, forderte der für die Rentenreform 2001 federführende Ausschuss für Arbeit und Sozialordnung verschiedene Sachverständige auf, anhand eines Fragenkatalogs schriftlich dazu Stellung zu nehmen. Den Ausschussmitgliedern sollten diese Stellungnahmen zur inhaltlichen Vorbereitung auf die Mitte Dezember stattfindenden öffentlichen Anhörungen dienen. Diese Aufforderung richtete sich an zahlreiche gesellschaftliche Akteure, und zwar an einzelne Gewerkschaften, Arbeitgeberverbände, Verbraucherschutzorganisationen, wissenschaftliche Institute, Einzelsachverständige und Wirtschaftsverbände sowie an Interessenverbände der Finanzdienstleistungsbranche. Nachfolgend wird dargelegt, wie sich der Gesamtverband der Deutschen Versicherungswirtschaft, der Bundesverband deutscher Banken sowie der Bundesverband Deutscher Investmentgesellschaften in ihren schriftlichen Stellungnahmen zum Gesetzentwurf positioniert haben.

Gesamtverband der Deutschen Versicherungswirtschaft

Der Gesamtverband der Deutschen Versicherungswirtschaft (GDV) stufte das Gesetzesvorhaben der rot-grünen Regierungskoalition in seiner Stellungnahme als den richtigen Ansatz ein, um der demographischen Entwicklung „offensiv" zu begegnen, wenngleich bedauert wurde, dass das Reformkonzept erst ein Jahr später als ursprünglich geplant in Kraft treten solle. Das teilweise Ersetzen der gesetzlichen Rentenversicherung durch kapitalgedeckte zusätzliche Altersvorsorge wurde vom GDV als besonders positiv hervorgehoben, denn die „Versicherungswirtschaft begrüßt mit Nachdruck die geplante neue Arbeitsteilung zwischen umlagefinanzierter und kapitalgedeckter Altersvorsorge" (GDV in Deutscher Bundestag 2000d: 77). Trotz dieser ausdrücklichen Zustimmung zur Ausrichtung des Reformkonzeptes wurde eine Nachbearbeitung und Verbesserung bzw. Klarstellung von Einzelheiten insbesondere bei der Ausgestaltung der Förderung und den vorgesehenen Informationspflichten angemahnt, um eine ausreichende Verbreitung der Privatvorsorge in der Bevölkerung zu erzielen. Da die private kapitalgedeckte Altersvorsorge steuerlich gefördert werden würde, um die Leistungskürzungen der GRV auszugleichen, sollten sich die geförderten Produkte eng am Leistungsspektrum und an den Qualitätskriterien der GRV orientieren. Daher sah der Verband der Versicherungsbranche die im Gesetzentwurf vorgesehenen Mindeststandards als zwingend notwendige Voraussetzung für die Förderfähigkeit an, denn

„Altersversorgung ist nun mal mehr als ein reiner Sparprozess. Daher sollen Produkte nur dann gefördert werden, wenn sie den Erhalt des Kapitals garantieren und lebenslange, mindestens gleichbleibende Leistungen bieten. An diesen Kriterien ist unbedingt festzuhalten" (GDV in Deutscher Bundestag 2000d: 77, nahezu wortgleich auf S. 84).

Bei den Kriterien für förderungsfähige Altersvorsorgeprodukte würde es sich nur um absolute Minimalbedingungen handeln, mit denen z.B. – im Unterschied zur GRV und zur betrieblichen Altersversorgung – kein Inflationsausgleich verbunden sei. Die Mindestkriterien dürften daher auf keinen Fall verwässert werden und deren Einhaltung müsse selbst in wirtschaftlich schwierigen Zeiten sichergestellt werden. Der GDV bezweifelte dennoch, dass die mit der Rentenreform staatlich geförderte private Altersvorsorge in jedem Falle ausreichen würde, um die entstehenden Rentenlücken zu decken. Daher wurde in der Stellungnahme ausdrücklich darauf hingewiesen, dass die aktuelle sowie die in der Vergangenheit beschlossenen Leistungseinschnitte der GRV einen privaten Absicherungsbedarf erfordern würden, der über das Förderkonzept hinausginge. Daher dürften „die bestehenden steuerlichen Entlastungen für die private Altersversorgung auch in Zukunft nicht in Frage gestellt werden" (GDV in Deutscher Bundestag 2000d: 80). Die im Entwurf enthaltenen Regelungen und die Struktur der Förderung beurteilte der GDV aber als „viel zu kompliziert":

„Es muss befürchtet werden, dass die Bürger durch die Regelungen überfordert werden und damit insgesamt die Akzeptanz für das grundsätzlich zu begrüßende Förderkonzept verloren geht. Es besteht ernsthafte Gefahr, dass die Bürger nicht in dem erhofften Umfang von der kapitalgedeckten Vorsorge Gebrauch machen" (GDV in Deutscher Bundestag 2000d: 80).

Zu den Anlagekriterien führte der GDV aus, dass die Gewährung einer Mindestgarantie erforderlich sei, damit der langfristige Prozess des Aufbaus von kapitalgedeckter Altersversorgung für die Versicherten verlässlich und kalkulierbar sei. Zudem sollten die Versicherten das Risiko der Schwankungen am Kapitalmarkt oder der Wertminderungen im Versorgungszeitraum nicht allein tragen müssen. Der GDV forderte daher, dass das Kriterium der Beitragserhaltungsgarantie inhaltlich nicht aufgeweicht werden dürfe und dass dieses Leistungsversprechen zwingend mit Eigenmitteln abgesichert werden müsse – was bei Versicherungsunternehmen bereits durch aufsichtsrechtliche Vorschriften gewährleistet ist und im Rahmen der Finanzaufsicht überwacht wird. „Altersversorgung darf eben nicht dem Ziel der Förderung des Kapitalmarktes untergeordnet werden" (GDV in Deutscher Bundestag 2000d: 85). Denn ohne eine garantierte Leistung bestünde die Gefahr, dass der Staat finanziell doppelt belastet werden könnte, da er bei Wertminderungen und nicht ausreichenden Versorgungsleistungen einspringen müsse, um die Leistungen aufzustocken.

Vor diesem Hintergrund befürwortete der GDV die im Gesetzentwurf enthaltene Vorschrift, dass bis ans Lebensende mindestens gleich bleibende Leistungen gezahlt werden müssten, da nur auf diese Weise ein ausreichendes Gesamtversorgungsniveau bis an das Lebensende erreicht werden könne. Daher müssten bei Auszahlungsplänen mit Teilkapitalverrentung Leistungsabfälle vermieden werden. Hingegen lehnte der Versicherungsverband eine Verteilung der Abschluss- und Vertriebskosten über einen Zeitraum von mindestens zehn Jahren in gleichmäßigen Jahresbeträgen, wie sie in dem Gesetzentwurf vorgesehen war, kategorisch ab. Im Hinblick auf die vorgesehenen Informationspflichten forderte der GDV, dass diese neben den vorgesehenen Angaben zu den Kosten auch Angaben zu den garantierten und zu den darüber in Aussicht gestellten Leistungen beinhalten sollten. Ebenso sollte vorgesehen werden, dass erstere sowohl in der Höhe des zur Verfügung stehenden Kapitals als auch in den sich daraus ergebenden Renten- bzw. Ratenzahlungen ausgewiesen werden könnten. Gleichzeitig wurde kritisiert, dass die seinerzeit vorgesehenen Angaben zu den Kosten der Anbieter die Kunden in die Irre führen könnten und somit nicht zu der erwünschten höheren Transparenz beitragen würden. Falls keine echte Vergleichbarkeit der Anbieter gewährleistet werden könnte, so sollte auf diese Regelung besser insgesamt verzichtet werden.

Neben den Verbesserungsvorschlägen zur Förderung der Privatvorsorge ging der Versicherungsverband in seiner Stellungnahme explizit auf weitere Details des Gesetzentwurfes ein: So wurde zwar prinzipiell die vorgeschlagene Verbesserung des Auskunftsservices durch die Rentenversicherungsträger begrüßt. Allerdings lehnte der Verband ein darüber hinausgehendes Auftreten der Bundesversicherungsanstalt für Angestellte (BfA) im Bereich der privaten Altersvorsorge – z.B. als Anbieter oder Vermittler privater Altersvorsorgeprodukte – aus wettbewerbsrechtlichen Gründen und aufgrund fehlender Expertise der BfA ab. Zudem führte der GDV hinsichtlich der Förderung der privaten Altersvorsorge aus, dass der begünstigte Personenkreis auch auf jene ausgedehnt werden sollte, die nicht der gesetzlichen Rentenversicherungspflicht unterliegen, beispielsweise Selbstständige. Darüber hinaus wurde auf entstehende Versorgungslücken im Bereich der Erwerbs- und Berufsunfähigkeit verwiesen, die im Förderkonzept der Bundesregierung nicht berücksichtigt würden.[219] Zu den Auswirkungen der Förderung der privaten Altersvorsorge auf die Kapitalmärkte und die wirtschaftliche Entwicklung führte der GDV abschließend aus, dass das Mittelaufkommen der – deutschen aber auch der europäischen – Kapitalmärkte mittelfristig beträchtlich erhöht werden würde und daraus positive Wirkungen für die Produktivität, das Lohnniveau und das gesamtwirtschaftliche Wachstum resultieren würden (GDV in Deutscher Bundestag 2000d: 89). Tabelle 10 fasst die Änderungsvorschläge des Versicherungsverbandes speziell im Hinblick auf die Förderung der privaten Altersvorsorge zusammen.

Tabelle 10: Änderungsvorschläge des GDV zum AVmG (Dezember 2000)

GDV Vorschläge zur Ausgestaltung der Förderung der Privatvorsorge
- Höchstbetrag von Beitragsbemessungsgrenze abhängig machen (nicht am lfd. Einkommen
- Mindesteigenbeitrag am *Vorjahres*einkommen orientieren (nicht am lfd.)
- Zulage direkt an Steuerpflichtige auszahlen (nicht auf den Vertrag)
- Unterbrechungen bei laufenden Eigenbeiträgen nicht förderschädlich
- Auszahlungszeitpunkt bei verminderter Erwerbsfähigkeit konkretisieren
- Auszahlungen im Todesfall zulassen
- An der Garantie der eingezahlten Beiträge festhalten
- Keine Leistungsabfälle während der gesamten Auszahlungsphase zulassen
- Verteilung von Abschluss- und Vertriebskosten auf zehn Jahre entbehrlich
- Informationspflichten für alle Anbieter vergleichbar ausgestalten
- Einbeziehung der Unfallversicherung mit Beitragsrückgewähr
- Bescheinigung auf die notwendigen u. vorhandenen Angaben beschränken
- Nachgelagerte Besteuerung: BVerfG-Urteil abwarten

Quelle: GDV in Deutscher Bundestag (2000d); eigene Darstellung.

---

[219] Der GDV betonte, dass nicht nur die im Entwurf vorgesehenen Lebensversicherer entsprechende Produkte anbieten, sondern dass auch Schaden- und Unfallversicherer mit der „Unfallversicherung mit Beitragsrückgewähr" ein Altersvorsorgeprodukt anbieten und der Text sich daher allgemein auf „Versicherungsunternehmen" beziehen sollte (GDV in Deutscher Bundestag 2000d: 86, 93f.). Zudem solle die Beleihung und Verpfändung der Rechte aus dem Vertrag ausgeschlossen werden.

Bundesverband deutscher Banken

Im Gegensatz zum GDV, der sich für eine rasche Umsetzung des Reformkonzeptes ausgesprochen hatte, stellte der Bundesverband deutscher Banken (BdB) in seiner Stellungnahme zum Gesetzentwurf zunächst grundsätzlich fest, dass bei einem derart wichtigen, den Großteil der Bürger berührendem Gesetzesvorhaben nicht aus Eile auf Gründlichkeit verzichtet werden dürfe. Die Chance, „ein durchdachtes, in sich geschlossenes praktikables System für die private Altersvorsorge zu schaffen" sollte nicht durch unnötigen Zeitdruck vertan werden (BdB in Deutscher Bundestag 2000d: 314). Ein solches Vorgehen würde auf nachträgliche Änderungen hinauslaufen, die Akzeptanz bei den Bürgern verringern, die Zielgruppe verunsichern und „den im Ansatz richtigen Schritt hin zu einer eigenverantwortlichen Vorsorge" gefährden (ebd.). Daher sprach sich der Bankenverband vorweg für einen geänderten Zeitplan aus, um eine sorgfältige Prüfung des Reformvorhabens durch alle Beteiligten zu ermöglichen.

Dennoch nahm der Bankenverband dezidiert zum Gesetzentwurf Stellung: Dabei kritisierte er insbesondere die hohe Regulierungsdichte, da die Komplexität der Vorschriften Schwierigkeiten bei der Umsetzung bereiten, zu verminderter Akzeptanz bei den Bürgern führen und die Entscheidungsfreiheit und Eigenverantwortung der Vorsorgesparer stark beschränken würde. Auf Seiten der Anbieter dürfe es über die Gestaltung der Förderung der privaten Altersvorsorge nicht zu einer Benachteiligung einzelner Anbieter kommen. So würde die Vorschrift zur Verfügbarkeitsgarantie der eingezahlten Beiträge zu Beginn der Auszahlungsphase vor allem die Anlage in Investmentfonds berühren, während es bei Versicherungsprodukten sowie bei Banksparplänen von der Ausgestaltung der Produkte gar nicht zur Unterdeckung kommen könne. In diesem Zusammenhang zeigte sich der Bankenverband zwar erleichtert darüber, dass die Beitragserhaltungszusage nur noch zu Beginn der Auszahlungsphase vorgesehen sei:

> „Dankenswerterweise ist aus dem Diskussionsentwurf die Voraussetzung gestrichen worden, nach der diese Zusage während der Vertragslaufzeit alle 10 Jahre nach Vertragsabschluss eingehalten werden muss" (BdB in Deutscher Bundestag 2000d: 316).

Allerdings sei die Beschränkung der Zusage auf den Beginn der Auszahlungsphase keine wirkliche Verbesserung für die Anbieter privater Altersvorsorge, da weiterhin Unsicherheit über den Zeitpunkt des Beginns der Auszahlungsphase bestünde: Selbst wenn ein Rentenbeginn zwischen dem 60. und 65. Lebensjahr vorgesehen ist, so hinge der konkrete Zeitpunkt des Rentenbeginns wesentlich von der Entscheidung des Vorsorgesparers ab. Darüber hinaus könne jederzeit ein sehr viel früherer Rentenbeginn durch verminderte Erwerbsfähigkeit eintreten. Aus diesem Grund „muss der Anbieter davon ausgehen, dass er faktisch an jedem beliebigen Zeitpunkt der Vertragsdauer hinsichtlich der Zusage der Mindestleistung ‚eingezahlte Beträge' in Anspruch genommen werden kann" (BdB in Deutscher Bundestag 2000d: 317). Da derartige Zusagen nach europarechtlichen Vorgaben mit Eigenkapital zu unterlegen seien, würden erhebliche Kosten für Bankgarantien entstehen, die letztlich zulasten der Rendite der Vorsorgesparer gehen würden:

> „Über den Hebel des Zins- und Zinseszinseffektes erhält der Sparer 15 bis 25 % weniger, als wenn er auf die Zusage verzichtet. Eine solche Garantie ist sicherlich sinnvoll für Bürger, die nicht das geringste Risiko eingehen möchten. Wer sich im Interesse einer erhöhten Rendite jedoch einem gewissen Risiko aussetzen will, kann dies schlicht nicht tun. Ein Risiko ist auch statistisch gesehen nicht gegeben" (BdB in Deutscher Bundestag 2000d: 316).

Darüber hinaus würde diese Regelung die Wettbewerbsgleichheit einschränken: Da Versicherungsunternehmen von einer Eigenkapitalunterlegung befreit sind, könnten Investmentgesellschaften, die in einen Versicherungskonzern eingebunden sind, Absicherungskosten umgehen, woraus für die übrigen Investmentfonds ein Wettbewerbsnachteil entstünde (BdB in Deutscher Bundestag 2000d: 317). Allerdings begrüßte der Bankenverband, dass es von Seiten des Bundesministeriums der Finanzen und des Bundesaufsichtsamtes für das Kreditwesen „Signale" geben würden, dass sie bei Laufzeiten von mehr als zehn Jahren keine Notwendigkeit für eine Eigenkapitalunterlegung oder eine Bankgarantie sehen. In diesem Zusammenhang führte der Bankenverband aus, dass bei Verträgen mit langen Laufzeiten die Gefahr des Unterschreitens der eingezahlten Beiträge nicht gegeben sei und daher auf eine Beitragserhaltungszusage verzichtet werden sollte, geeignete Anlagevorschriften aber bei Verträgen mit kurzen Laufzeiten erlassen werden könnten. Dann bliebe es den Marktteilnehmern überlassen, ob sie Produkte mit einer Beitragserhaltungszusage anbieten oder darüber hinaus eine bestimmte Verzinsung der eingezahlten Beiträge garantieren (ebd.).

Ein weiterer zentraler Kritikpunkt in der Stellungnahme war die Beschränkung der Auszahlungsmöglichkeiten auf gleich bleibende oder steigende Rentenzahlungen, da dies die Wahlfreiheit des Vorsorgesparers zu stark beschränken würde: Eine derartige Regelung sei zwar für sicherheitsbewusste Bürger angemessen, aber gleich bleibende oder steigende Auszahlungen entsprächen nicht dem Lebenszyklus eines älteren Menschen, dessen finanziellen Bedürfnisse in den ersten Jahren des Ruhestandes noch hoch seien, aber im weiteren Verlauf abnehmen würden. Wenngleich die Kosten für medizinische Betreuung mit zunehmendem Lebensalter ansteigen würden, seien diese aber nicht Bestandteil privater Altersvorsorge, sondern aus Mitteln der Gesundheits- und Pflegeversicherung zu finanzieren. Alternativ empfahl der Bankenverband daher annuitätische Auszahlungspläne, die dem Lebenszyklus älterer Menschen seiner Einschätzung zufolge eher entsprechen würden. Die Vorschrift, dass bei Auszahlungsplänen 10% des zu Beginn der Auszahlungsphase zur Verfügung stehenden Kapitalstocks für die Auszahlung einer Rente spätestens mit Vollendung des 85. Lebensjahres in eine Rentenversicherung eingebracht werden müsse, kritisierte der Bankenverband als einen „verfassungsrechtlich bedenklichen Eingriff in die Vermögensdispositionsfreiheit des Bürgers" (BdB in Deutscher Bundestag 2000d: 318). Dem Einzelnen würde bei Abschluss des Vertrages ein Zehntel des Sparkapitals aus seiner Verfügungsmöglichkeit entzogen und er erhielte im Gegenzug eine Anwartschaft auf eine nicht bezifferbare Rente, die er entweder gar nicht oder lediglich für eine begrenzte Zeit beziehen könne. Anstelle der Zwangsverrentung plädierte der Bankenverband für einen Produktmix aus Versicherungsprodukten und Investmentfonds.

Schließlich kritisierte der Bankenverband die Praktikabilität der Vorschriften und beurteilte sie pauschal als mangelhaft: Dem Förderverfahren fehle es insgesamt an Transparenz, denn insbesondere die Ermittlung des erforderlichen Eigenbeitrags benötige „einen ungewöhnlich hohen Erläuterungsaufwand bei der Beratung". Zur Minderung des Verwaltungsaufwandes durch die Abführung von monatlichen „Kleinstbeiträgen" gerade zu Beginn der Förderung sollte klargestellt werden, dass zunächst auch jährliche bzw. halbjährliche Zahlungen genügen würden. Der Bankenverband sprach sich dabei grundsätzlich gegen die Möglichkeit der Umwidmung von Altverträgen aus, da eine solche Umstellung bereits bestehender Verträge äußerst komplex und aufwändig sei. Auch zusätzlichen Pflichten der Anbieter – so z.B. das Anzeigen von Auszahlungen außerhalb des Altersvorsorgevertrages beim Finanzamt oder das Erstellen von Bescheinigungen über die Zulagen und die dadurch geförderten Eigenbeiträge – würden eine getrennte Buchführung erfordern und die Verwaltungskosten unnötig erhöhen.

Bei der Beurteilung der Auswirkungen der Reformmaßnahmen auf die Kapitalmärkte und die wirtschaftliche Entwicklung argumentierte der Bankenverband, dass durch die zusätzliche Altersvorsorge ein beträchtlicher Kapitalstock aufgebaut werden würde, der den Finanzmärkten wichtige Impulse geben und diese beleben könne. Konkrete Prognosen über die tatsächlich zu erwartenden Anlagevolumina wären aber nur sehr begrenzt möglich.[220] Zwar würde es auch

---

[220] Nach Berechnungen des Bankenverbandes würden sich die Beiträge im Jahr 2008, falls sich alle Arbeitnehmer an der privaten Altersvorsorge beteiligen würden, auf ca. 64 Mrd. DM bzw. 32,7 Mrd. € belaufen (ohne Berücksichtigung von Lohnsteigerungen). Im Jahr 2011 könnten die für die private Altersvorsorge angesparten Beträge insgesamt knapp 300 Mrd. DM bzw. 153 Mrd. € betragen (bei einer jährlichen Lohnsteigerung von 2% und einer jährlichen Rendite von 5%).

zu Verlagerungen bereits bestehenden Sparkapitals kommen und ein Teil der Anlagen würde in ausländische Finanzmärkte fließen. Insgesamt sei aber mit einer „nachhaltigen Belebung des deutschen Kapitalmarktes und allen damit verbundenen positiven Auswirkungen zu rechnen" (BdB in Deutscher Bundestag 2000d: 320). Falls an der Garantie der eingezahlten Beiträge festgehalten werde, so würde dies insbesondere die Anlage in festverzinsliche Wertpapiere fördern, die Anlage in Aktien aber eher einschränken. Abschließend betonte der Bankenverband, dass der Umfang der Belebung primär von der Akzeptanz der privaten Altersvorsorge in der Bevölkerung abhängen würde, so dass die vorgesehenen Regelungen transparent und praktikabel gestaltet werden sollten (ebd.: 320). Zudem wurde in diesem Zusammenhang kritisiert, dass die Beschränkung des geförderten Personenkreises auf die in der GRV Pflichtversicherten nicht gerechtfertigt, sondern willkürlich und ungerecht sei.[221]

Bundesverband Deutscher Investmentgesellschaften

Auch der Bundesverband Deutscher Investmentgesellschaften (BVI) ging in seiner Stellungnahme auf einzelne Artikel des Entwurfes ein und legte zum Teil konkrete Formulierungsvorschläge vor. Der BVI forderte, dass von der im Entwurf enthaltenen Regelung, dass der Anbieter als Beginn der Auszahlungsphase im Altersvorsorgevertrag auch zwingend den Beginn einer Rente wegen verminderter Erwerbsfähigkeit vorsehen müsse, Abstand genommen werden sollte. Eine derartige Regelung würde zu teuren Zusagen des eingezahlten Kapitals verpflichten, da die eingezahlten Beiträge zu jedem beliebigen Zeitpunkt durch den jederzeit möglichen Renteneintritt wegen verminderter Erwerbsfähigkeit zurückzuzahlen wären – und nicht erst zu dem vorgesehenen Zeitpunkt des Erreichens des Renteneintrittsalters. Der BVI verwies darauf, dass als Folge dieser Regelung

> „nur eine Anlagepolitik über renditearme Geldmarktfonds und Banksparpläne möglich [wäre], die zu keinem Zeitpunkt eine Unterschreitung des Betrags des eingezahlten Kapitals erwarten lassen (BVI in Deutscher Bundestag 2000: 139).

Der Investmentverband sprach sich darüber hinaus explizit für eine Beschränkung der Kapitalerhaltungszusagen für Eigenbeiträge nur bei solchen Beiträgen aus, für die im Rahmen der Förderung eine Zulage oder ein Sonderausgabenabzug erfolgt und dass für darüber hinausgehende Beiträge keine verpflichtende

---

[221] Da die Fördermittel aus dem Steueraufkommen aller Steuerpflichtigen gezahlt würden, forderte der Bundesverband deutscher Banken, dass zumindest auch Selbstständige in den Kreis der Geförderten aufgenommen werden sollten (BdB in Deutscher Bundestag 2000d: 315).

Zusage bestehen sollte. Zudem sollten die über die Förderung hinausgehenden Eigenbeiträge *vor* Rentenbeginn ausgezahlt werden dürfen. Eine Zusage über Beiträge, für die eine Zulage oder Sonderabgabe erfolgt, sei bei einem Wechsel der Anbieter nur realisierbar, falls die Eigenbeiträge dem neuen Anbieter tatsächlich auch vom vorigen übertragen würden, damit ersterer nicht für eine – z.B. durch negative Entwicklung der Kapitalanlage entstandene – Verbindlichkeit des letzteren herangezogen werde, für die er weder die Summe der eingezahlten Beiträge noch ein Entgelt erhalten habe (ebd.: 139).

Die Zulassung von Auszahlplänen neben der Leibrente wurde vom BVI ebenso begrüßt wie die Vorschrift, dass im Alter von 85 Jahren nur 10% – und nicht wie zunächst vorgesehen 25% – des bei Rentenbeginn vorhandenen Altersvorsorgekapitals verrentet werden müssten, während das übrige Kapital weiter in einem Auszahlplan angelegt bleiben dürfe. Allerdings forderte der Investmentverband eine Klarstellung im Gesetzentwurf dahingehend, dass in Ergänzung zur Auszahlung gleich bleibender bzw. steigender Beträge auch die gleichmäßige Rückgabe von Anteilsscheinen möglich sein sollte (vgl. Formulierungsvorschlag des BVI in Deutscher Bundestag: 140). Bei einer solchen Rückgabe von Anteilsscheinen sei die Gefahr eines vorzeitigen Kapitalverzehrs per Konstruktion ausgeschlossen und die jährlich erwirtschafteten Erträge seien regelmäßig höher als die Inflationsrate.[222] Die Bedenken des Bankenverbandes, dass dem Rentner im hohen Alter „zuviel" Geld zur Verfügung stünde, teilte der BVI nicht, da er aufgrund der demographischen Entwicklung eher mit progressiv wachsenden finanziellen Belastungen von Rentnern für medizinische und andere Pflegeaufwendungen (z.B. Wohnungsumbau) rechnete. Angesichts der sich für die Zukunft abzeichnenden Leistungseinschnitte der gesetzlichen Kranken- und Pflegeversicherung seien solche Aufwendungen nämlich als Altersvorsorge im weiteren Sinne einzustufen. Schließlich regte der BVI an, dass für genau definierte Fälle ein teilweises Kapitalwahlrecht in der Auszahlungsphase zugelassen werden sollte, um z.B. den Erwerb eines Alterswohnsitzes oder eines Seniorenheimplatzes sowie die Abzahlung einer Hypothek für selbst genutztes Wohneigentum – und damit mietfreies Wohnen im Alter – zu ermöglichen (ebd.: 141).

In der Stellungnahme führte der BVI zur Eigenkapitalausstattung von Kapitalanlagegesellschaften (KAG) für die Zusage der Beiträge aus, dass für die Abdeckung von entsprechenden Zusagen die Bildung von Drohverlustrückstellungen grundsätzlich ausreichend seien. Auf diese Weise müsste eine KAG lediglich im Einzelfall bei einer sich konkret abzeichnenden Unterdeckungsgefahr

---

[222] Ohne die entsprechende Ermöglichung der Wahlfreiheit im Gesetzentwurf, sei eine Rückgabe von Anteilsscheinen nur bei Offenen Immobilien- und Geldmarktfonds möglich, da nur diese in der Vergangenheit stets steigende Anteilwerte verzeichnen konnten, so dass andere, risikoarme Wertpapier- und AS-Fonds mit konservativer Anlagepolitik benachteiligt würden.

gegen Ende der Laufzeit eines Altersvorsorgevertrages eine Rückstellung aufbauen, so dass unnötige Eigenkapitalkosten vermieden werden könnten:

„Durch Kombination einer bestimmten Fondsstruktur, wie sie z.B. AS-Fonds aufweisen, mit einer frei wählbaren Mindestlaufzeit können KAG gleichzeitig das Sicherheitsniveau in der Anlage ansteuern, das aus ihrer Sicht erforderlich ist, um die Bildung von Rückstellungen auf das zwingend notwendige Maß beschränken zu können. So wären sie nicht gezwungen, im Interesse ihrer eigenen Absicherung eine rentendominierte Anlagepolitik zu betreiben" (BVI in Deutscher Bundestag 2000d: 142).

Von anderen Akteuren der Finanzdienstleistungsbranche, wie z.B. vom Bankenverband, geäußerte Bedenken, dass solche Zusagen aufgrund europarechtlicher Vorgaben mit Eigenkapital zu unterlegen seien, teilte der BVI nicht, da sich die entsprechenden Richtlinien explizit auf Kreditinstitute und Wertpapierfirmen im europarechtlichen Sinne beziehen würden, nicht aber auf deutsche Kapitalanlagegesellschaften. Daher könnten vom deutschen Gesetzgeber bzw. vom Bundesaufsichtsamt für das Kreditwesen abweichende Eigenkapitalanforderungen vorgesehen werden. Um Wettbewerbsbehinderungen gegenüber Anbietern von neuen Produkten auszuschließen, sollten die Anforderungen des AVmG bei der Umstellung von Altverträgen zwingend auch bei Altfällen angewendet werden. Eine Verpflichtung der Kapitalanlagegesellschaften zu Steuerberatungsleistungen in Altersvorsorgefragen wurde entschieden abgelehnt, da den KAG eine Steuerberatung zum einen per Gesetz nicht gestattet sei und sie zum anderen personell und organisatorisch dazu nicht in der Lage seien. Abschließend führte der BVI aus, dass dem Entwurf die Integration eines Leitmodells fehle: Angesichts der zu erwartenden „unüberschaubaren Anzahl von Altersvorsorgeprodukten" würde die Bereitstellung einer Orientierungshilfe im „Labyrinth der Alterssicherung" zur Fürsorgepflicht des Staates gehören (BVI in Deutscher Bundestag 2000d).[223] Vor diesem Hintergrund empfahl der BVI, dass jedes förderfähige Produkt auf Antrag eine entsprechende Bestätigung bei einer zentralen Stelle erhalten solle. Mit einer derartigen „Zertifizierung" könnten sowohl Unsicherheiten im Vertrieb als auch unnötige Doppelprüfungen der Fördervoraussetzungen durch die Finanzämter vermieden werden (BVI in Deutscher Bundestag 2000d: 143f.). Tabelle 11 fasst die Änderungsvorschläge des BVI zusammen.

---

[223] Falls der Gesetzgeber jedoch keine klare Abgrenzung zwischen geeigneten und ungeeigneten Angeboten vornehmen wolle, so sei zumindest ein Leitmodell für jede der vorgesehenen Anbietergruppen – d.h. für Kapitalanlagen, Versicherungen, Banksparpläne – in den Entwurf aufzunehmen, an denen sich insbesondere kapitalmarktunerfahrene Bevölkerungskreise bei ihren Vorsorgeentscheidungen orientieren könnten. Ein entsprechender Entwurf für ein Leitmodell für Investmentfonds (AS-Investmentrente) war der Stellungnahme beigefügt (BVI in Deutscher Bundestag 2000d: 143).

Tabelle 11: Änderungsvorschläge des BVI zum AVmG (Dezember 2000)

BVI Vorschläge zur Förderung der kapitalgedeckten Altersvorsorge
- Beginn der Auszahlungsphase der Altersrenten von Beginn einer Rente wegen verminderter Erwerbsfähigkeit abkoppeln
- Keine Zusagen bei nicht geförderten Eigenbeiträgen bzw. bei Anbieterwechsel
- Rückgabe von Anteilsscheinen in Auszahlphase berücksichtigen
- Förderunschädliche Teilauszahlung im Alter
- Keine Erbringung von Steuerberatungsleistungen durch KAG
- Kostenverteilungs- und Informationspflichten auch bei Umstellung von Altverträgen
- Nicht-Abtretbarkeit und Nicht-Pfändbarkeit vorsehen
- Angemessene Eigenkapitalausstattung für die Zusage der Beiträge durch Kombination von Fondsstruktur und Mindestlaufzeiten; Drohverlustrückstellung nur bei konkreter Unterdeckungsgefahr
- Integration eines Leitmodells
- Zertifizierung von Altersvorsorgeverträgen

Quelle: BVI in Deutscher Bundestag (2000d); eigene Darstellung.

6.2.1.2 Öffentliche Anhörung von Sachverständigen zum Entwurf

Die schriftlichen Stellungnahmen dienten in erster Linie der Vorbereitung auf die öffentliche Anhörung, die Mitte Dezember 2001 an drei Tagen mit unterschiedlichen thematischen Schwerpunkten und verschiedenen Sachverständigen durch den federführenden Ausschuss für Arbeit und Sozialordnung (AfArbSoz) des Deutschen Bundestages durchgeführt wurden: Am ersten Tag der öffentlichen Anhörung von Sachverständigen zum Gesetzentwurf standen insbesondere sozialpolitische Aspekte des Reformvorhabens auf der Tagesordnung. Hierzu waren Vertreter der Sozialverbände, Wissenschaftler sowie Vertreter der Frauen- und Familienpolitischen Verbände als Sachverständige geladen. Auch der zweite Tag der öffentlichen Anhörung beschäftigte sich primär mit sozialpolitischen Fragen, wobei diesmal die Träger der Sozialversicherungen, der Gewerkschaften sowie der Arbeitgeberverbände befragt wurden. Der Schwerpunkt des dritten Anhörungstages lag auf „steuer- und finanzpolitischen Aspekten" des Reformvorhabens. Aufgrund dieses Themenschwerpunktes führte der Ausschuss für Arbeit und Sozialordnung die öffentliche Anhörung am 13. Dezember 2000 gemeinsam mit dem Finanzausschuss durch – ein „Novum", wie die damalige Vorsitzende des AfArbSoz betonte (Barnett in Deutscher Bundestag 2000b: 8). An der vierstündigen Anhörungsrunde nahmen u.a. die Sachverständigen der Finanzdienstleistungsbranche teil, und zwar jene des GDV, des Bankenverbandes und des BVI.[224] Im Verlauf der Befragung stellten die Fraktionsmitglieder insgesamt 61 Fragen zu steuer- und finanzpolitischen Aspekten der Reform an die geladenen Sachverständigen, von denen ein Drittel an die Vertreter der Finanzdienstleistungsbranche gerichtet war.[225] Die Fragen der Abgeordneten bezogen sich im Wesentlichen auf drei große Themenkomplexe: Erstens ging es um Aspekte der betrieblichen Altersversorgung inklusive der nachgelagerten Besteuerung, der Entgeltumwandlung, des Tarifvorbehalts und der Einführung von Pensionsfonds. Zweitens zielten die Fragen auf die Integration von selbst genutztem Wohneigentum im Förderkonzept, die damit verbundenen steuerlichen Aspekte, die Umsetzungsmöglichkeiten sowie die damit für die Bausparkassen und die Bauwirtschaft verbundenen Vor- und Nachteile ab. Und drittens wurden die praktische Umsetzung des Förderverfahrens der Privatvorsorge, die Handhabbarkeit der Vorgaben und die Ausgestaltung der Anlageformen behandelt. Die Vertreter der Finanzdienstleistungsbranche wurden insbesondere zu diesem dritten Themenkomplex befragt, woraufhin diese ihre in den schriftlichen Stellungnahmen bereits dargelegten Positionen im Detail erläutern konnten.

Gesamtverband der Deutschen Versicherungswirtschaft

Dem GDV, der zwei Sachverständige zur Anhörung entsandt hatte, wurde im Verlauf der Anhörung die Möglichkeit eingeräumt, seine Kritik am Gesetzentwurf näher zu begründen und Vorschläge zur Vereinfachung des Förderkonzeptes zu machen. Der Leiter der Abteilung „Steuern" beim GDV, Jürgen Wagner, erläuterte, weshalb das Förderverfahren „viel zu kompliziert" und als „Massenverfahren" nicht geeignet sei (Wagner, GDV, in Deutscher Bundestag 2000b: 14f.): Zum einen würde die Förderung an den tatsächlichen Bruttoarbeitslohn geknüpft, so dass jeder einzelne Arbeitnehmer „Monat für Monat" die Höhe seines Bruttoarbeitslohns feststellen und davon den förderfähigen Betrag errechnen müsse. Da der Arbeitslohn monatlich schwanken kann, ist es für den Arbeitnehmer daher nicht möglich, einen Dauerauftrag einzurichten oder dem Anlageinstitut eine Einzugsermächtigung zu erteilen. Wenn die förderungsfähigen Bei-

---

[224] Eine weitere Befragungsrunde zu steuer- und finanzpolitischen Aspekten der Reform richtete sich ausschließlich an Vertreter wissenschaftlicher Institute und Gremien sowie an Einzelsachverständige.
[225] Bei der Zuteilung der Sprech- bzw. Fragezeiten in den Befragungsrunden verwendet der Ausschuss für Arbeit und Sozialordnung das so genannte „Berliner Verfahren", d.h. die Fragezeit wird entsprechend der Fraktionsstärke zugeteilt. Innerhalb dieses Zeitkontingentes stellt immer ein Fraktionsmitglied einer sachverständigen Person eine Frage, die von dieser direkt beantwortet wird. Ist die Fragezeit abgelaufen, geht das Wort an die nächste Fraktion über.

träge stattdessen einen bestimmten Prozentsatz der Beitragsbemessungsgrundlage betragen würden, könnte die komplizierte Berechnung vermieden werden. Zum anderen stelle sich das Problem, dass der zu erbringende Mindesteigenbeitrag ebenfalls auf Grundlage des aktuellen Bruttoarbeitslohns zu ermitteln sei. Um die damit vorprogrammierten Unter- oder Überzahlungen zu vermeiden, sollte stattdessen besser ein Wert zugrunde gelegt werden, der zu Beginn des Jahres feststeht, wie z.B. der Bruttoarbeitslohn des Vorjahres. Zudem betonte Wagner, dass die Zulage nicht im Nachhinein von der Finanzverwaltung in den Vertrag, sondern direkt an den Arbeitnehmer ausgezahlt werden sollte.

Karl Panzer, Geschäftsführer des GDV, führte aus, welche Kriterien die Altersvorsorgeverträge zwingend erfüllen sollten (Panzer, GDV, in Deutscher Bundestag 2000b: 15f.): Wesentlich sei zum einen die Garantie der eingezahlten Beiträge, wobei die im Gesetzentwurf vorgesehene Nominalwertgarantie eine sehr schwache Forderung sei und schon allein zum Ausgleich der Inflation im Grunde mindestens eine 2-3% Verzinsung vorgeschrieben werden müsste. Dabei sprach sich der GDV ausdrücklich gegen die Abgabe bloßer Zusagen durch die Anbieter aus und forderte, dass die Zusagen auch mit Eigenmitteln gedeckt werden müssten. Zum anderen sei das Kriterium der lebenslangen Verrentung zwingend erforderlich und auch Todesfallleistungen sollten ein Stück weit mit abgesichert sein. Reine Auszahlpläne würden daher nicht ausreichen. Eine Überprüfung der Einhaltung der Kriterien solle nicht durch eine Zertifizierungs- oder andere Kontrollbehörde stattfinden, stattdessen sollten sich die Anbieter in den Policen selbst zur Einhaltung der Kriterien verpflichten. Die Förderung sei zwar grundsätzlich richtig, deren Höhe aber zu gering, daher müsse überlegt werden, „ob man nicht schneller in eine mutigere Förderung einsteigen sollte, die so klar gestaltet sein müsste, dass sie vom Bürger freiwillig akzeptiert wird" (ebd.: 29). Die angesprochenen Vereinfachungen müssten unbedingt umgesetzt werden, um Klarheit und damit auch Akzeptanz zu schaffen.

Zur Frage der vorgesehenen, förderunschädlichen Umwandlung von Altverträgen betonte Panzer, dass die Thematik der Altverträge „nicht unproblematisch" sei (ebd.: 32): Das Ziel des Gesetzentwurfes bestehe schließlich darin, die Lücke in der ersten Säule durch die Förderung der dritten Säule auszufüllen. Da bislang aber kaum jemand die bereits bestehende Lücke durch private Vorsorge ausfüllt, sei es nicht im Sinne des Gesetzes, wenn es zu einer reinen „Umpolung" bereits bestehender Verträge kommt, damit diese auch von der steuerlichen Förderung profitieren. Dabei sei es wegen der hohen Förderung im Übrigen auch gerade für „Schwellenhaushalte" mit Kindern möglich, den relativ geringen Eigenbeitrag aufzubringen.

Bundesverband deutscher Banken

Hinsichtlich der Vereinfachung der Beitrags- und Zulagenberechnung vertrat der Bankenverband die gleiche Meinung wie der GDV, so dass der Geschäftsführer des Bankenverbandes, Thomas Weisgerber, zu Beginn der Anhörung betonte:

> „Bei allen Unterschieden zur Versicherungswirtschaft – das werden sie unserer Stellungnahme entnommen haben – sind wir genau wie der GDV der Auffassung, dass das Produkt, so wie es im Gesetz steht, zu kompliziert ist. Es ist sozusagen nicht beratungsfähig" (Weisgerber, Bankenverband, in Deutscher Bundestag 2000b: 22).

Zur Vereinfachung der Durchführung solle das System aber auf einen festen Betrag oder auf 4% der Beitragsbemessungsgrenze umgestellt werden, während sich die Zulage am Vorjahreseinkommen orientieren sollte. Auf diese Weise würden die meisten Probleme bei der Beratung und beim Finanzamt entfallen, wie z.B. monatliche Neuberechnungen oder Unter- und Überzahlungen. Zudem sei auch für die Anbieter ein gleichmäßiger Mittelfluss gegeben, auf dessen Grundlage sie effizient arbeiten und die Kosten für den Kunden möglichst niedrig halten könnten. Die Ausführungen des Bankenverbandes zu den Aspekten der Beitragserhaltungszusage, der Beschränkung der Auszahlungsmöglichkeiten auf gleich bleibende oder steigende Rentenzahlen und der „Zwangsverrentung" ab dem 85. Lebensjahr zeigen deutlich die inhaltlichen Differenzen zur Versicherungswirtschaft (ebd.: 25f., 32): Die Garantie der Beiträge, die mit hohen Absicherungskosten verbunden sei, sollte zwar für jene, die das explizit wünschen, möglich sein, aber nicht zwingend für alle vorgeschrieben werden. Gleiches sollte für die Voll- bzw. Teilkapitalverrentung gelten, denn falls das angesparte Kapital mit Erreichen des 85. Lebensjahres zwangsweise verrentet werden müsse, würde zum einen der Entscheidungsspielraum der Bürger über die Verwendung des unter Konsumverzicht angesparten Kapitals erheblich eingeengt. Zum anderen würde durch diese Vorgabe der Wettbewerb der Systeme ausgeschaltet, da das Vorsorgekapital mit Erreichen des 85. Lebensjahres dann nur den Versicherungen zufließen würde. Da die Beitragserhaltungszusage in der Praxis zu Kombiprodukten führen würde, werde in jedem Fall ein Teil des Geldes in Versicherungen mit geringer Rendite und hoher Sicherheit und ein Teil des Geldes in renditestarke, mit leichten Risiken verbundene Fonds fließen. Allerdings sei die Vorschrift, davon nochmals 10% obligatorisch bei Erreichen des 85. Lebensjahres zu verrenten, nicht sinnvoll. Die Bürger sollten vielmehr frei entscheiden können, ob sie Produkte mit gleich bleibenden oder steigenden Auszahlungen oder Produkte mit leicht sinkenden Auszahlungsraten (annuitätische Auszahlungspläne) wünschen. Zudem sollten Kapitalentnahmen ermöglicht werden, wenn sie nachweislich dem Zweck der Altersvorsorge dienen.

Bundesverband Deutscher Investment-Gesellschaften

Der Geschäftsführer des BVI, Manfred Laux, führte zur Auszahlungsphase aus, dass die gleichmäßige Rückgabe von Investmentanteilen unbedingt mit der Auszahlung gleich bleibender oder steigender Beiträge gleich gestellt werden müsse (Laux, Bundesverband Deutscher Investment-Gesellschaften, in Deutscher Bundestag 2000b: 17). In diesem Fall könnte nämlich auch die AS-Investmentrente realisiert werden, bei der eine angemessene Versorgung im Alter sichergestellt sei. Zur Frage der Einschränkung der Anlagefreiheit von Investmentgesellschaften betonte Laux, dass in Zusammenarbeit mit dem betreffenden Lehrstuhl an der Universität Frankfurt, dem BMF und dem Bundesaufsichtsamt für das Kreditwesen die Möglichkeit geschaffen werde, die „hohe ökonomische Effizienz angloamerikanischer Pensionsfonds" auch in das deutsche Alterssicherungssystem zu integrieren, indem Kapitalsammelstellen Zusagen in Form von Leistungsversprechen geben, die de facto eine Garantie bedeuten (ebd.: 17). Angesprochen auf die Auswirkungen der elf vorgesehenen Mindestkriterien auf die Rendite der Anlageformen führte er aus, dass es möglich sei, am vorgesehenen System festzuhalten, ohne die Rendite zu beeinträchtigen: Das „teure" Vorhalten von Kapital, das den Kunden in Rechnung gestellt worden wäre, „musste verhindert werden und dies ist jetzt erreicht worden" (ebd.: 33), denn da der Gesetzgeber den Begriff der Zusage benutzt, bräuchte das Instrument der Drohverlustrückstellung nur im Falle einer konkreten Unterdeckungsgefahr zur Anwendung gebracht werden.[226]

Der Geschäftsführer des BVI stellte zudem das in der Stellungnahme erwähnte „Orientierungsmodell" vor und begrüßte, dass der Gesetzentwurf hinsichtlich der Produktvielfalt einen liberalen Ansatz vorsehe. Kapitalmarktunerfahrene Bürger würden aus Unsicherheit aber voraussichtlich mit dem Abschluss einer privaten Altersvorsorge zögern. Aus diesem Grund könnte ein „Systemorientierungsmodell" einen Kompromiss darstellen, bei dem die Produktvielfalt erhalten bliebe, ohne dass bestimmte Modelle bevorzugt würden. Unentschlossene könnten sich anhand dieser Orientierungsmodelle, die für jeden der drei Produktbereiche – d.h. für den Investment-, den Banken- und den Versicherungsbereich – entwickelt werden müssten, das passende Modell aussuchen. Für den Investmentbereich böte sich dabei an, die AS-Investmentrente als Orientierungsmodell zu integrieren (ebd.: 29f.).

---

[226] Neben dieser „flexiblen Regelung" über den Begriff der Zusage wurde vor den Anhörungen zudem bereits die Verhinderung hoher Absicherungskosten erreicht, da sich abzeichnete, dass diese für bestimmte Fondsstrukturen in Verbindung mit bestimmten Mindestlaufzeiten nicht erforderlich seien.

6.2.1.3 Ergänzende schriftliche Stellungnahmen zu Teilaspekten

Im Januar 2001 reichten die Fraktionen der SPD und der Grünen Änderungsanträge zum Gesetzentwurf ein, die zahlreiche Modifizierungen enthielten (Deutscher Bundestag 2001c): Die Kriterien für die Förderfähigkeit der Vorsorgeprodukte wurden aus dem EStG herausgenommen und stattdessen als Artikelgesetz in das AVmG überführt. Anstelle einer Prüfung der einzelnen Verträge durch das Finanzamt sah der neu eingefügte Entwurf des Altersvorsorgeverträge-Zertifizierungsgesetzes (AltZertG) nunmehr die Einrichtung einer Zertifizierungsstelle vor, welche die Förderfähigkeit von Vorsorgeprodukten gemäß der Mindestkriterien überprüft und die als förderfähig erachteten Produkte entsprechend zertifiziert. Zudem wurden in den Gesetzesentwurf Regelungen zur Verbesserung der betrieblichen Altersversorgung (u.a. Einführung von Pensionsfonds) neu aufgenommen. Zu diesen vielfältigen Modifikationen des Entwurfes insbesondere zu den Themenkomplexen der Förderkriterien und der Umsetzung des Förderverfahrens wurde wiederum zunächst schriftlich Stellung genommen.

Gesamtverband der Deutschen Versicherungswirtschaft

In der Stellungnahme zum Änderungsantrag begrüßte der GDV, dass die Prüfung der Produkte auf Förderfähigkeit weg von den Finanzämtern hin zu einer Zertifizierungsstelle verlagert werden sollte, da dies die Arbeit in den Finanzämtern erleichtern und gleichzeitig den Versicherten von vornherein die Gewissheit geben würde, dass sie für ein zertifiziertes Produkt die steuerliche Förderung erhalten würden. Allerdings wurde von Seiten der Versicherungswirtschaft die Verwendung des Begriffs der „Zertifizierung" kritisiert, da dieser die Versicherten in die Irre führen würde: Bei der Überprüfung handele es sich nämlich nicht, wie assoziiert werden könnte, um eine Qualitätsprüfung oder gar um ein „Gütesiegel", sondern ausschließlich um eine Prüfung für steuerliche Zwecke (GDV in Deutscher Bundestag 2001k: 7). Zudem stieß das Vorhaben, das Bundesaufsichtsamt für das Versicherungswesen als Zertifizierungsbehörde zu bestimmen, auf erhebliche Bedenken. Stattdessen sollte nach Ansicht des GDV einzig das Bundesamt für Finanzen mit der Zertifizierung betraut werden, zumal es sich dabei – wie bereits betont – um eine reine Bestätigung aus steuerlicher Sicht handele. Wenngleich es auch in der Anfangsphase zu einer Vielzahl von Anträgen auf Zertifizierung von Musterverträgen kommen würde, müssten später nur noch neu auf den Markt kommende Produkte zertifiziert werden, so dass sich der Arbeitsaufwand in Grenzen halten würde. Falls es in der ersten Zertifizierungsphase dennoch zu organisatorischen Schwierigkeiten kommen sollte, bot der

GDV an, dass „auch eine Personalgestellung aus den betroffenen Wirtschaftsbereichen an das Bundesamt für Finanzen in Betracht kommen" könnte (ebd.: 8). Des Weiteren begrüßte der GDV, dass die Einbeziehung von Altverträgen in die Förderung vorgesehen sei, falls die bereits vor Inkrafttreten des Gesetzes abgeschlossenen Verträge die entsprechenden Voraussetzungen erfüllen. Der Versicherungsband unterbreitete in seiner Stellungnahme detaillierte Vorschläge und zum Teil konkrete, ausführlich begründete Änderungs- und Formulierungsvorschläge zu einzelnen Paragraphen, die in Tabelle 12 (s.u.) zusammengefasst sind.

Die Vorgabe, dass auch eine Absicherung gegen Erwerbsminderung förderfähig sein sollte, wurde grundsätzlich begrüßt, wenngleich einzelne Formulierungsfragen kritisiert wurden. Im Hinblick auf den Tod des Versicherten sollte zusätzlich klargestellt werden, dass Leistungen aus einer Rentenversicherung bei Tod der versicherten Person während der Anwartschaftszeit bis zur Höhe des gebildeten Kapitals und während der Laufzeit der Leibrente bis zur Höhe des noch nicht als Renten gezahlten Kapitals erbracht werden dürften (ebd.: 9). Mit dieser Formulierung würden Rentenversicherungen mit Bankguthaben, Anteilen an Investmentfonds oder Auszahlplänen wirtschaftlich gleichgestellt, denn bei letzteren dürfe das Vorsorgekapital an die Rechtsnachfolger ohne schädliche Auswirkung auf die Zertifizierungsoption ausgezahlt werden. In der Auszahlungsphase sollten weiterhin grundsätzlich Kombinationen von Auszahlungsplänen und anschließenden Rentenzahlungen zulässig sein. Der Versicherungsverband kritisierte aber, dass die festgelegten Mindestanteile des zur Auszahlung bestimmten Kapitals, die ab dem 85. Lebensjahr verrentet werden müssten, zu niedrig seien, um auch im hohen Alter eine angemessene Versorgung zu gewährleisten (ebd.: 9). Stattdessen solle zu der ursprünglich vorgesehenen Regelung des Gesetzentwurfs vom November 2000 zurückgekehrt werden, die mit Beginn der Auszahlungsphase eine Verrentung von 10% des gesparten Kapitals für die Leistungen ab dem 85. Lebensjahr vorsah. Zudem sollten die Vorschriften zur Verteilung der Abschluss- und Vertriebskosten über einen Zeitraum von zehn Jahren komplett entfallen.[227] Während die vorgenommenen Vereinfachungen, insbesondere die Festlegung eines Mindesteigenbeitrags in Höhe eines bestimmten Prozentsatzes des Vorjahreseinkommens, von der Versicherungswirtschaft begrüßt wurden, betonte der GDV, dass weitere Vereinfachungen möglich seien, indem beispielsweise die Auszahlung der Zulage direkt an den Steuerpflichtigen anstatt auf den Vertrag erfolgt (ebd.: 11).

---

[227] Für die in der Konzeption im Zentrum stehende Zusage der Verfügbarkeit der eingezahlten Beiträge zum Ende der Ansparphase ist die technische Behandlung der Kosten unerheblich. Die Vorschrift würde aber das bisherige Provisionssystem der Versicherungswirtschaft erschweren, ohne dass hieraus Vorteile für die Kunden resultieren würden (GDV in Deutscher Bundestag 2001k: 10).

Tabelle 12: GDV-Vorschläge zur Förderung der Privatvorsorge (Jan. 01)

Vorschläge und Forderungen zum AltZertG-Entwurf
Vorvertragliche Informationspflichten (§ 1 Abs. 1 S. 2)* bei Umstellung v. Altverträgen streichen.
Teilverrentung und Auszahlungsplan (§ 1 Abs. 1 Nr. 5) - Halbierung der Prozentsätze bei sofortigem Abschluss einer RV streichen; stattdessen - Rückkehr zur Regelung, dass 10% des Sparkapitals zu Beginn der Auszahlphase verrentet werden. - Möglichkeit, diesen Kapitalteil erst mit 85 in eine RV einzubringen streichen.
Verteilung der Abschlusskosten (§ 1 Abs. 1 Nr. 8) über 10 Jahren streichen.
Informationspflichten (§ 1 Abs. 1 Nr. 9) - Möglichkeit einräumen, Information über gebildetes Kapital durch Angabe versicherter Leistung zu ersetzen.
Kündigung bei Anbieterwechsel (§ 1 Abs. 1 Nr. 10) - Bei Rentenversicherungen Auszahlung des Rückkaufswertes, nicht des gebildeten Kapitals vorsehen.
Vertragsstrafe (§ 1 Abs. 1 Nr. 12) ersatzlos streichen, da Anbieter staatlicher Aufsicht unterliegen.
Kreis der Anbieter (§ 1 Abs. 2)* von „Lebensversicherungen" auf „Versicherungsunternehmen" ausdehnen, um „Unfallsversicherung mit Beitragsrückzahlung" mit einzubeziehen.
Informationspflicht vor Vertragsabschluss (§7 Abs. 1) - Sonderregelung für Versicherungsverträge streichen, wonach Information nicht vor Vertragsabschluss, sondern vor Antragstellung erfolgen muss.
Informationen über die Höhe von Kosten (§ 7 Abs. 2 Nr. 1 und 2) entbehrlich, aber Angabe der Höhe der künftigen Leistungen und des hiervon garantierten Teils erforderlich.
Rücktrittsrecht bei Informationspflichtverletzung (§ 7 Abs. 3) streichen, stattdessen klaren Widerspruchsrecht vorsehen.
Vorschläge und Forderungen zum EStG-Entwurf
Höhe der Eigenbeiträge, Ausgestaltung der Förderung (§ 10a Abs. 2 und 3) - Vereinfachungsmaßnahmen werden begrüßt, auch die Festlegung eines Mindesteigenbeitrags in Höhe eines bestimmten Prozentsatzes des Vorjahreseinkommens. Weitere Vereinfachung möglich durch Auszahlung der Zulage direkt an den Steuerpflichtigen (anstatt auf den Vertrag).
Amtliche Bescheinigung (§ 10a Abs. 13) - Streichen des Erfordernisses der Angabe des durch die Zulage geförderten Eigenbeitrags.

Quelle: GDV in Deutscher Bundestag (2001k 7-16).

Bankenverband und Bundesverband Deutscher Investmentgesellschaften

Zur Vorbereitung auf die öffentliche Anhörung nahm auch der Bundesverband deutscher Banken Stellung, wohingegen der Vertreter des BVI zwar zur Anhörung erschien, aber im Vorfeld keine eigene schriftliche Stellungnahme an den AfArbSoz eingereicht hatte.[228] Allerdings erfolgte die Stellungnahme des Zentralen Kreditausschusses (ZKA) zum Gesetz über die Zertifizierung von Altersvorsorgeverträgen nicht nur im Namen der im ZKA zusammengeschlossenen Verbände einschließlich des Bundesverbandes deutscher Banken, sondern auch im Namen des BVI (ZKA in Deutscher Bundestag 2001f). Der ZKA wie auch der Bankenverband betonten in den Stellungnahmen, dass eine Zertifizierung von Altersvorsorgeprodukten grundsätzlich nicht erforderlich sei, da die Anbieter von Altersvorsorgeverträgen auch ohne Zertifizierung bereits an gesetzliche Vorschriften gebunden seien. Bei anderen staatlichen Förderungsmaßnahmen, wie z.B. dem Vermögensbildungs- oder dem Wohnungsbauprämiengesetz, hätte sich eine „unbürokratische Verfahrensweise" bewährt, während die mit einer Pflicht zur Zertifizierung verbundene Bürokratie die Effizienz des Angebots deutlich mindern würde. Wenn eine Zertifizierung vorgesehen werden soll, so müsse diese Prüfungsaufgabe auch von einer staatlichen Stelle erfüllt werden, wenngleich es aber ordnungspolitisch unangemessen sei, das Bundesaufsichtsamt für das Versicherungswesen als Zertifizierungsbehörde für alle Vorsorgeprodukte zu bestimmen. Vielmehr sollte an der nach Versicherungsgesellschaften und Kreditinstituten getrennten Aufsicht festgehalten werden, so dass das Bundesaufsichtsamt für das Kreditwesen für die Zertifizierung der Produkte der Kreditinstitute zuständig wäre (ZKA in Deutscher Bundestag 2001f; BdB in Deutscher Bundestag 2001k: 18). Dabei könne eine erhebliche verwaltungstechnische Effizienzsteigerung erreicht werden, wenn nicht jedes einzelne Kreditinstitut, das einen Altersvorsorge-Vertrag anbietet, diesen einzeln zertifizieren lassen muss, wie es der Gesetzentwurf bislang vorsehe. Stattdessen sollte darüber hinaus auch für Musterverträge ein Antrag auf Zertifizierung gestellt werden können, so dass andere Anbieter einen bereits zertifizierten Text ohne erneute Antragstellung übernehmen könnten.

Der ZKA bemängelte, dass das Risiko der Beitragserhaltung zu jedem Zeitpunkt auf den Anbieter übergehen würde, denn der Gesetzentwurf sah zum einen vor, dass bei Beginn der Auszahlungsphase mindestens die eingezahlten Beiträge verfügbar sein müssten. Zum anderen war vorgeschrieben, dass die Leistungen aus einer privaten Altersvorsorge auch ab Beginn einer Rente wegen verminderter Erwerbsfähigkeit ausgezahlt werden können müssen. Erwerbsunfähigkeit

---

[228] Der Bundesverband deutscher Banken nahm nicht explizit zu den einzelnen Paragraphen des Gesetzentwurfes Stellung, sondern verwies auf die Stellungnahme des ZKA vom 11. Januar 2001.

könne aber jederzeit und völlig unvorhersehbar eintreten, so dass die Auszahlungsphase jederzeit beginnen könnte. Nach Auffassung des ZKA wäre daher eine Aufteilung der Sachverhalte wünschenswert: Bei Verminderung der Erwerbsfähigkeit sollten nur die Zahlungen wegen verminderter Erwerbsfähigkeit erbracht werden, während die Hauptleistung des Vertrags – die Altersvorsorgeleistungen – erst mit Beginn der Altersrente bzw. nicht vor Vollendung des 60. Lebensjahres fällig würde (ebd.: 2). Zur Verrentung eines Restbetrags nach Auszahlungsplan sprach sich der ZKA gegen die im Entwurf enthaltene Alternative einer Staffelung aus, bei der – je später die Auszahlungsphase beginnt – jeweils höhere prozentuale Anteile des Kapitals in die spätestens im 85. Lebensjahr abzuschließende Rentenversicherung eingebracht werden müssten. Eine derartige Aufteilung sei unnötig, zu komplex und unpraktikabel, so dass sie wieder aus dem Entwurf herausgenommen werden sollte (ebd.: 2).

Tabelle 13: ZKA-Vorschläge zur Förderung der Privatvorsorge (Jan. 01)

Vorschläge und Forderungen zum AltZertG-Entwurf
Auszahlungszeitpunkt (§ 1 Abs. 1 Nr. 2) - Aufteilung, dass Zahlungen wegen verminderter Erwerbsfähigkeit nur bei Verminderung der Erwerbsfähigkeit u. Altersvorsorgeleistungen erst mit Beginn der Altersgrenze zu erbringen sind.
Verrentung eines Restbetrags nach Auszahlungsplan (§ 1 Abs. 1) - Möglichkeit einer Staffelung der jeweils höheren prozentualen Anteile des Kapitals, die - spätestens mit 85 - in eine RV eingebracht werden müssen, je später der Beginn der Auszahlungsphase aus, sollte nicht aufgenommen worden.
Auszahlungsmodalitäten (§ 1 Abs. 1 Nr. 4) - Keine Beschränkung auf Renten und Auszahlungspläne in gleich bleibenden oder steigenden Zahlungen; stattdessen annuitätische Auszahlungspläne und Investment-Auszahlpläne, sowie Verwendung von Beträgen für Alterssicherungszwecke ermöglichen.
Informationspflichten (§ 1 Abs. 1 Satz 2) - Keine Ausnahme von Informationspflichten für Altverträge bei Umstellung auf Altersvorsorgeverträge.
Strafversprechen (§ 1 Abs. 1 Nr. 11) - Keine Einführung von Vertragsstrafen.
Informationspflichten (§ 1 Abs. 9) - Keine schriftliche Information über ethische, soziale und ökologische Belange bei Verwendung eingezahlter Beiträge.
Antragstellung auf Zertifizierung (§ 4 Abs. 1 Satz 1) - Antrag nicht nur durch einzelne Kreditinstitute, stattdessen auch Musterverträge zertifizieren lassen.

Quelle: ZKA in Deutscher Bundestag (2001f; 2001k).

Darüber hinaus sollten die Auszahlungsmodalitäten flexibler ausgestaltet werden, damit die Bürger ihre private Altersvorsorge ihren persönlichen Bedürfnissen anpassen könnten. Aus diesem Grund sollte die Auszahlung der Rente und der Auszahlungspläne nicht nur durch gleich bleibende oder steigende Zahlungen möglich sein, sondern ebenso im Rahmen annuitätischer Auszahlungspläne mit tendenziell sinkenden Zahlungen sowie durch Investment-Auszahlpläne mit der Möglichkeit einer gleichmäßigen Rückgabe einer bestimmten Anzahl von Fondsanteilschienen oder Bruchteilen davon erfolgen können. Zudem sollten die Bürger optional einen Teil ihres Sparbetrags für Alterssicherungszwecke verwenden können. Die im Entwurf vorgesehene Ausnahme von Informationspflichten bei der Umstellung von Altverträgen auf Altersvorsorgeverträge erschien dem ZKA ungerechtfertigt. Die Regelung zum Strafversprechen solle ersatzlos gestrichen werden, da es sich bei dem in Frage kommenden Kreis der Anbieter – Versicherungen, Kreditinstitute und Kapitalanlagegesellschaften – um beaufsichtigte Unternehmen handelt, die für eine schuldhafte Pflichtverletzung ohnehin haftbar sind. Die zentralen Forderungen und Vorschläge des ZKA sind in Tabelle 13 (s.o.) überblicksartig wieder gegeben.

6.2.1.4 Ergänzende öffentliche Anhörung zu Teilaspekten

Im Anschluss an die ersten öffentlichen Anhörungen wurde der Gesetzentwurf wesentlich modifiziert, so dass am 19. Januar 2001 eine ergänzende öffentliche Anhörung zu Teilaspekten des Gesetzentwurfes durchgeführt wurde. Hierzu waren als Sachverständige – neben wenigen anderen – wiederum Vertreter des GDV, des Bankenverbandes und des BVI geladen, um zu den Fragen der Ausschussmitglieder des AfArbSoz Stellung zu nehmen. Die hohe Relevanz der Vereinfachung des Förderverfahrens und die bedeutende Rolle der Sachverständigen aus der Finanzdienstleistungsbranche spiegelt sich an dem spezifischen Interesse der Ausschussmitglieder wider, denn bei der Befragung der Sachverständigen war mehr als jede vierte Frage an Verbandsvertreter der Finanzdienstleistungsbranche gerichtet und die Fragen zielten insbesondere darauf ab, inwiefern die zur Diskussion stehenden Änderungsvorschläge eine Verbesserung bei der Durchführung des Förderverfahrens gewährleisten würden.[229]

Gesamtverband der Deutschen Versicherungswirtschaft

Der GDV war bei der ergänzenden öffentlichen Anhörung im Januar 2001 erneut durch die Sachverständigen Karl Panzer und Jürgen Wagner vertreten. Zu Beginn der Anhörung führte Panzer auf Nachfrage der SPD aus, dass der GDV die

---

[229] Da der BdB bei Anhörung nahezu ausschließlich zu der Einführung von Pensionsfonds befragt wurde, wird im Folgenden speziell auf Äußerungen der GDV- und BVI-Vertreter eingegangen.

Einrichtung einer Zertifizierungsbehörde grundsätzlich als erforderlich erachtet. Für die anstehenden Aufgaben sei das Bundesaufsichtsamt für das Versicherungswesen ungeeignet, da es „bewusst eine Stelle sein soll, die die steuerlichen Kriterien abhakt und überprüft und bewusst keine Qualitätsprüfung der Produkte vornimmt" (Panzer, GDV, in Deutscher Bundestag 2001a: 7). Damit es nicht zu unterschiedlichen Auslegungen, Rechtsverfahren, etc. kommt und da es sich primär um die Überprüfung steuerlicher Kriterien handelt, solle ausschließlich das Bundesamt für Finanzen als Zertifizierungsstelle eingerichtet werden. In diesem Kontext unterstrich der Vertreter des GDV das schon in der schriftlichen Stellungnahme vorgebrachte Angebot, dass „die Versicherungswirtschaft auch durchaus Bereitschaft zeigen [würde] – wenn gewünscht – auch Personal für einen Übergangszeitraum abzustellen", falls es zu „Engpässen" kommen sollte (ebd.: 7). Der zweite Sachverständige des GDV, Wagner, führte im Hinblick auf die Änderungsvorschläge aus, dass die Versicherungswirtschaft einige Forderungen zur Vereinfachung des Förderverfahrens erhoben hatte und diese „zu einem großen Teil auch erfüllt" wurden, so dass das Verfahren im Vergleich zum ursprünglichen Entwurf viel verwaltungsfreundlicher und einfacher sei (Wagner, GDV, in Deutscher Bundestag 2001a: 9). Trotzdem bestünden weitere Möglichkeiten der Vereinfachung, z.B. durch die Auszahlung der Zulage direkt an die Steuerpflichtigen und nicht auf den Vertrag. Wagner führte zur Einbeziehung der Hinterbliebenenversorgung aus, dass es grundsätzlich notwendig sei, die Absicherung der Hinterbliebenen zuzulassen, was in der Vergangenheit aus den Formulierungen des Gesetzestextes nicht zweifelsfrei hervorging. In jedem Fall müsse aber zugelassen werden, dass das in eine Rentenversicherung eingezahlte Kapital und die bis dahin angefallenen Überschüsse im Todesfall vererbt werden könnten, da ansonsten eine Ungleichbehandlung zu Bank- und Investmentprodukten entstünde, bei denen eine derartige Übertragung grundsätzlich möglich ist (ebd.: 14). Schließlich kritisierte Panzer, dass der Änderungsentwurf hinsichtlich der Teilverrentung ein erheblicher Rückschritt sei: Während im ursprünglichen Entwurf vorgesehen war, zehn Prozent des eingezahlten Kapitals bei Beginn der Auszahlungsphase anzulegen, um daraus eine lebenslange Rente zu ermöglichen, sah der Vorschlag neue Vorschlag je nach Lebensalter differenzierte Sätze von 6-12% vor, die bei Einzahlung im Alter von 60-65 Jahren sogar um die Hälfte reduziert werden könnten. Dieser Vorschlag sei aber nicht im Sinne des Altersvermögensgesetzes, so dass zum ursprünglich vorgesehenen Ansatz zurückgekehrt werden sollte (Panzer, GDV, in Deutscher Bundestag 2001a: 18).

Bundesverband Deutscher Investment-Gesellschaften

Der BVI war erneut durch Manfred Laux vertreten, der seinen Unmut dahingehend äußerte, dass bereits bei der vorangegangenen Anhörung vorgebrachte Forderungen, wie beispielsweise die gleichmäßige Rückgabe von Anteilsscheinen der Vorschrift der Auszahlung gleicher absoluter bzw. steigender DM-Beiträge gleichzustellen, bei der Überarbeitung des Gesetzentwurfs nicht berücksichtigt worden war (Laux, BVI, in Deutscher Bundestag 2001a: 10). Die dieser Auszahlungsart entsprechende AS-Investmentrente sei „optimal für die Altersvorsorge geeignet" und es gäbe aus Sicht des BVI keine überzeugenden sachlichen Argumente, die Wahlfreiheit des Einzelnen im Hinblick auf die Auszahlungsmodalitäten derart einzuschränken. Sofern dennoch an der bestehenden Systematik festgehalten werden solle, müsste nach Ansicht von Laux im Gesetzestext zumindest nicht von einer gleich bleibenden oder steigenden Rate, sondern von einer „Mindestrate" gesprochen werden. Dies würde die Möglichkeit für Vereinbarungen eröffnen, welche die Auszahlung bestimmter Beträge vorsieht, die nicht unterschritten werden, wie z.B. 900 DM (460 €) monatlich. Unabhängig davon sei aber die im Änderungsvorschlag enthaltene Forderung unangemessen, dass in den Förderkatalog von den Anbietern im Hinblick auf die Informationspflichten ein Strafversprechen eingeführt wird, falls sie den Vorgaben nicht ordnungsgemäß nachkommen. Laux betonte, dass aufgrund der restriktiven Mindestkriterien ohnehin nur „sehr seriöse Institute als Anbieter" in Frage kämen. Die Vorgabe, dass für Formfehler Strafzahlungen vorgesehen werden, sei daher unverhältnismäßig und sollte ersatzlos gestrichen werden (ebd.: 10).

Zwischenfazit

Durch die erstmalige institutionalisierte Einbindung der Verbände der Finanzdienstleistungsbranche in einen rentenpolitischen Reformprozess eröffnete sich für die Verbandsvertreter die Möglichkeit, ihre Argumente und Kritikpunkte am Gesetzentwurf direkt an die politischen Entscheidungsträger in den damit befassten Bundestagsausschüssen heranzutragen, wobei sie im Rahmen der schriftlichen Stellungnahmen und im Zuge der Anhörungen beim AfArbSoz inhaltlich im Wesentlichen wiedergegeben haben, was sie bereits im Verlauf des gesamten Renten-Reformprozesses artikuliert hatten.[230] Da die Verbände auch schon vor

---

[230] Der beiden Sektoren argumentierten weiter jeweils für eine Vermeidung von Wettbewerbsnachteilen, was sich aus ihrem Konkurrenzkampf erklärt. Schließlich war die Berücksichtigung sowohl von Lebensversicherungen, Investmentfonds und Banksparplänen mit Altersbindung bereits im ersten Konzeptpapier im Jan. 2000 vorgesehen und zu keinem Zeitpunkt in Frage gestellt (Kap. 4 und 6.3).

der Veröffentlichung des ersten Gesetzentwurfes institutionell im ministeriellen Reformprozess eingebunden waren, haben sie entscheidende Aspekte und Forderungen scheinbar bereits im Vorfeld erfolgreich einbringen können, so dass in diesem relativ weit fortgeschrittenen Stadium „nur" Einzelheiten zu klären waren. Auch die Fraktionen hatten ihre inhaltliche Positionierung zum Reformvorhaben bereits vor Anhörungsbeginn abgeschlossen, denn die Frage-Antwort-Konstellationen waren darauf ausgerichtet, die eigenen Argumente und Konzepte jeweils bestätigen und jene der Gegenpositionen kritisieren und entkräften zu lassen:[231] Beispielsweise wurde die CDU/CSU-Fraktion ihrer Oppositionsrolle vor allem dadurch gerecht, dass sie bei der Anhörung von Einzelsachverständigen primär jene Wissenschaftler befragte, die sich im Vorfeld kritisch zum Reformprojekt der rot-grünen Regierung geäußert hatten, wie beispielsweise Prof. Winfried Schmähl, der angesichts der durch die Maßnahmen längerfristig entstehenden Zusatzbelastungen darlegte:

„Es geht also nicht um Belastungsreduktion für die Privathaushalte, sondern um Gewichtsverlagerung zur kapitalfundierten Vorsorge – allerdings z.T. durch ein Aufreißen einer Versorgungslücke durch die geplante Niveaureduktion in der gesetzlichen Rentenversicherung" (Schmähl in Deutscher Bundestag 2000e: 56).[232]

Im Rahmen der Anhörungen setzten sich die Verbandsvertreter der Finanzdienstleistungsbranche vehement für die konkrete Ausgestaltung des Entwurfs, die Festlegung der Förderkriterien sowie für die Vereinfachung der praktischen Umsetzung der Förderung ein, da diese Aspekte im Konkurrenzkampf der Sparten um Marktanteile an der geförderten Altersvorsorge von zentraler Bedeutung waren (Der Spiegel 2000a; Die Zeit 2000c). Vor diesem Hintergrund kam Walter Riester, der mit den Bedingungen für die Förderfähigkeit der Produkte einen gewissen Verbraucherschutz gewährleisten wollte, zu dem Schluss:

---

[231] Hierüber zeigte sich insbesondere Prof. Hans Werner Sinn irritiert, der betonte, dass er sich als „Vertreter der Wissenschaft" und „nicht parteigebunden" fühle (Sinn in Deutscher Bundestag 2000a: 36). Er äußerte in der Anhörung seine Verwunderung darüber, „dass die eine Partei nur die einen und die andere Partei nur die anderen befragt. Das ist alles etwas komisch" (ebd.: 36).

[232] Weiter argumentierte Schmähl, dass insbesondere Finanzmarktakteure an einer solchen Niveaureduktion der GRV interessiert seien und dass die Diskussion in der Öffentlichkeit „angesichts der derzeitigen Goldgräberstimmung an Finanzmärkten" maßgeblich durch interessengeleitete, optimistische Äußerungen dominiert werde (Schmähl in Deutscher Bundestag 2000e: 63). Auch Prof. Gerhard Bäcker wies in seiner Stellungnahme direkt auf die wirtschaftlichen Interessen von Versicherungen, Banken und Fondsgesellschaften hin, die von der Förderung der privaten Vorsorge ein „äußerst expansives und lukratives Geschäft erwarten", während den Versicherten Abschluss- und Vertriebskosten von bis zu 15% der Beiträge entstünden (Bäcker in Deutscher Bundestag 2000e: 49). Da Bäcker aber ebenso wie Schmähl nicht (mehr) im rentenpolitischen Entscheidungskern vertreten war, hatten deren Ausführungen kaum Auswirkungen auf den Reformprozess (Kap. 5.2).

„Die Finanzanbieter, Versicherungen, Banken und Vertreiber von Altersvermögensfonds hatten allerdings völlig anders geartete Interessen. Der Verkauf ihrer Produkte sollte mit möglichst geringen Auflagen verbunden sein, gleichzeitig erhofften sie sich einen großen Anteil an dem zu erwartenden Förderungsvolumen" (Riester 2004: 167).

Letztlich zahlte sich der Einsatz der Finanzdienstleistungsbranche im Rahmen der öffentlichen Anhörungen aus, da das Förderverfahren vereinfacht wurde und damit der Vertrieb der geförderten Altersvorsorgeprodukte viel unkomplizierter und verwaltungstechnisch weniger aufwändig sein würde. Die geringeren Verwaltungs- und Abschlusskosten würden letzten Endes, so das Kalkül in der gesamten Branche, auf höhere Abschlussquoten und Gewinnmargen hinaus laufen.

6.2.2 Personelle Verflechtungen

Zur Einflussnahme durch personelle Verflechtungen zählt die Durchdringung von Parlament, Ministerialverwaltung und Regierungskabinett durch Unternehmens- und Verbandsvertreter bzw. die Einbindung von politischen Entscheidungsträgern in Unternehmens- oder Verbandsgremien. Während institutionalisierte Beziehungen quasi „von außen" und von Fall zu Fall aktiviert werden können, besteht das strategische Ziel der personellen Verflechtung auf Seiten der Unternehmen und Verbände darin, Einflussmöglichkeiten immanent und dauerhaft zu etablieren. Der Begriff der personellen Verflechtung umfasst unterschiedliche Tatbestände, die jeweils auf interessenpolitische Bindungen von politischen Entscheidungsträgern schließen lassen (Kap. 2.3.3): Als Merkmal der personellen Verflechtung zwischen Wirtschaftsakteuren und politischen Entscheidungsträgern zählen der berufliche Wechsel aus der Privatwirtschaft in die Politik und umgekehrt sowie eine haupt- oder nebenberufliche Tätigkeit in der Privatwirtschaft. Zudem liegt speziell bei Bundestagsabgeordneten eine personelle Verflechtung vor, wenn neben dem Mandat Funktionen in Gremien von Unternehmen oder Verbänden ausgeübt werden. In der folgenden Analyse wird die Struktur der personellen Verflechtungen zwischen der Finanzdienstleistungsbranche und den relevanten politischen Institutionen während des Entstehungsprozesses der Rentenreform 2001 untersucht:[233] Im Einzelnen wird die Intensität der personellen Verflechtung im Deutschen Bundestag der 14. Legislaturperiode (LP) und

---

[233] Die Ausführungen basieren primär auf den Angaben des Handbuchs des Deutschen Bundestages, der Datenbank „Munzinger Personen-Archiv" und den Organisationsplänen der Bundesministerien. Anderweitige Quellen sind kenntlich gemacht. Politische Entscheidungsträger, die ausschließlich eine kaufmännische Ausbildung oder ein Praktikum in der Branche absolviert haben, im Anschluss daran aber keinen weiteren Verflechtungstatbestand aufweisen, bleiben dabei unberücksichtigt.

Lobbyistische Aktivitäten und Beziehungsstrukturen 219

speziell in den für die Fragestellung relevanten Bundestagsausschüssen untersucht (Kap. 6.2.2.1). Die Ausführungen zum Personalaustausch zwischen der Finanzdienstleistungsbranche und den Ministerien beziehen sich auf die Abstellung von Verbands- und Unternehmensmitarbeitern, um die Ministerialbürokratie „beratend" mit Sachverstand und Expertise zu begleiten (Kap. 6.2.2.2). Den Mitgliedern der Bundesregierung sind berufliche Tätigkeiten und Gremienarbeit während der Amtszeit untersagt, so dass sich personelle Verflechtungen auf Regierungsebene nur nach Beendigung der Amtszeit durch den Wechsel des Bundeskanzlers, der Minister, Staatsminister und Staatssekretäre (StS) in Wirtschaftsunternehmen und -verbände bzw. umgekehrt aus der Privatwirtschaft in die Regierung vollziehen können. Gleichzeitig blicken auch die in der Finanzdienstleistungsbranche tätigen lobbyistischen Akteure vielfach auf eine politische oder ministerialbürokratische Karriere zurück (Kap. 6.2.2.3).

6.2.2.1 Interessenpolitische Bindungen im Bundestag

Die Untersuchung der personellen Verflechtung von Mitgliedern des Deutschen Bundestages mit der Finanzdienstleistungsbranche konzentriert sich auf die beiden möglichen Ausprägungen einer „internen Lobby": Erstens geht es um den Anteil der Bundestagsabgeordneten in der 14. LP, der auf eine berufliche „Karriere" in der Finanzbranche zurückblickt und/oder während des Mandats in der Branche (weiter) gegen Entgelt beschäftigt war. Zweitens handelt es sich um die Bindungen zwischen den Unternehmen der Finanzdienstleistungsbranche und den im 14. Bundestag vertretenen Abgeordneten, die sich über Aufsichtsrats- oder Vorstandstätigkeiten oder aber andere Formen der Gremienarbeit in den Unternehmen und Verbänden ausdrückt. Der Begriff der „Verflechtungsintensität" bezieht sich im Folgenden auf den prozentualen Anteil der Abgeordneten mit Verflechtungsmerkmalen an der jeweils betrachteten Abgeordnetengruppe (z.B. Bundestag insgesamt oder Abgeordnete einer Fraktion). Da die Intensität der personellen Verflechtung in den speziellen, sachbezogenen Ausschüssen des Deutschen Bundestages im Vergleich zum Plenum in der Regel zunimmt, wird das Ausmaß dieses Effektes abschließend bei den für die Rentenreform 2001 relevanten Ausschüssen und deren Bindung mit der Finanzbranche spezifiziert.

Verflechtungsintensität im Bundestag insgesamt

Auf der Grundlage des Handbuches des Deutschen Bundestages, in dem die veröffentlichungspflichtigen Angaben der Mitglieder des Deutschen Bundestages

(MdB) publiziert werden, lassen sich für die 14. Legislaturperiode insgesamt 95 Verflechtungsmerkmale zwischen der Finanzdienstleistungsbranche und den Bundestagsabgeordneten feststellen: In 23 Fällen handelt es sich um eine der Mandatstätigkeit vorangegangene und/oder parallel dazu ausgeübte Berufstätigkeit bei Unternehmen oder Verbänden der Finanzdienstleistungsbranche. Hinzu kommen 72 Gremienposten in Unternehmen der Finanzdienstleistungsbranche, die mit aktiven Bundestagsabgeordneten besetzt waren. Für einige Bundestagsabgeordnete lagen mehrere Verflechtungsmerkmale vor, so dass die Anzahl der Verflechtungsmerkmale die Anzahl der personell mit der Finanzdienstleistungsbranche verflochtenen Bundestagsabgeordneten übersteigt.

Tabelle 14 zeigt, dass in der 14. Legislaturperiode insgesamt 71 der 666 Bundestagsmitglieder, also knapp 11%, mindestens ein Verflechtungsmerkmal mit der Finanzdienstleistungsbranche aufwiesen. Dabei ist die Verflechtungsintensität bei den einzelnen Fraktionen unterschiedlich hoch: Der höchste Verflechtungsgrad lag mit knapp 21% bei der FDP vor, d.h. bei jedem fünften Fraktionsmitglied der FDP lag mindestens ein Verflechtungsmerkmal mit der Finanzdienstleistungsbranche vor. Demgegenüber lagen für die Mitglieder der PDS-Fraktion keinerlei Anhaltspunkte für eine personelle Verflechtung mit dieser Branche vor. Der Verflechtungsgrad der CDU/CSU-Fraktion war mit 17,6% mehr als dreimal so hoch wie jener der SPD-Fraktion (5,4%), der etwas unterhalb des Wertes der Fraktion der Grünen lag (6,4%). Speziell die Verflechtung über Gremientätigkeiten war bei der Opposition aus CDU/CSU- und FDP zusammengenommen mehr als doppelt so stark ausgeprägt wie bei der Regierungskoalition aus SPD und Bündnis 90/Die Grünen.

Der Banken- und Investmentsektor war mit einer Verflechtungsintensität von 6,2% im Bundestag etwas stärker über personelle Verflechtungen mit Abgeordneten vertreten als der Versicherungssektor (5,6%): Während bei 37 Bundestagsabgeordneten ein Verflechtungsmerkmal mit der Versicherungswirtschaft vorlag, war dies für den Banken- und Investmentsektor bei insgesamt 41 Parlamentariern der Fall. Dabei sind insbesondere große Unternehmen personell mit dem Bundestag verflochten: Von den Großbanken sind die Deutsche Bank, die Commerzbank und die HypoVereinsbank entsprechend vertreten, während bei den Kapitalanlagegesellschaften vor allem die Deutsche Vermögensberatung AG (DVAG) als besonders verflechtungsaktiv hervorsticht. Im Versicherungssektor lagen für sieben der zehn großen deutschen Lebensversicherungsgesellschaften zusammengenommen 15 Verflechtungsmerkmale mit insgesamt zwölf Mitgliedern des Deutschen Bundestages vor. Ganz oben stand mit fünf Verflechtungsbeziehungen die Barmenia, gefolgt von der Allianz und der Hamburg Mannheimer mit jeweils vier personellen Verbindungen zu aktiven Abgeordneten.

Tabelle 14: Verflechtungsintensität des 14. Deutschen Bundestages

Fraktionen des 14. Deutschen Bundestages Anzahl der Sitze						
	SPD 293	CDU/CSU 245	B90/GRÜ 47	FDP 43	PDS 37	Summe 666[1]
Anzahl MdB mit Verflechtungsmerkmal mit Versicherungsunternehmen						
Beschäftigungsverhältnis [2]	2	2	0	1	0	5
Gremientätigkeit[3]	5	16	1	2	0	24
Beschäftigung und Gremien [2][3]	1	0	0	0	0	1
Summe	**8**	**18**	**1**	**3**	**0**	**30**
Anzahl MdB mit Verflechtungsmerkmal mit Bank oder KAG						
Beschäftigungsverhältnis [2]	4	7	1	1	0	13
Gremientätigkeit[3]	2	14	1	3	0	20
Beschäftigung und Gremien [2][3]	1	0	0	0	0	1
Summe	**7**	**21**	**2**	**4**	**0**	**34**
Anzahl MdB mit Verflechtungsmerkmal bei Versicherung *und* Bank/KAG						
Beschäftigungsverhältnis [2]	0	0	0	0	0	0
Gremientätigkeit[3]	1	4	0	2	0	7
Summe	**1**	**4**	**0**	**2**	**0**	**7**
Gesamtsumme	**16**	**43**	**3**	**9**	**0**	**71**
Verflechtungsintensität in %	**5,4**	**17,6**	**6,4**	**20,9**	**0,0**	**10,7**

Quelle: Deutscher Bundestag (2002a; 2002c); einfache Ausweisung von Mehrfachnennungen des gleichen Verflechtungsmerkmals innerhalb eines Sektors. [1] = Summe beinhaltet ein fraktionsloses Mitglied des Bundestages; [2] = Beschäftigungsverhältnis vor und/oder während des Mandats in der 14. LP; [3] = Gremientätigkeit während des Mandats in der 14. LP.

Während 19 von 666 Mitgliedern des Bundestages vor und/oder während ihres Mandats bei einem Finanzdienstleister beschäftigt gewesen waren und dieses Verflechtungsmerkmal somit lediglich für 3% aller Abgeordneten zutraf, übten während der 14. Legislaturperiode 53 von 666 Bundestagsmitgliedern in mindestens einem Unternehmen der Finanzbranche eine Gremientätigkeit aus, was einer Verflechtungsintensität von immerhin 8,0% entspricht. Die Gremientätigkeiten bestanden primär aus Vorstands-, Aufsichtsrats- oder Beiratsmitgliedschaften, wobei einige Abgeordnete gleichzeitig in unterschiedlichen Gremien verschiedener Unternehmen der Finanzbranche vertreten waren: Acht Bundestagsabgeordnete waren bei mindestens zwei Unternehmen entweder des Versicherungs- oder des Banken- und Investmentsektors in Gremien tätig.[234] Zudem waren sieben Bundestagsmitglieder sowohl in mindestens einem Gremium des Versicherungssektors als auch gleichzeitig in mindestens einem Gremium des Banken- und Investmentsektors vertreten. Theo Waigel (CSU), Bundesfinanzminister a.D. (1989-1998), war dabei in Gremien aller drei Sparten der Branche vertreten.

Verflechtungsintensität in den Ausschüssen des Deutschen Bundestages

Da die parlamentarische Arbeit insbesondere in den spezialisierten Bundestagsausschüssen erfolgt, in denen die Gesetzesentwürfe und Vorlagen im Detail erörtert werden, kommt den Mitgliedern dieser sachbezogenen Ausschüsse als Adressat für lobbyistische Einflussnahme eine übergeordnete Stellung zu (Kap. 2.3.2). Vor diesem Hintergrund konzentrieren sich die folgenden Ausführungen auf die Verflechtungsintensitäten der drei für die Erarbeitung der Rentenreform 2001 relevanten Ausschüsse, namentlich auf den in dieser Angelegenheit federführenden Ausschuss für Arbeit und Sozialordnung, den Finanzausschuss sowie den Haushaltsausschuss (siehe Tabelle 15).

Beim Gesetzgebungsprozess zur Rentenreform 2001 war der 39-köpfige Ausschuss für Arbeit und Sozialordnung (AfArbSoz) sowohl beim Altersvermögensgesetz (AVmG) als auch beim Altersvermögens-Ergänzungsgesetz (AVmEG) federführend. In diesem Ausschuss waren in der 14. LP zusammen genommen drei Versicherer und eine Bank über fünf Mitglieder des Bundestages vertreten. Zu den Ausschussmitgliedern mit Verflechtungsmerkmalen zählten z.B. der Vorsitzende der Arbeitsgruppe Arbeit und Soziales und sozialpolitische Sprecher der CDU/CSU-Fraktion, Karl-Josef Laumann, der Vorsitzende der CDU-Rentenkommission und Obmann der CDU/CSU Bundestagsfraktion in der Enquete-Kommission „Demographischer Wandel", Andreas Storm, sowie der ehemalige sozialpolitische Sprecher der CDU/CSU-Fraktion (1991-1998), Julius Louven, der 1998 das erste Fraktionsmitglied war, das öffentlich den Ausbau der Privatvorsorge gefordert hatte. Insgesamt wies der bei der Rentenreform federführende Bundestagsausschuss eine Verflechtungsintensität von 12,8% auf und lag damit zwei Prozentpunkte über jener des Bundestagsplenums.

---

[234] Z.B. weist der Abgeordnete Gunnar Uldall (CDU) mit vier Gremienposten bei vier Versicherern die meisten über Gremienarbeit erzeugten Verflechtungsmerkmale zu diesem Sektor auf.

Tabelle 15: Verflechtungsintensität der Bundestagsausschüsse

Name / (Partei)	Unternehmen / Funktion bzw. Art der Gremientätigkeit
Ausschuss für Arbeit und Sozialordnung (14. LP)	
39 Mitglieder, davon 5 MdB mit Verflechtungsmerkmal; Intensität = 12,8%	
Klaus Brandner (SPD)	Allianz Lebensversicherung: Beiratsmitglied [1][2]
Karl-Josef Laumann CDU)	Allianz Lebensversicherung: Beiratsmitglied [2]
Julius Louven (CDU)	SIGNAL Vers.: Mitglied Fachbeirat Handwerk
Andreas Storm (CDU)	Barmenia Versicherung: Mitglied des Beirates
Matthäus Strebl (CSU)	Volks- und Raiffeisenbank: 20 Jahre Angestellter als Bankkaufmann und Kundenberater [3]
Finanzausschuss (14. LP)	
39 Mitglieder, davon 7 MdB mit Verflechtungsmerkmal; Intensität = 17,9%	
Otto Bernhardt (CDU)	Bank Companie Nord: Vorstandsmitglied Landkreditbank Schleswig-Holstein: Vorstand
Christine Scheel (B90/Grüne)	Barmenia Versicherungen: Beiratsmitglied Hamburg-Mannheimer Vers.: Beiratsmitglied
Norbert Schindler (CDU)	Süddeutsche Lebensvers.: Mitglied des AR R+V Lebensvers.: Mitglied des landw. Beirates
Hansgeorg Hauser (CSU)	Commerzbank: Angestellter in Teilzeit [1]
C.-D. Hammerstein (CDU)	Concordia Vers.: Aufsichtsratsvorsitzender
Gerhard Schulz (CDU)	Gothaer Versicherungsbank: Mitgliedervertreter
Jörg-Otto Spiller (SPD)	Berliner Bank: 11 Jahre Angestellter
Haushaltsausschuss der 14. Legislaturperiode	
42 Mitglieder, davon 5 MdB mit Verflechtungsmerkmal; Intensität = 11,9%	
Jochen Borchert (CDU)	LVM a.G.: Stellv. Aufsichtsrats-Vorsitzender LVM Lebensvers.-AG: Mitglied d. Aufsichtsrats
Günter Rexrodt (FDP)	AWD Holding AG: Mitglied des Aufsichtsrates Gerling Vers.-Beteilig.-AG: Beiratsmitglied
Bernhard Brinkmann SPD)	Victoria-Vers.: Versicherungskaufmann/-direktor
Carsten Schneider (SPD)	Volksbank; Sparkasse: Lehre; Anstellung 94-98
Bartholomäus Kalb (CSU)	Deutsche Bank AG: Mitglied des kommunalen Gesprächskreises Region Süd

Eigene Darstellung; Quelle: Deutscher Bundestag (2002a; 2002b; 2002c); [1] = Commerzbank (2000); [2] = Der Beirat für „Zukunftsfragen der Altersvorsorge" wurde 2002 von der Allianz gegründet, um „die öffentliche Diskussion durch innovative Vorschläge und kreative Denkanstöße konstruktiv zu begleiten" (Rupprecht, Vorstandsvors. Allianz Leben, in Allianz 2002). [3] = Strebl (2006).

Der Finanzausschuss setzte sich in der 14. Legislaturperiode ebenfalls aus 39 Mitgliedern zusammen, wobei sich das Netz der personellen Verflechtung im 14. Finanzausschuss um insgesamt sieben Bundestagsabgeordnete, sechs Versicherungsgesellschaften und fünf Banken spannte. Zu den Ausschussmitgliedern mit Verflechtungsmerkmal zählten u.a. die Vorsitzende des Ausschusses und finanzpolitische Sprecherin der Grünen, Christine Scheel,[235] und der ehemalige finanzpolitische Sprecher der CDU/CSU-Fraktion (1992-1995) und parlamentarische Staatssekretär a.D. (1995-1998), Hansgeorg Hauser (CSU), der in der 14. Legislaturperiode zunächst in Teilzeit und später in Vollzeit „als Beauftragter des Vorstands der Commerzbank die Pflege der Beziehungen zu Politik, Parteien, Botschaften, Verbänden und sonstigen öffentlichen Stellen" übernahm (Commerzbank 2000, siehe hierzu auch Kap. 6.2.4). Insgesamt war die personelle Verflechtung der Mitglieder des Finanzausschusses mit 17,9% im Vergleich zur Gesamtheit aller Bundestagabgeordneten sehr viel stärker ausgeprägt.

Der Haushaltsausschuss der 14. Legislaturperiode umfasste 42 Mitglieder, von denen bei fünf Bundestagsabgeordneten Verflechtungsmerkmale mit der Finanzdienstleistungsbranche vorlagen. Insgesamt waren damit im 14. Finanzausschuss sieben Unternehmen der Finanzdienstleistungsbranche über fünf Mitglieder des Deutschen Bundestages im Haushaltsausschuss vertreten. Zu den Ausschussmitgliedern, die beruflich oder über Gremienarbeit mit der Finanzdienstleistungsbranche verbunden waren, zählten u.a. der Landwirtschaftsminister a.D. (1993-1998), Jochen Borchert (CDU) und der ehemalige Bundeswirtschaftsminister (1993-1998), Günter Rexrodt (FDP). Insgesamt lag die Intensität der personellen Verflechtung mit der Finanzdienstleistungsbranche im Haushaltsausschuss damit bei 11,9% und damit einen Prozentpunkt höher als jene im Deutschen Bundestag insgesamt.

Verflechtungsintensität der Regierung Kohl in der 14. Legislaturperiode

Im Hinblick auf die in der 14. Legislaturperiode mit der Finanzdienstleistungsbranche verbundenen Abgeordneten ist besonders auffällig, dass sich die Verflechtungsaktivität stark auf Regierungsmitglieder der vorangegangenen Legislaturperiode konzentrierte (Tabelle 16). Insgesamt war fast die Hälfte der Mitglieder der letzten Regierung Kohl (13. Legislaturperiode von 1994-1998) in der anschließenden Legislaturperiode in Unternehmensgremien von Versicherungsgesellschaften, Banken und Kapitalanlagegesellschaften vertreten, nämlich neun von 20 in der 13. LP amtierenden Minister einschließlich des Altbundeskanzlers

---

[235] Wegen öffentlicher Kritik und des Verdachts von Interessenkonflikten gab Scheel ihre Beiratsaktivitäten in der 15. LP auf bzw. lies sie auslaufen (Die Welt 2003; Die Zeit 2003b; FAZ 2003c).

selbst. Damit war die Verflechtungsintensität allein von ehemaligen Ministern im Deutschen Bundestag mehr als viermal so hoch wie im Bundestag insgesamt.

Tabelle 16: Verflechtungsbeziehungen der Minister aus der Regierung Kohl

Name (Partei), Funktion in der 13. LP	Tätigkeitsbeschreibung neben dem Bundestagsmandat in der 14. LP
Helmuth Kohl (CDU), Bundeskanzler	Vorsitzender des Beirats der DVAG
Friedrich Bohl (CDU), Kanzleramtsminister	Vorstandsmitglied der DVAG (Zuständigkeiten u.a. Öffentlichkeitsarbeit, Verbände)
Theo Waigel (CSU), Bundesfinanzminister	Aufsichtsratsmitglied der DVAG und der Aachener Münchener Lebensversicherung; Vorsitzender des „Europäischen Beraterkreises" der Bayerischen HypoVereinsbank
Manfred Kanther (CSU), Bundesinnenminister	Beiratsmitglied der DVAG; Aufsichtsratsmitglied der Berlinischen Lebensvers.
Klaus Kinkel (FDP), Bundesaußenminister	Beiratsmitglied der Karlsruher Lebensvers. und des Lehman Brothers Bankhauses
Volker Rühe (CDU), Bundesverteidigungsminister	Mitglied des Beirats der Hamburg Mannheimer Versicherung
Jochen Borchert (CDU), Bundeslandwirtschaftsminister	AR-Vorsitzender des Landwirtschaftlichen Versicherungsvereins Münster (LVM); AR-mitglied mehrerer LVM-Gesellschaften
Günter Rexrodt (FDP), Bundeswirtschaftsminister	AR-vorsitzender der AWD; Mitglied des Beirats der Gerling Vers.-Beteiligung
Norbert Blüm (CDU), Bundesarbeitsminister	Beiratsmitglied der ForumFinanz Vermögensberatungs- und -vermittlungs AG

Quelle: Deutscher Bundestag (2002a; 2002c); eigene Darstellung.

Zusammengenommen bekräftigen die Ergebnisse zur personellen Verflechtung im Bundestag erstens die in der theoretischen Literatur geäußerte Annahme, dass die Verflechtungsintensität in den sachbezogenen Ausschüssen im Vergleich zum Bundestag insgesamt zunimmt, da dies im 14. Bundestag speziell auch für die Verflechtung der Finanzbranche mit den drei für die Rentenreform zentralen Ausschüssen der Fall war. Zweitens zielte die Bindung über Gremientätigkeiten insbesondere auf Abgeordnete, die im Bundestag zentrale Positionen einnehmen, wie beispielsweise ehemalige Minister oder (sozialpolitische) Sprecher der Fraktionen. Und drittens ließ sich aufzeigen, dass insbesondere die Großunternehmen der beiden Sektoren personell involviert gewesen waren.

6.2.2.2 Personalaustausch mit Bundesministerien

In der Bundesrepublik hat sich mit der Entsendung von Mitarbeitern aus Unternehmen und Verbänden in die Ministerialbürokratie eine Form des Lobbyings über personelle Verflechtungen entwickelt, bei der die Unternehmens- oder Verbandsmitarbeiter den Ministerien als „Leihbeamte" zur Unterstützung bei spezifischen Sachfragen zur Verfügung gestellt, aber weiterhin von ihrem ursprünglichen Arbeitgeber entlohnt werden (Kap. 2.3.3). Informationen über den Umfang und die Beteiligten dieses „Personalaustauschs", der zumeist nur in eine Richtung – nämlich von der Wirtschaft in die Ministerien – verläuft, werden in der Regel nicht veröffentlicht, sondern nur partiell, beispielsweise als Reaktion auf Medienberichte oder im Rahmen parlamentarischer Anfragen, publik gemacht.[236] Insofern liegen nur wenige Hinweise auf die Entsendung von Mitarbeitern aus der Finanzbranche in die Ministerien vor, allerdings konnte beispielsweise nachgewiesen werden, dass unter der rot-grünen Regierung durch das BMF regelmäßig Mitarbeiter verschiedener deutscher Großbanken konsultiert wurden, um bei der Formulierung von Finanzmarktgesetzen mitzuwirken (Gammelin/Hamann 2005: 111; Otto/Adamek 2008).[237] Zu einer Entsendung von Mitarbeitern der Finanzbranche speziell zur Unterstützung bei der Formulierung der Gesetze zur Rentenreform 2001 liegen zwar keine stichhaltigen Belege vor, diese kann angesichts der vorangegangen Ausführungen aber auch nicht ausgeschlossen werden: Insbesondere in den Folgejahren waren mehrere Unternehmen der Branche gera-

---

[236] In der 15. LP räumte die Bundesregierung aufgrund einer „Kleinen Anfragen" der Oppositionsparteien ein, dass in den Bundesministerien in den Jahren 2002 bis 2006 insgesamt rund 100 Mitarbeiter von privaten Unternehmen und Verbänden tätig waren, die weiter von diesen bezahlt wurden und zum Teil an der Erarbeitung von Gesetzesentwürfen beteiligt waren. Die Finanzbranche war mit mindestens acht Mitarbeitern in fünf verschiedenen Ministerien vertreten (Deutscher Bundestag 2006a, 2006b, 2007). Mitunter sind die Unternehmens- und Verbandsmitarbeiter mit eigenen Büros in die laufenden Tätigkeiten eingebunden und in direkter Nachbarschaft zu den Regierungsbeamten angesiedelt. Dabei wird ihnen Zugang zu internen Dokumenten und streng vertraulichen Informationen gewährt, die sie zum Vorteil ihrer privatwirtschaftlichen Arbeitgeber nutzen können (impulse 2007; LobbyControl 2007; MONITOR 2006a, 2006b, 2008b; Südwestrundfunk 2003; WDR 2007).

[237] Die „intensiven" Kontakte zwischen BMF und Interessenvertretern werden u.a. darauf zurückgeführt, dass die Fachkompetenz im Ministerium oft nicht ausreicht und allein durch institutionalisierte Kontakte nicht ausgeglichen werden kann (Speth 2006b: 104). Die „personell eher mager ausgestatteten Behörden" würden die Hilfe bei der Formulierung von Gesetzesnovellen daher „dankbar annehmen" (Manager Magazin 2005). „Firmenexperten [würden] zuweilen ausdrücklich von Ministerien auf Arbeitsebene (wieder) angefordert, um bei Gesetzesvorhaben zu beraten" (Gammelin/Hamann 2005: 111). Beispiele für dieses „Gesetzes-Outsourcing" sind das Vierte Finanzmarktförderungsgesetz, mit dem Hedge-Fonds auch in Deutschland erstmalig zugelassen wurden, und das Investmentmodernisierungsgesetz, das Steuererleichterungen für Investmentfonds vorsah: Für die Ausarbeitung der gesetzlichen Grundlagen wurden Mitarbeiter des BVI, der Deutschen Börse und des Bankenverbandes in das BMF abgeordnet. Im Ergebnis entsprach der Gesetzentwurf im Wesentlichen den Vorstellungen des Banken- und Investmentsektors (FTD 2003; Speth 2006b: 104; taz 2003).

de in den für die Erarbeitung der Rentenreform 2001 relevanten Ministerien – namentlich dem Bundesministerium für Arbeit und Sozialordnung sowie dem Bundesministerium der Finanzen – vertreten.[238] Dass die Bereitschaft der Unterstützung staatlicher Stellen und Institutionen grundsätzlich auch in der 14. Legislaturperiode vorhanden war, zeigt sich an dem Angebot des GDV, für die vorgesehene Zertifizierung der „Riester-Verträge" Personal an das BMF abzustellen (Kap. 6.2.1). Falls Mitarbeiter der Unternehmen und der Verbände der Finanzbranche während des Entstehungsprozesses der Rentenreform 2001 in den relevanten Ministerien vertreten gewesen wären, ist nicht auszuschließen, dass diese auch Einsicht in Dokumente erhalten, an Diskussionen beteiligt wie auch auf Entscheidungsprozesse im Sinne ihrer eigenen Interessen Einfluss genommen haben. Entsprechend bemerkt auch Matthias Berninger (B90/Grüne) zur Abstellung von Mitarbeitern der Privatwirtschaft an Bundesministerien, dass die „Entsendung (…) keine mildtätige Spende von Industrie-Unternehmen [sei], sondern die werden das ganz klare Interesse haben, dass die Mitarbeiter Entscheidungsprozesse mit beeinflussen" (Berninger in MONITOR 2006b).

6.2.2.3 Wechsel zwischen Politik, Verwaltung und Finanzbranche

Da es den Regierungsmitgliedern – anders als den Bundestagsabgeordneten – grundsätzlich untersagt ist, parallel zu ihrem Amt einen Beruf auszuüben, Mitglied von Gremien zu sein oder entgeltlichen Nebentätigkeiten nachzugehen, ist eine personelle Verflechtung über Berufs- oder Gremientätigkeiten auf der Ebene der Bundesregierung während der Amtszeit (nahezu) ausgeschlossen (Artikel 66 Grundgesetz sowie § 5 Bundesministergesetz).[239] Eine personelle Verflechtung liegt aber vor, wenn Regierungsmitglieder aus der Privatwirtschaft rekrutiert werden und/oder im Anschluss an die Amtszeit in die Privatwirtschaft wechseln. Der personelle Wechsel von Ministern und Staatssekretären wird im englischsprachigen Raum als „Revolving Door" (zu Deutsch in etwa „Drehtüreneffekt") bezeichnet. Außerdem finden sich auf Seiten der Interessenvertreter vielfach ehemalige Politiker, Staatssekretäre und Bundestagsabgeordnete, die ihre Sach- und Insiderkenntnisse und ihre Erfahrungen mit dem politischen bzw. ministerialbürokratischen Betrieb bei ihrem neuen Arbeitgeber einsetzen.

---

[238] Wenngleich sich die Angaben der Bundesregierung über den Personalaustausch mit Unternehmen und Verbänden auf die 15. LP beziehen, kann davon ausgegangen werden, dass die Praxis der Entsendung von Mitarbeitern nicht erst zu diesem Zeitpunkt begonnen hat. Nach Aussagen der Bundesregierung bestünde z.B. zwischen dem Bundesministerium für Wirtschaft und Technologie seit 30 Jahren ein Personalaustausch mit Unternehmen und Verbänden (Deutscher Bundestag 2006b: 2).
[239] Erwartungsgemäß wurden weder für den Bundeskanzler, noch für einen der – im Verlauf der 14. LP auf den 15 Ministerposten – amtierenden 22 Minister Verflechtungsmerkmale identifiziert.

Personelle Verflochtenheit der Mitglieder der Regierung Schröder I

Während nach der 14. Legislaturperiode verschiedene Personen aus der Regierung u.a. in Energiekonzerne gewechselt sind, hat bislang keiner der in der 14. Legislaturperiode amtierenden Minister eine feste berufliche Funktion in einem Unternehmen oder Verband der Finanzdienstleistungsbranche ausgeübt.[240] Anders verhält es sich auf der Ebene der Staatsminister und Staatssekretäre (siehe Tabelle 17): Einige der in der 14. Legislaturperiode amtierenden Staatssekretäre und Staatsminister kamen aus der Finanzdienstleistungsbranche, andere wechselten nach ihrer Amtszeit in entsprechende Unternehmen oder Verbände.

Als sich Hans Martin Bury in seiner Funktion als Sprecher für Wirtschaft und Technologie der SPD-Fraktion gegen die vom damaligen Bundesfinanzminister Lafontaine (SPD) geplante Besteuerung von Aktien- und Investmentfonds aussprach, unterstützte er Riester bei seinen Rentenreformplänen, da sich darin auch seine „14 Thesen zur Reform der Altersversorgung" wieder fanden (Die Zeit 1999d). Diese enthielten beispielsweise die Forderung, dass „die derzeitige steuerliche Privilegierung der Kapitalversicherung (...) durch eine wettbewerbsneutrale Förderung aller zum langfristigen Vermögensaufbau geeigneten Anlageformen ersetzt werden" müsse (Bury 1999: 1). Seine Vorschläge zur „Modernisierung" des deutschen Alterssicherungssystems wiesen deutliche Parallelen zu Schröders Positionen auf und schließlich wurde Bury im Juli 1999 zum Staatsminister im Bundeskanzleramt berufen. Nach seiner Amtszeit wechselte Bury als Investmentbanker zur amerikanischen Lehman Brothers Bankhaus AG in Frankfurt am Main, wo er zunächst das Amt des „Managing Director der European Investment Banking Division" übernahm; seit 2008 ist Bury Vorstandsmitglied des Lehman Brothers Bankhauses (Bury 2008; FAZ 1998c, 2005c).

---

[240] Zwar wechselte auch Walter Riester im Anschluss an seiner Amtszeit als Bundesarbeitsminister nicht in die Finanzdienstleistungsbranche. Dennoch profitiert er maßgeblich von der während seiner Amtszeit implementierten Rentenreform 2001 und der dabei umgesetzten Förderung der Privatvorsorge. Er ist nicht nur Namensgeber der Riester-Rente, sondern in Branchenkreisen ein – gegen vergleichsweise hohe Gagen – gefragter Redner: In der Rangordnung der Abgeordneten mit den meisten entgeltlichen Nebentätigkeiten steht Riester zwei Legislaturperioden nach Verabschiedung „seiner" Rentenreform bei 31 unterschiedlichen Arbeitgebern, auf Platz Nr. 1. Fast zwei Drittel der Unternehmen, bei denen Riester einer „Nebentätigkeit" nachging, stammen aus der Finanzdienstleistungsbranche. Bei den angezeigten Nebentätigkeiten handelt es sich in der Regel um Vortragstätigkeiten, in denen Riester von Banken, Versicherungen und Kapitalanlagegesellschaften als prominenter Redner zur privaten Altersvorsorge geladen wird. Mit 22 Vorträgen bei Unternehmen der Finanzdienstleistungsbranche verdiente Riester zwischen Januar 2006 und September 2007 insgesamt mindestens 117.500 €. Die genaue Höhe der Einkünfte lässt sich aus den veröffentlichten Angaben nicht ablesen, da das zur 16. Legislaturperiode in Kraft getretene so genannte „Nebeneinkünftegesetz" nur die Einordnung des Entgelts in drei Stufen mit bestimmten Untergrenzen, nicht aber die Höhe des tatsächlich gezahlten Betrags vorsieht (Der Spiegel 2007; Deutscher Bundestag 2008a).

Tabelle 17: Karrieren zwischen Politik, Ministerien und Finanzbranche

Name, (Partei)	Beruflicher und politischer Werdegang (Funktion in der 14. Legislaturperiode = fett)
Hans Martin Bury (SPD)	1988-1990 Vorstandsassistent Volksbank Ludwigsburg 1990-2005 MdB, in der 14. LP Sprecher der SPD-Fraktion für Wirtschaft und Technologie **1999-2002 Staatsminister beim Bundeskanzler** 2002-2005 Staatsminister für Europa im Auswärtigen Amt seit 2006 Managing Director der European Investment Banking Division der Investmentbank Lehman Brothers Bankhaus
Caio Koch-Weser (parteilos)	1973-1999 Mitarbeiter der Weltbank, seit 1991 als Vizepräsident und seit 1996 als einer der Geschäftsführenden Direktoren **1999-2005 Staatssekretär im BMF** für die Bereiche Internationale Finanzen, Europäische Wirtschafts- u. Finanzbeziehungen sowie Geld u. Kredit (Kapitalmarkt, Banken u. Versicherungen) seit 2006 Vice-Chairman im Management der Deutschen Bank
Ulrike Mascher (SPD)	1974-1990 Angestellte und Betriebsratsvorsitzende der Allianz 1990-2005 MdB, in der 13. LP Vorsitzende des AfArbSoz **1998-2005 Parlamentarische Staatssekretärin im BMA**
Béla Anda (seit 2002 SPD)	1992-1998 Redakteur bei der „Bild-Zeitung" **1999-2002 Stellvertretender Regierungssprecher** 2002-2005 Regierungssprecher und Chef des Presse- und Informationsamtes der Bundesregierung im Rang eines StS seit 2006 Kommunikationsdirektor bei AWD
Wolfgang Ischinger (parteilos)	1993-1995 Chef des Planungsstabes des Auswärtigen Amtes 1995-1998 Leiter der Politischen Abteilung des Ausw. Amtes **1998-2001 Staatssekretär im Außenministerium** 2001-2008 Botschafter in Washington und London seit 2008 Politikberater des Allianz-Chefs Diekmann

Quelle: Eigene Darstellung auf der Grundlage der im Text angegebenen Quellen.

Der Staatssekretär im Bundesfinanzministerium, Caio Koch-Weser (parteilos), war von 1973 bis 1999 für die Weltbank – zuletzt als einer der geschäftsführenden Direktoren und Vizepräsident – tätig, die im Jahr 1994 mit dem Bericht „Averting the Old Age Crisis" (World Bank 1994) einen maßgeblichen Anstoß für eine stärkere Privatisierung von Alterssicherungssystemen gegeben hatte (Bellofiore 2002: 61; Etxezarreta 2005: 73). Als Staatssekretär im Bundesfinanzministerium unter Hans Eichel war Koch-Weser für die Bereiche Internationale Finanzen, Europäische Wirtschafts- und Finanzbeziehungen sowie Geld und Kredit (Kapitalmarkt, Banken und Versicherungen) verantwortlich. In dieser

Phase agierte das BMF erstmalig an zentraler Stelle im rentenpolitischen Policy-Netzwerk (Kap. 5.1). Als Koch-Weser nach seinem Ausscheiden aus der Politik 2006 in das Management der Deutschen Bank Group eintrat, überprüfte der Haushaltsausschuss aus CDU/CSU und SPD, ob Koch-Weser in einen privatwirtschaftlichen Bereich wechseln dürfe, für den er als Finanzstaatssekretär die Verantwortung getragen hatte; der Ausschuss erklärte jedoch, der Wechsel verstoße nicht gegen das Dienstrecht.[241] Der stellvertretende Regierungssprecher, Béla Anda (SPD), der im Jahr 2002 zum Chef des Presse- und Informationsamtes der Bundesregierung im Rang eines Staatssekretärs berufen worden war, ist seit 2005 Kommunikationsdirektor beim Finanzdienstleister AWD in Hannover.[242] Die parlamentarische Staatssekretärin im Bundesarbeitsministerium, Ulrike Mascher (SPD), war sechzehn Jahre lang Angestellte der Allianz und ist seit 1990 mit ihrem Einzug in den Bundestag unbezahlt beurlaubt. Sie unterstützte Riester im Reformprozess nachdrücklich bei der von ihm angestrebten Förderung der privaten Altersvorsorge (Mascher 2000a, 2000b, 2001). Schließlich wechselte Wolfgang Ischinger, der langjährige Diplomat und ehemalige Staatssekretär im Auswärtigen Amt unter Joschka Fischer, als „eine Art Außenminister und Politik-Berater von Allianz-Chef Michael Diekmann" zum größten Lebensversicherer Deutschlands (FTD 2008b).

Die politische Vergangenheit der Lobbyisten

Auf der anderen Seite blicken mehrere Interessenvertreter der Verbände und Unternehmen, die sich während der Erarbeitung und Verabschiedung der Rentenreform 2001 engagierten, auf eine politische Karriere oder ministerialbürokra-

---

[241] In seiner Funktion als Finanzstaatssekretär war Koch-Weser für die Bankenaufsicht zuständig gewesen und hatte die Modifizierung der Führungsstruktur der Deutschen Bank genehmigt, die beim Bundesjustizministerium auf erhebliche rechtliche Bedenken gestoßen war. Koch-Wesers Abteilung hatte zudem die vom Rechnungshof kritisierte Verbriefung von russischen Verbindlichkeiten vorangetrieben, für deren Geschäftsabwicklung u.a. die Deutsche Bank vom BMF den Zuschlag erhielt, ohne dass zuvor Konkurrenzangebote eingeholt worden waren. Ungeklärt ist die Beteiligung Koch-Wesers an der von seiner Abteilung erarbeiteten Durchsetzung der Steuerbefreiung bei Unternehmensverkäufen, von der die Deutsche Bank in besonderem Maße profitierte. Nach einer Klage durch den Ex-Medienunternehmer Leo Kirch im Februar 2006 beschäftigte sich zudem die Berliner Staatsanwaltschaft mit Koch-Wesers Wechsel wegen des Verdachts der Erzielung von Vorteilen für seine neue Position während seiner früheren Tätigkeit als Staatssekretär. Das Ermittlungsverfahren wurde nach vier Wochen eingestellt, aber im Sommer 2007 – bislang ohne Ergebnis – wieder aufgenommen (Der Spiegel 2006; Deutsche Bank 2006; Die Zeit 2006; Die Zeit online 2006; Handelsblatt 2006).
[242] Sein neuer Chef bei AWD, Carsten Maschmeyer, gilt als „Schröder-Freund", der den damaligen Ministerpräsidenten im Wahlkampfjahr 1998 z.B. durch Großanzeigen mit der Nachricht „Der nächste Kanzler muss ein Niedersachse sein" unterstützte (AWD 2006; Hamburger Abendblatt 2006).

tische Vergangenheit zurück. Wenngleich diese Lobbyisten in der Regel nicht mehr in den aktuellen Politik- oder Ministerialbetrieb eingebunden sind, resultieren aus früheren Kontakten, Insiderkenntnissen über seinerzeit diskutierte Themen und aufgrund der Erfahrungen über Entscheidungsprozesse oder innerministerielle Verwaltungsabläufe erhebliche Informations- und Beziehungsvorteile, welche die Durchsetzungschancen der Interessen verbessern können. Deshalb werden ehemalige Bundestagsmitglieder nach ihrem Ausscheiden, wie Kreiner (2006) darlegt, mitunter gezielt von Verbänden oder Unternehmen angeworben. Diese Strategie ist in den letzten Jahren intensiviert worden und hat so die Professionalisierung der Interessenvertretung befördert (Inge Maria Burgmer in Die Zeit 2003a). Der Überblick über die berufliche Vergangenheit der Interessenvertreter aus der Finanzdienstleistungsbranche in Tabelle 18 spiegelt exemplarisch das Muster dieser zielgerichteten Rekrutierung wider.

Tabelle 18: Lobbyisten aus Politik und Ministerialbürokratie

Name (ggf. Partei), Unternehmen bzw. Verband	Stationen in Politik und Ministerialbürokratie
Sighart Nehring (CDU) Allianz, Hauptstadtrepräsentanz am Pariser Platz	1987-1992 Mitarbeiter im Bundeskanzleramt 1992-1995 Staatssekretär Finanzministerium Thüringen 1995-1998 Ministerialdirektor im Bundeskanzleramt 2001-2002 Nehring Consulting für Politik u. Wirtschaft seit 2002 Leiter der Konzernrepräsentanz Allianz AG
Hansgeorg Hauser (CSU); Commerzbank, Verbindungsbüro Berlin	1992-1995 Finanzpol. Sprecher der CDU/CSU-Fraktion 1995-1998 Parlamentarischer Staatssekretär im BMF 1998-2002 Stellv. Vorsitz. CSU-Landesgruppe im BT seit 2000 Beauftragter des Commerzbank-Vorstands
Friedrich Bohl (CDU); DVAG, Frankfurt/M.	1991-1998 Chef des Bundeskanzleramts seit 1998 DVAG-Vorstand u.a. mit den Zuständigkeitsbereichen Öffentlichkeitsarbeit, Verbände und Recht
Hartmut Knüppel (FDP) Bankenverband bzw. Dresdner Bank, Berlin	Referent im Bundesaußenministerium 1994-2000 Kommunikationschef und Mitglied der Geschäftsführung des Bankenverbandes 2000-2002 Selbstständiger Consultant 2002-2004 Leiter der Kommunikations-/Presseabteilung der Dresdner Bank („Global Head of Media Relations") seit 2004 Leiter „Public Affairs" der Dresdner Bank

Quelle: Eigene Darstellung; Datenquelle: Berliner Politiktage (2008); Capital.de (2006); Lianos/Hetzel (2003); poli-c.de (2006); politik&kommunikation (2007).

Die Tätigkeitsprofile der Interessenvertreter der Finanzbranche zeugen davon, dass gerade die Unternehmensvertreter in den Hauptstadtrepräsentanzen vielfach auf politische bzw. ministerielle Karrieren zurückblicken können: Sighart Nehring, der ehemalige Abteilungsleiter für den Bereich Wirtschaft im Bundeskanzleramt, vertritt als Leiter der Allianz-Konzernrepräsentanz in Berlin nunmehr die Interessen des größten Versicherungsunternehmens in Deutschland. Der ehemalige Finanzstaatssekretär Hansgeorg Hauser (CSU) wurde in der 14. Legislaturperiode – zunächst in Teilzeit neben seinem Bundestagsmandat – als Beauftragter des Commerzbank-Vorstands in Berlin angeworben, wobei er dieser Tätigkeit seit der 15. LP in Vollzeit nachgeht. Der Leiter der Abteilung Public Affairs der Dresdner Bank in Berlin, Hartmut Knüppel (FDP), war zuvor beim Bankenverband und im Außenministerium unter Hans-Dietrich Genscher (FDP) tätig. Der langjährige Chef des Bundeskanzleramtes (1991-1998), Friedrich Bohl, übernahm im Anschluss an den Regierungswechsel im DVAG-Vorstand die Zuständigkeiten für die Bereiche „Konzernsekretariat, Öffentlichkeitsarbeit, Verbände und Recht". Demgegenüber sind die Geschäftsführer der Verbände der Finanzdienstleistungsbranche zwar über mehrere Jahre für die entsprechenden Sektoren (lobbyistisch) tätig; sie haben aber in der Regel keine explizite politische Vorgeschichte (Bundesverband deutscher Banken 2007; GDV 2007).

Zwischenfazit

Das Beziehungsgeflecht zwischen der Finanzdienstleistungsbranche und den politischen Entscheidungsträgern verbindet die Akteure mit den relevanten Institutionen auf unterschiedlichen Ebenen und über verschiedene Verflechtungsmerkmale: Der Bundestag zeigt eine Verflechtungsintensität mit der Finanzbranche von knapp 11%, wobei die Intensität in den für die Rentenreform relevanten Ausschüssen deutlich höher war. Eine Gremientätigkeit oder eine vorangegangene Berufstätigkeit eines Parlamentariers in der Finanzbranche impliziert jedoch nicht *per se* eine interessenpolitische Einflussnahme: Auf der einen Seite hat sich die Vorsitzende des Finanzausschusses, Christine Scheel (Grüne) massiv gegen Vorwürfe gewehrt, die ihr aufgrund ihrer Gremienmitgliedschaften bei Versicherern und damit assoziierten Interessenskonflikten gemacht wurden; nach eigenen Angaben hätte sie in politischen Diskussionen ganz im Gegenteil vielfach Positionen eingenommen, die den Interessen der Versicherungsbranche entgegenstünden (Scheel zit. n. Die Welt 2003). Auf der anderen Seite hatten sich zwei mit der Versicherungswirtschaft über Gremientätigkeiten verbundene CDU-Politiker explizit für eine Stärkung der Kapitaldeckung im Alterssicherungssystem und ausdrücklich für die Vermeidung von steuerlichen Nachteilen für die Lebensversicherer eingesetzt.[243] Zweifelsohne reicht die Verflechtungsintensität der Finanzbranche nicht aus, um den gesamten Fachausschuss oder gar das Plenum des Bundestages in ihrem Sinne abstimmen zu lassen, zumal das Abstimmungsverhalten der Abgeordneten trotz „Freiheit des Mandats" in der Regel dem Fraktionszwang unterliegt. Das strategische Ziel personeller Verflechtungen besteht weniger in der Beeinflussung des konkreten Abstimmungsverhaltens einzelner Abgeordneter, sondern zielt auf anderweitig nutzbringende Kontakte ab: Es geht um den frühen und möglichst exklusiven Zugang zu nicht-öffentlichen Informationen und Diskussionsprozessen aus den Ausschüssen und die rechtzeitige, zielgerichtete Intervention in politische Diskussions- und Entscheidungsprozesse im Interesse der Branche. Die starke personelle Verflechtung mit ehemaligen Bundesministern der Regierung Kohl erklärt sich u.a. daraus, dass die Programmatik der Union prinzipiell dem Banken- und Versicherungssektor nahe steht, während die SPD historisch und insbesondere während ihrer sechzehnjährigen Oppositionsphase mit den Gewerkschaften verbunden war (Höpner 2006). Mittels dieser Verbindungen können gezielt Informationsvorsprünge und Zugangskanäle zu den Ministerien angestrebt werden. Über die Entsendung von Personal aus der Finanzbranche in die Ministerien der 14. LP gibt es zwar keine belastbaren Informationen, aber es ist sehr unwahrscheinlich, dass es auf dieser Ebene keine personellen Verflechtungen gab.[244] Der Blick auf die beruflichen Lebensläufe politischer Entscheidungsträger zeigt, dass es in dieser Phase zwar keinen „spektakulären" Wechsel eines Ministers in die Finanzbranche gab; allerdings erfolgten auf der Ebene der Staatssekretäre entsprechende „Karrieresprünge" zu Finanzdienstleistern. Außerdem profitiert insbesondere Walter Riester finanziell von „seiner" Rentenreform, da er seit dem Ausscheiden aus seinem Regierungsamt als prominenter Gast und Redner geladen und für diese „Referententätigkeit" in erheblichem Umfang entlohnt wird. Schließlich belegen die Lebensläufe der Finanzlobbyisten, dass ehemalige Politiker, Staatssekretäre, Ministerialdirektoren und Referenten später als Verbands- oder Unternehmensvertreter ihre Erfahrung und Insiderkenntnisse für die Interessenvertretung der Branche nutzen.

---

[243] Julius Louven, Beiratsmitglied der Signal Versicherungen, war 1998 das erste Mitglied der CDU/CSU-Fraktion, das öffentlich den Ausbau der privaten Altersvorsorge bei gleichzeitiger Einschränkung der Leistungen der GRV forderte, und zwar in der Verbandszeitschrift des GDV (Louven in Positionen 1998b: 2, siehe auch Kap. 4.2.1). Nach der Veröffentlichung des Eckpunktepapiers des BMA im Juni 1999 sah Andreas Storm, der Vorsitzender der CDU-Rentenkommission und Obmann der CDU/CSU-Bundestagsfraktion in der Enquete Kommission „Demographischer Wandel" sowie Beiratsmitglied der Barmenia war, einen eklatanten Widerspruch darin, dass Privatvorsorge gestärkt, gleichzeitig aber Lebensversicherungen massiv besteuert werden sollten (Storm zit. n. FAZ 1999f).
[244] Die Bundesregierung räumte auf Anfrage entsprechende „Austauschbeziehungen" zwischen Ministerialbürokratie und Wirtschaftsunternehmen für die 15. LP ein. Angesichts des Umfangs und der Intensität dieser Beziehungen ist anzunehmen, dass sie seit längerem bestanden.

6.2.3 Finanzielle Beziehungen

Finanzielle Beziehungen sind eine Form des Lobbyings, bei der Unternehmen und Verbände gezielt versuchen, über monetäre Mittel politischen Einfluss zu gewinnen und Interessen durchzusetzen. Interessenvertreter haben dazu als juristische Personen die Möglichkeit, (Groß)-Spenden an politische Parteien zu tätigen. Derartige Parteispenden sind eine gesetzlich legitimierte Form der finanziellen Zuwendung, die von den Parteien veröffentlicht werden muss. Zum Zweck der politischen Einflussnahme können Geldmittel auch zur Bestechung (Korruption) aufgewandt werden; im Gegensatz zu legalen Parteispenden sind diese finanziellen Beziehungen aber unzulässig und für beide Seiten strafbar.[245] Da es sich bei Korruption um ein „öffentlichkeitsscheues Phänomen" (Schaupensteiner 2003: 189) handelt, über das für den Untersuchungsgegenstand der Arbeit keine belastbaren Anhaltspunkte vorliegen, konzentriert sich die weitere Analyse ausschließlich auf die legalen finanziellen Beziehungen. Im Zentrum steht die Frage, inwiefern die Finanzdienstleistungsbranche im Vorfeld und im Verlauf des Reformprozesses mittels Großspenden versucht hat, auf die im Deutschen Bundestag vertretenen Parteien einzuwirken.[246]

Parteispenden

Das Parteiengesetz verpflichtet die Bundestagsparteien in Art. 25 Abs. 3 dazu, in den Rechenschaftsberichten Spenden und Mandatsträgerbeiträge auszuweisen, deren Gesamtwert in einem Rechnungsjahr 10.000 € übersteigt (bzw. 20.000 DM bis zum Jahr 2001). Um die Transparenz der Finanzflüsse zwischen Spendern

---

[245] Seit 1994 gilt Abgeordnetenbestechung als Straftatbestand, wonach sich derjenige strafbar macht, der „es unternimmt, für eine Wahl oder Abstimmung im Europäischen Parlament oder in einer Volksvertretung des Bundes (…) eine Stimme zu kaufen oder zu verkaufen" (§ 108 e StGB). Dieser Paragraph bezieht sich nur auf konkrete Wahlen oder Abstimmungen; falls einem Abgeordneten durch Dritte unverbindlich Zuwendungen in Aussicht gestellt oder bestehen Verbindungen, die sich nicht auf eine konkrete Stimmabgabe beziehen, wird dies nicht erfasst und bleibt straflos, (Richter, C. 1997: 46ff.). Sind „Amtsträger" betroffen, ist der Straftatbestand in §§ 331 ff. StGB geregelt. Zum strafrechtlichen Korruptionsbegriff siehe Bannenberg/Schaupensteiner (2004: 25); weitere Ausführungen zu Korruption in Eisfeld (2001); Leyendecker (2004); Beiträge in Arnim (2003); Jain (2001).

[246] Wenngleich bei der Analyse der Finanzflüsse anhand von Rechenschaftsberichten, laut Alemann (2003: 89ff.), eine „gehörige Dunkelziffer" zu berücksichtigen sei, da die Vorschriften zur Rechenschaftslegung für Großspenden vielfach umgangen würden, beziehen sich die folgenden Ausführungen ausschließlich auf die in den Rechenschaftsberichten der Parteien dokumentierten Großspenden.

[246] In Bundestagswahljahren ist das Spendenaufkommen in der Regel höher, was sich auch in der Abbildung widerspiegelt. Um Verzerrungen der Ergebnisse zu vermeiden, werden hier jeweils Bundestagswahljahre (1994, 1998, 2002) oder Nicht-Bundestagswahljahre miteinander verglichen. Die „ungeraden" Spendenbeträge resultieren zumeist aus der Währungsumrechnung von DM in Euro.

und Parteien zu gewährleisten, umfasst die Veröffentlichungspflicht den Spendernamen, dessen Adresse sowie die Gesamthöhe der Zuwendung. Abbildung 3 zeigt die Entwicklung des Spendenvolumens der Finanzdienstleistungsbranche an die Bundestagsparteien seit Mitte der 1990er Jahre. Der Vergleich des finanziellen Engagements der Finanzdienstleister in den Bundestagswahljahren 1994, 1998 und 2002 zeigt, dass die Summe der Großspenden dieser Branche an Bundestagsparteien zwischen 1994 auf 1998 auf das Eineinhalbfache und zwischen 1994 und 2002 auf das Zweieinhalbfache angestiegen ist.[247] Im Anschluss an die Ankündigung einer „umfassenden Rentenreform" im Jahr 1998 waren die Großspenden der Finanzdienstleistungsbranche in jedem Jahr des anschließenden Reformprozesses mehr als doppelt so hoch wie im Vergleichszeitraum der vorangegangenen Legislaturperiode (d.h. 1995/1999; 1996/2000; 1997/2001).

Abbildung 3: Großspenden an Bundestagsparteien, 1994-2002

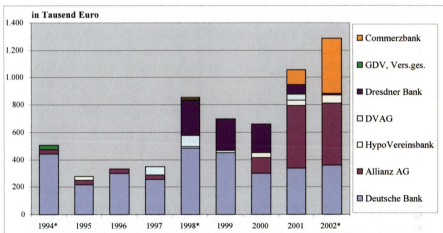

Quelle: Eigene Berechnungen und Darstellung auf der Grundlage der Rechenschaftsberichte der politischen Parteien 1994-2002. Anm.: Allianz AG bis 1997 Allianz Versicherung AG; DVAG = Deutsche Vermögensberatung AG; HypoVereinsbank bis 1998 Bayerische Hypotheken- und Wechselbank AG; Vers.ges. = einzelne Versicherungsgesellschaften (ohne Allianz); * = Bundestagswahljahr.

---

[247] In Bundestagswahljahren ist das Spendenaufkommen in der Regel höher, was sich auch in der Abbildung widerspiegelt. Um Verzerrungen der Ergebnisse zu vermeiden, werden hier jeweils Bundestagswahljahre (1994, 1998, 2002) oder Nicht-Bundestagswahljahre miteinander verglichen. Die „ungeraden" Spendenbeträge resultieren zumeist aus der Währungsumrechnung von DM in Euro.

Als die Rentenreform im Jahr 2001 verabschiedet wurde, überstieg die Spendensumme der Finanzdienstleistungsbranche erstmals die Grenze von einer Million Euro. Sie betrug dabei das Dreifache der Summe, die im Jahr der Verabschiedung der Rentenreform 1999 gespendet worden war (347.770 € im Jahr 1997 und 1.058.478 € im Jahr 2001).[248]

Während die Abbildung ausschließlich die Veränderungen in der Spendenhöhe und der Zusammensetzung der Spender ausweist, wird in Tabelle 19 die politische Ausrichtung der Spendenflüsse zwischen 1994 und 2002 im Detail belegt. Auf Seiten der Versicherungswirtschaft hat die Allianz bis einschließlich 1997 ihre Großspenden ausschließlich an Parteien der schwarz-gelben Koalition getätigt, wobei sich die Gesamtsumme in den einzelnen Jahren zwischen 15.331 € und 35.790 € bewegte. Nach dem Regierungswechsel im Jahr 1998 setzte die Allianz ihr finanzielles Engagement für zwei Jahre aus und spendete dann von 2000 bis 2002 an die CDU, die FDP und an die SPD sowie ab 2001 zudem an die Grünen. Im Zeitraum des Reformprozesses (1998-2002) mobilisierte die Allianz hierfür finanzielle Mittel in Höhe von insgesamt mehr als einer Million Euro, dabei war die Allianz im Übrigen der einzige Großspender der Versicherungsbranche.[249] Da die finanziellen Zuwendungen an Bundestagsparteien in Bundestagswahljahren in der Regel höher ausfallen als im Verlauf der restlichen Legislaturperiode (Römmele 2000), fällt bei der Allianz auf, dass deren Großspenden im Jahr der Verabschiedung der Rentenreform 2001 den gleichen Umfang hatten wie im darauf folgenden Wahljahr 2002. Im Vergleich zum Wahljahr 1994 waren die Großspenden der Allianz von 35.790 € auf 450.000 € um das Zwölffache angestiegen und richteten sich nicht mehr ausschließlich an die CDU, sondern – mit Ausnahme der PDS – an alle im Bundestag vertretenen Parteien.

Auch bei den Großbanken haben bei den Finanzflüssen Verlagerungen stattgefunden: Abgesehen von einer Einzelspende der Hypovereinsbank an die CSU im Jahr 1995, erhielten die Bundestagsparteien zwischen 1994 und 1997 vom Bankensektor ausschließlich Großspenden von der Deutschen Bank. Deren finanzielles Engagement war auf hohem, relativ konstantem Niveau (siehe Tabelle 19): Zwischen 1994 und 2002 wurde jährlich eine Summe zwischen

---

[248] Der Anteil der Großspenden der Finanzdienstleistungsbranche an den gesamten Großspenden juristischer Personen ist dabei von 14,2% auf 17,6% gestiegen, d.h. das Volumen der Großspenden dieser Branche ist stärker angestiegen als jenes der juristischen Personen insgesamt. Dabei hat sich der Anteil der Großspenden der Finanzdienstleistungsbranche an den Spenden juristischer Personen (einschließlich der Spenden juristischer Personen unterhalb der 10.000 €-Grenze) im gleichen Zeitraum verdoppelt.
[249] Kleinere Versicherungsunternehmen, namentlich die Alte Leipziger Leben und die Frankfurter Versicherungs-AG, hatten zuletzt im Jahr 1994 an die CDU und der Verband der Versicherungswirtschaft, GDV, ausschließlich im Wahljahr 1998 an die SPD Großspenden überwiesen.

219.856 € und 485.991 € an zwei bis drei, in den Wahljahren an vier Bundestagsparteien gespendet. Die Spenden der anderen Großbanken nahmen hingegen erst im Wahljahr 1998 und zum Teil erst im Jahr 2000 einen nennenswerten Umfang an: Die Münchener HypoVereinsbank spendete zwar auch 1995 und 1998 an die CSU, aber erst seit 2000 geschah dies im jährlichen Turnus. Im Jahr 2002 bedachte sie mit ihren Spenden zudem in gleichen Teilen die CDU und die SPD, wenngleich deren Spenden nur halb so hoch ausfielen wie die CSU-Spende. In den Rechenschaftsberichten der Bundestagsparteien findet sich für den Zeitraum 1994 bis 1997 keine Großspende der Dresdner Bank. Zwischen 1998 und 2000 spendete die Dresdner Bank dann aber jährlich insgesamt mehr als 200.000 € an verschiedene Bundestagsparteien, wobei die CDU in jedem Jahr berücksichtigt wurde.[250] Die Commerzbank wiederum tätigte im kompletten Zeitraum von 1994 bis 2000 – mit Ausnahme einer Spende an die CDU im Wahljahr 1998 – keine Großspenden. Im Jahr 2001 spendete sie an CDU, CSU und FDP sowie im Wahljahr 2002 an alle Bundestagsparteien (mit Ausnahme der PDS), wobei den Parteien der rot-grünen Koalition ein Viertel und den schwarz-gelben Oppositionsparteien drei Viertel der Spendensumme zufloss. Bei den Kapitalanlagegesellschaften spendete ausschließlich die Deutsche Vermögensberatung AG.

---

[250] Die Großspenden der Dresdner Bank an die CDU bezifferten sich zwischen 1998 und 2000 jährlich auf mehr als 100.000 €. Während die Dresdner Bank 1999 und 2001 auch die SPD und im Jahr 2000 die Grünen mit Spenden bedachte, spendete sie 2002 ausschließlich an die CDU. Die Höhe der Großspenden an die CDU betrug im Jahr 2001 nur noch ein Fünftel und im Jahr 2002 nur noch ein Zehntel des vorangegangenen finanziellen Engagements für die CDU. Der drastische Rückgang lässt sich darauf zurückführen, dass sich die Dresdner Bank deutlich von der Spendenaffäre der CDU distanzieren wollte.

Tabelle 19: Großspenden an Bundestagsparteien, 1994-2002

	1994	1995	1996	1997	1998*	1999	2000	2001	2002*
Allianz an FDP	35.790	12.782	20.452	15.331	./.	./.	51.129	204.517	200.000
Allianz an Grüne	./.	15.339	12.782	./.	./.	./.	35.790	76.694	75.000
Allianz an SPD	./.	./.	./.	./.	./.	./.	./.	51.129	50.000
GDV an SPD	./.	./.	./.	./.	12.271	./.	25.565	127.823	125.000
Alte Leipziger Leben an CDU	17.384	./.	./.	./.	./.	./.	./.	./.	./.
Frankfurter Vers.-AG an CDU	15.339	./.	./.	./.	./.	./.	./.	./.	./.
Summe Versicherungssektor	**68.513**	**28.121**	**33.234**	**15.331**	**12.271**	**0**	**112.484**	**460.163**	**450.000**
Deutsche Bank an CDU/CSU	296.549	219.856	268.684	227.525	301.128	376.822	250.533	250.533	311.265
Deutsche Bank an FDP	66.468	./.	33.234	28.139	77.287	76.694	51.129	66.468	50.000
Deutsche Bank an Grüne	./.	./.	./.	./.	./.	./.	./.	20.452	./.
Deutsche Bank an SPD	76.694	./.	./.	./.	107.576	./.	./.	./.	./.
HypoVereinsbank an CDU/CSU	./.	31.700	./.	./.	10.277	./.	35.918	35.893	47.750
HypoVereinsbank an SPD	./.	./.	./.	./.	./.	./.	./.	./.	15.000
Commerzbank an CDU/CSU	./.	./.	./.	./.	11.880	./.	./.	84.364	250.000
Commerzbank an FDP	./.	./.	./.	./.	./.	./.	./.	25.565	50.000
Commerzbank an Grüne	./.	./.	./.	./.	./.	./.	./.	./.	25.000
Commerzbank an SPD	./.	./.	./.	./.	./.	./.	./.	./.	75.000
Dresdner Bank an CDU/CSU	./.	./.	./.	./.	163.613	138.048	148.274	20.452	11.226
Dresdner Bank an FDP	./.	./.	./.	./.	35.872	35.790	35.790	./.	./.
Dresdner Bank an Grüne	./.	./.	./.	./.	./.	./.	25.565	./.	./.
Dresdner Bank an SPD	./.	./.	./.	./.	51.334	51.385	./.	51.129	./.
DVAG an CDU	./.	./.	./.	62.122	58.799	16.873	./.	15.339	./.
DVAG an FDP	./.	./.	./.	./.	25.565	./.	./.	28.121	./.
Summe Banken- und Investm.-Sektor	**439.711**	**251.556**	**301.918**	**317.786**	**843.331**	**695.612**	**547.209**	**598.316**	**835.241**
Summe Finanzbranche insgesamt	**508.224**	**279.677**	**335.152**	**333.117**	**855.602**	**695.612**	**659.693**	**1.058.479**	**1.285.241**

Quelle: Eigene Berechnungen auf der Grundlage der Rechenschaftsberichte der politischen Parteien.
Anm.: Allianz AG bis 1997 Allianz Versicherung AG; DVAG = Deutsche Vermögensberatung AG; HypoVereinsbank bis 1998 Bayerische Hypotheken- und Wechselbank AG; * = Bundestagswahljahr; keine Großspenden der Finanzdienstleistungsbranche an die PDS.

Zwischenfazit

Während Kleinspenden und Mitgliedsbeiträge von Privatpersonen als Form der politischen Partizipation gelten (Höpner 2006: 293), können Großspenden von Einzelpersonen und von Unternehmen oder Verbänden das Prinzip „jeder hat eine gleichwertige (Wahl-)Stimme" unterlaufen, da auf der Grundlage der finanziellen Zuweisungen ein stärkerer Einfluss auf bestimmte Entscheidungen ausgeübt werden soll (Morlok 2002: 431-438; Römmele 2000: 23). Ziel einer so genannten „Einflussspende" von Unternehmen oder Verbänden ist, durch finanzielle Mittel gezielt Einfluss auf die Parteienebene auszuüben, um „wirtschaftlichen Gewinn aus regierungsamtlichen Entscheidungen zu ziehen" (Eisfeld 2001: 242). Allerdings ist die Zweckgebundenheit der Spenden im Hinblick auf konkrete Einzelentscheidungen kaum nachweisbar (Höpner 2006: 295). Wenngleich die Rechenschaftsberichte also keine Auskunft über den „Verwendungszweck" der Großspenden der Finanzdienstleistungsbranche geben, kann dennoch festgestellt werden, dass die Branche ihr finanzielles Engagement im Verlauf des Rentenreformprozesses erheblich ausgebaut hat: Von Seiten der Finanzdienstleistungsbranche sind im Verlauf des Reformprozesses Großspenden in Höhe von insgesamt 4,5 Millionen € an Bundestagsparteien geflossen (1998-2002). Dabei hat sich die jährliche Großspendensumme der Finanzdienstleistungsbranche zwischen 1997 und 2001 verdreifacht. Besonders bemerkenswert ist die Zunahme der finanziellen Zuwendungen durch die Allianz: Die Großspenden der Allianz sind zwischen 1994 und 2002 auf das Zwölffache gestiegen, wobei 1994 ausschließlich an die CDU und im Jahr 2002 – außer an die PDS – an alle Bundestagsparteien gespendet wurde.

Mit dem Anstieg des finanziellen Engagements wächst zwar nicht notwendigerweise proportional der Einfluss, zumal nicht klar nachweisbar ist, dass die finanziellen Mittel die Durchsetzung von Einzelentscheidungen bewirken sollten, die in Verbindung zur Rentenreform 2001 stehen. Nichtsdestotrotz zeugt der Überblick über die finanziellen Beziehungen der Finanzdienstleistungsbranche zu den Bundestagsparteien von einer „großpolitischen Landschaftspflege im Vorfeld politischer Entscheidungen" (Parteichefin der Grünen, Claudia Roth, i.ü.S., in Die Welt 2006): Die Spendenflüsse belegen, dass die Branche in der 14. Legislaturperiode ein offensichtliches und gesteigertes Interesse daran hatte, gute Kontakte zu den Parteien zu pflegen und sie durch entsprechende Finanzmittel zu untermauern. Die zielgerichtete Kontaktpflege wird insbesondere daran deutlich, dass die rot-grünen Koalitionsparteien bis zum Regierungsantritt überhaupt keine Großspenden der Finanzdienstleistungsbranche erhalten hatten, aber nach der Ankündigung einer Stärkung der privaten Altersvorsorge im Gesamtsystem der Alterssicherung erstmalig und mehrfach Großspenden an sie überwiesen wurden. Gleichzeitig wurde das finanzielle Engagement für die Union und die FDP nach dem Regierungswechsel nicht eingestellt, sondern auf höherem Niveau fortgeführt. Die Spenden dienten also weniger der Unterstützung eines bestimmten politischen Lagers oder allein der Bundesregierung, sondern vielmehr der breit gefächerten Beziehungspflege zu den bei der Erarbeitung und Durchsetzung der Rentenreform beteiligten Bundestagsparteien (nämlich allen außer der PDS). Damit spiegeln die Finanzflüsse wider, dass in der Alterssicherungspolitik von den Bundestagsparteien eine Richtung eingeschlagen wurde, die den Interessen der Finanzdienstleistungsbranche entspricht und die sie als (finanziell) förderungswürdig erachtet.

6.2.4 Informelle Beziehungen

Neben institutionalisierten Beziehungen, personellen Verflechtungen und finanziellen Beziehungen, können zwischen politischen Entscheidungsträgern und lobbyistischen Akteuren grundsätzlich auch informelle bzw. inoffizielle Beziehungen bestehen. Entsprechende Kommunikationsnetze zwischen Unternehmen, Verbänden, Verwaltung und Politik werden häufig aus beidseitigem Interesse gesucht und gelten als eng, so dass den so genannten „Government Relations" insgesamt eine wesentliche Rolle bei der Interessenvertretung beigemessen wird (Kap. 2.3.3).[251] Da diese Beziehungen über wenig sichtbare, persönliche Kontakten konstituiert werden, entziehen sie sich weitgehend dem öffentlichen Zugang und der genauen Analyse, denn sie sind – anders als bspw. institutionalisierte Beziehungen – nicht hinreichend dokumentiert.[252] Insofern lässt sich der Umfang und die Bedeutung informeller Beziehungen und Kontakte während des Entscheidungsprozesses zur Rentenreform 2001 nicht im Detail bestimmen, aber dennoch anhand der zugängigen Informationen exemplarisch belegen, dass die Finanzbranche auch auf diesem Wege an Entscheidungsträger herangetreten ist.

Mit dem Regierungsumzug von Bonn nach Berlin im Jahr 1999 haben drei der vier Großbanken sowie die Allianz als größter deutscher Lebensversicherer in unmittelbarer Nähe zum Regierungsviertel jeweils Unternehmensrepräsentanzen eingerichtet. In Nachbarschaft zum Kanzleramt und zum Sitz des Deutschen Bundestages im Reichstagsgebäude befinden sich die Vertretungen der Commerzbank, der Allianz und der Dresdner Bank (am Pariser Platz direkt neben dem Brandenburger Tor) sowie die Vertretung der Deutschen Bank (Unter den

---

[251] Eine Umfrage unter 1.700 Lobbyisten ergab, dass „Einzelgespräche" wie auch „Hintergrundgespräche" zu den bedeutendsten Instrumenten der Einflussnahme zählen (Lianos/Hetzel 2003 17).
[252] Besonders in journalistischen Beiträgen finden sich zahlreiche Hinweise (siehe z.B. Der Spiegel 2000a; Die Zeit 1998f, 1999e, 2000a, 2000c, 2003a; FAZ 2005b; FTD 2003).

Linden). Diese Hauptstadtbüros dienen der Beziehungspflege zu politischen Entscheidungsträgern und der flexiblen und direkten Vertretung der individuellen Firmeninteressen. Wenngleich die Distanz zu den Regierungsgebäuden kein aussagekräftiger Indikator für den Zugang oder die inhaltliche Nähe zu politischen Entscheidungsträgern ist, wird der räumlichen Lage der Hauptstadtrepräsentanz ein entsprechendes Gewicht beigemessen (siehe Tabelle 20).

Tabelle 20: Verbandssitze und Unternehmensrepräsentanzen in Berlin

Unternehmen / Verband	Adresse	Entfernung zum Sitz des Bundestages (Fußweg)
Commerzbank	Pariser Platz 1, Berlin	479 m
Allianz / Dresdner	Pariser Platz 6, Berlin	479 m
Deutsche Bank	Unter den Linden 13/15, Berlin	962 m
GDV	Wilhelmstr. 43/43G, Berlin	1.390 m
BVI	Friedrichstr. 171, Berlin	1.490 m
Bankenverband	Burgstr. 28, Berlin	2.010 m

Quelle: Homepages der Unternehmen bzw. Verbände; Entfernung zwischen Sitz und Reichstagsgebäude (Platz der Republik 1) laut www.map24.de.

In der Folge des Regierungsumzugs von Bonn nach Berlin haben auch der Gesamtverband der deutschen Versicherungswirtschaft im Jahr 1998 und der Bundesverband deutscher Banken im Jahr 1999 ihre Verbandszentralen nach Berlin verlegt. Der Investmentverband hat seinen Hauptsitz weiterhin am Finanzplatz Frankfurt am Main, seit 2002 unterhält er darüber hinaus im Berliner Regierungsviertel ebenfalls ein Hauptstadtbüro, auf dessen „Agenda (...) unter anderem die dringend notwendige Vereinfachung und Weiterentwicklung der staatlich geförderten Altersvorsorge" steht (BVI 2002a).

Die Unternehmenslobbyisten der Allianz und der Dresdner Bank blicken auf einen bewegten politischen Werdegang zurück (Kap. 6.2.2.3), weswegen sie mit den politischen und innerministeriellen Abläufen vertraut sind und über intensive Kontakte zu den entscheidungsrelevanten Stellen in der Politik und der Ministerialbürokratie verfügen. Die Commerzbank hat ihren Unternehmensrepräsentanten in Berlin sogar direkt aus dem Bundestag abgeworben: Hansgeorg Hauser (CSU) war im Verlauf seiner zwölfjährigen Mitgliedschaft im Deutschen Bundestag (1990-2002) finanzpolitischer Sprecher der CDU/CSU-Fraktion (1992-1995) und unter Theo Waigel parlamentarischer Staatssekretär im Bundesfinanzministerium (1995-1998). Während seines letzten Bundestagsmandats übernahm Hauser im Februar 2001 parallel dazu „als Beauftragter des Vorstands der Commerzbank die Pflege der Beziehungen zu Politik, Parteien, Botschaften,

Verbänden und sonstigen öffentlichen Stellen" (Commerzbank 2000). In seiner Funktion als Commerzbank-Repräsentant betonte er beim Berliner Politikkongress 2003 über die „Hauptstadtrepräsentanz als Lobbyinginstrument", dass Lobbying einen hohen Nutzenfaktor aufweist, wenn es zur „Vorbereitung neuer Aufgabengebiete" eingesetzt wird, beispielsweise bei der „Verlagerung staatlicher Absicherung auf private Vorsorge" (Hauser 2003: 10). Angesprochen auf mögliche interessenpolitische Konflikte, die aus seiner Doppelfunktion als Bundestagsabgeordneter und Unternehmensrepräsentant resultieren könnten, erwiderte Hauser:

> „Eine Verquickung von Interessen? (...) Er habe sich immer als ‚Lobbyist für den gesamten Finanzbereich' gesehen. Schließlich sei Lobbying ‚die Beförderung von Anliegen, die man selbst vertreten kann, unabhängig vom Arbeitgeber'" (Hauser zit. n. Funk 2003: 47).

Zur Bedeutung persönlicher Kontakte für die Durchsetzung von Interessen betonen zwei Journalisten („Die Zeit"), dass sich lobbyistische Akteure und Berater zunehmend einen Zeitgeist zunutze machen, demnach es effizient sei, „Entscheidungen im Zwiegespräch mit Politikern zu fällen und nicht in demokratisch gewählten Gremien"; beispielsweise hätte ein Public Affairs-Berater im Verlauf des Reformprozesses erreicht, dass nicht nur Versicherungen, sondern auch Fonds bei der staatlichen Förderung der privaten Altersvorsorge berücksichtigt werden würden (Gammelin und Hamann in Die Zeit 2002a). Im Hinblick auf den Versuch des Bankensektors, den direkten Kontakt zu Bundesarbeitsminister Riester zu suchen, wird – in unterschiedlichen Versionen – kolportiert, dass ein Bankenvertreter in einem Flugzeug gezielt den Sitzplatz neben Riester einnahm, diesen direkt auf die bevorstehende Reform ansprach und seine Hilfe bei der Erarbeitung der entsprechenden Regelungen anbot (Die Zeit 2000c; ähnlich in Nachdenkseiten 2007). Diese für journalistische Zwecke aufbereitete „Story" scheint einen realen Hintergrund zu haben, denn auch Riester selbst führt aus:

> „In diesem Flieger saß neben mir Ulrich Weiß, damals ein Vorstandsmitglied der Deutschen Bank. Weiß sprach mich an. Er hätte meine Arbeit verfolgt und sei der Ansicht, ich solle jetzt auf keinen Fall einen Rückzieher machen, solle die Sache durchstehen. Den gesamten Flug über wollte er mich davon überzeugen, denn seiner Meinung nach musste die Rentenreform umgesetzt werden. Er bot mir sogar Hilfe an, wollte mich unterstützen. Ich lehnte dankend ab" (Riester 2004: 158).

Die Anbahnung persönlicher Kontakte beschränkt sich aber nicht auf den Arbeitsminister: Nach der Veröffentlichung des ersten Eckpunktepapiers hieß es in der Presse ganz allgemein, dass die Versicherungswirtschaft „in Gesprächen mit der Regierung" auf den grundsätzlichen Unterschied zwischen reinen Sparvorgängen und einer Versicherung hinweisen wolle, um die geplante Besteuerung von Erträgen aus kapitalbildenden Lebensversicherungen zu verhindern (FAZ 1999f). Horst Seehofer (CSU), der im Verlauf der Rentenkonsensgespräche die Union vertrat, betonte, dass er eine ganz „neue Dimension des Lobbyismus" erlebe, denn die

> „komplette deutsche Finanzbranche (...) pflastere sein Berliner Abgeordnetenbüro derzeit mit Eingaben und Forderungen zu, lege Fax-Geräte lahm oder verstopfe die E-Mail-Anschlüsse" (Seehofer zitiert nach Der Spiegel 2000a: 72).

Insbesondere in der Phase der Festlegung der konkreten Anlagekriterien für die private Zusatzvorsorge lud die Finanzdienstleistungsbranche zu „vertraulichen Hintergrundgesprächen" und zu „parlamentarischen Abenden" ein (ebd.). Darüber hinaus ließen Ministerialbeamte verlauten, dass sie in persönlichem Kontakt zur Finanzdienstleistungsbranche stünden, um sich deren Unterstützung zu vergewissern bzw. um Missverständnisse über die Gesetzesinhalte auszuräumen: Anfang 2001, als der Gesetzentwurf nochmals überarbeitet wurde, betonte der Abteilungsleiter für Steuern im BMF im Finanzausschuss des Bundestages, dass „das Bundesministerium der Finanzen in Gesprächen mit Banken und Versicherungen den Eindruck gewonnen [habe], dass die Anbieter der Altersvorsorgeleistungen mit den neuen Vorschlägen einverstanden seien" (Juchum in Deutscher Bundestag 2001i: 42). Auch Ministerialrat Frank Janotta-Simons, ebenfalls BMF, berichtet, dass im „Gespräch zwischen dem Bundesverband Deutscher Banken und dem Bundesministerium der Finanzen" Irrtümer hinsichtlich des Spektrums der Anbieter von Pensionsfonds ausgeräumt werden konnten (Janotta-Simons in Deutscher Bundestag 2001j: 14). Durch das „Zusammenwirken" des Lehrstuhls für Investmentwesen der Universität Frankfurt, dem Bundesaufsichtsamt für Kreditwesen und dem BMF hatte der BVI erwirkt, dass anstelle einer formalen Garantie zur Absicherung der im Rahmen von Riester-Verträgen eingezahlten Beiträge bestimmte Kombinationen von Fondstypen und Mindestlaufzeiten der Einzahlpläne ausreichend seien (BVI 2000e: 2). Dass die als Grundlage für diese Entscheidung herangezogenen Forschungsergebnisse von eben jenem Lehrstuhl stammen, der unter Mitwirkung des BVI an der Universität Frankfurt eingerichtet und besetzt worden war (BVI 2001b: 22), ist bezeichnend für den umfassenden strategischen Ansatz der Interessenvertretung, einschließlich „Wissenschaftslobbying".

Zwischenfazit

Die massive Diskrepanz zwischen der Bedeutung, die persönlichen Kontakten für die Durchsetzung von Interessen im politischen Prozess gemeinhin attestiert wird, und der öffentlich zugänglichen Informationsbasis über diese Einflussform, ist frappierend. Letztlich entziehen sich die Beziehungsgeflechte weitgehend dem öffentlichen Zugang und deshalb lässt sich nur wenig über deren Wirksamkeit sagen. Es gibt schlicht keine umfassenden, belastbaren Aussagen über die Frequenz, Intensität und die Inhalte persönlicher Kontakte und Treffen zwischen politischen Entscheidungsträgern und lobbyistischen Akteuren. Allerdings lässt sich partiell aufzeigen, dass die Finanzdienstleistungsbranche in dieser Phase gezielt Kontakte gesucht, ausgebaut und befördert hat. Informelle Beziehungen gehören demnach zum Einflussrepertoire der Finanzdienstleistungsbranche dazu, allerdings lässt sich über den Umfang der „Government Relations" wie auch deren Erfolg nur spekulieren.[253]

6.2.5 Öffentlichkeitsarbeit

Die Öffentlichkeitsarbeit von Verbänden und Unternehmen bzw. von beauftragten Public Affairs- oder Public Relations-Agenturen ist ganz allgemein ein Instrument zur Außendarstellung. Zudem dient Öffentlichkeitsarbeit dazu, gezielt Themen in den Medien zu platzieren und öffentlichkeitswirksam zu transportieren, um hiermit für bestimmte Interessen Aufmerksamkeit sowie Unterstützung zu generieren und politischen Druck auszuüben. Das Interesse der Finanzdienstleister an der Beeinflussung der öffentlichen und politischen Meinung erklärt sich aus zwei Gründen: Erstens ist es für die Durchsetzung einer umfassenden Reform der Alterssicherung hin zu einer stärkeren Gewichtung der zweiten und dritten Säule der Altersvorsorge hilfreich, wenn nicht sogar unerlässlich, hierfür eine positive öffentliche Grundstimmung zu etablieren, da andernfalls der Widerstand zu groß und eine derartige Reform kaum durchsetzbar wäre (Busemeyer 2005; Schulze/Jochem 2004). Zweitens gilt, je stärker die in der GRV Versicherten aufgrund pessimistischer Berichterstattung und negativer Szenarien zur Leistungsfähigkeit der GRV erwarten, nur unzureichende oder gar keine Leistungen zu erhalten, desto höher ist das subjektive Empfinden, privat

---

[253] Ein Ministerialrat des BMF betonte in einem persönlichen Telefonat, dass die Unternehmen und Verbände selbstverständlich in den politischen Entscheidungsprozess eingebunden wurden. Ebenso selbstverständlich sei aber auch, dass über die konkreten Inhalte keine Informationen an die Öffentlichkeit gegeben würden; darüber hinaus würde in persönlichen Gesprächen, in denen die eigentlichen politischen Entscheidungen getroffen werden, kein Protokoll geführt.

vorsorgen zu müssen, und desto stärker steigt der Absatz privater Altersvorsorgeprodukte. Entsprechend betonte ein Sprecher der Deutschen Investment-Trust Gesellschaft für Wertpapieranlagen im Herbst 1998:

„Die öffentliche Diskussion der Rentenproblematik rüttelt die Anleger zusehends auf. Mithin wächst die Nachfrage nach geeigneten Anlagealternativen rapide. In Deutschland erwartet die Investmentbranche deshalb ein entsprechendes hohes Wachstum" (Rolf Passow in Handelsblatt 1998a).

Nachfolgend wird dargelegt, in welchem Umfang über Pressearbeit, Publikationen und klassische Werbung versucht wurde, bestimmte Positionen und Argumente zu vermitteln, um die Verlagerung hin zu kapitalgedeckter Privatvorsorge zu befördern (Kap. 6.2.5.1). In diesem Zusammenhang sind auch die Aktivitäten von „Think Tanks" und Wissenschaftlern, die der Finanzdienstleistungsbranche nahe stehen, zu berücksichtigen (Kap. 6.2.5.2). Abschließend wird aufgezeigt, inwiefern sich die Akteure zur Legitimation ihrer jeweiligen Sonderinteressen einer gemeinwohlorientierten Argumentationsweise bedienten (Kap. 6.2.5.3).

6.2.5.1 Pressearbeit, Publikationen, Werbung

Die politikwissenschaftliche Forschung attestiert weitgehend übereinstimmend, dass die Meinungsbildung in der heutigen „Mediendemokratie" primär über die Massenmedien erfolgt (Korte/Fröhlich 2004: 98ff.; Naßmacher, H. 2002: 52). In diesem Kontext wird auch auf die zunehmende Bedeutung der Medien für den Erfolg lobbyistischer Einflussnahme hingewiesen (Alemann 2002; Müller, A. 1999), denn der Zugang zu den Medien gilt als wesentliche Voraussetzung für die Transmission gezielter Interessen (Hackenbroch 1998; Sebaldt 1997: 254):

„Lobbyisten sind [bei ihrer Einflussnahme] immer auf die Medien angewiesen. Denn Politik ist nur das, was auch in den Medien stattfindet" (Leif 2004: 84).

Die Medien agieren dabei nicht nur als Berichterstatter, sondern zugleich als „Meinungsmacher" und „Mitgestalter" der Politik (Helms 2003: 7; Speth 2006a: 15).[254] Um Rückschlüsse auf die Intensität der medialen Öffentlichkeitsarbeit der

---

[254] Dies wird im Zuge der Rentenreform 2001 bspw. daran deutlich, dass die Einführung einer *obligatorischen* kapitalgedeckten Zusatzvorsorge, wie es der erste BMA-Vorschlag im Juni 1999 vorgesehen hatte, an den Negativ-Schlagzeilen der Presse scheiterte (Lamping/Rüb 2004: 173; Ney 2001: 32): Am Tag nach der Vorstellung der Eckpunkte hatten sich die Printmedien gezielt gegen das Obligatorium ausgesprochen, während andere Aspekte der Reform mehr oder weniger unberücksichtigt blieben. Die Bild-Zeitung titelte „Auch das noch! Riester plant Zwangsrente" (Bild 1999a); die

lobbyistischen Akteure der Finanzdienstleistungsbranche zu ziehen, werden nachfolgend die einschlägigen Indikatoren – Intensität der Pressearbeit, Publikationsdichte und Höhe der Werbeausgaben – betrachtet.

Pressearbeit

Die Pressearbeit ist der „klassische Bereich" der Öffentlichkeitsarbeit, die in nahezu jedem Großunternehmen wie auch in den Verbänden durch eigens eingerichtete Presse- oder Medienabteilungen erfolgt. Das Verfassen und Veröffentlichen von Pressemeldungen dient vorrangig dem Ziel, relevante Unternehmens- bzw. Verbandsinformationen und Stellungnahmen zur Geschäftsentwicklung oder zu politischen Themen über die Medien wirkungsvoll an die Öffentlichkeit zu bringen. Pressemitteilungen sind das zentrale Instrument der Öffentlichkeitsarbeit, da sie für Journalisten die primäre Informationsquelle für neue Meldungen darstellen (Hackenbroch 1998; Sebaldt 1997: 320ff.).[255]

Tabelle 21 enthält die Anzahl der Pressemitteilungen einzelner Unternehmen und Verbände der Finanzbranche, die Anzahl ihrer Pressemitteilungen mit Bezug zur Alterssicherung und den Anteil letzterer an den Pressemitteilungen insgesamt. Der BVI hat die Anzahl seiner Pressemitteilungen innerhalb von sechs Jahren vervierfacht. Die – mit Ausnahme des Jahres 2003 – kontinuierliche Zunahme deutet darauf hin, dass der BVI diesem Instrument eine gesteigerte Bedeutung beimisst. Neben der Anzahl ist auch der relative Anteil der rentenpolitisch relevanten Pressemeldungen deutlich gestiegen und erreichte in den Jahren 2000/2001 seinen Höhepunkt: Im Jahr der Verabschiedung der Rentenreform 2001 behandelte nahezu jede dritte Pressemeldung des BVI rentenpolitische

---

Süddeutsche Zeitung schrieb von einer „Zwangsabgabe für Nicht-Privilegierte" (SZ 1999) und bei der taz hieß es polemisch: „Minister Riester: Keine Sorge – Zwangsvorsorge" (taz 1999). Falls Riester sich nicht für ein Exklusivinterview mit der BILD Zeitung zur Verfügung stellen würde, drohte ihm ein Redakteur der BILD am Folgetag die Titelschlagzeile „Wann fliegt Riester?" zu bringen (Riester 2004: 142; Riester in taz 2005). Riester willigte ein und BILD titelte stattdessen „Kanzler, hier kommt die Wut-Welle" (Bild 1999b). Das Interview selbst erschien am Folgetag unter dem Titel „Riester: Ich halte an meinem Rentenkonzept fest!" (Bild 1999c). Aufgrund des massiven medialen Protests wurde die Zusatzvorsorgepflicht innerhalb weniger Tage jedoch durch die Förderung einer freiwilligen Privatvorsorge ersetzt (Kap. 4.3.2).
[255] Eine empirische Untersuchung der britischen Qualitätspresse hat ergeben, dass Pressemitteilungen oder Agenturmeldungen von Journalisten in der Regel nur kurz umgeschrieben werden, bevor sie in den Printmedien veröffentlicht werden (faz.net 2008): 60% der Zeitungsberichte stammen ausschließlich oder hauptsächlich aus PR-Material oder Berichten von Nachrichtenagenturen, wobei diese aber nur bei zwei Prozent der Berichte deutlich als Quelle angegeben werden. Nur zwölf Prozent der Berichte basieren auf eigenen Recherchen, was die Anfälligkeit der Massenmedien für die Verbreitung von Falschmeldungen, Legenden und Propaganda erklärt (Davies 2008); siehe auch Lieb/Müller, A. (2008: 288ff.).

Aspekte. Die Meldungen waren inhaltlich präzise auf den Entscheidungsprozess zur Rentenreform 2001 abgestimmt und beinhalteten Stellungnahmen und Vorschläge zu den einzelnen Reformelementen (z.B. BVI 1999a, 2000c, 2001c, 2002b). Diese Schwerpunktsetzung belegt den Versuch der Investmentbranche, die öffentliche Debatte über die Teil-Privatisierung der Alterssicherung zu forcieren und die Position der Investmentbranche zum Reformprozess bei zahlreichen Gelegenheiten öffentlichkeitswirksam zu transportieren. Ähnlich zeigt sich beim GDV, dass die Thematisierung von Fragen der Alterssicherung in den Pressemeldungen im Vorfeld der Rentenreform 2004 (erneut) zunahm.

Tabelle 21: Anzahl der Pressemitteilungen, 1998-2004

Jahr	BVI			GDV		
	insgesamt	davon mit Bezug zur Rente	Anteil	insgesamt	davon mit Bezug zur Rente	Anteil
1998	17	2	12%	k.A.	k.A.	k.A.
1999	23	4	17%	k.A.	k.A.	k.A.
2000	32	10	31%	k.A.	k.A.	k.A.
2001	47	9	19%	51	7	14%
2002	54	3	6%	55	3	6%
2003	52	5	10%	47	8	17%
2004	68	7	10%	48	14	29%
Jahr	**Commerzbank**			**Dresdner Bank**		
	insgesamt	davon mit Bezug zur Rente	Anteil	insgesamt	davon mit Bezug zur Rente	Anteil
1998	146	1	1%	(27)*	(0)*	(0%)*
1999	246	0	0%	148	0	0%
2000	294	0	0%	140	1	1%
2001	260	1	0%	108	2	2%
2002	262	2	1%	78	2	3%
2003	339	0	0%	69	3	4%
2004	375	0	0%	74	0	0%

Quelle: Informationen der Pressestellen auf Anfrage bzw. laut den Homepages der einzelnen Unternehmen und Verbände (auch auf Anfrage keine Informationen erhältlich für BdB, Allianz, Deutsche Bank und HVB Group); eigene Berechnungen; * = unvollständige Archivierung der Pressemeldungen; k.A. = keine Angaben für das betreffende Jahr.

Im Unterschied zum BVI und zum GDV spielte die „Rentenpolitik" in den Stellungnahmen der Commerzbank und der Dresdner Bank – im Übrigen die einzigen beiden untersuchungsrelevanten Unternehmen der Branche, die ihre Pressemitteilungen hinreichend archiviert und für wissenschaftliche Zwecke zur Verfügung gestellt haben – eine sekundäre Rolle. Das Instrument der Pressemeldungen wurde von diesen beiden Unternehmen nahezu ausschließlich dazu genutzt, Informationen über Marktentwicklungen, Produktinnovationen, kulturelles und soziales Engagement, An- und Verkäufe von Beteiligungen sowie Personalia zu verbreiten. Dennoch enthielten sie im Verlauf des Reformprozesses vereinzelt auch rentenpolitische Aspekte, allerdings in keinem nennenswerten Umfang. Die Arbeit der Presseabteilungen erschöpft sich aber nicht im Verfassen von Pressemitteilungen, sondern beinhaltet darüber hinaus, z.B. beim BVI, auch das Verfassen und Versenden vorgefertigter Berichte einschließlich Bild- und Textmaterial, um den Journalisten der Wirtschaftsredaktionen mit diesen so genannten „Basis-Texten" die Berichterstattung zu erleichtern (BVI 1998a).

Publikationen

Neben der Veröffentlichung von Pressemeldungen erreichen Unternehmen und Verbände die Öffentlichkeit auch über Publikationen, die sich ausführlich mit aktuellen wirtschafts- und sozialpolitischen Themen befassen und zum Teil „Ratgebercharakter" haben. In der Finanzbranche nutzen einzelne Unternehmen und Verbände dazu externe Expertise von wissenschaftlichen Instituten; andere unterhalten eigene wissenschaftliche Abteilungen, wie beispielsweise die Allianz Group Economic Research und die Deutsche Bank Research. Mit Ausnahme der Commerzbank waren die Großbanken wie auch der größte Lebensversicherer, die Allianz, im Verlauf des rentenpolitischen Entscheidungsprozesses publizistisch zu Fragen der Alterssicherung besonders aktiv, wobei die Deutsche Bank Research die höchste Publikationsfrequenz aufweist.[256] Die rentenpolitisch relevanten Unternehmenspublikationen können inhaltlich vier Themenbereichen zugeordnet werden: *Erstens* wurden Reformerfahrungen aus anderen Ländern analysiert und als vorbildlich charakterisiert, in denen in der Vergangenheit Reformen hin zu einer stärkeren Bedeutung kapitalgedeckter Altersvorsorge umgesetzt wurden (Deutsche Bank Research 2002a, 2002e). *Zweitens* handelte es sich bei den Veröffentlichungen um Analysen der Wachstumspotenziale, falls sich eine stärkere Verlagerung hin zur zweiten und dritten Säule der Alterssicherung durchsetzen ließe (Allianz Dresdner 2003; Dresdner Bank 2001). *Drittens* wurden die möglichen Auswirkungen der demographischen Entwicklung auf die

---

[256] Die hohe Publikationsfrequenz der Deutschen Bank Research resultiert insbesondere aus der Veröffentlichungsreihe „Aktuelle Themen", in der die Deutsche Bank zeitnah und zum Teil mehrfach wöchentlich zu vielfältigen (wirtschafts-)politischen Entwicklungen in knapper Form Stellung bezieht. Andere Unternehmen publizierten zwar weniger häufig, mitunter aber in ausführlicherer Form.

Finanzmärkte erörtert und speziell die Demographieanfälligkeit kapitalgedeckter Altersvorsorge diskutiert (Allianz Group Economic Research 2004; Deutsche Bank Research 2002c, 2003a, 2003b; HypoVereinsbank 2000, 2001). Die Mehrheit der Publikationen – insbesondere jene der Deutschen Bank Research – beschäftigten sich *viertens* ausdrücklich mit der Reform der Alterssicherung in Deutschland:[257] Ende der 1990er Jahre wurde beispielsweise ein „Plädoyer für eine ausgewogenes System der Altersvorsorge" gehalten (Deutsche Bank Research 1999b) und „Dringender Reformbedarf" bei der Besteuerung der Altersvorsorge attestiert (Deutsche Bank Research 1999a). Im weiteren Verlauf waren die Publikationen jeweils auf die einzelnen Phasen des Reformprozesses zugeschnitten, wovon die programmatischen Titel bereits unmissverständlich zeugen, so z.B. „Halbfertige Regierungspläne zur Rentenreform in Deutschland", „Reform der Altersvorsorge – Fehlentscheidungen vermeiden", „Deutschland auf dem Weg zu einem wetterfesten Rentensystem" oder „Rentenreform 2001: Ende einer Illusion" (Deutsche Bank Research 2000a, 2000c, 2001c, 2001d). Während einige Veröffentlichungen „Thesen zur deutschen Rentenreform" oder eine Analyse zur „deutschen Rentenversicherung nach der Riester-Reform" enthielten (Allianz Group Economic Research 2003; Deutsche Bank Research 2001b), waren andere explizit als Appelle an die politischen Entscheidungsträger zu verstehen, bei der Reform der Alterssicherung „nicht auf halbem Wege stehen [zu] bleiben" oder nach dem „Fehlstart der Riester-Rente" Nachbesserungen vorzunehmen, da noch „Handlungsbedarf in der individuellen und betrieblichen Altersvorsorge" bestünde (Deutsche Bank Research 2000d, 2002d, 2003c).

Auch der GDV war öffentlichkeitswirksam sehr aktiv, hatte er doch früh erkannt, dass Öffentlichkeitsarbeit – gerade im Hinblick auf die Rentendiskussion und die Debatte um die demographische Entwicklung – als Mittel zur Interessenvertretung an Bedeutung gewonnen hat (GDV 1990, 1991). Der GDV verfolgte mit seiner Öffentlichkeitsarbeit das Ziel,

> „die Bedeutung der Lebensversicherung als dritte Säule im gegliederten System der Alters- und Hinterbliebenenvorsorge in der Bundesrepublik Deutschland im Bewusstsein der Bürger [zu] festigen, [sowie] die Bereitschaft der Bürger [zu] fördern, durch den Abschluß einer Lebensversicherung eigenverantwortlich vorzusorgen" (GDV 1990: 4).

Folglich waren die Publikationen des GDV während des Entstehungsprozesses der Rentenreform 1999 darauf ausgerichtet, die „Lebensversicherung in ihrer Rolle als Dritte Säule und unverzichtbares Element" im Gesamtsystem der Al-

---

[257] Hierzu zählen auch Publikationen zur Entwicklung betrieblicher Altersversorgung und zur Einführung von Pensionsfonds (Deutsche Bank Research 2000b, 2001a, 2002b; Dresdner Bank 2000).

terssicherung zu etablieren (GDV 1991: 3). Dabei konzentrierten sich die Veröffentlichungen nicht ausschließlich auf Fragen der Lebensversicherungen; stattdessen wurde die „eigenverantwortliche Vorsorge" in ein sozialstaatliches Gesamtkonzept eingebettet (GDV 1995). Im Februar 1997 wurde in Kooperation mit dem Institut der deutschen Wirtschaft Köln (IW Köln) ein Symposium zur Zukunft der Altersvorsorge mit dem Titel „Sozialstaat im Umbruch" veranstaltet, auf dem eine vom GDV-geförderte Studie des IW Köln zur „Reform des Sozialstaats" präsentiert und das Reformkonzept der Versicherungswirtschaft diskutiert wurde (Hülsmeier 1997; Institut der deutschen Wirtschaft Köln 1997i; Positionen 1997). Im Herbst des gleichen Jahres griff die GDV-Veranstaltungsreihe „Dialog – Versicherungen im Gespräch" explizit Fragen der Altersvorsorge auf.[258] Als Ergebnis der Reihe publizierte der GDV den Sammelband „Altern mit Zukunft", der umfassende Erläuterungen zur staatlichen Alterssicherung und privaten Altersvorsorge sowie konkrete Reformvorschläge enthält, wie z.B. eine Pflichtregelung, falls es in der Bevölkerung an der erforderlichen Bereitschaft für zusätzliche Altervorsorge mangeln würde (Fels 1997: 26; GDV 1997a). Parallel veröffentlichte der GDV seit 1997 zweimonatig die Verbandszeitschrift Positionen, in der sich die „Versicherungen zu Politik, Wirtschaft und Gesellschaft" äußern und Politiker zu aktuellen Themen der Versicherungsbranche Stellung nehmen (z.B. Louven, CDU, in Positionen 1998b: 2, siehe auch Kap. 6.1.1). Nach der Ankündigung einer neuen Rentenreform waren die Publikationen des GDV speziell auf den politischen Entscheidungsprozess abgestimmt: Beispielsweise publizierte der GDV kurz vor Beginn der Rentenkonsensgespräche zwischen der rot-grünen Regierungskoalition und der christlich-liberalen Opposition im November 1999 ein Gutachten zur Zukunft der Altersversorgung in Deutschland, in dem die politischen Entscheidungsträger dazu aufgefordert wurden „Rahmenbedingungen für einen teilweisen Übergang vom Umlage- zum Kapitaldeckungsverfahren" zu erstellen (Positionen 1999b).[259] In der Phase der Konzeptentwicklung der Rentenreform 2001 veröffentlichte der GDV schließlich

---

[258] Zu dieser Veranstaltung, die im Übrigen am Tag der Verabschiedung der Rentenreform 1999 stattfand, waren verschiedene politische und wissenschaftliche Vertreter geladen, wie Ulrike Mascher (SPD), die vor ihrem Bundestagsmandat bei der Allianz beschäftigt gewesen war und in der 14. Legislaturperiode parlamentarische Staatssekretärin im BMA wurde, sowie Andreas Storm (CDU), der in der 14. Legislaturperiode Vorsitzender der CDU-Rentenkommission und Obmann der CDU/CSU Bundestagsfraktion in der Enquete Kommission „Demographischer Wandel" sowie parallel Beiratsmitglied der Barmenia war (Kap. 6.2.2), und der Wirtschaftswissenschaftler Bert Rürup (GDV 1997b).

[259] Mit „dem Ziel einer weiteren Versachlichung, aber auch Beschleunigung der Diskussion" (Fürstenwerth 2000: 79), so der Vorsitzende des GDV, hatte der Versicherungsverband das Institut PROGNOS sowie die Wissenschaftler Birg und Börsch-Supan beauftragt, eine Studie zum Teilübergang zu erstellen. Das 1999 veröffentlichte Gutachten sollte klären, in welchem Umfang privat und betrieblich vorgesorgt werden müsse, um das aktuelle Gesamtabsicherungsniveau zu halten.

verstärkt programmatische Publikationen, in denen die „Grenzen des Umlageverfahrens und die Chancen privater Vorsorge" aufgezeigt wurden oder ein „Konzept zur Neuausrichtung der Alterssicherungssysteme" enthalten war (GDV 2000d, 2000e).[260] Während der BVI publizistisch selbst nicht aktiv war, begleitete der Bankenverband den Reformprozess mit eigenen Beiträgen, in denen z.b. „Wege zur kapitalgedeckten Alterssicherung" aufgezeigt wurden (Bundesverband deutscher Banken 1999, 2000, 2002a, 2002b, 2002c).

Direkt nach der Verabschiedung der Rentenreform 2001 legten die Allianz und die Dresdner Bank ein gemeinsames Vorsorgemagazin mit dem Titel „Meine Zukunft" auf, das mit einer Auflage von 6 Millionen Heften der „Orientierung und Beratung" zum Thema Altersvorsorge dienen sollte (Allianz 2001b). Zeitgleich führte die Commerzbank den „Vorsorgereport" ein, um mit den Kunden einen langfristig angelegten „Dialog" zu eröffnen und um sich „als kompetenter Ansprechpartner und Dienstleister für Vorsorgeprodukte im Rahmen der Riester-Förderung zu profilieren" (Commerzbank 2002: 15). In den Jahren nach Inkrafttreten der Reform konzentrierten sich die Publikationen der Unternehmen und Verbände der Finanzdienstleistungsbranche auf die Frage, welche Produkte am besten als Riester-Rente geeignet seien und die höchsten Renditen erwirtschaften würden (Bundesverband deutscher Banken 2002c; Deutsche Bank Research 2003a; GDV 2002a, 2003c). Zudem wurden weitere Reformschritte angemahnt, da das Förderverfahren zu bürokratisch sei und der Umfang der Förderung wie auch der Eigenvorsorge nicht ausreichen würde, um die entstehenden Rentenlücken zu kompensieren (Deutsche Bank Research 2002d, 2003c; GDV 2003a).

Werbung

Die „klassische" Werbung ist ein weiterer entscheidender Bestandteil der Öffentlichkeitsarbeit, die primär auf die Steigerung des Absatzes bestimmter Produkte abzielt, aber immer auch darauf ausgerichtet ist, ein positives Image des werbenden Unternehmens zu vermitteln. Laut Marktanalyse des Axel Springer Verlags (2002a; 2002b; 2004) ist die Werbung in den klassischen Medien – Print-Anzeigen, Spots in elektronischen Medien und Plakatwerbung – das wichtigste Marketinginstrument der Finanzdienstleistungsbranche. Bei den Lebensversicherern haben sich die Werbeausgaben zwischen 1995 und 2000 wechselhaft entwickelt, insgesamt sind sie in diesem Zeitraum um 55% gestiegen (Tabelle 22).

---

[260] Blum-Barth (2005) hebt in seiner Analyse hervor, dass der GDV in dieser Phase erstmalig nicht nur auf Politikvorschläge reagierte, sondern eigene Politikkonzepte entwickelte, die nicht nur Versicherungsaspekte, sondern das Gesamtsystem der Alterssicherung betrafen.

Tabelle 22: Bruttowerbeaufwendungen der Finanzbranche in Mio. €, 95-00

	1995	1996	1997	1998	1999	2000	Veränd. 1995 = 100
Lebensversicherungen	33,1	34,1	40,6	40,3	35,5	51,4	+55%
Großbanken[1]	55,0	82,4	86,2	113,1	122,5	86,7	+58%
Finanzanlagen /Fonds[2]	65,8	124,6	110,3	138,7	182,1	494,3	+651%

Quelle: 1995-98 = Nielsen Werbeforschung S+P zit. n. Axel Springer Verlag (1997; 1999); 1999/2000 = ACNielsen zit. n. Axel Springer Verlag (2001; 2002b). [1] = 1995-98: Deutsche Bank, Dresdner Bank, Commerzbank, Bank für Gemeinwirtschaft; 1999/2000: Deutsche Bank, Dresdner Bank, Commerzbank, SEB, Deutsche Bundesbank; [2] = 1995/96 Finanzanlagen/-beratung.

Bei den Großbanken (ohne HVB) nahmen diese Ausgaben bis 1999 kontinuierlich zu, so dass sie in diesem Jahr mehr als doppelt so hoch waren wie 1995. Im Folgejahr waren die Werbeaufwendungen der Großbanken wieder auf das Niveau von 1997 gefallen, so dass der Zuwachs der Werbeausgaben zwischen 1995 und 2000 bei 58% lag. Der Werbeetat für Finanzanlagen/-beratung und Fonds ist dagegen stark gestiegen und hat sich in fünf Jahren mehr als versechsfacht. Nach der Verabschiedung der Rentenreform 2001 hat die Finanzdienstleistungsbranche ein erhebliches Neugeschäft an privater Altersvorsorge erwartet, um das die einzelnen Sektoren und Gesellschaften heftig konkurrierten (Kap. 6.1.3).[261] Die Werbung der Branche konzentrierte sich in dieser Phase auf die private Altersvorsorge und hier speziell auf die staatlich geförderte Rente (siehe Tabelle 23):[262] Der Werbeetat der Branche betrug im Jahr 2002 808 Mio. €, von denen fast ein Viertel auf Werbung für Altersvorsorgeprodukte entfiel (185,4 Mio. €). Davon floss mehr als die Hälfte speziell in Werbung für die staatlich zertifizierte Altersvorsorge (101,8 Mio. €). Im Jahr 2003 wurden die Werbeetats der Finanz-

---

[261] Im Sommer 2001 hatten einzelne Versicherer vorzeitig für Riester-Renten geworben, obwohl die Zertifizierung ihrer Produkte nicht abgeschlossen war, da die Ausstellung der Zertifikate erst Ende 2001 begann. Werbung mit der staatlichen Prämie wurde als unzutreffende Werbeaussage juristisch untersagt, bis die Anbieter für ihre Produkte ein Zertifikat vorweisen konnten (Pfeiffer 2003: 27).

[262] Eine über den gesamten Prozess durchgängige Angabe der Werbeausgaben ist mangels einheitlicher Quellen nicht möglich. Da die Erhebungssystematik der Bruttowerbeaufwendungen 2001 komplett umgestellt wurde, sind die Angaben in Tabelle 22 und 23 nicht direkt vergleichbar und auch der starke Rückgang der Werbeausgaben für Lebensversicherungen im Jahr 2002 ist erhebungstechnisch bedingt: 2002 weist die angegebene Statistik erstmals „Altersvorsorge" als eigenständige Kategorie aus. Da ein Großteil der Werbung für Lebensversicherungen – wie für andere Finanzprodukte – unter diesem Begriff geschaltet wurde, kommt er in der ursprünglichen Kategorie nicht mehr vor.

deinstleistungsbranche um 15% reduziert, wobei Werbung, die auf Altersvorsorge abzielte, besonders stark zurückgefahren wurde (Rückgang der Werbeetats um 65%): Nachdem das erwartete „Jahrhundertgeschäft" mit der Riester-Rente ausblieb (Axel Springer Verlag 2002b: 1), gingen die Werbeausgaben für staatlich zertifizierte Altersvorsorgeprodukte im Jahr 2003 überproportional stark zurück (Rückgang um 85%), während zwei Drittel der altersvorsorgespezifischen Werbung nunmehr auf allgemeine Kampagnen zur Altersvorsorge ohne speziellen Bezug zur Riester-Rente entfielen (42,8 Mio. € von 64,2 Mio. €) und die Werbung für Lebensversicherungen um 34% zunahm.

Tabelle 23: Bruttowerbeaufwendungen der Finanzbranche in Mio. €, 02-03

	2002		2003	
	in Mio. €	Veränderung	in Mio. €	Veränderung
Altersvorsorge[1]	185,4	./.	64,2	-65%
- staatlich zertifiziert	101,8	./.	17,1	-83%
- nicht zertifiziert	58,5	./.	42,8	-27%
- Range-Werbung[2]	25,0	./.	4,4	-82%
Lebensversicherungen	5,9	-87%	7,9	34%
Finanzdienstleistungen[3]	430,8	-19%	466,3	8%
Finanzanlagen[4]	186,1	-50%	146,3	-21%
Summe	808,2	./.	684,7	-15%

Quelle: Nielsen Media Research zitiert nach Axel Springer Verlag (2004: 67). [1] = 2002 erstmals ausgewiesen; [2] = Werbung für verschiedene Altersvorsorgeprodukte (bspw. Kombination aus Bausparvertrag und Altersvorsorge); [3] = Finanzanlage-Beratung, Baufinanzierung, Kreditkarten, Imagewerbung, private Kredite und Kontoführung, Online/Direkt-Banking u. -Brokerage, Internetsites, gewerbl. Zahlungsverkehr; [4] = Fonds, Sparen, sonst. Finanzanlagen, Range-Werbung.

Neben den einzelnen Unternehmen waren auch die Verbände werbewirksam aktiv: Der BVI startete 1998 nach der Zulassung der Altersvorsorge-Sondervermögen beispielsweise eine gemeinsame Kampagne der deutschen Investmentgesellschaften, um das Produkt bekannt zu machen und „ein Markenzeichen zu etablieren, das als Klammer für individuelle Werbeaktivitäten der einzelnen Gesellschafter steht" (BVI 1998c: 3). Nachdem die Rentenreform 2001 verabschiedet worden war, veröffentlichte der Investmentverband dann Informationsbroschüren, z.B. mit dem Titel „Sie können nichts Besseres tun, als Ihre Altersvorsorge durch ein kluges Investment-Programm abzurunden. Staatliche Förderung inbegriffen" (BVI o.J.). Mit identischer Stoßrichtung – konzentriert auf Versicherungsprodukte – publizierte der GDV entsprechende Image- und Werbebroschüren mit Ratgebercharakter, z.B. „Nach der Reform – Das bringt die neue Rente" (GDV 2002a).[263] Im Übrigen betonte ein Senior-Economist der Deutschen Bank Research, dass bei der Werbung für die Privatvorsorge nicht nur die Finanzdienstleistungsbranche gefragt sei. Vielmehr solle die Politik selbst Marketing betreiben, um mehr Akzeptanz für die Riester-Rente zu schaffen: Da die Bürger hinsichtlich des Bedarfs an privater Altersvorsorge nicht hinreichend sensibilisiert seien, „ist die Regierung gefordert, aufzuklären und für mehr Vorsorge zu *werben*" (Becker, W. 2001, Herv. D.W.).

Insgesamt setzten die Akteure der Finanzbranche die einzelnen PR-Methoden unterschiedlich stark ein, um ihre Interessen zu transportieren: Während beispielsweise der BVI seit Mitte der 1990er Jahre die Pressearbeit intensiviert hat und dabei einen deutlichen Schwerpunkt auf Themen rund um die Altersvorsorge legte, hat die Deutsche Bank Research den Prozess der Entwicklung, Verabschiedung und Umsetzung der Rentenreform 2001 mit zahlreichen Publikationen zur Alterssicherung aktiv „begleitet". Die Entwicklung der Werbeausgaben legt wiederum nahe, dass gleichzeitig mithilfe von Marketingaktivitäten versucht wurde, den Absatz insgesamt wie auch den jeweiligen Marktanteil im Segment der Privatvorsroge auszubauen. Im Ergebnis bestätigen die Ausführungen, dass die Unternehmen und Verbände aktiv in die Diskussion um die Alterssicherung eingestiegen sind. Die Branche hatte ein außerordentliches Interesse daran, ihre Positionen und Argumente zur Reform über die Medien an die Öffentlichkeit zu bringen, um eine entsprechend intensive, wie auch den eigenen Interessen gegenüber positiv konnotierte Berichterstattung zu erwirken.[264]

6.2.5.2 Think Tanks und privatisierungsnahe Wissenschaftler

Die Unterstützung wirtschaftsnaher Think Tanks und Wissenschaftler durch große Konzerne und Interessensgruppen – das so genannte „Wissenschaftslobbying" – dient als Instrument der Öffentlichkeitsarbeit insbesondere der Förderung und Verbreitung wissenschaftlicher Forschungsarbeiten, Fachpublikationen sowie Zeitschriftenserien und -artikeln. Auf diesem Wege wird versucht, die

---

[263] Im Jahr 2005 wurde im Rahmen der ARD- Schleichwerbeaffäre bekannt, dass der höchste Einzelposten, den die ARD in den vorangegangenen Jahren von Seiten der Industrie erhalten hatte, vom GDV stammte, der mit € 208.607 in der Fernsehserie „Marienhof" Product-Placement betrieben hat (FAZ 2005a).
[264] Im Hinblick auf die mediale Präsenz der Diskussion um die Alterssicherung sei hier auf die Analyse von Ney (2001) verwiesen, der darlegt, dass die massenmediale Berichterstattung über rentenpolitisch relevante Themen in den deutschen Medien gegen Ende der 1990er Jahre steil angestiegen ist (Ney 2001: 64), was zwar nicht ausschließlich, aber auch auf die Presse- und Öffentlichkeitsarbeit der Unternehmen und Verbände der Finanzdienstleistungsbranche zurückgeführt werden kann.

jeweiligen Sonderinteressen der Wirtschaft insgesamt oder auch spezieller Branchen argumentativ durch „unabhängige Wissenschaftler" bzw. durch den „neuesten Stand der Forschung" zu untermauern und in der öffentlichen wie auch veröffentlichten Meinung zu verankern (Humborg 2005: 118f.; Plehwe 2004: 32). Aus diesen Gründen unterstützt auch die Finanzdienstleistungsbrache ihr nahe stehende Think Tanks, und umgekehrt befürworten die einschlägigen Einrichtungen, namentlich das Deutsche Institut für Altersvorsorge, das Deutsche Aktieninstitut, die Initiative Neue Soziale Marktwirtschaft sowie das Institut der deutschen Wirtschaft Köln, die Interessen ihrer finanzstarken Klientel. Zudem bestehen enge Kontakte zu Wissenschaftlern, die eine (Teil)-Privatisierung der Alterssicherung grundsätzlich befürworten und sich verstärkt in die rentenpolitische Diskussion eingebracht haben.

Deutsches Institut für Altersvorsorge

Im Zusammenhang mit dem Interesse der Finanzdienstleistungsbranche an einer zunehmenden Teil-Privatisierung der Alterssicherung ist insbesondere das 1997 von Unternehmen der Branche gegründete Deutsche Institut für Altersvorsorge (DIA) mit Sitz in Köln zu nennen. Gesellschafter des Instituts sind die Deutsche Bank, die Deutsche Bank Bauspar, die DWS Investment und der Deutsche Herold. Die Deutsche Bank Privat- und Geschäftskunden AG ist Kooperationspartner des DIA. Während in der Selbstdarstellung des Instituts betont wird, dass das DIA „neutral" und „vollkommen unabhängig von den Marketing- und Verkaufsaktivitäten seiner Gesellschafter" arbeitet, besteht das Ziel des Instituts darin, die „Chancen und Risiken der staatlichen Altersversorgung bewusst zu machen und die private Initiative zu fördern" (Deutsches Institut für Altersvorsorge 2006). Dieser Aufgabe kommt das DIA insbesondere durch die Veröffentlichung von wissenschaftlichen Studien zur Fortentwicklung und Diskussion staatlicher Alterssicherung und privater Systeme der Altersvorsorge nach, die zum Teil von Institutsangehörigen und zum Teil von externen Wissenschaftlern verfasst werden. Die erste Veröffentlichung nach Institutsgründung belegt die programmatische Ausrichtung der Arbeit des Instituts: Es handelte sich um einen Renditevergleich zwischen der GRV, Wertpapieren und Lebensversicherungen (Miegel et al. 1998). Das vom DIA verwendete Rechenmodell war derart konzipiert, dass das Ergebnis genau dem entsprach, was die Branche seit langem proklamierte (Die Zeit 1998f, 1999e): Die Rendite der GRV tendiert gen Null, während der Kauf von Aktien die rentierlichste Form der Altersvorsorge sei. Bei diesem Vergleich schnitten auch Konkurrenzprodukte vergleichsweise schlecht ab; demnach würden beispielsweise Lebensversicherungen im Vergleich zu Aktienprodukten

– selbst wenn sie sehr konservativ angelegt würden – eine deutlich geringere Rendite aufweisen. Im Verlauf des Reformprozesses liefen die Argumentationen in den DIA-Publikationen nahezu zwangsläufig auf eine Leistungsreduktion der GRV und auf eine stärkere Rolle der Eigenvorsorge hinaus, da die Bürgerinnen und Bürger einer „Versorgungsillusion" unterlägen und die „gesetzliche Rentenversicherung unter Anpassungsdruck" sei (Deutsches Institut für Altersvorsorge 1999, 2000a): Die staatlich finanzierte GRV sei insbesondere aufgrund der demographischen Entwicklung und der Arbeitsmarktsituation in einer Krise, infolge derer das Leistungsniveau der staatlichen Altersvorsorge zwangsläufig drastisch sinken müsse. Im Ergebnis sei die Rentenreform 2001 ein viel zu „zögerlicher Einstieg in den Umstieg", der die „Motivation für private Altersvorsorge" gefährde (Schnabel/Miegel 2001b: 3). Um einen „Schub der privaten Altersvorsorge" auszulösen, seien daher umfassende Nachbesserungen erforderlich (Schnabel 2001, 2003a, 2003b, 2003c; Schnabel/Miegel 2001a).[265]

Deutsches Aktieninstitut

Ein zweiter, im Bereich der privaten Altersvorsorge relevanter Think Tank, ist das Deutsche Aktieninstitut (DAI) mit Sitz in Frankfurt am Main, das im Jahr 1953 als „Arbeitskreis zur Förderung der Aktie" gegründet wurde und die Interessen von Unternehmen sowie Institutionen vertritt, die sich am deutschen Kapitalmarkt engagieren.[266] Für das DAI ist das Thema „Altersvorsorge mit Aktien" ein zentraler Arbeitsschwerpunkt (Deutsches Aktieninstitut 2000: 12; 2001a: 8f.; 2002: 16; 2003: 6): Da eine „ausgeprägte Aktienakzeptanz" wesentlich zur Lösung wirtschaftlicher und sozialer Probleme gerade auch im Bereich der Altersvorsorge beitragen könne, ist das Ziel des DAI, „den Finanzstandort Deutschland im In- und Ausland zu fördern und die Aktienkultur in Deutschland weiter zu entwickeln" (Deutsches Aktieninstitut 2006b: 3). Der „Appell zum Einsatz der Aktie zur privaten Altersvorsorge" (Deutsches Aktieninstitut 2001a: 8) erfolgt zum einen über die Publikation von Studien zum Thema Altersicherung (Aktionskreis Finanzplatz 1998; Deutsches Aktieninstitut 1997, 1999), zum anderen werden Zeitungs- und Zeitschriftenartikel lanciert, die vom geschäfts-

---

[265] Weitere Publikationen im Eigenverlag des DIA befassen sich u.a. mit der Altersvorsorge bestimmter Zielgruppen, Reformerfahrungen im Ausland etc. (siehe z.B. Badura 2001; Börsch-Supan et al. 2003; Börsch-Supan et al. 1999; Deutsches Institut für Altersvorsorge 2000b, 2000c).

[266] Zu den Mitgliedern des DAI zählen über 200 Unternehmen, Verbände und Institutionen insbesondere der Finanzdienstleistungsbranche. Von Seiten des Banken- und Investmentsektors sind beispielsweise die vier Großbanken sowie die Finanzdienstleister AWD und MLP vertreten. Aus dem Versicherungssektor u.a. die Allianz, die Alte-Leipziger und R+V Versicherungen (Deutsches Aktieninstitut 2006a).

führenden Vorstandsmitglied des DAI verfasst wurden (Rosen in Die Welt 2000a, 2000b, 2001a, 2001b, 2001c; Rosen 1999).[267] Im Jahr des Inkrafttretens der Rentenreform 2001 veröffentlichte das Deutsche Aktieninstitut eine „Orientierungshilfe für jedermann zur persönlichen Strategie der finanziellen Alterssicherung im Ruhestand" (Deutsches Aktieninstitut 2002: 24) mit einem Vorwort des damaligen Bundesfinanzminister Eichel (SPD). Hierin betont Rosen, dass die staatliche Förderung privater Ersparnis im Rahmen der Riester-Rente den Leistungsrückgang der GRV ausgleichen sollte. Zudem müsse allerdings berücksichtigt werden, dass die gesamte Lücke zwischen dem letzten Nettoeinkommen und der gesetzlichen Rente sehr viel größer sei. Folglich muss der Einzelne weitere Instrumente der betrieblichen und/oder privaten Altersvorsorge nutzen, um den gewohnten Lebensstandard im Alter zu sichern (Rosen 2002: z.B. 18f., 67f., 95ff.). Als Interessenvertretung der börsennotierten Unternehmen formuliert das DAI zudem Stellungnahmen zu kapitalmarktrelevanten Gesetzesvorhaben, so auch 2001 zum Altersvermögensgesetz (Deutsches Aktieninstitut 2001b).

Institut der deutschen Wirtschaft Köln

Das Institut der deutschen Wirtschaft Köln (IW Köln) wurde 1951 als Deutsches Industrieinstitut gegründet. Zu den Mitgliedern des IW Köln zählen Arbeitgeber- und Wirtschaftsverbände, während weitere Fach- und Regionalverbände sowie Unternehmen aus Industrie, Handel und dem Dienstleistungssektor außerordentliche Mitglieder sind. Das IW Köln bezeichnet sich selbst als „das führende private Wirtschaftsforschungsinstitut in Deutschland" und als „Anwalt marktwirtschaftlicher Prinzipien" (Institut der deutschen Wirtschaft Köln 2006). Der wissenschaftlichen Tätigkeit des Instituts liegt die Überzeugung zugrunde,

> „dass die Sicherung und Mehrung des Wohlstandes nur durch Unternehmen möglich ist, die im internationalen Wettbewerb mithalten können. Dazu bedarf es entsprechender wirtschaftlicher Freiräume und flexibler Märkte. Individuelle Verantwortung muss vor kollektiver Fürsorge, Wettbewerb vor staatlicher Intervention stehen" (Institut der deutschen Wirtschaft Köln 2006).

Dabei beschränkt sich das IW Köln nicht auf die Analyse gesellschafts- und wirtschaftspolitischer Entwicklungen, sondern entwickelt zudem „Ideen und Konzepte sowie Handlungsempfehlungen für die Verantwortlichen in Politik und Gesellschaft" (ebd.). Auch in der Außenwahrnehmung kommt dem IW Köln bei

---

[267] Vgl. auch frühere Buchbeiträge und Studien von Rosen sowie die Stellungnahme des DAI zur vorgesehenen Pensionsfond-Regulierung (Deutsches Aktieninstitut 1999, 2001b; Rosen 2000, 2002).

der Beeinflussung der öffentlichen Meinung und politischer Entscheidungsprozesse im Interesse der deutschen Unternehmerverbände eine herausragende Rolle zu (Schroeder 2003: 291; Speth 2006a: 13). Die Öffentlichkeitsarbeit stützt sich primär auf Publikationen und die Mitwirkung der Institutswissenschaftler in Beiräten, Kommissionen und Gremien (Institut der deutschen Wirtschaft Köln 2006; Speth 2006a: 14f.). Im Jahr der Verabschiedung der Rentenreform 1999 veröffentlichte das IW Köln die Ergebnisse einer vom GDV geförderten IW-Studie zur „Reform des Sozialstaates", in der ein Trend zu wachsender Abgabenbelastung und ein Anstieg des Beitragssatzes zur GRV prognostiziert wurden, wobei die alternativ entwickelten Konzepte im Wesentlichen den Interessen der Versicherungswirtschaft entsprachen (Hülsmeier 1997; Institut der deutschen Wirtschaft Köln 1997g).[268] Das IW Köln zeigte sich auch im Verlauf des Entstehungsprozesses der Rentenreform 2001 publizistisch aktiv: Zum einen wurden Studien zur Alterssicherung veröffentlicht (z.B. Institut der deutschen Wirtschaft Köln 2001b, 2002), zum anderen der jeweils aktuelle Stand der Rentendebatte im „Informationsdienst" thematisiert. Konkret hieß es z.B., dass die zu Beginn der 14. Legislaturperiode aufkommende Diskussion um die Einführung der Frühverrentung ein „deutscher Irrweg" sei und im Zuge einer neuen Rentenreform stattdessen „mehr Spielraum für Eigenvorsorge" geschaffen werden müsse (Institut der deutschen Wirtschaft Köln 1998b, 1999b, 1999c, 2000e).[269] Überdies wurde ein Mitglied der Geschäftsführung, Prof. Winfried Fuest, im Dezember 2000 durch den Ausschuss für Arbeit und Sozialordnung des Deutschen Bundestages als Sachverständiger zur Anhörung zum Gesetzesentwurf des AVmG geladen.

Initiative Neue Soziale Marktwirtschaft

Schließlich existiert mit der Initiative Neue Soziale Marktwirtschaft (INSM) eine vierte wirtschaftsnahe „Denkfabrik", die im Jahr 2000 vom Arbeitgeberverband Gesamtmetall als Lobbyorganisation für „marktwirtschaftliche Reformen" gegründet wurde und eine hohe Medienwirksamkeit aufweist. Die INSM, die sich in der Rentenpolitik explizit für eine umfassende private Altersvorsorge im Kapitaldeckungsverfahren ausspricht, versucht die öffentliche Meinung durch breit angelegte Öffentlichkeitskampagnen zu beeinflussen, wobei ihr von den Arbeit-

---

[268] Im wöchentlich erscheinenden Informationsdienst des IW Köln wie auch in der Studie „Sozialstaat im Umbruch" setzte sich das Institut mit weiteren Aspekten des Reformvorhabens auseinander (Institut der deutschen Wirtschaft Köln 1997a, 1997b, 1997c, 1997d, 1997e, 1997f, 1997h, 1997i).
[269] Weitere Stellungnahmen zum Reformprozess beschäftigen sich u.a. mit demographischen Aspekten und der so genannten Generationenbilanzierung (Institut der deutschen Wirtschaft Köln 2000a, 2000b, 2000c, 2000d, 2001c, 2001d), sowie explizit mit der betrieblichen Altersversorgung und der Einführung von Pensionsfonds (Institut der deutschen Wirtschaft Köln 1998a, 1999a, 2001a, 2001e).

geberverbänden der Metall- und Elektro-Industrie ein Jahresetat von ca. 10 Mio. € zur Verfügung gestellt wird (INSM 2006). Die INSM ist formal eine Tochtergesellschaft des IW Köln, dessen wissenschaftlichen Ressourcen sie zugleich nutzen kann, indem sie beispielsweise beim IW Köln Studien in Auftrag gibt und auf der Grundlage dieser Forschungsergebnisse ihrerseits Kampagnen entwickelt. Zur Verbreitung ihrer Inhalte bedient sich die INSM speziell der Medien- und Öffentlichkeitsarbeit, wobei gezielt Medien und Journalisten in ihrer Funktion als Multiplikatoren angesprochen werden. Hierzu vermittelt sie etwa Interviewpartner aus den Reihen ihrer Kuratoren, Botschafter und Berater (INSM 2006; Speth 2006a: 15).[270] Nachdem die INSM die Rente als „großes Thema im Sozialbereich" für sich entdeckt hatte, argumentierte sie, dass die Altersversorgung zwangsläufig teilweise auf Kapitaldeckung umgestellt werden müsse, damit der „überdehnte" Wohlfahrtsstaat wieder zum Sozialstaat würde (INSM o.J.). Dabei ist die INSM mit ihrer vielfältigen Öffentlichkeitsarbeit im Zentrum der Diskussion um die Rentenreform präsent. Ein herausragendes Beispiel für die medialen Aktivitäten der INSM ist die Kofinanzierung eines dokumentarischen Dreiteilers im öffentlich-rechtlichen Fernsehen über die „Fehler" der deutschen Sozialpolitik im Jahr 2003 (Lilienthal 2003, 2004): Im Beitrag über „Das Märchen von der sicheren Rente", den mehr als 2 Mio. Zuschauer verfolgten (Marktanteil von 8,5%), wurde für mehr Eigenvorsorge plädiert und dargelegt, dass die Renten nur dann relativ sicher seien, falls sie auf dem Finanzmarkt investiert würden. Als Interviewpartner traten fast ausschließlich Wissenschaftler und Persönlichkeiten des öffentlichen Lebens auf, die dem INSM nahe stehen und sich für deren Reformkampagnen oder im Förderverein der Initiative einsetzen.

Privatisierungsnahe Wissenschaftler

In der wissenschaftlichen Debatte um eine Reform der Alterssicherung meldeten sich im Verlauf der 1990er Jahre zunehmend „unabhängige" Experten zu Wort, die sich für eine stärkere Gewichtung privater und betrieblicher, kapitalgedeckter Altersvorsorge aussprachen. Bis dahin waren im rentenpolitischen Policy-Netzwerk fast ausschließlich Befürworter des Sozialversicherungsparadigmas vertreten und das BMA sowie der VDR stellten nahezu die einzigen Akteure dar, die – von den technischen, personellen und finanziellen Kapazitäten her – in der Lage waren, auf der Grundlage der umfassenden Sozialversicherungsdaten un-

---

[270] Zur Öffentlichkeitsarbeit der INSM zählen u.a. Medienkooperationen, Anzeigenschaltungen, die Publikation von Broschüren, Magazinen und Büchern, sowie die kostenlose Bereitstellung von sendefertigen Beiträgen für Fernsehmagazine oder O-Tönen für Hörfunkjournalisten (Speth 2006a).

terschiedliche Rentenszenarien zu modellieren (Nullmeier/Rüb 1993: 301f.). Dies verschaffte ihnen im Bereich der GRV eine gewisse „Deutungshoheit" (Kap. 5.1). Seit Mitte der 1990er Jahre setzten einige wissenschaftliche Vertreter des Mehr-Säulen-Paradigmas aber neue Impulse und führten neue Methoden und Modelle in die wissenschaftliche und politische Rentendiskussion ein: In dieser Phase wurde verstärkt auf den Renditevergleich zwischen gesetzlicher und privater Altersvorsorge abgestellt (Deutsches Aktieninstitut 1999; Handelsblatt 1996b; Miegel et al. 1998) und mit der „Generationenbilanzierung" – eine in den USA bereits seit den 1980er Jahren praktizierte – Betrachtungsweise eingeführt, in deren Rahmen die „Generationengerechtigkeit" problematisiert wurde (Institut der deutschen Wirtschaft Köln 2000a; Raffelhüschen 1999a, 1999b, 2000, 2002). Da nunmehr unterschiedliche Simulationsmodelle zur Projektion zukünftiger Entwicklungen der GRV kursierten und miteinander konkurrierten, schwand das ehemalige „Deutungsmonopol" der genannten Akteure (Castor 2003: 72f.; PEN-REF Consortium 2002: 70f.). Daher kommt Ney (2001) zu dem Schluss:

> "As a result, there no longer is one pension truth, but a choice of several approaches to understanding the pension issue: what one chooses to believe now depends on where one stands" (Ney 2001: 34).[271]

Ein Blick auf die privatwirtschaftlichen „Nebentätigkeiten" und auf das außeruniversitäre Engagement der im Verlauf der Rentendebatte vielfach zitierten Wissenschaftler gibt einen ersten Hinweis auf deren inhaltliche Ausrichtung und wissenschaftliche Objektivität. Einige von ihnen verfügen über sehr enge Kontakte zur Finanzdienstleistungsbranche und/oder sind mit der Leitung wirtschaftsnaher Think Tanks betraut (siehe Tabelle 24): Prof. Hans-Werner Sinn ist Aufsichtsratsmitglied der HypoVereinsbank und regelmäßig Referent für den Finanzdienstleister MLP. Der Direktor des wirtschaftsnahen, privaten Instituts für Wirtschaft und Gesellschaft, Meinhard Miegel, ist ebenfalls Referent für MLP und als wissenschaftlicher Berater des u.a. von der Deutschen Bank unterstützten Deutschen Instituts für Altersvorsorge (DIA) tätig.[272] Beim DIA trifft Miegel auf den Direktor des vom Land Baden-Württemberg und der Versicherungswirtschaft im Jahr 2001 gegründeten Mannheim Research Institute for the

---

[271] In diesem Sinne siehe auch PEN-REF Consortium (2002: 38).
[272] Meinhard Miegel prognostizierte bereits seit Mitte der 1980er Jahre den Zusammenbruch der umlagefinanzierten GRV und forderte eine entsprechende Umstellung auf ein System der steuerfinanzierten Grundrente (Miegel in Die Bank 2000; Miegel/Wahl 1985, 1999). In den Medien – bspw. in Talkshows oder Dokumentationen – wird Miegel oftmals als unabhängiger Experte vorgestellt, während seine Tätigkeit als wissenschaftlicher Berater des DIA, das von der Deutschen Bank Gruppe finanziert wird, und seine Vortragstätigkeiten für den Finanzdienstleister MLP unerwähnt bleibt (LobbyControl 2006).

Economics of Aging (MEA), Prof. Axel Börsch-Supan, der gutachterlich und publizistisch für das DIA tätig ist. Im Vorfeld und parallel zur Rentenreform 2001 trat Börsch-Supan bei diversen Gelegenheiten als „unabhängiger Experte" in Erscheinung (ORF 2006) und verfasste beispielsweise zusammen mit dem Bevölkerungswissenschaftler Herwig Birg das Gutachten „Für eine neue Arbeitsteilung zwischen gesetzlicher und privater Altersvorsorge" (Birg/Börsch-Supan 2000). In seinen zahlreichen Publikationen, von denen eine Vielzahl im Eigenverlag des DIA erschienen sind (Boeri et al. 2000; Börsch-Supan 2002; Börsch-Supan et al. 2003; Börsch-Supan et al. 1999), betont er, dass die Versorgungslücken der GRV nur durch die „weitgehend demographieresistente kapitalgedeckte Vorsorge geschlossen werden könnten" (Börsch-Supan zitiert nach Positionen 1999b). Aufgrund dessen ist Börsch-Supan ein willkommener Gastredner, wenn es im Hause der Deutschen Bank die Bedeutung der Alterung für die Arbeits- und Kapitalmärkte zu diskutieren gilt (Börsch-Supan 2002). Der mitunter als „Superberater der deutschen Politik" (Der Tagesspiegel 2006) betitelte Prof. Bert Rürup ist u.a. Mitglied des Sachverständigenrates zur Begutachtung der gesamtwirtschaftlichen Entwicklung und wurde im Verlauf des Rentenreformprozesses zunächst als Mitglied des Sozialbeirats berufen und anschließend zu dessen Vorsitzendem gewählt.[273] In den Jahren 2002/2003 war Rürup darüber hinaus Vorsitzender der von Bundesministerin Renate Schmidt (SPD) einberufenen „Kommission für die Nachhaltigkeit in der Finanzierung der sozialen Sicherungssysteme" (so genannte „Rürup-Kommission"), die Vorschläge und Maßnahmen zur Stabilisierung der sozialen Sicherungssysteme, insbesondere auch der Rentenversicherung, erarbeiten sollte. Gleichzeitig war er Vorstandsvorsitzender des von der Versicherungswirtschaft mitgegründeten und mitfinanzierten MEA-Instituts. Spätestens als Rürup im Jahr 2005 eine Referententätigkeit für den Finanzdienstleister MLP aufnahm, in dessen Rahmen er bei diversen Veranstaltungen vor aktuellen und potentiellen Kunden des Finanzdienstleisters über die „Reformen des Sozialstaates" referierte (MLP 2006), wurde seine wissenschaftliche Unabhängigkeit zunehmend bezweifelt (Müller, A. 2006: 365ff.). Mittlerweile ist er als Chef-Ökonom beim Finanzdienstleister AWD tätig (SZ 2008).

Schließlich ist der im Verlauf des Reformprozesses vielzitierte Prof. Bernd Raffelhüschen für seine Beziehungen zur Finanzdienstleistungsbranche und für sein Engagement bei der INSM bekannt: Aufgrund seiner Tätigkeiten als wissenschaftlicher Berater des GDV und der Victoria Versicherung sowie seiner Mitgliedschaft im Aufsichtsrat der ERGO-Versicherungsgruppe verfügt der Direktor des Instituts für Finanzwissenschaft der Universität Heidelberg über enge Kon-

---

[273] Die Neubesetzung des Sozialbeirats durch Riester erscheint in Bezug auf die Durchsetzbarkeit der Rentenreform strategisch motiviert: Um das Gremium von kritischen Stimmen zu befreien, wurde mit Rürup ein Wissenschaftler ernannt, der den Reformkurs grundsätzlich unterstützte (Kap. 5.2).

takte zur Versicherungswirtschaft und agiert zudem als Botschafter der INSM. Raffelhüschen, der in seinen Arbeiten regelmäßig die Erfordernis stärkerer privater Altersvorsorge ableitet (Raffelhüschen 1999a, 1999b, 2000, 2001, 2002), hatte im Jahr 2004 bei 40 MLP-Veranstaltungen mit insgesamt 16.000 Kunden und Interessierten des Finanzdienstleisters zum Thema „Die demographische Zeitbombe" referiert (MLP 2006).

Tabelle 24: Aktivitäten privatisierungsnaher Wissenschaftler

Axel Börsch-Supan
- Direktor des Mannheim Research Institute for the Economics of Aging MEA
- Gutachter für das Deutschen Instituts für Altersvorsorge DIA
- 2002-2003 Mitglied der Rürup-Kommission
Meinhard Miegel
- Institut für Wirtschaft und Gesellschaft, Bonn
- 1997-2006 Wissenschaftlicher Berater des DIA
- seit 2006 Referent für den Finanzdienstleister MLP
Bernd Raffelhüschen
- Direktor des Instituts für Finanzwissenschaft der Universität Uni Freiburg
- Botschafter der Initiative Neue Soziale Marktwirtschaft
- Wissenschaftlicher Berater des GDV
- Wissenschaftlicher Berater der Victoria Versicherung AG
- Aufsichtsratsmitglied der ERGO Versicherungsgruppe
- 2002-2003 Mitglied der Rürup-Kommission
- seit 2004 Referent für den Finanzdienstleister MLP
Bert Rürup
- Professor für Finanz- u. Wirtschaftspolitik, Technische Universität Darmstadt
- Mitglied Sachverständigenrat zur Begutachtung der gesamtw. Entwicklung
- seit 2000 Vorsitzender des Sozialbeirats
- 2002-2003 Vorsitzender der Rürup-Kommission
- Mitglied der Enquete-Kommission Demographischer Wandel
- 2002-2003 Aufsichtsratsvorsitzender Pensionskasse des AXA-Vers.konzerns
- Vorstandsvorsitzender des MEA
- seit 2005 Referent für den Finanzdienstleister MLP
- 2006: AWD-Roadshow Altersvorsorge (mit Walter Riester)
- seit 2008: Chefökonom bei AWD
Hans-Werner Sinn
- Präsident des ifo-Instituts, München
- Aufsichtsratsmitglied der HypoVereinsbank
- seit 2006 Referent für den Finanzdienstleister MLP

Quelle: Die Zeit (2002b); MLP (2006); LobbyControl (2006); ORF (2006).

Insgesamt verdeutlichen die Tätigkeiten der „unabhängigen" Wissenschaftler, selbst wenn sie zum Teil erst nach Einführung der Riester-Rente erfolgten, dass sie sich über ihre wissenschaftlichen Aktivitäten hinaus der Finanzbranche als „Werbeagenten" zur Verfügung stellen, deren privatwirtschaftlichen Ziele medienwirksam unterstützen und mit „wissenschaftlicher Expertise" legitimieren. Die hier kursorisch skizzierte „Doppelfunktion" der Wissenschaftler ist aus zwei Gründen zu kritisieren: Erstens kommt es – ähnlich wie bei der personellen Verflechtung politischer Entscheidungsträger (Kap. 6.2.2) – zu Interessenkonflikten, sofern Wissenschaftler im Dienst der Finanzdienstleistungsbranche stehen und gleichzeitig in politischen Beratungsgremien agieren, obwohl es im Grunde um eine unabhängige, objektive und wissenschaftlich fundierte Beratung geht. Zweitens treten sie in den Medien und in der Öffentlichkeit als „unabhängige Sachverständige" auf, während ihre Verbindungen zur und Tätigkeiten für die Finanzdienstleistungsbranche meist unerwähnt bleiben, obwohl – bzw. gerade weil – diese Zweifel an ihrer wissenschaftlichen Objektivität aufkommen lassen (so z.B. in Der Spiegel 1997; Spiegel online 2002).[274] Trotz aller methodischen und argumentativen Unterschiede im Detail wird seitens der in Deutschland vorherrschenden ökonomischen Lehrmeinung in der rentenpolitischen Diskussion zugleich eine Teil-Privatisierung der Alterssicherung als zwingend erforderlich propagiert. Aufgrund der starken Medienpräsenz der angeführten Wissenschaftler verfestigt sich in der Öffentlichkeit der Eindruck, dies sei die einzig realisierbare und erstrebenswerte Reformoption. Eine ernsthafte Auseinandersetzung mit den theoretischen wie auch empirischen Widersprüchen dieser Position findet nicht statt, mit der Folge, dass die mit kapitalgedeckten Vorsorgeformen einhergehenden Risiken und Kosten ignoriert bzw. bewusst negiert wurden.

6.2.5.3 Gemeinwohlargumentation

Wenngleich die lobbyistisch vertretenen Sonderinteressen nur in den seltensten Fällen mit dem vom Staat zu vertretenen Gemeinwohl übereinstimmen, gehört es zum Grundsatz der Öffentlichkeitsarbeit, gemeinwohlorientiert und gesamtwirtschaftlich zu argumentieren, da dies die Durchsetzungschancen gemeinhin erhöht (Kap. 2.4). Daher stellt sich die Frage, inwiefern die Akteure der Finanzdienstleistungsbranche versucht haben, argumentativ eine Übereinstimmung zwischen der Realisierung des Gemeinwohls und den eigenen Forderungen und Interessen herzustellen: Ausgehend von der „Bedrohung der demographischen Entwicklung", „leerer Rentenkassen" wie auch „zu hoher Lohnnebenkosten" lief

---

[274] Siehe auch die Einschätzung von Hahn (1999); LobbyControl (2006); Müller, A. (2006: 265).

die Argumentation der Finanzdienstleistungsbranche in der Regel auf den Hinweis hinaus, dass – eine „grundlegende Strukturreform" mit „drastischen Leistungseinschnitten" der gesetzlichen Rentenversicherung zwingend erforderlich sei, um die erwartete „Ausgabenexplosion" der Sozialkassen zu begrenzen (GDV 1998c: 13; 2000d; Hülsmeier 1997: 146). Gleichzeitig könne die „demographische Zeitbombe" nahezu alternativlos nur durch eine Stärkung privater kapitalgedeckter Altersvorsorge entschärft werden. Die Diskussion um mögliche Reformoptionen wurde dabei extrem verengt und letztlich nur die Dringlichkeit einer systemändernden Reform in Richtung Teil-Privatisierung der Alterssicherung vermittelt, während die Vielfalt systemimmanenter Reformalternativen für das deutsche Alterssicherungssystem schlichtweg ausgeblendet wurde. Der Fokus der Finanzdienstleistungsbranche lag ausschließlich auf einer Ausweitung kapitalgedeckter Vorsorgeformen, wie am Beispiel der inhaltlich beschränkten und verkürzten Argumentation des GDV deutlich wird:

> „Das demographisch bedingte Dilemma von weiter steigenden Beitragssätzen oder spürbar sinkenden Leistungen kann letztlich nur durch ein Mehr an kapitalgedeckter Eigenvorsorge gelöst werden" (GDV 1998c: 12).

Demgegenüber wurde die Option von Beitragssatzerhöhungen zur Gewährleistung des Sicherungsniveaus der GRV – da sie politisch wie auch von Seiten der Finanzdienstleistungsbranche nicht gewollt war – axiomatisch ausgeschlossen. Zur Begründung genügte ein Verweis auf die „Höhe der Lohnnebenkosten" und die „Wettbewerbsfähigkeit des Standortes Deutschland".[275] Zum anderen standen auch andere, paradigmatische Reformmöglichkeiten, wie beispielsweise die Erhöhung des Renteneintrittsalters oder die Ausweitung des Versichertenkreises, nicht zur Diskussion. Insgesamt zeugt die Argumentationsweise der Finanzdienstleistungsbranche von einer auf die Erhöhung privater Altersvorsorge eingeengten Betrachtung. Wenngleich einige Akteure explizit das voraussichtliche Geschäftspotenzial für Altersvorsorgeprodukte analysierten (z.B. Allianz Dresdner 2003; Bundesverband deutscher Banken 2002a; Dresdner Bank 2001; GDV 2004), wurde in den sonstigen Publikationen und Stellungnahmen in der Regel keine Verknüpfung zwischen den rentenpolitischen Forderungen der Finanzdienstleistungsbranche und den eigenen privatwirtschaftlichen Interessen der Ausweitung der Märkte hergestellt. Stattdessen wurde eine gemeinwohlorientierte Rhetorik angewandt, wie beispielsweise die „Gewährleistung des Lebensstandards der zukünftigen Rentner", die „nachhaltige Sicherung des Alterssicherungssystems" oder „Generationengerechtigkeit".

---

[275] Diese Argumentation findet sich auch in der Gesetzesbegründung für die Rentenreform. Sie verdeutlicht die Ausrichtung der Rentenpolitik auf die Beitragssatzstabilisierung (Kap. 3.5).

Abgesehen von der branchenintern einstimmig geteilten Einschätzung, dass mehr Kapitaldeckung dringend notwendig sei, gab es zwischen den einzelnen Sektoren der Branche sehr unterschiedliche Auffassungen darüber, welche privaten Vorsorgeprodukte am ehesten das „Wohl" der zukünftigen Rentnerinnen und Rentner garantieren würden: Die Argumentationsweise des GDV zeichnete sich insbesondere dadurch aus, dass – mithilfe privater Versicherungen – insgesamt eine „Stabilisierung des Gesamtsystems der Alterssicherung" erreicht werden könne. Dabei betonte der Präsident des GDV, die Versicherungswirtschaft wolle „letztendlich immer erreichen, daß die Eigenvorsorge vom Staat nicht unangemessen behindert wird", wobei es dem Versicherungsverband neben den eigenen „auch um die Interessen ihrer Kunden" ginge (Michaels 1998: 8f.). Dabei wurde auch im Hinblick auf die Konkurrenz des Banken- und Investmentsektors am Wohl der Allgemeinheit entlang argumentiert: Investmentprodukte seien als Altersvorsorgeprodukt grundsätzlich ungeeignet, da sie keine Langlebigkeit absichern; zudem sei das Verlustrisiko für die Versicherten zu hoch. Falls die Investmentstrategien der Fondsgesellschaften nämlich nicht aufgingen oder die Erwerbstätigen in Zeiten einer Finanzmarkt-Baisse in den Ruhestand gingen, könnte nicht gewährleistet werden, dass die Leistungen der Fondsprodukte und Sparpläne als Ergänzung der gesetzlichen Rentenversicherung ausreichen würden, um den Lebensstandard im Alter zu halten. Eine entsprechende Sicherheit könne nur im Rahmen einer Absicherung biometrischer Risiken sowie der Garantie von Mindestleistungen gewährleistet werden. Eine derartige Vorgabe für Altersvorsorgeprodukte sei auch im Sinne des Staates, da dieser im Zweifel für Verluste aufkommen müsse, falls sich die Leistungen der Banksparpläne oder Fonds z.B. im Zuge von Finanzkrisen in Luft auflösen und nicht zur Armutsvermeidung ausreichen (GDV 1999: 13).

Die Banken und Fondsgesellschaften konterten, dass – ebenfalls im Namen des Allgemeinwohls – genau das Gegenteil der Fall sei: Bei entsprechender Anlagefreiheit seien an den Finanzmärkten sehr viel höhere Renditen zu erzielen, die letztlich den zukünftigen Rentnern zugute kommen würden. Würde aber die von der Versicherungswirtschaft geforderte Garantie der eingezahlten Leistungen umgesetzt, könnten die Sparer „nicht aus dem vollen Potenzial der Fonds-, Bank- und Versicherungsprodukte schöpfen", da der „scheinbare Gewinn an Sicherheit (...) die Fondssparer in einem ganz erheblichen Maße der potentiellen Renditevorteile dieser Instrumente" beraubt (Deutsche Bank Research 2000d). Auch im Hinblick auf die Forderung nach einer Verrentungspflicht für Riester-Produkte hieß es von Seiten der Investmentbranche, dass diese Vorgabe gerade *nicht* dem Interesse der Versicherten entspräche:

„Eine Verrentungspflicht im Alter sei weder notwendig noch zweckmäßig. (...) Der Zwang zum Abschluss einer Rentenversicherung sei zudem sozialpolitisch schwerlich vertretbar. Sie führe regelmäßig zu einer erheblichen, dauerhaften Einbuße an Versorgungsniveau. Dies sei mit dem Allgemeininteresse nicht vereinbar" (Eingabe des BVI an den Finanzausschuss zusammengefasst in BVI 1999a: 3).

Dass ein vermehrtes privates Vorsorgesparen auch indirekt das „Allgemeinwohl" fördern würde, wurde insbesondere von Seiten des Banken- und Investmentsektors betont (Die Bank 2002: 375): Zum einen erhöhe der Ausbau privater und betrieblicher Vorsorgeformen aus gesamtwirtschaftlicher Sicht nicht nur den Umfang und die Liquidität des deutschen Finanzmarktes, sondern auch dessen Gewicht in der Weltwirtschaft (Dresdner Bank 2001: 45). Die hieraus resultierenden „kräftigen Impulsen für die Finanzmärkte" würden die „Kapitalproduktivität nachhaltig" steigern und die daraus zu erwartende „Belebung der Finanzmärkte" sei letztlich „für die gesamte Wirtschaft" positiv (Deutsche Bank Research 2001c, 2001d). Eine gesamtwirtschaftliche Argumentationsweise wurde auch durch den Versicherungsverband angestrengt: Zu den Auswirkungen der Förderung der Privatvorsorge auf die Kapitalmärkte und auf die wirtschaftliche Entwicklung führte er in der Stellungnahme für die Anhörung beim Bundestag z.B. aus, dass das Mittelaufkommen der – deutschen aber auch der europäischen – Kapitalmärkte mittelfristig beträchtlich verstärkt werden würde und daraus positive Wirkungen für die Produktivität, das Lohnniveau und das gesamtwirtschaftliche Wachstum resultieren (GDV in Deutscher Bundestag 2000d: 89).

Die Printmedien haben diese Argumentationsweisen in ihrer Berichterstattung zur Situation der GRV und zur demographischen Entwicklung vielfach aufgegriffen und mitunter Formulierungen verwand, die deutliche Parallelen zu jenen der Finanzdienstleistungsbranche aufweisen: Beispielsweise veröffentlichte die Süddeutsche Zeitung im Herbst 1998, nachdem die AS-Fonds als Altersvorsorgeprodukte der Banken- und Investmentbranche zugelassen worden waren, einen Bericht mit dem Titel „Mit Eigeninitiative zum sorgenfreien Ruhestand", in dem es heißt, dass der „Putz am Gebäude des Sozialstaats bröckelt. Die Pfeiler, auf denen die gesetzliche Altersversicherung ruht, sind wacklig" (SZ 1998b). Zur gleichen Zeit warnte auch Die Welt davor, dem „unsicheren" staatlichen Rentensystem zu vertrauen:

„Das deutsche System der Altersvorsorge steht vor tiefgreifenden Umwälzungen. Denn von den drei Säulen, die das hiesige Konzept tragen, sind zwei brüchig geworden: Weder das staatliche Rentensystem noch die betriebliche Altersvorsorge werden in Zukunft eine ausreichende Versorgung im Alter finanzieren können. (...) Es ist heute riskant geworden, sich auf die gesetzliche Rente zu verlassen" (Die Welt 1998c).

Vor dem Hintergrund, dass der Begriff der „demographischen Zeitbombe" in den Medien seit Ende der 1990er Jahre geradezu inflationär benutzt wurde, betonte sogar Bert Rürup als Befürworter des Mehr-Säulen-Paradigmas, dass zwar eine Alterung der Bevölkerung bevorstehe, die „Katastrophen-Rhetorik" aber übertrieben und unangebracht sei (Rürup 2000: 58).

Zwischenfazit

Die Ausführungen zur Öffentlichkeitsarbeit der Unternehmen und Verbände der Finanzdienstleistungsbranche haben gezeigt, dass deren Argumente über unterschiedliche Kanäle erfolgreich in die Medien und damit in die öffentliche Rentendebatte transportiert wurden: Umfrageergebnisse belegen, dass die permanente Thematisierung der „Finanzierungsprobleme" der GRV und die andauernde Wiederholung der als „zwingend erforderlich" erachteten Teil-Privatisierung der Alterssicherung in den Medien zu einem erheblichen Vertrauensverlust der Bevölkerung in die Leistungsfähigkeit des staatlichen Alterssicherungssystems beigetragen haben (Deutsches Institut für Altersvorsorge 2000c; EMNID Institut 2000). Wenn das Vertrauen in die Gewährleistungsfähigkeit kollektiver Sicherungssysteme schwindet, nehmen gleichzeitig die Zahlungsbereitschaft hierfür ab und der Wunsch nach individuellen, privaten Vorsorgemodellen zu (Bulmahn 1998; Heien 2004; Marschallek 2005; o.A. 1998).[276] Für die Umsetzbarkeit einer umfassenden Rentenreform war der Boden somit bereitet: Als die rot-grüne Bundesregierung erstmalig ihre rentenpolitischen Vorschläge zur Teil-Privatisierung der Alterssicherung präsentierte, war die Öffentlichkeit mit dieser Thematik und der „Notwendigkeit" zusätzlicher Privatvorsorge bereits hinreichend vertraut.[277] Im Anschluss an die Verabschiedung der Rentenreform 2001 war die Öffentlichkeitsarbeit der Unternehmen und Verbände der Finanzbranche darauf ausgerichtet, einen möglichst großen Marktanteil an der Riester-Rente zu si-

---

[276] Zu den sehr skeptischen Ergebnissen der Umfragen zur langfristigen Sicherheit der GRV betont Ostertag: „Da repräsentative Umfragen nicht die Urteilsfähigkeit über volkswirtschaftliche Zusammenhänge überprüfen, sondern Stimmungslagen abfragen, ist die Vermutung nahe liegend, dass diese Verunsicherung auch ein Resultat der parteipolitischen Auseinandersetzung um die anstehenden Rentenreformmaßnahmen und ihrer Darstellung in den Medien ist" (Ostertag 2000: 154). Laut FAZ (2003b) ist das Misstrauen junger Menschen in die GRV auch auf die von Seiten wirtschaftsnaher Think Tanks durchgeführten Renditevergleiche zurückzuführen, die zu dem Ergebnis kamen, dass Anlagen am Kapitalmarkt im Vergleich zu Beiträgen in das gesetzliche Rentensystem profitabler sei.
[277] Dies wird beispielsweise daran deutlich, dass bei der Vorstellung der Eckpunkte im Bundestag nicht die grundsätzliche Ausrichtung auf eine Teil-Privatisierung – und damit der rentenpolitische Paradigmenwechsel in der Alterssicherung – in der Kritik stand, sondern dass im Zentrum der öffentlichen wie auch medialen Kritik nahezu ausschließlich die *Pflicht* zur Privatvorsorge, nicht aber das Ersetzen staatlicher Leistungen durch freiwillige Altersvorsorge stand (Kap. 4.3.2).

chern. Dabei haben die Akteure während des gesamten Reformprozesses versucht, die Argumente für eine Verlagerung hin zu kapitalgedeckten Vorsorgeformen am Gemeinwohl auszurichten und ihre privatwirtschaftlich motivierten Sonderinteressen jeweils als Interesse der Allgemeinheit darzustellen.

6.2.6 Resümee

Im Verlauf des politischen Entscheidungsprozesses zur Rentenreform 2001 hat die Finanzdienstleistungsbranche die einschlägigen Aktivitäten und Beziehungsstrukturen genutzt, um ihre Forderungen und Zielvorstellungen an die relevanten politischen Entscheidungsträger heranzutragen: Die Analyse der *institutionalisierten Beziehungen* hat gezeigt, dass die Verbände der Finanzdienstleistungsbranche durch deren unmittelbare institutionalisierte Einbindung in den Reformprozess die Möglichkeit nutzte, ihre Argumente und Kritikpunkte am Gesetzentwurf direkt in den relevanten Ausschüsse im Bundestag zu platzieren. Die Verbände begrüßten den Gesetzentwurf insgesamt, sie setzten sich parallel dazu aber vehement für die konkrete Gestaltung des Entwurfs, der Festlegung der förderfähigen Produkte und die Förderkriterien sowie für die Vereinfachung der praktischen Umsetzung ein, da hiermit erhebliche Vor- bzw. Nachteile im Konkurrenzkampf um Marktanteile verbunden waren.[278] Die formale Beteiligung der Verbände im Rahmen der Anhörungen hat zur verfahrenstechnischen Vereinfachung bei der Förderung der Zusatzvorsorge geführt und zwar sowohl für die Versicherten und die Anbieter entsprechender Leistungen als auch für die Finanzverwaltung.[279] Dadurch erreichte die Finanzdienstleistungsbranche, dass der Vertrieb der geförderten Altersvorsorgeprodukte sehr viel unkomplizierter und verwaltungstechnisch weniger aufwändig sein würde, womit höhere Abschlussquoten und Gewinnmargen erzielt werden könnten.

Die Analyse der *personellen Verflechtungen* mit den politischen Entscheidungsträgern der 14. Legislaturperiode belegt deutliche Verflechtungsbeziehun-

---

[278] Dies lässt den Schluss zu, dass die Branche bereits während des innerministeriellen Entscheidungsprozesses erfolgreich ihre Interessen geltend machen konnte, zumal die betreffenden Verbände bereits im vorparlamentarischen Reformprozess angehört wurden. Schließlich war die Berücksichtigung sowohl von Lebensversicherungen als auch von Investmentfonds und Banksparplänen mit Altersbindung bereits im ersten Konzeptpapier der Koalitionsarbeitsgruppe im Januar 2000 vorgesehen und wurde im weiteren Verlauf des Diskussionsprozesses zu keinem Zeitpunkt in Frage gestellt.

[279] Anders als im ursprünglichen Gesetzentwurf war nunmehr z.B. vorgesehen, dass die Überprüfung der Förderfähigkeit der Produkte nicht mehr für jeden Einzelfall durch das Finanzamt durchgeführt werden sollte, stattdessen wurde nachträglich ein Zertifizierungsverfahren in den Gesetzentwurf eingearbeitet. Zur Verfahrenserleichterung berechnete sich der Mindesteigenbeitrag zudem nicht mehr – wie zunächst geplant – aus dem sozialversicherungspflichtigen Arbeitseinkommen des laufenden, sondern aus dem des Vorjahres (siehe ausführlich in Kap. 6.3.3).

gen zwischen den Unternehmen und Verbänden der Finanzdienstleistungsbranche und dem Deutschen Bundestag sowie der Bundesregierung. Im Bundestag hatte während des Reformprozesses jeder zehnte Abgeordnete eine interessenpolitische Bindung zur Finanzdienstleistungsbranche, die aus Berufs- oder Gremientätigkeiten der Abgeordneten in Unternehmen und Verbänden resultierte. Die Strategie der personellen Verflechtung bezog sich dabei insbesondere auf jene Parlamentarier, die in den für die Rentenreform 2001 relevanten Bundestagsausschüssen vertreten waren, so dass die Verflechtungsintensität hier noch deutlich höher ausfiel.[280] Daneben war auch die personelle Verflechtung mit ehemaligen Bundesministern besonders stark ausgeprägt.[281] Über eine Entsendung von Personal aus der Finanzdienstleistungsbranche in die Ministerien liegen für die 14. Legislaturperiode keine konkreten Informationen vor. Angesichts der hohen Intensität dieser Verflechtungsaktivität in der darauf folgenden Legislaturperiode ist aber davon auszugehen, dass dies keine neuartige Entwicklung darstellt. Der Blick auf die beruflichen Lebensläufe politischer Entscheidungsträger zeigt, dass es nach der 14. Legislaturperiode zu keinem „spektakulären" Wechsel von einem Ministerposten in die Finanzdienstleistungsbranche gekommen ist, aber Staatssekretäre in Unternehmen der Finanzdienstleistungsbranche gewechselt sind. Darüber hinaus profitiert der ehemalige Bundesarbeitsminister selbst in besonderem Maße von der Einführung der Riester-Rente, da er von Seiten der Finanzdienstleistungsbranche als hoch dotierter Referent gefragt ist. Schließlich zeigt sich, dass ehemalige Politiker und Staatssekretäre, Ministerialdirektoren und Referenten im Anschluss an ihre Tätigkeiten ihre Erfahrungen und Insiderkenntnisse mitunter der Interessenvertretung der Finanzdienstleistungsbranche zur Verfügung stellen. Zusammengenommen ist damit ein Beziehungsgeflecht der Finanzdienstleistungsbranche zu erkennen, dass sich über die unterschiedlichen politischen Institutionen – Bundestag, Bundesregierung und Ministerialbürokratie – ausspannt und Entscheidungsträger auf verschiedenen Ebenen und durch unterschiedliche Verflechtungsmerkmale einbezieht.

Die Ausführungen zu den *finanziellen Beziehungen* bezogen sich explizit auf die Großspenden der Finanzdienstleistungsbranche an Bundestagsparteien.

---

[280] Bei der Einschätzung des Einflusspotentials der Finanzbranche im Bundestag gilt es zu berücksichtigen, dass die Intensität der personellen Verflechtung nicht ausreicht, um die Gesamtheit der Abgeordneten im Parlament oder im Fachausschuss im Sinne der Branche abstimmen zu lassen, zumal die Abgeordneten ihre Stimmabgabe in der Regel an der Fraktion ausrichten. Allerdings betont Winter (2004: 767)., dass „Verbandsbindungen von Abgeordneten dort durchaus wirksam [sind], wo sie sozusagen einen Stein im Mosaik multipler Machtressourcen einzelner Verbände bilden".

[281] Da sämtliche mit der Finanzbranche verflochtenen Bundesminister der letzten Kohl-Regierung im Anschluss daran Bundestagsabgeordnete waren, erwies sich die Strategie der personellen Verflechtung mit ehemaligen Regierungsmitgliedern doppelt wirksam, da sie zum einen auf aktuelle Bundestagsmitglieder und zum anderen auf noch bestehende Verbindungen zu den Ministerien abzielte.

Wenngleich keine Zweckgebundenheit der Spenden im Hinblick auf die Rentenreform 2001 nachgewiesen werden kann, ist festzustellen, dass das finanzielle Engagement der Finanzdienstleistungsbranche für die Bundestagsparteien im Verlauf des Reformprozesses erheblich angestiegen ist.[282] Da das finanzielle Engagement der Finanzdienstleistungsbranche nicht nur in der Höhe sondern auch in der Breite ausgedehnt wurde, kann es als „politische Landschaftspflege" im Vorfeld wichtiger Entscheidungen eingestuft werden: Die Spenden in Höhe von insgesamt 4,5 Millionen € (1998-2002) dienten damit weniger der Unterstützung eines bestimmten politischen Lagers, sondern der breit gefächerten Beziehungspflege zu den bei der Erarbeitung und Durchsetzung der Rentenreform beteiligten Bundestagsparteien (nämlich allen außer der PDS). Der deutliche Anstieg der Großspenden der Finanzdienstleistungsbranche belegt, dass die Richtung der Alterssicherungspolitik der Bundestagsparteien seitens der Finanzdienstleistungsbranche grundsätzlich – und finanziell – unterstützt wurde.

Im Hinblick auf die *informellen Beziehungen* besteht eine deutliche Diskrepanz zwischen der Bedeutung, die persönlichen Kontakten für die Durchsetzung von Interessen gemeinhin attestiert wird, und dem öffentlichen Zugang zu Informationen hinsichtlich dieser Einflussform, so dass keine belastbaren Aussagen über die Frequenz, Intensität und die Inhalte persönlicher Kontakte und Treffen zwischen politischen Entscheidungsträgern und lobbyistischen Akteuren getätigt werden können. Allerdings ließ sich exemplarisch zeigen, dass die Finanzdienstleistungsbranche in dieser Phase gezielt persönliche und informelle Kontakte zu politischen Entscheidungsträgern ausgebaut und befördert hat.

Die Ausführungen zur *Öffentlichkeitsarbeit* der Unternehmen und Verbände haben gezeigt, dass die einschlägigen Argumente der Finanzdienstleistungsbranche über Pressearbeit, Publikationen und Werbung sowie durch die Unterstützung oder Gründung von Think-Tanks und Beziehungen zu „privatisierungsfreundlichen" Wissenschaftlern erfolgreich in die Medien und in die öffentliche Rentendebatte hineingetragen wurden. Dabei haben die Akteure während des gesamten Reformprozesses versucht, die Argumente für eine Verlagerung hin zu kapitalgedeckten Vorsorgeformen am Gemeinwohl auszurichten und ihre privatwirtschaftlich motivierten Sonderinteressen als Interesse der Allgemeinheit darzustellen, was die Durchsetzungsfähigkeit einer Teil-Privatisierung der Alterssicherung in der Öffentlichkeit wie auch bei den politischen Entscheidungsträgern grundsätzlich befördert haben kann. Im Anschluss an die Verabschiedung der Rentenreform 2001 war die Öffentlichkeitsarbeit der Unternehmen und Ver-

---

[282] Die jährliche Großspendensumme der Finanzbranche hat sich zwischen 1997 und 2001 verdreifacht. Besonders bemerkenswert ist die Zunahme der finanziellen Zuwendungen durch die Allianz, deren Spenden zwischen 1994 und 2002 auf das Zwölffache angestiegen sind, wobei 1994 ausschließlich an die CDU und 2002 an alle Bundestagsparteien gespendet wurde (außer an die PDS).

bände der einzelnen Sektoren der Finanzbranche primär darauf ausgerichtet, einen möglichst großen Marktanteil am „Riester-Renten"-Markt zu sichern.

Im folgenden Kapitel 6.3 wird nun der Frage nachgegangen, inwiefern das Reformergebnis sowohl in seiner konzeptionellen Ausrichtung wie auch im Hinblick auf die Ausgestaltung einzelner Sach- und Detailfragen den Zielvorstellungen und Forderungen der Finanzdienstleistungsbranche entspricht.

6.3 Ausrichtung und Veränderung politischer Entscheidungen

Angesichts der privatwirtschaftlich motivierten Interessen der Finanzdienstleistungsbranche an der Teil-Privatisierung der Alterssicherung in Deutschland (Kap. 6.1) und deren zahlreichen und vielschichtigen lobbyistischen Aktivitäten und Beziehungsstrukturen (Kap. 6.2.), wird nun analysiert, ob und inwiefern die Rentenreform 2001 den Zielvorstellungen und Forderungen der Finanzdienstleistungsbranche entspricht. Hierzu werden die Interessen, Zielvorstellungen und Forderungen der Finanzdienstleistungsbranche den ursprünglichen Reformplänen der Bundesregierung, den im Verlauf des Reformprozesses vorgenommenen Veränderungen sowie dem endgültigen Gesetzestext gegenübergestellt, und zwar im Hinblick auf die konzeptionelle Ausrichtung des Reformvorhabens (Kap. 6.3.1), spezifische Sachfragen des Reformkonzeptes (Kap. 6.3.2) sowie konkrete Detail- und Formulierungsfragen der Gesetzesentwürfe (Kap. 6.3.3).

6.3.1 Konzeptionelle Ausrichtung des Reformvorhabens

Aufgrund der umfassenden Bedeutung der gesetzlichen Rentenversicherung war der Verbreitungsgrad privater Altersvorsorge in Deutschland bis Ende der 1990er Jahre, insbesondere im Vergleich zu Ländern mit einer relativ stark ausgeprägten zweiten und/oder dritten Säulen, gering. Für die Versicherten bestand angesichts des hohen Leistungsniveaus der staatlichen Rente wenig Anreiz, zusätzlich privat vorzusorgen. Insofern waren auch die Wachstums- und Gewinnaussichten der Finanzdienstleister in dieser Produktsparte beschränkt, weshalb sie zur Ausweitung des Absatzpotenzials grundsätzlich an einer Teil-Privatisierung der Alterssicherung interessiert waren. Die Finanzdienstleistungsbranche plädierte seit mehreren Jahren dafür, private Vorsorgeformen als Ergänzung zu den „deutlich langsamer wachsenden" Renten staatlich zu fördern und damit die demographisch bedingten Versorgungslücken „hochwertig" zu schließen. So richtete der Versicherungsverband GDV seine Öffentlichkeitsarbeit explizit auf die „Festigung der Lebensversicherung als Dritte Säule im gegliederten System der Alters- und Hinterbliebenenvorsorge im Bewusstsein der Bevölkerung" aus (GDV 1991: 3). Parallel arbeitete der BVI gezielt darauf hin, dass auch Investmentprodukte als Form der Altersvorsorge staatlich anerkannt würden (BVI 1996). Allerdings gelang es der Branche seinerzeit nicht, ihr Anliegen bei den rentenpolitischen Entscheidungsträgern zu verankern und sie für eine stärkere Durchsetzung privater Altersvorsorge als elementaren Bestandteil eines Mehr-Säulen-Systems zu gewinnen. Die meisten im rentenpolitischen Policy-Netzwerk vertretenen Akteure orientierten sich am Sozialversicherungsparadigma und setzten sich für den Erhalt der zentralen Funktionen der gesetzlichen Rentenversicherung ein. Der Zugang der Finanzdienstleister zu diesem Netzwerk war angesichts der grundsätzlichen inhaltlichen Differenzen sehr beschränkt, wenn nicht sogar völlig versperrt (Kap. 5.1). Aber auch die Adressaten der Werbekampagnen, die potentiellen (Neu-)Kunden, konnten nicht effektiv erreicht werden, was sich an den Abschlusszahlen privater Vorsorgeverträge ablesen lässt (Die Bank 1997b). Der Bevölkerung wurde seitens der politischen Entscheidungsträger vielmehr vermittelt, dass die Leistungen der GRV auch in Zukunft „sicher" sein würden (so bspw. der viel zitierte damalige Bundesarbeitsminister Norbert Blüm, CDU).

Galt die staatlich organisierte Alterssicherung bis Anfang der 1990er Jahre in der Öffentlichkeit wie auch in der Politik noch als weitgehend „krisensicher, stabil und armutsfest" und die Finanzmärkte als „volatil, riskant und unberechenbar", kehrte sich diese Bewertung vor allem durch den einsetzenden Finanzmarktboom ab Mitte der 1990er Jahre sukzessive in das Gegenteil um: Nunmehr wurde die „demographieanfällige" umlagefinanzierte gesetzliche Rentenversicherung als unsicher eingestuft, da sie das bestehende Leistungsniveau keinesfalls langfristig sichern könne, während mittels der hohen, an den internationalen Finanzmärkten zu erzielenden Renditen die demographische Entwicklung quasi aufgehoben werden könne.[283] Die unter der christlich-liberalen Regierung verabschiedeten Reformgesetze (Rentenreformgesetze 1992 und 1999) hatten zwar im Kern an der Struktur des Alterssicherungssystems festgehalten (Kap. 4.1). Allerdings gelang es den politischen Entscheidungsträgern nur noch bedingt, die gerade auch durch die Finanzdienstleistungsbranche genährten Zweifel an der „Zukunftsfähigkeit" des deutschen Alterssicherungssystems auszuräumen, zumal auch die Politik eine verstärkte private, kapitalgedeckte Altersvorsorge zunehmend befürworte und als unumgänglich definierte. Schließlich

---

[283] Die zunehmende Akzeptanz finanzmarktbasierter Argumente in der öffentlichen und politischen Rentendiskussion erklärt sich insbesondere durch diesen Finanzmarktboom und der vermeintlichen Erfolgsgeschichte der „New Economy". Davor bestimmte in Deutschland ein relativ stark ausgeprägtes Sicherheitsbedürfnis bei der Kapitalanlage und finanzmarktbasierte Vorsorgeformen wurden eher skeptisch bewertet (Schwarze, J. et al. 2004).

häuften sich die politischen Stimmen, die eine umfassende, strukturelle Reform mit Leistungseinschnitten der GRV und eine stärkere Rolle für die private Altersvorsorge im Gesamtsystem der Alterssicherung forderten (siehe z.b. Louven in Positionen 1998b: 2).[284] „Kein Beteiligter der derzeitigen Rentendiskussion spricht sich gegen eine Stärkung der 2. und 3. Säule aus", resümiert Ende der 1990er Jahre der VDR (1999: 56).

Die Öffentlichkeitsarbeit der Finanzdienstleistungsbranche war in dieser Phase darauf ausgerichtet, die öffentliche und politische Debatte um die Zukunftsfähigkeit der staatlichen Alterssicherung zu befördern, die private, kapitalgedeckte Altersvorsorge durchweg positiv darzustellen und als Alternative in das Zentrum zu rücken. Hierzu wurden die Pressearbeit und die Publikationstätigkeit intensiviert, wirtschaftsnahe Think Tanks und Wissenschaftler unterstützt oder eigene Forschungsinstitute gegründet (Kap. 6.2.5). Die Motivation hierfür lag auf der Hand, denn die „Diskussion um unsichere Staatsrenten hat das Geschäft der Lebensversicherer beflügelt" (Michaels 1998: 6) und die „absehbaren Probleme der staatlichen Rentenversicherung führen zu lebhaftem Interesse an der hochrentierlichen privaten Altersvorsorge mit Fonds" (Deutsche Bank 1999: 31). Zwar können die öffentlichkeitswirksamen Aktivitäten nicht notwendigerweise als Ursache, gleichwohl aber als Katalysator für die weitgehende Durchsetzung von kapitaldeckungsfreundlichen Argumentations- und Denkweisen eingestuft werden. Demgegenüber wurden die mit kapitalgedeckten Altersvorsorgeformen einhergehenden Risiken und Kosten ignoriert bzw. bewusst negiert. Unterstützt wurde die Verbreitung dieser Rhetorik zudem durch eine äußerst „finanzmarktfreundliche" Berichterstattung in den Massenmedien.[285] Die Nachfrage nach privater Altersvorsorge mit Versicherungen und Fonds wurde bereits vor der Verabschiedung der Rentenreform 2001 nachhaltig belebt, was sich u.a. am Anstieg der Abschlussquoten der Branche ablesen lässt und als Erfolg der medial inszenierten Diskreditierung der GRV verbucht werden kann.

---

[284] In dieser Phase wurde die Ausgestaltung von nationalen Alterssicherungssystemen auch auf internationaler Ebene zunehmend kontrovers thematisiert, was im Ergebnis die Legitimation der Finanzinteressen erhöht haben dürfte: Die von der Finanzdienstleistungsbranche seit langem vorgebrachte „Reformnotwendigkeit" wurde von international renommierten Institutionen wie der Weltbank (World Bank 1994) und der OECD (1998) sowie von europäischer Ebene (z.B. Kommission der Europäischen Gemeinschaften 1997a, 1997b) attestiert. Die hier vorgeschlagenen Reformoptionen korrespondierten relativ stark mit den privatwirtschaftlichen Interessen der Finanzbranche.

[285] Der Umfang der Berichterstattung zu den Finanzmärkten wie auch zu entsprechenden Produktinnovationen stieg in dieser Phase erheblich an. Daneben griffen die Printmedien mitunter die Argumentationsweisen des Banken- und Investmentsektors auf: Beispielsweise wurde den 1998 neu auf den Markt kommenden AS-Fonds wurde – nahezu wortgleich zu den Stellungnahmen des Banken- und Investmentsektors – eine sehr viel höhere Rendite bzw. interne Verzinsung wie auch Demographieresistenz attestiert als der GRV; auf eine Darlegung der methodischen Probleme des Systemvergleichs wurde seitens der Finanzdienstleistungsbranche allerdings verzichtet.

Das Einwirken auf die konzeptionelle Ausrichtung einer paradigmatischen Rentenreform war für die Finanzdienstleistungsbranche in dieser Phase von zentraler Bedeutung, da der rentenpolitische Systembruch, der schließlich durch die Teil-Privatisierung der Alterssicherung im Zuge der Rentenreform 2001 eingeleitet wurde (Kap. 3.5), kein alternativloser Sachzwang war, der quasi als logische Konsequenz aus der demographischen Entwicklung hervorging. Zwar wurde die Teil-Privatisierung der Alterssicherung von Seiten der Finanzdienstleistungsbranche, von der Mehrheit der politischen Entscheidungsträger wie auch von den Medien als zwingend erforderliche und einzig sinnvolle Lösungsmöglichkeit kommuniziert. Gleichwohl bestanden unterschiedliche systemimmanente, mitunter auch umstrittene Reformoptionen, wie beispielsweise die Erhöhung der Beitragssätze zur Aufrechterhaltung des Sicherungsniveaus, eine Ausweitung des versicherten Personenkreises oder die Einbindung anderer Finanzierungsquellen (siehe bspw. Arbeitsgruppe Alternative Wirtschaftspolitik 2000; Bäcker et al. 2000b; Lampert/Althammer 2001; Schmähl 1998b, 1999).[286] Letztendlich votierten die politischen Entscheidungsträger für eine strukturelle, systemändernde Rentenreform, die von Seiten der Finanzdienstleistungsbranche ausdrücklich befördert und begrüßt wurde (BVI 2000c: 1f.; GDV 2000a; Laux 2000; Positionen 2000a).

Bei der Beantwortung der Frage, inwieweit der rentenpolitische Paradigmenwechsel auf die lobbyistischen Aktivitäten und Beziehungsstrukturen der Finanzdienstleistungsbranche zurückzuführen ist, sind unterschiedliche Aspekte zu beachten: Die angeführte Intensivierung der Öffentlichkeitsarbeit der Verbände und Unternehmen in dieser Phase hat die öffentliche Rentendiskussion maßgeblich beeinflusst. Nach dem Regierungswechsel 1998 konnte die Finanzdienstleistungsbrache darauf aufbauen und über institutionalisierte, informelle Beziehungen und personelle Verflechtungen effektive Zugänge zu politischen Institutionen und Entscheidungsträgern auf- und ausbauen. Der Anstieg der Großspenden der Finanzdienstleistungsbranche an die Bundestagsparteien im Wahlkampf 1998 und im anschließenden Reformprozess verdeutlicht, dass die Branche ihren Interessen auch mit finanziellen Mitteln Nachdruck verlieh. Die Wahlprogramme der Bundestagsparteien sowie die öffentlichen Verlautbarungen politischer Entscheidungsträger belegen die deutliche inhaltliche Verschiebung weg vom Sozialversicherungsparadigma hin zum Mehr-Säulen-Paradigma, einschließlich der Forderung nach einer stärkeren Förderung privater, kapitalgedeckter Vorsorgeformen.[287] Nachdem der privaten Altersvorsorge im ersten Eckpunktepapier des

---

[286] Zur politisch selbst kreierten Beschränkung der Handlungsoptionen in der Rentenpolitik durch die Verfolgung der Beitragssatzstabilisierung siehe Marschallek (2003: 24ff.).

[287] Während „die Rente" in den Jahrzehnten des parteiübergreifenden Rentenkonsenses bewusst aus Wahlkämpfen herausgehalten worden war, um das Vertrauen der Bevölkerung in die Leistungsfähig-

BMA vom Juni 1999 noch eine ergänzende, wenngleich stärkere Funktion zugebilligt wurde, bedeuteten die im Konzeptpapier der Koalitionsarbeitsgruppe vom Mai 2000 vorgesehenen Maßnahmen den qualitativen Übergang zur systemändernden Reform: Die Privatvorsorge sollte sukzessive an die Stelle der Leistungen der GRV treten und diese substituieren (Dünn/Fasshauer 2001: 269f.). Im Ergebnis entsprachen die zentralen Reformelemente der rot-grünen Bundesregierung – Leistungskürzungen der GRV und Förderung der Privatvorsorge – vollends dem Interesse der Finanzdienstleister.

Trotz dieser deutlichen Parallelen ist die zunehmende Verankerung einer stärkeren Förderung privater Vorsorgeformen in den rentenpolitischen Konzeptionen der Bundestagsparteien im Vorfeld der Bundestagswahl 1998 jedoch nicht ausschließlich auf den Einfluss der Finanzbranche zurückzuführen. Der rentenpolitische Richtungswechsel fügt sich vielmehr ein in den allgemeinen politischen Trend zur Stärkung der „Eigenverantwortung" und ist Resultat veränderter Rahmenbedingungen im rentenpolitischen Policy-Netzwerk, welche wiederum die Möglichkeiten der Einflussnahme der Finanzbranche begünstigt hat:

Da die Sozialdemokraten private Vorsorgeformen traditionell eher kritisch bewerteten, hatte die Finanzdienstleistungsbranche – als ein Sieg der Sozialdemokraten bei der Bundestagswahl 1998 wahrscheinlich schien – ein deutliches Interesse an einem Ausgang des innerparteilichen Machtkampfs der SPD zugunsten der „Modernisierer". Diese plädierten im „Rentenwahlkampf" nämlich ausdrücklich für eine Reform der Alterssicherung in Richtung Privatvorsorge. Nicht ohne Grund hatte der Chef des Hannoverschen Finanzdienstleisters AWD und „Schröder-Freund" Maschmeyer noch einen Tag vor der Niedersachsenwahl anonym Großanzeigen – „Der nächste Kanzler muss eine Niedersachse sein" – geschaltet, wurde doch die Kür des Kanzlerkandidaten an das Wahlergebnis der niedersächsischen Landtagswahl gekoppelt. In Niedersachsen stand der seit acht Jahren amtierende Ministerpräsident Gerhard Schröder zur Wiederwahl, der in der Alterssicherungspolitik eine parteipolitische Umorientierung in Richtung eines „Mehr-Säulen-Systems" anstrebte.[288] Der rentenpolitische „Modernisie-

---

keit des staatlichen Rentensystems nicht für parteipolitische Machtkämpfe zu instrumentalisieren, war in sämtlichen Wahlprogrammen der Bundestagsparteien zur Bundestagswahl 1998 – mit Ausnahme der PDS – nicht nur abstrakt eine neuerliche Reform der GRV oder Reformvorschläge angemahnt, sondern explizit die Förderung zusätzlicher Altersvorsorge als programmatische Aussage enthalten. Bis dahin war es allerdings einzig die FDP, die implizit eine teilweise Substitution der gesetzlichen Rentenversicherung durch betriebliche und private Vorsorgeformen befürwortete, während die anderen Bundestagsparteien lediglich die Förderung individueller kapitalgedeckter Vorsorgeformen als Ergänzung zu den Leistungen der GRV anstrebten. Auch in der Koalitionsvereinbarung der 1998 neuen rot-grünen Bundesregierung fand sich lediglich der Hinweis, dass private Vorsorgeformen stärker gefördert werden sollten.

[288] Bei einer Wahlniederlage Gerhard Schröders in Niedersachsen wäre höchstwahrscheinlich der saarländische Ministerpräsident Oskar Lafontaine zum Kanzlerkandidaten der SPD gekürt worden.

rungskurs" der SPD wurde indes durch weitere Personalentwicklungen gestützt (Kap. 5.2):[289] Die Nominierung von Walter Riester zum Arbeitsminister stärkte die „Modernisierer" und spätestens mit dem Rücktritt von Oskar Lafontaine im März 1999 war der innerparteiliche Richtungsstreit eindeutig zu ihren Gunsten entschieden: Sein Nachfolger im Bundesfinanzministerium, der aus der Bankenmetropole Frankfurt am Main stammende Hans Eichel, verfolgte umgehend die Konsolidierung der Haushaltskassen – u.a. durch eine Reduktion der Bundeszuschüsse zur gesetzlichen Rentenversicherung –, um die finanzpolitischen Vorgaben der Europäischen Union im Rahmen des Stabilitäts- und Wachstumspaktes zu erfüllen; parallel dazu strebte er eine deutliche Belebung des Finanzstandortes Deutschland an, um angesichts der Vollendung des europäischen Finanzbinnenmarktes dessen Liquidität und internationale Wettbewerbsfähigkeit zu stärken (Heipertz 2005: 106; Hering 2004a: 368; Trampusch 2005b).

Der Zugang der Finanzdienstleistungsbranche zum rentenpolitischen Policy-Netzwerk war in der sechzehn Jahre währenden Ära Blüm weitgehend versperrt gewesen, da der Arbeitsminister geradezu als „Verkörperung des tradierten Rentensystems" galt (Nullmeier 1997: 261) und auch das Ministerium strikt auf das Sozialversicherungsparadigma verpflichtet hatte (Bönker 2005: 354). Nach dem Regierungswechsel zeichnete sich ab, dass die Branche mit ihren seit Jahren vorgebrachten Forderungen nach einer stärkeren Rolle kapitalgedeckter Altersvorsorge im Gesamtsystem der Alterssicherung im „modernisierungsfreundlichen" und „finanzmarktnahen" Regierungskabinett bessere Chancen haben würde, gehört zu werden: Mithilfe der Teil-Privatisierung der Alterssicherung könnte nicht nur eines der zentralen Regierungsziele – Senkung der Lohnnebenkosten – erreicht werden, sondern auch, ganz im Sinne des neuen Finanzministers, der Bundeszuschuss zur GRV gesenkt sowie die Liquidität des deutschen Finanz-

---

Angenommen die Sozialdemokraten hätten auch in diesem Fall die Bundestagswahl gewonnen, wäre Lafontaines Parteifreund Rudolf Dreßler Arbeitsminister geworden, zumal dieser als Wunschkandidat der Fraktion galt. Da sich sowohl Lafontaine als auch Dreßler im Vorfeld deutlich für eine Stärkung der GRV ausgesprochen hatten und die rentenpolitischen Modernisierungsbestrebungen der Sozialdemokraten öffentlich kritisierten, wäre eine Teil-Privatisierung der Alterssicherung, wie sie unter Schröder, Riester und Eichel eingeleitet wurde, unwahrscheinlich gewesen. Lafontaine gelang es zwar in seiner Position als Finanzminister und Parteivorsitzender, einen rentenpolitischen Paradigmenwechsel innerhalb der SPD zu blockieren; nach dessen Rücktritt war der linke Parteiflügel aber massiv geschwächt und lenkte in der Rentenpolitik auf den Regierungskurs ein (Kap. 5.2.3).

[289] Dies war zu Beginn der 14. LP in dieser Deutlichkeit noch nicht zu erkennen, zumal die Rücknahme der Leistungskürzungen der Vorgängerregierung ein zentrales Wahlversprechen der SPD gewesen war. Da die rentenpolitischen Reformvorschläge im Koalitionsvertrag zwar eine Förderung der Privatvorsorge vorsahen, aber ansonsten äußerst allgemein gehalten waren, war für die Finanzdienstleistungsbranche unklar, wie sich die Rentenpolitik unter Rot-Grün entwickeln würde. Die Versicherungswirtschaft kritisierte die geplante Aussetzung der Leistungskürzungen der GRV vehement und forderte eine deutliche Förderung kapitalgedeckter Altersvorsorge (Kap. 4.2 und Kap. 6.1.1).

platzes erhöht und damit der Finanzplatz Deutschland gestärkt werden. Im Ergebnis mussten die rentenpolitischen Akteure von Seiten der Finanzdienstleistungsbranche seinerzeit nicht erst von den Zielen der Finanzdienstleister im Politikfeld Alterssicherung überzeugt werden. Vielmehr gab es durch die personellen wie auch institutionellen Veränderungen im rentenpolitischen Policy-Netzwerk eine, wenn auch unterschiedlich bedingte Interessenkongruenz der Akteure und inhaltlich-konzeptionelle Überschneidungen. Die Instrumentalisierung der Rentenpolitik zur Verfolgung wirtschafts- und finanzpolitischer Ziele durch die SPD ist im engeren Sinne zwar wiederum nicht ausnahmslos auf den Einfluss der Finanzdienstleistungsbranche zurückzuführen; die Branche hatte es allerdings vermocht, den sich abzeichnenden Richtungswechsel in der rentenpolitischen Ausrichtung der SPD und im Politikfeld Alterssicherung insgesamt ganz in ihrem Sinne zu nutzen, zumal sie in der Folgezeit als Sachverständige für Fragen der privaten Altersvorsorge auch institutionell in den politischen Entscheidungsprozess eingebunden wurde (Kap. 6.2.1). Insofern ist festzustellen, dass das zentrale Ziel der Finanzdienstleistungsbranche bei der Rentenreform 2001 – die Teil-Privatisierung der Alterssicherung – erreicht wurde: Die private Altersvorsorge ist nicht länger ergänzende Säule der gesetzlichen Rentenversicherung, sondern ein „gesetzlich verankerter Bestandteil der Alterssicherung in Deutschland" (Alboth 2004: 22), der die Leistungskürzungen in der gesetzlichen Rentenversicherung substituieren soll und deshalb über Steuermittel umfassend gefördert wird.

6.3.2 Einzelne Sachgebiete

Die folgenden Ausführungen konzentrieren sich auf die Bestrebungen der Finanzdienstleistungsbranche, an der inhaltlichen Ausgestaltung der Reform mitzuwirken und bei spezifischen Sachfragen zu intervenieren. Die Darstellung skizziert die mutmaßlichen Erfolge und Misserfolge der Branche bei der Durchsetzung sektorübergreifender (Kap. 6.3.2.1) wie auch sektorspezifischer Interessen (Kap. 6.3.2.2).

6.3.2.1 Sektorübergreifende Interessen

Neben dem branchenintern einstimmig vertretenem Interesse an einer Teil-Privatisierung der Alterssicherung gab es fünf weitere rentenpolitisch relevante Sachfragen, in denen die beiden Sektoren der Finanzdienstleistungsbranche für weitgehend übereinstimmende Interessen eintraten. Hierzu zählen

- die Ablehnung der von Riester vorgeschlagenen Einführung von Tariffonds,
- die Ablehnung der Ausweitung des in der GRV versicherten Personenkreises und die Forderung einer Ausweitung des förderberechtigten Personenkreises,
- die Befürwortung der *Freiwilligkeit* der Zusatzvorsorge,
- die Forderung nach einer Vereinfachung des Förderverfahrens und schließlich
- die Ablehnung der Berücksichtigung von Immobilien im Förderverfahren.

Diese Interessen wurden zwar nicht notwendigerweise von beiden Sektoren gemeinsam oder in gleichem Maße vertreten, aber sie waren innerhalb der Finanzdienstleistungsbranche weitgehend unstrittig, da sie keine Auswirkungen auf den Konkurrenzkampf zwischen dem Versicherungssektor auf der einen und dem Banken- und Investmentsektor auf der anderen Seite haben würden.

Verhinderung der Einführung von Tariffonds

Zu Beginn der Konzeptionsentwicklung favorisierte der Bundesarbeitsminister die Einführung von Tariffonds als zentrales Reformelement, welche er bereits in seiner vorangegangenen Funktion als Vizepräsident der IG Metall entwickelt hatte (Kap. 4.3.1). Die Finanzdienstleistungsbranche lehnte dies vehement ab. Sie wollte verhindern, dass die geplante Förderung der kapitalgedeckten Altersvorsorge ohne ihre Beteiligung abgewickelt werden würde – die entsprechenden Tariffonds wären nämlich von den Gewerkschaften verwaltet worden, was ihnen gleichzeitig einen neuen tarifpolitischen Handlungsspielraum eröffnet hätte. Insofern wurden die Fonds der Tarifparteien seitens der Versicherungswirtschaft als „Machtinstrumente" eingestuft (Kannengießer in Positionen 1999a) und die Konzeption grundsätzlich mit der Begründung kritisiert, dass die Einführung von Kapitalfonds nicht dazu geeignet sei, die Ursachen der Finanzierungsproblematik der gesetzlichen Rentenversicherung zu beheben (Positionen 1998d). Stattdessen sollten die anstehenden Reformen des Renten- wie auch des Steuersystems explizit auf die Schaffung von finanziellen Spielräumen für die private Altersvorsorge von Arbeitnehmern ausgerichtet werden, um den Bürgern „mehr Entfaltungschancen" für die private Altersvorsorge zu bieten (Michaels in Positionen 1998a) und nicht durch die mit der Einführung von Tariffonds verbundene Sonderabgabe „den Spielraum der jüngeren Versicherten weiter einengen, privat vorzusorgen" (Kannengießer in Positionen 1999a). Da es Walter Riester auch innerhalb der Fraktion sowie bei den Gewerkschaften an Rückhalt und Unterstützung für „seine" Idee der Tarifrente mangelte, war dieses Konzept schon gescheitert bevor es auf der Tagesordnung stand. Bemerkenswert ist, wie schnell dieses rentenpolitische Hauptanliegen des Arbeitsministers fallen gelassen wurde, nachdem es ansatzweise sowohl im Wahlprogramm der SPD als auch im Koalitionsvertrag enthalten gewesen war.

Versichertenkreis und Förderberechtigung

Die Ausweitung des in der GRV versicherten Personenkreises war ein weiterer, von der Finanzdienstleistungsbranche grundsätzlich kritisierter Vorschlag der rot-grünen Bundesregierung. Die SPD hatte im Wahlkampf eine Ausweitung auf alle Erwerbstätigen und langfristig sogar auf alle in Deutschland lebenden Bürger angekündigt (SPD 1998). Die Grünen strebten speziell die Einbindung von Selbstständigen, Abgeordneten, geringfügig Beschäftigten und Beamten in die Versicherungspflicht an (Bündnis 90/Die Grünen 1998). Im Koalitionsvertrag hatten sich beide Fraktionen darauf verständigt, den Versichertenkreis derart zu erweitern, dass zukünftig jede dauerhafte Erwerbsarbeit sozialversichert sein würde (SPD und Bündnis 90/Die Grünen 1998). Da die Umsetzung dieser Pläne für die Finanzdienstleistungsbranche eher auf eine Einschränkung, denn auf die angestrebte Ausdehnung des Kundenpotenzials hinausgelaufen wäre, wurde dieser Ansatz besonders von der Versicherungswirtschaft vehement kritisiert: Die in Aussicht gestellte Erweiterung des Versichertenkreises oder gar eine „Versicherungspflicht für alle" würde dem „Bekenntnis der sozialen Marktwirtschaft" zur Eigenvorsorge grundsätzlich widersprechen und die Ursachen der Finanzierungsschwierigkeiten der GRV nicht beheben, sondern den demographisch bedingten Druck auf die Beiträge noch verstärken (Positionen 1998c, 1998d). Obwohl die Ausweitung des versicherten Personenkreises in den Wahlprogrammen und der Koalitionsvereinbarung von SPD und Grünen explizit vorgesehen war, wurden entsprechende Überlegungen – zur Zufriedenheit der Finanzdienstleistungsbranche – nach dem Regierungswechsel nicht konkretisiert.

Im weiteren Verlauf des Reformprozesses forderte die Finanzdienstleistungsbranche die Erweitung des *förderberechtigten* Personenkreises, damit auch die nicht in der GRV Versicherten beim Aufbau zusätzlicher Privatvorsorge finanziell vom Staat unterstützt werden. Die Bundesregierung betonte zwar, dass die Förderung explizit darauf ausgerichtet werden solle, die entstehenden Leistungslücken durch die Niveauabsenkung der GRV auszugleichen und sie sich aus eben diesem Grund zwangsläufig auch nur auf jene Personen erstrecken würde, die von den Leistungskürzungen der GRV betroffen seien. Die Finanzdienstleistungsbranche erwiderte allerdings, dass die staatliche Förderung aus dem allgemeinen Steueraufkommen finanziert wird, zu dem auch Selbstständige und andere, nicht in der GRV versicherte Personen beitragen, die ihrerseits nach diesen Plänen der Regierung nicht an der Förderung würden teilhaben können, was als „ungerecht" und „willkürlich" eingestuft wurde (BdB in Deutscher Bundestag 2000d: 315). Nichtsdestotrotz hielt die Bundesregierung an ihrer zu Beginn des Reformprozesses eingebrachten Argumentation fest.[290]

Freiwilligkeit statt Obligatorium

Nachdem Riesters Modell der Tariffonds nicht zu realisieren gewesen war, stand die Förderung der privaten Altersvorsorge auf der rentenpolitischen Agenda, die im Ansatz im Wahlprogramm der SPD wie auch in der späteren Koalitionsvereinbarung enthalten gewesen war. Die Reformpläne der rot-grünen Koalition waren im Anschluss an den Regierungswechsel aber noch derart allgemein gehalten, dass zu diesem Zeitpunkt unklar war, ob und wie die „unverbindlichen" Reformziele schlussendlich realisiert würden; schließlich waren bereits andere rentenpolitische Wahlkampfaussagen fallen gelassen und nicht weiter verfolgt worden. Angesichts dessen appellierte die Versicherungswirtschaft an die politischen Entscheidungsträger, den Worten zur „Förderung der privaten Altersvorsorge" auch Taten folgen zu lassen (GDV 1999: 12). Die im Koalitionsvertrag vorgesehene Stärkung der privaten Altersvorsorge könne langfristig dazu führen, dass die „Eigenvorsorge einen neuen Stellenwert und die Lebensversicherung eine große Zukunft vor sich" hat (Positionen 1998c). Das im Juni 1999 vom BMA präsentierte Reformkonzept sah jedoch vor, die geförderte Privatvorsorge *obligatorisch* einzuführen. Für diesen Vorschlag gab es medialen, oppositionellen wie auch fraktionsinternen und gewerkschaftlichen Protest, während die grundsätzliche Ausrichtung des Reformvorhabens in der öffentlichen, politischen Diskussion nicht annähernd so scharf, wenn überhaupt kritisiert wurde (Kap. 4.3.2). Die Finanzdienstleister stellten sich gegen das Obligatorium, da es mit erheblichen Auflagen verbunden gewesen wäre, während sie bei einer freiwilligen Zusatzvorsorge bei der Gestaltung der Produkte – trotz der späteren Förderkriterien – mehr Spielräume haben würden. Es vergingen indes keine drei Tage, bis dieser Punkt aus der Reformkonzeption der Bundesregierung fallengelassen und durch ein auf Freiwilligkeit basierendes Förderkonzept ersetzt wurde. Das modifizierte Eckpunktepapier sah nunmehr die Schaffung „finanzieller Freiräume" für zusätzliche Eigenvorsorge vor – und entsprach damit der Forderung der Versicherungswirtschaft, die anstehenden Reformen des Renten- wie auch des Steuersystems explizit auf die Schaffung von „finanziellen Spielräu-

---

[290] Allerdings richtet sich die zum Jahr 2005 mit dem Alterseinkünftegesetz eingeführte private „Rürup-Rente" vor allem an Selbstständige, die nicht nach dem Riester-Modell gefördert werden.

men" für private Altersvorsorge von Arbeitnehmern auszurichten (Michaels in Positionen 1998a), um gerade auch den jüngeren Versicherten „mehr Entfaltungschancen" für die private Altersvorsorge zu bieten (Kannengießer in Positionen 1999a). Der GDV setzte sich im weiteren Verlauf des Reformprozesses dafür ein, den Aufbau der dritten Säule auf Freiwilligkeit beruhen zu lassen, denn nicht staatlicher Zwang, sondern die gezielte Förderung von Vorsorgemaßnahmen sei der geeignete Weg für den teilweisen Übergang vom Umlage- zum Kapitaldeckungsverfahren (Fürstenwerth 2000; Positionen 1999b). Allerdings müsste die freiwillige Altersvorsorge entsprechend subventioniert werden, da sie nur dann in einem breiten Umfang erfolgen würde, wenn der Staat parallel ein „konsequentes Anreizsystem zur freiwilligen Vorsorge" umsetzt (GDV 2000d: 12; 2000e: 10). Diesem Konzept hat die Bundesregierung mit der Rentenreform 2001 im Grundsatz entsprochen und wenngleich die nachträgliche Einführung einer Verpflichtung zur Zusatzvorsorge angesichts der zunächst geringen Abschlussquoten der Riester-Rente wiederholt diskutiert wurde, hat sich an der Freiwilligkeit der Zusatzvorsorge bis dato nichts geändert.

Vereinfachung des Förderverfahrens

Als mit dem Diskussionsentwurf zum AVAG im September 2000 erstmalig die vorläufigen Rahmenbedingungen für die Förderfähigkeit der Anlageprodukte veröffentlicht wurden, bestand der größte sektorübergreifende Konsens auf Seiten der Finanzdienstleistungsbranche dahingehend, dass das vom Bundesarbeitsministerium vorgeschlagene Förderverfahren viel zu kompliziert sei. Die branchenweite Ablehnung richtete sich gegen die Komplexität des Verfahrens, das einen hohen Beratungsaufwand erfordern würde und in der Abwicklung unnötig aufwändig sei. Beispielsweise wurde darauf verwiesen, dass es in der Praxis unweigerlich zu Komplikationen kommen werde, da die Berechnung der förderfähigen Beiträge „kaum nachvollziehbar und administrativ überladen" sei. Die vielfältigen im Gesetzestext vorgesehenen Auflagen und Verwaltungsvorschriften zum Förderverfahren würden den Finanzdienstleistern bei der Abwicklung und im Vertrieb hohe Kosten verursachen. Da die Riester-Produkte insgesamt sehr beratungs- und verwaltungsintensiv seien, würden sich die mit der Privatvorsorge angestrebten Gewinnaussichten stark relativieren, so dass der Branche außerordentlich an einer Vereinfachung des Förderkonzepts gelegen war (Die Bank 2002: 371f.). Im Verlauf des weiteren Reformprozesses wurden – u.a. als Resultat der Anhörungen (Kap. 6.3.3) – im Interesse der Finanzdienstleistungsbranche einige Vereinfachungen vorgenommen. Dass im Hinblick auf die Vereinfachung des Förderverfahrens aus Sicht der Finanzdienstleister lediglich Teilerfolge erzielt wurden, zeigt sich schon allein daran, dass die Branche auch nach der Verabschiedung der Reform kritisierte, die Sparentscheidung des Einzelnen werde unnötig erschwert, da das Förderverfahren der Riester-Rente „zu bürokratisch" und das Reformwerk insgesamt „zu komplex" sei (Blessing in Die Bank 2002: 370; GDV 2001d; siehe auch Walter 2001).

Gegen die Berücksichtigung von Wohneigentum im Förderkonzept

Über die Berücksichtigung von Wohneigentum als Form der privaten Altersvorsorge wurde im Verlauf des Reformprozesses immer wieder diskutiert; mal war es im Förderkonzept vorgesehen, mal wiederum nicht. Da auch innerhalb der Regierungskoalition unterschiedliche Auffassungen vertreten wurden, kann von einem „Zick-Zack-Kurs" der Regierung gesprochen werden. Die Finanzdienstleistungsbranche kritisierte von Beginn an die Berücksichtigung von Wohneigentum im Förderkonzept und lehnte dies einhellig ab; eine Förderung von Wohneigentum – über die bestehende Eigenheimzulage und das Bausparen – sei aus ihrer Sicht als Form privater Altersvorsorge ökonomisch nicht erstrebenswert und wenig sinnvoll. Falls Wohneigentum im Reformkonzept aufgenommen wird, würde ein Teil des potentiellen (Neu)-Kundenkreises nicht zu Versicherungs-, Spar- oder Investmentprodukten, sondern stattdessen zur Immobilie als Anlageform greifen, was es aus Sicht der Finanzdienstleister zu verhindern galt. Da sie in dieser Sachfrage aber mit der Immobilienwirtschaft konfrontiert war, die ein ebenbürtiger Kontrahent im Wettbewerb um das potentielle Anlagekapital und um die Gunst der politischen Entscheidungsträger zu sein schien, gelang es der Finanzdienstleistungsbranche nur bedingt, ihre Vorstellungen durchzusetzen: Die Vertreter der Immobilienwirtschaft waren ihrerseits zu den öffentlichen Anhörungen zum Gesetzentwurf geladen, so dass ihnen ebenfalls die Möglichkeit der institutionalisierten Beteiligung am Reformprozess eingeräumt wurde. Darüber hinaus hatte die Immobilienbranche es offensichtlich vermocht, ihre Interessen über die Länderregierungen in den Bundesrat einfließen zu lassen und dort Druck auf die Bundesregierung auszuüben: Als im Mai 2001 im Bundesrat über das Ergebnis des Vermittlungsausschusses zum Altersvermögensgesetz abgestimmt werden sollte, gab die Bundesregierung kurz vor der Bundesratssitzung dem Drängen der FDP nach und integrierte das Wohneigentum in den Förderkatalog, um die sozial-liberale Koalition in Rheinland-Pfalz zur Zustimmung zu veranlassen (Kap. 4.4.3). Im Rückblick fasst Walter Riester diese Phase wie folgt zusammen:

"Die Auseinandersetzungen [um den Gesetzentwurf zum AVmG] gipfelten in dem politischen Ringen des Vermittlungsausschusses. Als besonders starke Lobbyisten traten die Bauwirtschaft und die Bausparkassen auf. (...) Befürwortet hatten die Interessen der Wohnungswirtschaft die ehemalige Wohnungsbauministerin Irmgard Schwaetzer sowie Florian Gerster, der als rheinland-pfälzischer Sozialminister im Vermittlungsausschuss war und die Zustimmung seines Bundeslandes von der Berücksichtigung der wohnungswirtschaftlichen Lobby abhängig machte. Horst Seehofer hieb ebenfalls in diese Kerbe. Die Versicherten sollten seiner Meinung nach einen Teil des angesparten Geldes nehmen und in Immobilien investieren können. Ich hatte mich aus oben genannten Gründen und aus Sorge über die zunehmende Komplexität des Gesetzes lange gegen eine solche Möglichkeit gewehrt. Aber das zählte im politischen Gerangel nicht, denn ohne eine Aufnahme der Immobilienförderung hätten wir eine Zustimmung über den Vermittlungsausschuss nicht erreicht. Also berücksichtigten wir den Vorschlag und legten fest, dass bis zum Eintritt in die Rente wenigstens die angesparte Summe wieder erreicht werden müsse" (Riester 2004: 167f.).

Im Endergebnis sah das Altersvermögensgesetz zwar weiterhin vor, dass – unter Berücksichtigung der Förderkriterien – nur Rentenversicherungen, Bank- oder Fondssparpläne als Altervorsorgeverträge gefördert werden. Die Förderung von Wohneigentum wurde nunmehr aber über ein so genanntes Zwischenentnahmemodell in das Konzept eingebunden,[291] worauf die Verbände der Finanzbranche äußerst kritisch reagierten (BVI 2001e; GDV 2001c, 2001d). Allerdings wirkt es sich für die Finanzdienstleistungsbranche positiv aus, dass die Berücksichtigung von Wohneigentum nur als vergleichsweise komplexe Ausnahmeregelung vorgesehen und dieses nicht – wie von einigen Vertretern der Immobilienwirtschaft gefordert – auch explizit als geförderte Anlageform aufgenommen wurde.

6.3.2.2 Sektorspezifische Interessen: Förderkriterien

Neben den branchenintern übereinstimmend vertretenen Interessen versuchte die Finanzbranche vor allem sektorspezifische Interessen und konträre Forderungen im Reformprozess durchzusetzen. Der Versicherungssektor und der Banken- und Investmentsektor konkurrierten nämlich um einen möglichst hohen Marktanteil an der privaten Altersvorsorge. Da von den anstehenden Entscheidungen zur

---

[291] Im Rahmen des Zwischenentnahmemodells kann der Versicherte einen „Altersvorsorge-Eigenheimbetrag" förderunschädlich aus dem Vertrag entnehmen, falls dieser unmittelbar zur Herstellung oder Anschaffung von selbst genutztem Wohneigentum verwendet wird. Dabei verpflichtet sich der Versicherte, den entnommenen Geldbetrag im monatlichen, gleich bleibenden Raten bis zum 65. Lebensjahr wieder in einen zertifizierten Vorsorgevertrag zurückzuzahlen (Ernst & Young/VDR 2001: 136f.).

Förderung der Privatvorsorge umfassende Auswirkungen auf die Geschäftstätigkeit und die Wettbewerbsbedingungen erwartet wurden, vollzog sich das „Wettbewerbsgerangel" (FAZ 1997) der Finanzdienstleister nunmehr im Politikfeld Alterssicherung. Umkämpft waren insbesondere die konkrete Struktur der Förderkriterien der privaten Zusatzvorsorge, denn über die Berücksichtigung sektorspezifischer Forderungen im Förderkonzept würde die anstehende Reform Wettbewerbsvorteile für den einen oder für anderen Sektor generieren oder aber bestehende Vorteile relativieren und die Bedingungen der zukünftigen Geschäftstätigkeit determinieren. Da beide Sektoren möglichst umfassende, exklusive Vorteile für sich realisieren wollten, vertraten sie sich bisweilen gegensätzliche Positionen zu den Förderbedingungen der Riester-Rente. Jeder Erfolg bei der Durchsetzung sektorspezifischer Interessen bedeutete damit gleichzeitig einen Rückschlag für den konkurrierenden Sektor. Gestritten wurde insbesondere um die Voraussetzungen für die Förderfähigkeit von Vorsorgeprodukten, die inhaltliche Auslegung und praktische Umsetzung der Beitragserhaltungszusage sowie die Berücksichtigung von Auszahlplänen in der Auszahlphase.

„Qualitätsstandards" versus „steuerneutrale Wahlfreiheit"

Die zentrale Konfliktlinie, die den gesamten politischen Entstehungsprozess zur Rentenreform 2001 durchzog, drehte sich um die Frage, welche Formen der Altersvorsorge grundsätzlich im Förderkonzept der Regierung berücksichtigt werden würden.[292] Damit waren die konkreten Voraussetzungen für die Förderfähigkeit von Altersvorsorgeprodukte angesprochen. Die Versicherungsbranche hatte diesen Konflikt und die Notwendigkeit einer frühzeitigen Intervention erkannt und brachte schon kurz nach dem Regierungswechsel ihre zentrale Forderung in den Entscheidungsprozess ein und hielt bis zum Schluss an dieser Linie fest: Sie argumentierte, dass sich eine Förderung der privaten Altersvorsorge nur auf Produkte erstrecken sollte, welche die Einhaltung bestimmter Mindestkriterien garantiert, namentlich die Absicherung biometrischer Risiken sowie die Garantie von Mindestleistungen. Alles Eigenschaften, welche die Kapitallebensversicherung ohne weiteres erfüllt, die seinerzeit neu auf den Markt strebenden fondsbasierten Konkurrenzprodukte der Banken und Kapitalanlagegesell-

---

[292] Diese Konfliktlinie wurde bereits im Vorfeld der Reform sichtbar, als der Banken- und Investmentsektor die Ausdehnung der Steuerprivilegien der Lebensversicherungen auf die neu auf den Markt gekommenen AS-Fonds forderte, um den Bürgerinnen und Bürgern eine „steuerneutrale Wahlfreiheit" zwischen den unterschiedlichen Produktgruppen zu ermöglichen (BVI 1998b: 2); dies wurde von der Versicherungswirtschaft mit dem Hinweis verhindert, dass Fondsprodukte keine vergleichbare und für Zwecke der Altersvorsorge erforderliche Sicherheitsgarantie aufweisen würden (GDV 1997d, 1998b).

schaften hingegen nicht. Die Argumentation der Versicherungswirtschaft war eindeutig privatwirtschaftlich motiviert und diente der Vorteilsbeschaffung für die Lebensversicherer, wenngleich der GDV dies rhetorisch geschickt und mit argumentativer Finesse überdecken konnte und deshalb nicht als „einseitig fordernder Lobbyist", sondern als „Partner" bei der Entwicklung der Förderkriterien in Erscheinung trat.

Die Strategie des Versicherungssektors schien aufzugehen: Während in den Wahlprogrammen der Bundestagsparteien, dem Koalitionsvertrag der rot-grünen Bundesregierung wie auch im ersten Eckpunktepapier des BMA keine Konkretisierung hinsichtlich bestimmter Vorsorgeformen oder spezifischer Förderkriterien, sondern allgemein die Förderung der „privaten Vorsorge" oder der „zusätzlichen individuellen Vorsorge" vorgesehen war, enthielt das Arbeitspapier der Koalitionsarbeitsgruppe im Januar 2000 erstmals einen Hinweis darauf, dass sich die Förderung auf Anlagen mit Altersbindung in Form von Spar- und Versicherungsverträgen – mit Ausnahme besonders riskanter Anlagen – erstrecken solle.[293] Vier Monate später ist in einem weiteren Papier der Arbeitsgruppe im Mai 2000 schriftlich fixiert, dass „bei der Förderung der Altersvorsorge (...) nur Anlageformen zugelassen [werden], aus denen im Alter eine *lebenslange Rente* gezahlt wird, und die als *Mindestleistung wenigstens die eingezahlten Beiträge garantieren*" (Koalitionsarbeitsgruppe 2000b: 3, Herv. D.W.). Das vorher relativ breit gehaltene Produktspektrum wurde deutlich eingeschränkt. Das Bundesarbeitsministerium legte im Positionspapier vom Juli 2000 zwar nicht fest, welche Anlageformen als „zusätzliche Eigenvorsorge" unter das Förderkonzept fallen würden (BMA 2000c); im September 2000 waren im Diskussionsentwurf zum AVAG aber als Förderkriterien die Garantie der eingezahlten Beiträge wie auch die Zahlung einer lebenslangen Rente vorgesehen. Die beiden zentralen, vom Versicherungssektor geforderten Qualitätskriterien waren somit im ersten offiziellen Entwurfstext als Mindestanforderungen integriert (BMA 2000a) und wurden im weiteren Reformprozess nicht mehr grundsätzlich in Frage gestellt (siehe Tabelle 25 am Ende des Kapitels).

Während sich die lobbyistischen Aktivitäten des Versicherungssektors primär darauf konzentrierten, die bestehende Monopolstellung und die steuerlichen Wettbewerbsvorteile auf dem Markt für Altersvorsorge zu verteidigen, zielte das Lobbying des Banken- und Investmentsektors nach der Zulassung von AS-Fonds als Altersvorsorgeprodukt zunächst grundsätzlich darauf ab, „die Akzeptanz breiter Bevölkerungskreise für die eigenverantwortliche und renditestarke private

---

[293] In dem Arbeitspapier hieß es weiter, dass Anteilsscheine an Investmentfonds, insbesondere Aktienfonds, Altersvorsorge-Sondervermögen, Renten- und Immobilienfonds; Lebensversicherungen aller Art, betriebliche Altersversorgung; Banksparpläne mit Altersbindung; Bausparverträge und Tilgung von Hypotheken auf Wohneigentum in Frage kämen (Koalitionsarbeitsgruppe 2000a).

Vorsorge [zu] gewinnen" (Die Bank 1997b: 535). Dabei bewegte sich der Banken- und Investmentsektor weniger auf sozialpolitischem, sondern vielmehr auf finanzpolitischem Terrain und erzielte – neben der Zulassung der AS-Fonds als solches – Fortschritte im Hinblick auf die Verhinderung der Einführung einer Besteuerung kurzfristiger Veräußerungsgewinne auf Fondsebene. Allerdings blieb ihr die steuerliche Gleichbehandlung mit entsprechenden Versicherungsprodukten verwehrt, denn die Lebensversicherer wussten ihren zentralen Marketingvorteil gegenüber den fondsbasierten Produkten der Konkurrenz offensichtlich erfolgreich zu verteidigen. Da Versicherungsprodukte, laut Banken- und Investmentsektor, vielfach nur wegen der bestehenden Steuervorteile nachgefragt würden, obwohl sie in der Regel wesentlich geringere Renditen erbringen als Fondsprodukte, wurde weiterhin die steuerneutrale Wahlfreiheit zwischen den Vorsorgeinstrumenten gefordert (Bundesverband deutscher Banken 2000: 12f.; BVI 1999a: 2; 1999b: 2).

Die Reformpläne der Bundesregierung beinhalteten zunächst keine Bestimmungen zur Einschränkung des Förderkonzeptes auf bestimmte Produkte oder definierten gar konkrete Produkteigenschaften als Fördervoraussetzung. Stattdessen sollten ganz allgemein „Formen der privaten Vermögensbildung" gefördert werden (BMA 1999a). Als durch die Koalitionsarbeitsgruppe konkretisiert wurde, dass sich die Förderung auf „alle Anlageformen mit Altersbindung" beziehen solle, waren explizit sowohl Versicherungsprodukte als auch Sparverträge, z.B. Altersvorsorge-Sondervermögen, im Förderkonzept benannt (Koalitionsarbeitsgruppe 2000a). Die Investmentbranche verzeichnete es dabei bereits als großen Erfolg, dass Investmentprodukte überhaupt von vornherein im Förderkonzept vorgesehen waren (BVI 2001b, 2002c). Allerdings bestand die Herausforderung für den Banken- und Investmentsektor darin, die von Seiten der Versicherungswirtschaft frühzeitig geforderte und von der Bundesregierung nach Veröffentlichung der ersten BMA-Eckpunkte diskutierte Garantie einer Mindestverzinsung bei der privaten Altersvorsorge verhindern, da sich das wesentliche Verkaufsargument für Fondsprodukte – die vermeintlich hohe Rendite – durch hohe Absicherungskosten stark relativieren würde. Für die Banken und Investmentgesellschaften war das Kriterium des Kapitalerhalts zudem eine große Hürde, „da sie es bislang gewohnt waren, dass das gesamte Kapitalanlagerisiko von ihren Kunden getragen wird" (Blum-Barth 2005: 232). Entsprechend vehement lehnten sie in dieser frühen Phase grundsätzlich die Aufnahme einer Garantie der eingezahlten Beiträge als Fördervoraussetzung ab (BVI 2000a: 1f.; Laux in Die Bank 1999: 735; Laux 2000: 1252). Aus dieser defensiven Position heraus gelang es dem Banken- und Investmentsektor allerdings nicht, die von der Versicherungswirtschaft forcierte und tatsächlich in den Reformplänen enthaltene Garantie der eingezahlten Beiträge als Mindestleistung für die steuerliche Förderung zu verhindern.[294] Nachdem dieses Förderkriterium im Diskussionsentwurf fixiert war, übte der BVI indirekten Druck auf die Bundesregierung aus, indem er gewissermaßen eine Kapitalabwanderung ins Ausland androhte, falls an der Vorgabe der Beitragserhaltungszusage alle zehn Jahre sowie zu Beginn der Auszahlungsphase festgehalten werde (BVI 2000f: 2). Aus Sicht des Banken- und Investmentsektors belegt der Gesetzentwurf von November 2000 den partiellen Erfolg dieser Intervention: Die Beitragerhaltungsgarantie sollte laut Gesetzentwurf, anders als im Diskussionsentwurf, nicht mehr alle zehn Jahre erbracht werden müssen, sondern „nur" noch zu Beginn der Auszahlphase (zur Forderung des BVI im Wortlaut siehe BVI 2000c: 1f.; in diesem Sinne auch BdB in Deutscher Bundestag 2000d: 316). Als sich abzeichnete, dass die Bundesregierung nicht von der Vorgabe der Beitragserhaltungszusage *zu Beginn der Auszahlungsphase* abrücken würde, modifizierte der Banken- und Investmentsektor seine inhaltliche Zielvorstellung: Aufgrund der Aussichtslosigkeit auf Erfolg bestand das in dieser Sachfrage verfolgte Ziel nicht länger darin, diese Vorgabe als solche komplett aus dem Förderkonzept zu verdrängen. Der Investmentverband arbeitete nunmehr gezielt – und letztlich auch erfolgreich – darauf hin, die politischen Entscheidungsträger davon zu überzeugen, dass die Erfüllung dieser Vorgabe von Seiten der Banken- und Investmentbranche nicht zwingend durch eine formale Garantie im Sinne einer tatsächlichen Rücklage, sondern stattdessen – wie im folgenden Abschnitt dargelegt wird – mittels „systemkonformer Instrumente" (Laux 2000: 1254) erbracht werden könne.

„Formale Garantie" versus „Leistungsversprechen"

Da von Seiten der politischen Entscheidungsträger deutlich gemacht wurde, dass die Garantievorschrift, der zufolge zu Beginn der Auszahlungsphase mindestens die eingezahlten Beiträge zur Verfügung stehen sollten, definitiv Bestandteil des Förderkonzepts sein würde, leitete die Investmentbranche ihre lobbyistischen Bemühungen strategisch wie auch inhaltlich um: Die Umsetzung dieser Vorschrift sei in der Praxis auch durch die Investmentgesellschaften möglich, wenn der Begriff der „Garantie" im Sinne eines Leistungsversprechens – und nicht wie von Seiten der Versicherungswirtschaft gefordert im Sinne einer Eigenkapitalun-

---

[294] Dabei hatte der Sektor mit einer Fülle von Argumenten gegen die vorgesehene Vorschrift der Mindestverzinsung opponiert, wie z.B. dass sie kostenträchtig sei, die Rendite belasten und das Versorgungsniveau senken würde (BVI 2000g: 2; Laux in Die Bank 1999: 735), zur einseitigen Förderung der privaten Rentenversicherung und „Fehlallokation der Sparbeiträge" beitragen sowie gleichzeitig die notwendige Liberalisierung des Altersvorsorge-Marktes verhindern würde (BVI 2000a: 1f.; Laux 2000: 1252).

terlegung – interpretiert werden würde, argumentierte der BVI. Eine tatsächliche Garantie wäre für den Banken- und Investmentsektor mit hohen, renditemindernden Absicherungskosten verbunden, obwohl – so der BVI – nahezu jeder Investmentfonds das erforderliche Sicherheitsniveau für Altersvorsorge auch ohne formale Garantie faktisch sicherstellen könnte (BVI 2000g: 2). Um diese Position zu legitimieren und zu stützen wurde von Seiten des Investmentverbandes im „Zusammenwirken mit dem Lehrstuhl für Investmentwesen an der Universität Frankfurt, dem Bundesministerium der Finanzen und dem Bundesaufsichtsamt für das Kreditwesen eine für alle Beteiligten akzeptable Lösung" hinsichtlich der Garantievorschrift erarbeitet (BVI 2000e: 2): Durch die Kombination bestimmter Fondstypen mit bestimmten Mindestlaufzeiten in der Einzahlphase sei die Wahrscheinlichkeit eines Verlustes – der „neuen, wissenschaftlich abgesicherten Erkenntnis" des (vom BVI initiierten und mitbesetzten) Investmentlehrstuhls der Universität Frankfurt zufolge – vernachlässigenswert gering, so z.B. bei einer Anlage in AS-Fonds mit einer Mindestlaufzeit von ca. zehn Jahren (ebd.). Durch diese Auslegung sind Investmentgesellschaften bei entsprechender Produktgestaltung grundsätzlich in der Lage, Zusagen bzw. Leistungsversprechen abzugeben, ohne „teures" Eigenkapital vorzuhalten. Die Absicherungskosten für die vorgesehene Garantie der eingezahlten Beiträge würden dadurch erheblich reduziert. Tatsächliche Rückstellungen wären in diesem Fall nämlich nur erforderlich, falls sich bei einem Investmentdepot gegen Ende der Laufzeit eine konkrete Unterdeckungsgefahr abzeichnen würde. „Damit wird sowohl den Interessen der Politik an einem Mindestniveau an formaler Sicherheit, als auch den Interessen der Bevölkerung an einer Anlageform, deren Ertragskraft nicht durch Absicherungskosten geschmälert wird, Rechnung getragen", resümiert der Investmentverband (BVI 2001b: 25). Entsprechend erleichtert zeigte sich der Geschäftsführer des BVI, Manfred Laux, über die sich abzeichnende Regelung bei der Anhörung im Deutschen Bundestag, denn das „teure" Vorhalten von Kapital, das den Kunden in Rechnung gestellt worden wäre, „musste verhindert werden und dies ist jetzt erreicht worden" (Laux in Deutscher Bundestag 2000b: 33). Die Versicherungswirtschaft versuchte ihrerseits, die „Aufweichung der vorgesehenen Mindestkriterien" zu verhindern, indem sie sich eindringlich – beispielsweise bei den Anhörungen im Deutschen Bundestag – für die Notwendigkeit einer „rechtlich verpflichtenden" Garantie einsetzte, die nicht durch eine „unverbindliche Zusage" ersetzt werden dürfe (GDV in Deutscher Bundestag 2000d; siehe auch Positionen 2000d). Im Ergebnis blieb die Kapitalerhaltungszusage im Gesetzestext im Wortlaut zwar unverändert bestehen (siehe Tabelle 25). Zur Erfüllung dieser Vorgabe wurde aber keine Eigenkapitalvorhaltung vorgeschrieben, sondern stattdessen ein über den Mechanismus der Kombination von Laufzeiten und Fondstypen getätigtes Leistungsversprechen hinsichtlich der Erfüllung der Kapitalerhaltungszusage als ausreichend erachtet. Auf diese Weise war gewährleistet, dass auch Banken und Kapitalanlagegesellschaften am neu geschaffenen Markt für Riester-Produkte partizipieren könnten.

Ausgestaltung der Auszahlungsphase

Ähnlich stark umstritten waren die Regelungen zur Ausgestaltung der Auszahlungsphase: Der GDV hatte von Beginn an gefordert, dass die Absicherung des biometrischen Risikos der Langlebigkeit ein zentrales Mindestkriterium der Förderfähigkeit sein müsse. In diesem Fall wäre für die Auszahlungsphase lediglich der Erwerb einer Rentenversicherung möglich gewesen, während die Produkte der Investmentbranche unberücksichtigt geblieben wären. Während das Erbringen lebenslanger Rentenzahlungen für die Banken- und Investmentbranche ein vergleichsweise neues Terrain darstellt, ist die Absicherung der Langlebigkeit zentrales Element privater Rentenversicherungen schlechthin. Folglich hätte sich die Versicherungswirtschaft bei Berücksichtigung der geforderten Verrentungsgarantie einen signifikanten Vorsprung bei der Entwicklung und dem Vertrieb der Produkte verschafft (Blum-Barth 2005: 232). Im Arbeitspapier der Koalitionsarbeitsgruppe war – parallel zum Kriterium des Kapitalerhalts – eine Vorschrift der Garantie lebenslanger Rentenzahlungen enthalten, die der Forderung der Versicherungswirtschaft grundsätzlich entsprach.

Im Verlauf des Reformprozesses wurden aber Veränderungen vorgenommen, die dem Banken- und Investmentsektor inhaltlich entgegenkamen: Im Diskussionsentwurf war – anders als im Arbeitspapier der Koalitionsarbeitsgruppe vom Mai 2000 – festgehalten worden, dass die Auszahlung sowohl in Form gleich bleibender oder steigender monatlichen Raten erfolgen könne, wenn mindestens 10% des zu Beginn der Auszahlungsphase zur Verfügung stehenden Kapitals mit Vollendung des 80. Lebensjahres für eine Rentenauszahlung zur Verfügung steht. Damit wurde der Markt für Altersvorsorgeprodukte explizit für eine größere Zahl von Anbietern geöffnet (BMA 2000a: 48f.), da auf diese Weise nicht nur Versicherungsunternehmen, sondern auch Kapitalanlagegesellschaften und Kreditinstitute Vorsorgeverträge anbieten könnten. Allerdings kritisierte der Banken- und Investmentsektor die Vorschrift, dass ein Zehntel des Kapitals zwingend verrentet werden müsse, da diese „Zwangsverrentung" unweigerlich und einseitig den Versicherungssektor begünstigen würde. Auch hier bewirkten die vorgenommenen Veränderungen eine Verbesserung für den Banken- und Investmentsektor, da im Gesetzentwurf nicht – wie von der Versicherungswirtschaft gefordert und zunächst von Seiten der politischen Entscheidungsträger angedacht – 25% zu Beginn der Auszahlungsphase, sondern „nur" 10% und erst mit Vollendung des 85. Lebensjahres zwangsverrentet werden müssten. Schließlich wurde die Höhe des Kapitals, das in eine Rentenversicherung eingebracht werden müsste, im Gesetz gar nicht mehr näher definiert, sondern Auszahlpläne mit anschließender lebenslanger Teilkapitalverrentung festgelegt, die dem Versicherten ab Vollendung des 85. Lebensjahres eine gleich bleibende oder steigende lebenslange Leibrente garantieren (siehe Tabelle 25).

Demgegenüber hatte sich der Versicherungssektor vielfach gegen die Aufnahme der Auszahlpläne von Banken und Investmentgesellschaften in Kombination mit Rentenversicherungen ausgesprochen und kritisch angemerkt, dass bei der vorgesehenen Verrentung in Höhe von 10% im Alter von 80 Jahren keine ausreichenden Leistungen mehr erreicht werden könnten, sondern stattdessen die Einzahlung in eine Rentenversicherung in Höhe von ca. 25% des Kapitals zu Beginn der Auszahlungsphase notwendig sei (GDV 2000a). Allerdings konnten sie sich mit ihren Forderungen nicht durchsetzen, während das Engagement des Investmentsektors offensichtlich auch bei einem weiteren Aspekt erfolgreich war: Im Verlauf des Vermittlungsverfahrens wurde vorgesehen, dass in der Entnahmephase auch Auszahlpläne zulässig sein würden, die in zugesagten gleich bleibenden oder steigenden monatlichen Teilraten und zusätzlich in variablen Teilraten erfolgt, so dass die während des gesamten politischen Diskussionsprozess vom BVI geforderte Berücksichtigung der „variable annuity" – und damit die AS-Investmentrente – schließlich im Reformkonzept enthalten war (BVI 2000c: 4; 2001e: 2).

Tabelle 25: Entwicklung zentraler Förderkriterien der Privatvorsorge

Angaben zu den geförderten Anlageformen im Verlauf der Reform
Wahlprogramm SPD (1998): „private Vorsorge, z.B. Wohneigentum und Lebensversicherungen"; **Koalitionsvertrag (10/1998)**: „private Vorsorge"
Eckpunktepapier (06/1999): „zusätzliche individuelle Vorsorge"; Wahlfreiheit für Anlage im Rahmen der Formen der privaten Vermögensbildung
Arbeitspapier Koalitionsarbeitsgruppe (01/2000): Alle Anlagen mit Altersbindung in Form von Spar- u. Versicherungsverträgen (mit Ausnahme besonders riskanter Anlagen): Anteilsscheine an Investmentfonds, insb. Aktienfonds, AS-Fonds, Renten- u. Immobilienfonds; Lebensversicherungen aller Art, betriebliche Altersversorgung; Banksparpläne mit Altersbindung; Bausparverträge u. Tilgung von Hypotheken auf Wohneigentum
Arbeitspapier Koalitionsarbeitsgruppe (05/2000): Förderung nur von Anlageformen, aus denen im Alter eine lebenslange Rente gezahlt wird und die als Mindestleistung wenigstens die eingezahlten Beiträge garantieren
BMA-Papier (07/2000): „zusätzliche Eigenvorsorge"

Diskussionsentwurf AVAG (09/2000): „Altersvorsorgevertrag", wenn (u.a.) - zu Beginn der Auszahlungsphase zumindest die eingezahlten Beiträge für die Auszahlungsphase zur Verfügung stehen; - die Auszahlung ab Beginn der Auszahlungsphase in gleich bleibenden oder steigenden monatlichen Raten erfolgt und mindestens 10% des zu Beginn der Auszahlungsphase zur Verfügung stehenden Kapitals mit Vollendung des 80. Lebensjahres des Steuerpflichtigen für eine Rentenauszahlung zur Verfügung steht und spätestens zu diesem Zeitpunkt eine Verrentung erfolgt;
Gesetzentwurf AVmG (11/2000): „Altersvorsorgevertrag", wenn (u.a.) - zu Beginn der Auszahlungsphase zumindest die eingezahlten Beiträge für die Auszahlungsphase zur Verfügung stehen; - die Auszahlung ab Beginn der Auszahlungsphase *in Form einer lebenslangen gleich bleibenden oder steigenden Leibrente oder eines Auszahlplans mit unmittelbar anschließender Teilkapitalverrentung erfolgt;* - *im Falle der Vereinbarung eines Auszahlungsplans die Auszahlung ab Beginn der Auszahlungsphase bis zur Vollendung des 85. Lebensj. in zugesagten gleich bleibenden oder steigenden monatlichen Raten erfolgt und* mindestens 10% des zu Beginn der Auszahlungsphase zur Verfügung stehenden Kapitals *dazu verwendet werden, dem Steuerpflichtigen* mit Vollendung des *85. Lj. eine gleich bleibende oder steigende lebenslange Leibrente zu gewähren, indem dieser Kapitalanteil entweder sofort oder einschließlich darauf entfallender Erträge spätestens zu dem genannten Zeitpunkt in eine Rentenversicherung eingebracht wird;*
AVmG (BGBl. 06/2001): Ein „Altersvorsorgevertrag" liegt vor, wenn (u.a.) - zu Beginn der Auszahlungsphase zumindest die eingezahlten *Altersvorsorge*beiträge für die Auszahlungsphase zur Verfügung stehen; - Auszahlung ab Beginn der Auszahlungsphase in Form einer lebenslangen gleich bleibenden oder steigenden *monatl.* Leibrente oder eines Auszahlungsplans mit unmittelbar anschl. *lebenslanger* Teilkapitalverrentung erfolgt; - im Falle der Vereinbarung eines Auszahlungsplans die Auszahlung ab Beginn der Auszahlungsphase bis zum 85. Lj. *entweder* in zugesagten gleich bleibenden oder steigenden *monatlichen Teil*raten *u. zusätzlich in variablen Teilraten* erfolgt u. *ein Anteil* des zu Beginn der Auszahlungsphase zur Verfügung stehenden Kapitals *zu Beginn der Auszahlungsphase in eine Renten*versicherung eingebracht wird, die dem Vertragspartner ab 85. Lj. eine gleich bleibende oder steigende lebenslange Leibrente gewährt, *deren erste monatliche Rate mindestens so hoch ist wie die letzte monatliche Auszahlung aus dem Auszahlungsplan unter Außerachtlassung variabler Teilraten;*

Quelle: Eigene Darstellung; Anmerkung: kursiv gehaltene Passagen markieren Veränderungen im Vergleich zum vorangegangenen Entwurfstext.

6.3.3 Detail- und Formulierungsfragen

Neben der konzeptionellen Ausrichtung der Reform und den zentralen Sachfragen richtete sich die Einflussnahme der Verbände der Finanzdienstleistungsbranche nach der Veröffentlichung des Gesetzesentwurfes zum AVmG auch auf konkrete Detail- und Formulierungsfragen des Gesetzestextes. Im Rahmen der im Dezember 2000 und Januar 2001 durchgeführten öffentlichen Anhörungen beim Ausschuss für Arbeit und Sozialordnung (AfArbSoz) wurde den Verbänden die Möglichkeit eingeräumt, ihre Stellungnahmen zum Förderkonzept sowie spezifische Kritikpunkte am Gesetzentwurf und Änderungsvorschläge zu einzelnen Passagen schriftlich wie mündlich vorzutragen. Hierbei wurden von den Verbänden diverse Verbesserungsvorschläge eingebracht (siehe Tabellen 26 und 27), von denen im folgenden Abschnitt einige exemplarisch angeführt werden.

Im Gesetzestext berücksichtigte Änderungsvorschläge

In den Anhörungen kritisierten die Verbandsvertreter die ursprünglich vorgesehenen Regelungen zum Förderverfahren grundlegend und übereinstimmend als „zu kompliziert", „nicht beratungsfähig" und für die tägliche Praxis „nicht umsetzbar" (BVI und GDV in Deutscher Bundestag 2000b). Angesichts dessen machten sie diverse Änderungsvorschläge für verfahrenstechnische Vereinfachungen der Förderung der privaten Altersvorsorge: Anders als im ursprünglichen Gesetzentwurf vorgesehen worden war, sollte die Überprüfung der Förderfähigkeit der Produkte nicht mehr für jeden Einzelfall durch das Finanzamt erfolgen, sondern stattdessen wurde – dem Vorschlag des BVI entsprechend – nachträglich ein Zertifizierungsverfahren in den Gesetzentwurf eingearbeitet, damit „Unsicherheiten im Vertrieb und unnötige Doppelprüfungen des Vorliegens der Fördervoraussetzungen durch die einzelnen Finanzämter vermieden werden" (BVI in Deutscher Bundestag 2000d: 144). Darüber hinaus wurden die Regelungen in Bezug auf die förderfähigen Beiträge und Mindesteigenbeiträge auf Initiative der Finanzdienstleistungsbranche grundlegend überarbeitet: Zur Verfahrenserleichterung berechneten sich der Mindesteigenbeitrag nicht mehr – wie zunächst geplant – aus dem sozialversicherungspflichtigen Arbeitseinkommen des laufenden, sondern aus dem des Vorjahres. Zudem wurde die Obergrenze für die Einzahlung in ergänzende Vorsorgeprogramme (d.h. auch die Höchstgrenze für den Sonderausgabenabzug) auf maximal 4% der Beitragsbemessungsgrenze der gesetzlichen Rentenversicherung festgelegt. Auf diese Weise würde der förderfähige Vorsorgebeitrag bereits zu Beginn eines jeden Jahres feststehen. Wäre das *laufende* Einkommen – wie im Entwurf vorgesehen – als Grundlage für die Berechnung der Mindest- und Höchstbeiträge herangezogen worden, hätte die Beitragshöhe von Monat zu Monat schwanken können und vom Versicherten monatlich neu berechnet werden müssen. Damit wären ungewollte Überzahlungen sowie förderschädliche Unterzahlungen vorprogrammiert gewesen. Aber schon allein aus praktischen Erwägungen erschien eine Änderung des Bezugszeitraums für die Berechnung der förderfähigen Beiträge und der Mindestbeiträge sinnvoll, denn andernfalls hätte die Zahlung der – mitunter schwankenden – Eigenbeiträge monatlich neu avisiert werden müssen, da weder die Einrichtung eines Dauerauftrages noch eine Einzugsermächtigung möglich gewesen wäre.[295] Von Seiten des BVI wurde im Hinblick auf eine verfahrenstechnische Optimierung angeregt, dass nicht nur einzelne Verträge, sondern auch Musterverträge zertifiziert werden sollten, um den Ämtern wie auch den Anbietern Doppelprüfungen zu ersparen. Darüber hinaus wurde der von der Finanzdienstleistungsbranche unisono geforderten Streichung des vorgesehenen Strafversprechens entsprochen, schließlich unterlägen die in Frage kommenden Anbieter von Altersvorsorgeverträgen bereits der Finanzaufsicht. Weitere, zumeist sachlogisch begründete Veränderungen des Gesetzentwurfs wurden beispielsweise im Hinblick auf die Unschädlichkeit der Förderung bei Unterbrechung der Beitragszahlungen oder die Konkretisierung des Auszahlungszeitpunkts bei verminderter Erwerbsfähigkeit angeregt und auch umgesetzt. In diesen Detailfragen hat die institutionalisierte Beteiligung der Finanzdienstleistungsbranche in mehreren Punkten zu einer deutlichen Vereinfachung der praktischen Umsetzbarkeit und Handhabung des Reformgesetzes geführt, von der nicht nur sie selber, sondern auch die Versicherten sowie die Finanzverwaltung profitierten.

Im Gesetzestext nicht berücksichtigte Änderungsvorschläge

Demgegenüber gab es aber auch Detailvorschläge, die trotz entsprechender Forderungen der Branche keinen Eingang in den Gesetzestext gefunden haben:

---

[295] Umsetzungsschwierigkeiten wurden aber nicht allein von Seiten der Finanzdienstleister aufgezeigt, sondern z.B. auch von der Deutschen Steuergewerkschaft (DStG), die ihrem Unmut darüber kundtat, dass „beim Abfassen des §10 a niemand daran gedacht [hat], dass er auch in der Praxis umgesetzt werden soll" (Ondracek, DStG, in Deutscher Bundestag 2000b: 18). Kritisiert wurde das vom BMA vorgeschlagene Förderverfahren, da der Gesamtbetrag der laufenden Einkünfte als Grundlage für die Berechnung der laufenden Mindest- und Höchstbeiträge herangezogen werden sollte, obwohl für einen Großteil der erwerbstätigen Bevölkerung die Summe der Einkünfte erst nachträglich vom Finanzamt im Rahmen des Einkommensteuer-Bescheids festgestellt wird. Angesichts dessen sei an dieser Stelle die Bemerkung erlaubt, dass ein derartiger Vorschlag nur von verbeamteten Ministerialbürokraten stammen kann, deren Gehalt tatsächlich in der Höhe nicht schwankt und zu Jahresbeginn weitgehend feststeht.

Nicht umgesetzt wurden insbesondere jene Vorschläge, die allein den privatwirtschaftlichen Interessen der Finanzdienstleister an einer Verfahrenserleichterung und Kostenersparnis entsprachen, gleichzeitig aber zu einer Verringerung des Verbraucherschutzes geführt hätten. Beispielsweise war von Seiten der Finanzdienstleistungsbranche die Streichung der Vorgabe zur Verteilung der Abschluss- und Vertriebskosten über zehn Jahre oder das Streichen des Rücktrittsrechts der Kunden bei Missachtung der (vor)-vertraglichen Informationspflichten durch die Anbieter gefordert worden. Auch die von den Grünen in der späten Phase des Gesetzgebungsverfahrens eingebrachten Informationspflichten über ethische, soziale und ökologische Belange bei der Verwendung eingezahlter Beiträge wurden trotz der Kritik des Investmentverbandes nicht revidiert.

Die Tabellen 26 und 27 fassen diese und weitere Detailfragen zusammen, zu denen von Seiten der Verbände spezifische Änderungsvorschläge in den Ausschuss eingebracht worden waren.[296] Der Überblick zeigt, in welchen Fragen sich die Finanzbranche im Zuge der institutionalisierten Einbindung im Reformprozess durchsetzen konnten und in welchen nicht. Die Verringerung der Komplexität des Förderverfahrens war seinerzeit – wie auch heute noch – zentrales Anliegen, damit die angestrebten Gewinne nicht durch die Kosten für den Vertrieb und die Administration der Riester-Renten aufgezehrt und die avisierten Abschlussquoten realisiert werden würden. Angesichts dessen betonte Riester, der mit den Bedingungen für die Förderfähigkeit der Produkte einen gewissen Verbraucherschutz gewährleisten wollte, dass die „Finanzanbieter, Versicherungen, Banken und Vertreiber von Altersvermögensfonds (…) völlig anders geartete Interessen [hatten]. Der Verkauf ihrer Produkte sollte mit möglichst geringen Auflagen verbunden sein, gleichzeitig erhofften sie sich einen großen Anteil an dem zu erwartenden Förderungsvolumen" (Riester 2004: 168).

Die Veränderungen bei Detail- und Formulierungsfragen des Gesetzes, die von Seiten der Finanzdienstleister eingefordert worden waren, führten zwar zu einer deutlichen Vereinfachung des Förderverfahrens, so dass der Vertrieb der geförderten Altersvorsorgeprodukte unkomplizierter und verwaltungstechnisch weniger aufwändig sein würde. Da aber nicht allen spezifischen Forderungen entsprochen wurde, werden bis heute Forderungen hinsichtlich einer Vereinfachung des Verfahrens an die politischen Entscheidungsträger herangetragen (Die Bank 2002: 371f.; Finke et al. 2003: 40-42; GDV 2002a: 13f.; 2002b).[297]

---

[296] Die Tabellen enthalten auch spezifische Änderungsvorschläge zu den bereits dargelegten Sachfragen, wie z.B. zur Umsetzung der Beitragsgarantie oder zur Gestaltung der Auszahlphase.
[297] Die Komplexität des Förderverfahrens wird gemeinhin als wesentliche Ursache für die geringe Nachfrage nach Riester-Renten angeführt. Daher veröffentlichte der Bankenverband jüngst eine Studie „Den Lebensstandard sichern. Plädoyer für die kapitalgedeckte Altersvorsorge", in der Vereinfachungsvorschläge unterbreitet wurden, um den Verbreitungsgrad privater Vorsorgeformen und insb. der Riester-Rente in der Bevölkerung zu erhöhen (Bundesverband deutscher Banken 2008).

Tabelle 26: Berücksichtigung spezifischer Vorschläge des GDV

GDV Vorschläge zum AVmG-Entwurf (Dezember 2000) Berücksichtigt (+); Nicht berücksichtigt (-); Bedingt berücksichtigt (+/-)	
Höchstbetrag nur abhängig von der Beitragsbemessungsgrenze	+
Mindesteigenbeitrag am Vorjahreseinkommen orientieren	+
Unterbrechungen bei laufenden Eigenbeiträgen nicht förderschädlich	+
Auszahlungszeitpunkt bei verminderter Erwerbsfähigkeit konkretisieren	+
Auszahlungen im Todesfall zulassen	+
An der Garantie der eingezahlten Beiträge festhalten	+
Keine Leistungsabfälle während der gesamten Auszahlungsphase	+
Informationspflichten für alle Anbieter vergleichbar ausgestalten	+
Bescheinigung auf die notwendigen und vorhandenen Angaben beschränken	+
Nachgelagerte Besteuerung: BVerfG-Urteil abwarten	+
Zulage direkt an Steuerpflichtige auszahlen	-
Verteilung von Abschluss- und Vertriebskosten entbehrlich	-
Einbeziehung der Unfallversicherung mit Beitragsrückgewähr	-
GDV Vorschläge zum AVmG-Entwurf (Januar 2001)	
Vertragsstrafe ersatzlos streichen, da staatlicher Aufsicht unterliegen	+
Vorvertragliche Informationspflichten* bei Altvertragsumstellung streichen	+/-
Teilverrentung und Auszahlungsplan - Halbierung der %-Sätze bei sofortigem Abschluss einer RV streichen - Stattdessen Rückkehr zur Regelung, dass 10% des Sparkapitals zu Beginn der Auszahlphase verrentet werden - Möglichkeit, den Kapitalteil erst mit 85 in RV einzubringen, streichen	+/-
Verteilung der Abschlusskosten über eine Zeit von 10 Jahren streichen	-
Möglichkeit, Inform. über gebildetes Kapital durch Angabe vers. Leistung	-
Anbieterwechsel: Bei RV statt Auszahlung des geb. Kapitals Rückkaufswert	-
Kreis der Anbieter auch auf „Versicherungsunternehmen" ausdehnen	-
Informationspflicht vor Vertragsabschluss - Sonderregelung für Versicherungsvertr. streichen, wonach Information vor Antragstellung erfolgen muss	-
Information über die Höhe von Kosten entbehrlich, aber Angabe der Höhe der künftigen Leistungen und des hiervon garantierten Teils erforderlich.	-
Widerspruchsrecht statt Rücktrittsrecht bei Informationspflichtverletzung	-
GDV Vorschläge und Forderungen zum EStG-Entwurf	
Amtl. Bescheinigung: Keine Angabe d. durch Zulage gefördert. Eigenbeitra.	+
Auszahlung der Zulage direkt an den Steuerpflichtigen	-

Quelle: GDV in Deutscher Bundestag (2000d; 2001k).

Tabelle 27: Berücksichtigung spezifischer Vorschläge des BVI und ZKA

BVI Vorschläge zu Fördervoraussetzungen lt. AVmG-Entwurf (Dez. 2000) Berücksichtigt (+); Nicht berücksichtigt (-); Bedingt berücksichtigt (+/-)	
Kein zwingender Beginn der Auszahlungsphase bei Beginn einer Rente wegen verminderter Erwerbsfähigkeit	+
Zertifizierung von Altersvorsorgeverträgen	+
Keine Erbringung von Steuerberatungsleistungen durch KAG	+
Nicht-Abtretbarkeit und Nicht-Pfändbarkeit vorsehen	+
Angemessene Eigenkapitalausstattung für Beitragszusage durch Kombination von Fondsstruktur und Mindestlaufzeiten; Drohverlustrückstellung nur im Einzelfall gegen Ende der Laufzeit bei Unterdeckungsgefahr	+
Rückgabe von Anteilsscheinen in Auszahlphase berücksichtigen	+*
Kostenverteilungs- u. Informationspflichten auch bei Altverträgen	+/-
Integration eines Leitmodells	-
Keine Zusagen für nicht geförderte Eigenbeiträge bzw. bei Anbieterwechsel	-
Förderunschädliche Teilauszahlung im Alter	-
ZKA Vorschläge zu Fördervoraussetzungen lt. AVmG-Entwurf (Jan 2001)	
Auszahlungszeitpunkt: Aufteilung, dass bei verminderter Erwerbsfähigkeit nur die Zahlungen wegen verminderter Erwerbsfähigkeit zu erbringen sind und Leistungen der Altersvorsorge erst mit Beginn der Altersgrenze.	+
Auszahlungsmodalitäten: Keine Beschränkung auf Renten und Auszahlungspläne in gleich bleibenden oder steigenden Zahlungen; stattdessen annuitätische Auszahlungspläne und Investment-Auszahlpläne	+*
Strafversprechen: Keine Einführung von Vertragsstrafen	+*
Antragstellung auf Zertifizierung: Antrag nicht nur durch jedes einzelne Kreditinstitut, stattdessen sollten auch Musterverträge zertifiziert werden	+*
Verrentung eines Restbetrags nach Auszahlungsplan: Möglichkeit einer Staffelung der jeweils höheren prozentualen Anteile des Kapitals, die in eine RV eingebracht werden müssen, sollte nicht aufgenommen worden	+/-
Informationspflichten: Keine Ausnahmen von den Informationspflichten für Altverträge bei der Umstellung auf Altersvorsorgeverträge	+/-
Informationspflichten: Keine schriftliche Information über ethische, soziale und ökologische Belange bei Verwendung eingezahlter Beiträge	-
Verwendung von Beträgen für Alterssicherungszwecke ermöglichen	-

Quelle: BVI in Deutscher Bundestag (2000d); ZKA in Deutscher Bundestag (2001f; 2001k); * = im Zuge des Vermittlungsausschusses aufgenommen.

6.3.4 Resümee

Im Verlauf des politischen Entscheidungsprozesses zur Rentenreform 2001 sind im Hinblick auf die grundsätzliche Ausrichtung des Reformvorhabens, spezifische Sachfragen wie auch Detail- und Formulierungsfragen politische Entscheidungen gefällt worden, die den Interessen der (einzelnen Sektoren der) Finanzdienstleistungsbranche vielfach entsprachen. Die konzeptionelle Ausrichtung der Rentenreform 2001 wie auch die Ausgestaltung spezifischer Sachfragen und die Veränderungen, die im Verlauf des Reformprozesses vorgenommen wurden, legen nahe, dass die vielfältigen lobbyistischen Aktivitäten und Beziehungsstrukturen der Finanzdienstleistungsbranche Wirkung gezeigt haben (Tabelle 28).

Tabelle 28: Ausrichtung und Veränderung der Reform im Brancheninteresse

Sektorübergreifend	
- Stärkung der privaten Altersvorsorge und Leistungskürzungen der GRV	
- Verhinderung der Einführung von Tariffonds	
- Verhinderung der Ausweitung des in GRV versicherten Personenkreises	
- Verhinderung der Einführung der Privatvorsorge als Obligatorium	
- Vereinfachung des Förderverfahrens*	
- Nur bedingte Berücksichtigung von Wohneigentum im Förderverfahren*	
Versicherungssektor	**Banken- und Investmentsektor**
- Förderung der Zusatzvorsorge nur unter Wahrung von Qualitätsstandards (Absicherung biometrischer Risiken, Garantie von Mindestleistungen)	- Beitragserhaltungszusage bei Auszahlungsbeginn durch Vorgaben zu Fondsstruktur u. Mindestlaufzeit ausreichend
- Gegen Aufweichung der Mindestkriterien zur Anlagensicherheit*	- Verhinderung der Beitragserhaltungszusage alle zehn Jahre
- Zwangsverrentung in der Auszahlungsphase*	- Beginn der Zwangsverrentung nach hinten verlegt und Umfang verringert
- Erhalt bestehender Incentives	- Berücksichtigung der AS-Investmentrente im Reformkonzept und von Auszahlplänen in der Auszahlphase

Quelle: Eigene Darstellung. Anmerkungen: für Erfolge im Hinblick auf Detailfragen der Reform vgl. Tab. 26, 27 in Kap. 6.3.3; * = zum Teil berücksichtigt.

Wenngleich sich die Branche zwar nicht in allen konzeptionellen und inhaltlichen Punkten durchsetzen konnte, waren die lobbyistischen Aktivitäten der Finanzbranche gerade in der zentralen Frage der Ausrichtung des Reformvorhabens offensichtlich von Erfolg gekrönt. Die Berücksichtigung sektorspezifischer Interessen im Hinblick auf einzelne Sachfragen spiegelt sehr deutlich wider, dass der Konkurrenzkampf der Sektoren um Marktanteile an der Altersvorsorge, nunmehr auf rentenpolitischem Terrain und über entsprechendes lobbyistisches Engagement ausgefochten wurde. Im späten Stadium des Reformprozesses wurden zwar vielfältige Vorschläge der Finanzdienstleistungsbranche im Hinblick auf Detail- und Formulierungsfragen berücksichtigt. Diese waren im Vergleich zur Grundausrichtung des Reformvorhabens und den spezifischen Sachfragen der Reform aber von sekundärer Bedeutung. Dabei ist herauszustellen, dass auf Anregung der Finanzdienstleistungsbranche gerade in dieser späten Phase Veränderungen im Förderkonzept vorgenommen wurden, die im Interesse der Finanzverwaltung und der potentiellen Kunden insgesamt zu einer erheblichen Verbesserung der administrativen Umsetzung des Förderverfahrens geführt haben. Eine abschließende Beurteilung des Einflusses der (einzelnen Sektoren) der Finanzdienstleistungsbranche, auch im Hinblick auf die Ressourcen der Branche und die situativen Gegebenheiten im Policy-Netzwerk, erfolgt in Kapitel 6.4.

6.4 Fazit: Gleichgerichteter und konkurrierender Einfluss

Die zentrale Frage nach dem Einfluss der Verbände und Unternehmen auf den Gesetzgebungsprozess, im Sinne einer validen „Quantifizierung" des Ausmaßes der Änderung politischer Entscheidungen als Wirkung der lobbyistischen Aktivitäten, ließe sich am ehesten beantworten, indem das tatsächliche Politikergebnis mit dem Ausgang des politischen Entscheidungsprozesses verglichen würde, bei dem es diese Einflussnahme *nicht* gegeben hätte; der Unterschied in den Reformergebnissen würde dann den Einfluss der lobbyistischen Aktivitäten anzeigen (in Anlehnung an Adam 1974: 28ff.). Eine solch abstrakte „labormäßige" Wiederholung des politischen Entscheidungsprozesses zur Rentenreform 2001, bei dem die Aktivitäten und Beziehungsstrukturen der Finanzdienstleister quasi isoliert und die Resultate der Reformprozesse mit und ohne Einfluss der Branche abgeglichen werden, ist – wie bei allen empirischen Untersuchungen zu politisch-sozialen Entscheidungsprozessen – generell unmöglich. Allerdings kann der Einfluss der Finanzdienstleistungsbranche auf den politischen Entscheidungsprozess anhand der dargelegten Untersuchungsergebnisse begründet und belegt werden. Hierzu wird im Folgenden, ausgehend von den theoretischen Vorüberlegungen und den Ergebnissen der empirischen Untersuchung, das Einflusspotential der Finanzdienstleistungsbranche im Allgemeinen wie auch der einzelnen Sektoren im Besonderen im Politikfeld Alterssicherung aufgezeigt. Anschließend wird zusammenfassend dargelegt, mit welchen Mitteln die Finanzdienstleistungsbranche versucht hat, die Rentenpolitik in ihrem Interesse zu beeinflussen, und ausgeführt, inwiefern die Rentenreform 2001 den Zielvorstellungen und Forderungen der Branche entspricht.

Fazit: Gleichgerichteter und konkurrierender Einfluss 299

Ausführungen zum Einflusspotential der Finanzdienstleistungsbranche

Das zentrale, sektorübergreifende politische Ziel der Finanzdienstleistungsbranche bestand im Vorfeld und im Verlauf der Rentenreform 2001 darin, im Gesamtsystem der Alterssicherung eine relative Aufwertung der privaten, kapitalgedeckten Altersvorsorge zulasten der GRV herbeizuführen. Auf diese Weise würden sich, so das Kalkül der privaten Finanzdienstleister, ihre Geschäftsaussichten und Wachstumschancen auf dem Altervorsorgemarkt grundsätzlich verbessern. Und in der Tat wird die Rentenreform 2001 ihrer konzeptionellen Ausrichtung nach dem Interesse der Branche weitgehend gerecht, denn die Teil-Privatisierung der Alterssicherung verbessert in zweifacher Weise die Rahmenbedingungen für die zukünftige Geschäftstätigkeit der Branche: Zum einen wird die Notwendigkeit privater Altersvorsorge bei den politischen Entscheidungsträgern, den Medien und in der Öffentlichkeit nicht nur gemeinhin akzeptiert, sondern sie ist aufgrund der Leistungskürzungen der GRV de facto zwingend gegeben. Der faktische Zwang zur „freiwilligen" Zusatzvorsorge führte und führt dazu, dass die in der GRV versicherten Personen nicht nur von den Marketing-Abteilungen der Finanzdienstleister, sondern nunmehr auch von den politischen Entscheidungsträgern mit zunehmender Intensität zu vermehrter privater Altersvorsorge aufgefordert werden. In diesem Sinne betont ein Vertreter des Bundesrechnungshofes (BRH), die neu eingeführte „Renteninformation solle dazu dienen, die Versicherten zu animieren, eine private Altersvorsorge aufzubauen, wenn die Rentenhöhe als nicht ausreichend angesehen werde" (Roßner, BRH, in Deutscher Bundestag 2001g: 51). Zum anderen erfolgt von Seiten des Staates eine umfassende, wenn auch indirekte Subventionierung der Anbieter entsprechender Vorsorgeprodukte. Der Staat belässt es nicht ausschließlich bei einem bloßen Appell zur Privatvorsorge, sondern er stellt darüber hinaus für die Versicherten finanzielle Anreize für private Zusatzvorsorge her, indem er die Beiträge zur Riester-Rente in erheblichem Umfang aus dem allgemeinen Steueraufkommen bezuschusst.[298] Das Kundenpotenzial der Finanzdienstleistungsbranche beschränkt sich somit nicht länger auf jene, die freiwillig und zusätzlich privat vorsorgen wollen und können, sondern erstreckt sich nunmehr – zumindest theoretisch – auf alle in der GRV Versicherten, welche bei der Privatvorsorge vom Staat finanziell unterstützt werden, um die mit der Abkehr von dem rentenpolitischen Ziel der Lebensstandardsicherung durch die GRV verbundene Rentenniveauabsenkung durch eigenverantwortliche Privatvorsorge aufzufangen. Zusammengenommen entspricht das Reformergebnis dem zentralen Interesse der Finanzdienstleistungsbranche an einer erheblichen Verbesserung der Geschäfts-

---

[298] Zu verteilungspolitischen Wirkungen der Förderung vgl. Himmelreicher/Viebrok (2001; 2003).

tätigkeit auf dem Markt für Altersvorsorgeprodukte, die sich nicht nur an der mittlerweile fast elf Millionen abgeschlossenen Riester-Renten, sondern auch an der insgesamt stärkeren Verbreitung von Vorsorgeprodukten und Vermögensanlagen, auch ohne spezifische Altersbindung, ablesen lässt.

Vor diesem Hintergrund stellt sich abschließend die Frage, inwiefern der durch die Rentenreform 2001 eingeleitete rentenpolitische Paradigmenwechsel konkret auf den Einfluss der Finanzdienstleistungsbranche zurückgeführt werden kann. Aus den theoretischen Überlegungen zu den Durchsetzungschancen von Interessen ging hervor, dass für die Einflussnahme von Interessen im Hinblick auf die Interessenvertretung im Politikfeld Alterssicherung eine deutliche Asymmetrie der Durchsetzungschancen besteht: Im Wesentlichen treffen hier im Zuge des Reformprozesses die in der GRV versicherten Personen wie auch die Rentenbezieher auf der einen Seite und die Unternehmen und Verbände der Finanzbranche auf der anderen Seite aufeinander, deren Organisationsfähigkeit und Konfliktfähigkeit extrem unterschiedlich ausgeprägt sind. Insbesondere der „normale Durchschnittsbürger" wie auch die immer größer werdende Gruppe älterer Menschen verfügen über relativ wenig Entzugsmöglichkeiten, so dass diese als kaum konfliktfähige und nur schwer zu organisierende Gruppen charakterisiert werden, wenngleich die Rentner als relevante Wählerschicht gelten (Heinze/Voelzkow 1997; Winter 2007). Im Unterschied dazu ist das Einflusspotenzial der Finanzdienstleistungsbranche angesichts der relativ kleinen, homogenen Gruppe der in den einzelnen Sektoren vertretenen Unternehmen ebenso gegeben, wie die Möglichkeit eines systemrelevanten Leistungsentzugs, z.B. durch die Androhung eines „Investitionsstreiks", von Arbeitsplatzabbau oder Kapitalabwanderung. Neben diesen strukturellen Variablen, die gewissermaßen die Grundvoraussetzungen einer erfolgreichen Interessenvertretung darstellen, verfügen die Unternehmen und Verbände dieser Branche in erheblichem Umfang über die beiden zentralen Organisationsressourcen Finanzkraft und Personal, die wesentliche Bedingungsfaktoren für die grundsätzliche Möglichkeit wie auch für die Größenordnung der Mobilisierung der Einflussmethoden sind. Wenngleich es den in der GRV Versicherten und den Rentnerinnen und Rentnern an vergleichbaren finanziellen und personellen Ressourcen zur Interessenvertretung mangelt, determinieren aber nicht allein die strukturellen Asymmetrien und die differierenden Ressourcenpotenziale den Einfluss der Finanzdienstleistungsbranche in der Rentenpolitik. Schließlich bestanden diese in ähnlicher Weise auch bereits bei vorangegangenen Rentenreformen, ohne dass die finanzstarken, privatwirtschaftlichen Interessen in der Vergangenheit eine Teil-Privatisierung der Alterssicherung hätten durchsetzen können. Bei früheren Reformen schienen die lobbyistischen Bemühungen der Finanzbranche an den Spezifika des deutschen rentenpolitischen Policy-Netzwerks zu scheitern: Während hier über Jahrzehnte konsensual die Verpflichtung auf das Sozialversicherungsparadigma bestand, war der Zugang der Finanzbranche zu den rentenpolitischen Entscheidungsträgern weitgehend versperrt. Damit war eine weitere Grundvoraussetzung für den effektiven Einfluss auf politische Entscheidungsträger nicht gegeben, denn

> „Zugang zu haben beinhaltet die Chance, Informationen zu transportieren, die die Präferenzen der Entscheidungsträger ändern können. Ohne Kontakt zu den Entscheidungsträgern ist politische Einflussnahme kaum möglich" (Winter 2007: 227).

Im Gegensatz dazu befand sich das rentenpolitische Policy-Netzwerk gegen Ende der 1990er Jahre im Umbruch, da sich im bis dahin stabilen Kern des Policy-Netzwerks institutionelle Verschiebungen und personelle Veränderungen abzeichneten. In dieser Phase drängte die Finanzdienstleistungsbranche als neuer Akteur in das Netzwerk, wobei die Chancen auf Beteiligung am Reformprozess und Einflussnahme durch das stärkere Auftreten des Bundesfinanzministeriums in der Rentenpolitik stiegen, da zum BMF – anders als zum BMA – sehr viel engere Beziehungen wie auch inhaltliche Parallelen bei rentenpolitischen Zielen bestanden. Erst angesichts dieses neuen Zugangs gelang es der Finanzdienstleistungsbranche, ihre dritte wesentliche Ressource effektiv einzusetzen: Das Verfügen über Informationen und Sachverstand zur privaten Altersvorsorge wie auch zur Kapitalmarktregulierung, da es im rentenpolitischen Policy-Netzwerk – mangels Erfahrung mit der zu regelnden Materie – an entsprechender Expertise fehlte, was zum Teil durch die Beteiligung des BMF am Reformprozess aufgefangen wurde. Nicht zuletzt wurden die Einflusschancen der Branche auch dadurch erhöht, dass sie zur Artikulation ihrer privatwirtschaftlich motivierten (Sonder-)Interessen gesamtwirtschaftlich wie auch gemeinwohlorientiert argumentierte, indem sie beispielsweise auf allgemein akzeptierte Normen verwies (Stichwort: Generationengerechtigkeit) oder ihre Interessen als die der Allgemeinheit bzw. insbesondere der zukünftigen Rentner ausgab (Stichwort: Wettbewerbsfähigkeit Deutschlands bzw. das Schließen der „Rentenlücke" durch Privatvorsorge). Außerdem konnte sich die Finanzdienstleistungsbranche bei spezifischen Sachfragen insbesondere durchsetzen, sofern sie bei der Interessenvertretung Unterstützung von anderen gesellschaftlichen Gruppen erfuhr.[299]

Neben den strukturellen Ressourcenpotenzialen zur Interessenvertretung und den Veränderungen im rentenpolitischen Policy-Netzwerk wirkte sich auch die allgemeine politische Situation und (Um-)Orientierung in Deutschland posi-

---

[299] Z.B. stieß die Einführung von Tariffonds oder das vorgesehene Obligatorium zur Privatvorsorge nicht nur seitens der Finanzdienstleister, sondern auch bei weiteren gewerkschaftlichen und politischen Akteuren auf Ablehnung. Entsprechend war die Finanzdienstleistungsbranche weniger erfolgreich, wenn ihr – wie beispielsweise mit der Immobilienwirtschaft – ein gleichrangiger Lobbyist gegenüberstand.

tiv auf die Durchsetzungsfähigkeit der privatwirtschaftlichen Interessen der Branche aus:[300] In Deutschland erfolgte in dieser Phase ein politischer Richtungswechsel, der vereinfacht als Trend hin zu einem schlanken Staat und zur stärkeren Individualisierung der Gesellschaft – „vom fürsorgenden Staat zum vorsorgenden Bürger" – bezeichnet werden kann und sich bereits Anfang der 1990er Jahre abzeichnete (Schmitthenner 1995). Dieser politische Richtungswechsel beschränkte sich weder auf die so genannten „Modernisierer" in der SPD noch auf das Politikfeld Alterssicherung, sondern zeichnete sich über Parteigrenzen hinweg und auch in anderen Politikbereichen dadurch aus, dass bislang öffentliche Aufgaben zunehmend privatisiert wurden und im Hinblick auf die sozialen Sicherungssysteme die Förderung von individueller „Eigenverantwortung" anstelle eines umfassenden Sozialstaates verfolgt wurde (Aust et al. 2006; Berner 2004; Nullmeier 2006).[301] Die Einengung der Rentendebatte auf die als zwingend erforderlich ausgewiesene Senkung der Lohnnebenkosten ist ebenso ein Ausdruck dieser Entwicklung wie die im Bundestagswahlkampf 1998 von allen Parteien (mit Ausnahme der PDS) vertretene Forderung nach einer „notwendigen" Stärkung der privaten Zusatzvorsorge (Marschallek 2003).[302]

Zusammenfassend lässt sich konstatieren, dass der Einfluss der Finanzdienstleistungsbranche auf die Rentenreform 2001 grundsätzlich auf deren hohen Grad an Organisations- und Konfliktfähigkeit basierte, ohne dass sich – anders als die Pluralismustheorie unterstellt – quasi automatisch ein gleichmächtiger Gegenpart herausgebildet hätte, mit der sie um Einfluss konkurrieren müsste. Die erheblichen finanziellen und personellen Ressourcen der Unternehmen und Verbände der Finanzdienstleistungsbranche ermöglichte ihnen im Verlauf des rentenpolitischen Entscheidungsprozesses in relevantem Umfang unterschiedliche Einflussaktivitäten zu entfalten und Beziehungsstrukturen auf- und auszubauen, um die entscheidungsrelevanten Positionen im politischen System über verschiedene Ebenen einzubeziehen. Zudem eröffneten sich durch die Instabilität des rentenpolitischen Policy-Netzwerks Zugangschancen zum entscheidungsrelevan-

---

[300] Ebenso wirkten internationale Entwicklungen auf die deutsche Rentendiskussion. Exemplarisch sei hier auf die internationalen Diskurse über die Auswirkungen der demographischen Entwicklung auf die Rentensysteme und die Staatshaushalte, die realen Reformen insbesondere in den Mittel- und Osteuropäischen Ländern in Richtung Teil-Privatisierung, die „Standortdebatte" und die damit verbundene „Notwendigkeit" der Stabilisierung bzw. Reduzierung der Lohnnebenkosten verwiesen.

[301] In diesem Sinne betont Ebert (2001), ehemaliger BMA-Abteilungsleiter, dass ein Systemwechsel hin zur Stärkung der Privatvorsorge weder aus ökonomischen noch aus demographischen Gründen erforderlich, aber aufgrund des Trends hin zur Individualisierung politisch geboten sei (Ebert 2001).

[302] Der Politikwechsel wird u.a. auch am innerparteilichen Richtungsstreit der SPD deutlich, der insbesondere auf rentenpolitischem Terrain ausgefochten wurde. Die programmatischen Diskussionen „Solidarität versus Eigeninitiative" und „staatliche Fürsorge versus individuelle Eigenverantwortung" sind die groben Konfliktlinien der Debatte um den „aktivierenden Sozialstaat" (Butterwegge 2005: Kapitel 6; Gohr 2003: 43ff.; Urban 2000: 225: ff.).

ten Kern des Politikfeldes, wobei die Durchsetzungsfähigkeit ihrer Interessen durch die situativen politischen Gegebenheiten erhöht wurde. Die Kombination von struktureller Überlegenheit, vergleichsweise hohen Ressourcen und insgesamt begünstigenden (politischen) Rahmenbedingungen sowohl im betreffenden Policy-Netzwerk als auch in der politischen und öffentlichen Debatte ermöglichte es der Finanzdienstleistungsbranche im Verlauf des Reformprozesses, sich erfolgreich als neuen Akteur im rentenpolitischen Policy-Netzwerk zu etablieren, als wesentliche Kraft bei der Entwicklung und Umsetzung der Teil-Privatisierung der Alterssicherung zu wirken und im eigenen Interesse zu agieren. Dies wird insbesondere durch die konzeptionelle Ausrichtung der Rentenreform 2001 wie auch in der erstmaligen institutionalisierten Beteiligung von Verbänden der Branche an einem rentenpolitischen Entscheidungsprozess belegt. Nicht ohne Grund stufen auch die Verbände selbst die Teil-Privatisierung der Alterssicherung explizit als Erfolg ihrer Einflussaktivitäten ein (BVI 2001b; GDV 2001c).

Wenngleich die einzelnen Sektoren der Finanzdienstleistungsbranche im Politikfeld Alterssicherung sektorübergreifende Interessen, insbesondere bei der konzeptionellen Ausrichtung der Rentenreform, verfolgten, wurden diese sektorspezifisch artikuliert. In dieser Phase kam es zu keinem (auch nicht temporären) Zusammenschluss der Unternehmen oder Verbände der beiden Sektoren, sondern der gesamte Reformprozess war durch ihre Konkurrenz geprägt. Nachdem die lobbyistischen Aktivitäten und Beziehungsstrukturen bereits im Detail aufgezeigt wurden, ist nachfolgend zu erklären, wie die einzelnen Sektoren bei der Vertretung ihrer spezifischen Interessen strategisch vorgegangen sind. Dabei wird abschließend beurteilt, worauf sich deren Einfluss in einzelnen Phasen des Reformprozesses bzw. bei einzelnen Sachfragen der Rentenreform begründete.

Einfluss des Versicherungssektors

Der Versicherungssektor, insbesondere der GDV, hatte sich direkt nach dem Regierungswechsel frühzeitig strategisch positioniert und trat dabei – wie in anderen Politikfeldern auch – weniger als fordernder, besitzstandswahrender Lobbyist, sondern als Partner der Politik auf. Im Verlauf des Rentenreformprozesses zeichnete sich beim GDV ein grundsätzlicher „stilistischer Wandel bei der Lobbyarbeit" ab (Blum-Barth 2005: 228): Nachdem bei vorangegangenen Reformen vielfach erst auf vorliegende Gesetzesinitiativen reagiert wurde, zeigte sich der Versicherungsverband offensiver als bisher, entwickelte ein eigenes Gesamtkonzept zur zukünftigen Ausgestaltung der Alterssicherungspolitik und suchte auf der Sachebene aktiv das Gespräch mit politischen Entscheidungsträgern. Bereits wenige Wochen nach dem Regierungswechsel im Herbst 1998, also lange bevor die ersten Reformentwürfe des BMA im Juni 1999 veröffentlicht wurden, präsentierte der GDV seine eigenen Reformvorstellungen.

Tabelle 29: GDV-Konzept und AVAG-Diskussionsvorschlag

GDV Konzept Neuausrichtung der Alterssicherungssysteme (Juli 2000)	Diskussionsentwurf zum AVAG (September 2000)
Aufwendungen für Alterszusatzversorgung sind Ausgaben zu Verträgen über kapitalgedeckte Altersversorgung gegen laufende Beitragsleistung,	Ein Altersvorsorgevertrag liegt vor, wenn a) in der Ansparphase laufend Eigenbeiträge erbracht werden;
Weitere Voraussetzung (...) ist, dass a) die Auszahlung einer Altersversorgungsleistung nicht vor dem 60. Lebensjahr des Steuerpflichtigen oder nicht vor Beginn einer Altersrente des Steuerpflichtigen aus den gesetzlichen Rentenversicherungen erfolgt (...)	b) Leistungen nicht vor Vollendung des 60. Lebensjahrs oder dem Beginn einer Altersrente des Steuerpflichtigen aus der gesetzlichen Rentenversicherung erbracht werden (Beginn der Auszahlungsphase), (...)
c) bei Vertragsabschluss garantiert wird, dass das für die Altersversorgungsleistung zu verrentende Kapital mindestens den eingezahlten Aufwendungen entspricht (...)	c) vom Anbieter des Altersvorsorgevertrags bei Vertragsabschluss zugesagt wird, dass zu Beginn der Auszahlungsphase zumindest die eingezahlten Beiträge für die Auszahlphase zur Verfügung stehen;
e) eine Veräußerung, eine Beleihung, eine Verpfändung oder eine Abtretung der Ansprüche vertraglich ausgeschlossen ist (...)	k) die Abtretung oder Übertragung von Forderungen oder Eigentumsrechten aus dem Vertrag an Dritte ausgeschlossen ist
f) die Aufwendungen an Versicherungsunternehmen, Kreditinstitute, Investmentgesellschaften, Wertpapierdienstleistungsunternehmen, die ihren Sitz oder ihre Geschäftsleitung in einem Mitgliedstaat der EU haben und das entsprechende Geschäft im Inland betreiben dürfen, und an derartige Unternehmen, denen die Erlaubnis zum Geschäftsbetrieb im Inland erteilt ist, geleistet werden	f) die Eigenbeiträge, die erwirtschafteten Zinsen, Dividenden und Veräußerungsgewinne ausschließlich in Rentenversicherungen, Investmentanteilen oder Bankguthaben angelegt werden; bei ausländischen Investmentanteilen muss es sich um Investmentanteile handeln, die der Richtlinie 85/611/EWG unterliegen und die nach dem Auslandinvestment-Gesetz öffentlich vertrieben werden dürfen;

Quelle: Eigene Darstellung; Auszüge im Wortlaut.

Fazit: Gleichgerichteter und konkurrierender Einfluss 305

Der Erfolg dieser frühzeitigen inhaltlichen Positionierung und der Strategie der „partnerschaftlichen Politikberatung" liegt auf der Hand, denn der im September 2000 veröffentlichte Diskussionsentwurf des BMA weist deutliche Parallelen zu dem im Juli 2000 von Seiten des GDV veröffentlichten Konzept zur Neuausrichtung der Alterssicherungssysteme auf (Tabelle 29). Aus den inhaltlichen Parallelen lässt sich schließen, dass die Versicherungswirtschaft gerade in der Phase der Konkretisierung der Eckpunkte der Förderung lobbyistisch besonders aktiv und erfolgreich war. Wenngleich im Verlauf des weiteren Reformprozesses noch Veränderungen am Förderkonzept vorgenommen wurden, die den Erfolg der Versicherungswirtschaft relativierten, zeichneten sich die verabschiedeten Förderkriterien durch eine deutliche Produktnähe zur privaten Rentenversicherung aus, so dass der Versicherungssektor bei der Produktentwicklung im Vergleich zum Banken- und Investmentsektor deutlich im Vorteil war. Die klassische Rentenversicherung mit garantiertem Rechnungszins und lebenslanger Rente entspricht nämlich *per se* den zentralen Förderkriterien des Reformgesetzes, wohingegen die Konkurrenz entsprechende Anlageprodukte parallel zum Reformprozess erst noch entwickeln musste, um den Förderkriterien zu entsprechen (Blum-Barth 2005: 232; Positionen 2001b). Die unterschiedlichen Startbedingungen werden auch daran deutlich, dass eine Überführung von Altverträgen in die Riester-Förderung nur bei Versicherungsverträgen möglich war.[303]

Der sektorspezifische Einfluss der Versicherungswirtschaft auf die Rentenreform 2001 manifestiert sich weniger in einer *Veränderung* der staatlichen Entscheidung gemäß den Zielvorstellungen des Versicherungssektors. Vielmehr führte die frühzeitige strategische und inhaltliche Positionierung der Versicherungswirtschaft zu einer erfolgreichen *Mitgestaltung* des Reformkonzeptes, so dass dieses schon in der frühen Phase der Konkretisierung von vornherein dem Interesse der Lebensversicherer entsprach: Als von Seiten der politischen Entscheidungsträger nach dem Regierungswechsel und bei der Veröffentlichung der ersten Eckpunkte keine konkreten Vorgaben gemacht wurden, welche Formen der Privatvorsorge gefördert werden würden und welche Bedingungen diese im Hinblick auf die Förderfähigkeit erfüllen müssten, wartete der Versicherungssektor nicht ab, sondern nutzte dieses Vakuum. Zu einem späteren Zeitpunkt hätte er ansonsten ein bereits bestehendes Förderkonzept kritisieren und gegebenenfalls auf Veränderungen hinwirken müssen. Stattdessen unterbreitete der GDV früh-

---

[303] Im Jahr 2001 wurden 1,4 Millionen bestehende Versicherungsverträge in Riester-Verträge umgewidmet, da diese die Kriterien bereits erfüllten oder entsprechend umgestaltet worden waren. Für Banksparpläne wie auch für Investmentfondsverträge war eine Umwidmung von Altverträgen in Riester-Renten hingegen nicht möglich, da die bereits bestehenden Verträge von einer Erfüllung der Auflagen zur Förderfähigkeit weit entfernt waren und eine Umstellung daher nicht möglich war (BMAS 2008a).

zeitig umfassende Förderkonzepte und konnte inhaltlich Eigeninteressen transportieren, ohne gegen ein bereits bestehendes Förderkonzept opponieren zu müssen. Zentrales Charakteristikum der Vorgehensweise der Versicherungswirtschaft war, sich nicht einseitig fordernd für eine Förderung nur von Versicherungsprodukten auszusprechen, sondern in ihren Stellungnahmen und Konzeptpapieren stets von privaten Vorsorgeformen im Allgemeinen zu sprechen, zwischen denen – unter Wahrung der ihrer Ansicht nach zwingend erforderlichen Mindeststandards – ein freier Produktwettbewerb hätte stattfinden können bzw. sollen.[304] Auf dieser argumentativen Grundlage wurde die sektorspezifische Begünstigung bei der Ausgestaltung der Förderkriterien mit scheinbar sektorübergreifenden Beweggründen kaschiert. Bei der Forderung nach den genannten Qualitätsstandards stellte der Versicherungssektor zudem nicht seine Eigeninteressen in den Vordergrund, sondern argumentierte gemeinwohlorientiert, beispielsweise wenn auf die Verhinderung von Altersarmut durch Privatvorsorge abgestellt wurde, was aber nur unter Berücksichtigung der genannten Qualitätsstandards sichergestellt werden könnte. Allerdings verging mehr als ein Jahr, bis sich die Forderungen in den offiziellen Dokumenten – im Mai 2000 im Arbeitspapier der Koalitionsarbeitsgruppe und dann im September im Diskussionsentwurf – wieder fanden.

Insgesamt ist der Einfluss der Versicherungswirtschaft in der frühen Phase der Reform als hoch einzustufen, da die zentralen Forderungen des Sektors im Hinblick auf die Mindeststandards der Riester-Produkte berücksichtigt wurden. Darüber hinaus konnte der GDV die politischen Entscheidungsträger davon überzeugen, dass eine Förderung der zusätzlichen Privatvorsorge auch über das Riester-Konzept hinaus unabdingbar sei (GDV in Deutscher Bundestag 2000d: 80; GDV 2000b: 15; 2000c: 1263). Die bestehenden steuerlichen Vorteile der Lebensversicherungen wurden in dieser Phase nämlich weder grundsätzlich in Frage gestellt, noch gekürzt und so wurden der Versicherungswirtschaft weiterhin erhebliche Wettbewerbsvorteile gegenüber den Banken und Kapitalanlagegesellschaften zugestanden. Die Versicherungswirtschaft konnte daher ihre dominierende Marktstellung bei Altersvorsorgeprodukten zunächst behaupten, was auch die Abschlussquoten der Riester-Renten belegen. Das frühzeitige lobbyistische Engagement des Versicherungssektors hat sich ausgezahlt, da primär die Lebensversicherer von der Förderung der Privatvorsorge profitieren: In den ers-

---

[304] Diese Argumentationsweise, an der von Seiten der Versicherungswirtschaft im Verlauf des gesamten Reformprozesses festgehalten wurde, diente insbesondere der Verteidigung der Vormachtstellung der Versicherungsbranche auf dem privaten Altersvorsorgemarkt: Während nämlich die Kapitallebensversicherungen diese Kriterien von vornherein erfüllen würden, stellten die von der Versicherungswirtschaft geforderten Qualitätsanforderungen für die Banken und Investmentgesellschaften eine große Hürde dar.

ten Jahren nach Inkrafttreten der Rentenreform konnten die Versicherungsgesellschaften einen Riester-Marktanteil von über 90% verbuchen (siehe Abb. 2 und Tabelle 2 in Kap. 3.4.2). Mittlerweile ist er zwar auf 78% abgesunken, dennoch entfallen damit weiter mehr als drei Viertel aller Riester-Renten-Verträge auf die Lebensversicherer. Allerdings konnte sich der Versicherungssektor im Verlauf des Reformprozesses nicht uneingeschränkt ihre Interessen durchsetzen, da der Banken- und Investmentsektor sich ebenfalls lobbyistisch engagierte, um zunächst sehr restriktiv ausgestalteten Mindestkriterien „aufzuweichen".

Einfluss des Banken- und Investmentsektors

Während der Versicherungssektor zu Beginn und während der Entscheidungsfindung seine Vormachtstellung auf dem Markt für private Vorsorgeprodukte zu verteidigen versuchte, befand sich der Banken- und Investmentsektor in dieser Phase in einer gänzlich anderen Situation: Für den Banken- und Investmentsektor kam es nach der Einführung der AS-Fonds grundsätzlich darauf an, auf dem von den Lebensversicherern dominierten Altersvorsorgemarkt überhaupt Fuß zu fassen. Im Mittelpunkt ihrer Aktivitäten stand daher, für die dritte Säule der Alterssicherung eine steuerneutrale Wahlfreiheit zu erwirken, damit den AS-Fonds die gleichen steuerlichen Bedingungen wie der Kapitallebensversicherung in der privaten Altersvorsorge gewährt werden. Dabei argumentierte der Banken- und Investmentsektor eher finanz- und fiskalpolitisch, weniger rentenpolitisch. Wenngleich aus den Publikationen der Banken- und Investmentbranche hervorgeht, dass ihr die potentiellen Geschäftsmöglichkeiten im Bereich der Privatvorsorge früh bekannt waren, war sie in der Anfangsphase der Reform rentenpolitisch nicht ausreichend positioniert und zu stark auf die Forderung nach einer steuerlichen Gleichstellung mit Versicherungsprodukten fokussiert. Der Bankenverband und der BVI stellten im Juli 2000 zwar gemeinsam ein „Konzept zum Ausbau der kapitalgedeckten Alterssicherung in zehn Punkten" vor (abgedruckt in Bundesverband deutscher Banken 2000: 37-39), aber zu diesem Zeitpunkt war die konzeptionelle Vorarbeit bei den politischen Entscheidungsträger bereits weitgehend beendet. Investmentfonds und Banksparpläne waren im Diskussionsentwurf zwar grundsätzlich vorgesehen, aber die vorgesehenen Mindestkriterien waren für den Banken- und Investmentsektor eine hohe Hürde. Angesichts dessen musste die von der Versicherungswirtschaft früh geforderte und im Entwurf berücksichtigte Beitragserhaltungszusage verhindert werden, da sich das wesentliche Verkaufsargument für Fondsprodukte – die vermeintlich hohe Rendite – andernfalls durch hohe Absicherungskosten stark relativieren würde. Auch das Erbringen lebenslanger mindestens gleich bleibender Rentenzahlungen stellte bei der Produktgestaltung Schwierigkeiten dar, so dass ein Teil des Vorsorgekapitals zwangsläufig in Rentenversicherungen fließen würde.

Um ihren sektorspezifischen Interessen mehr Gewicht zu verleihen, verfolgte der Banken- und Investmentsektor unterschiedliche Strategien: Zum einen suchten der Bankenverband und der Investmentverband gemeinsam den Schulterschluss mit anderen Wirtschaftsverbänden, indem sie einen Zehn-Punkte-Plan zum Ausbau der privaten und betrieblichen Altersvorsorge vorlegten, der auch vom Deutschen Industrie- und Handelstag sowie vom Zentralverband des Deutschen Handwerks mit getragen wurde. Auf diese Weise konnten die Argumenten als „Sicht der Wirtschaftsverbände" (Bundesverband deutscher Banken 2000: 16) effektiver präsentiert werden und gleichzeitig wurde dem Eindruck entgegengewirkt, der Sektor würde sich nur für seine speziellen Eigeninteressen stark machen. Zum anderen drohte der BVI vor der Veröffentlichung des Gesetzentwurfes mit einer für den „Finanzplatz Deutschland" schädlichen Kapitalabwanderung, falls an den restriktiven Mindestkriterien festgehalten würde. Im Hinblick auf die Beitragserhaltungsgarantie stellte sich umgehend Erfolg ein, denn im Gesetzentwurf war die Vorgabe, dass diese Zusage während der Vertragslaufzeit alle zehn Jahre hätte erfüllt werden müssen, ersatzlos gestrichen worden. Da dem Banken- und Investmentsektor aber auch bei der vorgesehenen Garantie der Beiträge zu Beginn der Auszahlungsphase erhebliche Absicherungskosten entstehen würden, wurden schließlich die Forschungsergebnisse des vom BVI geförderten Investment-Lehrstuhls an der Universität Frankfurt angeführt,[305] der im weiteren Verlauf zusammen mit dem BMF und dem Bundesaufsichtsamt für das Kreditwesen eine Lösung zur Umgehung einer Eigenkapitalunterlegung von Leistungszusagen erarbeitete, die weitgehend der BVI-Position entsprach. Für den Banken- und Investmentsektor wirkte sich zudem positiv aus, dass das Bundesfinanzministerium unter der Leitung von Hans Eichel in das rentenpolitische Policy-Netzwerk drängte und maßgeblich an der Formulierung der Förderkriterien beteiligt war. Der Bundesfinanzminister zeigte sich angesichts seiner prioritären Ziele – Haushaltskonsolidierung und Stärkung des Finanzplatzes Deutschland – offen für eine umfassende Einbindung fondsbasierter Vorsorgeprodukte. Zudem kam es durch den Vermittlungsausschuss zu Verbesserungen für den Sektor, da Fondsprodukte nunmehr auch in der Auszahlphase zur Anwendung kommen könnten. Im Ergebnis war das Lobbying des Banken- und Investmentsektors erfolgreich, was mit der Selbsteinschätzung des BVI korrespondiert:

---

[305] Auf die Beziehungen zwischen dem BVI und dem Investmentlehrstuhl wurde von Seiten des Investmentsektors allerdings nicht direkt hingewiesen. Stattdessen hieß es beispielsweise in der Stellungnahme des BVI zur öffentlichen Anhörung, dass eine verpflichtende Vorhaltung von Eigenkapital für Zusagen nicht erforderlich sei, da das Restrisiko auch ohne formale Garantie nach der „neuen, wissenschaftlich abgesicherten Erkenntnis" zufolge bei nahezu Null läge (BVI 2000e: 2)

" ,Die konstruktive Begleitung des Altersvermögensgesetzes war im Jahr 2000 die Herausforderung an unsere Branche schlechthin.' Dies erklärte Horst Zirener, Sprecher des Vorstands des BVI (...). Entsprechend intensiv habe man sich an der Diskussion beteiligt. Von besonderer Bedeutung seien die Aspekte
- Ausgestaltung der Auszahlungsphase,
- Garantie respektive Zusage in der Einzahlphase (...),
- Einrichtung einer Zertifizierungsbehörde

gewesen. Dabei sei einiges erreicht worden" (BVI 2001c: 2).

Insgesamt ist der Einfluss des Banken- und Investmentsektors in der frühen Phase der Reform als niedrig einzustufen, da sich in dieser Phase primär der Versicherungssektor mit seinen zentralen Forderungen durchsetzen konnte, während sich der Banken- und Investmentsektor vergeblich für eine steuerliche Gleichstellung der AS-Fonds mit Versicherungsprodukten einsetzte. Im weiteren Verlauf des Reformprozesses stieg der Einfluss des Sektors jedoch merklich an. Nunmehr konnten am bestehenden Konzept Abänderungen erwirkt werden, die es dem Banken- und Investmentsektor ermöglichten, ebenfalls am Riester-Markt zu partizipieren. Ohne eine (interpretative) Änderung bzw. Aufweichung der zunächst sehr restriktiven und ausschließlich die Versicherungswirtschaft begünstigenden Förderkriterien, wäre dies voraussichtlich nicht bzw. nur unter erheblichen Kosten möglich gewesen. Wie die Abschlussquoten der Riester-Renten zeigen, zahlten sich das lobbyistische Engagement, das artikulierte Drohpotential sowie die engen Verbindungen zum Bundesfinanzministerium und die Kooperation mit dem Investmentlehrstuhl der Universität Frankfurt aus: Im den ersten Jahren nach Inkrafttreten der Rentenreform 2001 lag der Marktanteil der Banksparpläne und Investmentprodukte auf dem Riester-Markt insgesamt zwar bei unter 10%, in den Folgejahren nahm aber der Absatz von Riester-geförderten Investmentfondsverträgen überproportional stark zu, so dass im Jahr 2007 zusammengenommen ein Marktanteil von 22% realisiert wurde (siehe Abbildung 2 und Tabelle 2 in Kap. 3.4.2).

Abschließende Bemerkungen zum Einfluss der Finanzbranche insgesamt

Nachdem sich relativ früh abzeichnete, dass die grundsätzliche Ausrichtung der Rentenreform dem Interesse der Branche an einer Ausdehnung der Geschäftstätigkeit auf dem Markt für Altersvorsorgeprodukte entsprechen würde, war der weitere Verlauf des Reformprozesses im Wesentlichen durch den Konkurrenzkampf der beiden Sektoren geprägt: Der auf dem Altersvorsorgemarkt dominierende Versicherungssektor bemühte sich um eine möglichst exklusive Berücksichtigung im Reformkonzept, um die bestehenden Wettbewerbsvorteile und die

..iopolstellung zu verteidigen. Der Banken- und Investmentsektor versuchte, ebenfalls in möglichst hohem Umfang an der geförderten Privatvorsorge partizipieren zu können und seine Marktanteile am Altervorsorgemarkt auszudehnen. Im Ergebnis konnte sich im Wesentlichen der Versicherungssektor durchsetzen, aber nicht uneingeschränkt, denn auch der Banken- und Investmentsektor konnte Erfolge erzielen. Die vorangegangenen Ausführungen zeigen deutlich, warum das Gesetzgebungsverfahren zur Riester-Rente im Rückblick als „Paradebeispiel für den Konflikt zwischen den Interessen der beiden Branchen" (Laue zitiert nach Blum-Barth 2005: 229) bezeichnet wird.

Der Einfluss der Finanzdienstleistungsbranche beruhte dabei auf einer Vielzahl von lobbyistischen Methoden und Beziehungsstrukturen, die von beiden Sektoren im Verlauf des politischen Entscheidungsprozesses aktiviert bzw. geltend gemacht wurden. Die spezifischen Erfolge des Lobbyings der Finanzdienstleister können zwar nicht konkret auf die ein oder andere Form der Einflussnahme zurückgeführt werden, dennoch ist festzustellen, dass das Zusammenspiel der vielschichtigen Aktivitäten und der intensiven Beziehungsstrukturen der Finanzdienstleistungsbranche Wirkung gezeigt hat: Angefangen von persönlichen Gesprächen mit dem Bundesarbeitsminister, über die Rekrutierung eines aktiven Bundestagsabgeordneten als Unternehmensrepräsentant bis hin zur Gründung von Think Tanks. Auch strategisch agierten die einzelnen Sektoren unterschiedlich, indem sie sich beispielsweise als „Partner" der politischen Entscheidungsträger anboten, Druck ausübten oder – einseitig gefärbte – wissenschaftliche Expertise bemühten. Die Ausstattung der Interessenvertreter mit Finanzstärke ist dabei ein notwendige, wenn auch keine hinreichende Voraussetzung für den Erfolg der Einflussnahme. Zum einen ist sie zwar Basis nicht nur für die „finanziellen Beziehungen", sondern für jedwede Form der Einflussnahme, da diese jeweils auf den Zugang zu entsprechenden finanziellen Ressourcen und personellen Kapazitäten zur Interessenvertretung ruhen. Darüber hinaus ist aber auch der Zugang zu den politischen Entscheidungsträgern im betreffenden Politikfeld eine wesentliche zusätzliche Voraussetzung, um an den relevanten Stellen überhaupt die Sonderinteressen artikulieren zu können. Im Hinblick auf die Rentenreform 2001 zeigt sich, dass die Auflösung des „verschlossenen" rentenpolitischen Policy-Netzwerks entscheidend zum Erfolg der Finanzdienstleistungsbranche im Politikfeld beigetragen hat, zumal sich die neuen Akteure im Politikfeld offen für Lösungsvorschläge jenseits der bis dahin beschrittenen Reformwege zeigten.

Mit der Rentenreform 2001 wurde zwar deutlich ein Paradigmenwechsel eingeleitet. Trotzdem war die Zeit für einen „radikalen" Paradigmenwechsel aber (noch) nicht gekommen. Wenngleich die gesetzliche Rentenversicherung in Teilen durch private Vorsorgeformen ersetzt wird, sind diese gleichzeitig relativ

Fazit: Gleichgerichteter und konkurrierender Einfluss 311

stark reglementiert, so dass von einem umfassenden Rückzug des Staates nicht die Rede sein kann. Das rentenpolitische Policy-Netzwerk sprach sich nach den vollzogenen personellen wie institutionellen Veränderungen zwar für die Teil-Privatisierung der Alterssicherung aus; allerdings blieb eine gewisse Skepsis insbesondere gegenüber der Leistungsfähigkeit und Sicherheit fondsbasierter Vorsorgeprodukte, was die umfassenden Vorgaben zum Verbraucherschutz sowie zur Sicherheit der Anlagen und die Komplexität des Förderverfahrens erklärt. Die Komplexität der Förderkriterien wird von der Finanzdienstleistungsbranche grundsätzlich kritisiert, letztlich ist sie aber auch ein Ergebnis des Konkurrenzkampfes innerhalb der Branche: Da sich der Versicherungsverband – in der Intention, die bestehenden Wettbewerbsvorteile auf dem Markt für Altersvorsorgeprodukte zu verteidigen – grundsätzlich und erfolgreich für Mindestkriterien eingesetzt hatte, die dann durch das Einwirken der Investmentlobby zum Teil abgeschwächt, zum Teil ausgeweitet wurden, resultierte das Reformergebnis in einem schließlich als Artikelgesetz gehaltenen Förderkonzept mit sehr detaillierten Vorgaben für die Produktgestaltung. Da diese unmittelbar den Handlungsspielraum der Finanzdienstleister einschränkt und die Komplexität der Vorgaben als wesentlicher Grund für die zunächst sehr zurückhaltende Nachfrage nach der Riester-Rente eingestuft wird, zog der Investmentsektor zukünftig eine engere Zusammenarbeit und Abstimmung mit dem Versicherungssektor in diesen Fragen in Betracht, um im „Interesse des Ganzen und einer möglichst breiten Akzeptanz" die weiterhin bestehenden Potenziale in Zukunft zukünftig besser nutzen zu können (BVI 2002b).

7 Schlussbetrachtung und Ausblick

In Deutschland war das Gewicht privater Altersvorsorge im Gesamtsystem der Alterssicherung aufgrund der umfassenden Bedeutung der gesetzlichen Rentenversicherung (GRV) bis Ende der 1990er Jahre vergleichsweise gering. Entsprechend beschränkt waren bis dahin auch die Wachstums- und Gewinnaussichten der Finanzdienstleistungsbranche auf dem Markt für private Vorsorgeprodukte, denn für die Versicherten bestanden aufgrund des hohen Leistungsniveaus der GRV relativ wenig Anreize, zusätzlich in private Altersvorsorge zu investieren. Dies hat sich mit Inkrafttreten der Rentenreform 2001 grundlegend geändert: Das „Herzstück" dieser „Jahrhundertreform" ist die partielle Substitution der solidarischen, umlagefinanzierten GRV durch individuelle, kapitalgedeckte Altersvorsorge. Hierzu wurden zum einen die Leistungen der GRV durch eine sukzessive Reduzierung des Sicherungsniveaus gesenkt, um die Beitragssätze zu stabilisieren. Zum anderen wurde als Kompensation dieser Leistungskürzungen die finanzielle Förderung der privaten „Riester-Rente" eingeführt, die zukünftig – sofern der Anspruch der Erhaltung des Lebensstandards gestellt wird – einen notwendigen Bestandteil des Alterseinkommens darstellt. Während der Nutzen dieser „Teil-Privatisierung der Alterssicherung" für die Versicherten in der wissenschaftlichen wie auch politischen Diskussion stark umstritten ist, herrscht weitgehend Einigkeit darüber, dass die Finanzdienstleistungsbranche maßgeblich von diesem Systemwechsel profitiert, da ihr neue Kundenpotenziale eröffnet und Gewinnmöglichkeiten erschlossen werden.

Vor diesem Hintergrund war das Ziel der vorliegenden Arbeit, das Zustandekommen der Teil-Privatisierung der Alterssicherung speziell im Hinblick auf die Rolle der Finanzdienstleistungsbranche beim Entstehungsprozess der Reform systematisch zu analysieren. Die zentrale Forschungsfrage lautete: Welchen Einfluss hat die Finanzdienstleistungsbranche auf die Teil-Privatisierung der Alterssicherung im Zuge der Rentenreform 2001 ausgeübt?

Zur Beantwortung dieser gesellschaftspolitisch relevanten Frage wurden zunächst theoretische Ansätze der Einfluss- und Verbändeforschung sowie die Struktur der Interessenvermittlung in Deutschland reflektiert und auf dieser Grundlage der weitere Fortgang der Untersuchung wie auch insbesondere die empirische Analyse strukturiert. Die Ausführungen zur Alterssicherung und zur Entwicklung der Rentenpolitik in Deutschland haben den rentenpolitischen Paradigmenwechsel verdeutlicht, der mit der Rentenreform 2001 vollzogen wurde. Der Blick auf den politischen Willensbildungs- und Entscheidungsprozess offenbart, dass dieser deutlich von Diskontinuitäten und intensiven, primär parteipolitisch motivierten Kontroversen gekennzeichnet war, während die konzeptionelle Ausrichtung des Reformvorhabens von den beteiligten Akteuren zu keinem Zeitpunkt grundsätzlich in Frage gestellt wurde. Den Hauptteil der Arbeit bildete schließlich die empirische Untersuchung zur Rolle der Finanzdienstleistungsbranche beim Zustandekommen der Rentenreform 2001. Im Kern ging es um zwei wichtige Punkte: Zum einen interessierte die Bedeutung der (veränderten) Struktur und Beschaffenheit des rentenpolitischen Policy-Netzwerks für die Zugangs- und Einflusschancen der Finanzdienstleistungsbranche. Zum anderen standen die Interessen, die lobbyistischen Aktivitäten und Beziehungsstrukturen sowie die Ausrichtung und Veränderung politischer Entscheidungen im Verlauf des Reformprozesses im Fokus der Untersuchung.

Die zentralen Ergebnisse und Erkenntnisse dieser Analyse sind in den nachfolgenden drei Themenblöcken komprimiert dargestellt. Abschließend werden die jüngsten rentenpolitischen Entwicklungen skizziert und die Untersuchungsergebnisse darauf bezogen.

Umbruch im rentenpolitischen Policy-Netzwerk

Erstens haben die Untersuchungsergebnisse die grundsätzliche Bedeutung des Umbruchs im rentenpolitischen Policy-Netzwerk für den Zugang und die Einflussmöglichkeiten der Finanzdienstleistungsbranche aufgezeigt. Das Interesse der Finanzdienstleistungsbranche an einer Teil-Privatisierung der Alterssicherung war nämlich keinesfalls neu. Bis dato war es der Branche aber nicht gelungen, eine Umorientierung der deutschen Rentenpolitik zu bewirken, denn der Kern des rentenpolitischen Policy-Netzwerks hatte sich uneingeschränkt auf das Sozialversicherungsparadigma verpflichtet und die Finanzdienstleistungsbranche selbst war nicht im Zentrum des Netzwerks vertreten. Diese beiden Hindernisse relativierten sich im Vorfeld der Rentenreform 2001 aber deutlich, als Ende der 1990er Jahre der Kern des Netzwerks zu bröckeln begann und das Bundesfinanzministerium wie auch die Finanzdienstleistungsbranche in das Netzwerk drängten. Aus diesem institutionellen Umbruch resultierten völlig *neue Interessens- und Akteurskonstellationen*: Während das Interesse der Finanzdienstleistungsbranche an einer Teil-Privatisierung der Alterssicherung zuvor mit der im inneren Kern des Netzwerks vertretenen Orientierung auf das Sozialversicherungsparadigma geradezu frontal kollidiert hatte, ergaben sich jetzt Interessenskonvergenzen. Das BMF strebte eine Teil-Privatisierung der Alterssicherung an,

Schlussbetrachtung und Ausblick

um die Bundeszuschüsse zur gesetzlichen Rentenversicherung zu senken und den deutschen Finanzmarkt zu stärken. Die Finanzdienstleistungsbranche hatte mit dem BMF somit einen „Verbündeten" auf ministerieller Entscheidungsebene im Netzwerk gefunden, zu dem darüber hinaus sehr viel engere Beziehungen bestanden, als zum Bundesarbeitsministerium. Neben diesen institutionellen Veränderungen im Netzwerk wirkte sich für die Interessenvertretung der Finanzdienstleistungsbranche zudem äußerst positiv aus, dass der „Modernisierungsflügel" der SPD nach dem Regierungswechsel deutlich erstarkte und rentenpolitisch relevante Positionen nunmehr mit Entscheidungsträgern besetzt waren, deren Vorstellungen mit den privatwirtschaftlichen Zielen der Branche korrespondierten. Hingegen waren die „Traditionalisten" innerhalb der SPD politisch ausgegrenzt und Kritiker des Reformvorhabens aus dem Bundesarbeitsministerium sowie aus dem Sozialbeirat verdrängt.

Dass sich die Finanzdienstleistungsbranche in der Folge auch faktisch als neuer Akteur im rentenpolitischen Policy-Netzwerk etabliert hat, basierte in besonderem Maße auf deren Ressourcen *Sachverstand und Informationsstand* zur privaten Altersvorsorge und zur Kapitalmarktregulierung. Das bisherige rentenpolitische Policy-Netzwerk und speziell auch das BMA verfügte nicht in ausreichendem Maße über Expertise in diesen Fragen, da die Rentenpolitik bis dahin primär mit der Ausgestaltung der GRV befasst gewesen war. Hingegen fallen die steuerliche Förderung von Altersvorsorge wie auch Fragen der Kapitalmarktregulierung auf ministerieller Ebene in den Zuständigkeitsbereich des BMF, woraus sich zum Teil auch dessen neue Rolle im Netzwerk erklärt. Spezifische Sachfragen der Reform, die für die Finanzdienstleistungsbranche von zentraler Bedeutung waren, wurden indes durch das BMF erarbeitet und teilweise auch unter Beteiligung von Verbandsvertretern der Finanzdienstleistungsbranche ausgehandelt. Die Möglichkeit der direkten Teilnahme der Branche am Reformprozess basierte zudem auf der „Überzeugungskraft" ihrer gemeinwohlorientierten und gesamtwirtschaftlich ausgerichteten Argumente: Das privatwirtschaftlich motivierte Interesse an einer indirekten Subventionierung der Branche wurde in umfassende Konzepte gefasst, welche nach außen hin die „Vermeidung von Altersarmut" und die „Sicherung des Standortes Deutschlands" zum Ziel hatten – allesamt Ziele, welche den politischen Entscheidungsträgern und zudem der Öffentlichkeit relativ gut zu vermitteln waren und den Diskurs dominierten.

Die Erfolge der Finanzdienstleistungsbranche bei der Durchsetzung ihrer Interessen im rentenpolitischen Policy-Netzwerk beruhen zwar grundsätzlich auf deren hohen Grad an Organisations- und Konfliktfähigkeit, da sich im Reformprozess die homogenen und damit gut organisierten, finanzstarken Interessen der Banken, Versicherungen und Kapitalanlagegesellschaften gegenüber der heterogenen Masse der schlecht organisierten Rentnerinnen und Rentner durchsetzen konnten, die zudem nur ein geringes Entzugspotenzial aufweisen. Die strukturellen Asymmetrien allein sind aber kein Garant für eine erfolgreiche Interessendurchsetzung der Finanzdienstleistungsbranche im rentenpolitischen Policy-Netzwerk, zumal diese in ihren Grundzügen bereits zu Beginn der sozialpolitischen Gesetzgebung bestanden und nicht erst seit Ende der 1990er Jahre. Die Analyse zum Einfluss der Finanzdienstleistungsbranche auf die Rentenreform 2001 hat vielmehr deutlich gemacht, dass darüber hinaus die situativen Gegebenheiten im Vorfeld und im Verlauf des politischen Entscheidungsprozesses deutlich „finanzmarktfreundlich" waren und von Seiten der politischen Entscheidungsträger selbst Zielsetzungen verfolgt wurden, die mit jenen der Finanzdienstleister stark korrespondierten. Der rentenpolitische Paradigmenwechsel ist damit nicht ursächlich allein auf das Lobbying der Finanzdienstleistungsbranche zurückzuführen. Vielmehr konnten die vielfältigen lobbyistischen Aktivitäten und Beziehungsstrukturen der Branche erst in umfassender Weise Wirkung entfalten, als sich im rentenpolitischen Policy-Netzwerk institutionelle wie auch personelle Veränderungen abzeichneten und sich dieses für entsprechende Konzepte öffnete.

Aktivitäten, Strukturen und Strategien der Einflussnahme

Zweitens konnte aufgezeigt werden, dass die Verbände wie auch einzelne Unternehmen der Finanzdienstleistungsbranche das *gesamte Spektrum lobbyistischer Aktivitäten und Beziehungsstrukturen* beansprucht haben, um ihre Zielvorstellungen beim Zustandekommen der Rentenreform 2001 durchzusetzen: Über *institutionalisierte Beziehungen* gelang es den verbandlichen Branchenvertretern, ihre konkreten inhaltlichen Argumente und Forderungen unmittelbar und formal an die politischen Entscheidungsträger heranzutragen. Das Ausmaß der *personellen Verflechtung* der Finanzdienstleistungsbranche mit politischen Entscheidungsträgern zeugt von einem engen und nutzbringenden Beziehungsgeflecht auf unterschiedlichen Entscheidungsebenen. Das *finanzielle Engagement* der Finanzdienstleistungsbranche in Form von Großspenden an Bundestagsparteien wurde im Vorfeld und im Verlauf des Reformprozesses nicht nur deutlich in der Höhe, sondern auch in der Breite ausgedehnt und deutet auf eine „politische Landschaftspflege" im Vorfeld von Entscheidungen hin. Die Intensität der *informellen Beziehungen* ist nicht bis ins einzelne Detail spezifizierbar, gleichwohl konnte dokumentiert werden, dass die Interessenvertretung der Branche in Berlin in unmittelbarer Nähe des Regierungsviertels angesiedelt ist und dass während des Reformprozesses gezielt persönliche und informelle Kontakte zu politischen Entscheidungsträgern befördert wurden. Die Analyse der *Öffentlichkeitsarbeit* der Unternehmen und Verbände offenbarte, dass die Pressearbeit, Publikationstätigkeit, Werbung und das „Wissenschaftslobbying" darauf ausgerichtet war, die einschlägigen, am Gemeinwohl ausgerichteten Argumente der Branche in die Medien und in die öffentlich geführte Rentendebatte hineinzutragen.

Dabei haben die einzelnen Sektoren der Branche bei der Vertretung ihrer sektorspezifischen Interessen ganz unterschiedliche *Strategien* verfolgt: Die Versicherungswirtschaft – deutlich um die Wahrung ihrer dominierenden Stellung auf dem Vorsorgemarkt bemüht – wirkte bereits bei den ersten Anzeichen einer neuerlichen Reform gezielt auf die Berücksichtigung ihrer zentralen Forderungen hin. In diesem frühen Stadium waren von Seiten der politischen Entscheidungsträger noch keine konkreten Vorgaben gemacht worden, welche Formen der Privatvorsorge gefördert werden würden und welche Bedingungen diese erfüllen müssten. Der Versicherungssektor versuchte, dieses „Vakuum" zu füllen, um nicht zu einem späteren Zeitpunkt gegen bereits bestehende Förderkonzepte opponieren zu müssen. Dabei positionierte sich die Versicherungswirtschaft nicht als „besitzstandswahrender Lobbyist", sondern bot sich mit umfassenden Reformkonzepten vielmehr als „Partner" der Politik an. Mit den geforderten Qualitätsstandards für die geförderte Zusatzvorsorge traf sie die Vorstellungen der politischen Entscheidungsträger, die auf der Suche nach einem „adäquaten Ersatz" für die Leistungen der GRV waren, so dass entsprechende Vorschläge im Diskussionsentwurf enthalten waren. Hingegen schien der Banken- und Investmentsektor in der frühen Phase des Reformprozesses rentenpolitisch nicht ausreichend „aufgestellt", zumal er auch – anders als der Versicherungssektor – primär finanz- und fiskalpolitisch, und weniger sozialpolitisch argumentierte. Dabei schien das zentrale Argument der „höheren Renditen" die rentenpolitischen Entscheidungsträger nicht ohne weiteres zu überzeugen oder aber für diese nicht entscheidungsrelevant zu sein. Angesichts der frühzeitigen Berücksichtigung von Versicherungsinteressen im Reformkonzept war der Banken- und Investmentsektor, der mit fondsbasierten Vorsorgeprodukten in den Markt für Altersvorsorge drängte, mit Förderkriterien konfrontiert, die faktisch nur mit erheblichem Aufwand erfüllt werden könnten. In der Folge verlieh der Banken- und Investmentsektor seinen Eigeninteressen mehr Nachdruck. Hierzu suchten die Verbände den Schulterschluss mit weiteren Interessenvertretern, so dass sie ihre Sonderinteressen als „Sicht der Wirtschaftsverbände" artikulieren konnten. Zudem wurde quasi als „argumentative Stütze" ein vom BVI geförderter universitärer Investment-Lehrstuhl zu Rate gezogen, der – auch in Aushandlungsprozessen mit dem BMF – im Wesentlichen die Positionen des Investmentsektors vertrat. Schließlich wurde eine für den „Finanzplatz Deutschland" schädliche Kapitalwanderung angedroht, falls bestimmte Mindestkriterien für die geförderte Privatvorsorge nicht zurückgenommen würden.

Gleichgerichtete und konkurrierende Interessen

Drittens hat die Analyse deutlich gezeigt, dass von den einzelnen Sektoren der Finanzdienstleistungsbranche im Politikfeld Alterssicherung sowohl *einheitliche Interessen* als auch miteinander *konkurrierende Interessen* verfolgt wurden. Einerseits strebten der Versicherungssektor wie auch der Banken- und Investmentsektor gleichermaßen – und damit die Finanzdienstleistungsbranche insgesamt – aus privatwirtschaftlich motiviertem Interesse eine Teil-Privatisierung der Alterssicherung an, da dies deren Wachstums- und Gewinnaussichten auf dem Markt für private Vorsorgeprodukte erheblich verbessern würde. Das Einwirken auf die *konzeptionelle Ausrichtung* einer paradigmatischen Rentenreform war für die Finanzdienstleistungsbranche in der frühen Phase der Reform von zentraler Bedeutung, da der rentenpolitische Systembruch, der schließlich durch die Teil-Privatisierung der Alterssicherung im Zuge der Rentenreform 2001 eingeleitet wurde, kein alternativloser Sachzwang war, der quasi als logische Konsequenz aus der demographischen Entwicklung hervorging. Daher waren die Aktivitäten der Finanzdienstleister gezielt darauf ausgerichtet, den sich abzeichnenden Richtungswechsel in der Rentenpolitik im Eigeninteresse nutzbar zu machen. Zudem versuchten die Branchenvertreter erfolgreich, sich als Sachverständige für Fragen der privaten Altersvorsorge auch institutionell einzubringen. Neben der grundsätzlichen Ausrichtung der Reform verfolgten die beiden Sektoren auch im Hinblick auf bestimmte Sachfragen ähnliche Zielsetzungen, sofern diese keine Auswirkungen auf den brancheninternen Konkurrenzkampf hatten. Beispielsweise positionierten sich die Finanzdienstleister einheitlich gegen Reformpläne, welche die Geschäftsmöglichkeiten der Branche insgesamt eher einschränken anstatt ausweiten würden, wie z.B. die Einführung von Tariffonds oder die Vereinfachung des Förderverfahrens. Diese gleichgerichteten Interessen wurden allerdings nicht gemeinsam, sondern getrennt vertreten. Dennoch konnte sich die Branche bei der konzeptionellen Ausrichtung der Reform in Richtung Teil-Privatisierung der Alterssicherung wie auch im Hinblick auf spezifische Sach- und Detailaspekte insbesondere dann durchsetzen, wenn sie gleichgerichtete Interessen verfolgte. Ob das im Umkehrschluss bedeutet, dass die Branche im Falle einer umfassenden, strategischen Kooperation der beiden Sektoren beim Zustandekommen der Rentenreform 2001 sehr viel weiter reichende Forderungen das Politikfeld Alterssicherung betreffend hätte durchsetzen können, darüber lässt sich nur spekulieren. Angesichts der zunehmenden „Allfinanz-Strategien" der Großbanken und Versicherungsgesellschaften ist allerdings zu erwarten, dass sich das Konkurrenzverhältnis *zwischen* den Sektoren abschwächt und die Interessenvertretung zukünftig nicht nur gleichgerichtet, sondern auch gemeinsam erfolgt und von daher an Durchsetzungskraft gewinnt.

Andererseits hat die Analyse sehr deutlich gezeigt, dass die Einflussnahme der Finanzdienstleistungsbranche auf das Zustandekommen der Rentenreform 2001 während des gesamten Reformprozesses von dem *Konkurrenzkampf* der beiden Sektoren um Marktanteile an der privaten Altersvorsorge geprägt war. Insbesondere das „Gezerre" um die vorgesehenen Förderkriterien spiegelt das Konkurrenzverhältnis innerhalb der Branche in aller Deutlichkeit wider: Der Versicherungssektor forderte frühzeitig und im Verlauf des gesamten Reformprozesses umfassende Mindeststandards, welche die Kapitallebensversicherung ohne weiteres erfüllen würde, wohingegen die Fondsbranche mit ihren „Konkurrenzprodukten" dies nur schwer hätte realisieren können. Demgegenüber setzte sich der Banken- und Investmentsektor für genau das Gegenteil ein: Restriktive Vorgaben als Voraussetzung für die Förderfähigkeit von Vorsorgeprodukten seien grundsätzlich abzulehnen; stattdessen solle sich die Förderung auf alle vom Gesetzgeber anerkannten Altersvorsorgeprodukte erstrecken, also auch auf die seinerzeit neu eingeführten, fondsbasierten Altersvorsorge-Sondervermögen. Das Einwirken auf die konkrete Ausgestaltung der Rentenreform 2001 war für beide Sektoren von grundsätzlicher Bedeutung, da die Mindestkriterien die zukünftigen Wettbewerbsbedingungen auf dem Vorsorgemarkt festschreiben würden. Errungenschaften der Interessenvertretung des einen Sektors bedeuteten dabei postwendend einen Rückschlag für den anderen Sektor. Der Konkurrenzkampf um das potenzielle Vorsorgekapital wurde somit nicht mehr nur auf dem „Vorsorgemarkt", sondern zusätzlich im Politikfeld Alterssicherung ausgetragen.

Dabei agierten die einzelnen Sektoren aus unterschiedlichen Positionen heraus und auch unterschiedlich erfolgreich: Während es für die Lebensversicherer darum ging, ihre bislang unangefochtene Vormachtstellung auf dem Markt für private Altersvorsorgeprodukte und ihre Steuerprivilegien zu verteidigen, strebte der Banken- und Investmentsektor danach, auf diesem Markt mit den gerade neu eingeführten fondsbasierten Altersvorsorgeprodukten Fuß zu fassen und das Vertrauen der Bevölkerung für diese Vorsorgeform zu gewinnen. Im Ergebnis gelang es der Versicherungswirtschaft, frühzeitig auf die inhaltliche Konkretisierung des Reformvorhabens einzuwirken und die von ihr geforderten Mindestkriterien im Diskussionsentwurf zu verankern. Da die Förderkriterien auch im letztlich verabschiedeten Gesetzestext eine deutliche Produktnähe zur privaten Rentenversicherung aufweisen, war die Versicherungswirtschaft sowohl bei der Produktentwicklung als auch hinsichtlich der Vertriebsstrategien deutlich im Vorteil. Der sektorspezifische Einfluss der Versicherungswirtschaft auf die Rentenreform 2001 manifestiert sich somit in einer frühzeitigen und erfolgreichen *Mitgestaltung* der staatlichen Entscheidung gemäß den Zielvorstellungen des Versicherungssektors. Demgegenüber wirkte der Banken- und Investmentsektor im späteren Stadium des Reformprozesses erfolgreich auf *Veränderungen* im eigenen Interesse hin. Indem die von Seiten der Versicherungswirtschaft bereits festgezurrten Mindestkriterien abgeschwächt und Interpretationsspielräume genutzt wurden, kann der Banken- und Investmentsektor ebenfalls am Riester-Renten-Markt partizipieren.

Zusammen genommen zeugen die Untersuchungsergebnisse davon, dass der Erfolg der Finanzdienstleistungsbranche bei der Durchsetzung von sektorspezifischen wie auch sektorübergreifenden Interessen beim Zustandekommen der Rentenreform 2001 nicht monokausal auf eine bestimmte Form der lobbyistischen Einflussnahme zurückzuführen ist. Vielmehr resultiert die Wirkung der lobbyistischen Aktivitäten und Beziehungsstrukturen der Branche aus der Gesamtheit und dem Zusammenspiel der einzelnen Methoden, Beziehungsstrukturen und Strategien der Unternehmen und Verbände, mit denen auf verschiedenen Ebenen und in unterschiedlichen Phasen der politischen Entscheidungsfindung Einfluss geltend gemacht wurde. Die Analyse hat darüber hinaus deutlich gemacht, dass die Kombination von struktureller Überlegenheit, vergleichsweise hohen Ressourcen und insgesamt begünstigenden Rahmenbedingungen sowohl im betreffenden Policy-Netzwerk als auch in der politischen und öffentlichen Debatte die Grundlagen dafür gelegt hat, dass sich die Finanzdienstleistungsbranche erfolgreich als neuer Akteur im Politikfeld Alterssicherung etablieren, als wesentliche Kraft bei der Entwicklung und Umsetzung der Teil-Privatisierung der Alterssicherung wirken und im eigenen Interesse agieren konnte.

Ausblick

Wie hat sich die Rentenpolitik nach der „größten Sozialreform" der Nachkriegsgeschichte weiter entwickelt? Nach Inkrafttreten der Reformgesetze vergingen weniger als zwei Jahre, bis die „Jahrhundertreform" partiell überarbeitet wurde und darüber hinausgehende Reformen verabschiedet wurden: Das Hauptanliegen des zum 1. Januar 2005 in Kraft getretenen Alterseinkünftegesetzes[306] bestand in der Einführung der nachgelagerten Besteuerung von Alterseinkünften. Darüber hinaus wurde im Rahmen des Gesetzes der Versuch unternommen, die Riester-Rente sowohl für die Anbieter als auch für die Kunden „attraktiver" zu gestalten, indem einerseits die Anlagevorschriften für die Finanzdienstleister und andererseits das Verfahren zur Beantragung der staatlichen Zuschüsse vereinfacht wurden. Von den im Zuge der Rentenreform 2001 festgelegten elf Förderkriterien wurden einige gestrichen, andere Kriterien zusammengefasst, und die vorgeschriebene Verteilung der Abschluss- und Vertriebskosten wurde von zehn auf

---

[306] Gesetz zur Neuordnung der einkommensteuerrechtlichen Behandlung von Altersvorsorgeaufwendungen und Altersbezügen vom 5. Juli 2004 (BGBl I, Nr. 33, S. 1427ff.).

fünf Jahre verkürzt. Die nunmehr vorgesehene Offenlegung der effektiven Gesamtrendite und der Prognosebasis sollte für die Kunden eine bessere Vergleichbarkeit der Produkte gewährleisten und die neu eingeführte Möglichkeit zur Erteilung eines Dauerzulageantrags erspart ihnen jährliche Zulagenbeantragung. Unabhängig von den Veränderungen die Riester-Rente betreffend, verlieren neu abgeschlossene Kapitallebensversicherungen ihr Steuerprivileg, während die steuerliche Förderung auf kapitalgedeckte Leibrenten ausgerichtet wird. Mit dem Rentenversicherungs-Nachhaltigkeitsgesetz[307] wurden erneut erhebliche Leistungseinschnitte in der GRV vorgenommen, um den sich neuerlich abzeichnenden Beitragssatzanstieg zu begrenzen: Durch die Einführung eines „Nachhaltigkeitsfaktors" in die Rentenformel und die Umstellung der Rentenberechnungsbasis sackt das Rentenniveau zukünftig deutlich ab und das neue Sicherungsziel liegt unterhalb des im Zuge der Rentenreform 2001 festgelegten Mindestrentenniveaus. Zudem wurden Einschnitte bei der Anrechnung für die Schul- und Hochschulausbildung vorgenommen. Im Unterschied zur Rentenreform 2001 wurde zur Kompensation dieser Kürzungen parallel jedoch keine zusätzliche Förderung privater und betrieblicher Vorsorgeformen vorgesehen. In der Konsequenz ist zur Aufrechterhaltung des Lebensstandards bzw. zur Vermeidung von Altersarmut ein privates Vorsorgesparen erforderlich, das weit über die Riester-Rente hinausgeht, staatlich aber nicht explizit gefördert wird (Alboth 2004: 66). Mit der Verabschiedung des Rentenversicherungs-Anpassungsgesetzes[308] im März 2007 wurde die Regelaltersgrenze ab 2012 bis zum Jahr 2029 von 65 auf 67 Jahre angehoben sowie im November 2007 das Gesetz zur Förderung der privaten Zusatzvorsorge[309] verabschiedet und damit die Kinderzulage zur Riester-Rente für ab 2008 geborene Kinder auf 300 € angehoben.

Dieser kurze Überblick verdeutlicht *einerseits* die herausragende Bedeutung der Rentenreform 2001 als „Weichenstellungsgesetz", da der eingeschlagene Weg von Seiten der politischen Entscheidungsträger konsequent weitergeführt wurde. Dabei war die konzeptionelle Ausrichtung der Rentenreform 2001 keine logische Konsequenz weder aus der neuen parteipolitischen Zusammensetzung der Bundesregierung noch aus sich dramatisch verändernden externen Rahmenbedingungen. Hierbei handelte es sich vielmehr um eine politisch gefällte Entscheidung für eine „radikale Kehrtwende" in der Rentenpolitik (Riester 2004: 7), die bei den Bundestagsparteien auf eine sehr viel breitere Zustimmung stieß als

---

[307] Gesetz zur Sicherung der nachhaltigen Finanzierungsgrundlagen der gesetzlichen Rentenversicherung vom 21. Juli 2004 (BGBl I, Nr. 38, S. 1791ff.).
[308] Gesetz zur Anpassung der Regelaltersgrenze an die demografische Entwicklung und zur Stärkung der Finanzierungsgrundlagen der gesetzlichen Rentenversicherung vom 20. April 2007 (BGBl I, Nr. 16, S. 554ff.).
[309] Gesetz zur Förderung der zusätzlichen Altersvorsorge und zur Änderung des Dritten Buches Sozialgesetzbuch vom 10. Dezember 2007 (BGBl I, Nr. 63, S. 2838ff.).

die öffentlich geführten, kontroversen Rentendebatten um einzelne Sach- und Detailfragen und die taktisch motivierte Blockadehaltung der parlamentarischen Opposition zunächst vermuten lassen. Vor diesem Hintergrund sind auch die Aufkündigung der Rentenkonsensgespräche durch die Union und deren negativen Voten bei den Abstimmungen zu den Reformgesetzen im Bundestag und im Bundesrat eher auf parteipolitisches Kalkül, denn auf unüberwindbare inhaltliche Differenzen zurückzuführen. Bei allen Diskontinuitäten im Reformprozess wurde nämlich die konzeptionelle Ausrichtung des Reformvorhabens von den beteiligten Bundestagsparteien zu keinem Zeitpunkt grundsätzlich in Frage gestellt – gestritten wurde weniger um das „ob", sondern vorrangig um das „wie" der Teil-Privatisierung der Alterssicherung. Dabei korrespondiert die politische Ausrichtung im Politikfeld Alterssicherung mit den Entwicklungen in anderen (sozialpolitischen) Politikbereichen: Spätestens seit Mitte der 1990er Jahre avancierte die Senkung der Lohnnebenkosten zum Dogma wirtschafts-, beschäftigungs- und sozialpolitischer „Reformen". Mitunter genügte der Verweis auf die potentielle Gefährdung der internationalen Wettbewerbsfähigkeit des Standortes Deutschland, um die Errungenschaften des deutschen Sozialstaates zur Disposition zu stellen. Damit ging eine grundsätzlich Umorientierung weg von originären sozialpolitischen Zielen hin zu einer Funktionalisierung der Sozialpolitik als Mittel zum Erreichen wirtschafts- und beschäftigungspolitischer Zielsetzungen einher. Eine Sozialpolitik allerdings, die den Zielen der Wirtschaftspolitik untergeordnet und für letztere instrumentalisiert wird, riskiert letzten Endes die Erfüllung der originär sozialpolitischen Ziele. Eine derartige Ausrichtung verkennt, dass die „zentrale Aufgabe einer sozialen Rentenversicherung (...) weder Standortstärkung noch Lohnkostensenkung [ist], sondern die möglichst hochwertige Sicherung der älteren Generation" (Schmitthenner 1998: 45).

Andererseits zeugen die schnelle Abfolge der Nachbesserungen und die neuen Reformen aber auch davon, dass sich die Erwartung, mithilfe der Teil-Privatisierung der Alterssicherung könne der Lebensstandard im Alter gewährleistet werden, nicht erfüllt hat. Ganz im Gegenteil sind die Folgen der Instrumentalisierung von Sozialpolitik durch die veränderte Zielsetzung weg von der Gewährung der Lebensstandardsicherung hin zur Stabilisierung der Beitragssätze gravierend: Aufgrund der zur Beitragssatzstabilisierung vollzogenen Leistungskürzungen der GRV wird das Ziel der Verhinderung von Altersarmut im Zuge der Rentenreform 2001 mit hoher Wahrscheinlichkeit nicht erreicht werden, wie aus den jüngsten Projektionen zur Verbreitung von Altersarmut hervor geht. Norbert Blüm spricht angesichts der Prognosen sogar von einem künftigen „Massenphänomen" (Blüm in Die Zeit 2008). Um die Rentenniveauabsenkung ausgleichen zu können, ist privates Vorsorgesparen erforderlich, das deutlich über die geförderte Riester-Rente hinausgeht. Gerade für die Geringverdiener

Schlussbetrachtung und Ausblick 323

und jene mit unsteten Erwerbsverläufen ist dies von zentraler Bedeutung, um die ohnehin zu erwartenden geringen Leistungen aus der GRV aufzustocken; allerdings sind es gerade diese Gruppen, die angesichts der geringen laufenden Einkommen – trotz potentiell hoher Förderquoten – vielfach nicht in der Lage sind, privat vorzusorgen. Paradoxerweise lohnt sich aber gerade für diese Bevölkerungsgruppen der Abschluss einer Riester-Rente oder anderer Formen privater Vorsorge nicht, denn falls sie im Alter auf die bedarfsorientierte Grundsicherung angewiesen sind, werden die Leistungen aus der Privatvorsorge auf die Grundsicherung im Alter angerechnet und reduzieren diese entsprechend. Damit sind sie durch den Abschluss einer Riester-Rente, trotz langjähriger Beitragszahlungen und staatlicher Förderung, faktisch nicht besser gestellt, „als wenn sie ihr Geld zum Fenster hinaus geworfen hätten" (Brettschneider 2008: 5). Dabei zeichnet sich angesichts der zunehmend unsteten Erwerbsbiographien, niedrig entlohnten und prekären Beschäftigungsverhältnisse bereits deutlich ab, dass der Anteil derjenigen, die im Alter auf diese Grundsicherung angewiesen sein wird, deutlich zunimmt. D.h. eine Investition in private Altersvorsorge „rechnet" sich ökonomisch für immer weniger Menschen. Da die Rentenniveauabsenkung jedoch alle in der GRV Versicherten betrifft und die Förderung der Riester-Rente aus dem allgemeinen Steueraufkommen finanziert wird, findet hier eine deutliche Umverteilung zugunsten der „Gut- und Regelmäßig-Verdiener" und zulasten der Geringverdiener und jenen mit unsteten Erwerbsverläufen statt, so dass diese durch die Rentenreform 2001 gleich doppelt schlechter gestellt wurden.

Aber auch für die übrigen in der GRV Versicherten gilt, dass mit der Teil-Privatisierung der Alterssicherung Leistungskürzungen der staatlichen Rente, eine stärkere Individualisierung und Entsolidarisierung, höhere Kosten und zusätzliche Risiken verbunden sind. Die mit der Privatvorsorge verbundenen Risiken beziehen sich nicht nur auf die völlige Unsicherheit über die Höhe der zu erwartenden Leistungen, da diese im Wesentlichen von der Situation der Finanzmärkte zum Zeitpunkt des Eintritts in den Ruhestand abhängt. Zudem resultieren sie aus den Geschäftspraktiken der Finanzdienstleister, wie an zahlreichen Fällen, in denen sich das Anlagekapital der Versicherten durch Missmanagement, Veruntreuung und „Verspekulierung" quasi in Luft aufgelöst hat, belegt wird.

Losgelöst von dieser individuellen Ebene bedeutet die Teil-Privatisierung der Alterssicherung für das Verhältnis von „Markt und Staat" zum einen, dass sich der Staat in der Alterssicherung als Versorger zugunsten des Marktes – d.h. in diesem Fall zugunsten privater Finanzdienstleister – partiell zurückzieht. Da er die Riester-Rente aber nicht ohne weiteres den Marktkräften überlässt – soviel Skepsis in die Marktmechanismen verbleibt dann doch noch – schafft er sich mit der Zertifizierung, Überwachung und Abwicklung der Förderung neue Handlungsbereiche. Angesichts dessen wird in der jüngeren wohlfahrtsstaatlichen

Literatur ein Wandel vom „produzierendem zum regulierenden Wohlfahrtsstaats" diagnostiziert, während die Regulierung der Privatvorsorge als ein neuer Bereich staatlicher Sozialpolitik eingestuft wird (Lamping/Rüb 2006: 454f.; Leisering/Berner 2001; Nullmeier 2001; Schwarze, U. 2004). Mit einer Teil-Privatisierung der Alterssicherung werden zum anderen gleichzeitig die Interessen der Finanzdienstleistungsbranche an einer Marktausweitung bedient, indem Elemente und Funktionen des Sozialstaates in die Privatwirtschaft überführt werden (Minns 2001, 2003). Damit wurde die Verantwortung für eines der zentralen Elemente des deutschen Sozialstaates – die Lebensstandardsicherung im Alter – teilweise an Finanzdienstleister ausgelagert, deren vorrangiges Ziel allerdings nicht die Gewährung eines bestimmten Sicherungsniveaus ist, sondern die Erzielung von Unternehmensgewinnen. Die Rentenpolitik ist zur Gewährleistung eines bestimmten „Gesamtversorgungsniveaus" aus staatlichen und privaten Rentenleistungen nunmehr darauf angewiesen, dass die privaten Finanzdienstleister die Riester-Rente in ausreichendem Maße vermarkten und vertreiben. Der Erfolg der geförderten Altersvorsorge steht und fällt nämlich nicht nur mit der Attraktivität der staatlichen Förderung für die Privatvorsorge, sondern zudem mit den Vertriebsstrategien und Marketingaktivitäten der Banken, Versicherungen und Investmentgesellschaften (Schwarze, U. 2004: 24).[310] Als die Riester-Rente angesichts der zunächst schwachen Beteiligung in der öffentlichen und politischen Diskussion als „Flop" gehandelt wurde, war es denn auch die Bundesregierung, die Maßnahmen ergriff, um ohne Rückgriff auf ein Obligatorium die Anzahl der abgeschlossenen Riester-Renten auf ein repräsentables Maß zu erhöhen (Berner 2004: 27). Da das Bundesarbeitsministerium vielfältige werbewirksame Aktivitäten für die Privatvorsorge an den Tag legt, stellt sich die Frage, ob nicht auch die Vermarktung der Riester-Rente zu einem neuen Handlungsbereich staatlicher Alterssicherungspolitik avanciert.

Seitdem dieser „Systembruch" vollzogen ist, sind die Versicherten aufgrund des faktischen Zwangs zur Privatvorsorge quasi gezwungenermaßen mit der Herausforderung konfrontiert, sich zu „informierten Managern ihres eigenen Sicherungsarrangements" zu entwickeln (Lamping 2007: 48). Gleichzeitig kommt der Finanzdienstleistungsbranche eine erhebliche „sozialpolitische" Funktion zu, da sie mit der Absicherung des biometrischen Risikos der Langle-

---

[310] Entsprechend war auch die Empörung auf Seiten der Politik groß, als sich herausstellte, dass die vorgesehene Verteilung der Abschluss- und Vertriebskosten der Riester-Rente auf zehn Jahre dazu führte, dass die Vertriebsmitarbeiter der Finanz- und Versicherungsunternehmen bevorzugt *andere* Vorsorgeprodukte zur Altersvorsorge empfahlen, bei denen die Abschlussprovision nicht über einen so langen Zeitraum gestreckt werden. Um den Verkauf der Riester-Rente für die Vermittler attraktiver zu gestalten, wurde die Verteilung der Abschluss- und Vertriebskosten – und damit auch der Auszahlung der Provision – im Rahmen des Alterseinkünftegesetzes im Jahr 2005 von zehn auf fünf Jahre reduziert.

bigkeit ehemals sozialstaatliche Handlungsbereiche übernimmt. Vor diesem Hintergrund erscheint bereits vorprogrammiert, dass die Finanzdienstleistungsbranche in absehbarer Zeit eine noch „finanzmarktfreundlichere" Wirtschafts-, Finanz- und Sozialpolitik einfordert, da die Rendite der Riester-Rente – und damit die Höhe der zukünftigen Rentenzahlungen aus der geförderten Privatvorsorge – von der „Performance" der Finanzmärkte abhängt.

Demgegenüber zeichnen sich für jene, die keine private Vorsorgeform abgeschlossen haben und/oder sich die Beiträge hierfür nicht leisten können, durch den nun eingeschlagenen Pfad weitere Verschlechterungen ab. Die deutliche Senkung des Sicherungsniveaus, die Heraufsetzung des Renteneintrittsalters, die Einschnitte bei der Anrechnung von Schul- und Ausbildungszeiten etc. zeugen bereits davon, dass das Leistungsniveau der GRV zukünftig mit hoher Wahrscheinlichkeit auf die bloße Vermeidung von Altersarmut und damit für viele Menschen auf eine Grundsicherung hinausläuft. Vom Ziel einer Lebensstandardsicherung durch die GRV ist spätestens mit der Einführung des Nachhaltigkeitsfaktors im Jahr 2004 endgültig Abschied genommen worden. Die Rentenreform 2001 hat unter Mitwirkung der Finanzdienstleistungsbranche die Weichen hierfür gestellt. Während sich für die Finanzdienstleistungsbranche durch diesen grundlegenden Systemwechsel und auch durch die anschließenden Leistungskürzungen weitere Geschäftsaussichten auftun, ist die Zukunft für die in der GRV Versicherten wie auch für diese zentrale sozialstaatliche Institution selbst weniger verheißungsvoll, denn: „Außer ein paar ‚weisen alten Männern' hat die gesetzliche Rente zur Zeit offensichtlich keine Lobby" (MONITOR 2008a).

Literaturverzeichnis

Sämtliche in dieser Arbeit angegebenen Internetquellen wurden im November 2008 auf ihre Aktualität hin überprüft, so dass das letzte Zugriffsdatum im Literaturverzeichnis nicht explizit ausgewiesen wird.

Abel, Jörg; Bleses, Peter (2005). "Eine Variante unter vielen? - Zur Gegenwart der dualen Struktur der Interessenvertretung." *WSI Mitteilungen* 58(5): 259-264.
Abromeit, Heidrun (1993). *Interessenvermittlung zwischen Konkurrenz und Konkordanz.* Opladen, Leske & Budrich.
Ackermann, Paul (1982). "Interessendurchsetzung. Das Beispiel des Deutschen Bauernverbandes." *SOWI* 11(Heft 1): 29-36.
Adam, Hermann (1974). "Pluralismus oder Herrschaft des Kapitals? Überlegungen zu Theorien gesellschaftlicher Machtverteilung in der Bundesrepublik." *Aus Politik und Zeitgeschichte* B 14/74: 26-38.
Adam, Hermann (2007). *Bausteine der Politik.* Wiesbaden, VS Verlag für Sozialwissenschaften.
Ahrens, Katharina (2007). Nutzen und Grenzen der Regulierung von Lobbying. In: Ralf Kleinfeld; Annette Zimmer; Ulrich Willems (Hrsg.) *Lobbying - Strukturen. Akteure. Strategien.* Wiesbaden, VS Verlag für Sozialwissenschaften: 124-147.
Aktionskreis Finanzplatz (1998). Altersvorsorge in Deutschland. *Finanzplatz-Positions.* Frankfrut/M., Aktionskreis Finanzplatz e.V.
Alboth, Thomas (2004). *Rentenpolitik unter Rot-Grün.* Berlin, Otto Suhr Institut für Politikwissenschaft der Freien Universität Berlin (Diplomarbeit).
Alemann, Ulrich von (1987). *Organisierte Interessen in der Bundesrepublik.* Opladen, Leske & Budrich.
Alemann, Ulrich von (1996). Aktionsformen der Verbände. In: Bundeszentrale für politische Bildung (Hrsg.) *Interessenverbände.* Bonn: 36-40.
Alemann, Ulrich von (2000a). "Lobbyismus heute. Neue Herausforderungen durch Globalisierung, Europäisierung und Berlinisierung." *Wirtschaftsdienst* 80(3): 142-145.
Alemann, Ulrich von (2000b). "Vom Korporatismus zum Lobbyismus?" *Aus Politik und Zeitgeschichte* B 26-27/2000: 3-6.
Alemann, Ulrich von (2002). *Parteien in der Mediendemokratie.* Wiesbaden, Westdeutscher Verlag.
Alemann, Ulrich von (2003). *Das Parteiensystem der Bundesrepublik Deutschland.* Bonn, Bundeszentrale für politische Bildung.

Alemann, Ulrich von (Hrsg.) (2005). *Dimensionen politischer Korruption. Beiträge zum Stand der internationalen Forschung.* Wiesbaden, VS Verlag für Sozialwissenschaften.
Alemann, Ulrich von; Eckert, Florian (2006). "Lobbyismus als Schattenpolitik." *Aus Politik und Zeitgeschichte* 15-16/2006: 3-10.
Alemann, Ulrich von; Heinze, Rolf G. (Hrsg.) (1979). *Verbände und Staat - Vom Pluralismus zum Korporatismus.* Opladen, Westdeutscher Verlag.
Alemann, Ulrich von; Marschall, Stefan (2002). Parteien in der Mediendemokratie - Medien in der Parteiendemokratie. In: Ulrich von Alemann; Stefan Marschall (Hrsg.) *Parteien in der Mediendemokratie.* Wiesbaden, Westdeutscher Verlag.
Allianz (2001a). "Allianz-Chef Schulte-Noelle befürwortet die Rentenreform". *Pressemitteilung vom 11. Mai 2001.* München, Allianz AG.
Allianz (2001b). "Allianz und Dresdner Bank veröffentlichen gemeinsames Vorsorgemagazin". *Pressemitteilung vom 11. Mai 2001.* München, Allianz Group.
Allianz (2002). "Allianz Leben gründet Beirat für Zukunft der Altersvorsorge. Einrichtung ist Teil des sozialen und gesellschaftspolitischen Engagements". *Newsdossier vom 10. April 2002.* Stuttgart, Allianz Lebensversicherungs-AG.
Allianz Dresdner (2003). Europäische Altersvorsorgemärkte. Reformtrends und Wachstumspotenziale. München, Allianz Dresdner Asset Management.
Allianz Group (2001). Geschäftsjahr 2000. München, Allianz Group.
Allianz Group Economic Research (2003). Die deutsche Rentenversicherung nach der Riester-Reform (Autoren: R. Finke, M. Grimm, J. Stanowsky). *Economic Trend Report Ausgabe Nr. 3, Juli 2003.* Frankfurt/M., Allianz Group Economic Research.
Allianz Group Economic Research (2004). Demographie, Ersparnis und Zins: Langfristige Perspektiven. Frankfurt/M., Allianz Group Economic Research.
Alterssicherungskommission der SPD (1997). Strukturreform statt Leistungskürzung. Vorschläge der Alterssicherungskommission der SPD vom 4. Mai 1997, Bad Honnef.
Althaus, Marco; Geffken, Michael; Rawe, Sven (2005). *Handbuch Public Affairs. Public Affairs und Politikmanagement I.* Münster, Lit-Verlag.
Althaus, Marco; Meier, Dominik (2004). *Politikberatung: Praxis und Grenzen.* Münster, Lit-Verlag.
Arbeitsgruppe Alternative Wirtschaftspolitik (1988). *Wirtschaftsmacht in der Marktwirtschaft. Zur ökonomischen Konzentration in der Bundesrepublik.* Köln, Pahl-Rugenstein.
Arbeitsgruppe Alternative Wirtschaftspolitik (2000). *Sondermemorandum: Gegen erfundene Sachzwänge: Für den Erhalt der solidarischen Rentenversicherung.* Bremen, Arbeitsgruppe Alternative Wirtschaftspolitik.
Arnim, Hans Herbert von (2000). "Strukturprobleme des Parteienstaates." *Aus Politik und Zeitgeschichte* B 16/2000: 30-38.
Arnim, Hans Herbert von (Hrsg.) (2003). *Korruption: Netzwerke in Politik, Ämtern und Wirtschaft.* München, Droemer Knaur.
Aust, Judith; Bothfeld, Silke; Leiber, Simone (2006). "Eigenverantwortung - Eine sozialpolitische Illusion?" *WSI-Mitteilungen* 59(4): 186-193.

Literaturverzeichnis

Auth, Diana (2002). Sicher - sicherer - versichert? Die Rentenpolitik der rot-grünen Regierung. In: Wolf-Kai Eicker; Holger Kindler; Ingo Schäfer (Hrsg.) *'Deutschland auf den Weg gebracht': Rot-grüne Wirtschafts- und Sozialpolitik zwischen Anspruch und Wirklichkeit.* Marburg, Metropolis Verlag: 279-311.

AWD (2006). "Béla Anda neuer Kommunikations-Direktor der AWD Gruppe". *Pressemitteilung vom 18. Januar 2006.* Hannover, AWD Holding AG.

Axel Springer Verlag (1997). Finanzanlagen. *Marketing Anzeigen.* Hamburg, Axel Springer AG.

Axel Springer Verlag (1999). Geldanlagen. *Informationen für die Werbeplanung.* Hamburg, Axel Springer AG.

Axel Springer Verlag (2001). Finanzen: Altersvorsorge und Geldanlage. *Informationen für die Werbeplanung.* Hamburg, Axel Springer Verlag AG.

Axel Springer Verlag (2002a). "TREND TOPIC des Monats zum Thema Banken und Sparkassen: Private Altersvorsorge wird immer wichtiger". *Pressemitteilung vom 22. Mai 2002.* Hamburg, Axel Springer AG.

Axel Springer Verlag (2002b). Versicherungen und Altersvorsorge. *Märkte - Informationen für die Werbeplanung.* Hamburg, Axel Springer Verlag - Marketing Anzeigen.

Axel Springer Verlag (2004). Finanzen und Altersvorsorge. *Märkte.* Hamburg, Axel Springer AG.

Babel, Gisela (2001). *Die Gesundbeter. Rentendebatten in Deutschland.* Sankt Augustin, Academia Verlag.

Bäcker, Gerhard (1998). "Die Zukunft der Alterssicherung. Wahlkampf um das richtige Renten-Konzept." *Soziale Sicherheit* 47(6): 201-212.

Bäcker, Gerhard (2004). "Der Ausstieg aus der Sozialversicherung - Das Beispiel Rentenversicherung." *WSI Mitteilungen* 57(9): 483-487.

Bäcker, Gerhard; Bispinck, Reinhard; Hofemann, Klaus; Naegele, Gerhard (1980). *Sozialpolitik. Eine problemorientierte Einführung.* Köln, Bund Verlag.

Bäcker, Gerhard; Bispinck, Reinhard; Hofemann, Klaus; Naegele, Gerhard (2000a). *Sozialpolitik und soziale Lage in Deutschland, Band 1: Ökonomische Grundlagen, Einkommen, Arbeit und Arbeitsmarkt, Arbeit und Gesundheitsschutz.* Wiesbaden, Westdeutscher Verlag.

Bäcker, Gerhard; Bispinck, Reinhard; Hofemann, Klaus; Naegele, Gerhard (2000b). *Sozialpolitik und soziale Lage in Deutschland, Band 2: Gesundheit und Gesundheitssystem, Familie, Alter, soziale Dienste.* Wiesbaden, Westdeutscher Verlag.

Backere, Rainer de; Klemme, Gabriele (2004). Die Direktversicherung. In: Wolfgang Drols (Hrsg.) *Handbuch Betriebliche Altersversorgung.* Wiesbaden, Gabler: 525-540.

Badura, Karl-Heinz (2001). Altersvorsorge für Journalisten. Chancen erkennen - Risiken vermeiden. Köln, Deutsches Institut für Altersvorsorge.

Baker, Dean; Kar, Debayani (2002). Defined Contributions from Workers, Guaranteed Benefits for Bankers: The World Bank's Approach to Social Security Reform. Washington, Center for Economic and Policy Research.

Baker, Dean; Weisbrot, Mark (1999). *Social Security: The Phony Crisis.* Chicago, University of Chicago Press.

Bandelow, Nils C. (1998). *Gesundheitspolitik. Der Staat in der Hand einzelner Interessengruppen?* Opladen, Leske & Budrich.
Bandelow, Nils C. (2003). Policy Lernen und politische Veränderungen. In: Klaus Schubert; Nils C. Bandelow (Hrsg.) *Lehrbuch der Politikfeldanalyse.* München, Oldenbourg.
Bannenberg, Britta (2003). Korruption in Deutschland - Ergebnisse einer kriminologisch-strafrechtlichen Untersuchung. In: Hans Herbert von Arnim (Hrsg.) *Korruption. Netzwerke in Politik, Ämtern und Wirtschaft.* München, Knaur: 205-234.
Bannenberg, Britta; Schaupensteiner, Wolfgang J. (2004). *Korruption in Deutschland: Portrait einer Wachstumsbranche.* München, Beck.
Barr, Nicholas (1998). *The Economics of the Welfare State.* Oxford, Oxford University Press.
Barr, Nicholas (2001a). "The Truth about Pension Reform." *Finance and Development* 38(3): 6-9.
Barr, Nicholas (2001b). *The Welfare State as Piggy Bank. Information, risk, uncertainty, and the role of the state.* Oxford, Oxford University Press.
Beck, Hans-Joachim (2004). Pensionszusage. In: Wolfgang Drols (Hrsg.) *Handbuch Betriebliche Altersversorgung.* Wiesbaden, Gabler: 439-498.
Becker, Michaela (1998). *Korruptionsbekämpfung im parlamentarischen Bereich unter besonderer Berücksichtigung des § 108e StGB sowie der Verhaltensregeln des Bundestages.* Bonn, Universität Bonn.
Becker, Werner (2001). Die Riester-Rente steht auf unsicherem Boden. *Börsen-Zeitung.*
Bellermann, Martin (1998). *Sozialpolitik.* Freiburg i.B., Lambertus.
Bellofiore, Riccardo (2002). Der Kapitalismus der Rentenfonds. In: Michel Aglietta; Joachim Bischoff; Paul Boccara et al. (Hrsg.) *Umbau der Märkte.* Hamburg, VSA Verlag: 61-75.
Bender, Gunnar; Reulecke, Lutz (2003). *Handbuch des deutschen Lobbyisten.* Frankfurt/M., Frankfurter Allgemeine Buch.
Benzner, Bodo (1989). *Ministerialbürokratie und Interessengruppen. Eine empirische Analyse der personellen Verflechtung zwischen bundesstaatlicher Ministerialorganisation und gesellschaftlichen Gruppeninteressen in der Bundesrepublik Deutschland im Zeitraum 1949-1984.* Baden-Baden, Nomos Verlagsgesellschaft.
Berg, Nicola (2003). *Public Affairs Management. Ergebnisse einer empirischen Untersuchung in multinationalen Unternehmungen.* Wiesbaden, Gabler.
Berliner Politiktage (2008). "Rückblende: Referenten 2005." Berliner Politiktage, *Homepage:* http://www.berliner-politiktage.de/rueckblende/2005/referenten.php.
Berner, Frank (2004). Wohlfahrtsmarkt und wohlfahrtsstaatliches Arrangement. Marktstrukturen und sozialstaatliche Einbettung der kapitalgedeckten Altersvorsorge in Deutschland. *REGINA Arbeitspapier Nr. 6.* Bielefeld, Universität Bielefeld.
Berner, Frank (2005). The Emergence of a New Pillar in the German Pension System. *REGINA Working Paper No. 10.* Bielefeld, Universität Bielefeld.
Berner, Frank (2006). "Riester Pensions in Germany: Do they substitute or supplement public pensions? Positions in the debate on the new public policy on private pensions." *German Policy Studies* 3(3): 492-534.
Beyme, Klaus von (1980). *Interessengruppen in der Demokratie.* München, Piper.

Literaturverzeichnis

Beyme, Klaus von (1997). *Der Gesetzgeber. Der Bundestag als Entscheidungszentrum.* Opladen, Westdeutscher Verlag.

Bild (1999a). "Auch das noch! Riester plant Zwangs-Rente". *Bild-Zeitung.* 17. Juni 1999.

Bild (1999b). "Kanzler, hier kommt die Wut-Welle". *Bild-Zeitung.* 18. Juni 1999.

Bild (1999c). "Riester: Ich halte an meinem Rentenkonzept fest!" BILD-Interview mit dem Bundesarbeitsminister. *Bild-Zeitung.* 19. Juni 1999.

Binne, Wolfgang (1999). "Gesetzgebungskompetenz des Bundes für eine obligatorische kapitalgedeckte Zusatzvorsorge?" *DRV* 54(10-11): 598-608.

Birg, Herwig; Börsch-Supan, Axel (2000). Neue Aufgabenteilung zwischen gesetzlicher und privater Altersvorsorge nötig. In: Gesamtverband der Deutschen Versicherungswirtschaft (Hrsg.) *Rentenreform 2000. Die Grenzen des Umlageverfahrens und die Chancen privater Altersvorsorge.* Berlin, GDV: 27-40.

Bischoff, Joachim (1995). Überforderung der Wirtschaft? In: Horst Schmitthenner (Hrsg.) *Der "schlanke" Staat.* Hamburg, VSA Verlag: 54-69.

Bleses, Peter; Seeleib-Kaiser, Martin (2004). *The Dual Transformation of the German Welfare State.* Basingstoke et al., Palgrave Macmillan.

Block, Thorsten H. (1998). Financial Market Liberalization and the Changing Character of Corporate Governance. *CEPA Working Paper Series III.* New York, NY, Center for Economic Policy Analysis.

Blomert, Reinhard (2000). Die Illusion des grenzenlosen Wachstums - Die weltbeherrschenden Pensionsfonds bergen große Gefahren für Arbeitsplätze und Alterssicherung. *Berliner Zeitung.* 7. Oktober 2000.

Blommestein, Hans (1998a). "Ageing-Induced Capital Flows to Emerging Markets do not Solve the Basic Pension Problem in the OECD Area." *OECD Financial Market Trends No. 70*: 83-94.

Blommestein, Hans (1998b). The New Financial Landscape and its Impact on Corporate Governance. In: Morten Balling; Elizabeth Hennessy; Richard O'Brien (Hrsg.) *Corporate Governance, Financial Markets and Global Convergence.* Dordrecht, Kluwer Academic Publishers: 41-70.

Blum-Barth, Alois Peter-Henrik (2005). *Interessenvertretung in der deutschen Versicherungswirtschaft.* Karlsruhe, VVW.

BMA (1999a). Eckpunktepapier zur Rentenstrukturreform vom 18. Juni 1999. Bonn, Bundesministerium für Arbeit und Sozialordnung.

BMA (1999b). Modifizierungen der Eckpunkte zur Rentenstrukturreform vom 22. Juni 1999. Bonn, Bundesministerium für Arbeit und Sozialordnung.

BMA (2000a). Diskussionsentwurf zur Reform der gesetzlichen Rentenversicherung und zur Förderung des Aufbaus eines kapitalgedeckten Vermögens zur Altersvorsorge (Altersvermögensaufbaugesetz - AVAG), Stand: 22. September 2000.

BMA (2000b). Ergebnisniederschrift der 1. Sitzung der Arbeitsgruppe "Zukunft der Alterssicherung" am 20. Januar 2000. Berlin, Bundesministerium für Arbeit und Sozialordnung.

BMA (2000c). Rentenreform 2000 - Ein mutiger Schritt zu mehr Sicherheit vom 18. Juli 2000. Berlin, Bundesministerium für Arbeit und Sozialordnung.

BMA (2001). *Sozialgeschichte. Bilder und Dokumente.* Berlin, Bundesministerium für Arbeit und Sozialordnung.

BMAS (2008a). "Entwicklung der privaten Altersvorsorge (Stand 31.12.2007)". *Pressemitteilung vom 7. Februar 2008*. Berlin, Bundesministerium für Arbeit und Soziales.
BMAS (2008b). "Entwicklung der Riester-Rente (Stand IV. Quartal 2007)". *Pressemitteilung vom 7. Februar 8*. Berlin, Bundesministerium für Arbeit und Soziales.
BMF (1998a). Bericht des Arbeitskreises "Betriebliche Pensionsfonds" im Auftrag des "Forums Finanzplatz beim Bundesministerium der Finanzen". *Schriftenreihe des Bundesministeriums der Finanzen*. Stollfuß. Bonn, Bundesministerium der Finanzen.
BMF (1998b). Organisationsplan des Bundesministeriums der Finanzen. Stand: Dezember 1998. Berlin, Bundesministerium der Finanzen.
BMF (1999). Organisationsplan des Bundesministeriums der Finanzen. Stand: Oktober 1999. Berlin, Bundesministerium der Finanzen.
BMF (2003a). Die "Riester-Rente" - eine erste Bewertung. *Monatsbericht 07.2003*: 73-79. Berlin, Bundesministerium der Finanzen.
BMF (2003b). Steuerliche Förderung der privaten kapitalgedeckten Altersvorsorge. Berlin, Bundesministerium der Finanzen.
BMGS (2002). Die Rente. Berlin, Bundesministerium für Gesundheit und Soziale Sicherung.
BMGS (2003). Nachhaltigkeit in der Finanzierung der Sozialen Sicherungssysteme - Bericht der Kommission. Berlin, Bundesministerium für Gesundheit und Soziale Sicherung.
Bockstette, Carsten (2003). *Konzerninteressen, Netzwerkstrukturen und die Entstehung einer europäischen Verteidigungsindustrie. Eine Fallstudie am Beispiel der Gründung der 'European Aeronautic, Defence and Space Company' (EADS)*. Hamburg, Dr. Kovač.
Boeckh, Jürgen; Huster, Ernst-Ulrich; Benz, Benjamin (2004). *Sozialpolitik in Deutschland*. Wiesbaden, VS Verlag für Sozialwissenschaften.
Boeri, Tito; Börsch-Supan, Axel; Tabellini, Guido (2000). Die Reformbereitschaft der Bürger. Sozialstaat in Europa. Eine Umfrage in vier Ländern. Köln, Deutsches Institut für Altersvorsorge.
Bönker, Frank (2005). "Der Siegeszug des Mehrsäulenparadigmas in der bundesdeutschen Rentenpolitik." *Zeitschrift für Sozialreform* 51(3): 337-362.
Bontrup, Heinz-J. (2000). "Rente und Renditen." *Blätter für deutsche und internationale Politik* 45(9): 1051-1055.
Börsch-Supan, Axel (2000). Was für die Kapitaldeckung und was für das Umlageverfahren spricht. In: Stephan Lorz (Hrsg.) *Sicher in die Zukunft*. München, Carl Hanser: 69-76.
Börsch-Supan, Axel (2002). Was die Alterung für die Arbeits- und Kapitalmärkte bedeutet. (Begleitendes Papier zu einem Vortrag von Professor Axel Börsch-Supan, gehalten im Hause der Deutschen Bank am 21. August 2002). Köln, Deutsches Institut für Altersvorsorge.
Börsch-Supan, Axel; Ludwig, Alexander; Sommer, Matthias (2003). Demographie und Kapitalmärkte - Die Auswirkungen der Bevölkerungsalterung auf Aktien-, Renten- und Immobilienvermögen. Köln, Deutsches Institut für Altersvorsorge.

Literaturverzeichnis 333

Börsch-Supan, Axel; Miegel, Meinhard; Brombacher-Steiner; Verena; Bovenberg; et al., (1999). Gesetzliche Alterssicherung. Reformerfahrungen im Ausland. Ein systematischer Vergleich aus sechs Ländern. Köln, Deutsches Institut für Altersvorsorge.

Breger, Monika (1994). Der Anteil der deutschen Großindustriellen an der Konzeptualisierung der Bismarckschen Sozialgesetzgebung. In: Lothar Machtan (Hrsg.) *Bismarcks Sozialstaat. Beiträge zur Geschichte der Sozialpolitik und zur sozialpolitischen Geschichtsschreibung*. Frankfurt/M., Campus Verlag: 25-60.

Brettschneider, Antonio (2008). "Rentenlücke und Riesterfalle." *Blätter für deutsche und internationale Politik* 2/2008: 5-8.

Breyer, Friedrich (1989). "On the Intergenerational Pareto Efficiency of Pay-as-you-go Financed Pension Systems." *Journal of Institutional and Theoretical Economics* 145: 643-658.

Buholzer, René Paul (1998). *Legislatives Lobbying in der Europäischen Union. Ein Konzept für Interessengruppen*. Bern et al., Verlag Paul Haupt.

Bulmahn, Thomas (1998). "Rette sich, wer kann? Die Krise der gesetzlichen Rentenversicherung und die Privatisierung der Altersvorsorge." Wissenschaftszentrum Berlin, *Discussion Paper FSIII 98-406*: http://skylla.wz-berlin.de/pdf/1998/iii98-406.pdf.

Bundesgesetzblatt (2001a). Gesetz zur Ergänzung des Gesetzes zur Reform der gesetzlichen Rentenversicherung und zur Förderung eines kapitalgedeckten Altersvorsorgevermögens (Altersvermögensergänzungsgesetz - AVmEG) vom 21. März 2001 (BGBl. I, S. 403ff.).

Bundesgesetzblatt (2001b). Gesetz zur Reform der gesetzlichen Rentenversicherung und zur Förderung eines kapitalgedeckten Altersvorsorgevermögens (Altersvermögensgesetz - AVmG) vom 26. Juni 2001 (BGBl. I, S. 1310ff.).

Bundesverband deutscher Banken (1999). Betriebs-Pensionsfonds. Neue Impulse für die betriebliche Altersversorgung. Berlin, Bundesverband deutscher Banken.

Bundesverband deutscher Banken (2000). Wege zur kapitalgedeckten Alterssicherung. Ein Diskussionsbeitrag zur aktuellen Rentendebatte. Berlin, Bundesverband deutscher Banken.

Bundesverband deutscher Banken (2002a). Das Sparverhalten der privaten Haushalte in der EWU - Impulse aus Währungsunion und privater Altersvorsorge. Berlin, Bundesverband deutscher Banken.

Bundesverband deutscher Banken (2002b). Deutschland voranbringen. Reformagenda für die Legislaturperiode 2002-2006. Berlin, Bundesverband deutscher Banken.

Bundesverband deutscher Banken (2002c). Mehr sparen für die Sicherung des Lebensstandards im Alter. Berlin, Bundesverband deutscher Banken.

Bundesverband deutscher Banken (2002d). Satzung. Berlin, Bundesverband deutscher Banken.

Bundesverband deutscher Banken (2007). Lebenslauf von Prof. Dr. Manfred Weber (auf Anfrage per e-mail übermittelt am 16. November 2007). Berlin, Bundesverband deutscher Banken

Bundesverband deutscher Banken (2008). Den Lebensstandard im Alter sichern - Plädoyer für die kapitalgedeckte Altersvorsorge. *Daten, Fakten, Argumente*. Berlin, Bundesverband deutscher Banken.

Bündnis 90/Die Grünen (1998). Grün ist der Wechsel. Programm zur Bundestagswahl 1998. Verabschiedet auf der 10. Ordentlichen Bundesdelegiertenkonferenz in Magdeburg im März 1998, Bündnis 90/Die Grünen, Bonn.

Burgmer, Inge Maria (2001). "Die Interessenvertreter formieren sich neu. Zu den Perspektiven des Lobbyismus in Berlin - Plädoyer für einen komplementären Ansatz." *Verbänderepor*t 03/01.

Burgmer, Inge Maria (2003a). "An der Schnittstelle von Wirtschaft und Politik." *Forschungsjournal Neue Soziale Bewegungen* 16(3): 56-59.

Burgmer, Inge Maria (2003b). Lobbyverbände unter Anpassungsdruck. In: Thomas Leif; Rudolf Speth (Hrsg.) *Die stille Macht. Lobbyismus in Deutschland*. Wiesbaden, Westdeutscher Verlag: 35-42.

Burtless, Gary (2000). Social Security Privatization and Financial Market Risk: Lessons from U.S. Financial History. *DIW Discussion Paper 211*. Berlin, Deutsches Institut für Wirtschaftsforschung.

Bury, Hans Martin (1999). *Thesen zur Reform der Altersversorgung*. Bonn, Archiv der sozialen Demokratie der Friedrich-Ebert-Stiftung, Depositum Hans Martin Bury.

Bury, Hans Martin (2008). "Curriculum Vitae." Hans Martin Bury, *Homepage:* http://www.bury.de/_pdf/CV_HMB_DE_2008.pdf.

Busch-Janser, Florian (2004). *Staat und Lobbyismus. Eine Untersuchung der Legitimation und der Instrumente von unternehmerischer Einflussnahme*. Berlin, Ggp Media on Demand.

Busch-Janser, Florian; Gerding, Sandra; Voigt, Mario (Hrsg.) (2005). *Politikberatung als Beruf*. Berlin, poli-c-books.

Busemeyer, Marius R. (2005). "Pension Reform in Germany and Austria: System Change vs. Quantitative Retrenchment." *West European Politics* 28(3): 569-591.

Busemeyer, Marius R. (2006). "Moving the Unmovable: Political Strategies of Pension Reform in Germany." *German Policy Studies* 3(3): 400-445.

Butterwegge, Christoph (2002). Eine kritische Bilanz der rot-grünen Sozialpolitik. In: Wolf-Kai Eicker; Holger Kindler; Ingo Schäfer (Hrsg.) *'Deutschland auf den Weg gebracht': Rot-grüne Wirtschafts- und Sozialpolitik zwischen Anspruch und Wirklichkeit*. Marburg, Metropolis Verlag: 313-342.

Butterwegge, Christoph (2005). *Krise und Zukunft des Sozialstaates*. Wiesbaden, VS Verlag für Sozialwissenschaften.

BVI (1996). Jahrbuch 1996. Frankfurt/M., Bundesverband Deutscher Investment-Gesellschaften e.V.

BVI (1998a). Brief von Dr. Manfred Laux und Günter Scharek an die Wirtschaftsredaktionen vom 26. August 1998. Frankfurt/M., Bundesverband Deutscher Investment-Gesellschaften e.V.

BVI (1998b). "BVI für steuerliche Gleichstellung von Altersvorsorge-Sondervermögen mit Direktversicherungen bei betrieblicher Altersversorgung. Individuelles Pensionsfondssystem auf Wertpapierbasis als Zukunft der betrieblichen Altersversorgung". *Pressemeldung/Investment-Information vom 16. Juni 1998*. Frankfurt/M., Bundesverband Deutscher Investment-Gesellschaften e.V.

BVI (1998c). "Drittes Finanzmarktförderungsgesetz: Bedeutender Schritt für Investmentplatz Deutschland. BVI sieht Zeitenwende in der Altersvorsorge. Vermögensbildung - Fortentwicklung mit Nachbesserungsbedarf". *Pressemeldung/Investment-Information vom 9. März 1998*. Frankfurt/M., Bundesverband Deutscher Investment-Gesellschaften e.V.

BVI (1999a). "BVI: Rückschritt statt Fortschritt in der Alterssicherung. Entscheidungsfreiheit statt 'Zwangsverrentung'". *Pressemeldung/Investment-Information vom 28. September 1998*. Frankfurt/M., Bundesverband Deutscher Investment-Gesellschaften e.V.

BVI (1999b). "Ein Jahr Altersvorsorge-Sondervermögen: Mit AS-Fonds individuell vorsorgen. BVI veröffentlicht Übersicht und Struktur der AS-Fonds". *Pressemeldung/Investment-Information vom 8. November 1999*. Frankfurt/M., Bundesverband Deutscher Investment-Gesellschaften e.V.

BVI (1999c). "Keine Besteuerung kurzfristiger Veräußerungsgewinne auf der Fondsebene". *Pressemeldung/Investment-Information vom 3. März 1999*. Frankfurt/M., Bundesverband Deutscher Investment-Gesellschaften e.V.

BVI (2000a). "Alterssicherung: BMA Konzeption prinzipiell richtig, jedoch verbesserungsbedürftig. Größere Wahlfreiheit auch für Niedrigeinkommensbezieher erforderlich. Mit AS-Investmentrente doppelt so hohe Zusatzrente erreichbar". *Pressemeldung/Investment-Information vom 21. Juni 2000*. Frankfurt/M., Bundesverband Deutscher Investment-Gesellschaften e.V.

BVI (2000b). "Alterssicherung: Wissenschaftliche Untersuchung bestätigt BVI-Position: Formelle 'Garantie' nicht notwendig. Kombination aus Anlagestruktur und Mindestlaufzeit als 'Garantieersatz' ausreichend. Sicherheit auch ohne formelle 'Garantie' erreichbar". *Pressemeldung/Investment-Information vom 31. Oktober 2000*. Frankfurt/M., Bundesverband Deutscher Investment-Gesellschaften e.V.

BVI (2000c). "AVAG ein wichtiger Schritt nach vorne. BVI kritisiert formelle Zusage als Förderungsvoraussetzung. AVAG bedarf der Nachbesserung". *Pressemeldungen/Investment-Information vom 21. Oktober 2000*. Athen, Bundesverband Deutscher Investment-Gesellschaften e.V.

BVI (2000d). "'Garantie' in Einzahlungsphase unnötig und teuer. BVI-Vorstandssprecher fordert echte Wahlmöglichkeit zwischen Investmentfonds und Versicherungen. Geringe Verwaltungskosten bei Fonds". *Pressemeldung/Investment-Information v. 28. September 2000*. Berlin, Bundesverband Deutscher Investment-Gesellschaften e.V.

BVI (2000e). "Rentenreform/Altersvermögensgesetz: Investment-Altersvorsorgeverträge mit hoher Ertragskraft möglich. Absicherungs- und Eigenkapitalkosten vermeidbar. Investment-Gesellschaften können unter bestimmten Voraussetzungen Zusagen auf Rückzahlung der eingezahlten Beiträge abgeben". *Pressemeldung/Investment-Information vom 28. November 2000*. Frankfurt/M., Bundesverband Deutscher Investment-Gesellschaften e.V.

BVI (2000f). "Rentenreform: BVI weiterhin gegen 'formelle Zusage/Garantie'. Unvertretbar hohe Kostenbelastung für die Bevölkerung. Faktische Garantie notwendig und ausreichend. Förderung des Finanzplatzes Luxemburg". *Pressemeldung/Investment-Information vom 7. November 2000*. Frankfurt/M., Bundesverband Deutscher Investment-Gesellschaften e.V.

BVI (2000g). "Steuerneutrale Wahlfreiheit zwischen Altersvorsorgeprodukten mit und ohne 'Garantie' erforderlich. 'Garantien' verhindern maximales Versorgungsniveau". *Pressemeldung/Investment-Information vom 12. September 2000.* Frankfurt/M., Bundesverband Deutscher Investment-Gesellschaften e.V.

BVI (2001a). "Investmentfonds behalten bei Riester-Rente ihre Ertragskraft. BVI begrüßt Lösung der Aufsichtsbehörde zur Sicherstellung der Werthaltigkeit von Zusagen". *Pressemeldung/Investment-Information vom 7. Dezember 2001.* Frankfurt/M., Bundesverband Deutscher Investment- und Vermögensverwaltungs-Gesellschaften e.V.

BVI (2001b). Jahrbuch "Investment 2001. Daten, Fakten, Entwicklungen". Frankfurt/M., Bundesverband Investment und Asset Management e.V.

BVI (2001c). "Optimierungsbedarf bei privater und betrieblicher Altersvorsorge. BVI Für mehr Wahlfreiheit in der betrieblichen Altersvorsorge". *Pressemeldung/Investment-Information vom 31. Januar 2001.* Frankfurt/M., Bundesverband Deutscher Investment-Gesellschaften e.V.

BVI (2001d). "Positive Halbjahresbilanz für Fondsbranche. Aktien- und Geldmarktfonds führen Absatzliste an. Offene Immobilienfonds erfreuen sich wieder steigender Beliebtheit". *Pressemeldung/Investment-Information vom 26. Juli 2001.* Frankfurt/M., Bundesverband Deutscher Investment-Gesellschaften e.V.

BVI (2001e). "Wesentliche Verbesserungen für Investmentbranche. Pensionsfondssystem muss international wettbewerbsfähig und kostengünstiger werden. Rentenreform wird Interessen des Mittelstands nicht gerecht". *Pressemeldung/Investment-Information vom 11. Mai 2001.* Frankfurt/M., Bundesverband Deutscher Investment-Gesellschaften e.V.

BVI (2001f). "Zusätzliche Flexibilität erhöht Akzeptanz der Riester-Rente. BVI begrüßt erreichten Kompromiss für Auszahlungsphase". *Pressemeldung/Investment-Information vom 4. Dezember 2001.* Frankfurt/M., Bundesverband Deutscher Investment- und Vermögensverwaltungs-Gesellschaften e.V.

BVI (2002a). "BVI eröffnet Hauptstadtbüro". *Pressemeldung/Investment-Information vom 27. September 2002.* Frankfurt/M., Bundesverband Deutscher Investment- und Vermögensverwaltungs-Gesellschaften e.V.

BVI (2002b). "BVI: Mehr Flexibilität und Entscheidungsfreiheit erhöhen Akzeptanz der Riester-Rente". *Pressemeldung/Investment-Information vom 8. Juni 2002.* Krakau, Bundesverband Deutscher Investment- und Vermögensverwaltungs-Gesellschaften e.V.

BVI (2002c). Jahrbuch 'Investment 2002. Daten, Fakten, Entwicklungen'. Frankfurt/M., Bundesverband Deutscher Investment- und Vermögensverwaltungs-Gesellschaften.

BVI (2005a). Der BVI - Repräsentant der Investmentbranche. Frankfurt/M., Bundesverband Investment und Asset Management e.V.

BVI (2005b). Jahrbuch. Frankfurt/M., Bundesverband Investment und Asset Management.

BVI (2006a). "Fondsbranche verwaltet Rekordvolumen von knapp 1,2 Billionen Euro". *Pressemeldung/Investment-Information vom 24. Januar 2006.* Frankfurt/M., Bundesverband Investment und Asset Management e.V.

BVI (2006b). Satzung. Frankfurt/M., Bundesverband Investment und Asset Management.

BVI (2007a). "Artikel in unseren Jahrbüchern - Altersvorsorge." Bundesverband Investment und Asset Management e.V., *Homepage:* http://www.bvi.de/de/bibliothek/ jahrbuecher/altersvorsorge/av_artikel_jb/li_jb_av.pdf.
BVI (2007b). "Hauptaufgaben des BVI." Bundesverband Investment und Asset Management e.V., *Homepage:* http://www.bvi.de/de/bvi/portraet/aufgaben/index.html.
BVI (2007c). Jahrbuch "Investment 2007. Daten, Fakten, Entwicklungen". Frankfurt/M., Bundesverband Investment und Asset Management e.V.
BVI (o.J.). Altersvorsorge: Sie können nichts Besseres tun, als Ihre Altersvorsorge durch ein kluges Investment-Programm abzurunden. Staatliche Förderung inbegriffen. Frankfurt/M., Bundesverband Deutscher Investment- und Vermögensverwaltungs-Gesellschaften e.V.
Capital.de (2006). "Wirtschaftsverbände - In der Abseitsfalle". *capital.de.* 18. Oktober 2006.
Castor, Christian (2003). "Wissensgesellschaft und Rentenversicherung." *Zeitschrift für Sozialreform* 49(5): 694-732.
CDU (1998). Zukunftsprogramm der CDU Deutschlands. Beschluß des 10. Parteitages der CDU Deutschlands vom 17.-19. Mai 1998.
CDU/CSU (2000). Gemeinsame Position von CDU und CSU, Stand: 5. Juni 2000.
Christen, Christian (2001). Privatisierung der Alterssicherung - Gefährliche Illusionen über den Reichtum für alle. *Sozialistische Zeitung.* 7. Juni 2001.
Christen, Christian (2008). Marktgesteuerte Alterssicherung - Von der Entwicklung zur Implementierung eines neoliberalen Reformprojekts. In: Christoph Butterwegge; Bettina Lösch; Ralf Ptak (Hrsg.) *Neoliberalismus - Analysen und Alternativen.* Wiesbaden, VS Verlag für Sozialwissenschaften: 181-199.
Christen, Christian; Michel, Tobias; Rätz, Werner (2003). *Sozialstaat.* Hamburg, VSA Verlag.
Commerzbank (2000). "Hansgeorg Hauser wird Beauftragter des Vorstands der Commerzbank". *Pressemitteilung vom 1. Februar 2000,* Frankfurt/M., Commerzbank AG.
Commerzbank (2002). Geschäftsbericht 2001. Frankfurt/M., Commerzbank.
Commerzbank (2003). jahresabschluss und lagebericht 2002 COMMERZBANK AG. Frankfurt/M., Commerzbank AG.
Czada, Roland (1992). Interessengruppen, Eigennutz und Institutionenbildung. In: Klaus Schubert (Hrsg.) *Leistungen und Grenzen politisch-ökonomischer Theorie. Eine kritische Bestandsaufnahme zu Mancur Olson.* Darmstadt, Wissenschaftliche Buchgesellschaft: 57-78.
Czada, Roland (1994). Konjunkturen des Korporatismus: Zur Geschichte eines Paradigmenwechsels in der Verbändeforschung. In: Wolfgang Streeck (Hrsg.) *Staat und Verbände. PVS-Sonderheft 25.* Opladen, Westdeutscher Verlag: 37-64.
Czada, Roland (2000). *Dimensionen der Verhandlungsdemokratie. Konkordanz, Korporatismus, Politikverflechtung.* Hagen, Institut für Politikwissenschaft.
Czada, Roland (2001). Demokratietypen, institutionelle Dynamik und Interessenvermittlung. In: Hans-Joachim Lauth (Hrsg.) *Vergleichende Regierungslehre. Eine Einführung.* Wiesbaden, Westdeutscher Verlag: 292-318.

Czada, Roland (2004). Die neue deutsche Wohlfahrtswelt - Sozialpolitik und Arbeitsmarkt im Wandel. In: Susanne Lütz; Roland Czada (Hrsg.) *Wohlfahrtsstaat - Transformation und Perspektiven*. Wiesbaden, VS Verlag für Sozialwissenschaften: 127-154.

Dagger, Steffen; Greiner, Christoph; Leinert, Kirsten; Meliß, Nadine; Menzel, Anne (Hrsg.) (2004). *Politikberatung in Deutschland. Praxis und Perspektiven*. Wiesbaden, VS Verlag für Sozialwissenschaften.

Davies, Nick (2008). *Flat Earth News: An Award-winning Reporter Exposes Falsehood, Distortion and Propaganda in the Global Media*. London, Chatto and Windus.

Deml, Jörg (2002). "Zur Diskussion um das umlagefinanzierte Rentensystem: Gerecht und sicher." *Soziale Sicherheit* 50(12): 411-418.

Der Spiegel (1997). "Spiegel-Gespräch: "Dann ist das System weg" - Rentenexperte Meinhard Miegel über das Reformmodell Blüms, eine Grundsicherung fürs Alter und das Ende der Arbeitsgesellschaft". *Der Spiegel*. 6/1997.

Der Spiegel (1998a). "Blüm hat vieles falsch gemacht" - Walter Riester, IG-Metall-Vize und sozialdemokratischer Kandidat für das Bonner Arbeitsministerium, über die Reform des Sozialstaates, das geplante Bündnis für Arbeit und das SPD-Wahlprogramm im Spiegel-Gespräch. *Der Spiegel*. 19/1998.

Der Spiegel (1998b). "Mit aller Härte reagieren" - SPD-Kanzlerkandidat Gerhard Schröder im Spiegel-Gespräch über die Regierungsbildung in Sachsen-Anhalt, den Umgang mit Rechtsextremisten und ein neues Bündnis für Arbeit. *Der Spiegel*. 20/1998.

Der Spiegel (1998c). "Renten - Alle von der Rolle. Die Union hält einen unliebsamen Bericht über die Zukunft der Alterssicherung zurück - die unpopulären Empfehlungen sollen die Wähler nicht verschrecken". *Der Spiegel*. 20/1998.

Der Spiegel (1999). "Freie Hand für den Kanzler". *Der Spiegel*. 11/1999.

Der Spiegel (2000a). "Aufmarsch der Lobbyisten. Banken gegen Versicherungen: Verbissen rangeln beide Branchen um das Wohlwollen der Regierung, die zurzeit die Kriterien für die private Altersvorsorge festlegt - ein Milliardenpoker". *Der Spiegel*. 31/2000.

Der Spiegel (2000b). "Regierung: Teure Rente - Eichels neue Rentenpläne". *Der Spiegel*. 35/2000.

Der Spiegel (2000c). "Rente: Eichel legt nach. Rentenreform: Eichel will Fördervolumen für die Privatvorsorge erhöhen". *Der Spiegel*. 29/2000.

Der Spiegel (2000d). "Renten: Mut zum Systemwechsel - Finanzminister Hans Eichel nimmt eine umfassende Reform der Alterssicherung in Angriff. Die Rentner von morgen dürfen mit modernen Anlageformen fürs Alter vorsorgen. Zudem hat er ein - preiswertes - Konzept für die längst überfällige Reform der Rentenbesteuerung entwickeln lassen". *Der Spiegel*. 36/2000.

Der Spiegel (2006). "Anschein der Käuflichkeit". *Der Spiegel*. 5/2006.

Der Spiegel (2007). "Walter fürs Alter. Die Riester-Rente lohnt sich - am allermeisten für ihren Erfinder Walter Riester selbst: Der Ex-Minister hält hochdotierte Vorträge für die Finanzbranche". *Der Spiegel*. 37/2007.

Der Tagesspiegel (2000a). "Riester will die private Altersvorsorge stärker fördern. Zuständiger Abteilungsleiter entlassen - Union fordert Machtwort des Kanzlers". *Der Tagesspiegel*. 24. Mai 2000.

Der Tagesspiegel (2000b). "Sozialbeirat. Arbeitsminister Riester beruft Barbara Riedmüller und Bert Rürup als genehme Berater". *Der Tagesspiegel*. 8. Juni 2000.
Der Tagesspiegel (2000c). "Wachablösung bei der AfA. Schreiner will die Wächterfunktion stärken. Deutliches Votum für den Traditionalisten als neuer Vorsitzender" *Der Tagesspiegel*. 20. März 2000.
Der Tagesspiegel (2006). "Bert Rürup - Superberater im engen Korsett. Bert Rürup ist einer der wichtigsten Berater der deutschen Politik - und auch im Ausland sehr gefragt. Jetzt soll der großen Koalition beim Gesundheits-Kompromiss helfen." Der Tagesspiegel (online). 25. September 2006, *Homepage:* http://www.tagesspiegel.de/politik/deutschland/Ruerup-Gesundheitsreform;art122,1869432.
Derlien, Hans-Ulrich (2001). Personalpolitik nach Regierungswechseln. In: Hans-Ulrich Derlien; Axel Murswieck (Hrsg.) *Regieren nach Wahlen*. Opladen, Leske & Budrich: 39-57.
Dettke, Dieter (2001). Grenzen des Korporatismus. In: Andrea Gourd; Thomas Noetzel (Hrsg.) *Zukunft der Demokratie in Deutschland*. Opladen, Leske & Budrich: 197-210.
Deutsche Bank (1999). Geschäftsbericht 1998. Deutsche Bank AG. Frankfurt/M.
Deutsche Bank (2001). Geschäftsbericht 'Results 2000'. Frankfurt/M., Deutsche Bank AG.
Deutsche Bank (2002). Geschäftsbericht 'Results 2001'. Frankfurt/M., Deutsche Bank AG.
Deutsche Bank (2003a). Geschäftsbericht 'Results 2002'. Frankfurt/M., Deutsche Bank AG.
Deutsche Bank (2003b). Jahresabschluss und Lagebericht der Deutschen Bank AG 2002. Frankfurt/M., Deutsche Bank AG.
Deutsche Bank (2006). "Caio Koch-Weser kommt zur Deutschen Bank". *Pressemitteilung vom 23. Januar 2006*. Frankfurt/M., Deutsche Bank AG.
Deutsche Bank Research (1999a). Besteuerung der Altersvorsorge: Dringender Reformbedarf. *Aktuelle Themen Nr. 140 vom 8. Dezember 1999*. Frankfurt/M., Deutsche Bank Research.
Deutsche Bank Research (1999b). Plädoyer für ein ausgewogenes System der Altersvorsorge. *Aktuelle Themen 9. Dezember 1998*. Frankfurt/M., Deutsche Bank Research.
Deutsche Bank Research (2000a). Halbfertige Regierungspläne zur Rentenreform in Deutschland (Autor: Dieter Bräuninger). *Aktuelle Themen Nr. 167 vom 9. Juni 2000*. Frankfurt/M., Deutsche Bank Research: 9-11.
Deutsche Bank Research (2000b). Pensionsprobleme in Japan. Konsequenzen für die Debatte um Pensionsfonds in Deutschland? (Autorin: Antje Stobbe). *Aktuelle Themen Nr. 149 vom 28. Januar 2000*. Frankfurt/M., Deutsche Bank Research.
Deutsche Bank Research (2000c). Reform der Altersvorsorge - Fehlentscheidungen vermeiden. *Aktuelle Themen Nr. 177 vom 28. August 2000*. Frankfurt/M., Deutsche Bank Research.
Deutsche Bank Research (2000d). Sonderausgabe Rentenreform 2000: Nicht auf halbem Weg stehen bleiben. Eine erste Bewertung der Rentenreformpläne der Bundesregierung. *Aktuelle Themen Nr. 184 vom 1. November 2000*. Frankfurt/M., Deutsche Bank Research.

Deutsche Bank Research (2001a). Europe on the road to pension funds? *Special Study*. Frankfurt/M., Deutsche Bank Research.
Deutsche Bank Research (2001b). Perspektiven der Alterssicherung - 12 Thesen zur deutschen Rentenreform. *Aktuelle Themen Nr. 193 vom 15. Januar 2001*. Frankfurt/M., Deutsche Bank Research.
Deutsche Bank Research (2001c). Rentenreform 2001 - Deutschland auf dem Weg zu einem wetterfesten Alterssicherungssystem. *Aktuelle Themen Nr. 214 vom 12. Juli 2001*. Frankfurt/M., Deutsche Bank Research.
Deutsche Bank Research (2001d). Rentenreform 2001: Ende einer Illusion (Autor: Meinhard Miegel). *Aktuelle Themen Nr. 220 vom 12. Oktober 2001*. Frankfurt/M., Deutsche Bank Research.
Deutsche Bank Research (2002a). Bevölkerungsentwicklung und Rentenreformen in den großen mittelosteuropäischen Ländern (Autor: Dieter Bräuninger). *Demografie Spezial vom 6. November 2002*. Frankfurt/M., Deutsche Bank Research.
Deutsche Bank Research (2002b). Deutschland: Durchbruch zu Pensionsfonds? Frankfurt/M., Deutsche Bank Research.
Deutsche Bank Research (2002c). Die demografische Herausforderung (Autoren: Dieter Bräuninger, Bernhard Gräf et al.). *Demografie Spezial vom 30. Juli 2002*. Frankfurt/M., Deutsche Bank Research.
Deutsche Bank Research (2002d). Fehlstart bei der Riester-Rente. Nachbesserungen dringlich. *Aktuelle Themen Nr. 233 vom 22. Juli 2002*. Frankfurt/M., Deutsche Bank Research.
Deutsche Bank Research (2002e). Rentenreformen in den großen Beitrittsländern. *Monitor EU-Erweiterung*. Frankfurt/M., Deutsche Bank Research.
Deutsche Bank Research (2003a). Alterung, deutsche Renditeentwicklung und globale Kapitalmärkte. *Demografie Spezial Nr. 273 vom 16. Juni 2003*. Frankfurt/M., Deutsche Bank Research.
Deutsche Bank Research (2003b). Demografie und Bankgeschäft: Internationalisierung als Lösung (Autor: Karin Gruber). *Demografie Spezial Nr. 269 vom 27. Mai 2003*. Frankfurt/M., Deutsche Bank Research.
Deutsche Bank Research (2003c). Noch Handlungsbedarf in der individuellen und betrieblichen Altersvorsorge. *Aktuelle Themen*. Frankfurt/M., Deutsche Bank Research: 2-20.
Deutsche Bundesbank (1999). Möglichkeiten und Grenzen einer verstärkten Kapitaldeckung der gesetzlichen Alterssicherung in Deutschland. *Monatsbericht Dezember 1999*. Frankfurt/M., Deutsche Bundesbank: 15-31.
Deutsche Bundesbank (2002). Kapitalgedeckte Altersvorsorge und Finanzmärkte. *Monatsbericht Juli 2002*. Frankfurt/M., Deutsche Bundesbank: 25-39.
Deutscher Bundestag (1996). Antwort der Bundesregierung auf die Große Anfrage der Abgeordneten Christa Nickels, Elisabeth Altmann (Pommelsbrunn), Gerald Häfner, weiterer Abgeordneter und der Fraktion BÜNDNIS 90/DIE GRÜNEN - Drucksache 13/3864 - Gemeinsames Wort der Kirchen "Zur wirtschaftlichen und sozialen Lage in Deutschland". Drucksache 13/5482 vom 2. September 1996.

Literaturverzeichnis 341

Deutscher Bundestag (1997a). Den Generationenvertrag neu verhandeln - Antrag der Abgeordneten Andrea Fischer (Berlin), Marieluise Beck (Bremen), Matthias Berninger, Rita Grießhaber, Simone Probst, Wolfgang Schmitt (Langenfeld), Marina Steindor, Margareta Wolf (Frankfurt) und der Fraktion BÜNDNIS 90/DIE GRÜNEN, Deutscher Bundestag, 13. Wahlperiode, Drucksache 13/8036 vom 24. Juni 1997.

Deutscher Bundestag (1997b). Plenarprotokoll 13/202 vom 12. November 1997.

Deutscher Bundestag (1999). Plenarprotokoll 14/47. Stenographischer Bericht: 47. Sitzung am 24. Juni 1999. Bonn.

Deutscher Bundestag (2000a). 69. Sitzung des Ausschusses für Arbeit und Sozialordnung. Stenographisches Protokoll. Berlin, den 11. Dezember 2000, 11.00 Uhr (Sitzungssaal Plenarbereich), Vorsitz: Abg. Doris Barnett (SPD). Protokoll 14/69.

Deutscher Bundestag (2000b). 71. Sitzung des Ausschusses für Arbeit und Sozialordnung und 81. Sitzung des Finanzausschusses. Stenographisches Protokoll. Berlin, den 13. Dezember 2000, 9.00 Uhr (Sitzungssaal Plenarbereich Reichstagsgebäude, 3 N 001), Vorsitz: Abg. Doris Barnett (SPD) und Abg. Christine Scheel (BÜNDNIS 90/DIE GRÜNEN). Protokoll 14/71 (11. Ausschuss) und Protokoll 14/81 (7. Ausschuss).

Deutscher Bundestag (2000c). Gesetzentwurf der Fraktionen SPD und Bündnis 90/Die Grünen. Entwurf eines Gesetzes zur Reform der gesetzlichen Rentenversicherung und zur Förderung eines kapitalgedeckten Altersvorsorgevermögens (Altersvermögensgesetz - AVmG). BT-Drs.14/4595 vom 14. November 2000.

Deutscher Bundestag (2000d). Materialien für die öffentliche Anhörung zum Entwurf eines Gesetzes zur Reform der gesetzlichen Rentenversicherung und zur Förderung eines kapitalgedeckten Altersvorsorgevermögens (BT-Drs. 14/4595) und zum Antrag der CDU/CSU-Fraktion zur Verbesserung der Nachhaltigkeit in der Alterssicherung durch eine gerechte und sozialverträgliche Rentenpolitik (BT-Drs. 14/1310) vom 11. bis 13.12.2000 in Berlin, Deutscher Bundestag, AfArbSoz, 14. Wahlperiode. Ausschussdrucksache 14/1081 (neu) vom 12.12. 2000.

Deutscher Bundestag (2000e). Materialien für die öffentliche Anhörung zum Entwurf eines Gesetzes zur Reform der gesetzlichen Rentenversicherung und zur Förderung eines kapitalgedeckten Altersvorsorgevermögens (BT-Drs. 14/4595) und zum Antrag der CDU/CSU-Fraktion zur Verbesserung der Nachhaltigkeit in der Alterssicherung durch eine gerechte und sozialverträgliche Rentenpolitik (BT-Drs. 14/1310) vom 11. bis 13.12.2000 in Berlin, Deutscher Bundestag, Ausschuss für Arbeit und Sozialordnung, 14. Wahlperiode. Ausschussdrucksache 14/1080 vom 8.12.2000.

Deutscher Bundestag (2000f). Plenarprotokoll 14/133. Stenographischer Bericht, 133. Sitzung. Berlin, Donnerstag, den 16. November 2000.

Deutscher Bundestag (2001a). 75. Sitzung des Ausschusses für Arbeit und Sozialordnung. Wortprotokoll. Berlin, den 19. Januar 2001, 13.00 Uhr (Sitzungssaal Plenarbereich Reichstagsgebäude, 3 S 001), Vorsitz: Abg. Doris Barnett (SPD), Deutscher Bundestag, 14. Wahlperiode Protokoll 14/75.

Deutscher Bundestag (2001b). 168. Sitzung des Deutschen Bundestages am Freitag, den 11. Mai 2001, Berlin. Plenarprotokoll 14/168.

Deutscher Bundestag (2001c). Änderungsanträge der Fraktionen der SPD und BÜNDNIS 90/DIE GRÜNEN - Entwurf eines Gesetzes zur Reform der gesetzlichen Rentenversicherung und zur Förderung eines kapitalgedeckten Altersvorsorgevermögens (Altersvermögensgesetz - AVmG) - Drucksache 14/5068 - zustimmungspflichtiger Teil, Deutscher Bundestag, Ausschuss für Arbeit und Sozialordnung, 14. Wahlperiode. Ausschussdrucksache 14/1185 vom 23. Januar 2001.

Deutscher Bundestag (2001d). Beschlussempfehlung und Bericht des Vermittlungsausschusses zu dem Gesetz zur Reform der gesetzlichen Rentenversicherung und zur Förderung eines kapitalgedeckten Altersvorsorgevermögens (Altersvermögensgesetz - AVmG) - Drucksachen 14/4595, 14/5068, 14/5146, 14/5150, 14/5367, 14/5383. BT-Drs. 14/5970 vom 9. Mai 2001.

Deutscher Bundestag (2001e). Entschließungsantrag der Fraktionen SPD und BÜNDNIS 90/DIE GRÜNEN zu der dritten Beratung des Gesetzentwurfs der Fraktionen SPD und Bündnis 90/Die Grünen sowie der Bundesregierung - Drucksachen 14/4595, 14/5068, 14/5146 - Entwurf eines Gesetzes zur Reform der gesetzlichen Rentenversicherung und zur Förderung eines kapitalgedeckten Altersvorsorgevermögens (Altersvermögensgesetz - AVmG). BT-Drs. 14/5164 vom 25. Januar 2001.

Deutscher Bundestag (2001f). Information für den Ausschuss. Zentraler Kreditausschuss. Gesetz über die Zertifizierung von Altersvorsorgeverträgen, Deutscher Bundestag, Ausschuss für Arbeit und Sozialordnung, 14. Wahlperiode. Ausschussdrucksache 14/1147 vom 12. Januar 2001.

Deutscher Bundestag (2001g). Kurzprotokoll der 65. Sitzung des Haushaltsausschusses am Mittwoch, dem 24. Januar 2001, 14:00, Berlin (Luisenstr. 32-34, Sitzungssaal 1211), Vorsitz: Abg. Roth (Gießen), Parlamentsarchiv des Deutschen Bundestages, Berlin, 14. Wahlperiode, Hauhaltsausschuss. Protokoll Nr. 65.

Deutscher Bundestag (2001h). Kurzprotokoll der 76. Sitzung des Ausschusses für Arbeit und Sozialordnung. Berlin, den 22. Januar 2001, 11:00 Uhr, Berlin (Plenarbereich Reichstagsgebäude), Vorsitz: Abg. Doris Barnett (SPD), Parlamentsarchiv des Deutschen Bundestages, 14. Wahlperiode. Protokoll 14/76.

Deutscher Bundestag (2001i). Kurzprotokoll der 83. Sitzung des Finanzausschusses am Mittwoch, dem 17. Januar 2001, 9:15 Uhr, Berlin (Plenarbereich Reichstagsgebäude), Vorsitz: Abg. Scheel, Parlamentsarchiv des Deutschen Bundestages, Berlin, 14. Wahlperiode, 7. Ausschuss. Protokoll Nr. 83.

Deutscher Bundestag (2001j). Kurzprotokoll der 84. Sitzung des Finanzausschusses am Dienstag, dem 23. Januar 2001, 11:00 Uhr, Berlin (Plenarbereich Reichstagsgebäude), Vorsitz: Abg. Scheel, Parlamentsarchiv des Deutschen Bundestages, 14. Wahlperiode, 7. Ausschuss. Protokoll Nr. 84.

Deutscher Bundestag (2001k). Materialien für die öffentliche Anhörung zu den Vorschriften Art. 6a (Gesetz über die Zertifizierung von Altersvorsorgeverträgen) und Art. 7a (Änderung des Versicherungsaufsichtsgesetzes / Schaffung von Pensionsfonds) des Entwurfs eines Altersvermögensgesetzes am 19. Januar 2001 in Berlin, Deutscher Bundestag, Ausschuss für Arbeit und Sozialordnung, 14. Wahlperiode. Ausschussdrucksache 14/1181 vom 19. Januar 2001.

Deutscher Bundestag (Hrsg.) (2002a). *Amtliches Handbuch des Deutschen Bundestages, 14. Wahlperiode, Stand 13.2002*. Rheinbreitbach, Neue Darmstädter Verlagsanstalt.

Deutscher Bundestag (2002b). "Ausschüsse der 14. Wahlperiode (1998-2002)." Deutscher Bundestag, *Archiv: 14. Wahlperiode:* http://webarchiv.bundestag.de/.
Deutscher Bundestag (2002c). "Biografien der Mitglieder des 14. Deutschen Bundestages." Deutscher Bundestag, *Archiv: 14. Wahlperiode. Mitglieder des 14. Deutschen Bundestages (1998-2002).* http://webarchiv.bundestag.de/.
Deutscher Bundestag (2002d). Nationaler Strategiebericht Alterssicherung. BT-Drucksache 14/9503. 31. Mai 2002.
Deutscher Bundestag (2006a). Antwort der Bundesregierung auf die Kleine Anfrage der Abgeordneten Rainer Brüderle, Paul K. Friedhoff, Patrick Döring, weiterer Abgeordneter und der Fraktion der FDP - Drs. 16/3165 - 'Monitor'-Bericht über eine neue Art von Lobbyismus in Bundesministerien. BT-Drs. 16/3395 vom 13. November 2006.
Deutscher Bundestag (2006b). Antwort der Bundesregierung auf die Kleine Anfrage der Abgeordneten Volker Beck (Köln), Dr. Thea Dückert, Matthias Berninger, weitere Abgeordneter und der Fraktion BÜNDNIS 90/DIE GRÜNEN - Drucksache 16/3431 - Mitarbeit von Beschäftigten von Verbänden und Wirtschaftsunternehmen in Bundesministerien und in nachgeordneten Bundesbehörden. BT-Drs. 16/3727 vom 4. Dezember 2006.
Deutscher Bundestag (2006c). Bekanntmachung der öffentlichen Liste über die Registrierung von Verbänden und deren Vertretern vom 2. Mai 2006. Bundesanzeiger, Bundesministerium der Justiz. 58.
Deutscher Bundestag (2007). "Antwort der Bundesregierung auf die Kleine Anfrage der Abgeordneten Eva Bulling-Schröter, Lutz Heilmann, Hans-Kurt Hill, weiterer Abgeordneter und der Fraktion DIE LINKE. - Drucksache 16/5203 - Institutionalisierter Lobbyismus. BT-Drs. 16/5406 vom 23. Mai 2007."
Deutscher Bundestag (2008a). "Biografien der Abgeordneten des 16. Deutschen Bundestages." Deutscher Bundestag, *Homepage:* http://www.bundestag.de/.
Deutscher Bundestag (2008b). "Ständig aktualisierte Fassung der öffentlichen Liste über die Registrierung von Verbänden und deren Vertretern, Stand: 09.05.2008." Deutscher Bundestag, *Homepage:* http://www.bundestag.de/wissen/archiv/sachgeb/lobbyliste/lobbylisteaktuell.pdf.
Deutsches Aktieninstitut (1997). Aktien und Lebensversicherungen: Komplementäre Anlageformen für die Altersvorsorge breiter Bevölkerungskreise (Autor: Franz-Josef Leven). *DAI-Kurzstudie 1/1997.* Frankfurt/M., Deutsches Aktieninstitut.
Deutsches Aktieninstitut (1999). Aktie versus Rente. Langfristige Renditevergleiche von Aktien und festverzinslichen Wertpapieren. *Studien des Deutschen Aktieninstituts, Heft 6.* Autor: Rüdiger von Rosen. Frankfurt/M., Deutsches Aktieninstitut.
Deutsches Aktieninstitut (2000). Jahresbericht 1999/2000. Frankfurt/M., Deutsches Aktieninstitut.
Deutsches Aktieninstitut (2001a). Jahresbericht 2000/2001. Frankfurt/M., Deutsches Aktieninstitut.

Deutsches Aktieninstitut (2001b). "Stellungnahme zur beabsichtigten Regulierung von Pensionsfonds im Gesetz zur Reform der gesetzlichen Rentenversicherung und zur Förderung eines kapitalgedeckten Altersvorsorgevermögens." Deutsches Aktieninstitut, *Homepage:* http://www.dai.de/internet/dai/dai-2-0.nsf/LookupDL/41256A99 002BDD55C1256A4C003F6F72/$File/Altersvermögensgesetz.pdf.

Deutsches Aktieninstitut (2002). Jahresbericht 2001/2002. Frankfurt/M., Deutsches Aktieninstitut.

Deutsches Aktieninstitut (2003). Jahresbericht 2002/2003. Frankfurt/M., Deutsches Aktieninstitut.

Deutsches Aktieninstitut (2006a). "Das Deutsche Aktieninstitut." Deutsches Aktieninstitut, *Homepage:* http://www.dai.de/.

Deutsches Aktieninstitut (2006b). Imagebroschüre. Frankfurt/M., Deutsches Aktieninstitut.

Deutsches Institut für Altersvorsorge (1999). Die Versorgungsillusion: Rentenwunsch und Rentenwirklichkeit (in Kooperation mit psychonomics und dem Deutschen Herold). Köln, Deutsches Institut für Altersvorsorge.

Deutsches Institut für Altersvorsorge (2000a). Die gesetzliche Rentenversicherung unter Anpassungsdruck. Köln, Deutsches Institut für Altersvorsorge.

Deutsches Institut für Altersvorsorge (2000b). Frauen und ihre Altersvorsorge. Köln, Deutsches Institut für Altersvorsorge.

Deutsches Institut für Altersvorsorge (2000c). Mehrländerstudie zur Reformbereitschaft bei der Rentenversicherung. Die Umfrageergebnisse für Deutschland. Köln, Deutsches Institut für Altersvorsorge.

Deutsches Institut für Altersvorsorge (2006). "Das Deutsche Institut für Altersvorsorge." Deutsches Institut für Altersvorsorge, *Homepage:* http://www.dia-vorsorge.de/

Deutschlandfunk (2000). "Die Rentenreform im Bundestag" - Martin Gerner im Gespräch mit Walter Riester, Bundesarbeitsminister, und Friedrich Merz, Unionsfraktionschef. *Informationen am Morgen*: 16. November 2000, 07:15 Uhr.

DGB (1999). "Reform der Rente. Die Position der Gewerkschaften." *Soziale Sicherheit* 48(9-10): 326-329.

DGB (2000). "DGB-Positionen zur Rentenstrukturreform." *Soziale Sicherheit* 49(2): 53-54.

Die Bank (1996). "Rentenversicherung: Die Versorgungslücke". *Die Bank.* 2/96: 98.

Die Bank (1997a). "Die 100 größten deutschen Kreditinstitute". *Die Bank.* 7/97: 444.

Die Bank (1997b). "Private Altersvorsorge und Investmentfonds - eine internationale Betrachtung". *Die Bank,.* 9/97: 530-535.

Die Bank (1998a). "Betriebs-Pensions-Fonds - die attraktive Alternative". *Die Bank.* 6/98: 339-343.

Die Bank (1998b). "Präferenzen in der Altersvorsorge". *Die Bank.* 3/98: 191-192.

Die Bank (1999). "Vorsorgesparen: Nur mit garantierter Mindestverzinsung? Pro: Holger A. Tietz. Contra: Manfred Laux". *Die Bank.* 11/99: 735.

Die Bank (2000). "Rentenreform - Hat der Sozialstaat sich verausgabt? Pro: Meinhard Miegel. Contra: Walter Riester". *Die Bank.* 7/2000: 439.

Die Bank (2001). "Asset Management: Erfolgreicher Marktauftritt als Pensions-Manager". *Die Bank.* Die Bank. 10/2001: 700-705.

Literaturverzeichnis 345

Die Bank (2002). "Zukunftsmarkt Altersvorsorge". *Die Bank*. 06/2002: 370-375.
Die Bank (2003). "Die 100 größten Banken in Deutschland: Positionswechsel in den Institutsgruppen". *Die Bank*. 7/2003: 498-500.
die bank (2005). "Bewegte Bankenwelt. Top 100 der deutschen Kreditwirtschaft". *die bank*. 8.2005: 31-33.
Die Welt (1998a). "'Alle Chancen des Kapitalmarkts nutzen' - Rentenexperte Miegel rechnet mit drastischer Rückführung der staatlichen Alterssicherung. Politische Versprechen nicht einlösbar". *Die Welt*. 21. Oktober 1998.
Die Welt (1998b). "'Ich strebe einen Generationenpakt an' - Walter Riester will Rentenpolitik im 'Bündnis für Arbeit' erörtern. WELT-Gespräch". *Die Welt*. 22. Oktober 1998.
Die Welt (1998c). "Private Altersvorsorge rückt in den Blickpunkt - Drei-Säulen Modell steht angesichts unsicherer Renten vor Umwälzungen. Investmentbranche mit neuen Sparkonzepten". *Die Welt*. 21. Oktober 1998.
Die Welt (1999). "Erbitterter Widerstand gegen Riesters Renten-Pläne". *Die Welt*. 18. Juni 1999.
Die Welt (2000a). "Die Altersvorsorge muss steuerlich begünstigt werden". *Die Welt*. 29. Mai 2000.
Die Welt (2000b). "Rentenreform bietet Chance für mehr Transparenz". *Die Welt*. 24. Juli 2000.
Die Welt (2001a). "Altersvorsorge - das Gegenteil von gut ist gut gemeint". *Die Welt*. 24. März 2001.
Die Welt (2001b). "Der lange Weg zur Altersvorsorge". *Die Welt*. 22. Oktober 2001.
Die Welt (2001c). "Die Bundesregierung muss die Aktienkultur stärker fördern". *Die Welt*. 27. August 2001.
Die Welt (2003). "Scheel rechtfertigt Nebentätigkeiten. Finanzexpertin der Grünen sitzt in Beiräten der Versicherungswirtschaft". *Die Welt*. 2. Dezember 2003.
Die Welt (2006). "Subventionsempfänger RAG spendet an SPD und CDU". *Die Welt*. 4. April 2006.
Die Woche (1998). "Guter Einstieg." Walter Riester im Interview mit Peter Christ und Rainer Hupe. *Die Woche*. 20. November 1998.
Die Zeit (1996). "Lobbyismus in Bonn. Bereichert oder beschädigt der Lobbyismus die parlamentarische Demokratie?". *Die Zeit*. 30/1996.
Die Zeit (1997a). "Die Realität frißt sich durch" - Ein Zeit-Gespräch mit IG-Metall-Vizepräsident Walter Riester. *Die Zeit*. 16/1997, 11. April 1997.
Die Zeit (1997b). "Kampf ums große Geld. Mit neuartigen Fonds wollen die Banken den Lebensversicherungen das Wasser abgraben". *Die Zeit*. 18/1997.
Die Zeit (1998a). "Die Macht-Maschine - Theo Waigels Finanzministerium hat in Bonn sämtliche anderen Ressorts an die Wand gespielt". *Die Zeit*. 39/1998.
Die Zeit (1998b). "Kanzler ohne Kompetenz - Oskar Lafontaine bestimmt die Richtlinien der SPD-Regierung, und Gerhard Schröder enttäuscht die Wirtschaft". *Die Zeit*. 43/1998.
Die Zeit (1998c). "Kartell des Schreckens. Die Renten lassen sich nicht aus dem Wahlkampf halten". *Die Zeit*. 14. Mai 1998.

Die Zeit (1998d). "Reformieren statt sparen." Walter Riester im Interview mit Arne Daniels und Wolfgang Gehrmann. *Die Zeit*. 7. Mai 1998.

Die Zeit (1998e). "Stoppt Oskar jetzt! - Bundesfinanzminister Lafontaine will sich ein Superministerium bauen. Man darf ihn nicht zu mächtig werden lassen". *Die Zeit*. 43/1998.

Die Zeit (1998f). "Vorsorglich gekauft. Die Bankiers wollen den Deutschen an die Rente". *Die Zeit*. 9. Juli 1998.

Die Zeit (1999a). "Auf der Suche nach dem Mittelding. Walter Riester macht einen cleveren Zug: Jetzt soll das Bündnis für Arbeit die private Altersvorsorge organisieren". *Die Zeit*. 27/1999.

Die Zeit (1999b). "Blechtrommel, adieu! Der Sparhaushalt und die Philosophie der Neuen Mitte: Ein Streitgespräch zwischen Sozialdemokraten." Andrea Nahles, Gernot Erler und Siegmar Mosdorf im Gespräch moderiert von Werner A. Perger. *Die Zeit*. 28/1999.

Die Zeit (1999c). "Ein Mann an vielen Tischen. Der Ex-Kanzleramtschef wird Koordinator für den Balkan-Stabilitätspakt. Ist Hombach dafür geeignet?". *Die Zeit*. 27/1999.

Die Zeit (1999d). "Immer der Jüngste. Hans Martin Bury wird Staatsminister im Kanzleramt". *Die Zeit*. 29/1999.

Die Zeit (1999e). "Kontakthof der Macht. Seit dem Regierungswechsel fürchtet die Lobby um ihren Einfluss. Nie zuvor haben Wirtschaft und Verbände so hemmungslos Druck auf die Politik gemacht". *Die Zeit*. 28/1999.

Die Zeit (1999f). "Mit Haken und Ösen. Die Querelen zwischen Ministerin Andrea Fischer und dem Sozialexperten Rudolf Dreßler behindern die Gesundheitsreform". *Die Zeit*. 21/1999.

Die Zeit (1999g). "Pflicht zum Risiko. Sozialminister Riester hat sich mit der "Zwangsrente" nicht durchsetzen können - vorerst. Doch sein Konzept ist gut. Die private Vorsorge für alle muss kommen". *Die Zeit*. 26/1999.

Die Zeit (2000a). "Eine Allianz fürs Leben - Noch streiten Regierung und Opposition über die Rentenreform. Ein Gewinner aber steht schon fest: Die Versicherungsbranche". *Die Zeit*. Hamburg. 26/2000.

Die Zeit (2000b). "Rente: Eichels nächste Reform. Der Finanzminister will Freund und Feind ein weiteres Mal zeigen, wer das Sagen hat". *Die Zeit*. 31/2000

Die Zeit (2000c). "Wettlauf der Lobbyisten. Welche private Altersvorsorge soll der Staat fördern? Alle fordern ein Stück vom Kuchen: Versicherungen und Banken, Häuslebauer und Tarifpartner, Ökologen und Feministinnen". *Die Zeit*. 40/2000.

Die Zeit (2001a). "Analysten lieben Aventis. Die alternde Gesellschaft macht den Pharmariesen reich". *Die Zeit*. 19/2001.

Die Zeit (2001b). "Und ewig lockt das Ruhegeld - Kaum ist die Rentenreform verabschiedet, macht die Finanzbranche Druck. Aber Vorsicht: Die Angebote zur Altersvorsorge sind tückisch". *Die Zeit*. 21/2001.

Die Zeit (2002a). "Das Netz. Türen öffnen, Einfluss nehmen: Wie Polit- und Medienprofis im Auftrag der Wirtschaft die Berliner Republik formen". *Die Zeit*. 50/2002.

Die Zeit (2002b). "Der Ausputzer. Kein anderer Wissenschaftler hat so viel Einfluss wie Bert Rürup. Jetzt soll er für den Kanzler das marode Renten- und Gesundheitssystem reformieren". *Die Zeit*. 47/2002.

Die Zeit (2003a). "Die fünfte Gewalt. Lobbyisten haben so viel Einfluss wie nie zuvor in der Geschichte der Bundesrepublik". *Die Zeit.* 45/2003.
Die Zeit (2003b). "Drittmittel für Politiker. Streit in Berlin: Wie viel darf ein Abgeordneter dazuverdienen?". *Die Zeit.* 51/2003.
Die Zeit (2005). "Geld für gute Worte". *Die Zeit.* 04/2005.
Die Zeit (2006). "Caio Koch-Weser und die Heuchler. Was geschieht, wenn ein Spitzenpolitiker in die Wirtschaft wechseln will". *Die Zeit.* 09/2006.
Die Zeit (2008). "Sozialpolitik für Geisterfahrer - Die Riester-Rente senkt das Alterseinkommen aller, die allein auf die gesetzliche Rente angewiesen sind". 31. Januar 2008.
Die Zeit online (2006). "Die fünfte Gewalt. Wie Lobbyisten die Prinzipien der parlamentarischen Demokratie unterlaufen". *Die Zeit online.* 04/2006.
Dieckmann, Jens (1981). *Der Einfluß der Deutschen Sparkassenorganisation auf die staatliche Wirtschaftspolitik in der historischen Entwicklung. Eine empirische Untersuchung zur Theorie der Verbände.* Frankfurt/M., Rita G. Fischer Verlag.
Dresdner Bank (2000). *Bedeutung von Pensionsfonds - Ein internationaler Vergleich.* Frankfurt/M, Dresdner Bank.
Dresdner Bank (2001). *Die Märkte für Altersvorsorgeprodukte in Europa.* Frankfurt/M., Dresdner Bank.
Dresdner Bank (2003). Dresdner Bank AG - Lagebericht, Bilanz, Gewinn-und-Verlust-Rechnung, Anhang (HGB). 2002. Frankfurt/M., Dresdner Bank.
Dreßler, Rudolf (1997). "Zur Zukunft der Rentenversicherung." *Soziale Sicherheit* 46(4): 142-145.
Dückert, Thea (1999). Grüne Eckpunkte zur Rentenreform - Die Altersvorsorge der Zukunft. Archiv Grünes Gedächtnis, Bestand Thea Dückert, Vorl. Sign. 7.
Dünn, Sylvia; Fasshauer, Stephan (2001). "Die Rentenreform 2000/2001 - Ein Rückblick." *DRV* 56(5): 266-275.
Dünn, Sylvia; Fasshauer, Stephan (2003). "Ein Jahr Riesterrente - eine Übersicht aus Sicht der gesetzlichen Rentenversicherung." *DRV* 58(1-2): 1-12.
Eatwell, John (1999). "The Anatomy of the Pensions 'Crisis'." *Economic Survey of Europe* 3/1999: 57-62.
Eatwell, John (2003). The Anatomy of the Pensions 'Crisis' and Three Fallacies on Pensions. Cambridge, Eatwell.
Ebert, Thomas (2001). "Rentenreform 2001: Sozialverträgliche Modernisierung?" *Sozialer Fortschritt* 50(8): 182-187.
Eckert, Florian (2005). Lobbyismus - zwischen legitimem politischem Einfluss und Korruption. In: Ulrich von Alemann (Hrsg.) *Dimensionen politischer Korruption. Beiträge zum Stand der internationalen Forschung.* Wiesbaden, VS Verlag für Sozialwissenschaften: 267-286.
Egle, Christoph (2003). Lernen unter Stress: Politik und Programmatik von Bündnis 90/Die Grünen. In: Christoph Egle; Tobias Ostheim; Reimut Zohlnhöfer (Hrsg.) *Das rot-grüne Projekt: Eine Bilanz der Regierung Schröder 1998-2002.* Wiesbaden, Westdeutscher Verlag: 93-116.

Egle, Christoph; Henkes, Christian (2003). Später Sieg der Modernisierer über die Traditionalisten? Die Programmdebatte der SPD. In: Christoph Egle; Tobias Ostheim; Reimut Zohlnhöfer (Hrsg.) *Das rot-grüne Projekt. Eine Bilanz der Regierung Schröder 1998-2002*. Wiesbaden, Westdeutscher Verlag: 67-92.

Egle, Christoph; Ostheim, Tobias; Zohlnhöfer, Reimut (2003). Eine Topographie des rot-grünen Projekts. In: Christoph Egle; Tobias Ostheim; Reimut Zohlnhöfer (Hrsg.) *Das rot-grüne Projekt. Eine Bilanz der Regierung Schröder (1998-2002)*. Wiesbaden, Westdeutscher Verlag: 9-25.

Eichenhofer, Eberhard (2006). *Sozialrecht der Europäischen Union*. Berlin, Erich Schmidt Verlag.

Eicker, Wolf-Kai; Kindler, Holger; Schäfer, Ingo (Hrsg.) (2002). *'Deutschland auf den Weg gebracht': Rot-grüne Wirtschafts- und Sozialpolitik zwischen Anspruch und Wirklichkeit*. Marburg, Metropolis Verlag.

Eisfeld, Rainer (2001). Die Flick-Affäre als Vorspiel zu Bimbesgate: 'Politische Landschaftspflege' und die 'Verschwiegene Kunst' der Korruption in Deutschland. In: Andrea Gourd; Thomas Noetzel (Hrsg.) *Zukunft der Demokratie in Deutschland*. Opladen, Leske & Budrich: 235-249.

Eising, Rainer; Kohler-Koch, Beate (2005). Interessenpolitik im europäischen Mehrebenensystem. In: Rainer Eising; Beate Kohler-Koch (Hrsg.) *Interessenpolitik in Europa*. Baden-Baden, Nomos Verlagsgesellschaft: 11-75.

EMNID Institut (2000). "Private Altersvorsorge - Motive, Meinungen, Möglichkeiten." *Studie EMNID-Institut, Bielefeld* (im Auftrag von AutoBild/SportBild-Anzeigenabteilung)*, Homepage:* http://www.mediapilot.de/images/20031208/altersvorsorge.pdf.

Engelen-Kefer, Ursula (2000a). "Rentenstrukturreform. DGB-Vorschläge für eine zusätzliche Altersvorsorge." *Soziale Sicherheit* 49(6): 185-187.

Engelen-Kefer, Ursula (2000b). "Sozialstaat im Umbau. Das Beispiel Rentenreform." *Soziale Sicherheit* 49(3): 92-95.

Enquête-Kommission Demographischer Wandel (1998). Zweiter Zwischenbericht der Enquête-Kommission Demographischer Wandel - Herausforderungen unserer älter werdenden Gesellschaft an den Einzelnen und die Politik. *Reihe "Zur Sache" 8/98*. Bonn, Deutscher Bundestag.

Enquête-Kommission Demographischer Wandel (2002). Schlussbericht der Enquête-Kommission 'Demographischer Wandel - Herausforderungen unserer älter werdenden Gesellschaft an den Einzelnen und die Politik'. Berlin, Deutscher Bundestag.

Ernst & Young; VDR (Hrsg.) (2001). *Ratgeber zur Altersvorsorge. Private und betriebliche Vorsorgeformen*. Bonn, Stollfuß.

Ervik, Rune (2005). "The Battle of Future Pensions: Global Accounting Tools, International Organizations and Pension Reforms." *Global Social Policy* 5(1): 29-54.

Eschenburg, Theodor (1955). *Herrschaft der Verbände?* Stuttgart, Deutsche Verlagsanstalt.

Esping-Andersen, Gösta (1990). *The Three Worlds of Welfare Capitalism*. London, Polity Press.

Esping-Andersen, Gösta (2006). "Warum brauchen wir eine Reform des Sozialstaats?" *Leviathan. Berliner Zeitschrift für Sozialwissenschaft* 1/2006: 61-81.

Literaturverzeichnis 349

Etxezarreta, Miren (2005). The 'Modernization' of Social Policy: a Critique of Pension Reforms. In: Jörg Huffschmid (Hrsg.) *Economic Policy for a Social Europe.* Houndmills et al., Palgrave Macmillan: 70-81.

Europäische Zentralbank (2006). Demografischer Wandel im Euro-Währungsgebiet: Projektionen und Konsequenzen. *Monatsbericht Oktober 2006.* Frankfurt/M., Europäische Zentralbank: 51-69.

Falk, Svenja; Rehfeld, Dieter; Römmele, Andrea; Thunert, Martin (Hrsg.) (2006). *Handbuch Politikberatung.* Wiesbaden, VS Verlag für Sozialwissenschaften.

Faßbender-Menzel, Gregor (2001). "Rentenreform: Reform auf halbem Weg stehen geblieben." *kompakt. Informationen des AGV Banken.* Dezember 2/01.

Fasshauer, Stephan (2001). "Grundfragen der Finanzierung der Alterssicherung: Umlageverfahren vs. Kapitaldeckungsverfahren." *DRV* 56(10-11): 631-645.

Faust, Jörg; Lauth, Hans-Joachim (2001). Politikfeldanalyse. In: Manfred Mols; Hans-Joachim Lauth; Christian Wagner (Hrsg.) *Politikwissenschaft. Eine Einführung.* Paderborn et al., Schöningh: 289-314.

FAZ (1997). "Wetteifern um Gelder für die Altersvorsorge - Versicherungen und Banken buhlen um Kunden / 'Lachnummer aus Bonn' ". *Frankfurter Allgemeine Zeitung.* 4. Juli 1997.

FAZ (1998a). "Blüm: Wer den Rentenwahlkampf will, kann ihn haben". *Frankfurter Allgemeine Zeitung.* 15. Mai 1998.

FAZ (1998b). "Die Rentenpläne der Parteien (1): Ein bezahlbares System? Diskussion in der SPD noch nicht abgeschlossen". *Frankfurter Allgemeine Zeitung.* 17. April 1998.

FAZ (1998c). "Hans Martin Bury: Die SPD will Übernahmen gesetzlich regeln - Für steuerliche Begünstigung von Pensionsfonds / Das Thema 'Bankenmacht' hat keinen Vorrang". *Frankfurter Allgemeine Zeitung.* 3. November 1998.

FAZ (1998d). "Schröder verheißt große Rentenreform". *Frankfurter Allgemeine Zeitung.* 21. August 1998.

FAZ (1999a). "Der Gegenspieler". *Frankfurter Allgemeine Zeitung.* 22. Mai 1999.

FAZ (1999b). "Der Sparkommissar der SPD hat hinter Freundlichkeit gehörige Härte entwickelt. Als Finanzminister beweist Hans Eichel Verhandlungsgeschick". *Frankfurter Allgemeine Zeitung.* 24. Juni 1999.

FAZ (1999c). "Die Rentenpläne der Bundesregierung entfachen vielerorts einen Sturm der Entrüstung". *Frankfurter Allgemeine Zeitung.* Frankfurt/M. 17.6.1999.

FAZ (1999d). "Hombach verlässt das Kabinett". *Frankfurter Allgemeine Zeitung.* 25. Juni 1999.

FAZ (1999e). "Renten, Sparprogramm, Ökosteuer - Koalition in der Krise". *Frankfurter Allgemeine Zeitung.* 18. Juni 1999.

FAZ (1999f). "'Riester zielt in die richtige Richtung' - Schreiber: Aber Ergänzungen notwendig. Für verstärkte Kapitaldeckung". *Frankfurter Allgemeine Zeitung.* 18. Juni 1999.

FAZ (1999g). "Unter Liebesentzug fiel das Verzichten zu schwer - Lafontaine räumt das Feld". *Frankfurter Allgemeine Zeitung.* 13. März 1999.

FAZ (2000a). "Riester trennt sich von Rentenfachmann". *Frankfurter Allgemeine Zeitung.* 24. Mai 2000.

FAZ (2000b). "Union erklärt die Rentenkonsensgespräche für beendet". *Frankfurter Allgemeine Zeitung.* 30. September 2000.

FAZ (2001). "Im Streit um die Rentenreform verhärten sich die Fronten". *Frankfurter Allgemeine Zeitung.* 28. März 2001.

FAZ (2003a). "Also, was ist Trumpf? Eichel! Spielen, richtig verstanden, ist etwas Wunderschönes: Das Regelwerk der Politikberatung im Freizeitpark Berlin". *Frankfurter Allgemeine Zeitung.* 12. Dezember 2003.

FAZ (2003b). "Am Kapitalmarkt gibt es mehr - Renditevergleiche lassen die Rente schlecht aussehen". *Frankfurter Allgemeine Zeitung.* 14. August 2003.

FAZ (2003c). "Scheel ohne Nebentätigkeit". *Frankfurter Allgemeine Zeitung.* 3. Dezember 2003.

FAZ (2005a). "ARD bannt Schleichwerbung und verzichtet auf Drittmittel". *Frankfurter Allgemeine Zeitung.* 14. September 2005.

FAZ (2005b). "Die Cheflobbyisten der Wirtschaft". *Frankfurter Allgemeine Zeitung.* 16. Januar 2005.

FAZ (2005c). "Menschen und Wirtschaft". *Frankfurter Allgemeine Zeitung.* 22. Oktober 2005.

faz.net (2008). "Britische Medien: Was haben wir bloß falsch gemacht?". *faz.net*.

FDP (1997). Für die liberale Bürgergesellschaft. Wiesbadener Grundsätze. Beschlossen auf dem Bundesparteitag der F.D.P. am 24. Mai 1997 in Wiesbaden, FDP.

FDP (1998). Es ist *Ihre* Wahl. Das Wahlprogramm der F.D.P. zur Bundestagswahl 1998. Beschluss des F.D.P.-Bundesparteitags vom 26.-28. Juni 1998 in Leipzig.

Fels, Gerhard (1997). Drei Säulen für die Zukunft. In: Gesamtverband der Deutschen Versicherungswirtschaft (Hrsg.) *Altern mit Zukunft*. Düsseldorf, GDV: 8-29.

Filc, Wolfgang (1999). *Mitgegangen - mitgehangen. Mit Lafontaine im Finanzministerium*. Frankfurt/M., Eichborn Verlag.

Finke, Renate; Grimm, Michaela; Stanowsky, Jürgen (2003). Die deutsche Rentenversicherung nach der Riester-Reform. *Economic Trend Report, Ausgabe Nr. 3*. Frankfurt/M., Allianz Group Economic Research.

Focus (1998). "Als Millionär in Rente - Ein neues Paket für die Altersvorsorge konkurriert mit Lebensversicherungen". *Focus.* 26. Oktober 1998.

Fraenkel, E. (1973). *Reformismus und Pluralismus*. Hamburg, Hoffmann und Campe.

Franke, Siegfried F. (2000). *(Ir)rationale Politik? Grundzüge und politische Anwendungen der Ökonomischen Theorie der Politik*. Marburg, Metropolis Verlag.

Frankfurter Rundschau (1998). "Im Kampf um die private Altersvorsorge spielen die Banken ein AS aus - Neu aufgelegte Fondsprodukte mit staatlichem Siegel sollen Milliardenbeträge von den Lebensversicherern weglocken". *Frankfurter Rundschau.* 16. Oktober 1998.

Fröhlich, Nils; Huffschmid, Jörg (2004). *Der Finanzdienstleistungssektor in Deutschland. Entwicklung, Politik, Strategien*. Düsseldorf, Hans-Böckler-Stiftung.

FTD (2000). "Riesters Rentenchaos bringt Finanzministerium in Rage". *Financial Times Deutschland.* 24. Mai 2000.

FTD (2002). "Versicherer enttäuscht von Riester-Rente". *Financial Times Deutschland.* 12. Februar 2002.

FTD (2003). "Lobbyisten im Finanzministerium". *Financial Times Deutschland*. 12. Oktober 2003.
FTD (2008a). "Genug geriestert - Der Einstieg in das kapitalgedeckte Rentensystem war ein Fehler, denn es verschenkt nur Geld an Gutverdiener. Der Staat fördert also vor allem die Altersvorsorge bei jenen, die es weniger nötig haben". *Financial Times Deutschland*. 22. Januar 2008
FTD (2008b). "Ischinger berät die Allianz - Der deutsche Botschafter in Großbritannien und ehemalige Außenamts-Staatssekretär Wolfgang Ischinger geht zum Versicherungskonzern Allianz. Er soll Politikberater von Konzernchef Michael Diekmann werden". *Financial Times Deutschland*. 16. Februar 2008.
Funk, Michael (2003). "Vom Parlamentssitz in die Lobby - Keine lauten Töne." *Politik & Kommunikation* 2003(6): 47.
Fürstenwerth, Jörg Frank von (2000). "Kapitaldeckung oder Umlageverfahren - Chancen und Risiken im Vergleich." *Soziale Sicherheit* 49(3): 76-81.
Gaiser, Eckhard (1972). *Der Einfluß der Verbände auf die Wirtschaftspolitik dargestellt am Beispiel der bauwirtschaftlichen Verbände*. Bochum, Ruhr-Universität Bochum.
Gammelin, Kerstin; Hamann, Götz (2005). *Die Strippenzieher. Manager, Minister, Medien - Wie Deutschland regiert wird*. Berlin, Econ Verlag.
Ganßmann, Heiner (1992). "Der nationale Sozialstaat und die deutsch-deutsche Solidarität." *PROKLA* 22(4): 622-646.
Ganßmann, Heiner (2000). *Politische Ökonomie des Sozialstaats*. Münster, Westfälisches Dampfboot.
GDV (1990). Öffentlichkeitsarbeit 1990. Bonn, Gesamtverband der Deutschen Versicherungswirtschaft.
GDV (1991). Öffentlichkeitsarbeit 1991. Bonn, Gesamtverband der deutschen Versicherungswirtschaft.
GDV (1995). Eigenverantwortliche Vorsorge im Sozialstaat. *Schriftenreihe des Ausschusses Volkswirtschaft des GDV*. Berlin, Gesamtverband der deutschen Versicherungswirtschaft.
GDV (1997a). *Altern mit Zukunft. Essays und Fakten*. Hamburg, Gesamtverband der Deutschen Versicherungswirtschaft.
GDV (1997b). Dialog Versicherungen im Gespräch - Thema: "Altersvorsorge. Dokumentation der Veranstaltung am 6. November 1997 im Hotel Maritim, Bonn. Bonn, Gesamtverband der Deutschen Versicherungswirtschaft.
GDV (1997c). *Jahrbuch 1997 - Die deutsche Versicherungswirtschaft*. Bonn, Gesamtverband der Deutschen Versicherungswirtschaft.
GDV (1997d). Jahrbuch spezial "Sozialstaat: Altersvorsorge mit reinen Anlageprodukten?" In: GDV (Hrsg.) *Jahrbuch 1997 - Die deutsche Versicherungswirtschaft*. Bonn, Gesamtverband der Deutschen Versicherungswirtschaft: 111-116.
GDV (1998a). 50 Jahre Gesamtverband der Deutschen Versicherungswirtschaft e.V. In: GDV (Hrsg.) *Jahrbuch 1998: Die deutsche Versicherungswirtschaft*. Berlin, Gesamtverband der Deutschen Versicherungswirtschaft: 126-159.
GDV (1998b). "Altersvorsorge oder Geldanlage: Ein Plädoyer für die Lebensversicherung" - Eine Information des GDV. *Vorwärts*. 10. Oktober 1998.

GDV (1998c). *Jahrbuch 1998 - Die deutsche Versicherungswirtschaft.* Berlin, Gesamtverband der Deutschen Versicherungswirtschaft.

GDV (1999). *Jahrbuch 1999 - Die deutsche Versicherungswirtschaft.* Berlin, Gesamtverband der Deutschen Versicherungswirtschaft.

GDV (2000a). Diskussionsentwurf für eine Rentenreform: GDV begrüßt Systemwechsel in der Alterssicherung und verlangt drastische Vereinfachungen beim Förderkonzept. *Stellungnahme des GDV vom 26. September 2000.* Berlin, Gesamtverband der Deutschen Versicherungswirtschaft.

GDV (2000b). *Jahrbuch 2000 - Die deutsche Versicherungswirtschaft.* Berlin, Gesamtverband der Deutschen Versicherungswirtschaft.

GDV (2000c). "Position der Versicherungswirtschaft zur Förderung von zusätzlicher kapitalgedeckter Altersvorsorge." *Zeitschrift für das gesamte Kreditwesen* 21/2000: 1261-1263.

GDV (2000d). Rentenreform 2000 - Die Grenzen des Umlageverfahrens und die Chancen privater Altersvorsorge. Gesamtverband der Deutschen Versicherungswirtschaft. Berlin, Gesamtverband der Deutschen Versicherungswirtschaft.

GDV (2000e). Zukunft der Rente - Konzept zur Neuausrichtung der Alterssicherungssysteme. Gesamtverband der Deutschen Versicherungswirtschaft. Berlin, GDV.

GDV (2001a). "GDV gegen Einbeziehung von Wohneigentum in das Altersvorsorgegesetz". *Pressemitteilung vom 4. Mai 2001 (PD-Nr. 15/2001).* Berlin, Gesamtverband der Deutschen Versicherungswirtschaft.

GDV (2001b). "GDV zum Abbruch des Vermittlungsverfahrens für die Rentenreform". *Pressemeldung vom 27. März 2001 (PD-Nr. 08/2001).* Berlin, Gesamtverband der Deutschen Versicherungswirtschaft.

GDV (2001c). *Jahrbuch 2001 - Die deutsche Versicherungswirtschaft.* Berlin, Gesamtverband der Deutschen Versicherungswirtschaft.

GDV (2001d). "Kapitalgedeckte Altersvorsorge wird endlich Bestandteil des deutschen Alterssicherungssystems; Schönheitsfehler bei der Umsetzung erzwingen Nachbesserungen". *Pressemitteilung vom 11. Mai 2001 (PD-Nr. 18/2001).* Berlin, Gesamtverband der Deutschen Versicherungswirtschaft.

GDV (2001e). "Umstellung von Altverträgen auf 'Riester-Rente' führt nicht zur erneuten Erhebung von Abschlussgebühren". *Pressemitteilung vom 2. März 2001 (PD-Nr. 07/2001).* Berlin, Gesamtverband der Deutschen Versicherungswirtschaft.

GDV (2002a). *Nach der Reform - Das bringt die neue Rente.* Berlin, Gesamtverband der Deutschen Versicherungswirtschaft.

GDV (2002b). "'Nach der Reform. Das bringt die neue Rente'. GDV-Broschüre stellt Ergebnisse der Rentenreform vor". *Pressemeldung vom 16. Juli 2002 (PD 18/2002).* Berlin, Gesamtverband der deutschen Versicherungswirtschaft.

GDV (2003a). Altersvorsorge und demographischer Wandel - Kein Vorteil für das Kapitaldeckungsverfahren? *Themen und Analysen, Heft 1.* GDV Volkswirtschaft. Berlin, Gesamtverband der Deutschen Versicherungswirtschaft.

GDV (2003b). *Geschäftsentwicklung 2002: Die deutsche Lebensversicherung in Zahlen.* Berlin, Gesamtverband der Deutschen Versicherungswirtschaft.

GDV (2003c). Global Aging - Chancen im 21. Jahrhundert. *Dialog - Versicherungen im Gespräch, Band 6_GDV Essays und Fakten.* Gesamtverband der deutschen Versicherungswirtschaft. Berlin.
GDV (2003d). *Statistisches Taschenbuch der Versicherungswirtschaft.* Berlin, Gesamtverband der Deutschen Versicherungswirtschaft.
GDV (2004). Die Märkte für Altersvorsorgeprodukte in Deutschland. Eine Analyse bis 2020; Autoren: Wilhelm Ruprecht und Michael Wolgast. *Schriftenreihe des Ausschusses Volkswirtschaft 23 des GDV.* Verlag Versicherungswirtschaft. Karlsruhe.
GDV (2007). Lebenslauf von Dr. Jörg Freiherr Frank von Fürstenwerth. Berlin, Gesamtverband der Deutschen Versicherungswirtschaft (auf Anfrage per e-mail übermittelt am 14. November 2007).
GDV (2008). "Über uns." Gesamtverband der Deutschen Versicherungswirtschaft, *Homepage:* http://www.gdv.de/ueberuns/linkliste.html.
Geiger, Andreas (2003). "Lobbying - Anwaltliches Beratungsfeld der Zukunft?" *Neue Juristische Wochenschrift* Heft 40/2003: 2878-2880.
Geyer, Matthias; Kurbjuweit, Dirk; Schnibben, Cordt (2005). *Operation Rot-Grün. Geschichte eines politischen Abenteuers.* München, Deutsche Verlags-Anstalt.
Ginn, Jay; Fachinger, Uwe; Schmähl, Winfried (2007). Reformen der Alterssicherung und der sozioökonomische Status Älterer in Großbritannien und Deutschland. ZeS-Arbeitspapier Nr. 4/2007. Bremen, Zentrum für Sozialpolitik.
Göckenjan, Gerd (1990). Moralökonomien und Statuspassagen. In: Gerd Göckenjan (Hrsg.) *Recht auf ein gesichertes Alter?* Augsburg, Maro-Verlag: 1-13.
Gohr, Antonia (2000). Was tun, wenn man die Regierungsmacht verloren hat? Die SPD-Sozialpolitik in den 80er Jahren. ZeS-Arbeitspapier Nr. 5/2000. Bremen, Zentrum für Sozialpolitik.
Gohr, Antonia (2003). Auf dem 'dritten Weg' in den 'aktivierenden Sozialstaat'? - Programmatische Ziele von Rot-Grün. In: Antonia Gohr; Martin Seeleib-Kaiser (Hrsg.) *Sozial- und Wirtschaftspolitik unter Rot-Grün.* Wiesbaden, Westdeutscher Verlag: 37-60.
Gohr, Antonia; Seeleib-Kaiser, Martin (Hrsg.) (2003). *Sozial- und Wirtschaftspolitik unter Rot-Grün.* Wiesbaden, Westdeutscher Verlag.
Gormley Jr., William T. (1998). Interest Group Interventions in the Administrative Process: Conspirators and Co-Conspirators. In: Paul S. Herrnson; Cliyde Wilcox; Ronald G. Shaiko (Hrsg.) *The Interest Group Connection.* Chatham, NJ, Chatham House: 213-233.
Grande, Edgar (2000). Verbände und Verbändeforschung in Deutschland. In: Werner Bührer; Edgar Grande (Hrsg.) *Unternehmerverbände und Staat in Deutschland.* Baden-Baden, Nomos Verlagsgesellschaft: 15-22.
Haacke, Eva (2006). Wirtschaftsverbände als klassische Lobbyisten - auf neuen Pfaden. In: Thomas Leif; Rudolf Speth (Hrsg.) *Die fünfte Gewalt. Lobbyismus in Deutschland.* Bonn, Bundeszentrale für politische Bildung: 164-187.
Hackenbroch, Rolf (1998). *Verbände und Massenmedien. Öffentlichkeitsarbeit und ihre Resonanz in den Medien.* Wiesbaden, Berlin, Deutscher Universitätsverlag.
Hahn, Hans (1999). "Die Rente ist besser als ihr Ruf - Vabanquespiele mit der Altersversorgung." *Soziale Sicherheit* 48(11): 354-355.

Hain, Winfried; Tautz, Roland (2001). "Finanzielle Auswirkungen der Rentenreform." *DRV* 56(6-7): 359-377.
Hamburger Abendblatt (2006). "Anda wird Direktor bei Schröder-Freund Maschmeyer. Karriere: Ex-Regierungssprecher erhält Job beim Finanzdienstleister AWD". *Hamburger Abendblatt*. 19. Januar 2006.
Handelsblatt (1996a). "Diskussion um Zukunft der Rente". *Handelsblatt*. 25. Juni 1996.
Handelsblatt (1996b). "Gesetzliche Rente nur noch als Grundlage. Mit hoher Rendite für das Alter sparen". *Handelsblatt*. 5. Dezember 1996.
Handelsblatt (1996c). "Thesenpapier: Gleicher Steuermaßstab. Banken fordern Rentenreform mit Weitblick ohne Notoperationen". *Handelsblatt*. 10. Oktober 1996.
Handelsblatt (1996d). "Vorschlag des BVI: Mit Aktienfonds für das Alter vorsorgen". *Handelsblatt*. 6. Dezember 1996.
Handelsblatt (1998a). "Altersvorsorge-Sondervermögen - Chance für die Investmentbranche. AS-Fonds ergänzen Versicherung bei der privaten Altersvorsorge". *Handelsblatt*. 5. November 1998.
Handelsblatt (1998b). "Altersvorsorge - BVI setzt auf Fondsmodelle: 'AS' sollen 10 % des Marktes erobern". *Handelsblatt*. 9. Oktober 1998.
Handelsblatt (1998c). "Im Koalitionsvertrag bleibt die beitragsbezogene Rente auf der Strecke - Geringverdiener, Selbständige und Beamte sollen die Wahlgeschenke der SPD bezahlen. Probleme werden in die Zukunft verschoben". *Handelsblatt*. 21. Oktober 1998.
Handelsblatt (2000). "Die Bundesregierung beruft einen neuen Umweltrat. Riester bringt Sozialbeirat auf seine Reform-Linie". *Handelsblatt*. 8. Juni 2000.
Handelsblatt (2006). "Ermittlungen gegen Koch-Weser eingestellt". *Handelsblatt*. 7. März 2006.
Harlen, Christine Margerum (2002). "Schröder's Economic Reforms: The End of Reformstau?" *German politics: Journal of the Association for the Study of German Politics* 11(1): 61-80.
Harmes, Adam (1998). "Institutional investors and the reproduction of neoliberalism." *Review of International Political Economy* 5(1): 92-121.
Harmes, Adam (2001). *Unseen Power. How Mutual Funds Threaten the Political and Economic Wealth of Nations.* Toronto, Stoddart.
Hauser, Hansgeorg (2003). "Die Hauptstadtrepräsentanz als Lobbyinginstrument." Vortrag auf dem Politikkongress vom 24.-25.11.2003 in Berlin. Helios Media, *Homepage*: http://www.politikkongress.de/_files/archiv/vortraege2003/hauser.pdf.
Haverland, Markus (2001). "Another Dutch miracle? Explaining Dutch and German pension trajectories." *Journal of European Social Policy* 11(4): 308-323.
Hegelich, Simon (2006). *Reformkorridore des deutschen Rentensystems.* Wiesbaden, VS Verlag für Sozialwissenschaften.
Heidelberger Akademie der Wissenschaften (Hrsg.) (2006). *Politikberatung in Deutschland.* Wiesbaden, VS Verlag für Sozialwissenschaften.
Heien, Thorsten (2004). "Das Vertrauen der Bürger in die Gesetzliche Rentenversicherung." *Deutsche Rentenversicherung* 59(4): 211-223.
Heimpel, Thomas (2003). *Die Riesterrente - Eine Analyse der Programmentwicklung und Implementation des Altersvermögensgesetzes.* Konstanz, Universität Konstanz.

Literaturverzeichnis 355

Heinz, John P.; Laumann, Edward O.; Nelson, Robert L.; Salisbury, Robert H. (1993). *The Hollow Core: Private Interests in National Policy Making.* Cambridge, MA, London, GB, Harvard University Press.

Heinze, Rolf G. (2002). *Die Berliner Räterepublik: viel Rat - wenig Tat?* Wiesbaden, Westdeutscher Verlag.

Heinze, Rolf G.; Voelzkow, Helmut (1997). Interessenverbände. In: Uwe Andersen; Wichard Woyke (Hrsg.) *Handwörterbuch des politischen Systems der Bundesrepublik Deutschland.* Bonn, Bundeszentrale für politische Bildung: 257-262.

Heipertz, Martin Karl Georg (2005). *Der Europäische Stabilitäts- und Wachstumspakt.* Köln, Universität zu Köln.

Helms, Ludger (2003). "Deutschlands "semisouveräner Staat"." *Aus Politik und Zeitgeschichte* B 43/2003: 3-8.

Hemerijck, Anton C.; Vail, Mark I. (2004). "The Forgotten Center: The State as Dynamic Actor in Corporatist Political Economies." University of California Institute of European Studies, Berkeley, *Homepage:* http://ies.berkeley.edu/research/files/SAS04/SAS04-State_Dynamic_Actor.pdf.

Hennis, Wilhelm (1985). Verfassungsordnung und Verbandseinfluss. Bemerkungen zu ihrem Zusammenhang im politischen System der Bundesrepublik (1961). In: Rudolf Steinberg (Hrsg.) *Staat und Verbände: zur Theorie der Interessenverbände in der Industriegesellschaft.* Darmstadt, Wissenschaftliche Buchgesellschaft: 77-98.

Henwood, Doug (1998). *Wall Street - How it Works and for Whom.* London, Verso.

Hering, Martin (2004a). Institutionelle Konflikte zwischen Währungsunion und staatlicher Alterssicherung. In: Susanne Lütz; Roland Czada (Hrsg.) *Wohlfahrtsstaat - Transformation und Perspektiven.* Wiesbaden, VS Verlag für Sozialwissenschaften: 349-372.

Hering, Martin (2004b). Turning Ideas into Policies: Implementing Modern Social Democratic Thinking in Germany's Pension Policy. In: Giuliano Bonoli; Martin Powell (Hrsg.) *Social Democratic Party Policies in Contemporary Europe.* London, New York, Routledge: 102-122.

Himmelreicher, Ralf K.; Viebrok, Holger (2001). Verteilungspolitische Aspekte vermehrter privater Vorsorge. ZeS-Arbeitspapier 17/2001. Bremen, Zentrum für Sozialpolitik.

Himmelreicher, Ralf K.; Viebrok, Holger (2003). Die 'Riester-Rente' und einige Folgen für Alterseinkünfte. Befunde einer Simulationsstudie auf der Grundlage typischer Erwerbs- und Familienbiographien. ZeS-Arbeitspapier 4/2003. Bremen, Zentrum für Sozialpolitik.

Hinrichs, Karl (1998). Reforming the public pension scheme in Germany: the end of the traditional consensus. ZeS-Arbeitspapier 11/98. Bremen, Zentrum für Sozialpolitik.

Hinrichs, Karl (2000a). "Elephants on the move. Patterns of public pension reform in OECD countries." *European Review* 8(3): 353-378.

Hinrichs, Karl (2000b). Von der Rentenversicherungs- zur Alterssicherungspolitik. Reformen und Reformprobleme. In: Karl Hinrichs; Herbert Kitschelt; Helmut Wiesenthal (Hrsg.) *Kontingenz und Krise. Institutionenpolitik in kapitalistischen und postsozialistischen Gesellschaften.* Frankfurt/M., Campus Verlag: 291-317.

Hinrichs, Karl (2003). *The Politics of Pension Reform in Germany*. Paper prepared for the Conference Pension Reform in Europe: Shared Problems, Sharing Solutions?, London School of Economics, Hellenic Observatory / The European Institute, London, 5 December 2003.
Hinrichs, Karl (2005). New Century - New Paradigm: Pension Reforms in Germany. In: Giuliano Bonoli; Toshimitsu Shinkawa (Hrsg.) *Ageing and Pension Reform Around the World: Evidence from Eleven Countries*. Cheltenham, UK and Northampton, MA, Edward Elgar: 47-73.
Hinrichs, Karl; Kangas, Olli (2003). "When is a Change Big Enough to Be a System Shift? Small System-shifting Changes in German and Finnish Pension Policies." *Social Policy and Administration* 37(6): 573-591.
Hinrichs, Ulrike (2006). Politiker und Lobbyisten - Lobbyisten als Politiker. In: Thomas Leif; Rudolf Speth (Hrsg.) *Die fünfte Gewalt. Lobbyismus in Deutschland*. Wiesbaden, VS Verlag für Sozialwissenschaften: 88-98.
Hirner, Manfred (1993). Der Deutsche Bundestag im Netzwerk organisierter Interessen. In: Dietirch Herzog; Hilke Rebenstorf; Bernhard Weßels (Hrsg.) *Parlament und Gesellschaft: Eine Funktionsanalyse der repräsentativen Demokratie*. Opladen, Westdeutscher Verlag: 138-183.
Historische Gesellschaft der Deutschen Bank (o.J.). Die Deutsche Bank Unter den Linden. Deutsche Bank AG, Kultur und Gesellschaft, Historisches Institut. Frankfurt/M.
Hockerts, Hans Günter (1980). *Sozialpolitische Entscheidungen im Nachkriegsdeutschland - Alliierte und deutsche Sozialversicherungspolitik 1945 bis 1957*. Stuttgart, Klett-Cotta.
Hockerts, Hans Günter (1990). Die Rentenreform 1957. In: Franz Ruland (Hrsg.) *Handbuch der gesetzlichen Rentenversicherung*. Neuwied, Luchterhand: 93-104.
Hofmann, Hermann (2005). Verbände braucht das Land! In: Florian Busch-Janser; Sandra Gerding; Mario Voigt (Hrsg.) *Politikberatung als Beruf*. Berlin, München, poli-c-books - Fachverlag für Politische Kommunikation: 111-122.
Hombach, Bodo (1998). *Aufbruch: Die Politik der Neuen Mitte*. München, Econ Verlag.
Homburg, Stefan (1988). *Theorie der Alterssicherung*. Berlin, Springer.
Höpner, Martin (2006). "Der Beitrag der Unternehmen zur Parteienfinanzierung. Wer spendet an wen? Und warum?" *Zeitschrift für Parlamentsfragen* 2/2006: 293-312.
Huffschmid, Jörg (2002a). *Politische Ökonomie der Finanzmärkte*. Hamburg, VSA Verlag.
Huffschmid, Jörg (2002b). Verteilungsfrage, Finanzmärkte und Gegenreform. In: Michel Aglietta; Joachim Bischoff; Paul Boccara et al. (Hrsg.) *Umbau der Märkte*. Hamburg, VSA Verlag: 40-49.
Hülsmann, Joachim; Schmid, Josef; Schöll, Sarah (2001). Rentenreformen in sechs Westeuropäischen Ländern. Ein Blick über den Tellerrand. *WIP Occasional Paper*. Institut für Politikwissenschaft der Universität Tübingen. Tübingen.
Hülsmeier, Christian (1997). "'Sozialstaat im Umbruch' - Reformkonzept der Versicherungswirtschaft." *Soziale Sicherheit* 46(4): 146-147.
Humborg, Ludwig (2005). Spielregeln des Lobbying - Wo beginnt die Korruption? In: Rubin Ritter; David Feldmann (Hrsg.) *Lobbying zwischen Eigeninteresse und Verantwortung*. Baden-Baden, Nomos Verlagsgesellschaft: 115-131.

Literaturverzeichnis 357

HypoVereinsbank (2003). *2002 - Geschäftsbericht Jahresabschluss AG - HypoVereinsbank.* München, Bayerische Hypo- und Vereinsbank.
HypoVereinsbank (2000). Mit Familienpolitik aus dem demographischen Dilemma? *Policy Brief Volkswirtschaft 14/2000.* München, HypoVereinsbank.
HypoVereinsbank (2001). Age Wave - Zur Demographieanfälligkeit von Aktienmärkten. *Policy Brief.* München, HypoVereinsbank.
ifo (1990). *Volkswirtschaftliche Kapitalbildung und Versicherungswirtschaft: Rückblick und Vorausschau.* Gutachten im Auftrag des Gesamtverbandes der Deutschen Versicherungswirtschaft. München, ifo-Institut für Wirtschaftsforschung.
ifo (1992). *Tendenzen der volkswirtschaftlichen Kapitalbildung und die Rolle der Versicherungswirtschaft: Rückblick und Perspektiven nach der deutschen Einigung.* Gutachten im Auftrag des Gesamtverbandes der Deutschen Versicherungswirtschaft. München, ifo-Institut für Wirtschaftsforschung.
ifo Studien zur Finanzpolitik (1986). *Sicherung der Altersvorsorge durch Aufgabenteilung zwischen Individualversicherung und gesetzlicher Rentenversicherung. Möglichkeiten einer Neuordnung und gesamtwirtschaftliche Auswirkungen. Gutachten im Auftrag des Gesamtverbandes der Deutschen Versicherungswirtschaft (abgeschlossen 1985).* München, ifo-Institut für Wirtschaftsforschung.
IG Metall (2007). "Zitate aus der Rede Norbert Blüms anläßlich der Buchvorstellung "ABC des Neoliberalismus" am 5.2.2007 in Frankfurt am Main." IG Metall Extranet, *Homepage:* http://extranet.igmetall.de/.
impulse (2007). "Die Maulwürfe. Offenes Lobbying - das war einmal: Heimlich graben sich immer mehr Interessenvertreter in die Berliner Apparate ein". impulse - Das Unternehmermagazin online. 17. April 2007.
INSM (2006). "Die INSM." Initiative Neue Soziale Marktwirtschaft, *Homepage:* http://www.insm.de/Die_INSM.html.
INSM (o.J.). *Eigeninitiative und Solidarität - Der zukunftssichere Sozialstaat. Chancen für alle.* Köln, Initiative Neue Soziale Marktwirtschaft.
Institut der deutschen Wirtschaft Köln (1997a). Alterssicherung in der EU: Auf der Suche nach neuen Wegen. *iwd - Informationsdienst des Instituts der deutschen Wirtschaft Köln Nr. 12 vom 20. März 1997.* Köln, Institut der deutschen Wirtschaft Köln.
Institut der deutschen Wirtschaft Köln (1997b). Betriebliche Altersversorgung. *iwd - Informationsdienst des Instituts der deutschen Wirtschaft Köln Nr. 35 vom 28. August 1997.* Köln, Institut der deutschen Wirtschaft Köln.
Institut der deutschen Wirtschaft Köln (1997c). Betriebliche Altersversorgung in vielen Firmen auf dem Prüfstand. *iwd - Informationsdienst des Instituts der deutschen Wirtschaft Köln Nr. 17 vom 24. April 1997.* Köln, Institut der deutschen Wirtschaft Köln.
Institut der deutschen Wirtschaft Köln (1997d). Formel-Korrektur. *iwd - Informationsdienst des Instituts der deutschen Wirtschaft Köln Nr. 6 vom 6. Februar 1997.* Köln, Institut der deutschen Wirtschaft Köln.
Institut der deutschen Wirtschaft Köln (1997e). Gerhard Fels: Rentenreform - auf tragfähiger Basis. *iwd - Informationsdienst des Instituts der deutschen Wirtschaft Köln Nr. 31 vom 31. Juli 1997.* Köln, Institut der deutschen Wirtschaft Köln.

Institut der deutschen Wirtschaft Köln (1997f). Öffentlicher Dienst: An der Altersvorsorge beteiligen. *iwd - Informationsdienst des Instituts der deutschen Wirtschaft Köln Nr. 36 vom 4. September 1997*. Köln, Institut der deutschen Wirtschaft Köln.

Institut der deutschen Wirtschaft Köln (1997g). *Reform des Sozialstaats: Vorschläge, Argumente, Modellrechnungen zur Alterssicherung*. Köln, Institut der deutschen Wirtschaft Köln.

Institut der deutschen Wirtschaft Köln (1997h). Rentenreform: Besser handeln als abwarten. *iwd - Informationsdienst des Instituts der deutschen Wirtschaft Köln Nr. 38 vom 18. September 1997*. Köln, Institut der deutschen Wirtschaft Köln.

Institut der deutschen Wirtschaft Köln (Hrsg.) (1997i). *Sozialstaat im Umbruch*. Köln, Institut der deutschen Wirtschaft Köln.

Institut der deutschen Wirtschaft Köln (1998a). Pensionsfonds: Alterssicherung auf neuen Wegen. *iwd - Informationsdienst des Instituts der deutschen Wirtschaft Köln Nr. 9 vom 26. Februar 1998*. Köln, Institut der deutschen Wirtschaft Köln.

Institut der deutschen Wirtschaft Köln (1998b). Rente mit 60: Vorwärts in die Vergangenheit. *iwd - Informationsdienst des Instituts der deutschen Wirtschaft Köln Nr. 49 vom 3. Dezember 1998*. Köln, Institut der deutschen Wirtschaft Köln.

Institut der deutschen Wirtschaft Köln (1999a). Betriebliche Altersversorgung: Schlüssel zur Mitarbeiterbindung. *iwd - Informationsdienst des Instituts der deutschen Wirtschaft Köln Nr. 12 vom 25. März 1999*. Köln, Institut der deutschen Wirtschaft Köln.

Institut der deutschen Wirtschaft Köln (1999b). Frühverrentung: Deutscher Irrweg. *iwd - Informationsdienst des Instituts der deutschen Wirtschaft Köln Nr. 40 vom 7. Oktober 1999*. Köln, Institut der deutschen Wirtschaft Köln.

Institut der deutschen Wirtschaft Köln (1999c). Rentenreform: Mehr Spielraum für Eigenvorsorge. *iwd - Informationsdienst des Instituts der deutschen Wirtschaft Köln Nr. 35 vom 2. September 1999*. Köln, Institut der deutschen Wirtschaft Köln.

Institut der deutschen Wirtschaft Köln (2000a). Generational Accounting Die Zeche zahlen die Nachkommen. *iwd - Informationsdienst des Instituts der deutschen Wirtschaft Köln Nr. 37 vom 14. September 2000*. Köln, Institut der deutschen Wirtschaft Köln.

Institut der deutschen Wirtschaft Köln (2000b). Rentenreform 2000: Die Demographie schreibt das Drehbuch. *iwd - Informationsdienst des Instituts der deutschen Wirtschaft Köln Nr. 30 vom 27. Juli 2000*. Köln, Institut der deutschen Wirtschaft Köln.

Institut der deutschen Wirtschaft Köln (2000c). Rentenreform 2001: Keine Rentner zweiter Klasse. *iwd - Informationsdienst des Instituts der deutschen Wirtschaft Köln Nr. 51/52 vom 21. Dezember 2000*. Köln, Institut der deutschen Wirtschaft Köln.

Institut der deutschen Wirtschaft Köln (2000d). Rentenreform: Schwedischer Kurswechsel. *iwd - Informationsdienst des Instituts der deutschen Wirtschaft Köln Nr. 42 vom 19. Oktober 2000*. Köln, Institut der deutschen Wirtschaft Köln.

Institut der deutschen Wirtschaft Köln (2000e). Trend zur Privat-Rente. *iwd - Informationsdienst des Instituts der deutschen Wirtschaft Köln Nr. 33 vom 17. August 2000*. Köln, Institut der deutschen Wirtschaft Köln.

Institut der deutschen Wirtschaft Köln (2001a). Altersvorsorge: Optionen für Tarifpartner. *iwd - Informationsdienst des Instituts der deutschen Wirtschaft Köln Nr. 27 vom 5. Juli 2001*. Köln, Institut der deutschen Wirtschaft Köln.

Institut der deutschen Wirtschaft Köln (2001b). Die Bedeutung der Pensionsfonds für Alterssicherung und Arbeitsmärkte - Autoren: Winfried Fuest, Jürgen Matthes, Matthias Pfister. *iw-trends Nr. 3/2001*. Köln, Institut der deutschen Wirtschaft Köln: 74-92.
Institut der deutschen Wirtschaft Köln (2001c). Leben im Alter: Riester-Rente noch ein weißer Fleck. *iwd - Informationsdienst des Instituts der deutschen Wirtschaft Köln Nr. 40 vom 4. Oktober 2001*. Köln, Institut der deutschen Wirtschaft Köln.
Institut der deutschen Wirtschaft Köln (2001d). Öffentlicher Dienst Die "Riester-Pension" soll's richten. *iwd - Informationsdienst des Instituts der deutschen Wirtschaft Köln Nr. 33 vom 16. August 2001*. Köln, Institut der deutschen Wirtschaft Köln.
Institut der deutschen Wirtschaft Köln (2001e). Pensionsfonds: USA und Großbritannien als Vorbild. *iwd - Informationsdienst des Instituts der deutschen Wirtschaft Köln Nr. 33 vom 16. August 2001*. Köln, Institut der deutschen Wirtschaft Köln.
Institut der deutschen Wirtschaft Köln (2002). Mit Sicherheit sozial - Das deutsche Sozialsystem im Umbruch (Autor: Matthias Pfister). Köln, Deutscher Instituts-Verlag.
Institut der deutschen Wirtschaft Köln (2006). "Das Institut der deutschen Wirtschaft." Institut der deutschen Wirtschaft, *Homepage:* http://www.iwkoeln.de/.
Institut für Bankhistorische Forschung (Hrsg.) (2004). *Bankenlobbyismus. 26. Symposium am 4. Juni 2003 im Hause der Landesbank Hessen*. Stuttgart, Steiner.
Ismayr, Wolfgang (2000). *Der Deutsche Bundestag im politischen System der Bundesrepublik Deutschland*. Opladen, Leske & Budrich.
Ismayr, Wolfgang (2002). Parteien in Bundestag und Bundesregierung. In: Oscar W. Gabriel; Oskar Niedermayer; Richard Stöss (Hrsg.) *Parteiendemokratie in Deutschland*. Wiesbaden, Westdeutscher Verlag: 360-384.
Jain, Arvind K. (Hrsg.) (2001). *The Political Economy of Corruption*. London, Routledge.
Jäkel, Christian (2005). *Lobbyismus: Bedeutung für Staat und Wirtschaft*. Saarbrücken, VDM-Verlag.
Jochem, Sven; Siegel, Nico A. (2003). Konzertierung, Verhandlungsdemokratie und wohlfahrtsstaatliche Reformpolitik. In: Sven Jochem; Nico A. Siegel (Hrsg.) *Konzertierung, Verhandlungsdemokratie und Reformpolitik im Wohlfahrtsstaat. Das Modell Deutschland im Vergleich*. Opladen, Leske & Budrich: 7-32.
Jokisch, Sabine (2003). Alternde Bevölkerung und internationale Kapitalmärkte. *Beitrag zum Forschungsnetzwerk Alterssicherung, Graduiertenkolloquium 2003*. Würzburg, Verband Deutscher Rentenversicherungsträger.
Joos, Klemens (1998). *Interessenvertretung deutscher Unternehmen bei den Institutionen der Europäischen Union*. Berlin, Berlin Verlag Spitz.
Kaiser, Carl-Christian (2000). Der Deutsche Bundestag. (Hrsg.) *Kürschners Volkshandbuch. Deutscher Bundestag 14. Wahlperiode 1998*. Köln, Neue Darmstädter Verlagsanstalt: 9-37.
Kaltefleiter, Werner; Steinkemper, Bärbel (1976). Pressure Groups im öffentlichen Dienst. In: Wilhelm Bierfelder (Hrsg.) *Handwörterbuch des öffentlichen Dienstes. Das Personalwesen*. Berlin, Erich Schmidt Verlag: 1364-1368.
Karrass, Anne; Schmidt, Ingo; Bieling, Hans-Jürgen; Deppe, Frank; Dräger, Klaus; Huffschmid, Jörg (2004). *Europa: lieber sozial als neoliberal*. Hamburg, VSA Verlag.

Karrass, Anne; Moser, Michaela; Uhl, Susanne; Wehlau, Diana (2008) Armut und soziale Ungleichheit in der Europäischen Union. In: Miren Etxezarreta; Trevor Evans; Jörg Huffschmid et al. (Hrsg): *EuroMemo 2007*. Hamburg, VSA Verlag: 80-104

Kenis, Patrick; Schneider, Volker (1991). Policy Networks and Policy Analysis: Scrutinizing a New Analytical Toolbox. In: Bernd Marin; Renate Mayntz (Hrsg.) *Policy Networks. Empirical Evidence and Theoretical Considerations*. Frankfurt/M., Campus: 25-59.

Kirchhof, Paul; Söhn, Hartmut; Mellinghoff, Rudolf (Hrsg.) (2004). *Einkommensteuergesetz: Kommentar*. Loseblattwerk, Bd. 9: § 10 - § 10 a, K/S/M, EStG, 141. Lfg. April 2004. Heidelberg, C.F. Müller.

Kirner, Ellen; Meinhardt, Volker; Wagner, Gerd (2000). Probleme der Altersvorsorge allein durch Änderung des Finanzierungsverfahrens nicht zu lösen. *DIW-Wochenbericht 30/00*. Berlin, Deutsches Institut für Wirtschaftsforschung.

Kirsch, Guy (2004). *Neue Politische Ökonomie*. Stuttgart, Lucius & Lucius.

Kleinfeld, Ralf (2007). Die historische Entwicklung der Interessenverbände in Deutschland. In: Thomas von Winter; Ulrich Willems (Hrsg.) *Interessenverbände in Deutschland*. Wiesbaden, VS Verlag für Sozialwissenschaften: 51-83.

Kleinfeld, Ralf; Schmid, Susanne; Zimmer, Annette (1996). Verbändeforschung in Deutschland: Bestandsaufnahme, Kritik und Ausblick. *Biegler, Dagmar, Aus der Werkstatt der Verbändeforschung: zwei Arbeitspapiere der 'Forschungsinitiative Verbände', Polis Nr. 34, S. 1-34*. Hagen, Institut für Politikwissenschaft.

Kleinfeld, Ralf; Willems, Ulrich; Zimmer, Annette (2007). Lobbyismus und Verbändeforschung. In: Ralf Kleinfeld; Ulrich Willems; Annette Zimmer (Hrsg.) *Lobbying - Strukturen, Akteure, Strategien*. Wiesbaden, VS Verlag für Sozialwissenschaften: 7-35.

Kleinlein, Kornelius (2003). "Das Einflussfeld der Public Affairs-Büros in Berlin." *Forschungsjournal Neue Soziale Bewegungen* 16(3): 64-67.

Knospe, Jörg (2000). "Viele Fragen offen. Rentenreform - Eine kritische Bestandsaufnahme aus Sicht der Assekuranz." *Zeitschrift für Versicherungswesen* Nr. 20/15 (Oktober 2000): 719-721.

Koalitionsarbeitsgruppe (2000a). Arbeitspapier der Koalitionsarbeitsgruppe Rentenstrukturreform. SPD und Bündnis 90/Die Grünen, Januar 2000.

Koalitionsarbeitsgruppe (2000b). Deutschland erneuern - Rentenreform 2000. Gesetzliche Rentenversicherung und kapitalgedeckte Zusatzvorsorge: Der Weg in eine sichere Zukunft. SPD und Bündnis90/Die Grünen. 30. Mai 2000.

Kocks, Klaus (2003). Das neue Lobbyinstrument - PR im Journalismus. In: Thomas Leif; Rudolf Speth (Hrsg.) *Die stille Macht. Lobbyismus in Deutschland*. Wiesbaden, Westdeutscher Verlag: 350-353.

Kollewe, Wolfgang (1979). *Zur ökonomischen Theorie der Verbände. Die Entwicklung des Gesetzes gegen Wettbewerbsbeschränkungen*. Frankfurt/M., Lang.

Kölzer, Leo (2000). "Rente im Gespräch. Themen und Thesen im Überblick." *Soziale Sicherheit* 49(3): 95-97.

Kölzer, Leo (2001). "Kriterien der Zertifizierung: Welche Bedingungen die Riester-Rente erfüllen muss." *Soziale Sicherheit* 50(6): 185-186.

Kommission der Europäischen Gemeinschaften (1997a). Modernisierung und Verbesserung des Sozialschutzes in der Europäischen Union. *KOM (1997) 102 endg.* Brüssel.
Kommission der Europäischen Gemeinschaften (1997b). Zusätzliche Altersversorgung im europäischen Binnenmarkt - Grünbuch. *KOM (97) 283 endg.* Brüssel.
Konrad, Kai A.; Wagner, Gert G. (2000). Reform of the public pension system in Germany. *DIW Discussion Paper 200*. Berlin, Deutsches Institut für Wirtschaftsforschung.
Koob, Dirk (2001). Dezentrale Arbeitsmarkt- und Beschäftigungspolitik. Zum Wandel politischer Steuerungsformen in Deutschland. In: Andrea Gourd; Thomas Noetzel (Hrsg.) *Zukunft der Demokratie in Deutschland*. Opladen, Leske & Budrich: 433-451.
Kopp, Reinhold (2003). "Politikberatung in Unternehmen." *Forschungsjournal Neue Soziale Bewegungen* 16(3): 53-55.
Köppl, Peter (2000). *Public Affairs Management. Strategien und Taktiken erfolgreicher Unternehmenskommunikation*. Wien, Linde.
Köppl, Peter (2003). *Power Lobbying: Das Praxishandbuch der Public Affairs. Wie professionelles Lobbying die Unternehmenserfolge absichert und steigert*. Wien, Linde.
Korte, Karl-Rudolf (2003). "Information und Entscheidung. Die Rolle von Machtmaklern im Entscheidungsprozess von Spitzenakteuren." *Aus Politik und Zeitgeschichte* B 43/2003: 32-38.
Korte, Karl-Rudolf; Fröhlich, Manuel (2004). *Politik und Regieren in Deutschland*. Paderborn, Schöningh/UTB.
Kreiner, Maria (2006). *Amt auf Zeit: Eine Verbleibsstudie über ehemalige Bundestagsabgeordnete*. Baden-Baden, Nomos Verlagsgesellschaft.
Kreutz, Johannes (2004). Die Unterstützungskasse in der betrieblichen Altersversorgung. In: Wolfgang Drols (Hrsg.) *Handbuch Betriebliche Altersversorgung*. Wiesbaden, Gabler: 499-524.
Kropp, Sabine (2003). "Regieren als informaler Prozess. Das Koalitionsmanagement der rot-grünen Bundesregierung." *Aus Politik und Zeitgeschichte* B 43/2003: 23-31.
Krupp, Hans-Jürgen (1997). "Ist das Kapitaldeckungsverfahren in der Alterssicherung dem Umlageverfahren überlegen?" *WSI Mitteilungen* Heft 5/1997: 289-298.
Krupp, Hans-Jürgen; Weeber, Joachim (1997). "Pro und Kontra Grundrente - Eine Analyse aus volkswirtschaftlicher Sicht." *DRV* 52(3-4): 205-219.
Lafontaine, Oskar (1999). *Das Herz schlägt links*. München, Econ Verlag.
Lampert, Heinz (2003). Kann der Sozialstaat gerettet werden? *Volkswirtschaftliche Diskussionsreihe, Beitrag Nr. 247*. Institut für Volkswirtschaftslehre. Augsburg, Universität Augsburg.
Lampert, Heinz; Althammer, Jörg (2001). *Lehrbuch der Sozialpolitik*. Berlin, Springer.
Lamping, Wolfram (2007). "Der Sozialstaat in der Veränderung. Wohlfahrtsmärkte, Alterssicherung und Verbraucherwissen." *Unimagazin* 2007(3-4): 48-51.
Lamping, Wolfram; Rüb, Friedbert W. (2004). "From the Conservative Welfare State to an 'Uncertain Something Else': German pension politics in comparative perspective." *Policy and Politics* 32(2): 169-191.
Lamping, Wolfram; Rüb, Friedbert W. (2006). " 'Experimental Law-Making' and the Politics of German Pension Reforms." *German Policy Studies* 3(3): 446-491.

Lamping, Wolfram; Vergimst, Noel P. (2004). The Political Battle Field of Welfare State Reform in Germany and the Netherlands. Diskussionspapiere und Materialien Nr. 18 - Oktober 2004. Hannover, Abteilung Sozialpolitik und Public Policy der Universität Hannover.

Landfried, Christine (1994). *Parteifinanzen und politische Macht: eine vergleichende Studie zur Bundesrepublik Deutschland, zu Italien und den USA.* Baden-Baden, Nomos Verlagsgesellschaft.

Laux, Manfred (2000). "Zur Zukunft der Altersvorsorge - das Altersvermögensaufbaugesetz aus Sicht des BVI." *Zeitschrift für das gesamte Kreditwesen* 21/2000: 1250-1259.

Lehmbruch, Gerhard (1996). "Der Beitrag der Korporatismusforschung zur Entwicklung der Steuerungstheorie." *Politische Vierteljahresschrift* 37(4): 735-751.

Lehner (1981). *Einführung in die Neue Politische Ökonomie.* Königstein/Ts., Athenäum.

Leibfried, Stephan; Obinger, Herbert (2003). The State of the Welfare State: German Social Policy between Macroeconomic Retrenchment and Microeconomic Recalibration. In: Wolfgang Streeck; Kitschelt (Hrsg.) *Germany - Beyond the Stable State*: 199-218.

Leibfried, Stephan; Pierson, Paul (1998). *Standort Europa: Sozialpolitik zwischen Nationalstaat und europäischer Integration.* Frankfurt/M., Edition Suhrkamp.

Leif, Thomas (2004). Wer bewegt welche Ideen? Medien und Lobbyismus in Deutschland. In: Ulrich Müller; Sven Giegold; Malte Arhelger (Hrsg.) *Gesteuerte Demokratie? Wie neoliberale Eliten die Politik beeinflussen.* Hamburg, VSA Verlag: 84-89.

Leif, Thomas; Speth, Rudolf (2003a). Anatomie des Lobbyismus. Einführung in eine unbekannte Sphäre der Macht. In: Thomas Leif; Rudolf Speth (Hrsg.) *Die stille Macht. Lobbyismus in Deutschland.* Wiesbaden, Westdeutscher Verlag: 7-32.

Leif, Thomas; Speth, Rudolf (2003b). "Lobbyismus in Deutschland. Fünfte Gewalt - einflussreich und unkontrolliert?" *Forschungsjournal Neue Soziale Bewegungen* 16(3): 24-36.

Leinert, Johannes (2005). Altersvorsorge: Theorie und Empirie zur Förderung freiwilligen Vorsorgesparens. Berlin, Technische Universität Berlin.

Leinert, Johannes (2006). *Altersvorsorge: Wie kann freiwilliges Vorsorgesparen gefördert werden? Eine ökonomische Analyse.* Baden-Baden, Nomos Verlagsgesellschaft.

Leisering, Lutz; Berner, Frank (2001). Vom produzierenden zum regulierenden Wohlfahrtsstaat. Zum Policy- und Normwandel in europäischen Wohlfahrtsstaaten am Beispiel der Alterssicherung. *REGINA Arbeitspapier Nr. 1.* Bielefeld, Universität Bielefeld.

Leyendecker, Hans (2003). Korruptionsmuster: Ausgewählte Fälle politischer Korruption in Deutschland. In: Hans Herbert von Arnim (Hrsg.) *Korruption. Netzwerke in Politik, Ämtern und Wirtschaft.* München, Knaur: 104-115.

Leyendecker, Hans (2004). *Die Korruptionsfalle.* Reinbek bei Hamburg, Rowohlt Verlag.

Lianos, Manuel (2004). Gesteuerte Hauptstadt? In: Ulrich Müller; Sven Giegold; Malte Arhelger (Hrsg.) *Gesteuerte Demokratie? Wie neoliberale Eliten die Politik beeinflussen.* Hamburg, VSA Verlag: 90-94.

Lianos, Manuel; Hetzel, Rudolf (2003). "Die Quadratur des Kreises. So arbeitet die Firmen-Lobby in Berlin." *Politik & Kommunikation* 2003(03): 14-21.

Literaturverzeichnis 363

Lieb, Wolfgang; Müller, Albrecht (2008). *Das kritische Jahrbuch 2007 - Nachdenken über Deutschland*. Kirchsahr, Helmut Schmidt Medien.

Lilienthal, Volker (2003). "Drittmittelfernsehen. Der HR, Günter Ederer und die deutsche Wirtschaft." *epd medien* 37/2003: 3-7.

Lilienthal, Volker (2004). Formierte Öffentlichkeit. Wie die Industrie programmprägend wirkt. In: Ulrich Müller; Sven Giegold; Malte Arhelger (Hrsg.) *Gesteuerte Demokratie? Wie neoliberale Eliten die Politik beeinflussen*. Hamburg, VSA Verlag: 111-120.

Lindner, Stephan (2004). Privatisierung der Rentensysteme: Mehr Unsicherheit für die Alten, mehr Gewinne für die Finanzkonzerne. In: Jörg Huffschmid (Hrsg.) *Die Privatisierung der Welt. Reader des wissenschaftlichen Beirats von Attac*. Hamburg, VSA Verlag: 193-199.

LobbyControl (2006). "Meinhard Miegel und 'Die ewige Rentenlüge'." LobbyControl, *Homepage:* http://www.lobbycontrol.de/blog/index.php/2006/08/meinhard-miegel-und-die-ewige-rentenluege/.

LobbyControl (2007). "Lobbyisten raus aus Ministerien." LobbyControl, *Homepage:* http://www.keine-lobbyisten-in-ministerien.de/.

Machura, Stefan (2005). *Politik und Verwaltung*. Wiesbaden, VS Verlag für Sozialwissenschaften.

Maier-Rigaud, Remi (2006). "The Impact of World Bank Pension Policy Ideas on the EU." Forschungsnetzwerk Alterssicherung, *Homepage:* http://forschung.deutsche-rentenversicherung.de/ForschPortalWeb/ressource?key=main_fna_beitrag_gk2006_maier-rigaud.

Manager Magazin (2005). "Aktionärsrechte - Zum Abnicken verurteilt". *Manager Magazin* 5/2005: 140-149.

Mann, Siegfried (1994). *Macht und Ohnmacht der Verbände. Das Beispiel des Bundesverbandes der Deutschen Industrie e.V. (BDI) aus empirisch-analytischer Sicht*. Baden-Baden, Nomos Verlagsgesellschaft.

Manzke, Bernhard (2001). Rentenpolitik. Bevölkerungsentwicklung als Problemfall. In: Lambert T. Koch (Hrsg.) *Wirtschaftspolitik im Wandel*. München et al., Oldenbourg Verlag: 181-207.

Marschallek, Christian (2003). Die 'schlichte Notwendigkeit' privater Altersvorsorge. Zur Wissenssoziologie der deutschen Rentenpolitik. *Arbeitsbericht des Instituts für Soziologie*. Leipzig, Institut für Soziologie der Universität Leipzig.

Marschallek, Christian (2005). Vertrauen und Alterssicherung - Die Rolle des Staates in unterschiedlichen Alterssicherungsarrangements. *REGINA Arbeitspapier Nr. 9*. Bielefeld, Universität Bielefeld.

Marsh, David (1998). The utility and future of policy network analysis. In: David Marsh (Hrsg.) *Comparing Policy Networks*. Buckingham, Philadelphia, Open University Press: 185-197.

Mascher, Ulrike (2000a). "Rentenmodelle der Zukunft. Perspektiven der Strukturreform." *Soziale Sicherheit* 49(3): 81-85.

Mascher, Ulrike (2000b). Zielvorstellungen für eine Rentenstrukturreform in Deutschland. In: Friedrich Ebert Stiftung (Hrsg.) *Rentenpolitik in Europa: welches Modell wird zur Leitidee von Reformen?* Bonn: 27-35.

Mascher, Ulrike (2001). "Rentenreform zugunsten von Frauen: Vorteile bei Erwerbsarbeit und Kindererziehung." *Soziale Sicherheit* 50(3): 89-93.

Massing, Peter (2000). Interessengruppen. In: Dieter Nohlen (Hrsg.) *Kleines Lexikon der Politik*. München, Piper: 210-211.

Mayntz, Renate (1993). Policy-Netzwerke und die Logik von Verhandlungssystemen. In: Adrienne Héritier (Hrsg.) *Policy Analyse, Kritik und Neuorientierung. PVS-Sonderheft 24*. Opladen, Westdeutscher Verlag: 39-56.

Mc Morrow, Kieran; Roeger, Werner (1999). The economic consequences of ageing populations. *Economic Paper Series, Number 138*. European Commission Directorate-General for Economic and Financial Affairs. Brussels, European Communities.

Mc Morrow, Kieran; Roeger, Werner (2002). EU pension reform - An overview of the debate and an empirical assessment of the main policy reform options. *Economic Paper Series, Number 162, ECFIN/43/02-EN*. European Commission Directorate-General for Economic and Financial Affairs. Brussels, European Communities.

Melchiors, Hans H. (2004). Die Pensionsfonds als fünfter Durchführungsweg in der betrieblichen Altersversorgung. In: Wolfgang Drols (Hrsg.) *Handbuch Betriebliche Altersversorgung*. Wiesbaden, Gabler: 577-610.

Merkel, Wolfgang (2003). Institutionen und Reformpolitik: Drei Fallstudien zur Vetospieler-Theorie. In: Christoph Egle; Tobias Ostheim; Reimut Zohlnhöfer (Hrsg.) *Das rot-grüne Projekt. Eine Bilanz der Regierung Schröder (1998-2002)*. Wiesbaden, Westdeutscher Verlag: 163-190.

Merkle, Hans (2003). *Lobbying. Das Praxishandbuch für Unternehmen*. Darmstadt, Primus Verlag.

Meyer, Hendrik (2006). Autoritatives Regieren in der Sozialpolitik. Hierarchisch gesteuerte Veränderung in der deutschen Renten- und Arbeitsmarktpolitik. Paper für die Konferenz "Wandel des Staates - Transformation von Herrschaft?", Bremen.

Michaelis, Klaus; Thiede, Reinhold (2000). "Reform der gesetzlichen Rentenversicherung: Zwischen Kontinuität und Paradigmenwechsel." *Die Angestellten-Versicherung, Mitteilungen der Bundesversicherungsanstalt für Angestellte* 47(12): 426-436.

Michaels, Bernd (1998). 50 Jahre GDV - Versicherungen als Element einer funktionierenden Gesellschaft. In: GDV (Hrsg.) *Verantwortung: Gesellschaft und Versicherungen im Wandel der Zeit. 50 Jahre Versicherungswirtschaft in Deutschland*. Berlin, Gesamtverband der Deutschen Versicherungswirtschaft: 4-11.

Michalowitz, Irina (2004). Lobbying as a Two-way Strategy: Interest Intermediation or Mutual Instrumentalisation? In: Andreas Warntjen; Arndt Wonka (Hrsg.) *Governance in Europe. The Role of Interest Groups*. Baden-Baden, Nomos: 76-93.

Miegel, Meinhard; Raffelhüschen, Bernd; Schnabel, Reinhold (1998). *Renditen der gesetzlichen Rentenversicherung im Vergleich zu alternativen Anlageformen*. Frankfurt/M., Deutsches Institut für Altersvorsorge.

Miegel, Meinhard; Wahl, Stefanie (1985). *Gesetzliche Grundsicherung, private Vorsorge - Der Weg aus der Rentenkrise*. Stuttgart, Bonn aktuell.

Miegel, Meinhard; Wahl, Stefanie (1999). *Solidarische Grundsicherung - Private Vorsorge. Der Weg aus der Rentenkrise*. München, Olzog Verlag.

Milinewitsch, Mirko (2005). *Professionalisierung der Interessenvermittlung durch externes Public Affairs Management*. Berlin, poli-c-books.

Literaturverzeichnis

Miller, Laura (2004). Verdeckte Einflussnahme und PR-Kampagnen entlarven. In: Ulrich Müller; Sven Giegold; Malte Arhelger (Hrsg.) *Gesteuerte Demokratie? Wie neoliberale Eliten die Politik beeinflussen.* Hamburg, VSA Verlag: 121-131.

Ministerium des Innern Brandenburg (2001). "Abstimmungsverhalten Brandenburgs bei der Rentenreform". *Pressedienst vom 9. Mai 2001, Mitteilung Nr. 055/2001.* Potsdam, Ministerium des Innern Brandenburg.

Minns, Richard (2001). *The Cold War in Welfare: Stock Markets versus Pensions.* London, Verso.

Minns, Richard (2003). "Pensions of Mass Destruction." *Paper presented to the Conference on 'Privatisation of Public Pension Systems - Forces, Experience, Prospects', June 19-21 Vienna, 2003, organised by EPoC (Improvement of Economic Policy Coordination for Full Employment and Social Cohesion in Europe). Homepage* http://www.epoc.uni-bremen.de/pdf/Vienna_Minns_2003.PDF.

MLP (2006). "MLP gewinnt mit den Professoren Miegel und Sinn weitere renommierte Referenten". *Presseerklärung vom 10. Februar 2006.* Heidelberg, MLP AG.

MONITOR (2006a). "Bezahlte Lobbyisten in Bundesministerien: Wie die Regierung die Öffentlichkeit täuscht" - Bericht von Florian Bauer, Kim Otto. MONITOR Nr. 556 am 21. Dezember 2006 (ARD).

MONITOR (2006b). "Profitabel - Wie die Industrie an Gesetzen mitstrickt" - Bericht von Ralph Hötte, Kim Otto, Markus Schmidt, Matthias Veit. MONITOR Nr. 554 am 19. Oktober 2006 (ARD).

MONITOR (2008a). "Arm trotz Riester: Sparen fürs Sozialamt" - Bericht von Ingo Blank, Dietrich Krauß, Markus Schmidt. MONITOR Nr. 571 am 10. Januar 2008 (ARD).

MONITOR (2008b). "Heimliche Interessensvertreter: Lobbyisten in Bundesministerien" - Bericht von Kim Otto, Sascha Adamek, Markus Schmidt. MONITOR Nr. 575 am 3. April 2008 (ARD).

Morawetz, Inge (1986). *Die verborgene Macht. Personelle Verflechtungen zwischen Großbanken, Industrie und Unternehmerverbänden in Österreich.* Frankfurt/M. et al., Campus Verlag.

Morlok, Martin (2000). "Durchsichtige Taschen oder schwarze Koffer? Die rechtliche Regulierung der Parteifinanzen und der Fall der CDU." *Aus Politik und Zeitgeschichte* B 16/2000: 6-14.

Morlok, Martin (2002). "Was kümmern den Staat die Parteifinanzen? Leitlinien einer Verfassungstheorie der Parteienfinanzierung." *Jahrbuch der Heinrich-Heine Universität Düsseldorf:* 427-437.

Müller, Albrecht (1999). *Von der Parteiendemokratie zur Mediendemokratie: Beobachtungen zum Bundestagswahlkampf 1998 im Spiegel früherer Erfahrungen.* Opladen, Leske & Budrich.

Müller, Albrecht (2003). "Das Elend der Reformdebatte. Über die unreflektierte Modernisierungs- und Reformdiskussion in Deutschland." *Aus Politik und Zeitgeschichte* B 51/2003: 3-10.

Müller, Albrecht (2006). *Machtwahn. Wie eine mittelmäßige Führungselite uns zu Grunde richtet.* München, Droemer.

Müller, Katharina (2001). "Die Politische Ökonomie der Rentenreformen in Osteuropa." *Internationale Revue für Soziale Sicherheit* 2-3/2001: 65-91.

Müller, Katharina (2003a). "Die Rentenreformen in den mittel- und osteuropäischen EU-Beitrittsländern." *Vierteljahreshefte zur Wirtschaftsforschung (DIW-Berlin)* 72(4): 551-564.
Müller, Katharina (2003b). "Zur Politischen Ökonomie der Reformen. Erfahrungen aus Osteuropa und Lateinamerika." *Aus Politik und Zeitgeschichte* B 51/2003: 11-16.
Müller, Kay; Walter, Franz (2004). *Graue Eminenzen der Macht. Küchenkabinette in der deutschen Kanzlerdemokratie. Von Adenauer bis Schröder.* Wiesbaden, VS Verlag für Sozialwissenschaften.
Nachdenkseiten (2007). "'Warum Politik sich auf ihre eigene Kraft besinnen sollte!' von Albrecht Müller." *Veröffentlichungen der Herausgeber, Beitrag Nr. 2055. Nachdenkseiten, Homepage*: http://www.nachdenkseiten.de/?p=2055.
Naßmacher, Hiltrud (2002). *Politikwissenschaft.* München, Oldenbourg Verlag.
Naßmacher, Karl-Heinz (1973). *Politikwissenschaft I: Politische Systeme und politische Soziologie.* Düsseldorf, Wehner.
Naßmacher, Karl-Heinz (1997). Parteienfinanzierung in Deutschland. In: Oscar W. Gabriel; Oskar Niedermayer; Richard Stöss (Hrsg.) *Parteiendemokratie in Deutschland.* Opladen, Westdeutscher Verlag: 157-176.
Naßmacher, Karl-Heinz (2000). "Parteienfinanzierung in der Bewährung." *Aus Politik und Zeitgeschichte* B 16/2000: 15-22.
Ney, Steven (2001). "Pension Reform in Germany." The Interdisciplinary Centre for Comparative Research in the Social Sciences (ICCR), *Public Participation and the Pension Policy Process: The Citizen and Pension Reform (PEN-REF Project), Homepage:* http://www.iccr-international.org/pen-ref/docs/penref-d2-de.pdf.
Norton, Philip (1999). Putting Pressure on Parliaments. In: Philip Norton (Hrsg.) *Parliaments and Pressure Groups in Western Europe.* London, Cass: 1-18.
Nowotny, Ewald (1987). *Der öffentliche Sektor.* Berlin et al., Springer.
Nullmeier, Frank (1996). "Der Rentenkonsens - Eine Stütze des Sozialstaates in Gefahr?" *Gegenwartskunde - Zeitschrift für Gesellschaft, Wirtschaft, Politik* 45(3): 337-350.
Nullmeier, Frank (1997). "Über eine neuerliche Rentenreform. Positionen und Denkweisen in der Alterssicherungspolitik." *Kritische Justiz* 30(3): 261-276.
Nullmeier, Frank (2001). "Sozialpolitik als marktregulative Politik." *Zeitschrift für Sozialreform* 47(6): 645-667.
Nullmeier, Frank (2003). Alterssicherungspolitik im Zeichen der 'Riester-Rente'. In: Antonia Gohr; Martin Seeleib-Kaiser (Hrsg.) *Sozial- und Wirtschaftspolitik unter Rot-Grün.* Wiesbaden, Westdeutscher Verlag: 167-187.
Nullmeier, Frank (2006). "Eigenverantwortung, Gerechtigkeit und Solidarität - Konkurrierende Prinzipien der Konstruktion moderner Wohlfahrtsstaaten?" *WSI-Mitteilungen* 59(4): 175-180.
Nullmeier, Frank; Rüb, Friedbert W. (1993). *Die Transformation der Sozialpolitik. Vom Sozialstaat zum Sicherungsstaat.* Frankfurt/M. et al., Campus Verlag.
Nürnberger, Ingo (2002). *Die 'Riester-Rente' - eine Policy-Analyse der Rentenreform 2001.* Berlin, Freie Universität Berlin.
o.A. (1998). "Mehr private Vorsorge gewünscht: Eine neue Umfrage zeigt, daß die Deutschen immer weniger Vertrauen in die gesetzliche Rentenversicherung haben." *Zeitschrift für Versicherungswesen* 49(18): 510.

Oberreuter, Heinrich (1980). Pluralismus und Antipluralismus. In: Heinrich Oberreuter (Hrsg.) *Pluralismus*. Opladen, Leske & Budrich: 13-35.
OECD (1998). *Maintaining Prosperity in an Ageing Society*. Paris, Organisation for Economic Co-operation and Development.
OECD (2003). Financial Market Trends (No. 84). Paris, Organisation for Economic Cooperation and Development.
Offe, Claus (1969/1985). Politische Herrschaft und Klassenstrukturen. Zur Analyse spätkapitalistischer Gesellschaftssysteme (1969). In: Rudolf Steinberg (Hrsg.) *Staat und Verbände: Zur Theorie der Interessenverbände in der Industriegesellschaft*. Darmstadt, Wissenschaftliche Buchgesellschaft: 208-227.
Offe, Claus (1972). *Strukturprobleme des kapitalistischen Staates*. Frankfurt/M., Suhrkamp.
Olson, Mancur (1965). *The Logic of Collective Action. Public Goods and the Theory of Groups*. Cambridge, MA, Harvard University Press.
Olson, Mancur (1968/1985). Die Logik des Kollektiven Handelns. Kollektivgüter und die Theorie der Gruppen. In: Rudolf Steinberg (Hrsg.) *Staat und Verbände: Zur Theorie der Interessenverbände in der Industriegesellschaft*. Darmstadt, Wissenschaftliche Buchgesellschaft: 156-179.
ORF (2006). "Große Nähe zur Wirtschaft: Pensionsexperten beraten auch Finanzdienstleister gerne." ORF.at, *Homepage:* http://www.orf.at/060420-98679/index.html?url.
Ostertag, Adi (2000). "Perspektiven der Rentenstrukturreform - Konservative Verunsicherung und ungehemmter Populismus." *Soziale Sicherheit* 49(5): 154-160.
Ottnad, Adrian; Wahl, Stefanie (2005). *Die Renditen der gesetzlichen Rente. Für Junge ein schlechtes Geschäft*. Köln, Deutsches Institut für Altersvorsorge.
Otto, Kim; Adamek, Sascha (2008). *Der gekaufte Staat - Wie Konzernvertreter in deutschen Ministerien sich ihre Gesetze selbst schreiben*. Köln, Kiepenheuer & Witsch.
Palik, Ruth (1997). "Rentenpolitik ein Dauerthema? Das Rentenreformgesetz 1999." *Soziale Sicherheit* 46(11): 373-378.
Pappi, Franz Urban; König, Thomas (1995). Informationsaustausch in politischen Netzwerken. In: Dorothea Jansen; Klaus Schubert (Hrsg.) *Netzwerke und Politikproduktion. Konzepte, Methoden, Perspektiven*. Marburg, Schüren: 111-131.
PDS (1997). Gebt der Rente eine Chance! Ansätze für eine alternative Rentenreform. Archiv Demokratischer Sozialismus, Bestand: PDS im Deutschen Bundestag, 13. Wahlperiode, Signatur BT/13. WP, Blatt Nr. 309-136.
PDS (1998). Für den politischen Richtungswechsel! Sozial und solidarisch - für eine gerechte Republik! Programm der PDS zur Bundestagswahl 1998. April 1998, PDS.
PEN-REF Consortium (2002). "Final Report." The Interdisciplinary Centre for Comparative Research in Social Sciences (ICCR), *Public Participation and the Pension Policy Process: The Citizen and Pension Reform (PEN-REF), Homepage*. http://www.iccr-international.org/pen-ref/docs/penref-d6.pdf.
Petersen, Sönke (2003). Der Deutsche Bundestag. (Hrsg.) *Kürschners Volkshandbuch. Deutscher Bundestag 15. Wahlperiode 2002*. Köln, Neue Darmstädter Verlagsanstalt: 11-39.

Pfaller, Alfred; Witte, Lothar (2002). "Wie sichern wir unsere Renten? Plädoyer für eine globale Strategie." *Internationale Politik und Gesellschaft* 2002(1): 121-136.
Pfeiffer, Hermannus (2003). "Riester Rente: Reklame-Rummel. Die private Altersvorsorge hält nicht, was die Politik verspricht." *Zeitschrift für Sozialistische Politik und Wirtschaft* spw 3/2003(131): 27-28.
Pfetsch, Barbara; Adam, Silke (Hrsg.) (2008). *Massenmedien als politische Akteure. Konzepte und Analysen.* Wiesbaden, VS Verlag für Sozialwissenschaften.
Pierson, Paul (1994). *Dismantling the Welfare State? Reagan, Thatcher, and the Politics of Retrenchment.* Cambridge et al., Cambridge University Press.
Pierson, Paul (2001). Coping with permanent austerity: welfare state restructuring in affluent societies. In: Paul Pierson (Hrsg.) *The new politics of the welfare state.* Oxford, Oxford University Press: 410-455.
Pilz, Frank (2004). *Der Sozialstaat. Ausbau - Kontroversen - Umbau.* Bonn, Bundeszentrale für politische Bildung.
Plehwe, Dieter (2004). Internationale Vorbilder und transnationale Organisation deutscher Neoliberaler. In: Ulrich Müller; Sven Giegold; Malte Arhelger (Hrsg.) *Gesteuerte Demokratie? Wie neoliberale Eliten die Politik beeinflussen.* Hamburg, VSA Verlag: 29-40.
Plümper, Thomas (2003). Die positive Politische Ökonomie demokratisch verfasster Staaten. Eine Einführung in Mikrofundierung und Modelle. In: Herbert Obinger; Uwe Wagschal; Bernhard Kittel (Hrsg.) *Politische Ökonomie. Demokratie und wirtschaftliche Leistungsfähigkeit.* Opladen, Leske & Budrich: 9-46.
plusminus (2008). "Gesetzliche Rente - Besser als ihr Ruf" - Beitrag von Dietrich Krauss und Ingo Blank. SR, Dienstag, 5. Februar 2008 (ARD).
poli-c.de (2006). "Konzern-Repräsentanzen." poli-c.de, *Homepage:* http://www.poli-c.de/poli-c/arbeitgeber/repraesentanzen.jsp.
politik&kommunikation (2003). "Die Methode "Gute Kinderstube" - Karl Jurka im Interview mit Till Schröder." *Politik & Kommunikation* März 2006: 24-25.
politik&kommunikation (2007). "politikszene, Ausgabe Nr. 163." *Homepage*: http://www.politik-kommunikation.de/_files/newsletter/politikszene/163.pdf.
Positionen (1997). "Mehr eigenverantwortliche Vorsorge erforderlich" von Theodor Brinkmann. *Positionen - Die Versicherungen zu Politik, Wirtschaft und Gesellschaft.* April/Mai 1997.
Positionen (1998a). "Editorial - Wahl 1998: Erwartungen an die Regierung" von Bernd Michaels, Präsident des GDV. *Positionen - Die Versicherungen zu Politik, Wirtschaft und Gesellschaft.* September/Oktober 1998.
Positionen (1998b). "Editorial zur Rentenreform: Wir müssen die Beiträge senken, wo immer es möglich ist" von Julius Louven. *Positionen - Die Versicherungen zu Politik, Wirtschaft und Gesellschaft.* Juli/August 1998: 2.
Positionen (1998c). "GDV nimmt Stellung zu den Koalitionsbeschlüssen". *Positionen - Die Versicherungen zu Politik, Wirtschaft und Gesellschaft.* November/Dezember 1998.
Positionen (1998d). "Wahl 1998: Erwartungen an die Regierung". *Positionen - Die Versicherungen zu Politik, Wirtschaft und Gesellschaft.* September/Oktober 1998.

Positionen (1999a). "Frühere Renten durch Tariffonds?" von Walter Kannengießer. *Positionen - Die Versicherungen zu Politik, Wirtschaft und Gesellschaft.* Januar 1999.
Positionen (1999b). "Gutachten zur Zukunft der Altersversorgung in Deutschland - Verarmen die Rentner?" *Positionen - Die Versicherungen zu Politik, Wirtschaft und Gesellschaft.* Dezember 1999.
Positionen (2000a). "Basis für den Rentenkompromiss". *Positionen - Die Versicherungen zu Politik, Wirtschaft und Gesellschaft.* September 2000.
Positionen (2000b). "Private Zusatzvorsorge muss verlässliches Alterseinkommen garantieren". *Positionen - Die Versicherungen zu Politik, Wirtschaft und Gesellschaft.* Juni 2000.
Positionen (2000c). "Privatvorsorge nicht aufschieben". *Positionen - Die Versicherungen zu Politik, Wirtschaft und Gesellschaft.* Dezember 2000.
Positionen (2000d). "Rentenreform, quo vadis?" *Positionen - Die Versicherungen zu Politik, Wirtschaft und Gesellschaft.* Dezember 2000.
Positionen (2000e). "Riester Rentenpolitik im Kreuzfeuer". *Positionen - Die Versicherungen zu Politik, Wirtschaft und Gesellschaft.* März 2000.
Positionen (2001a). "Breites Themenspektrum beim Pressekolloquium des GDV - Riester-Rente mit rosigen Aussichten?" *Positionen - Die Versicherungen zu Politik, Wirtschaft und Gesellschaft.* April 2001.
Positionen (2001b). "Schnellschuß am Markt". *Positionen - Die Versicherungen zu Politik, Wirtschaft und Gesellschaft.* Juli 2001.
Pressestelle Berlin (2000a). "Prof. Dr. Bert Rürup ist neuer Vorsitzender des Sozialbeirats". *Pressemitteilung vom 12. September 2000.* Berlin, Bundesministerium für Arbeit und Sozialordnung.
Pressestelle Berlin (2000b). "Sozialbeirat stellt Rentenpolitik gute Noten aus". *Pressemitteilung vom 24. November 2000.* Berlin, Bundesministerium für Arbeit und Sozialordnung.
Quadagno, Jill (1999). "Creating a capital investment welfare state: the new American exceptionalism." *American Sociological Review* 64: 1-11.
Raffelhüschen, Bernd (1999a). "Generational Accounting: Method, Data and Limitations." *European Economy: Reports and Studies* 6: 57-70.
Raffelhüschen, Bernd (1999b). "Zur Revision eines Generationenvertrages: Die Rentenreform 2000." *Wirtschaftswissenschaftliches Studium* 28(6): 509.
Raffelhüschen, Bernd (2000). Aging and Intergenerational Equity: From PAYGO to Funded Pension Systems. In: Hans-Georg Petersen; Patrick Gallagher (Hrsg.) *Tax and Transfer Reform in Australia and Germany.* Berlin, Wissenschaftsverlag: 263-284.
Raffelhüschen, Bernd (2001). "Die Rentenreform 2000: Ein häßliches Entlein?" *Wirtschaftswissenschaftliches Studium* 30(1): 1.
Raffelhüschen, Bernd (2002). "Zur Reform der gesetzlichen Rentenversicherung - eine unendliche Geschichte." *Zeitschrift für Wirtschaftspolitik* 51(3): 319-327.
Raffelhüschen, Bernd (o.J.). "Zur Reform der gesetzlichen Rentenversicherung - eine unendliche Geschichte." Institut für Wirtschaftsforschung Halle, *Homepage:* http://www.iwh-halle.de/d/abteil/arbm/Broschueren/B.%20Raffelhueschen.pdf.

Recht, Georg (1997). "Rentenreform 1999: Die Vorschläge der Regierungskommission 'Fortentwicklung der Rentenversicherung'." *Soziale Sicherheit* 46(4): 135-141.

Reese-Schäfer, Walter (1996). "Am Ausgang des korporatistischen Zeitalters. Ist die Theorie des Neokorporatismus inzwischen überholt?" *Gegenwartskunde* 3/1996: 323-336.

Reifner, Udo; Tiffe, Achim (2005). *Neue Impulse für die staatlich geförderte Rente*. Köln, Deutsches Institut für Altersvorsorge.

Reimon, Michel; Felber, Christian (2003). *Schwarzbuch Privatisierung. Was opfern wir dem freien Markt?* Wien, Überreuter.

Reisen, Helmut (1996). Alterssicherung, Pensionsfonds und die aufstrebenden Aktienmärkte. In: Dieter Duwendag (Hrsg.) *Finanzmärkte, Finanzinnovationen und Geldpolitik*. Berlin, Duncker und Humblot: 169-190.

Reisen, Helmut (2000). *Pensions, Savings and Capital Flows: From Ageing to Emerging Markets*. Cheltenham, UK, et al., Edward Elgar.

Rentengipfel der Gewerkschaften und Sozialverbände (2000). "Gemeinsame Erklärung zur Struktur der Rentenreform (Alternativer Rentengipfel am 13. Juni 2000 in Berlin)." *Soziale Sicherheit* 49(7): 233-234.

Reutter, Werner (2000). "Organisierte Interessen in Deutschland. Entwicklungstendenzen, Strukturveränderungen und Zukunftsperspektiven." *Aus Politik und Zeitgeschichte* B 26-27/2000: 7-15.

Reutter, Werner (2001a). Deutschland. Verbände zwischen Pluralismus, Korporatismus und Lobbyismus. In: Werner Reutter; Peter Rütters (Hrsg.) *Verbände und Verbandssysteme in Westeuropa*. Opladen, Leske & Budrich: 75-101.

Reutter, Werner (2001b). Korporatismus, Pluralismus und Demokratie. In: Werner Reutter; Peter Rütters (Hrsg.) *Verbände und Verbandssysteme in Westeuropa*. Opladen, Leske & Budrich: 9-30.

Richter, Carolin (1997). *Lobbyismus und Abgeordnetenbestechung: Legitimität und Grenzen der Einflussnahme von Lobbyisten auf Abgeordnete*. Aachen, Shaker.

Richter, Saskia (2001). *Ideen, Interessen und Institutionen. Bestimmungsfaktoren des rentenpolitischen Entscheidungsprozesses*. Köln, Deutsches Institut für Altersvorsorge.

Rieger, Elmar (2002). "Die sozialpolitische Gegenreformation. Eine kritische Analyse der Wirtschafts- und Sozialpolitik seit 1998." *Aus Politik und Zeitgeschichte* B 46-47/2002: 3-12.

Riester, Walter (1999). "Zukunftssicher und armutsfest. Notwendigkeit und Perspektiven der Rentenreform." *Soziale Sicherheit* 48(3): 86-88.

Riester, Walter (2000). "Rentenreform 2000. Keine Verlierer, viele Gewinner." *Soziale Sicherheit* 49(10): 330-332.

Riester, Walter (2004). *Mut zur Wirklichkeit*. Düsseldorf, Droste Verlag.

Rische, Herbert (2000). "Kapitaldeckung oder Umlageverfahren - Chancen und Risiken im Vergleich." *Soziale Sicherheit* 49(3): 74-76.

Roggenkamp, Günter (2002). "Reformen mit dem Rotstift - Bilanz Deutscher Rentenpolitik." *Soziale Sicherheit* 51(4): 117-124.

Rohde-Liebenau, W. (2000). "Private Altersvorsorge: Der Regierungsentwurf und die Versicherer." *Zeitschrift für Versicherungswesen* Nr. 20/15(Oktober 2000): 720.

Römmele, Andrea (1995). *Unternehmenspenden in der Parteien- und Wahlkampffinanzierung: die USA, Kanada, die Bundesrepublik Deutschland und Großbritannien im internationalen Vergleich*. Baden-Baden, Heidelberg, Nomos Verlagsgesellschaft.

Römmele, Andrea (2000). "Parteispenden in der Krise?" *Aus Politik und Zeitgeschichte* B 16/2000: 23-29.

Rosen, Rüdiger von (1999). "Zukunftsvorsorge mit Wertpapieren - Rentabilität und Flexibilität für ein Vorsorgeportefeuille." *Bankinformation* 1/99.

Rosen, Rüdiger von (2000). Aktienanlage als Altersvorsorge der Zukunft. In: Stephan Lorz (Hrsg.) *Sicher in die Zukunft*. München, Carl Hanser Verlag: 189-198.

Rosen, Rüdiger von (2002). *Altersvorsorge: Aktien und Kapitalmarkt richtig nutzen. Entscheidungshilfen zur "Riester-Rente"*. Köln, Deutscher Wirtschaftsdienst.

Roth, Dieter (2001). Die Bundestagswahl 1998 - eine Schlüsselwahl? In: Hans-Ulrich Derlien; Axel Murswieck (Hrsg.) *Regieren nach Wahlen*. Opladen, Leske & Budrich: 217-229.

Röttger, Ulrike (Hrsg.) (2006). *PR-Kampagnen. Über die Inszenierung von Öffentlichkeit*. Wiesbaden, VS Verlag für Sozialwissenschaften.

Rüb, Friedbert W. (2003). Vom Wohlfahrtsstaat zum „manageriellen Staat"? Zum Wandel des Verhältnisses von Markt und Staat in der deutschen Sozialpolitik. In: Roland Czada; Reinhard Zintl (Hrsg.) *Politik und Markt, PVS-Sonderheft 34*. Wiesbaden: 265-299.

Rudzio, Wolfgang (1977). *Die organisierte Demokratie. Parteien und Verbände in der Bundesrepublik*. Stuttgart, Metzler.

Rudzio, Wolfgang (2003). *Das politische System der Bundesrepublik Deutschland*. Opladen, Leske & Budrich.

Ruland, Franz (1990). Grundprinzipien des Rentenversicherungsrechts. In: Franz Ruland (Hrsg.) *Handbuch der gesetzlichen Rentenversicherung. Festschrift aus Anlass des 100jährigen Bestehens der gesetzlichen Rentenversicherung*. Neuwied, Luchterhand: 481-524.

Ruland, Franz (2000). "Bedürftigkeitsorientierte Mindestsicherung - Einstieg in den Systemwechsel." *Soziale Sicherheit* 49(2): 38-41.

Rürup, Bert (2000). "Sozialstaat im Umbau - Das Beispiel Rentenreform." *Soziale Sicherheit* 49(3): 85-91.

Rüttler, Axel Thomas (2006). *Staatliche Förderung von Lebensversicherungen als Säule der privaten Altersversorgung. Ein Vergleich der Entwicklungen in Großbritannien und in Deutschland mit Blick auf die gesetzliche Rentenversicherung*. Regensburg, Universität Regensburg.

Saalfeld, Thomas (1999). Germany: Bundestag and Interest Groups in a 'Party Democracy'. In: Philip Norton (Hrsg.) *Parliaments and Pressure Groups in Western Europe*. London, Cass: 43-66.

Sachverständigenrat zur Begutachtung der gesamtwirtschaftlichen Entwicklung (1999). *Wirtschaftspolitik unter Reformdruck: Jahresgutachten 1999/2000*. Stuttgart, Metzler-Poeschel.

Sailer, Markus (1992). "Die Europäische Währungsunion und die Sozialversicherung." *Die Angestellten Versicherung* 39(5): 211-216.

Schaupensteiner, Wolfgang J. (2003). Ausgewählte Fälle von Korruption in der Verwaltung. In: Hans Herbert von Arnim (Hrsg.) *Korruption. Netzwerke in Politik, Ämtern und Wirtschaft*. München, Knaur: 178-203.

Schiller, Theo (2002). Parteien und Interessenverbände. In: Oscar W. Gabriel; Oskar Niedermayer; Richard Stöss (Hrsg.) *Parteiendemokratie in Deutschland*. Wiesbaden, Westdeutscher Verlag: 447-466.

Schlesinger, Katja (2000). *Ausbau der Hausmacht im Bundeskanzleramt: Die Systeme Schmidt, Kohl und Schröder*. Köln, Seminar für Politische Wissenschaft der Universität Köln.

Schmähl, Winfried (1998a). Das Gesamtsystem der Alterssicherung. In: Jörg-E. Cramer; Wolfgang Förster; Franz Ruland (Hrsg.) *Handbuch zur Altersversorgung. Gesetzliche, betriebliche und private Vorsorge in Deutschland*. Frankfurt/M., Fritz Knapp Verlag: 59-83.

Schmähl, Winfried (1998b). "Kapitalmarktorientierte Reform der gesetzlichen Rentenversicherung - der Stein der Weisen?" *Wirtschaftsdienst* V/1998.

Schmähl, Winfried (1999). "Grundlegende Entscheidungen für Reformen im Bereich der Alterssicherung." *Internationale Revue für Soziale Sicherheit* 52(3): 53-65.

Schmähl, Winfried (2000a). Pay-as-you-go versus capital funding: Towards a more balanced view in pension policy - Some concluding remarks. In: Gerard Hughes; Jim Stewart (Hrsg.) *Pensions in the European Union: Adapting to Economic and Social Change*. Boston et al., Kluwer Academic Publishers: 195-208.

Schmähl, Winfried (2000b). "Vorschläge zur Reform der Alterssicherung. Stellungnahme des Sozialbeirats." *Soziale Sicherheit* 49(2): 58-59.

Schmähl, Winfried (2001). "Alte und neue Herausforderungen nach der Rentenreform 2001." *Die Angestellten-Versicherung, Mitteilungen der Bundesversicherungsanstalt für Angestellte* 48: 313-322.

Schmähl, Winfried (2002). The '2001 Pension Reform' in Germany. A Paradigm Shift and its Effects. ZeS-Arbeitspapier Nr. 11/02. Bremen, Zentrum für Sozialpolitik.

Schmähl, Winfried (2003a). Private Pensions as Partial Substitute for Public Pensions in Germany. In: Gordon Clark; Noel Whiteside (Hrsg.) *Pension Security in the 21st Century. Redrawing the Public-Private Debate*. Oxford, Oxford University Press: 111-143.

Schmähl, Winfried (2003b). "Wem nutzt die Rentenreform? Offene und versteckte Verteilungseffekte des Umstiegs zu mehr privater Altersvorsorge." *Die Angestellten-Versicherung, Mitteilungen der BfA* 50(7): 349-363.

Schmähl, Winfried (2004). Paradigm shift in German pension policy: measures aiming at a new public-private mix and their effects. In: Martin Rein; Winfried Schmähl (Hrsg.) *Rethinking the Welfare State. The Political Economy of Pension Reform*. Cheltenham, UK, et al., Edward Elgar: 153-204.

Schmähl, Winfried (2005). Nationale Rentenreformen und die Europäische Union - Entwicklungslinien und Einflusskanäle. ZeS-Arbeitspapier Nr. 3/2005. Bremen, Zentrum für Sozialpolitik.

Schmähl, Winfried (2007). Die Einführung der „dynamischen Rente" 1957. Gründe, Ziele und Maßnahmen. Versuch einer Bilanz. ZeS-Arbeitspapier Nr. 3/2007. Bremen, Zentrum für Sozialpolitik.

Schmid, Josef (1998). *Verbände: Interessenvermittlung und Interessenorganisationen.* München, Oldenbourg Verlag.

Schmidt, Manfred G. (2003). Rot-grüne Sozialpolitik (1998-2002). In: Christoph Egle; Tobias Ostheim; Reimut Zohlnhöfer (Hrsg.) *Das rot-grüne Projekt. Eine Bilanz der Regierung Schröder (1998-2002).* Wiesbaden, Westdeutscher Verlag: 239-258.

Schmidt, Manfred G. (2005). *Sozialpolitik in Deutschland. Historische Entwicklung und internationaler Vergleich.* Wiesbaden, VS Verlag für Sozialwissenschaften.

Schmidt, Manfred G. (2007). *Das politische System Deutschlands.* Bonn, Bundeszentrale für politische Bildung.

Schmidt, Ulla (2000). "Rentenreform 2000 - Gerechtigkeit für alle Generationen." *Soziale Sicherheit* 49(7): 218-219.

Schmitthenner, Horst (1995). Zukunft des Sozialstaates - Sozialstaat der Zukunft. In: Horst Schmitthenner (Hrsg.) *Der "schlanke" Staat.* Hamburg, VSA Verlag: 252-269.

Schmitthenner, Horst (1998). "Zusätzliche Altersvorsorge über vermögenswirksame Leistungen. Ein Diskussionsvorschlag." *Soziale Sicherheit* 47(2): 45-48.

Schmitthenner, Horst (1999). "Riesters umstrittene Rentenreform - Mißratener Entwurf." *Soziale Sicherheit* 48(6): 205-207.

Schmitz, Jöns-Peter; Laurich, Martin (2004). Die Pensionskasse - eine der attraktivsten Durchführungswege der betrieblichen Altersversorgung. In: Wolfgang Drols (Hrsg.) *Handbuch Betriebliche Altersversorgung.* Wiesbaden, Gabler: 541-576.

Schnabel, Reinhold (2001). Dei Rentenreform 2001. Gutachten zur Rentabilität, Generationengerechtigkeit und den wirtschaftlichen Annahmen der Regierung. Köln, Deutsches Institut für Altersvorsorge.

Schnabel, Reinhold (2003a). *Die geförderte private Altersvorsorge - Flop oder Top?* Köln, Deutsches Institut für Altersvorsorge.

Schnabel, Reinhold (2003b). *Die neue Rentenreform: Die Nettorenten sinken.* Köln, Deutsches Institut für Altersvorsorge.

Schnabel, Reinhold (2003c). *Die Rentenlücke. Das Problem wächst.* Köln, Deutsches Institut für Altersvorsorge.

Schnabel, Reinhold; Miegel, Meinhard (2001a). *Rentenreform 2001. Auf dünnem Eis gebaut.* Köln, Deutsches Institut für Altersvorsorge.

Schnabel, Reinhold; Miegel, Meinhard (2001b). *Rentenreform 2001. Zögerlicher Einstieg in den Umstieg.* Köln, Deutsches Institut für Altersvorsorge.

Schnapp, Kai-Uwe (2004a). "Graue Eminenzen oder loyale Diener? Regierungsbürokratien in politischen Gestaltungsprozessen." *Forschungsjournal Neue Soziale Bewegungen* 17(3): 36-42.

Schnapp, Kai-Uwe (2004b). *Ministerialbürokratien in westlichen Demokratien. Eine vergleichende Analyse.* Opladen, Leske & Budrich.

Schnedler, Thomas (2006). Getrennte Welten? Journalismus und PR in Deutschland. *nr-Werkstatt Nr. 4/2006.* Hamburg, netzwerk recherche e.V.

Schneider, Volker (2003). Akteurkonstellationen und Netzwerke in der Politikentwicklung. In: Klaus Schubert; Nils C. Bandelow (Hrsg.) *Lehrbuch der Politikfeldanalyse.* München, Oldenbourg Verlag: 107-146.

Schneider, Volker; Janning, Frank (2006). *Politikfeldanalyse: Akteure, Diskurse und Netzwerke in der öffentlichen Politik.* Wiesbaden, VS Verlag für Sozialwissenschaften.

Schnieber-Jastram, Birgit; Singhammer, Johannes; Storm, Andreas (2000). "Position der Union für einen Rentenkompromiss: 10 Forderungen zur Weiterentwicklung der Alterssicherung." *Soziale Sicherheit* 49(1): 21-22.

Schönborn, Gregor; Wiebusch, Dagmar (Hrsg.) (2002). *Public Affairs Agenda. Politikkommunikation als Erfolgsfaktor.* Neuwied, Luchterhand.

Schreiner, Hermann J.; Linn, Susanne (2006). *So arbeitet der Deutsche Bundestag (Ausgabe 2006).* Rheinbreitbach, Neue Darmstädter Verlagsanstalt.

Schroeder, Wolfgang (2003). Lobby pur - Unternehmerverbände als klassische Interessenvertreter. In: Thomas Leif; Rudolf Speth (Hrsg.) *Die stille Macht - Lobbyismus in Deutschland.* Wiesbaden, Westdeutscher Verlag: 281-299.

Schubert, Klaus; Bandelow, Nils C. (2003). *Lehrbuch der Politikfeldanalyse.* München, Oldenbourg Verlag.

Schui, Herbert (2000). "Auf die Produktivität kommt's an." *EN-novativ* 1/2000.

Schulz-Weidner, Wolfgang (1996). "Das 'chilenische Modell' einer Privatisierung der Rentenversicherung - mehr Leistung für weniger Beiträge?" *DRV*(3/1996): 158-175.

Schulze, Isabelle; Jochem, Sven (2004). Germany: Beyond Policy Gridlock. In: Ellen M. Immergut; Karen Anderson; Isabelle Schulze (Hrsg.) *Handbook of West European Pension Politics.* Oxford, Oxford University Press: 660-710.

Schütt-Wetschky, Eberhard (1997). *Interessenverbände und Staat.* Darmstadt, Primus.

Schwarz, Friedhelm (1999). *Das gekaufte Parlament: Die Lobby und ihr Bundestag.* München, Piper.

Schwarze, Johannes; Wagner, Gert G.; Wunder, Christoph (2004). Alterssicherung: Gesunkene Zufriedenheit und Skepsis gegenüber privater Vorsorge. *DIW-Wochenbericht 22/04.* Berlin, Deutsches Institut für Wirtschaftsforschung.

Schwarze, Uwe (2004). Pensionsreformen und regulative Politik der Alterssicherung in unterschiedlichen Wohlfahrtsregimes. Die Premiepension in Schweden im Vergleich zur Riester-Rente in Deutschland. *REGINA Arbeitspapier Nr. 7.* Bielefeld, Universität Bielefeld.

SchweizerRück (1998). Lebens- und Krankenversicherungsmärkte profitieren von den Reformen der staatlichen Renten- und Gesundheitssysteme. Prognose der grössten Leben- und Krankenversicherungsmärkte 1998 und 1999. *sigma-prospect Nr. 6 / 1998.* Zürich, Schweizerische Rückversicherungs-Gesellschaft.

Sebaldt, Martin (1997). *Organisierter Pluralismus: Kräftefeld, Selbstverständnis und politische Arbeit deutscher Interessengruppen.* Opladen, Westdeutscher Verlag.

Sebaldt, Martin; Straßner, Alexander (2004). *Verbände in der Bundesrepublik Deutschland.* Wiesbaden, VS Verlag für Sozialwissenschaften.

Sebaldt, Martin; Straßner, Alexander (Hrsg.) (2006). *Klassiker der Verbändeforschung.* Wiesbaden, VS Verlag für Sozialwissenschaften.

Seeleib-Kaiser, Martin (2003). Politikwechsel nach Machtwechsel? In: Antonia Gohr; Martin Seeleib-Kaiser (Hrsg.) *Sozial- und Wirtschaftspolitik unter Rot-Grün.* Wiesbaden, Westdeutscher Verlag: 11-28.

Literaturverzeichnis 375

Siegel, Nico A. (2002). Sozialpolitik. In: Hans-Joachim Lauth (Hrsg.) *Vergleichende Regierungslehre.* Wiesbaden, Westdeutscher Verlag: 345-365.

Simmert, Christian (2002). *Die Lobby regiert das Land.* Berlin, Argon.

Singh, Ajit (1996). Pension Reform, the Stock Market, Capital Formation and Economic Growth: A Critical Commentary on the World Bank's Proposals. *CEPA Working Paper Series I.* New York City, NY, Center for Economic Policy Analysis.

Skowronek, Andreas (2003). Bloß nichts Verbindliches. Das Zusammenspiel von Ministerien und Lobbyisten. In: Thomas Leif; Rudolf Speth (Hrsg.) *Die stille Macht. Lobbyismus in Deutschland.* Wiesbaden, Westdeutscher Verlag: 372-377.

Sommer, Jörg (2007). *Das Politikfeld Alterssicherung im europäischen Mehrebenensystem. Handlungsspielräume und Einflussmöglichkeiten der Europäischen Kommission bei der „Europäisierung" der Alterssicherung in der historischen Entwicklung.* Münster et al., Lit-Verlag.

Sontheimer, Kurt; Bleek, Wilhelm (2003). *Grundzüge des politischen Systems der Bundesrepublik Deutschland.* München, Piper.

Sozialbeirat (1995). Gutachten des Sozialbeirats zum Rentenversicherungsbericht. In: Bundesregierung (Hrsg.) *Rentenversicherungsbericht 1995* Bonn, Deutscher Bundestag. BT-Drs. 13/2017 vom 18. Juli 1995: 223-227.

Sozialbeirat (1999). Gutachten des Sozialbeirats zum Rentenversicherungsbericht 1999. In: Bundesregierung (Hrsg.) *Rentenversicherungsbericht 1999.* Berlin, Deutscher Bundestag. BT-Drs. 14/2116 vom 2. Dezember 1999: 131-147.

Sozialbeirat (2000). Gutachten des Sozialbeirats zum Rentenversicherungsbericht 2000. In: Bundesregierung (Hrsg.) *Rentenversicherungsbericht 2000.* Berlin, Deutscher Bundestag. BT-Drs. 14/4730 vom 24. November 2000: 157-162.

Sozialbeirat (2001). Sondergutachten des Sozialbeirats zur Rentenreform. Berlin, Deutscher Bundestag. BT-Drs. 14/5394 vom 13. Februar 2001.

Sozialbeirat (2005). "Der Sozialbeirat." Sozialbeirat, *Homepage:* www.sozialbeirat.de.

Soziale Sicherheit (2000). "'Eintreten für mehr soziale Gerechtigkeit' Interview mit Rudolf Dreßler durch Christian Hülsmeier." *Soziale Sicherheit* 49(5): 149-154.

SPD (1998). Arbeit, Innovation und Gerechtigkeit: SPD-Programm für die Bundestagswahl 1998. Beschluss des ausserordentlichen Parteitags der SPD am 17. April 1998. Bonn, Vorstand der SPD.

SPD (2000). "Mitteilung für die Presse: Beschluss des SPD-Parteivorstand vom 3. Juli 2000 zur Rentenreform 2000". *Presseservice der SPD vom 3. Juli 2000, 191/00.* Berlin, SPD.

SPD; Bündnis 90/Die Grünen (1998). Aufbruch und Erneuerung - Deutschlands Weg ins 21. Jahrhundert: Koalitionsvereinbarung zwischen der Sozialdemokratischen Partei Deutschlands und Bündnis 90/Die GRÜNEN. Bonn, 20. Oktober 1998.

Speth, Rudolf (2005). Wie viel Lobbying verträgt die Demokratie? In: Rubin Ritter; David Feldmann (Hrsg.) *Lobbying zwischen Eigeninteresse und Verantwortung.* Baden-Baden, Nomos Verlagsgesellschaft: 39-54.

Speth, Rudolf (2006a). "Advokatorische Think Tanks und die Politisierung des Marktplatzes der Ideen." Friedrich Ebert Stiftung, *betrifft: Bürgergesellschaft 24, Homepage:* http://library.fes.de/pdf-files/kug/03818.pdf.

Speth, Rudolf (2006b). Die Ministerialbürokratie: erste Adresse der Lobbyisten. In: Thomas Leif; Rudolf Speth (Hrsg.) *Die fünfte Gewalt. Lobbyismus in Deutschland.* Wiesbaden, VS Verlag für Sozialwissenschaften: 99-109.

Spiegel online (2000a). "Altersvorsorge: Eichel will Häuslebauer fördern - Die Bundesregierung prüft, ob der Bau eines Eigenheims als Rücklage für den Ruhestand anerkannt werden kann. Der Hausbau diene 'sicherlich der Altersversorgung', sagte Bundesfinanzminister Hans Eichel." *Der Spiegel - online.* 5. August 2000, http://www.spiegel.de/politik/deutschland/ 0,1518,88068,00.html.

Spiegel online (2000b). "Rentenreform: Der Milliardenpoker geht in die entscheidende Phase. Bundesfinanzminister Hans Eichel hat offenbar einen konkreten Kompromissvorschlag in der Tasche, wenn die Experten der Regierung und Opposition über die angestrebte Rentenreform beraten." *Der Spiegel - online.* 7. Juni 2000, http://www.spiegel.de/politik/deutschland/ 0,1518,79648,00.html.

Spiegel online (2002). "Die Jahrhundertreform ist nur ein Tippelschritt" - Spiegel-Interview mit Rentenexperte Raffelhüschen durch Markus Deggerich. *Der Spiegel - online.* 20. November 2002.

Standfest, Erich (1999). "Zukunft der Alterssicherung - Chancen der Tariffonds-Rente mit 60." *Soziale Sicherheit* 48(5): 158-164.

Standfest, Erich (2000). "Rentenreform 2000 - Auf dem Weg zum Wechsel des Systems?" *Soziale Sicherheit* 49(10): 333-337.

Standfest, Erich (2001). "Rentenreform 2001: Die Altersvermögensgesetze. Neues Vertrauen in die Rente geweckt." *Soziale Sicherheit* 50(6): 182-185.

Steffen, Johannes (2000). *Der Renten-Klau. Behauptungen und Tatsachen zur rot-grünen Rentenpolitik.* Hamburg, VSA Verlag.

Stegmann, M.; Bieber, U. (2000). "Wer nutzt private Altersvorsorge? Der Zusammenhang zwischen sozioökonomischer Position und privater Altersvorsorge." *DRV* 55(3-4): 165-187.

Steinberg, Rudolf (1989). Parlament und organisierte Interessen. In: Hans-Peter Schneider; Wolfgang Zeh (Hrsg.) *Parlamentsrecht und Parlamentspraxis in der Bundesrepublik Deutschland.* Berlin/New York, de Gruyter: 217-259.

Stiglitz, Joseph E. (1989). *Finanzwissenschaft.* München, Oldenbourg Verlag.

Stöss, Richard; Neugebauer, Gero (1998). Die SPD und die Bundestagswahl 1998. Ursachen und Risiken eines historischen Wahlsiegs unter besonderer Berücksichtigung der Verhältnisse in Ostdeutschland. *Arbeitshefte aus dem Otto Stammer Zentrum, Nr. 2.* Berlin, Otto Stammer Zentrum.

Straßner, Alexander (2004). Begriffliche und theoretische Grundlagen. In: Martin Sebaldt; Alexander Straßner (Hrsg.) *Verbände in der Bundesrepublik Deutschland.* Wiesbaden, VS Verlag für Sozialwissenschaften: 15-71.

Straßner, Alexander (2006). "Funktionen von Verbänden in der modernen Gesellschaft." *Aus Politik und Zeitgeschichte* 15-16/2006: 10-17.

Straßner, Alexander; Sebaldt, Martin (2006). Neue Verbändetheorien und ihre gesellschaftliche Reflexion. In: Martin Sebaldt; Alexander Straßner (Hrsg.) *Klassiker der Verbändeforschung.* Wiesbaden, VS Verlag für Sozialwissenschaften: 305-337.

Strauch, Manfred (Hrsg.) (1993). *Lobbying. Wirtschaft und Politik im Wechselspiel.* Frankfurt/M., Frankfurter Allgemeine Buch.

Strebl, Matthäus (2006). "Biografie Matthäus Strebl." CSU-Landesgruppe im Deutschen Bundestag, *Homepage:* http://www.csu-landesgruppe.de/Titel__Abgeordnete_Detail /TabID__53/InhaltID__256/abgeordnete.aspx.
Streeck, Wolfgang; Trampusch, Christine (2005). "Economic Reform and the Political Economy of the German Welfare State." *German Politics* 14(2): 174-195.
Streit, Manfred E. (2003). Die Misere des deutschen Verbändestaates. *MPI Diskussionsbeitrag.* Jena, Max-Planck-Institut zur Erforschung von Wirtschaftssystemen.
Südwestrundfunk (2003). "Bankenlobby im Hause Eichel: Wie im Finanzministerium Banker an Gesetzen mitschreiben" - Bericht von Gottlob Schober. Südwestrundfunk FS-Inland, Report Mainz am 6. Oktober 2003.
SZ (1998a). "Ein Buch als Kampfansage. Schröder-Berater Hombach geht gegen Lafontaine in Stellung". *Süddeutsche Zeitung.* 7. Oktober 1998.
SZ (1998b). "Mit Eigeninitiative zum sorgenfreien Ruhestand - Praktische Tips für modernes Finanzmanagement und Vermögensbildung. Wege aus der Rentenkrise". *Süddeutsche Zeitung.* 14. Oktober 1998.
SZ (1998c). "Neuer Trumpf in der Altersvorsorge? AS-Fonds der Banken konkurrieren mit der Lebensversicherung". *Süddeutsche Zeitung.* 24. Oktober 1998.
SZ (1998d). "Rentenpolitik nach Voodoo-Art. Die ideenreiche Suche der SPD nach dem optimalen Konzept". *Süddeutsche Zeitung.* 30. Mai 1998.
SZ (1998e). "Schröder will Rentenreform rückgängig machen. Prioritätenliste für die ersten 100 Tage nach einem Wahlsieg". *Süddeutsche Zeitung.* 17. August 1998.
SZ (1998f). "SPD um Einigkeit bemüht: Lafontaine stoppt Rentenstreit. In Fraktionssitzung heftige Kritik an Kanzlerkandidat Schröder". *Süddeutsche Zeitung.* 28. Mai 1998.
SZ (1999). "Zwangsabgabe für Nicht-Privilegierte". *Süddeutsche Zeitung.* 17. Juni 1999.
SZ (2006). "Du mich auch. Korruption in Deutschland". *Süddeutsche Zeitung.* 16. Juli 2005.
SZ (2007). "Rechnungshof überprüft Bundesministerien. Behörde sieht Neutralität durch Beschäftigung externer Mitarbeiter gefährdet". *Süddeutsche Zeitung.* 8. Februar 2007.
SZ (2008). "Bert Rürup - Regierungsberater auf dem Weg zum Versicherungsverkäufer". *Süddeutsche Zeitung.* 21. November 2008.
taz (1999). "Minister Riester: Keine Sorge - Zwangsvorsorge". *Die Tageszeitung.* 17. Juni 1999.
taz (2003). "Die Nähe zwischen Ministerium und Lobby. Am Gesetzentwurf des Finanzministeriums zur Steuersenkung für Fonds hat die Branche selbst mitgearbeitet". *Die Tageszeitung.* 16. Oktober 2003: 8.
taz (2005). "Ich will nie wieder Minister werden." Walter Riester im Interview mit Barbara Dribbusch und Ulrike Winkelmann. *Die Tageszeitung.* 31. August 2005.
Tichy, Roland (1998a). Vertiefung der Versicherungsthemen (im Kapitel "Aufbruch und Wirtschaftswunder: 1948-1965"). In: GDV (Hrsg.) *Verantwortung: Gesellschaft und Versicherungen im Wandel der Zeit. 50 Jahre Versicherungswirtschaft in Deutschland.* Berlin, Gesamtverband der Deutschen Versicherungswirtschaft: 20-32.

Tichy, Roland (1998b). Vertiefung der Versicherungsthemen (im Kapitel "Einheit und Aufbruch: 1982-1998"). In: GDV (Hrsg.) *Verantwortung: Gesellschaft und Versicherungen im Wandel der Zeit. 50 Jahre Versicherungswirtschaft in Deutschland.* Frankfurt/M., Gesamtverband der Deutschen Versicherungswirtschaft: 57-69.

Tichy, Roland (1998c). Vertiefung der Versicherungsthemen (im Kapitel "Wohlstand und Wertewandel: 1966-1981"). In: GDV (Hrsg.) *Verantwortung: Gesellschaft und Versicherungen im Wandel der Zeit. 50 Jahre Versicherungswirtschaft in Deutschland.* Berlin, Gesamtverband der Deutschen Versicherungswirtschaft: 40-50.

Timmerherm, Heinrich (2004). Lobbying ist keine Einbahnstraße. In: Steffen Dagger; Christoph Greiner; Kirsten Leinert et al. (Hrsg.) *Politikberatung in Deutschland. Praxis und Perspektiven.* Wiesbaden, VS Verlag für Sozialwissenschaften: 111-132.

Trampusch, Christine (2004). "Vom Klassenkampf zur Riesterrente - Die Mitbestimmung und der Wandel der Interessen von Gewerkschaften und Arbeitgeberverbänden an der betrieblichen und tariflichen Sozialpolitik." *Zeitschrift für Sozialreform* 50(3): 223-254.

Trampusch, Christine (2005a). Sequenzorientierte Policy-Analyse: Warum die Rentenreform von Walter Riester nicht an Reformblockaden scheiterte. *MPIfG Working Paper 05/3.* Köln, Max-Planck-Institut für Gesellschaftsforschung.

Trampusch, Christine (2005b). "Sozialpolitik in Post-Hartz Germany." Köln, Max Planck Institut für Gesellschaftsforschung, *Homepage:* www.mpi-fg-koeln.mpg.de/people/tr /PDF/Trampusch%20Post-Hartz%20Langfassung%20WeltTrends.pdf.

Triesch, Ernst-Günter; Ockenfels, Wolfgang (1995). *Interessenverbände in Deutschland. Ihr Einfluß in Politik, Wirtschaft und Gesellschaft.* München et al., Olzog.

Ullmann, Hans-Peter (1988). *Interessenverbände in Deutschland.* Frankfurt/M., Suhrkamp.

Unterhinninghofen, Hermann (2002). "Rotgrünes Rentenprojekt. Umbau des Sozialsystems, Eigenvorsorge und Tarifpolitik." *Kritische Justiz* 35(2): 213-227.

Urban, Hans-Jürgen (2000). "Rot-Grüner Systemwechsel - Rentenpläne auf dem ordnungspolitischen Prüfstand." *Soziale Sicherheit* 49(7): 220-229.

Vail, Mark I. (2003). "Rethinking Corporatism and Consensus: The Dilemmas of German Social-Protection Reform." *West European Politics* 26(3): 41-66.

Vaubel, Richard (1991). Der Missbrauch der Sozialpolitik in Deutschland: Historischer Überblick und Politisch-Ökonomische Erklärung. In: Gerard Radnitzky; Hardy Bouillon (Hrsg.) *Ordnungstheorie und Ordnungspolitik.* Berlin et al., Springer: 173-201.

VDR (1999). Stellungnahme des VDR zu den Eckpunkten der geplanten Rentenstrukturreform (gemäß BMA-Arbeitspapier, 24.06.1999) vom 31. August 1999. Frankfurt/M., Frankfurt/M.

VDR (2000). Stellungnahme des VDR zum Konzept der Koalitionsarbeitgruppe für eine Rentenstrukturreform vom 30. Mai 2000. Stand: 16. Juni 2000. Frankfurt/M., Verband Deutscher Rentenversicherungsträger.

VDR (2003a). Die 'Riesterrente'. Frankfurt/M., Verband Deutscher Rentenversicherungsträger.

VDR (2003b). Rentenversicherung in Zeitreihen 2003. *DRV-Schriften Band 22.* Frankfurt/M., Verband Deutscher Rentenversicherungsträger.

Verbändereport (2001). "Verbändestaat adé? PLATO-Umfrage: Unternehmen suchen zunehmend den direkten Draht zu Politik und Medien." *Verbändereport* 07/01.

Vidler, Sasha (2003). *Pension reform: an analysis of the economic foundations of private pensions (PhD)*. Sydney, University of Sydney.

Vieler, Alexander (1986). *Interessen, Gruppen und Demokratie. Eine sozialökonomische Untersuchung über den Einfluß von Interessenverbänden auf wirtschaftspolitische Entscheidungen.* Tübingen, Mohr Siebeck.

Vorrink, Cathrin (2001). *Die Führungsstile der Bundeskanzler Willy Brandt und Gerhard Schröder im Vergleich.* Köln, Seminar für Politische Wissenschaft der Universität Köln.

Vowe, Gerhard (2007). Das Spannungsfeld von Verbänden und Medien: Mehr als öffentlicher Druck und politischer Einfluss. In: Thomas von Winter; Ulrich Willems (Hrsg.) *Interessenverbände in Deutschland*. Wiesbaden, VS Verlag für Sozialwissenschaften: 465-488.

Wagner, Gert; Meinhardt, Volker; Leinert, Johannes; Kirner, Ellen (1998). Kapitaldeckung: Kein Wundermittel für die Altersvorsorge. *DIW-Wochenbericht 46/1998.* Deutsches Institut für Wirtschaftsforschung. Berlin.

Walter, Norbert (2001). Über das Ziel hinausgeschossen. *Handelsblatt.* 16. Mai 2001.

WDR (2007). "Wir sind drin! Lobbyisten im Zentrum der Macht" - Ein Film von Sascha Adamek und Kim Otto. Redaktion: Jo Angerer. WDR, die story, am 2. April 2007.

Weaver, R. Kent (1986). "The Politics of Blame Avoidance." *Journal of Public Policy* 6(371-398).

Weber, Jürgen (1977). *Die Interessengruppen im politischen System der BRD.* Stuttgart, Kohlhammer.

Weber, Jürgen (1980). Gefährdung der parlamentarischen Demokratie durch Verbände? In: Heinrich Oberreuter (Hrsg.) *Pluralismus.* Opladen, Leske & Budrich: 163-201.

Weeber, Joachim (2002). "Die Bedeutung der Finanzmärkte für die Stabilität der Alterssicherung." *Sozialer Fortschritt* 51(2): 28-33.

Wehlau, Diana (2003). The Creation of Financial Markets and Pension Reforms in Central and Eastern Europe - Are there any Links? *Conference on "Privatisation of Public Pension Systems - Forces, Experience, Prospects" of the Thematic Network EPOC (Improvement of Economic Policy Co-ordination for Full Employment and Social Cohesion in Europe).* Vienna, Austria.

Wehlau, Diana (2006). Auf dem Weg in die Armut? Soziale Entwicklungen in der EU und sozialpolitische Handlungsmöglichkeiten. In: Miren Etxezarreta; John Grahl; Jörg Huffschmid et al. (Hrsg.) *EuroMemo 2005.* Hamburg, VSA Verlag: 56-72.

Wehlau, Diana; Sommer, Jörg (2004). Pension Policies after EU Enlargement: Between Financial Market Integration and Sustainability of Public Finances. ZeS-Arbeitspapier Nr. 10/2004. Bremen, Zentrum für Sozialpolitik.

Wehrmann, Iris (2007). Lobbying in Deutschland - Begriff und Trends. In: Ralf Kleinfeld; Annette Zimmer; Ulrich Willems (Hrsg.) *Lobbying - Strukturen, Akteure, Strategien.* Wiesbaden, VS Verlag für Sozialwissenschaften: 36-64.

Weischenberg, Siegfried (2003). Schlechte Zeiten für Qualitätsjournalismus. Pressekonzentration, Medienkrise und ihre publizistischen Konsequenzen. *Das Parlament.* 3./10.3.2003.

Welti, Felix (2000). "Zur Kritik der Rentenreform." *EN-novativ* 1/2000.
Weßels, Bernhard (1987). "Kommunikationspotentiale zwischen Bundestag und Gesellschaft: Öffentliche Anhörungen, informelle Kontakte und innere Lobby in wirtschafts- und sozialpolitischen Parlamentsausschüssen." *Zeitschrift für Parlamentsfragen* 18(2): 285-311.
Weßels, Bernhard (2000). "Die Entwicklung des deutschen Korporatismus." *Aus Politik und Zeitgeschichte* B 26-27/2000: 16-21.
Westerheide, Peter (2001). Kosten der private Altersvorsorge - Private Rentenversicherungen und Fondssparpläne im Vergleich. *ZEW Discussion Paper*. Mannheim, Zentrum für Europäische Wirtschaftsforschung.
Willems, Ulrich (2005). Die Organisations- und Konfliktfähigkeit von Interessen revisited. In: Anna Geis; David Strecker (Hrsg.) *Blockaden staatlicher Politik. Sozialwissenschaftliche Analysen im Anschluss an Claus Offe*. Frankfurt/M., Campus: 27-39.
Williamson, John B.; Pampel, Fred C. (1993). *Old-Age Security in Comparative Perspective*. New York City, N.Y., Oxford University Press.
Windhövel, Kerstin C. M. (2004). "Kapitalakkumulation durch die Riester-Rente." Institut für Arbeitsmarkt- und Berufsforschung, *Homepage:* http://doku.iab.de/grauepap/2004/Windhoevel _Riester-Rente.pdf.
Winter, Thomas von (1997). *Sozialpolitische Interessen. Konstituierung, politische Repräsentation und Beteiligung an Entscheidungsprozessen*. Baden-Baden, Nomos Verlagsgesellschaft.
Winter, Thomas von (2001). Verbändemacht im kooperativen Staat. In: Andrea Gourd; Thomas Noetzel (Hrsg.) *Zukunft der Demokratie in Deutschland*. Opladen, Leske & Budrich: 211-234.
Winter, Thomas von (2003). "Vom Korporatismus zum Lobbyismus. Forschungsstand und politische Realität." *Forschungsjournal Neue Soziale Bewegungen* 16(3): 37-44.
Winter, Thomas von (2004). "Vom Korporatismus zum Lobbyismus. Paradigmenwechsel in Theorie und Analyse der Interessenvermittlung." *Zeitschrift für Parlamentsfragen* 35(4): 761-776.
Winter, Thomas von (2007). Asymmetrien der verbandlichen Interessenvermittlung. In: Ralf Kleinfeld; Annette Zimmer; Ulrich Willems (Hrsg.) *Lobbying - Strukturen, Akteure, Strategien*. Wiesbaden, VS Verlag für Sozialwissenschaften: 217-239.
Winter, Thomas von; Willems, Ulrich (2007). Interessenverbände als intermediäre Organisationen. In: Thomas von Winter; Ulrich Willems (Hrsg.) *Interessenverbände in Deutschland*. Wiesbaden, VS Verlag für Sozialwissenschaften: 13-50.
Wirtschaftswoche (1998). "Degradierte Herzöge". *Wirtschaftswoche*. 48/1998.
Witt, Dieter; Velsen-Zerweck, Burkhard von; Thiess, Michael (2006). *Herausforderung Verbändemanagement. Handlungsfelder und Strategien*. Wiesbaden, Gabler.
World Bank (1994). *Averting the Old Age Crisis: Policies to Protect the Old and Promote Growth*. Oxford et al., Oxford University Press.
Woyke, Wichard (2003). Pluralismus. In: Uwe Andersen; Wichard Woyke (Hrsg.) *Handwörterbuch des politischen Systems*. Bonn, Bundeszentrale für politische Bildung: 480-81.
Zimmer, Stefan (2001). "Wie entstehen Verbände? Die Schlüsselrolle exklusiver Dienstleistungen als zentraler Mitgliedschaftsanreiz." *Verbändereport* 06/01.

Literaturverzeichnis 381

Zinn, Karl-Georg (1999). *Sozialstaat in der Krise: zur Rettung eines Jahrhundertprojekts.* Berlin, Aufbau Taschenbuch Verlag.

Zohlnhöfer, Reimut (2003). Rot-grüne Regierungspolitik in Deutschland 1998-2002. Versuch einer Zwischenbilanz. In: Christoph Egle; Tobias Ostheim; Reimut Zohlnhöfer (Hrsg.) *Das rot-grüne Projekt. Eine Bilanz der Regierung Schröder (1998-2002).* Wiesbaden, Westdeutscher Verlag: 399-419.

Zohlnhöfer, Werner (1999). *Die wirtschaftspolitische Willens- und Entscheidungsbildung in der Demokratie. Ansätze einer Theorie.* Marburg, Metropolis.

Zumpfort, Wolf-Dieter (2004). Unternehmenslobbying: Politik informieren - Interessen kommunizieren. In: Steffen Dagger; Christoph Greiner; Kirsten Leinert; Nadine Meliß; Anne Menzel (Hrsg.) *Politikberatung in Deutschland. Praxis und Perspektiven.* Wiesbaden, VS Verlag für Sozialwissenschaften: 151-163.

Neu im Programm Politikwissenschaft

Kai Arzheimer
Die Wähler der extremen Rechten 1980 - 2002
2008. 501 S. Br. EUR 49,90
ISBN 978-3-531-16065-8

Adalbert Evers / Rolf G. Heinze (Hrsg.)
Sozialpolitik
Ökonomisierung und Entgrenzung
2008. 341 S. (Sozialpolitik und Sozialstaat)
Br. EUR 34,90
ISBN 978-3-531-15766-5

Bernhard Frevel / Berthold Dietz
Sozialpolitik kompakt
2., akt. Aufl. 2008. 236 S. Br. EUR 16,90
ISBN 978-3-531-15559-3

Michael Th. Greven
Die politische Gesellschaft
Kontingenz und Dezision als Probleme des Regierens und der Demokratie
2., akt. Aufl. 2008. ca. 250 S. (Studien zur politischen Gesellschaft 2) Geb.
ca. EUR 49,90
ISBN 978-3-531-16061-0

H.-Dieter Kantel
Grundsicherungsarbeit
Armuts- und Arbeitsmarktpolitik nach Hartz IV
2008. 167 S. Br. EUR 19,90
ISBN 978-3-531-15639-2

Joseph Kostiner
Conflict and Cooperation in the Gulf Region
2008. approx. 285 pp. Softc.
approx. EUR 29,90
ISBN 978-3-531-16205-8

Henk Overbeek
Rivalität und ungleiche Entwicklung
Einführung in die internationale Politik aus der Sicht der Internationalen Politischen Ökonomie
2008. 219 S. (Grundwissen Politik 45) Br.
EUR 24,90
ISBN 978-3-531-15440-4

Sebastian Sedlmayr
Die aktive Außen- und Sicherheitspolitik der rot-grünen Bundesregierung 1998 - 2005
2009. 240 S. Br. EUR 29,90
ISBN 978-3-531-16208-9

Erhältlich im Buchhandel oder beim Verlag.
Änderungen vorbehalten. Stand: Juli 2008.

www.vs-verlag.de

VS VERLAG FÜR SOZIALWISSENSCHAFTEN

Abraham-Lincoln-Straße 46
65189 Wiesbaden
Tel. 0611.7878 - 722
Fax 0611.7878 - 400

VS Forschung | VS Research
Neu im Programm Soziologie

Ulrich Brinkmann / Hae-Lin Choi / Richard Detje / Klaus Dörre / Hajo Holst / Serhat Karakayali / Catharina Schmalstieg
Strategic Unionism: Aus der Krise zur Erneuerung?
Umrisse eines Forschungsprogramms
2008. 181 S. Br. EUR 19,90
ISBN 978-3-531-15782-5

Walter Gehres / Bruno Hildenbrand
Identitätsbildung und Lebensverläufe bei Pflegekindern
2008. 148 S. Br. EUR 29,90
ISBN 978-3-531-15400-8

Karin Sanders / Hans-Ulrich Weth (Hrsg.)
Armut und Teilhabe
Analysen und Impulse zum Diskurs um Armut und Gerechtigkeit
2008. 225 S. Br. EUR 39,90
ISBN 978-3-531-15762-7

Olaf Schnur (Hrsg.)
Quartiersforschung
Zwischen Theorie und Praxis
2008. 354 S. (Quartiersforschung)
Br. EUR 39,90
ISBN 978-3-531-16098-6

Martin Schommer
Wohlfahrt im Wandel
Risiken, Verteilungskonflikte und sozialstaatliche Reformen in Deutschland und Großbritannien
2008. 342 S. Br. EUR 39,90
ISBN 978-3-531-16021-4

Steffen Sigmund / Gert Albert / Agathe Bienfait / Mateusz Stachura (Hrsg.)
Soziale Konstellation und historische Perspektive
Festschrift für M. Rainer Lepsius
2008. 492 S. (Studien zum Weber-Paradigma) Geb. EUR 59,90
ISBN 978-3-531-15852-5

Susanne Strauß
Volunteering and Social Inclusion
Interrelations between Unemployment and Civic Engagement in Germany and Great Britain
2008. 290 pp. (Life Course Research)
Softc. EUR 35,90
ISBN 978-3-8350-7021-9

Erhältlich im Buchhandel oder beim Verlag.
Änderungen vorbehalten. Stand: Juli 2008.

www.vs-verlag.de

VS VERLAG FÜR SOZIALWISSENSCHAFTEN

Abraham-Lincoln-Straße 46
65189 Wiesbaden
Tel. 0611.7878-722
Fax 0611.7878-400